최명길
평전

최명길
평전

한명기 글

보리

1. 이 책은 보리 인문학 첫째 권이다.
2. 인명이나 지명은 한글로 쓰고 처음에만 한자를 병기하였다. 중국 이름은 모문룡, 북경처럼 우리 나라 한자음을 따라 썼고, 일본 이름은 도요토미 히데요시, 교토처럼 일본어 발음을 따라 썼다. 다만 누르하치, 대마도처럼 널리 통용되는 이름들은 그대로 썼다.
3. 책을 쓰는 데 도움을 받은 참고 문헌은 책 마지막에 정리해 두었다. 또한 표현을 직접 인용하거나 참조한 자료는 인용한 대목마다 하나하나 미주를 달아 출처를 밝혔다.

책을 내면서

음력 1635년(인조 13) 12월 어느 날, 심양瀋陽의 고궁에 청나라 신하들이 모였다. 신하들 가운데는 만주인뿐 아니라 몽골인, 명에서 귀순해 온 한인들도 있었다. 다국적 출신의 신하들은 바닥에 엎드려 자신들의 칸汗, 홍타이지皇太極에게 황제의 자리에 오르라고 청했다. 영토를 넓히고, 명과 몽골의 신하와 장수들이 잇따라 귀순해 오고, 천명을 상징하는 칭기즈 칸의 옥새까지 획득했으니 이제 칸이 아니라 황제가 되는 것이 하늘의 뜻이라고 주장했다.

홍타이지는 노회했다. 황제가 되라는 신하들의 간청에 자신은 아직 황제라고 칭할 수 있는 능력도, 자격도 없다며 사양한다. 홍타이지가 거듭 사양하자 신하들은 번갈아 가며, 제위에 오르는 것이 천명에 순응하는 것이라며 홍타이지를 채근했다. 그런데도 홍타이지가 태도를 바꾸지 않자 이튿날은 홍타이지의 친형 다이샨大善까지 나선다. 그는 홍타이지에게 황제로 섬기고 목숨을 바쳐 충성을 다하겠다고 맹세한다.

자신의 친형까지 충성을 다짐하고 황제가 되라고 호소했던 것이 흡족했기 때문일까? 홍타이지는 갑자기 조선을 거론한다. "조선은 형제의 나라니 내가 제위에 오르는 문제를 상의해야 한다"며 조선에 사신을 보내라고 명령한다. 8년 전인 1627년, 홍타이지는 군대를 보내 조선을 침략했다. 정묘호란이었다. 당시 조선과 후금은 형제가 되기로 맹세하고 전쟁을 끝냈다. 홍타이지는 그 때문에 '아우의 나라' 조선의 생각이 궁금했고, 자신을 황제로 추대하는 데 조선까지 동참시키고 싶었던 것이다.

1636년 2월 16일, 홍타이지가 보낸 사신 용골대龍骨大 일행이 의주에 도착했다. 이들의 입국 소식에 조선의 척화신들은 격분했다. 당장 '오랑캐 사신의 목을 쳐서 상자에 담아 명나라에 전달한 뒤 한판 전쟁을 벌이자'는 초강경론이 터져 나왔다. 홍타이지가 몹시 순진했다는 사실이 드러나는 순간이기도 했다. '아우의 나라' 조선을 잘 설득하면 자신을 황제로 추대하는 데 동참할지도 모른다는 판단이 터무니없는 착각이었음이 폭로되었기 때문이다.

조선 지식인들은 청을 '오랑캐'로, 홍타이지를 '오랑캐 추장'이라 불렀다. 그들은 홍타이지를 '황태극皇太極'이 아니라 '홍타시弘他時'나 '홍태시紅太時'로 적었다. '홍타시洪打家'나 '홍타시紅打家'라고 부르는 사람도 있었다. 두 말을 굳이 해석하자면 '붉고 큰 돼지'라는 뜻이다. '오랑캐 추장'이자 '붉고 큰 돼지'에게 황제라는 칭호가 가당키나 한 말인가? 성균관의 유생들까지 들고일어나 홍타이지와 청 사신들을 격렬하게 성토했다. 용골대 일행은 자신들의 목을 치라는 주장이 난무하는 서울의 살벌한 분위기에 놀라 '추대' 이야기는 제대로 꺼내지도 못한 채 심양으로 도주한다.

이윽고 1636년 12월 9일, 청군 기마대의 선봉은 얼어붙은 압록강을 건너 서울을 향해 내달린다. 전격적인 기습이었다. 이들은 500킬로미터 가까운 거리를 5일 만에 주파했다. 12월 14일, 창경궁에 머물던 인조는 강화도로 피신하기 위해 길을 나선다. 한강 변으로 나아가 김포로 가는 배에 오를 심산이었다. 하지만 인조 일행이 겨우 숭례문 부근에 도착했을 때 강화도로 가는 길이 차단되었다는 급보가 날아든다. 그 무렵 청군 선봉은 이미 양철평(良鐵坪, 은평구 녹번동 일대)을 지나 무악재 방면으로 다가오고 있었다.

황당한 사태였다. 접전은커녕 화살 한 발 쏴 보지도 못한 채, 자칫 서울 한복판에서 국왕 인조가 청군의 공격에 곧바로 노출될 판이었다. 인조와 신료들은 공황 상태에 빠진다. 사신들의 목을 친 뒤 나라의 존망을 걸고 청과 싸우자고 외쳤던 척화신들도 그저 발만 동동 구를 뿐이었다. 바로 그때 이조판서 최명길(崔鳴吉, 1586~1647)이 나선다. 자신이 무악재로 나아가 청군을 만나 화친을 제의하면서 진격을 늦춰 보겠다고 자원한다. 감격한 인조는 자신의 경호원 스무 명을 최명길에게 붙여 준다. 하지만 이들은 숭례문을 나가자마자 모두 도주해 버린다. 최명길은 단신으로 무악재로 향할 수밖에 없었다.

당시는 엄연히 전시였다. 청군 지휘부가 그의 의도를 알아챌 경우, 최명길은 곧바로 죽임을 당할 수도 있었다. 그런데도 최명길은 적진으로 나아가 청군의 진격을 멈춰 놓음으로써 인조가 그나마 남한산성으로 들어갈 수 있는 시간을 버는 데 성공한다. 절체절명의 위기의 순간, 놀라운 용기와 책임감을 발휘했던 것이다.

용기와 책임감, 그리고 희생정신. 최명길을 생각할 때마다 가장 먼저 떠오르는 덕목이다. 인간의 진정한 본심은 위기를 맞이했을 때 드러난다. 평화롭고 안정적일 때는 무슨 말이든 할 수 있다. 하지만 목숨이 왔다 갔다 하는 순간, 자신이 했던 말에 책임을 지기란 여간 어려운 일이 아니다. 최명길은 평소 "청과 화친하지 않으면 종사와 백성을 보전할 수 없다"는 말을 입에 달고 살았다. 그리고 결정적인 순간 자신이 했던 말을 실천하기 위해 주저 없이 목숨을 걸었다.

일찍이 이시백(李時白, 1581~1660)은 최명길의 공적을 여덟 가지로 꼽았다. 인조반정에 참여한 것, 인조의 부친 정원군定遠君을 국왕으로 추숭한 것, 인조를 위해 홀로 적진으로 달려간 것, 병자호란 당시 화의를 주도하여 나라를 보전한 것, 청이 조선군을 징발하는 것을 막기 위해 목숨을 걸었던 것, 명과 밀통한 뒤 책임을 지기 위해 다시 목숨을 걸었던 것, 다른 사람의 혈육을 따뜻하게 대한 것, 당파에 물들지 않은 것들이 그것이다. 여덟 가지 대부분은 목숨을 걸지 않거나, 엄청난 비난과 매도를 각오하지 않으면 실현될 수 없는 난제들이었다. 최명길의 일생은 위의 난제들을 해결하기 위한 결단과 인내, 그리고 거기에서 비롯된 고통의 시간들로 점철되었다.

이시백이 찬양했던 것과는 달리 병자호란 이후 최명길에 대한 대다수 조선 지식인들의 평가는 극히 부정적이었다. 무엇보다 최명길이 1637년 '오랑캐' 청과의 화친을 주도하고, 망설이는 인조를 설득하여

'붉고 큰 돼지'에게 세 번 큰절을 올리고 아홉 번 머리를 조아리며 항복했던 '삼전도三田渡의 굴욕'을 이끌어 낸 장본인이기 때문이다. 최명길은 병자호란을 계기로 '진회秦檜보다 더한 간신', '의리와 명분을 내팽개친 소인'이라는 오명을 뒤집어쓰게 된다. 진회가 누구인가? 남송 시절 여진족 금과의 화친을 주도하고, 그 과정에서 명장 악비岳飛까지 살해했던 악명 높은 간신이 바로 진회다. 그러니 '진회보다 더한 간신' 최명길은 조선 지식인들에게 '사상 최악의 간신'이었던 셈이다.

과연 그럴까? 청군에게 포위된 지 한 달여가 지난 1637년 1월 중순, 남한산성의 상황은 처참했다. 연일 이어지는 매서운 추위에 병사들은 얼어 죽거나 동상에 걸려 쓰러졌고, 군량은 하루하루 줄어들고 있었다. 더욱 절망적인 것은 외부 구원병이 끊겨 버린 점이었다. 추위와 굶주림, 공포에 지친 장졸들 가운데는 항복하자고 시위를 벌이는 자들까지 나타났다. 반면 홍타이지는 남한산성이 함락되는 것은 시간문제일 뿐이라고 확신했다. 안팎의 포위망을 더욱 강하게 조이면서 산성에서 나와 무조건 항복할 것을 요구했다.

김상헌(金尙憲, 1570~1652)을 비롯한 척화신들은 명에 대한 의리를 지키기 위해 나라가 망하더라도, 인조가 죽더라도 끝까지 저항해야 한다고 주장했다. 최명길은 조선의 임금이 명을 위해 종사를 포기할 수는 없으며 무고한 생령들을 보전하기 위해서도 은인자중해야 한다고 강조했다. 최명길은 청의 요구를 받아들이자고 인조를 설득한다. 주자 성리학을 공부하고 의리와 명분에 투철했던 신료들 대다수가 "명은 중화이고 청은 오랑캐"라는 것을 원칙으로 여기던 당시 최명길의 행보는 힘겹고 고통스러운 것이었다. 하지만 '원칙'과 '현실'이

부딪칠 때 무엇을 우선적이고 소중한 가치로 삼을 것인지를 고려하면 이야기는 달라질 수 있다. 명에게 의리를 지키기 위해 인조까지도 옥쇄玉碎해야 한다고 했던 김상헌의 주장은 '무차별적 원칙론'이었다. 반면 인조가 조선의 종사와 백성을 먼저 생각해야 한다고 했던 최명길의 주장은 '선택적 원칙론'이었다. 인조는 결국 최명길의 주장을 받아들인다.

비록 가정이지만 조선이 청의 요구를 거부했다면 어떻게 되었을까? 1637년 1월 중순, 청군은 남한산성을 함락시키기 위한 모든 준비를 끝낸 상태였다. 반면 산성의 조선군은 청군의 공격이 없더라도 스스로 무너지기 일보 직전의 벼랑 끝으로 내몰려 있었다. 홍타이지는 인조가 출성出城하지 않으면 조선 전체를 유린하겠다고 협박했다. 당시 그들의 압도적인 기세나 전후 명과의 전쟁 과정에서 보여 주었던 야만적인 행태를 볼 때 협박은 빈말이 아니었다. 실제로 1645년 4월, 청군은 자신들에게 끝까지 저항했던 양주성揚州城을 함락시킨 뒤 수십만 명의 명나라 관민들을 도륙한 바 있다.

더 이상의 저항이 불가능했던 상황에서 '성하지맹城下之盟'이 이루어지면서 조선의 종사는 보전되었고 인조도 왕위를 유지했다. 명나라 못지않은 문명국으로 자부했던 조선의 지존이 '오랑캐 추장'에게 무릎을 꿇었던 것은 분명 커다란 굴욕이었다. 하지만 청에게 영토를 떼어 주지도 않았고, 조선 경제를 마비시킬 정도의 세폐歲幣 부담도 지지 않았다. 냉정하게 평가하면 사실상 '무조건 항복'이었음에도 조선은 그나마 운 좋게 '선방'했다고 할 수 있다. 1127년 금이 북송의 개봉開封을 점령한 뒤 휘종徽宗과 흠종欽宗 두 황제를 만주로 끌고 갔던 것, 1644년 청이 북경을 접수한 뒤 명 백성들에게 머리를 빡빡 깎으라고 치발령薙髮令을 내렸던 것, 1645년 양주성을 함락시킨 뒤 야만적인 대도륙大屠戮을 자행했던 것과 같은 참극은 일어나지 않았다. 그것은 발이 닳도록 남한산성과 청군 진영을 왕래하면서, 때로는 두 진영 모두로부터 동시에 비난을 받으면서도 화친을 성사시키기 위해 노심초사했던 외교관 최명길의 일관성과 뚝심이 얻어 낸 결과였다.

하지만 수많은 간난신고를 감내하면서 종사를 살려 낸 최명길은 '진회보다 더한 만고의 간신'이 되고, 항복 직후 인조를 버리고 낙향했던 김상헌은 '조선의 정사正士이자 영원한 사표師表'가 되었다. 기막힌 대비였다. 하지만 병자호란이 끝난 뒤 이식(李植, 1584~1647)은 진실을 이야기한다. "김상헌이 남한산성에서 곧바로 귀향한 것은 지조 높은 행동이었지만 그 또한 최명길이 열었던 문을 통해 나갔다."

그랬다. 최명길은 종사의 문이 닫히고 백성의 문이 닫히려는 순간 온몸을 던져 문을 열어 젖힌 사람이었다. 훗날 박세당(朴世堂, 1629~1703)은 "조선 사람들이 편히 잠자리에 들고 자손을 보전한 것이 모두 최명길 덕분"이라고 단언했다. 최명길은 과연 누구였으며, 무슨 생각으로, 어떻게 닫혀 버리기 직전의 역사의 문을 열 수 있었을까? 이 질문이야말로 변변찮은 능력을 지닌 필자가 용감하게도 최명길 평전을 쓰겠다고 덤비게 된 동기다.

병자호란은 17세기 초 '끼여 있는 나라' 조선이 패권국 명과 신흥 강국 청의 대결 구도 속으로 휘말리면서 벌어진 비극이었다. 그리고 최명길이 종사를 살려 놓은 지 380여 년이 지난 오늘, 한반도와 대한민국은 또 다른 위기의 입구에 서 있다. 패권국 미국과 신흥 강국 중국의 경쟁 때문이다. 중국이 일대일로一帶一路로 치고 나가자 미국은 인도태평양 전략으로 맞불을 놓는다. 격화되는 양국의 대결 때문에 새로운 냉전의 조짐마저 나타나는 형국이다. 그 와중에 북핵 문제, 일본의 경제 보복 문제, 사드 문제, 방위비 분담 문제 같은 온갖 난제가 뒤엉키면서 여전히 '끼여 있는 나라' 대한민국의 지정학적 현실은 갈수록 엄혹해지고 있다.

오늘의 대한민국은 최명길이 살았던 17세기 초반과는 달리 세계 10위권의 경제 강국이자 7위권의 군사력을 가진 나라로 성장했다. 하지만 여전한 분단의 질곡과 격화되는 미중의 대결 속에서 자칫 선택의 기로로 내몰릴지도 모르는 위태로운 시간이 다가오고 있다. 최명길을 고뇌하게 했던 17세기 초반의 그것만큼이나 만만치 않은 격동의 파도가 밀려오고 있는 오늘, 최명길이 재림한다면 과연 어떤 처방을 제시할까? 필자의 머릿속에서 늘 떠나지 않았던 상상이자 질문이다.

졸저《임진왜란과 한중관계》(역사비평사, 1999)를 낸 지 20년, 또 다른 졸저《정묘·병자호란과 동아시아》(푸른역사, 2009)를 낸 지 10년, 그리고 다시《역사평설 병자호란 1, 2》(푸른역사, 2013)을 낸 지 6년이 지났다. 필자는 위의 책들을 통해 임진왜란부터 병자호란까지 조선 안팎의 정치, 외교의 흐름, 두 전쟁이 조선과 동아시아 관계의 변화에 미친 영향의 실체를 밝혀 내는 데 미흡하나마 일조했다고 생각한다. 하지만 전쟁과 정치, 그리고 외교라는 거대 서사에 빠져, 병자호란 무렵 가장 중요한 역사적 인물이었던 최명길에 대한 분석과 탐구를 제대로 하지 못했다는 아쉬움을 늘 품고 있었다. 그 같은 배경에서 필자는 2010년, 병자호란 무렵 최명길이 남긴 외교적 행적과 관련하여 변변

않은 소론을 쓴 적이 있다. 당시 필자는 맺음말에서 최명길을 가리켜 현실주의자이면서 동시에 이상주의자라고 평가했다. 이 책은 당시부터 필자가 지니고 있었던 문제의식을 바탕으로 관련 자료를 보완하고 시야를 확대하여 현실주의자이자 이상주의자였던 최명길의 행적을 구체적인 각론으로 정리해 본 것이다.

필자는 애초 이 책을 구상하면서 일반 독자들을 위한 대중서를 쓰려고 했다. 그런데 학문적 근거를 확실히 밝히려는 과정에서 수백 개에 이르는 주를 제시했다. 그러다 보니 완성된 책은 대중서이면서 동시에 학술서의 성격을 지니게 되었다. 독자 여러분들의 많은 비판과 가르침을 기대한다.

'최명길 평전'을 쓰기로 약속한 이후 시간이 많이 흘렀다. 게으른 필자의 변변찮은 원고를 초인적인 인내로써 기다려 주신 보리 출판사와 김용심 선생님께 깊이 감사드린다.

2019년 11월
한명기

차례

1장
격동의 시대에 태어나다

문제적 인물
최명길

오늘날 한국 사람들이 최명길을 이야기할 때 가장 먼저 떠올리는 것은 무엇일까? 무엇보다 조선이 1636년(인조 14) 병자호란을 맞았을 때 그가 김상헌을 비롯한 대다수 신료들의 격렬한 비난과 성토에도 인조와 조정을 청과 화친하는 길로 이끌었던 주화파主和派의 대표자라는 사실일 것이다. 병자호란 당시 조선은 청의 군사력을 감당해 내지 못하고 선택의 기로, 존망의 기로로 내몰렸다. 고립무원의 남한산성에 포위된 상태에서 조선은 선택해야 했다. 명에게 의리를 지키기 위해 옥쇄를 각오하고 청과 끝까지 싸울 것인가? 아니면 조선의 종사를 보전하고 백성들을 살리기 위해 청에게 항복할 것인가?

최명길은 조선의 종사를 유지하고 백성을 살리는 것이 더 중요하지 명에 대한 의리는 그다음이라고 외쳤던 주화파의 핵심 인물이었다. 반대로 김상헌은 종사가 망하고 백성들이 다 죽는 한이 있더라도 청과 결전을 벌이자고 강조했던 척화파斥和派의 대표자였다.

언제부터인가 한국 사람들은 최명길과 김상헌을 '역사의 라이벌'로 기억해 왔다. 실제로 나라와 백성의 존망이 걸린 절체절명의 위기 앞에서 최명길과 김상헌이 보였던 행보는 극과 극으로 달랐다. 일찍이 남구만(南九萬, 1629~1711)은 병자호란 당시 두 사람의 행적을 다음과 같이 간명하게 대비했다.

> 김 공 상헌이 화친을 청하는 국서를 찢고 통곡했다. 공(최명길)은 그것을 주워 다시 맞추며 말했다.
> "국서를 찢는 사람이 없어서도 안 되지만, 국서를 주워 맞추는 사람도 반드시 있어야 합니다."[1]

1637년 1월 18일, 남한산성의 상황이 최악으로 치닫고 청군의 포위망을 뚫을 수 있는 가능성이 사라졌을 때 이조판서 최명길은 청나라를 '황제국'으로 인정하는 국서를 썼다. 그 순간 달려온 예조판서 김상헌은 국서를 빼앗아 찢어 버리고 통곡한다. 그러자 최명길이 흩어진 국서를 수습하면서 김상헌에게 건넸다는 유명한 말을 적은 것이다.

최명길은 인조대 조정에서 시종일관 '찢어진 국서를 주워 맞추는 사람'이었다. 종이에 쓴 국서를 갈기갈기 찢어 버리는 것은 결코 어렵지 않다. 하지만 흩어져 버린 종이 쪼가리를 다시 맞추기란 여간 힘들고 어려운 일이 아니다. 더욱이 당시 조정 신료들 가운데는 국서를 찢으려 했던 사람들, 척화파의 수가 압도적으로 많았다. 굳이 수치로 따진다면 척화파와 주화파의 비율은 대략 '95 대 5' 정도였다. 그러니 압도적 다수였던 척화파들의 비난과 매도를 무릅쓰면서 '국서를 주워 맞추는' 것은 힘들고 어려운 차원을 넘어 괴로운 일이었다.

당시 신료들은 대부분 주자 성리학을 공부한 사대부 출신이었다. 성리학은 중화中華와 이적(夷狄, 오랑캐)을 선명하고 엄격하게 구별하는 '화이론華夷論'을 강조한다. 그런데 병자호란 무렵 조선의 척화파들이 보였던 선명성은 남다른 것이었다. 그들은 '오랑캐' 청에게 항복하는 것은 물론 그들과 접촉하거나 타협하는 것도 '중화'인 명을 배신하는 것이므로 절대로 받아들일 수 없다고 했다.

병자호란이 일어나기 몇 개월 전인 1636년 2월, 청나라 사신 용골대 일행이 의주에 도착했을 때 척화파 홍익한(洪翼漢, 1586~1637)은 상소하여 오랑캐 사신의 입경을 저지하라고 강청強請하고, 그들이 서울에 오면 목을 쳐서 그 수급을 상자에 담아 명에 보낸 뒤 나라의 존망을 걸고 결전을 벌여야 한다고 촉구했다. 명과 의리를 지키기 위해서라면 무조건 청과 결전하되 강약強弱, 이해利害, 성패成敗는 전혀 고려할 대상이 아니었다. 이미 1629년(인조 7), 후금이 가도椵島의 명군 기지를 공격하려 한다는 소식을 들었을 때 척화파 조경(趙絅, 1586~1669)은 다음과 같이 말한 바 있다.

우리 나라는 명나라와 군신의 의리가 있고 부자의 도리가 있습니다. 지금 오랑캐가 영원寧遠을 침략한 것도 부족하여 우리 서쪽 땅을 유린하며 가도를 공격한다고 큰소리치고 있습니다. 가도의 백성은 천자의 백성이고, 가도의 장수는 천자의 명을 받은 관리입니다. 우리의 도리로는 이야기가 끝나기를 기다리지 말고 갑옷을 말아 들고 급히 달려가 갓끈을 동여맬 겨를도 없이 구원해야 합니다. 강약은 말할 바가 아니며, 이해는 논할 바가 아니고, 성패는 고려할 바가 아닙니다. 의리가 달려 있는데 무엇이 이보다 크겠습니까.[2]

조선의 임금이자 부모인 명나라가 위기에 처했으므로 강약, 이해, 성패를 초월하여 즉시 구원하러 달려가야 한다는 주장이다.

최명길과 동갑이었던 홍익한과 조경의 주장은 척화론이 지향하는 바를 잘 보여 준다. '명을 위해서라면 모든 것을 다 바칠 수 있다'는 생각이었다. 그것은 더 나아가 최악의 경우, 명과의 의리를 위해서라면 임금인 인조도 죽을 수 있다는 주장으로 이어진다. 신하가 임금에게 죽으라고 하는 이야기는 쉽게 꺼낼 수 있는 것이 아니지만, 조선의 척화파들은 한 나라의 임금조차도 천하 공통의 도를 위해 순도(殉道, 도를 위해 기꺼이 목숨을 바치는 것)할 수 있다고 생각했다.[3]

나라가 망하는 한이 있더라도 청과 싸워야만 하는 또 다른 이유는 인조 정권의 국시國是 때문이었다. 척화파들은 1623년 인조가 '반정'을 통해 집권할 수 있었던 것은 광해군이 '명을 배신하고 오랑캐 후금과 화친했기 때문'이라고 인식했다. 실제로 광해군은 1618년 명이 후금을 치는 데 조선도 원병을 보내 동참하라고 요구하자 명의 요구를 따르지 않고 오히려 파병을 거부하려 시도했다.

그뿐만 아니라 마지못해 보낸 조선군이 1619년 심하深河 전투에서 후금군에 패한 이후에는 거듭된 명의 군원 요청을 거부했다. 더 나아가 후금과 사신을 왕래시키며 화친을 시도했다.[4] 광해군의 이 같은 외교 행보는 서인과 남인 사대부들로부터 신랄한 비판을 받았다. 골수 척화파의 한 사람이었던 유계(俞棨, 1607~1664)는 1637년 1월, 오랑캐와 화친했던 광해군을 응징했던 것이야말로 '입국立國의 근본'이라고 설파했다.[5]

그렇다면 김상헌과 조경, 그리고 유계 같은 척화파들, 주화파보다 압도적으로 다수였던 그들은 최명길을 어떻게 생각했을까? 그들이 보기에 최명길은 의리와 시비를 무너뜨린 '원흉'이자 국시를 파기한 '간신'이었다. 병자호란 무렵 척화파들은 최명길을 경멸했고 심지어 남송 시대의 진회를 능가하는 '매국노'라고 매도했다.[6]

최명길은 구체적으로 어떤 행보를 보였기에 조정의 대다수를 차지했던 척화파들로부터 '진회를 능가하는 매국노'라는 비난을 받았을까? 여느 신료들과는 전혀 다른 길을 걸었던 최명길의 행적을 남구만은 이렇게 표현했다.

사람들이 의심하는 것을 공은 스스로 믿고
사람들이 피하는 것을 공은 스스로 힘껏 했으며
기꺼이 한 몸 바쳐 뭇사람의 비방을 감수했다네.
하고자 하는 바는 충성이었으니

어느 겨를에 다른 것을 돌아볼손가?
남대문에서 계책 정해 용감하게 적의 선봉을 막았고
북관에 붙잡혀 갇히니 조종朝宗의 의리 컸도다.[7]

　관인으로서 최명길의 생각과 행적을 이처럼 간결하면서도 명확
하게 묘사한 것은 드물다. 남구만의 지적처럼 최명길은 다른 신료들
의 비방과 매도에 개의치 않고 자신이 믿고 있던 신념대로 행동하고
실천했던 인물이었다.

　1636년 12월 14일, 청군이 숭례문 근처까지 들이닥치려 할 때 최
명길은 무악재로 홀로 달려가 청군 선봉과 담판을 벌여 인조가 남한
산성으로 피신할 수 있는 시간을 벌어 주었다. 포위되어 고립된 데다
춥고 배고팠던 남한산성에서 더 이상의 저항이 한계에 이르렀을 때
최명길은 뭇 신료들의 비방과 경멸을 무릅쓰고 청과의 화약和約을 주
도하여 종사를 유지시켰다.

　그것으로 끝이 아니었다. 누구보다 앞장서서 청과 화친하고 '성
하城下의 맹'을 이끌었던 최명길은 끝내는 심양瀋陽으로 끌려가 감옥
(북관)에 갇히는 신세가 되고 만다. 왜 그랬을까? 병자호란이 끝난 뒤
승려 독보獨步를 몰래 보내 조선 사정을 명에 알렸던 사실이 발각되
었기 때문이다. 최명길은 독보를 보냄으로써 명에 대한 '조종의 의
리'[8]를 끝까지 지키려고 했다. 하지만 병자호란을 맞아 청에게 이미
항복한 상황에서 명과 몰래 통신하거나 접촉하는 것은 목숨을 걸어
야만 하는 위험한 일이었다.

몸을 바치려 했기에 애초부터 목숨을 아끼지 않았고

난리 당하여 인仁을 이루려 두려움과 놀람을 감수했노라.

내 나라 보전하고 명나라 위하는 것이 일의 순서니

스스로 죽음을 각오하고 다시 이 길을 가노라.⁹

1642년(인조 20), 명과 밀통했던 사실이 발각되어 청의 소환을 받아 봉황성鳳凰城으로 향할 때 최명길이 지은 시이다. 시를 통해 최명길이 이야기하고 싶은 것은 무엇일까?

"내가 목숨이 아까워 화친을 주도하고 청에게 굴복했던 것이 아니다. 척화신들은 명과의 의리를 지키기 위해 조선이 망하거나 임금이 순국하는 것도 감수할 수 있다고 하지만 나는 동의할 수 없다. 조선의 신하라면 조선의 종사와 임금을 먼저 살리는 것이 순리 아닌가. 그런데 존망이 갈리는 절체절명의 위기에서 종사와 임금, 그리고 백성을 살리려면 화친 말고는 다른 길이 없었다. 이제 갖은 비방과 매도, 그리고 치욕까지 감수하면서 종사와 백성을 살려 인을 이뤘으니 홀가분한 마음으로 명을 위해 목숨을 바치러 간다." 아마도 그런 마음이 아니었을까. 먼저 조선을 살렸으니 이제 명을 위해 목숨을 바치겠다는 의지가 결연하다.

최명길은 단순한 주화파가 아니었다. 척화파로부터 갖은 비방과 매도를 당했지만 그는 척화파들이 내세운 의리와 명분을 결코 무시하지 않았다. 연소한 언관들이 중심이 된 척화파들의 기백과 충정은 나라를 위해 필요하다고 인정했다. 하지만 최명길은 조선과 조선 백성들이 먼저 살아남아야만 명에게 의리와 명분도 지킬 수 있다고 믿었다. 현실이 이어져야 이상도 존재할 수 있다고 생각했던 최명길은 어쩌면 조선에서 보기 드문 진정한 이상주의자였는지도 모른다.

최명길은 어떤 사람이고 그의 실체는 과연 무엇인가? 이제 이 문제적 인물이 살았던 시대와 남겼던 행적 속으로 들어가 보기로 하자.

약골,
과거에 합격하다

최명길은 1586년(선조 19) 8월 15일에 태어났다. 부친은 영흥부사
를 지낸 최기남(崔起南, 1559~1619), 모친은 함경감사를 지낸 유영립(柳
永立, 1537~1599)의 딸이었다. 최기남은 부인 유씨와의 사이에 4남 1녀
를 두었다. 최명길은 그 가운데 둘째였다. 최명길의 형은 최래길(崔來
吉, 1583~1649)인데 공조참판을 지냈고, 아우는 최혜길(崔惠吉, 1591~
1662)과 최만길崔晩吉인데 각각 예조참의와 호조좌랑을 역임했다. 누
이는 승지를 지낸 한필원(韓必遠, 1578~1660)에게 출가했다.[10]

최명길이 태어났던 1586년 무렵은 조선과 동서양을 막론하고 격
동의 시대였다. 1586년은 임진왜란이 일어나기 6년 전이다. 조선에서
는 선조가 즉위하고 사림들이 권력의 중심부에 진입한 지 20년이 되
어 가던 때였다. 사림들은 연산군부터 명종대까지 훈구, 척신들의 집

권기에 드러난 여러 문제점들을 신랄하게 비판하면서 도학(道學, 성리학)을 바탕으로 정치, 사회적 개혁을 꿈꾸었다. 하지만 훈구, 척신들의 반격과 보복에 휘말려 사화士禍라는 혹심한 고난을 겪었다. 선조대에 이르러 사림들은 조정의 중심 세력으로 떠오르면서 이제 비판자가 아니라 정책을 집행하는 실행자가 된다. 하지만 과거의 적폐를 청산하고 개혁을 시도하는 과정에서 사림들은 갈등을 거듭했고, 결국 분열하고 만다. 1575년 사림은 동인과 서인으로 나뉘어졌고 양자의 정치적 갈등은 날로 깊어졌다.

최명길이 세 살 때인 1589년 '정여립鄭汝立 모반 사건'을 계기로 기축옥사己丑獄事가 일어나 조선 전체가 소용돌이 속으로 빠져든다. 정여립과 직접, 간접으로 연루된 수많은 사림들이 죽음을 당하거나 유배되는 참극이 빚어졌다. 급기야 1591년(선조 24), 기축옥사의 여파로 동인이 남인과 북인으로 다시 분열되면서 당파 사이의 갈등은 제어하기 어려운 지경으로 치달았다.[11]

중국의 상황도 만만치 않았다. 당시 명은 쇠퇴의 길로 접어들고 있었다. 그런데 신종(神宗, 만력제)의 즉위 이후 조정의 실권을 장악했던 장거정(張居正, 1525~1582)은 일련의 개혁을 통해 명의 쇠퇴를 일시적이나마 돌려놓았다. 그는 효율적인 세금 징수, 대운하의 수송 능력 개선, 불필요한 관원 정리, 토지 조사들을 실시하여 재정 상황을 획기적으로 개선시켰다. 또 이성량李成梁, 척계광戚繼光 같은 무장들을 기용하여 몽골의 위협도 제압했다. 하지만 장거정은 집권 당시 환관과 결탁하고 언론을 탄압함으로써 향후 환관들이 발호할 토대를 열었고, 무능하고 탐욕스런 인물들을 기용하여 명의 쇠망을 촉진시켰다는 평가를 받기도 한다.

한편 신종은 장거정이 죽은 뒤 정치에 잠시 열의를 보였지만 1586년 이후 신료들과의 접촉을 회피하고, 그들의 소장疏狀에 답변도 미루고, 관직에 결원이 생겨도 보충하지 않는 등 사실상 정무를 폐기하는 태정怠政 상황으로 빠져들고 있었다. 그 와중에 요동에서는 누르하치奴兒哈赤가 1583년부터 주변을 아우르기 시작하더니 1588년 건주여진建州女眞을 통일하면서 태풍의 눈으로 떠오르고 있었다.[12]

일본에서도 이 무렵 격변이 한창이었다. 무엇보다 도요토미 히데요시豐臣秀吉가 새로운 지배자로 떠오르고 있었다. 가난한 하층 출신으로 바늘 장수 따위를 전전하며 생계를 꾸렸던 그는 오다 노부나가織田信長 휘하에서 군공을 세워 출세했다. 1582년 주군 노부나가가 교토의 혼노지本能寺에 머물다가 부하 아게지 미쓰히데明智光秀의 반란으로 자살하는 사건이 벌어진다. 이른바 '혼노지의 변變'이 그것이다. 당시 히데요시는 다카마쓰성高松城을 공격하기 위해 출전해 있었는데, 변란이 발생했다는 소식을 듣자 전광석화처럼 움직였다. 그는 급거 교토로 달려와 아게지 미쓰히데를 격파하여 복수한 뒤, 노부나가의 아들들과 가신들을 차례로 물리치고 집권자의 자리에 오른다. 급기야 히데요시는 1587년 규슈九州를 장악하면서 일본을 통일한다. 분열되었던 전국 시대를 통일하는 과정에서 히데요시가 보여 준 능력과 순발력은 대단한 것이었다.

자신감이 커진 히데요시는 일본 통일의 여세를 몰아 명나라와 인도까지도 정복하겠다고 표방한다. 그는 대마도 도주 소오씨宗氏를 조선에 보내 조선 국왕의 입조入朝를 요구했다. 그리고 1590년, 귀환하는 조선 통신사 일행에게 들려 보낸 국서에서 '명을 치는 데 조선이 앞장설 것'을 요구한다. 이윽고 조선이 그의 요구를 거부하자 1592년 히데요시는 조선 침략에 나선다.13

유럽에서도 격변이 잇따랐다. 이 무렵은 기존의 패권국 스페인이 쇠퇴하고 네덜란드와 영국이 새로운 강국으로 떠오르던 시기였다. 1581년 네덜란드는 북부 7개 주를 묶어 네덜란드 공화국의 독립을 선언했다. 스페인이 진압에 나서고 영국이 네덜란드 편에 가담하면서 1585년부터 네덜란드 독립 전쟁이 격화된다. 그런데 1588년 벌어진 해전에서 '아르마다'라 불리던 스페인 무적함대가 영국 함대에게 참패하면서 스페인은 쇠락의 길로 접어든다.

1589년 프랑스에서는 앙리 4세가 즉위하여 부르봉 왕조 시대가 열렸다. 한반도에서 임진왜란이 아직 진행되고 있던 1596년 영국과 프랑스는 네덜란드의 독립을 승인했다. 곧이어 1598년 앙리 4세는 이른바 낭트 칙령을 내려 신교도들에게 신앙의 자유를 부여한다. 이후 유럽은 30년 전쟁의 격변을 향해 달려가고 있었다.14

유년 시절의 최명길의 삶과 행동을 이해할 수 있는 자료는 별로 많지 않다. 일곱 살에 임진왜란을 만났던 최명길은 집안 어른들을 따라 피난길에 나섰던 것으로 보인다. 그의 증손 최창대(崔昌大, 1669~1720)가 쓴 〈유사遺事〉에 따르면 임진왜란 당시 최명길 집안이 협내峽

內에서 피난했다는 기록이 보인다. 협내는 '골짜기 안'이라는 뜻으로 어딘지는 정확하지 않지만 경기도 일대였던 것으로 보인다.

최명길은 여덟 살 때부터 글을 배웠다고 한다. 여덟 살이면 1593년으로 아직 왜란이 한창 진행 중인 시기였다. 하지만 1593년 1월, 명나라와 일본의 강화 협상이 본격화되고 곧 서울과 경기도에 머물던 일본군이 경상도 해안 쪽으로 물러남으로써 전쟁은 소강상태로 접어들고 있었다. 일본군이 철수하자 경기도 지역은 어느 정도 평온을 되찾았던 것으로 보인다. 최명길의 행장行狀에는 "논어를 읽기 시작하면서부터 문리를 날마다 터득하여 알기 어려운 문장도 바로 해석하여 막힘이 없었다"고 적혀 있다. 또 최명길 스스로 "오늘은 증자가 되고, 내일은 안자가 되고, 그다음 날은 공자가 되겠다"고 다짐하여 부친 최기남을 흐뭇하게 했다는 기록도 있다.[15]

1598년 도요토미 히데요시가 죽고 일본군이 물러가면서 임진왜란은 끝난다. 하지만 전쟁이 남긴 피해와 상처는 심각했다. 최명길의 부친 최기남은 본래 서울의 취현방聚賢坊이라는 곳에 본집이 있었고 인천에는 장사莊舍라 불리는 농장을 갖고 있었다. 취현방은 서울의 서쪽 지역으로 서소문 부근이었다. 그런데 취현방의 서울 집은 왜란 중에 모두 불타 버려 서재에는 온전하게 남은 책이 없었다. 《좌전》과 《열자》 서너 권만 불에 그슬린 채 겨우 남아 있었다. 최기남은 이 책들을 수습해서 보철한 뒤 아들 형제들에게 읽혔다고 한다.

서울 집이 이렇게 망가진 상태라 당시 최명길은 인천의 농장에서 책을 읽고 공부했던 것으로 보인다. 최명길은 이때 다른 집에서 빌

려 온 《주자서절요朱子書節要》 등을 새벽부터 저녁까지 쉬지 않고 읽었다는 기록이 나온다.[16]

아버지 최기남이 불에 그슬린 《좌전》을 보철하여 읽혔던 것의 효과 때문일까? 최명길은 《좌전》을 숙독하면서 역사서의 가치와 중요성을 절감했던 것으로 여겨진다. 최명길은 이후 사詞와 부賦 같은 글을 지으면서 《좌전》의 어구를 많이 인용했다.

그뿐만 아니라 훗날 경연 자리에서도 인조에게 역사서를 읽는 것의 중요성을 강조했다. 1632년(인조 10) 4월, 최명길은 제왕의 학문은 필부의 그것과는 다르다고 전제한 뒤 정치를 제대로 하려면 《서경》, 《춘추》 같은 역사서를 먼저 읽어야 한다고 권했다. 특히 열국의 사적을 기록하여 치란治亂, 흥망興亡, 시비是非, 사정邪正의 시말이 모두 갖추어져 있는 《춘추》의 중요성을 강조했다. 그러면서 "임금이 되어 《춘추》의 뜻을 알지 못하는 자는 죄인이라는 오명을 피할 수 없다"고 강하게 추천했을 정도였다.[17] 임진왜란 이후 부친이 보철해 준 《좌전》을 물릴 정도로 읽고 또 읽으면서 다져진 소양은 그가 본격적으로 벼슬살이를 할 때까지도 영향을 미쳤던 셈이다.

최명길은 이항복(李恒福, 1556~1618)과 신흠(申欽, 1566~1628)을 스승으로 모시고 수학했다. 독서와 학업에 열중했던 최명길은 스무 살 때인 1605년(선조 38) 생원시와 진사시에 모두 합격한다. 생원시에서는 당당히 장원을 차지했다. 그리고 같은 해 4월 1일에 열린 증광시에도 잇따라 급제했다.

당시 증광시는 선조에게 존호尊號를 올린 것을 축하하고 기념하기 위해 실시된 특별 과거였다. 1604년부터 조정 신료들은 "선조가 일편단심으로 명나라에 충성을 바침으로써 마침내 임진왜란을 극복하는 대공大功을 세웠다"면서 선조에게 그를 찬양하는 존호를 받으라고 촉구했다. 선조는 누차 거부하다가 끝내는 신료들의 강청을 받아들였는데 당시 과거는 바로 그것을 축하하기 위해 실시되었다.

1605년 증광시의 합격자는 모두 서른세 명이었는데 최명길은 그 가운데 병과丙科 합격자 스물세 명 가운데 스물두 번째로 이름을 올렸다. 순위는 거의 꼴찌였지만 사실상 최연소 합격자였다.

조선 시대 과거 합격자 명단을 수록한 《국조문과방목國朝文科榜目》을 보면 1605년의 합격자 서른세 명 가운데 출생 연도가 명시된 사람은 서른한 명이다. 그 가운데 최고령자는 박선장(朴善長, 1555~1616)이란 인물로 당시 이미 쉰이 넘은 상태였다. 최연소자는 곽천호(郭天豪, 1598~1628)였다. 《국조문과방목》에는 곽천호가 태어난 해를 무술년(1598)으로 기록하고 있는데 사실이라면 그는 불과 일곱 살에 합격한 셈이 된다. 그런데 전후 사정을 고려할 때 이것은 잘못된 기록일 가능성이 높다. 따라서 곽천호를 제외하면 최명길은 이구(李久, 1586~1609)라는 인물과 함께 최연소 합격자에 해당한다.

당시 최명길의 과거 합격 동기들 가운데는 주목할 만한 인물들이 적지 않다. 이구를 비롯하여 홍방(洪霶, 1573~1638), 목대흠(睦大欽, 1575~1638), 윤효선(尹孝先, 1563~1619), 한찬남(韓纘男, 1560~1623), 곽천호, 기윤헌(奇允獻, 1575~1624) 같은 이들이다.

그 가운데서도 특히 주목되는 인물은 한찬남이다. 한찬남은 과거 합격 이후 광해군 정권에서 출세 가도를 달려 도승지, 대사헌, 형조판서 같은 관직을 역임했고 대북파의 핵심 인물로 권력의 정점에 섰다. 권신 이이첨(李爾瞻, 1560~1623)의 심복이었던 그는 1613년(광해군 5) 계축옥사癸丑獄事가 발생하자 영창대군을 죽이는 데 앞장섰다.[18] 한찬남은 이어 '폐모론'까지 주도하면서 조정에서 남인과 서인들을 몰아내는 데 중심 역할을 했다.

폐모론이 대두되어 서인과 남인이 대부분 제거되고 대북파의 독주 체제가 만들어지면서 한찬남은 권력의 정점에 오른다. 심지어 자신의 아들 한희韓曦를 과거에 부정하게 합격시켰다는 구설에 오를 정도로 권력을 휘두르게 된다.[19] 1622년(광해군 14), 최현(崔晛, 1563~1640)이 광해군에게 올리려다가 그만둔 소疏에 따르면 한찬남은 박정길朴鼎吉, 정조鄭造, 윤인尹訒과 함께 이이첨과 생사를 같이하면서 대북파의 핵심으로서 모주(謀主, 책사) 역할을 했던 존재였다.[20]

뒤에, 다시 언급하겠지만 최명길의 부친 최기남은 계축옥사와 폐모 논의를 계기로 관직을 삭탈당했고, 최명길도 이이첨에게 밉보여 벼슬에서 쫓겨나게 된다. 달리 말하면 한찬남은 이이첨의 충실한 하수인이자 광해군 정권의 실세로서 자신의 과거 합격 동기였던 최명길 부자를 몰아내는 데 중심 역할을 했다고도 할 수 있다. 하지만 이들의 운명은 10년 만에 극적으로 뒤바뀌고 만다. 최명길은 1623년 인조반정에 참여하여 광해군 정권을 몰아내는 데 주도적인 역할을 했고, 한창 권력의 중심에 있던 한찬남은 반정이 성공했던 바로 이튿날 처형되는 비운을 맞는다.

기윤헌은 광해군대 대북파로서 영의정을 지낸 기자헌(奇自獻, 1567~1624)의 동생인데 그는 1624년 이괄(李适, 1587~1624)의 난에 연루되어 죽음을 맞이한다. 곽천호는 광해군 때 장령, 교리 등을 역임했고 폐모론에도 적극적으로 찬성하여 대북파의 일원으로 활약한다. 하지만 그 역시 인조반정을 맞아 파직되었다가 1628년(인조 6) 대북파의 잔당 유효립柳孝立이 시도했던 역모 사건에 연루되어 죽음을 맞았다.

한편 최명길과 동갑으로 최연소 합격자였던 이구는, 영의정을 지낸 이산해(李山海, 1539~1609)의 손자이자 이경전(李慶全, 1567~1644)의 아들이다. 열여덟 살에 진사시를 장원으로 통과하고 증광시에도 우수한 성적으로 급제했지만 4년 만에 천연두에 걸려 요절하는 비운을 맞는다.

이여빈(李汝馪, 1556~1631)이란 인물도 주목된다. 최명길보다 30년이나 연장자였던 그는 합격 당시 이미 마흔아홉의 나이였다. 비록 과거에 합격했지만 서울에서 벼슬살이하는 것이 여의치 않다고 느낀 그는 외직을 구했고, 1606년 벽사도碧沙道 찰방察訪이 되어 전라도 장흥으로 내려가게 된다.[21] 이여빈은 이후 비록 한미한 외직에 있었지만 광해군과 대북파의 정치 행태를 날카롭게 비판했다. 1611년에는 대북파의 또 다른 영수였던 정인홍鄭仁弘이 이언적李彦迪과 이황李滉을 깎아 내리려고 했던 것에 반발하여 정인홍을 비판하는 소를 올렸다. 그뿐만 아니라 간신 이이첨의 권력이 국왕 광해군을 능가하는 실상을 조목조목 지적하면서 그의 관직을 삭탈한 뒤 죽여야 한다고 청하는 소를 올리기도 했다. 주목되는 것은 이여빈이 상소에서 이이첨은 물론 이이첨과 굳게 결탁하고 있던 한찬남도 처형해야 한다고 강조했다는 사실이다.[22] 최명길이 그러했던 것처럼 이여빈 또한 자신의 과거 합격 동기였던 한찬남과 악연이었던 셈이다.

이처럼 최명길과 그의 과거 합격 동기들 대다수는 광해군, 인조 때에 벌어진 정치적인 격동에 휘말리는 삶을 살았다. 그리고 비록 광해군대 벼슬에서 쫓겨났지만 여러 가지 우여곡절 속에서도 훗날 영의정 자리까지 올랐던 최명길은 그들 가운데 가장 눈에 띄는 존재였다고 할 수 있다.

병약에 발목 잡힌
벼슬살이

비록 어린 나이에 과거에 급제하여 출세의 길로 나아갔지만 최명길에게는 심각한 장애물이 하나 있었다. 바로 병약하고 건강이 좋지 않았던 점이 그것이다. 그는 또한 체구가 작은 데다 심하게 말라서 보는 사람들이 위태롭게 여겼을 정도였다. 왜소하고 병약했기 때문에 외모는 자연히 볼품이 없었다. 최명길의 스승이었던 신흠은 일찍이 "최명길은 훗날 마땅히 세상에 이름을 떨칠 큰 그릇이 될 것"이라 예언한 바 있다. 하지만 최명길의 인품과 학문 능력을 높이 평가했던 신흠도 그가 병약하고 볼품없었던 사실 때문에 고민했다. 신흠은 최명길을 사위 삼으려는 마음이 있었지만 그가 너무 병약하여 자식 복이 없을 것을 우려하여 끝내는 그만두었다고 한다.

신흠은 본래 《주역》에 통달했고, 성명술星命術에도 대단히 조예가 깊은 인물이었다.[23] 신흠이 최명길의 학업 능력과 장래성을 보고 사위로 삼으려 하다가 그의 부실한 건강 상태와 외모 때문에 포기하면서 최명길은 장만(張晩, 1566~1629)의 딸에게 장가들게 된다. 흥미로운 것은 장만의 부인, 즉 최명길의 장모 또한 그를 사위로 맞아들인 이후에도 키가 작고 몸이 허약하다는 이유로 한탄과 후회를 그치지 않았다는 사실이다. 그 때문에 장만이 웃으면서 "최 서방의 외양은 중인中人에 미치지 못하지만 나의 자손들이 이 사람의 덕을 많이 보게 될 것"이라고 위로했다는 일화가 전하기도 한다.

최명길은 두 번 결혼했다. 그런데 첫 번째 장씨 부인과의 사이에서 아들을 얻지 못했다. 그래서 그는 아우 최혜길의 아들인 후량後亮을 양자로 입적시켜 맏아들로 삼았다. 더욱이 장씨 부인은 1627년 9월, 43세의 나이에 일찍 세상을 뜬다. 최명길은 이후 종묘서령宗廟署令을 지낸 허인許嶙의 딸을 두 번째 부인으로 맞이했다. 최명길은 허씨 부인과의 사이에서 두 아들을 두었는데 첫째가 후상後尙이고, 둘째는 어려서 잃었다. 그런데 최명길은 허씨 부인에게서 아들을 얻은 이후에도 후량을 파기하지 않고 계속 장자로 삼았다.[24]

최명길이 건강하지 못하고 병약했던 것은 일정 부분 선천적인 것이었다. 그 스스로 부모로부터 받은 기질 자체가 허약했다고 고백한 바 있다. 건강이 좋지 않고 병약했던 사실은 일생 내내 중요한 고비마다 심각한 장애물이 되어 그의 발목을 잡기도 했다. 과거에 합격했던 청장년 이후에도 이런저런 병 때문에 사직을 요청하거나 벼슬에서 물러나 요양하는 경우가 잦았다. 문과에 합격한 직후인 1609

년(광해군 2)에도 예문관 관원으로 천거되었지만 병 때문에 벼슬에 나아가지 못했다.

《조선왕조실록》을 보면 신료들이 임금에게 사직을 허락해 달라고 청할 때 가장 흔하게 내세우는 명분이 질병 혹은 심신의 허약함이다. 임금이 허락하지 않을 경우 사퇴를 관철하기 위해 자신의 허약함이나 질병 상태를 실제보다 과장해서 강조하는 경우도 많았다. 건강이 시원치 않았던 최명길의 경우도 사직을 청하는 소차(疏箚, 상소와 차자)를 대단히 많이 남겼다. 그 가운데서도 최명길이 1624년(인조 2), 서른아홉 살 때 올린 사직소의 내용은 특히 주목된다.

신은 타고난 기질이 몹시 약하여 스무 살 뒤로 속병과 폐병을 앓아 문 닫고 바깥출입을 못 한 채 거의 죽을 뻔한 것이 7, 8년입니다. 타고난 운명이 기박하여 수많은 액운이 모이고 10년을 우환 속에 지내고 6년을 시묘살이 하면서 정신이 놀라 달아나서 몸이 껍데기만 남았습니다. 나이 마흔도 되지 않아 이빨이 반이나 빠져 음식을 제대로 씹지 못해 하루에 먹는 것이 몇 숟갈도 되지 않습니다. 평소 호산증狐疝症을 앓아 배 속이 탱탱하게 굳어 차가운 곳에 잠깐만 앉아도 증세가 곧 나타나 온몸이 춥고 떨려 사무를 거의 볼 수 없어 반드시 따뜻한 곳으로 옮겨야 조금 진정됩니다. 게다가 정신마저 혼미하여 노인과 같으니 스스로 세상일을 감당할 수 없다고 깨달은 지 오래되었습니다.[25]

1624년 이괄의 난이 진압된 뒤 이조참판에 제수되었을 때 사퇴를 허락해 달라며 올린 소이다. "20대부터 병 때문에 제대로 바깥출입을 못 했다", "몸이 껍데기만 남았다", "이빨이 반이나 빠졌다", "정신이 혼미하다" 같은 이야기 말고도 최명길이 언급했던 병증은 한두 개가 아니다. 내상, 허손, 호산증 들이 열거되었다. 내상이 일반적인 속병이라면 허손은 폐병을 가리키고, 호산증 또한 몹시 심한 복통을 이르는 용어다.

최명길은 40대, 50대 시기에도 시원찮은 건강 상태와 끊임없이 찾아오는 병마 때문에 힘든 시간을 보내야 했다. 당시는 인조가 그의 재주와 능력을 높이 평가하여 고위 관직을 잇따라 제수했던 데다 최명길 또한 쓰러지기 직전까지 업무에 매달리는 성격이었기 때문에 갖은 우여곡절을 겪어야 했다.

젊어서부터 잦았던 병치레 때문에 최명길은 입에 약을 달고 살았고, 뜸이나 침 치료를 자주 받았다. 자신의 병을 치료하고 몸의 건강을 유지하기 위해 의서들을 수시로 들여다보고 약물 처방에도 깊은 관심을 가졌던 것으로 보인다. 그 같은 경험 속에서 최명길의 의약에 대한 조예 또한 대단히 높아졌다. 한 예로 1632년(인조 10) 6월 인목대비가 승하하고, 인조가 국상을 치르면서 건강이 나빠졌을 때 최명길은 인조의 증상을 전문 의원 못지않게 해박하게 진단한 뒤 조리하라고 강청하기도 했다.

신이 전후로 입시하던 날 전하의 천안天顔을 뵙고 성스런 교서를 직접 받들어 여러 의원들에게 물어보고 의서를 고찰하니, 안으로 상한 것과 겉으로 허한 것과 오른쪽 부위가 마비되는 것은 아주 위중한 증세입니다. 옛사람들이 깊이 우려하는 것인데 전하는 이런 증세를 모두 지니고 있습니다. …… 의서에서 마비에 대해 논하기를 "풍風, 한寒, 습濕 세 가지가 합쳐져 비痺가 되는데 비가 몸에 고착되면 사지를 쓰지 못하게 된다"고 합니다. 극도로 허하신 몸으로 막중한 증세를 끌어안으신 채 겨울 추위를 무릅쓰고 한밤중에 제사를 거행하시는 일은 참으로 위태롭고 위급한 일입니다.[26]

최명길의 위의 진술을 통해 그가 병증 진단과 의약 처방에 대해 상당히 깊은 조예를 지니고 있었음을 알 수 있다.

1638년 최명길이 영의정으로 약방 도제조를 맡았을 때 인조는 소갈증에 걸린 상태였다. 당시 최명길이 인조의 소갈 증상에 대해 진단하고 약재 처방과 관련하여 진술했던 내용 또한 매우 상세하고 구체적이다.[27] 자신이 이런저런 병을 앓았기에 의서를 고찰하고 약물 처방을 연구했던 데다, 약방 도제조로서 내의원內醫院에 소속된 최고 수준의 의원들과 자주 접촉하고 수시로 자문까지 받게 되면서 최명길의 의약에 대한 조예는 절정에 이르렀던 것으로 보인다.

최명길이 몹시 병약했던 상태에서 벼슬살이를 했던 것은 그 자신에게는 당연히 힘겨운 일이었지만 국가적으로도 안타까운 일이었다. 특히 최명길이 이조판서를 거쳐 정승으로 재임했던 1631년부터 1638년 무렵까지가 특히 그러했다. 당시 최명길이 자신의 병증을 호소하고 사직을 청하려고 올린 소차들을 보면 "약물로 겨우 연명하고 있다"[28], "원기가 날로 없어지고 온갖 질환이 잇따라서, 물러나 치료에 전념하지 않으면 회생할 가망이 없다"[29], "중풍 발생이 임박하여 벌벌 떨면서 큰 도적을 막듯이 하고 있다"[30]는 것처럼 위중한 병세를 다급하게 호소하는 언급들이 많이 보인다.

실제로 병자호란이 임박했던 1636년 봄부터 가을까지 최명길은 벼슬에서 물러나 상당한 시간 동안 신병을 치료하고 정양하는 데 집중해야만 했다. 최명길은 본래 '근력이 미치는 한, 일을 절대로 사양하는 성격이 아닌' 사람이었지만 당시는 반년 이상을 쉬면서 조리했다. 1636년 가을 인조가 예조판서를 제수하자 최명길은 사양하면서 "조금만 방심해도 병이 재발하므로 항상 두려워하기를 갓난아기 보호하듯이 한다"고 자신의 처지를 호소한다.[31]

이제 겨울이 아주 깊어 만물이 얼고 날씨가 춥습니다. 전에 고황혈과 폐유혈에 잇따라 뜸을 떴는데, 뜸 뜬 자리가 아물기도 전에 감기에 상함이 또한 심하여 가래가 끓고 열이 수시로 오르내립니다. 잠깐 창문을 열더라도 어지러워 쓰러질 듯하니 대궐을 바라보며 약수(弱水, 전설 속의 긴 강)가 가로놓여 삼천 리나 떨어져 있는 듯 남몰래 슬프고 민망함이 간절하여 어쭐 바를 모르겠습니다. …… 엎드려 바라옵건대 천지부모께서 특히 불쌍히 여기셔서 신의 본직과 겸대하고 있는 내국內局, 비국備局, 경연經筵, 춘추春秋, 빈객賓客 같은 책임을 교체하여 하찮은 제 목숨을 보전하게 하시고 살려 주시는 은총

을 끝까지 다해 주신다면 다행함을 이기지 못하겠습니다.[32]

병자호란이 일어나기 직전 예조판서와 겸직하고 있던 여러 직책에서 물러나게 해 달라고 간청하는 차자이다. 여기서 주목되는 것은 예조판서 이외에도 약방, 비변사, 경연관, 춘추관, 시강원 같은 온갖 기관의 겸직들까지 모두 교체하여 목숨을 보전케 해 달라고 호소하고 있다는 사실이다.

1636년 봄부터 겨울까지는 조선의 존망이 결정되었던 중대한 시기였다. 이해 봄, 청의 홍타이지는 칭제稱帝하기로 결정했다. 그래서 청국 사신 용골대 일행이 홍타이지의 국서와 청과 몽골 버일러(부족장)들의 서신을 들고 서울에 들어왔고, 조선이 그들의 서신을 접수하지 않고 조선 신료들 사이에서 사신을 참수해야 한다는 주장이 나오자 그들은 도주했다. 또 그들이 도주한 직후 인조는 청과의 관계를 사실상 단절하겠다는 내용의 유시문을 반포하고, 그 유시문이 용골대 일행에게 탈취당하는 사건이 발생했다. 이들 중대한 사건들이 잇따르면서 정묘호란 당시 맺었던 양국의 형제 관계는 파탄에 이르고 청은 결국 조선 침략에 나서게 된다.[33]

그런데 당시처럼 중차대한 시기에 공교롭게도 최명길은 조정에 나오지 못한 채 신병 치료에 전념하고 있었다. 물론 사가에서도 소차를 올려 청에 대한 계책을 인조에게 개진하기는 했다. 하지만 시시각각 급박해지고 있던 청과의 관계 속에서 돌출하는 현안들을, 조정이 아닌 사가에서 순발력 있게 처리하거나 훈수하는 것은 한계가 있을 수밖에 없었다.

　만약 당시 최명길이 무탈하여 조정에 정상적으로 출사했더라면 상황은 어떻게 되었을까? 최명길이 줄곧 조정에 있었더라도 청과의 관계가 나아졌을 것이란 보장은 물론 없다. 하지만 최명길이 정묘호란 이래 시종일관 청과의 관계를 원만하게 유지하려고 노심초사했던 사실, 그 때문에 청에서도 최명길은 '대화할 수 있는 인물'로 인식했던 사실 등을 염두에 두면 당시 조정에 최명길이 부재 중이었던 것은 상당히 중요한 의미를 지닌다고 할 수 있다. 요컨대 최명길이 일생 동안 병약했던 사실은 그 개인은 물론 국가적 차원에서도 자못 안타까운 일이었다는 생각이 든다.[34]

주역에 통달하고
양명학을 접하다

주지하듯이 최명길은 정묘호란과 병자호란이 일어날 무렵, 대다수 조선 사대부들에게 정론으로 인식되던 척화론을 따르지 않고 주화론을 앞장서 주창함으로써 청과의 화친을 이끌었다. 그는 청과의 화친을 통해 망해 가던 종사를 유지하고 백성들을 살리는 데 성공했지만, 당대에는 '진회보다 더한 간신'이라는 극단적인 비방을 감수해야 했고, 사후에도 '대의를 저버리고 이해를 취한 소인'으로 매도되었다. 그렇다면 당대 지식인들의 그것과는 사뭇 달랐던 최명길의 독특한 언동과 행적은 어떤 배경에서 비롯되었을까?

최명길이 당시 대다수 지식인들과는 다른 길을 걸었던 것을, 엄혹한 현실에 직면하여 임기응변하려는 목적에서 비롯된 것이라고만 보기는 어렵다. 최명길이 보여 준 독특한 언동의 배경에는 그 나름의 논리와 학문적 기반을 갖는 사유 체계가 있었다고 보는 것이 타당하다. 실제로 최명길의 신도비명神道碑銘을 썼던 박세당은 "최명길이 경전을 정밀하게 연구하여 전훈典訓에 회통하고 사서四書에 깨달음이 깊었다"고 찬양하면서 그가 실천하여 사업으로 드러난 것은 모두 학문에 근본을 두고 있었다고 지적했다. 최명길과 같은 시대를 살았던 이식 또한 최명길을 자신이 두려워할 정도의 '학문하는 선비', '사서에 대한 이해가 정밀한 경지에 이른 학자'로 평가한 바 있다. 나아가 최명길에게 서신을 보내 경서의 문의文義를 가르쳐 달라고 요청했을 정도였다.[35]

그런데 주목되는 것은, 이식이 최명길의 성리학에 대한 조예를 몹시 높게 평가하면서도 그가 실천이나 경세와 관련해서는 성리학의 가르침과는 전혀 상반되게 행동했다고 비판했다는 사실이다.

조정에서 학문하는 인사들 가운데 최명길과 장유(張維, 1587~1638) 두 상공을 나는 두려워한다. 최 상공은 스스로 "나는 평생 잘하는 것은 없지만, 학문의 공정만은 정맥正脈을 분명히 알아 이단에 미혹되지 않았다"고 말했는데, 그가 사서의 의리를 설명하며 논한 것을 보면 역시 정밀한 경지에 이른 것 같다. 그러나 그 의리가 몸과 마음을 통해 실제로 발휘된 것을 보지 못했고, 경세의 일은 모두가 거꾸로 거슬러서 시행하는 것들이었다. 또 신기하고 괴이한 것에 자못 미혹되었으니 생각건대 그의 기질이 매우 낮기 때문에 그런 듯하다. 따라서 학문과 문장을 그럴듯하게 꾸미는 것을 제외한다면, 비

록 심상한 선비가 되고자 해도 될 수 없는 인물이라 하겠다.[36]

위에 나타난 이식의 최명길에 대한 평가는 양면적이다. 최명길이 사서의 의리에 통달하고 성리학을 깊이 공부했다는 사실만 높이 평가했을 뿐, "의리를 실천하지 못했고 경세는 모두 거꾸로 시행했다", "신기하고 괴이한 것에 미혹되었다"고 혹평하고 있다.

그렇다면 최명길은 어떤 학문적 연원과 배경을 갖고 있었기에 이식으로부터 위와 같은 혹평을 받았을까? 그와 관련하여 주목해야 할 것은 최명길이 이항복과 신흠의 문하에서 수학했다는 사실이다.

최명길은 이항복에게 어떤 학문을 배우고 어떤 영향을 받았을까? 이항복은 자신의 문하에 있던 최명길과 장유의 비범한 재능을 높이 평가하면서도 두 사람에게 경거망동하지 말고 공력을 보전하라고 충고한 바 있다.[37] 그런데 이항복이 최명길에게 어떤 가르침을 주었는지는 분명하지 않다. 다만 이항복이 최명길의 벼슬살이와 정치 인생에 상당히 큰 영향을 주었던 것은 분명해 보인다.

이항복은 선조 말년에서 광해군 중반까지 서인의 영수이자 대부였다. 그는 임진왜란이 끝난 뒤 호성일등공신扈聖一等功臣에 올라 사실상 전란 극복의 원훈(元勳, 최고 공신)으로 평가받았다. 그뿐만 아니라 1613년 이후 광해군 정권이 영창대군을 죽이고 인목대비를 폐하려 했던 이른바 '폐모살제廢母殺弟'의 국면을 맞아 목숨을 걸고 반대했던 인물 또한 이항복이었다. 뒤에 서술하겠지만, 최명길도 광해군대 조정에 나아갔다가 '폐모살제'가 시작되려는 무렵 벼슬에서 쫓겨났다.

실제로 최명길이 벼슬살이를 하면서 맞이해야 했던 중요한 국면마다 이항복은 최명길의 '멘토' 역할을 했다. 최명길은 이항복에게 서신을 통해 처세의 방향을 물었고 그의 조언에 따라 행동했던 것으로 보인다. 특히 1613년 폐모론에 반대했다가 관작을 삭탈당하고 귀양길에 오를 때 이항복은 최명길과 이별하면서 '막중한 문제'를 논의했다고 한다.[38] '막중한 문제'가 무엇인지는 명확하지 않으나 이항복 자신이 조정에서 쫓겨난 이후의 정국에서 최명길을 비롯한 서인들이 취해야 할 방향에 대한 논의였던 것으로 여겨진다. 여하튼 1623년 이른바 인조반정을 일으켜 광해군 정권을 무너뜨린 서인 공신들 대부분이 이항복의 문하생이었다는 사실, 그리고 최명길 또한 주도자의 한 사람으로 동참했던 사실을 고려하면 이항복은 분명 최명길의 정치 행로에 절대적인 영향을 미쳤던 것으로 보인다.[39]

최명길의 학문 기반과 사유 체계를 형성하는 데 직접적인 영향을 끼친 스승은 신흠이었다. 최명길은 자신이 열일곱 살 때 신흠 문하에 나아가 수학했다고 밝힌 바 있다. 이미 언급했지만 최명길의 부친 최기남의 묘비명을 쓴 사람도 신흠이었다. 최명길과 신흠의 관계가 자못 각별했다는 사실을 보여 주는 대목이다. 그렇다면 신흠은 어떤 학자였을까?

신흠은 성리학을 공부했지만 다른 학문이나 사조를 이단異端이라고 배제하지 않고 포용하는 입장을 지니고 있었다. 특히 주목되는 것은 신흠이 《주역》과 그것과 연결되는 상수학象數學에 대단히 깊은 조예를 지니고 있었다는 사실이다. 《주역》은 기본적으로 길흉을 점치는 점서占筮의 책이면서 깊은 철리哲理와 우주론을 담고 있어서 유가뿐 아니라 도가와 불가에서도 중시하고 있는 경전이다.

'역'은 상象과 수數를 기조로 하여 성립되는데, 음과 양을 조합하여 팔괘를 만들고 팔괘를 집적하여 육십사괘를 만든 뒤 육십사괘를 다양하게 조합, 운용하여 인간과 세상, 우주의 변화를 예측하고 해석한다. 말하자면 육십사괘는 하늘과 땅이 만물을 낳는 과정 속에 형성된 여러 단계와 각 단계 사이의 변천 규율이 들어 있는 것이다.[40]

그런데 정주학자(程朱學者, 주자학자)들은 역학을 탐구할 때 만물의 변화를 대체로 '의리론義理論'의 입장에서 해석하는 경향이 강했다고 한다. 반면 노자와 소옹(邵雍, 1011~1077)의 역학은 '상과 수의 흐름과 변천'에 따라 만물의 변화를 풀이하고 해석하는 경향이 강했다. 신흠은 정주학자들이 이단으로 여기던 노자와 소옹의 역학에 깊은 관심을 갖고 연구하여 일가를 이루었다. 그것은 조선의 대다수 성리학자들이 의리론을 바탕으로 우주와 만물의 생성과 변화 과정을 이해, 설명하려 했던 것과는 사뭇 다른 입장이었던 셈이다.[41]

최명길은 스승 신흠의 학문에 대해, 특히 역학과 상수학과 관련하여 다음과 같이 평가한다.

선생은 총명함이 뛰어난 데다 여러 책을 널리 연구하여 자신에게 해를 끼치는 것에 빠져들지 않았다. 마음가짐을 겸허하고 고요하게 하고 천기天機를 묵묵히 보고 현묘한 데로 깊이 나아갔다. 그것을 발하여 문장을 지으니 마음먹은 대로 흡족하게 되어 마치 물에 근원이 있는 듯하고 나무에 뿌리가 있는 것과 같았다. 넉넉하면서도 탁 트이고 민첩하면서도 오묘하여 스스로 일가를 이루셨다. …… 무릇 노자는《주역》의 체體를 얻었고 소자(邵子, 소옹)는《주역》의 골수를 얻었는데 선생의 학문은 통하지 않은 것이 없어 스스로 깨달은 곳이 있었다. 덕의 요체를 간직했지만 거의 겉으로 드러난 자취가 없었다. 그래서 식견이 현묘하고 정미한 곳까지 뚫고 들어갔지만 스스로 높다고 여기지 않으셨다.[42]

최명길의 언급 가운데 특히 주목되는 것은 신흠이 노자와 소옹의 상수학을 모두 겸비하여 현묘하고 정미한 경지에 이르렀다고 평가한 부분이다. 이 같은 평가를 고려하면 당시 조선에서 정자와 주자의 역학이 주류를 이루고 있었던 현실에서 '이단'으로 폄하되던 노자와 소옹의 역학이 신흠을 통해 제자 최명길에게 일찍부터 전수되었을 가능성이 높다.

신흠은 최명길의 학문을 당대 일반 사대부들의 그것과는 다른 독특한 방향으로 이끌어 준 스승이었다. 특히 그의《주역》과 상수학에 대한 관심과 가르침에 최명길이 깊이 공감했던 사실을 엿볼 수 있는 대목이 있다.

유자儒者는 도학으로 천하를 경영하는 자입니다. 먼저 역리의 수를 강론하고 그 뒤에 '수신제가치국평천하'의 도리를 모두 아울러 남김없이 하면, 천년간의 운세도 가만히 앉아서 다다를 수 있을 것이니 하물며 현 정국의 시무에 대해서야 어떻겠습니까? 시무를 안다는 것은 지금 시대의 기미를 훤히 비추어 아는 것입니다. 이른바 기미를 훤히 비추어 안다는 것은 천지가 차고 비는 것, 길하고 흉한 것, 흥하고 망하는 수를 안다는 것입니다. 이 수를 능히 아는 것은 바로 주역의 이치에서 그 현묘함을 터득하는 것입니다. …… 이제 협곡의 적막한 물가에서 서너 해 동안 주역을 강하여 몇천 번을 읽었는지 모를 정도니 마음의 팔창八窓이 육십사괘 길흉의 수에 대해 환하게 터득하게 되었습니다. 그래서 장차 수학을 평생토록 겸용하는 학문으로 삼으려 합니다.[43]

최명길이 스물아홉 살 때인 1614년(광해군 6) 신흠에게 올린 글이다. 최명길은 당시 광해군 조정에서 쫓겨나 가평의 대성리에 은거하고 있었다. 유자는 역리의 수를 배워야 한다는 것, 《주역》의 현묘함을 알아야 한다는 것을 깨달았음을 스승에게 보고하고 있다. 특히 주목되는 것은 당시 최명길이 3, 4년 동안 《주역》을 수천 번이나 읽었다고 고백하고 있다는 사실이다. 벼슬을 삭탈당하고 조정에서 쫓겨나면서 품었을 반발심이나 억울함을 《주역》을 읽으면서 달랬던 것으로 보인다. 몇천 번이나 《주역》을 통독하면서 최명길이 세상을 보는 안목은 확연히 달라진다. 자신이 이미 역리의 수를 달통할 정도로 이해하여 천지의 운행과 고금의 흥망은 물론 당시 정국의 기미까지 모두 파악했다고 자부하는 모습이 양양하다.

최명길이 젊은 시절부터 역학을 깊이 탐구하여 조예가 대단히 깊었다는 사실은 스승 이항복도 인정하는 것이었다. 일찍이 이항복은 "최명길의 정미한 견해가 매우 높아서 나 같은 노부老父가 미칠 수 있는 바가 아니다"라고 찬양했을 정도였다.[44] 실제로 최명길이 역리에 달통했던 것은 이후 그의 인생의 각 국면마다 중요한 역할을 했던 것으로 보인다.

훗날 광해군 정권을 타도하려는 '반정'에 가담하기로 결심했을 때, 거사 준비가 제대로 진척되지 않자 최명길은 봉기할 날짜를 자신이 직접 점을 쳐서 결정하기도 했다.[45] 또 병자호란이 발생하기 직전 대청對淸 정책의 방향을 놓고 조정의 논의가 분열되었을 때 천시와 시세를 따져 주화론의 입장에 섰던 것이나, 삼전도에서 항복했던 이후 극심한 굴욕과 허탈감 때문에 의기소침해 있던 인조를 《주역》의 명이괘明夷卦와 몽괘蒙卦를 들어 위로하고 용기를 북돋아 주었던 것도 그의 《주역》에 대한 깊은 소양과 관련이 있었던 것으로 보인다.[46]

병자호란 이후 최명길은 승려 독보를 보내 명과 밀통했다가 1642년 그 사실이 발각되어 심양으로 끌려가 수감 생활을 한 적이 있었다. 그런데 그가 늙고 병든 몸으로 이역에서의 고통을 버텨 내는 과정에서도 역학에 대한 이해가 큰 힘이 되었던 것으로 보인다.

남관 쓴 나그네가 되리라곤 생각하지 않았는데
북해의 봄을 거듭 보는구나.
흐르는 세월은 늙을수록 더욱 빠르고
낯선 풍속은 오래되어도 더욱 새롭네.

지는 해는 사막 속에 잠기고
먹구름은 변새의 나루에 닿았구나.
평생 간직한 역경易經 한 권은
근심 걱정 속에 도리어 친해졌구나.[47]

'남관을 쓴 나그네'란 죄수를 뜻한다. 이역에 수감되어 언제 귀국할 수 있을지 알 수 없는 답답하고 힘겨운 현실에서 평생 손에서 놓지 않는 《주역》을 뒤적이며 자신의 미래를 예측하려 애쓰는 최명길의 모습이 떠오르는 시이다.

최명길의 독특한 행적과 사상을 이해하려 할 때 결코 빼놓을 수 없는 또 다른 요소는 그의 양명학적인 소양이다. 일찍이 정인보(鄭寅普, 1893~1950)는 조선의 양명학자들을 세 가지로 분류한 바 있다. 첫째 뚜렷한 저작이 있거나 그가 남긴 글과 말 가운데 분명한 증거가 있어 양명학자로 규정하기에 문제가 없는 사람, 둘째 양명학을 비난한 말이 있지만 전후의 행적을 종합해 보면 속으로는 양명학을 주장했음이 분명한 사람, 셋째 양명학을 전혀 언급하지 않고 실제로 주자학을 추앙했지만 일생의 행적을 보면 분명히 양명학자인 사람이 그것이다. 그러면서 정인보는 최명길을 첫째 부류에 속하는 양명학자라고 규정한다. 최명길이 양명학자가 분명함에도 그의 후손 최석정崔錫鼎과 최창대 등이 '이단'을 적대시하는 무시무시한 당시 학계, 정계의 분위기를 두려워하여 최명길이 양명학자가 아니라고 힘써 강조할 수밖에 없었다는 것이다.[48]

정인보가 최명길을 양명학자로 규정했지만 정작 최명길이 양명학자였다는 사실을 명확히 확인할 수 있는 자료는 거의 없다. 그런데 1635년(인조 13), 최명길은 장유에게 편지를 보내 양명학의 문제점을 지적하고 양명학에서 손을 떼라고 권유한다. 하지만 편지에서는 과거 자신이 장유와 함께 육왕(陸王, 육상산과 왕양명)의 글을 베껴서 읽었던 사실, 그중에서도 좋아하던 여러 편을 낭독했다는 사실, 육왕의 글 가운데 심성心性을 분별한 내용들이 마음을 황홀하게 만들었다는 사실을 고백한 바 있다. 또 이식이 최명길에게 왕양명王陽明의 글을 읽지 말라고 충고했던 사실을 봐도 역설적이지만 최명길이 양명학에 빠져 있었음을 짐작할 수 있다.49

최명길의 양명학에 대한 관심과 소양을 엿볼 수 있게 하는 방증은 이 밖에도 적지 않다. 우선 그의 부친 최기남의 외가가 초창기 양명학 연구의 선구자였던 남언경(南彦經, 1528~1594)과 연결되어 있었던 사실을 들 수 있다.50 다음으로 최명길의 절친 장유가 최명길의 충고에도 끝까지 양명학을 포기하지 않았던 사실도 중요하다.

사람마다 지남침을 하나씩 갖고 있으니
온갖 변화 그 근원은 본래 마음에 있노라.
우습구나, 그동안의 전도된 망상이여.
지엽말단 집착하며 밖으로만 치달렸네.

왕양명이 지은 '양지를 읊은 네 수를 제생들에게 보이다〔詠良知四

音示諸生〕'라는 시의 일부다.[51] 장유는 여러 학자들이 왕양명이 지은 이 시의 구절이 지나치게 고고하여 '선도禪道'에 가깝다고 비난했지만, 자신이 보기에는 워낙 조예가 깊어 사람의 마음을 움직이는 것은 어쩔 수 없다고 고백한 바 있다.[52] 주변의 비판에도 양명학의 매력에 빠져 그것을 포기할 수 없었던 장유의 심정을 잘 보여 주고 있다.

흔히 심학心學이라고도 불리는 양명학은 시비와 선악을 판단하고 그에 기반하여 어떤 행동을 할 때 마음에 갖춰져 있는 능력과 주체성을 중시한다. 즉 정주학이 객관적인 사물의 '이치'를 궁구하려고 노력하는 데 견주어, 양명학은 직접적으로 내 마음을 수련하는 데 몰두하여 완성된 '마음'을 바탕으로 만사에 대처하려는 특징을 지닌다.[53] 장유는 위의 시를 언급하면서 온갖 변화의 근원이 마음에 있는데도 그것을 깨닫지 못하고 외물에만 집착했던 것을 반성하는 왕양명의 심정을 자신의 심정과 동일시한다. 장유가 양명학에 깊이 침잠했음을 보여 주는 대목이 아닐 수 없다.

나아가 최명길의 학문과 사상 형성에 큰 영향을 끼쳤던 스승 신흠이 양명학에 깊은 관심과 조예를 지니고 있었던 사실 또한 매우 중요하다. 신흠은 일찍이 왕양명을 다음과 같이 평가했다.

문성공 왕수인(王守仁, 왕양명)은 진정한 유자였다. 유학에 전념하면서도 평소 군사를 잘 통솔하였고 험준하기 이를 데 없는 지역까지 말을 달려 복파(伏波, 후한의 장수 마원)와 이름을 나란히 했으니, 장하다 하겠다. 세상에서 그의 학술이 잘못되었다고 비난하지만, 학술이란 현실에 적용할 수 있어야 귀한 것이다. 전곡(錢穀, 재정)이나 갑병(甲兵, 국방), 그 어느 일이든 유자의 일이 아닌 것이 없는 것이다. 그런데 세상에서 장구章句나 찾고 뒤적이는 자들은 걸핏하면 성명性命을 끌어대곤 하는데, 막상 정사를 처리하는 자리에 앉혀 놓으면 멍청해져 어떻게 해야 할지를 모르고 만다. 그런데 더구나 군사의 목숨을 책임지고 큰 공을 세우는 일이야 말할 나위가 있겠는가.

문성공은 그저 장수로만 한번 쓰임을 받았을 뿐인데, 당시 조정에 들어가 천하의 일을 담당할 기회가 주어졌더라면 분명히 명의 으뜸가는 신하가 되었을 것이다. 그런데 그는 덕에 걸맞은 지위를 얻지 못했고 한창 활동할 나이에 죽고 말았다. 나는 늘 그 영특하고도 호걸스러운 자태를 생각하며 꿈속에서도 그를 잊지 못한다.[54]

왕양명이 뛰어난 유자이면서 동시에 경제, 군사 같은 현실 문제를 처리하는 데도 탁월한 역량을 발휘한 뛰어난 경세가였다고 찬양하고 있음을 알 수 있다. 실제로 왕양명은 행정가이자 군사 지휘관으로서도 뚜렷한 족적을 남긴 인물이었다.[55]

주목되는 점은 왕양명의 행적을 찬양하는 발언을 통해 신흠이 추구하는 이상적인 유자의 모습이 어떤 것인지를 짐작할 수 있다는 사실이다. 신흠은, 성리학을 공부한답시고 장구에만 매달릴 뿐 현실 문제를 해결하는 데는 몹시 서투르고 무능한 대다수의 관인들은 진정한 유자가 아니라고 평가했다.

집안의 내력, 최명길을 양명학자라고 규정했던 정인보의 확언,

왕양명을 극찬했던 스승 신흠에게 수학했던 사실, 양명학을 끝까지 버리지 않았던 절친 장유와의 교유 관계를 고려하면 최명길이 양명학에 상당한 관심과 소양을 갖고 있었던 것을 부인하기는 어려워 보인다. 그리고 그가 남긴 기록의 편린들을 통해서도 그 같은 사실을 확인할 수 있다.

> 인생의 한이 천 가닥인데
> 하늘의 도는 무심하여 절로 사시가 바뀌네.
> 편지 전하는 것이 너무 뜸하다 하지 마라.
> 두 곳에서 서로 비추는 것이 양지良知인 것을.[56]

최명길이 1642년 이후 심양에 구금되어 있을 때 아들 후량에게 보낸 시의 일부이다. 무엇보다 '양지'라는 용어의 사용이 주목된다. 부자가 서로 멀리 떨어져 있어 편지를 자주 주고받을 수 없는 것이 현실이지만, 두 사람이 본래부터 마음속에 지닌 양지를 통해 서로의 마음을 전할 수 있다는 확신이 가득하다.

주자학에서는 '성즉리性卽理'를 강조하여 '리'는 인간의 본성으로 내재하는 동시에 바깥의 사물에도 존재한다고 인식한다. 반면 양명학에서는 사물의 '리'가 마음속의 리와 독립하여 존재한다고 여기지 않는다. 주자학처럼 사물의 리를 궁구하는 대신, 마음속의 리를 밝게 하고 그것을 행동으로 나타낼 때 사물이 그 리를 획득하게 된다고 가르친다. 그 마음속의 리가 바로 '양지'다. 요컨대 양지는 인간 심정의 진실이고, 우주 이법理法의 근원이며, 행동의 규범이자 생명력이 된다. 나아가 천지만물을 생성시키는 근원이 양지이기도 하다.[57] '양지'가 물론 양명학에서만 쓰는 용어는 아니지만 최명길의 양명학적 소양을 보여 주는 대목이 아닐 수 없다.[58]

양명학에서는 진정한 지知는 경서 가운데 존재하는 것이 아니라 인간의 마음속에 선천적으로 존재한다고 본다. 즉 인간의 심정이나 행동과 동떨어진 지는 없는 것이며, 지는 '행동'을 통해서만 진정한 지가 된다. 그러므로 마음속의 리, 양지를 밝게 하여 그것을 행동으로 실천하는 '지행합일知行合一'을 중시한다. 그뿐만 아니라 마음을 중시하는 양명학은 인정人情과 인욕人欲을 긍정하게 되어 주자학의 규범주의와는 대립적일 수밖에 없다. 당연히 유교 경전과 그것에 대한 주자학적 해석을 유일하거나 절대적인 것으로 여기지도 않는다. 나아가 양지를 실천하는 과정에서 행동의 자유와 융통성을 가짐으로써 정치, 사회적 문제가 닥쳤을 때 용감하게 맞부딪히는 모습을 보이곤 한다.[59]

이처럼 행동을 통해 양지를 실천하는, 지행합일의 모습은 최명길 일생의 각 국면에서 엿볼 수 있다. 우선 정주학의 원칙론과 대의명분을 강조하면서 현실을 그대로 고수하려 했던 신료들과 달리 시세時勢에 따른 변통을 중시한 것을 들 수 있다. 구체적으로 최명길이 '조종이 만든 성헌成憲을 함부로 고칠 수 없다'는 대신들의 반대를 무릅쓰고 관제官制의 변통을 추구했던 것을 들 수 있다.[60] 또 정묘, 병자호란이 발생할 무렵 최명길이 조선의 '현실'을 깊이 궁구하여 척화신들의 비판과 비방에도 주화의 길을 걸었던 것, 병자호란이 일어나 청군 선봉이 무악재까지 도달하여 인조와 조정이 위기에 처했을 때 직접 목숨을 걸고 적진으로 나아가 담판을 벌였던 용기와 희생정신을 발휘했던 것도 이 같은 양명학적 소양의 발현으로 이해할 수 있다.

양명학의 가르침대로 사람의 마음속에 본래부터 양지가 갖춰져 있다고 볼 경우, 인간은 모두 평등하다는 인식으로 발전할 가능성이 있다. 그러면 양지 바깥의 수식이나 권위는 별다른 의미를 갖지 못하게 된다.[61] 이 같은 인식이 확장될 경우, 정주학적인 사고와 화이론의 눈으로 보면 멸시의 대상에 불과한 오랑캐에게도 양지가 있을 수 있다고 인정하게 된다. 실제로 최명길은 청과 만주인들을 화이론적인 시각에서만 보지 않았다. 그는 "청인들이 비록 오랑캐이지만 참으로 충신忠信하다" 하고 찬양하기도 했다.[62]

나아가 '오랑캐' 청인들이 양지를 지닌 존재라면 그들이 세력을 키워 중화中華를 압도하고 궁극에는 세계를 제패할 가능성도 부정할 수 없게 되는 것이다. 최명길은 실제로 '중화'가 아닌 '오랑캐'라도 왕업을 일으킬 수 있다고 인식했다. 또 청이 명보다 작지만 나라의 크기만 갖고 누가 천하를 제패할 것이지를 논할 수는 없다고 강조한 바 있다. 궁극적으로 청이 명을 이기고 천하의 주인이 될 수도 있다고 생각했던 것이다.[63]

병자호란 발생 직전에도 대다수 조선 신료들은 화이론에 입각한 당위론적인 사고를 바탕으로 "오랑캐 운세는 백 년을 못 간다〔胡運不百年〕"는 신념을 지니고 있었다. 하지만 최명길은 마음의 눈으로 엄연한 '오랑캐'의 현실과 세를 인식했기에 여타 신료들과는 전혀 다른 방향의 계책을 제시했던 것이다. 그가 척화론자들의 갖은 비난과 비방을 무릅쓰고 '오랑캐' 청과의 화친을 통해 종사를 보전하고 백성을 살리는 방향으로 나아갔던 데에는 양명학적 소양에 입각한 남다른 대청인식對淸認識이 자리하고 있었던 것으로 보인다.

요컨대 병자호란을 전후한 시기 최명길이 보여 주었던 독특한 행적의 바탕에는 탈주자학적인 학문 경향, 달통할 수준까지 이르렀던 《주역》에 대한 이해, 그리고 양명학적인 소양이 자리 잡고 있었던 것이다.

2장
최명길에게 큰 영향을 남긴 사람들

아버지
최기남

최명길의 본관은 전주이다. 그의 조상인 순작純爵은 상장군을 지냈는데 이후 선대들은 뚜렷하게 높은 벼슬에 오르지는 못했다. 증조부 업嶪은 빙고별좌氷庫別坐로 이조판서로 추증되었고, 조부 수준秀俊은 좌찬성에 추증되었다. 부친 최기남(崔起南, 1559~1619)은 문과에 합격하여 벼슬에 나아갔지만 최종 관직은 영흥부사에 그쳤다. 하지만 최기남은 아들 명길이 인조반정에 참여하여 정사일등공신이 되고, 이후 영의정까지 오르며 현달했던 덕분에 영의정에 추증되었다.

최기남은 호가 만옹晩翁, 양암養菴이고 자는 흥숙興叔이다. 그의 절친한 친구이자 최명길의 스승인 신흠은 "천품이 온화하고 재주가 영특했다"고 최기남을 찬양한 바 있다. 여덟 살에 능히 글을 지었고, 열다섯 살에 부친 수준이 별세했을 때 최기남이 마치 어른처럼 상례를 치렀다고 기록하기도 했다.[1] 최기남은 1585년 생원시에 합격하여 성균관에 입학했고 1592년 임진왜란이 터지자 양친과 아이들을 데리고 피난길을 떠돌았다. 1602년(선조 35) 문과에 급제하여 본격적으로 벼슬살이를 시작했는데 성균관 전적, 병조좌랑, 예조정랑, 지제교, 시강원 사서를 두루 역임했다.

시강원은 왕세자와 왕자들의 교육을 담당하는 기관이므로 최기남은 광해군에게 사부가 된다. 실제로 시강원 근무를 계기로 맺어진 최기남과 광해군의 인연은 각별했다. 광해군이 동궁으로 있을 때 시강원 사서를 두 번, 문학을 네 번 역임하면서 보좌했다. 1608년 광해군 즉위 이후 최기남은 필선을 마지막으로 시강원을 벗어나 주로 홍문관과 사헌부를 오가며 언관으로 활약했다.

1608년 4월, 최기남은 홍문관 교리로 재직할 때, 과거 선조 말년 광해군에게 섭정을 맡기라는 선조의 지시를 회피하며 견제하는 태도를 보였던 유영경(柳永慶, 1550~1608)과 소북 일파를 처벌할 것을 주장했다. 또 광해군의 친형 임해군이 관련된 역모 사건이 불거졌을 때는 임해군을 사형으로 처단하라고 상소하기도 했다. 광해군과 사제의 인연을 맺어서 그런지는 모르겠지만 광해군 즉위 이후에는 밀착하는 자세를 보였던 것이다.

광해군도 동궁 시절의 스승이던 최기남에게 우호적이었던 것으로 보인다. 1608년 7월, 광해군은 최기남을 황해도 암행어사로 파견하여 백성들의 애로 사항을 파악하도록 했다. 최기남은 이후 정4품에서 종3품 정도의 관직을 두루 지내며 벼슬살이를 무난하게 이어 나갔다. 상소를 통해 붕당을 없애라고 청하기도 하며 당파적인 입장을 드러내지 않았고, 광해군과 대립각을 뚜렷하게 세우지도 않았다.

광해군대 최기남의 벼슬살이는 5년 남짓에 불과했다. 하지만 그의 행적을 살펴보면 아들 최명길에게 끼친 영향이 적지 않았음을 알수 있다. 우선 주목되는 것은 1608년 4월과 12월 홍문관 교리로 있을때 상소했던 내용이다. 최기남은 보위에 막 오른 광해군이 유념해야할 과제로 여섯 가지를 제시했다. 효성을 다할 것, 학문을 돈독히 할것, 어질고 유능한 인재를 등용할 것, 군정을 닦을 것, 폐정을 개혁할것, 임금의 뜻을 분발할 것 등이었다.[2]

'효성을 다하라'는 첫 항목에서 최기남은, 선조의 장례를 삼년상으로 정성을 다해 치르고 인목대비의 뜻을 받들어 영창대군과 이복동생들을 우애 있게 어루만지라고 촉구했다. 가장 먼저 인목대비와영창대군에게 효성과 우애를 다하라고 강조했다는 사실이 특히 주목된다. 광해군은 1592년 임진왜란이 일어났던 직후 왕세자로 지명되었지만, 1602년 선조가 인목대비를 계비로 맞아들이고 1606년 영창대군이 태어나면서 정치적으로 위기를 맞았다. 서자이자 차자 출신의 광해군에게 적자 영창대군의 등장은 위협일 수밖에 없었다. 더욱이 당시 명나라는 광해군이 차자라는 이유로 왕세자로 승인하는 것을 거부했다.

선조는 명이 승인하지 않았다는 이유로 광해군을 냉대했다. 거기에 영의정 유영경을 비롯한 소북파 또한 광해군에게 부정적인 태도를 보였다. 병석에 눕게 된 선조가 광해군에게 섭정토록 하라고 지시했지만, 유영경은 선조의 지시를 광해군에게 전달하지 않으며 노골적으로 견제했다. '유영경이 영창대군을 의식하여 광해군을 홀대한다'는 쑥덕거림이 나올 수밖에 없었다. 이처럼 안팎으로 견제받는 처지에서 광해군은 왕위에 오를 수 있을지 자신할 수 없었다. 1608년 2월, 선조가 급서하면서 광해군은 천신만고 끝에 보위에 오른다.

최기남이 효성과 우애를 특히 강조했던 것은 즉위 과정에서 간난신고를 겪었던 광해군이 혹시라도 인목대비와 영창대군에게 앙갚음을 할지도 모른다는 우려에서 비롯된 것으로 보인다. 그런데 1613년(광해군 5) 계축옥사가 일어나 영창대군이 살해되고, 이후 인목대비와 연관된 폐모 논의까지 불거지면서 정국은 요동쳤다. 최기남의 우려가 현실로 나타났던 것이다.

최기남과 아들 최명길은 폐모 논의를 주도했던 이이첨 일파에 의해 조정에서 쫓겨난다. 하지만 상황은 역전된다. 최기남은 1619년 세상을 떠났지만, 최명길은 폐모 논의를 비롯하여 대북파가 자행했던 난정亂政을 바로잡는다는 명분으로 인조반정을 일으켜 광해군 정권을 무너뜨리는 데 성공한다. 최명길은 1등공신에 영의정까지 오르고 최기남도 아들의 후광으로 영의정에 추증된다. 반면 광해군은 '패륜아'라는 오명을 뒤집어쓰고 폐위되는 비운을 맞는다. 요컨대 최기남이 1608년 12월에 올린 상소 가운데 '효성을 다하라'는 항목은 광해군 정권의 운명은 물론, 아들 최명길의 운명까지 결정했던 시금석이었던 셈이다.

최기남의 상소 가운데 또한 주목되는 것은 군정을 닦으라는 조목이다. 최기남은 선조가 《무경칠서武經七書》를 간행하고 무학武學을 설치하고 장수들을 육성하는 법을 만들었던 사실을 상기시키고 광해군도 선조를 본받아 무비武備를 닦으라고 강조했다. 최기남은 자신이 병조에서 근무하고 함경도에서 북평사로 활동하면서 얻었던 견문을 바탕으로 당시 조선의 군정이 심각하게 망가진 현실을 지적한다. 임진왜란이 남긴 후유증이 치유되지 않았고 만주에서 여진족이 떠오르고 있던 당시 현실에서 가장 시급한 과제를 '군정을 닦는 것'이라고 강조했던 것이다. 이어 《경제육전》이나 《경국대전》 같은 법전에 규정되지 않은 수세收稅 항목을 모두 제거하여 백성들에게 실질적인 경제 혜택이 돌아갈 수 있도록 하라고 강조했다.

　광해군 즉위 이래 줄곧 삼사 주변의 관직을 역임했던 최기남은 1612년(광해군 4) 함경도 영흥부사에 임명되었다. 신흠은 최기남이 갑자기 외직으로 보임된 것은 조정 안팎의 시사時事가 나쁜 방향으로 흘러가던 상황에서 최기남이 자청한 것이라고 증언한다. 중앙 관직인 삼사의 언관으로 있다가 영흥부사로 발령 난 것은 분명 좌천이기도 했다. 하지만 영흥으로 부임할 때 최기남의 포부는 자못 컸다. 그는 서울에서 멀리 떨어진 북변의 백성들에게 《사서삼경》과 각종 역사서를 가르쳐서 문교文敎를 진흥시키는 한편, 《육도삼략六韜三略》과 척계광의 병법들을 제대로 습득하게 함으로써 문무를 겸비한 인재들을 길러 내는 기회로 삼겠다고 다짐한다. 그 같은 다짐과 포부를 알고 있던 최명길은 27세 때인 1612년, 부친 최기남에게 올린 편지에서 진척 상황을 물어본 바 있다.

관북의 산천은 예로부터 왕이 나는 용흥龍興의 옛터로서 웅장하고
위엄 있는 중에도 반드시 아름다운 뜻이 있어 인물도 그러할 것입니
다. 다만 좋아하고 능한 것은 말 타고 활 쏘는 것뿐이요, 문학에는 우
매한지라 그곳 백성들에게 심히 애처로운 일입니다. …… 영흥이 비
록 큰 고을이지만 치적이 뛰어나지 못할까 봐 걱정하지는 않습니다.
다만 그 문교文教의 일이 어떻게 하면 종래의 누습을 타파할 수 있을
지 궁금합니다. 일찍이 의중에 유념하셨던 방법이 마땅히 가장 먼저
시행할 만한 방법인 듯합니다. 문은 육경을 먼저 하시고 무는 척계
광의 무예로 훈련하시는 것이 어떠하신지요? 삼가 어떨지 모르겠습
니다.[3]

위의 편지를 통해 부임 이전에 최기남이 영흥의 백성들을 교화
하기 위한 고민과 방략을 아들 최명길과 많이 이야기했던 사실을 짐
작할 수 있다. 또 최명길이 당시 척계광의 병법에 깊은 관심을 갖고
있었던 사실도 주목된다.

최기남은 영흥에서 나름의 포부를 펼쳐 보려고 노력했지만, 영
흥부사는 그의 마지막 관직이 되고 만다. 이듬해인 1613년 계축옥사
가 발생하면서 최기남은 파직된다. 역모의 주도자 가운데 한 사람인
정협鄭浹이 "김제남(金悌男, 1562~1613)이 '최기남은 물불 가운데서도
나를 구해 줄 사람'이라고 말했다"고 진술했기 때문이다. 최기남은
체포된다. 심문 과정에서 최기남은 자신이 선혜청에 근무할 때 김제
남이 안산의 어장을 불하 받으려는 것을 반대하여 원한을 맺었던 사

실, 영흥부사 시절 종성에서 서울로 압송되던 정협을 푸대접하여 원한을 맺었던 사실들을 결사적으로 강조했다.[4] 그 덕분에 김제남과 정협으로부터 무함誣陷을 당했다는 진술은 받아들여졌지만, 벼슬에서는 쫓겨난다. 옥사에 전면적으로 연루되지 않고 몸을 보전한 것이 그나마 다행이었다.

영흥부사 시절 최기남의 행적은 최명길을 이해하는 데 매우 중요하다. 최기남은 영흥에 부임한 이후 백성들에게 부정하게 부과된 세금을 없애 주고, 고을의 인재들을 모아 시서를 가르쳤다. 주목되는 것은 고을의 속오군을 점검하여 훈련시켰을 뿐 아니라 전차戰車를 제작하여 훈련에 투입했다는 점이다. 전차 제작과 훈련은 척계광이 쓴 《연병실기鍊兵實記》의 지침에 따라 시행했다고 한다.[5]

문과 출신의 서생이 지방관으로 재직하면서 군사 훈련을 직접 실행하고 전차까지 제작했다는 것은 매우 드문 일이다. 최기남은 국방력 강화의 중요성을 절박하게 인식했던 것이다. 앞에서 언급했던 최명길의 편지에서도 드러나듯이, 최기남이 국방, 군사 같은 시무에 깊은 관심을 갖고 집중했던 것이 아들 최명길에게 영향을 미쳤을 것임은 짐작하기 어렵지 않다.

최기남은 또한 최명길에게 우계牛溪 성혼(成渾, 1535~1598)의 존재를 일깨워 주었다. 성혼은 최기남이 존경하는 스승이었다. 신흠은 최기남이 우계의 문하에서 이른바 위기爲己의 학문을 탐구했다고 강조한 바 있다. 성혼에 대한 최기남의 존경심이 얼마나 컸는지는 성혼이 서거한 뒤 최기남이 쓴 제문에 잘 나타나 있다.

우리 유도가 전해짐은

반드시 뛰어난 분에게 힘입었으니

끊어진 정암의 학문을 퇴계께서 계승했습니다.

퇴계의 뒤에는 우계와 율곡이 계셨는데

우계와 율곡이 모두 별세하시니

누가 그 책임을 맡겠습니까.

파산은 드높고 파수는 넘실거리듯

선생의 유풍은 산처럼 높고 물처럼 장구할 것입니다.[6]

최기남은 조선 유학의 학맥이 조광조(趙光祖, 1482~1519)에서 이황을 거쳐 성혼과 이이(李珥, 1536~1584)에게로 이어졌다고 인식했다.

하지만 광해군대 성혼은 '전란 중에 임금을 내팽개친 불충한 인물'로 비난받고 있었다. 임진왜란 때 선조가 파천하면서 파주를 지나갈 때, 성혼이 지척에 있었음에도 호종(扈從, 임금을 모시고 수행하는 것)하지 않았다는 것이 주된 이유였다. 최기남은 비난 내용을 조목조목 반박했다. 성혼이 살았던 곳이 파주 읍내에서 30리나 떨어져 있었고, 파천 소식을 전해 듣지 못했기에 선조의 거둥을 제대로 알 수 없었다고 변호했다. 또 선조가 임진강을 건넌 뒤에는 주변 인가들이 철거되고 나루터가 폐쇄된 데다 일본군이 곧 쳐들어왔기에 성혼은 선조를 따라잡지 못하고 산골로 피난할 수밖에 없었다고 강조했다. 최기남은, 성혼이 스스로 지은 묘지문에서 "임금을 저버렸다는 비방 때문에 죽어도 눈을 감을 수 없다"고 통탄했음을 알리며 광해군에게 스승의

억울함을 풀어 달라고 호소했다.[7]

자식에게 절대적인 영향을 미치는 존재가 아버지임을 고려하면, 병자호란 시기 주화파의 길을 걸었던 최명길을 이해하려 할 때 최기남이 성혼의 제자였다는 사실은 주목된다. 성혼 또한 최명길처럼 임진왜란 당시 시의를 거스르면서 일본과의 화친을 주장했다가 곤욕을 치렀던 인물이다.

임진왜란이 일어났을 때 명은 조선에 참전하여 일본군의 요동 진입을 차단하려 했다. 이여송李如松이 이끄는 명군은 1593년 1월 평양 전투에서 승리하여 전세를 역전시켰지만, 곧이어 벌어진 벽제 전투에서 패하면서 전쟁은 교착 상태에 빠진다. 전쟁이 길어져 인적, 물적 부담이 커지자 명의 병부상서 석성石星, 조선 파견 명군 경략(經略, 총사령관) 송응창宋應昌, 고양겸顧養謙은 일본과 강화 협상을 벌여 전쟁을 끝내려고 시도한다. 하지만 협상은 시간만 끌었고, 명 조정에서 강화의 성공 가능성을 의심하는 분위기가 고조되자 명군 지휘부는 조선을 압박했다. 1594년 고양겸은 선조에게 "조선도 일본과의 강화를 열망한다"는 내용으로 황제에게 상주할 것을 강요하고, 거부할 경우 명군을 전부 철수시켜 다시는 조선을 원조하지 않겠다고 위협했다.

임진왜란을 계기로 일본을 '영원히 함께 할 수 없는 원수〔萬世不共之讐〕'로 여겼던 조선 조정은 고뇌할 수밖에 없었다. 명의 요구를 따르자니 이 '영원히 함께 할 수 없는' 만세불공지수와 화친하는 치욕을 피할 수 없었다. 그렇다고 일본군을 제압할 능력이 없는 상태에서 명군이 철수해 버리면 나라가 망할지도 모르는 상황이었다.[8]

성혼은 이때 명의 요구를 받아들이자고 주장했다. 일본군을 감당하기 어려운 상황에서 명군이 철수할 경우 궁극에는 망할지도 모른다는 현실론에 입각한 주장이었다. 하지만 격앙된 선조와 조정의 반대파들은 성혼을 가리켜 '원수 일본과 화친을 주장하여 나라를 망친 자', '주화오국主和誤國의 수괴'라고 맹렬하게 비난했다. 그러자 성혼은 제자 신응구(申應榘, 1553~1623)에게 보낸 편지에서 자신이 생각하는 시비와 의리에 대해 다음과 같이 토로한다.

> 무릇 사람의 소견은 반드시 앞에 잘못 들어간 것이 있은 뒤에야 언론으로 발하여 뒤에 해를 끼치게 됩니다. 제가 보기에 일에는 언제나 시비와 이해가 있으니, 시비를 주로 하면 도리만 보고 사물을 보지 못하며, 이해를 주로 하면 사물만 보고 도리를 보지 못하게 되는 것입니다. 이 때문에 동중서董仲舒는 '그 의義를 바르게 하고 이利를 도모하지 않는다'고 했습니다. 그러나 조정에서는 시비와 이해가 합하여 하나가 되는 경우가 있으니, 조정에 이해가 있으면서 시비가 되는 곳이 있을 수도 있습니다. 저는 이 한 구절의 소견에 구애되어 세상의 큰 죄에 빠졌으니, 또한 가소롭습니다.[9]

동중서는 의리와 이해가 서로 충돌할 경우 유자는 마땅히 의리를 따르고 이해를 따지지 않는 것이 옳다고 주장했다. 하지만 성혼은 이 원칙을 개인과 조정(국가)에 똑같이 적용할 수 없다고 본다. 개인의 입장에서는 시비와 이해가 확연히 구분되지만 조정의 입장에서는 그렇지 않다는 것이다. 종사와 백성들의 이해를 따지는 것, 즉 종사를 살리고 백성들을 보전하는 것이야말로 조정이 진정 추구해야 할 시비이자 의리라는 것이다. 그런데 다른 제자 황신(黃愼, 1560~1617) 또한 편지를 보내 '강화하여 생존하느니 차라리 의리를 지키고 망하는 것이 낫다'고 성혼을 비판한다. 그러자 성혼은 답서를 보내 황신의 척화론을 비판하면서 다음과 같이 이야기했다.

> 종사의 존망은 필부의 죽음과 다른데도 이와 같이 말하니, 나도 모르게 눈물이 턱까지 흐릅니다. 오늘날 지킬 만한 힘이 있어야 싸울 수 있으니 지킬 수 없다면 나라를 보존할 수 없습니다. 그렇다면 지키는 것의 실제는 오로지 본원本原에 있는데, 사람들은 모두 피해 이것을 말하지 않고 두려워하여 돌아보지 않으며 유독 중국과 합세하자는 말만 이처럼 공격하니, 이는 두려움이 없기 때문입니다. 나는 근본이 서지 못해 대의가 홀로 행해질 수 없을까 두렵고, 종사와 나라가 망하는 것을 구하지 못해 망국의 대부들과 똑같은 데로 돌아갈까 두려우니 어찌 후세의 질책을 면할 수 있겠습니까? …… 남헌南軒 선생은 아버지와 스승의 가르침을 받아 금에 대한 복수를 도道를 행하는 사업으로 삼았습니다. 그러나 우윤문虞允文이 정승이 되어 남헌을 불러 금을 정벌할 것을 말하자, 남헌은 금을 정벌해서는 안 된다고 말했으니 이 또한 복수를 늦추어 화의를 지킨 것이라고 할 수 있겠습니까? 이것은 종사를 중히 여겨 때를 살피고 힘을 헤아려 시중時中의 의리를 행하려고 했을 따름입니다.[10]

남헌은 남송대의 정치가 장식(張栻, 1133~1180)을 가리킨다. 금의 침략에 끝까지 저항을 주장했던 장준(張浚, 1094~1164)의 아들이다. 성혼은 조선이 일본과 맞서 싸워 지킬 힘이 없는데도, 화의和議를 받아들여 명군을 붙잡아 두어 방패로 삼자는 주장에는 격하게 반발하는 선조와 신료들을 이해할 수 없다고 강조하고 있다. 주목되는 것은 종사의 존망이 필부의 그것과 다르다고 강조한 것, 오랑캐에게 복수하는 것이 절실하지만 때를 헤아려 종사를 먼저 보전하는 것이 더 중요하다고 강조했던 사실이다.

성혼은 임진왜란으로 종사와 백성이 위기에 처했을 때 시비(의리)와 이해 가운데 무엇을 우선할 것인지를 놓고 누구보다도 고민했던 경세가였다. 그런데 성혼을 힘들게 했던 고뇌와 선택은 훗날 최명길에게도 이어졌다.[11] 1594년의 조선과 성혼이 직면해야 했던 선택의 순간이 1636년, 1637년의 조선과 최명길에게도 유사한 형태로 다가왔기 때문이다. 뒤에 다시 상술하겠지만, 최명길은 선택의 기로에서 성혼이 걸었던 길을 걸었다. 1636년 병자호란이 임박했을 때 올린 소에서 최명길은 "성혼이 뭇 신료들의 비방을 무릅쓰면서 충성을 다해 현실론을 이끌었기 때문에 조선이 살아남을 수 있었다"고 강조한다.

최명길은 성혼 문하로 나아가 직접 배운 적은 없었다. 하지만 그는 아버지 최기남을 통해 성혼과 연결되었고, 그를 간접적으로 사사하면서 경세의 방도를 가다듬었던 것으로 보인다.

장인 장만

최명길의 인생행로를 이해하려 할 때 장인 장만을 빼놓을 수 없다. 장만은 최명길이 과거에 합격하여 벼슬에 나아갔던 이후 가장 크고 중요한 영향을 끼친 인물이라고 할 수 있다.[12]

최명길은 열일곱 살 때인 1602년(선조 35) 장만의 외동딸과 결혼한다. 장만은 두 번 결혼했는데 첫 부인은 자산군수를 지낸 임정로任廷老의 딸이었다. 최명길의 부인은 장만과 임씨 부인 사이의 소생이다.

1602년 아직 생원시와 진사시도 치르지 않았던 최명길을 사위로 맞이할 때 장만은 이미 충청도 관찰사, 도승지, 대사간 같은 안팎의 요직을 역임했던 고위 관인이었다. 그런데도 장만은 최명길의 장래 가능성을 보고 주저 없이 사위로 선택했다. 하지만 부인 임씨(최명길의 장모)는 최명길을 별로 탐탁지 않게 여겼던 모양이다. 앞에서 이미 언급했듯이 장모는 최명길이 왜소한 데다 병약한 것을 문제 삼았고, 이후에도 사위 삼은 것을 늘 후회했다고 한다. 장만은 그런 부인을 항상 달래면서 "최 서방의 겉모습은 보통 사람들에게 미치지 못하지만 자손들이 사위 덕을 보게 될 일이 많을 것"이라고 감쌌다고 한다.

장만의 사위 최명길에 대한 사랑과 관련해서는 흥미로운 일화가 있다. 1605년 최명길이 과거에 급제하자 장만은 기쁨에 겨워 한껏 호기를 부린다. 당시 장만은 전라도 관찰사로 전주에 부임해 있었다. 최명길의 급제 소식이 전해지자 장만은 전라도 내의 창부들과 전주의 기생과 악공들을 총동원하여 그를 맞이한다.

최명길이 전주에 도착하자 장만은 한바탕 풍악을 크게 울리면서 전주부로 안내했고 고을 안팎의 남녀노소가 모두 몰려나와 그 장면을 구경했다고 했을 정도였다. 과거에 급제한 자랑스러운 사위를 띄워 주기 위해 장만은 관권까지 동원하여 '무리'를 했던 셈이다. 호남 사람들은 이후에도 오랫동안 그 장면을 장관이었다고 기억했다. 장만은 특유의 호방함을 한껏 발휘하여 사위 자랑을 했던 셈인데 정작 당시 최명길의 마음은 몹시 불편했던 것으로 보인다. 최명길은 훗날 "그때는 나이가 어려 그만두라고 말씀드리지 못했지만 생각해 보면 부끄러웠다"고 회고한다.[13]

최명길의 부인 장씨는 1627년 친정아버지 장만보다 먼저 세상을 떠났다. 그리고 1629년 장만이 세상을 떠난 뒤 최명길은 그를 추모하는 행장을 지었다. 최명길은 행장에서 자신에게 애정이 각별했던 장인 장만에 대해 다음과 같이 회고한 바 있다.

내가 열일곱에 비로소 공의 사위가 되었는데 신부가 시가로 가지 않았으니 나라 풍속이 중국과 달랐기 때문이다. 장인은 나를 아들로 여겨 처가살이한다고 느끼지 못했다. 나를 낳아 준 분은 부모지만 나를 기른 것은 장인의 은혜였다. 그때부터 몇 해이던가? 세월은 아홉 번이나 바뀌어도 성의가 서로 부합하여 조금도 경계가 없었다.[14]

"낳아 준 사람은 부모지만 길러 준 사람은 장인이다", "성의가 서로 부합하여 조금도 경계가 없었다"는 회고를 통해 청년기 이후 최명길의 생각과 행적에 장만이 대단히 큰 영향을 미쳤을 것임을 상상할 수 있다.

장만은 어떤 인물인가? 장만은 본관이 인동仁同, 호는 낙서洛西, 자는 호고好古였다. 1566년(명종 21) 아버지 기정麒禎과 어머니 배천 조씨 사이의 셋째 아들로 태어났다. 그가 태어난 곳은 김포 통진이다.

장만은 1589년(선조 22) 생원시와 진사시에 합격했고 1591년 별시 문과에 급제하여 벼슬에 나아갔다. 이후 승문원 정자, 예문관 검열, 형조좌랑, 예조좌랑, 사간원 정언 등을 두루 역임했다. 장만은 1598년(선조 31) 황해도 봉산에 군수로 부임하여 중요한 경험을 한다. 당시 임진왜란이 아직 끝나지 않은 상태에서 황해도 일대는 명군들이 왕래하는 길목이었다. 지역 수령들은 연로를 왕래했던 명군 장졸들을 접반하는 임무를 맡고 있었다. 그런데 자신들에 대한 접대가 성에 차지 않을 경우, 명군 장졸들은 조선 관민들에게 극심한 폐해를 끼쳤다. 그뿐만 아니라 수령들을 붙잡아다가 구타하는 경우도 빈발하

여 지역이 동요하고 있었다.[15]

명군 지휘부는 일본군의 침략으로 망할 뻔했던 조선을 자신들이 살려 냈다며 '구원군'으로 자처했다. 임진왜란이 거의 끝나 가고 있던 당시 선조나 조선 조정의 입장에서는 그들을 섭섭지 않게 대접하여 사달이 일어나지 않도록 하는 것이 초미의 과제일 수밖에 없었다. 그런데 장만은 봉산군수로 재직하면서 명군 접반 문제를 원만하게 잘 처리하여 선조의 신임을 받는다. 선조는 장만의 치적을 높이 평가하여 특별히 그를 당상으로 승진시킨다.

장만은 봉산에서의 치적을 높이 평가받은 뒤 선조와 광해군 조정에서 출세 가도를 달렸다. 특히 1600년 충청도 관찰사, 1603년 전라도 관찰사, 1607년 함경도 관찰사, 1614년 경상도 관찰사에 잇따라 제수되었다. 장만이 네 곳의 관찰사를 역임했던 당시는 격동기였다. 임진왜란이 끝났지만 남방에서는 일본 막부와 대마도가 조선과의 국교 재개를 위해 외교적으로 공세를 펼치고 있었고, 북방에서는 누르하치의 건주여진이 굴기하면서 명과 조선에 대한 군사적 위협이 커지고 있었다. 조선은 '북로남왜北虜南倭'의 외압을 막기 위해 골몰하는 한편, 조선을 이용하여 건주여진을 견제하려 했던 명의 이이제이以夷制夷 획책에도 대비해야 하는 난제를 안고 있었다.

남과 북에서 대외적으로 긴장감이 높아가고 있을 때 광해군은 장만의 재주와 역량을 높게 평가하여 중용했다. 장만이 함경도 관찰사에 임명된 것은 선조 연간인데 광해군은 즉위 후에도 그를 유임시킨다. 장만은 여러 차례 사직을 청했지만 광해군은 받아들이지 않았다. 장만이 병으로 자리에 눕자 어의를 보내 치료해 주기도 했다. 광해군의 두터운 신임 속에 장만은 함경도의 민정과 군정을 추스르고 방어 태세를 정비하는 데 매진했다.

그가 함경도 관찰사로 재직할 때 올렸던 차자는 17세기 초 함경도의 지역 사정을 이해하는 데 가장 상세한 보고서라고 할 수 있다. 그는 보고서에서 함경도의 민정, 군정, 병력 상황, 누르하치 집단의 동향, 그들의 침략에 대비한 방책들을 제시했다. 함경도 전역이 과중한 세금과 부역, 수령과 지휘관들의 가렴주구 때문에 신음하고 있는 상황에서 누르하치의 위협이 날로 커지고 있는 현실을 언급하고 유사시 심각한 상황이 발생할 것이라고 경고했다.

지금 누르하치는 니탕개泥湯介보다 월등한데 함경도 백성들은 흩어졌고 물력은 빈약하고 민심은 이반했습니다. 기강은 무너지고 조정의 관심도 과거보다 못하니 본도의 사세가 어찌 위태롭고 급박하지 않겠습니까. …… 미리 계책을 마련하고 10년 동안 시행할 방도를 세워야 합니다. 그렇게 하지 않고 외롭고 위태로운 육진六鎭의 토지와 백성들로 한창 팽창하는 오랑캐에 대항하게 하는 것은, 모기나 파리에게 산을 지게 하고 사마귀에게 수레와 맞서게 하는 것과 같습니다. …… 누르하치는 번호藩胡와 홀온忽溫을 공략한 뒤 병세가 날로 성대한 데다 나날이 병마를 훈련하고 병기를 만들고 있습니다. 적이 우리보다 10배나 많은 무리로 이와 같은데 우리는 수천 병졸도 없이 수자리와 요역에 치여 병기 수선과 훈련을 제대로 할 수 없

으니, 후일 전쟁을 하면 저들과 우리의 형세는 싸우지 않고도 헤아
릴 수 있겠습니다.[16]

"외롭고 위태로운 육진의 백성들로 누르하치를 막는 것은 모기
나 파리에게 산을 지게 하는 것"이라는 구절에 함경도의 피폐한 현실
이 함축되어 있다. 장만은 막강한 누르하치의 군세와 취약한 조선의
현실을 언급한 뒤 구체적인 계책을 제시했다. 성과 해자를 수리하고,
군량을 미리 비축하며, 조총과 포 사격술을 숙달한 뒤 그들이 쳐들어
올 경우 성으로 들어가 지켜야만 방어할 수 있다고 강조했다.[17]

함경도 관찰사 장만은 1610년 11월, 여진족 거주 지역의 산천과
지리 형세를 담은 지도를 광해군에게 바쳤다. '번호藩胡'라 불리면서
현지 사정에 밝고 조선말도 잘하던 여진인들을 포섭하여 그린 지도
였다. 장만은 번호들에게 지도를 만들도록 한 뒤 휘하 장졸들을 시켜
지도에 표시된 지역들을 답사하여 일일이 확인토록 하는 치밀함을
보였다. 지도를 건네받은 광해군은 감탄했다. "앉으나 서나 경이 바
친 지도를 보고 있는데 오랑캐 형세가 눈에 들어오는 것 같다"고 극
찬했다.[18] 장만의 재주와 능력을 높이 샀던 광해군은 1611년 2월, 평
안도 병마절도사로 임명하고 서쪽 변방의 급무 처리를 모두 위임한
다고 전권을 부여했다.[19]

1614년에는 장만을 경상도 관찰사로 임명하여 왜관의 동향과 일
본 정세를 파악하여 보고하라고 당부했다.[20] 장만은 일찍이 1602년
(선조 35)에도 체찰부사體察副使로 남변의 민정과 군정을 순시한 바 있

었는데 경상도 관찰사로 재직하면서 왜관을 감독하고 왜정倭情을 탐색하며 수군을 정비하는 일에 매진했다.

광해군은 장만을 다방면으로 중용했다. 1615년 이후 그에게 영건도감營建都監의 제조를 맡겼다. 당시 광해군은 경덕궁과 인경궁을 건설하기 위해 골몰했는데 영건도감은 건설 공사의 실무를 담당하는 기구였다. 광해군은 관료로서의 수완과 실무 능력이 뛰어난 장만을 공사의 책임자로 앉혀 준공을 앞당기도록 독려했다. 장만은 광해군에게 총애받는 신하였던 셈이다.

1618년은 장만과 광해군의 관계에서 분수령이 되는 해였다. 이해 누르하치는 '일곱 가지 원한[七大恨]'이 있음을 내세워 명에 선전 포고하고 무순撫順을 공격하여 점령했다. 격앙된 명은 후금을 정벌하기로 결정하고 조선도 원병을 보내 동참하라고 강요했다. 조정에서는 파병 여부를 놓고 격론이 벌어졌다. 광해군은 결국 1619년 도원수 강홍립(姜弘立, 1560~1627)이 이끄는 1만 3천의 병력을 요동으로 파견한다.

파병이 현실화되면서 다양한 현안들이 대두되었다. 병력을 징발하여 요동까지 이동시키는 문제, 군수 물자를 조달하고 수송하는 문제, 병력이 이동하는 서북 지역의 피폐한 상황을 해소하는 문제, 1619년 조선군이 심하에서 후금군에게 패한 이후 불거진 명·후금과의 외교 문제들처럼 난제가 한두 가지가 아니었다. 광해군은 중첩된 난제들을 처리하기 위해 박승종朴承宗을 도체찰사, 장만을 체찰부사로 임명했다. 하지만 박승종이 사의를 거듭 표명하면서 장만이 거의 모든 현안을 떠맡아야 했다.

장만은 1619년 체찰부사로 평안도에 내려가 패전 이후의 지역 상황을 살피고, 평안도 관찰사 박엽(朴燁, 1570~1623)과 향후 명과 후금과의 외교 난제들을 풀어 갈 방략을 협의했다. 광해군은 조선에 원한이 높아진 누르하치를 다독이기 위해 장만의 구상과 생각을 적극적으로 활용하려 했다.[21] 1618년 이후 장만은 체찰부사로 활약하면서 국방, 외교 전문가로서 위상을 굳혔다.

장만이 광해군에게 무조건 순응했던 것은 아니었다. 그는 광해군에게 궁궐 건설을 중단하거나 건설 규모를 축소하라고 여러 차례 건의했다. 광해군의 채근으로 영건도감 제조를 맡았지만 건설 사업을 무리하게 밀어붙이면서 재정이 고갈되고 민생이 피폐해지며, 그와 맞물려 후금의 침략에 대비하는 국방 태세에 지장이 초래되는 현실을 목도했기 때문이다. 장만은 영건 사업과 국방력 강화는 병립할 수 없다고 생각했다. 광해군의 반응은 싸늘했다. 1620년 5월, 광해군은 장만에게 "궁궐 공사가 경 덕분에 낙성되었는데 어찌 뒷담화를 통해 명예를 도모하느냐?"며 면박을 주었다.[22]

광해군은 영건 사업을 조절하라는 장만의 쓴소리에 몹시 흥분했지만 그를 내치지 못했다. 대륙의 정세가 더 어려운 지경으로 치달았기 때문이다. 당장 심하 전투 패전 이후 후금의 공세가 더 거세지면서 위기의식이 고조되었다. 1619년 7월, 명의 철령鐵嶺이 후금군에게 함락되었다는 보고를 받은 광해군은 장만에게 의주로 속히 달려가 대책을 강구하라고 지시했다. 하지만 장만은 병이 깊어진 것을 내세워 사직소를 잇따라 올렸고 광해군은 그때마다 반려했다. 1621년 윤2월, 광해군은 체찰부사 직책을 유지시킨 상태에서 장만을 병조판서로 임명했다. 광해군은 "오늘의 정세에서 장만이 아니면 병조판서 자리를 감당할 수 없다"고 강조했다. 장만은 병을 이유로 병조판서에 취임하는 것을 계속 늦추었다.

장만은 안팎의 관직을 두루 역임하며 산전수전을 다 겪은 실무형 관료로서 정치적인 색채가 뚜렷하지 않았다. 광해군에 대한 장만의 인식은 양면적이었다. 광해군의 남다른 신임을 받았던 그는 폐모정청에 참여했고 영건도감 제조로 활동했다. 그러면서도 광해군이 영건 사업에 과도하게 매달리는 것에는 비판적이었다. 동시에 광해군 조정에서 쫓겨나 정변을 모의하고 있던 사위 최명길과 그의 동료들도 의식해야만 하는 입장이었다.[23]

고민에 빠진 장만은 광해군에게 사직을 허락해 달라고 계속 요청한다. '종기 치료를 위해 온천욕을 미룰 수 없다'는 명분으로 사직소가 잇따르자 광해군은 1622년 8월, 마침내 사직을 허용한다. 하지만 체찰부사 자리는 계속 맡겼다. 1622년 10월, 평안도로 내려간 장만의 병이 위중하다는 보고가 올라오자 광해군은 어의를 내려보낸다. 인조반정이 일어날 때까지 광해군은 장만에게 의지하려 했고 장만 또한 광해군과의 관계를 과감하게 정리하지 못했다.

최명길은 병조정랑을 마지막으로 1615년 광해군 조정에서 쫓겨났다. 파직된 뒤부터 1623년 조정에 복귀할 때까지 최명길은 약 8년 동안 '야인'이자 '주변인'으로 지낼 수밖에 없었다. 그런데 10년 가까운 벼슬살이의 공백에도 최명길이 반정 성공 이후 이조정랑, 이조참판으로 활동하며 정치 개혁을 주도하고, 후금(청), 일본과의 외교 현안을 처리하면서 수완을 발휘하며, 조선의 취약한 국방 현실을 냉정하게 인지하면서 청과의 화친을 주도할 수 있었던 배경은 무엇일까? 필자는 장만의 존재와 역할이 매우 컸다고 본다. 장만은 최명길이 쫓겨난 뒤에도 인조반정이 일어날 때까지 광해군의 신임을 받으며 영건도감 제조, 체찰부사, 병조판서 같은 중요한 직책을 계속 역임했기 때문이다.

요컨대 재야에 있던 최명길에게 장만은 가장 중요한 '정보원'이자 '멘토'였을 개연성이 높다. 당장 광해군의 두터운 신임 속에 영건 사업들을 주도했던 장만을 통해 정국 동향을 자세하게 파악할 수 있었을 것이다. 특히 장만이, 당시 굴기하고 있던 누르하치 후금의 실상을 누구보다 잘 알고 있었던 사실, 1618년 이래 체찰부사, 병조판서로 재직하면서 방어 대책을 마련하고 서북 지방의 민정과 군정을 추스르는 중임을 맡았던 사실들은 매우 중요하다. 야인의 처지에서는 접근하기 어려운 외교, 국방과 관련된 안팎의 고급 정보들이 장만을 통해 최명길에게 전달되었을 가능성이 매우 높기 때문이다.

더욱이 장만은 변방에서 오래 근무했기 때문에 그의 막하에는 내로라하는 무장들이 여럿 있었다. 구굉(具宏, 1577~1642), 구인후(具仁垕, 1578~1658), 정충신(鄭忠信, 1576~1636) 같은 이들이다. 그중에서도 정충신은 일생 동안 장만을 섬긴 가장 충직한 부하였다. 1602년 장만이 명에 주청사奏請使로 갈 때 수행했던 이래 20여 년 동안 곁을 떠나

지 않았다. 정충신은 심지어 장만의 집 근처로 이사까지 하면서 장만을 아버지처럼 섬겼다.[24]

　정충신의 행적 가운데 특히 주목되는 일은 만포첨사滿浦僉使로 있던 1621년(광해군 13) 9월, 후금의 수도인 허투알라赫圖阿拉를 다녀왔다는 사실이다. 당시 명은 조선이 후금과 밀통할까 봐 신경을 곤두세우고 있었다. 또 모문룡(毛文龍, 1576~1629)이 조선 영내로 들어와 있던 시기이기도 했다. 비변사는 명이 알면 문제가 될 것을 우려하여 정충신의 파견에 강하게 반대했다. 하지만 광해군은 정충신 파견을 밀어붙였고, 정충신은 한 달 가까이 후금에 머물면서 그들의 동향을 매우 상세하게 파악했다.

　당시 허투알라에 억류되어 있던 강홍립은 물론 1618년 무순에서 후금에 투항했던 명나라 장수 이영방李永芳도 만났다. 그뿐만 아니라 팔기 제도의 현황, 누르하치의 후계 구도에서 홍타이지가 가장 앞서고 있다는 사실, 후금이 조선과의 화친을 몹시 바라고 있다는 사실, 후금이 조선의 내부 동향을 아주 상세하게 알고 있다는 사실처럼 매우 중요한 정보들을 획득했다.[25] 당시 정충신이 허투알라에 들어갔던 것은 심하 전투 패전 이후 명의 엄중한 견제 속에서도 광해군이 추구했던 후금과의 기미(羈縻, 오랑캐를 달래고 다독이는 것), 화호和好 정책을 상징하는 일대 사건이었다.[26]

　전후 상황을 고려할 때 1621년 정충신이 허투알라에서 얻어 낸 정보는 장만을 통해 최명길에게도 공유되었을 개연성이 크다. 그뿐만 아니라 최명길이 훗날 조선의 대외 정책을 주도할 때 정충신은 최명길의 노선에 동조했다. 1633년(인조 11) 1월, 후금이 가도를 친다는 명목으로 병선을 빌려 달라고 강요했을 때 인조는 후금과 절교하기로 결정한다. 인조는 절교 방침을 통보하기 위해 역관 김대건金大乾을 심양으로 파견했다. 당시 부원수로 있던 정충신은 도원수 김시양(金時讓, 1581~1643)과 상의하여 김대건을 억류한 채 소를 올려 인조에게 절교 방침을 재고하라고 촉구했다. 그는 후금이 병선을 빌려 달라고하는 것은 명분일 뿐, 본심은 세폐를 증액하는 데 있다고 강조했다. 과거 송이 세폐를 증액하여 요를 달랬던 고사를 인용하면서 성급하게 절교하여 전쟁을 부르는 것보다 세폐를 늘려 주는 것이 국가의 안전을 위한 계책이라고 설파했다.[27] 당시 정충신은 후금의 내부 사정과 의도를 가장 정확하게 인식하고 있는 관인이었다.

1623년 인조반정이 성공했던 직후 인조는 장만을 도체찰사로 임명했다. 비록 그가 광해군 때 폐모 정청에 참여했고, 반정 거사에 가담하는 데 소극적이었던 흠결이 있었지만 인조대 조정에서 장만을 능가할 만한 국방 전문가는 없었기 때문이다. 장만은 실제로 인조 정권 출범 이후 방어 역량을 키우기 위해 중요한 역할을 했다. 남이흥南以興을 석방시켜 무장으로 데려가고, 그의 사위였던 유효걸柳孝傑 또한 죄안罪案에 있었는데 인조를 설득해서 사면시키고 복귀시켰다.

거듭 말하지만 오랜 기간 '야인'으로 지냈던 최명길이, 훗날 인조 정권이 직면했던 안팎의 난제들을 해결하는 데 필요한 정무 감각과 외교 수완을 키우는 과정에서 장인 장만의 역할은 매우 중요했다고 할 수 있다.

장만의 입장에서도 최명길을 사위로 맞이한 것은 결과적으로 대단한 성공작이었다. 인조반정 이후 최명길의 덕을 많이 보았기 때문이다. 다음 사평은 인조대 이후 장만을 이해하는 데 매우 시사적이다.

장만은 지모는 많으나 행동과 일처리가 바르지 않았다. 폐조 때 궁금宮禁을 배경으로 광해군의 신임이 두터워 병조판서까지 제수되었고 폐모 정청에도 참여하여 동료들이 천하게 여겼다. 반정 후에는 최명길의 장인이라는 이유로 유독 죄와 벌을 모면했다. 이괄의 난 때에 머뭇거렸다는 죄를 면하기 어려웠으나 임금이 너그럽게 포용하여 원훈에 책봉되고 팔도 도체찰사에 병조판서까지 겸임하니 모두 불쾌히 여겨 물의를 빚었다. 그런데도 삼갈 줄 모르고 으리으리한 가옥에 선물 꾸러미가 문에 가득하였으므로 식자들이 침을 뱉으며 더럽게 여겼다.[28]

1626년(인조 4) 3월, 장만이 병조판서에서 물러나겠다고 요청했을 때 사관이 쓴 사평이다. '지모가 뛰어났다'는 것 말고는 장만에 대한 평가가 매우 부정적이다. 하지만 사평을 통해 몇 가지 중요한 사실들을 이해할 수 있다. 우선 장만이 광해군 때 '잘나갔다'는 사실, 폐모 정청에 참여했던 전력이 인조대 이후 그의 발목을 잡았다는 사실이다. 인조 정권에서 중용되기 위해 가장 중요한 전제는 폐모론 참여 여부였다. 폐모 정청에 참여했던 당상 이상은 245명이고 끝까지 불참했던 인원은 38명이었다.[29] 이 38명 가운데 김류(金瑬, 1571~1648), 김상

용, 신익성申翊聖, 오윤겸吳允謙, 윤방尹昉, 이시발(李時發, 1569~1626), 이
정구(李廷龜, 1564~1635) 들이 있었고 그 가운데 김류가 반정의 원훈이
되었음은 잘 알려져 있다. 따라서 장만이 광해군 조정에서 폐모 정청
에 참여하고 병조판서를 지낸 것은 인조대 조정에서는 용납되기 어
려운 오점이었다.

하지만 장만에게는 든든한 배경이 있었다. 바로 정사일등공신이
된 사위 최명길이다. 최명길 덕분에 장만은 다시 등용되었고 병조판
서라는 중책까지 맡을 수 있었다. 요컨대 광해군 정권에서는 장만이
최명길을 길러 냈다면 인조 정권에서는 최명길이 장만을 살려 냈던
셈이다. 장인 장만과 사위 최명길은 숙명적인 상보相補 관계였던 셈
이다.

절친 장유

　인조반정에 참여하여 공신이 되었던 사람들의 공통점 가운데 하나는 그들 대부분이 이항복의 제자들이었다는 점이다. 반정의 원훈인 김류, 이귀李貴는 물론 최명길 또한 이항복의 문하였다. 이항복은 광해군 때 폐모론에 반대하다가 유배되고 곧이어 작고했지만, 그는 선조부터 광해군 연간 수차례 정승직을 유지하면서 서인들의 정치적 대부 역할을 했던 인물이다. 그런데 최명길의 절친한 친구였던 장유와 이시백도 이항복의 인정을 받았다.

　야담집인 《동야휘집東野彙輯》에 보면 이항복과 이들 제자 세 사람과 관련하여 흥미로운 일화가 전한다. 당시 함순명咸順命이란 맹인 점쟁이가 있었다.[30] 도무지 알아맞히지 못하는 것이 없을 정도로 용하다고 소문났던 함순명에게 이항복은 어린 제자 세 사람의 미래를 물었다고 한다. 함순명은 세 소년 모두 귀하게 될 것이라고 예언했고, 특히 신사생辛巳生이 더 귀하게 될 것이라고 말했다. 신사생은 이시백을 가리킨다.31 최명길과 두 사람 모두 정승 자리에 올랐으니 벼슬로서는 이미 다 현달했는데, 이시백은 80세까지 장수했으니 함순명의 말처럼 팔자는 이시백이 가장 좋았던 셈이다.

최명길이 어려서부터 자신과 마음을 같이할 수 있는 친구로 꼽은 이가 한 사람 더 있다. 바로 조익(趙翼, 1579~1655)이었다.

아우는 모친의 병환으로 바닷가 옛집으로 돌아와 탕약을 계속해서 드리고 있지만 증세가 낫다가는 더할 뿐 뚜렷한 효험이 없습니다. …… 일전에 조비경(趙飛卿, 조익), 이돈시(李敦詩, 이시백) 두 형의 편지를 받았고, 오늘 형의 편지가 뒤이어 책상에 놓이니 학문을 이야기하고 회포를 이야기함이 자리를 함께하여 모인 것과 다름이 없습니다. 우리 네 사람의 물처럼 맑디맑은 정이 두 곳에서 서로 비추어 주는 게 아니라면 어찌 이와 같을 수 있겠습니까?32

1603년(선조 36), 최명길이 열여덟 살 때 장유에게 보낸 편지다. 최명길이 장유와 이시백 외에도 조익을 맑은 정을 서로 나누는 절친으로 여기고 있음을 잘 보여 준다. 최명길, 장유, 조익, 이시백이 사우四友였던 셈이다.33

어린 시절 동문수학한 친구에서 출발했지만 시간이 지나면서 최명길과 장유, 이시백의 관계는 더 큰 차원으로 발전하게 된다. 우선

세 사람 모두 광해군 정권에서 대북파에 밀려 정치적 좌절을 맛보거나 탄압받았던 공통점이 있었다. 최명길은 유생 이홍임李弘任을 풀어주었다가 이이첨에게 밉보여 파직되었고, 장유도 비슷한 이유로 벼슬에서 쫓겨났다. 1612년(광해군 4) 김직재金直哉의 옥사가 발생했을 때, 장유의 친척 황상黃裳이란 사람이 옥사에 연루되면서 장유 또한 파직되었다.[34] 유학幼學 신분이었던 이시백은 광해군 말년인 1622년 무신 안륵安玏과 길에서 마주쳤다가 시비가 붙어 안륵의 종으로부터 볼기 수십 대를 얻어맞는 횡액을 겪은 적이 있었다. 당시 이시백의 아들 이각李恪은 "사대부를 마구 구타했음에도 조정이 안륵을 처벌하는 데 미온적"이라며 상소하여 절규한 바 있다.[35] 세 사람은 모두 광해군 정권에서 상처 받고 그 때문에 반감을 품을 수밖에 없었던 비슷한 경험을 지니고 있었던 것이다.

급기야 최명길과 그의 형 최래길, 장유와 그의 아우 장신張紳, 이시백과 그의 아버지 이귀, 그리고 동생 이시방李時昉까지 세 친구의 집안은 모두 인조반정에 참여했다. 만약 거사가 실패로 끝났다면 세 집안은 모두 멸족의 화를 당해 풍비박산이 났을 터였다. 세 친구가 반정이라는 정변에 모두 동참했다는 사실을 고려하면 그들은 과거 동문수학한 동학同學의 차원을 넘어 혁명 동지의 관계로 발전했다고 할 수 있다. '혁명'에 참여한 결과 최명길은 1등공신, 이시백과 장유는 각각 2등공신으로 책립되었다.[36]

친한 친구 세 사람 가운데서도 최명길이 일생 동안 가장 격의 없이 지내고 의지하려 했던 인물은 단연 장유였다. 이항복은 일찍이 최명길과 장유를 가리켜 '맑은 연못의 두 마리 잉어', '함주(唅珠, 용의 턱 밑에 있는 구슬)의 이상한 광채' 운운하며 두 사람을 단짝으로 여기고 이들의 미래에 크게 기대하는 모습을 보인 바 있다.[37]

최명길은 장유를 친구 차원을 넘어 형제이자 일심동체로 인식했다. 또 자신을 포함한 '사우' 가운데 장유의 도학과 문장이 가장 높은 경지에 있다고 보았다.[38] 최명길이 장유를 동기처럼 믿고 의지했음을 보여 주는 대표적인 사례는 아버지 최기남의 신도비문神道碑文을 그에게 맡겼던 사실을 들 수 있다. 최기남이 작고한 뒤 10여 년 동안 최명길은 장유에게 신도비문을 써 달라고 여러 차례 부탁했다. 하지만 장유는 자신이 대제학이 아니라는 이유를 들어 번번이 사양했다. 1628년(인조 6), 장유가 대제학이 되자 최명길은 편지를 보내 "그대가 대제학이 되었다는 소식에 기뻐서 밤잠을 이루지 못했다"며 부친의 신도비문을 빨리 써 달라고 채근한 바 있다.[39]

장유에 대한 최명길의 애틋한 마음과 존경심은 통념을 뛰어넘는 것이었다. 최명길은 심지어 장유를 '하늘이 내린 보물'이라고 찬양하기도 했다. 1629년 7월 인조는 대제학 장유를 나주목사로 좌천시킨다. 반정의 원훈이었던 김류와 알력이 있었기 때문이다. 갑자기 장유를 지방으로 발령 내자 병조참판 최명길이 들고일어난다. 인조에게 차자를 올려 장유를 외방으로 보낸 조처를 당장 취소하라고 요청하면서 아래와 같이 강조했다.

장유의 사람됨은 때에 맞춰 쓸 만한 재주는 없어 보여도 문장과 절개 있는 행동은 유림 가운데 으뜸으로 옛사람들 가운데서도 많지 않습니다. 다행히 밝은 시대를 만나 정치와 학문에서 권력을 쥐어 크게 현달했습니다. 하지만 늘 간곡하게 물러나고자 하여 스스로를 포의(布衣, 벼슬 없는 선비)처럼 여기고, 문하에는 잡스런 손님들이 없으며 덕망이 뛰어나게 높아 인간 세상의 상서로운 존재이자 유자 가운데 보배라고 할 만합니다. 하늘이 진실로 전하를 위해 이 사람을 태어나게 했는데 전하는 그를 끝까지 쓰지 못하고 오히려 풍토병이 있는 지방으로 던져 버렸습니다. …… 저는 어릴 적부터 그와 사귀어 이제 반백이 되었으니 명목은 친구지만 정분은 형제입니다. 나아가고 물러남에, 또한 도리를 따짐에 차이가 없으니 장유에게 죄가 있다면 신 또한 면하기 어렵습니다.[40]

최명길이 보는 장유는 '인간 세상의 상서로운 존재'이자 '유자 중의 보배'였다. 심지어 하늘이 인조를 위해 장유를 태어나게 했는데 인조는 그를 제대로 쓰지 못하고 던져 버렸다고 비판한다. 최명길은 이어 자신은 장유와 형제 같은 존재임을 상기시키면서, 장유를 외방으로 보냈으니 자신도 벼슬에서 물러나게 해 달라고 강청한다.

최명길과 장유의 깊은 우정은 일생 동안 지속된다. 그런데 40년 이상 이어진 두 사람의 교유 기간 가운데서도 최명길이 그야말로 애타게 장유에게 매달리며 의지하려 했던 때가 있었다. 바로 병자호란이 끝난 직후였다.

당시 이조판서를 거쳐 우의정, 좌의정에 잇따라 임명된 최명길은 조정을 사실상 홀로 이끌고 있었다. 김상헌을 비롯한 대다수 척화파 계열의 신료들은 인조가 청에 항복했던 것, 또 청과의 화친을 주도했던 최명길이 조정을 이끄는 것에 유감을 품고 조정에 나오려 하지 않았다. 그들은 인조가 '오랑캐' 청에게 항복하지 말고 종사와 함께 장렬히 옥쇄했어야 한다고 생각했다. 그런데 최명길의 주도로 끝내 청에 항복하자 귀향해 버렸다. 일각에서는 인조 정권을 '하찮은 조정', '더럽혀진 조정'이라 운운하며 조정에서 벼슬하는 것을 싸늘한 시선으로 바라보고 있었다.[41] 그것은 "하찮은 조정에서 주화파 최명길과 더불어 국가를 얼마나 잘 이끄는지 한번 지켜보겠다"는 냉소이자 묵언의 시위였다. 인조를 보듬고 조정을 이끌어야 했던 최명길의 고민이 클 수밖에 없었다.

'하찮은 조정'에서 인조를 섬기는 것이 부끄러워 사퇴하는 풍조가 만연하고, 자신을 '간신'으로 여기고 조정을 떠나려는 자들까지 이어지는 상황에서 도대체 누구와 함께 정사를 이끌고 당면한 난제들을 처리할 것인가? 이처럼 곤혹스러운 상황에서 장유는 최명길이 가장 우선적으로 기대려 했던 의지처였다. 장유는 당시 모친상을 치르고 있었는데 최명길은 그를 기복起復시켜 조정으로 불러들이려 했다. '기복'이란 상례를 다 치르기도 전에 상중에 있는 신료를 벼슬에 나아가게 하는 것을 가리킨다.

난리를 당해 기복하여 나라를 위해 충성을 다하는 것이 예법에는 조금 어긋나더라도, 애당초 임금에게 몸을 맡긴 만큼 끝까지 자기 몸만을 홀로 선하게 수양할 수 없다는 것은 신하된 사람의 분의(分義, 분수와 도리)입니다. …… 형은 현재 명망이 제일 높은 분이시거늘 나라가 위급한 이때 형을 등용하지 않고 장차 어느 때 등용하겠습니까? …… 형의 넓고 깊은 만경창파와 망망한 동해의 물 같은 재덕에 힘입어 안으로는 청론(淸論, 척화론)의 천 길이나 치솟은 큰 불길을 끄고, 밖으로는 청인들이 모든 것을 태워 없애려는 듯한 기세로 싸질러 놓은 급한 불길을 끄려 합니다. 그런데 형은 어찌하여 이러한 위급한 상황에 처하는 도리를 생각하지 않으시고 도리어 평상시의 거상居喪하는 도리만 고집하여 기복을 한사코 사양하시면서 저를 지기知己로서 마음이 어긋났다고 책망하십니까?[42]

최명길은 장유를 당시 '명망이 가장 높은 인물'로 찬양하면서 어떻게 해서든 그를 기복시켜 조정에 등용하려 했다. 인조는 최명길의 강청에 따라 장유를 우의정으로 임명했다.[43] 하지만 장유는 완강하게 거부했다. 사대부로서 어버이의 상을 잘 치르는 것보다 중요한 예가 없는데 자신을 강제로 기복시키려는 최명길은 '진정한 친구'가 아니라고 힐난했다. 나아가 최명길이 무턱대고 자신을 등용하려 함으로써 자신이 제대로 사람 노릇 하려는 것을 방해하고 있다고 항변했다.[44]

최명길은 조급해질 수밖에 없었다. 당시 최명길이 당면했던 난제 가운데 무엇보다 힘겨운 것은 척화파 계열의 신료들과 상대하는 문제였다. 최명길은 장유에게 편지를 다시 보낸다.

천고에 없던 병란을 막 겪은 뒤 1만 겹 국기國基를 닦는 조정의 상부相府를 새로 담당해 안으로는 백관과 각 지방을, 밖으로는 명 조정과 청에 대한 내정을 수습하고 외적을 물리치는 방책이 필요하건만 만에 하나도 묘책이 없습니다. 게다가 청론을 조정하는 일은 그중에서도 가장 어려운 것입니다. 만약 청론과 주화론을 걸터타고 있는 고명하신 형이 아니라면 그 둘을 어떻게 잘 처리하겠습니까?[45]

주목되는 것은 최명길이 장유를 가리켜 "척화론과 주화론을 걸터타고 있다"고 인식했다는 점이다. 따라서 주화와 척화 모두를 포용하고 있던 장유가 조정에 출사하면 난리 이후의 정국을 헤쳐 나가는 데 천군만마를 얻는 것이나 마찬가지라 본 것이다. 최명길의 간절한 열망에도 장유는 기복을 끝내 거부하면서 무려 18차례나 인조에게 사직을 청하는 소를 올렸다. 인조나 최명길도 뜻을 접을 수밖에 없었다.

최명길이 장유를 진정한 심우心友로 여기고 의지하려 했지만, 그의 요청을 단호하게 배척했던 사연이 하나 있었다. 병자호란 당시 장유의 며느리는 청군에게 붙잡혀 심양으로 끌려갔는데 1638년 몸값을 치르고 돌아온다. 1638년 3월, 장유는 자신의 외아들 장선징(張善澂, 1614~1678)과 귀환한 며느리가 이혼할 수 있도록 허락해 달라는 청원을 조정에 올린다. 오랑캐에게 더럽혀진 며느리에게 조상의 제사를 받들게 할 수는 없다는 것이 이유였다. 최명길은 단호하게 반대한다. 만약 이혼을 허락하면 귀환하려는 사람이 없게 될 것이고 그것은 수많은 부녀자들을 이역에서 귀신이 되도록 만드는 행위라고 일갈했다. 또 한 사람이 소원을 이루고 백 집에서 원망을 품게 되면 화기和氣가 손상된다고 강조했다.[46] 형제와도 같은 친구의 청원이었지만, 당시 조정을 이끌고 있던 최명길은 장유에게만 사사로운 정을 펼 수는 없다고 단호한 자세를 보였던 것이다.

최명길의 매정한 태도에 상처를 받았기 때문일까? 장유는 1638년 3월 세상을 떠난다.[47] 최명길은 친구를 잃은 슬픔을 다음과 같이 읊었다.

> 이제 줄 끊어졌으니 옛 거문고의 곡조를 누가 알아주리오.
> 한평생 깊은 슬픔을 조문弔文에 부치노라.[48]

중국 춘추시대에 백아伯牙와 종자기鍾子期란 인물들이 있었다. 거문고의 명인이었던 백아의 연주 소리를 제대로 알아주는 사람이 그의 친구 종자기였다. 종자기는 백아에게 지음知音의 친구였다. 그런데 종자기가 죽자 백아는 지음이 사라진 슬픔에 거문고 줄을 끊어 버리고 평생토록 다시는 거문고를 연주하지 않았다고 한다. 최명길이 백아라면 장유는 종자기였다. 어릴 적부터 죽을 때까지 최명길의 일거수일투족을 지음의 경지에서 이해해 주고 성원해 준 사람이 바로 장유였다. 그러니 그의 죽음 앞에서 최명길이 느끼는 비통함이란 이루 말할 수 없었다.

그렇다면 장유는 최명길에게 어떤 영향을 주었을까? 무엇보다 장유는 맑고 청렴한 인물이었다. 인조반정에 가담하여 공신이 되고, 인조로부터 상급을 받았지만 그의 처신은 다른 공신들과 달랐다. 상당수 공신들이 과거 대북파들의 가옥과 토지, 노비들을 차지하고 마치 원래부터 소유했던 것처럼 행세하여 빈축을 사고 있었다. 심지어 '단지 주인이 바뀌었을 뿐이다' 하는 냉소까지 나오는 실정이었다. 그런데 《인조실록》의 사관은 "오로지 장유 한 사람만은 밭 한 뙈기, 노비 한 명도 챙기지 않아 사람들이 그의 청렴하고 반듯한 태도에 감복했다"고 적었다.[49]

장유는 양명학을 깊이 공부했다. 또 성리학을 배웠지만 주자 일변도의 태도를 보이지 않았다. 정묘호란, 병자호란을 전후한 시기에는 주화론과 척화론 양쪽 모두를 아우르는 포용적인 태도를 보여 주었다.[50] 실제로 정묘호란 당시 최명길이 갖은 비난과 매도에도 후금과의 화친을 주도할 때, 최명길의 충정을 이해하고 응원했던 사람이 장유였다. 장유는 당시 신료들이 속으로는 후금군을 몹시 두려워하고 그들과의 화친을 바라면서도 겉으로는 그렇지 않은 것처럼 가장하며 최명길을 비난했던 이중성을 꼬집은 바 있다.[51]

그가 죽은 뒤 사관이 남긴 '졸기卒記'를 보면 장유가 최명길에게 끼친 영향이 어떤 모습이었는지를 가늠할 수 있다.

사람됨이 순후하고 깨끗했으며, 문장을 지으면 기운이 완전하고 이치에 밝아 세상에 그를 따를 자가 없었다. 정사의 공훈에 참여하여 신풍군新豐君에 봉해졌다. 두 번이나 대제학을 맡았는데, 공사公私

의 문장이 모두 그의 손에서 나왔다. 오랫동안 이조판서로 있었는데도 문정이 쓸쓸하기가 마치 한사(寒士, 가난하거나 권력이 없는 선비)의 집과 같았다. 많은 사람들이 흡족히 여겨 흠을 잡는 자가 없었다. 산성에 있을 때는 힘껏 화친론을 주장했고, 또한 상중에 '삼전도비문三田渡碑文'을 지었는데, 사론이 그것을 단점으로 여겼다.[52]

사관이 척화론의 입장에 서 있던 인물이라 장유가 화친론자였고 삼전도비문을 지었던 사실을 부정적으로 본 것을 알수 있다. 하지만 장유의 인품이 맑고 깨끗했다는 것, 문장이 당대 최고였다는 것, 고위 관직에 있으면서도 권세와 부귀를 추구하지 않았다는 것들은 찬양하고 있다. 당대인들이 모두 인정할 만큼 인품이 개결했던 것, 당시 지식인들이 이단으로 폄하했던 양명학을 받아들이며 개방적이고 포용적인 자세를 지녔던 것, 척화론자의 집안과 혼인을 맺었음에도 현실에 발을 디디고 주화론의 입장에 섰던 것들이 장유의 일생에서 나타난 특징이었다.

장유가 양명학에 심취하고 개방적이고 포용적인 학문 태도와 경세관을 지녔던 것은 그의 절친 최명길에게 상당한 영향을 미쳤던 것으로 보인다. 그리고 장유는 최명길의 독특한 정치, 외교 노선을 이해하고 응원했던 후원자이기도 했다. 요컨대 장유는 최명길의 '지음'이자 최명길이 '인간 세상의 상서로운 존재'이자 '유자의 보배'라고 부를 만한 덕성을 지니고 있었던 것이다.

3장
인조반정에 가담하다

짧았던 광해군 시절의
벼슬살이

1605년 증광시에 합격한 직후 최명길은 승문원, 예문관에 발령을 받았지만 신병 때문에 나아가지 못했다. 건강이 시원찮았던 것이 벼슬살이 초입부터 발목을 잡았던 것이다.

최명길의 벼슬살이가 본격적으로 시작된 것은 1611년(광해군 3)부터였다. 그는 이해 공조좌랑이 되고 곧이어 병조좌랑에 보임되었다. 병조좌랑은 요직이었다. 당시 광해군의 최명길에 대한 평가 또한 괜찮은 편이었다. 같은 해 12월, 광해군은 최명길이 지어 올린 송문頌文의 내용을 칭찬한 뒤 그에게 가자(加資, 벼슬아치의 품계를 올려 주는 것)하라고 지시했다. 또 최명길의 글을 베껴 써서 들이라고 명을 내리기도 했다.[1] 이때까지만 해도 광해군 조정에서 최명길의 벼슬살이는 순항할 듯이 보였다.

최명길의 벼슬살이는 1613년(광해군 5)부터 문제가 생기기 시작했다. 계축옥사의 여파 때문이었다. 앞에서 언급했듯이 최명길의 아버지 최기남은 계축옥사가 불거진 이후 '역적의 괴수' 김제남과 매우 친했다는 혐의를 받아 체포되었고, 끝내는 관작이 삭탈되고 쫓겨난 바 있다.

최기남이 쫓겨난 것은 1613년 5월 무렵인데 최명길 또한 광해군 조정에서 오래 버티지 못했다. 계축옥사의 파장이 눈덩이처럼 커지고 있었기 때문이다. 차자이자 첩자妾子로서 왕세자가 되었지만 즉위하기까지 갖은 간난신고를 겪었던 광해군은 왕이 된 이후에도 영창대군에게 신경을 곤두세웠다. 일찍이 최기남이 광해군에게 이복동생들을 잘 보살피고 인목대비에게 효성을 다하라고 간언했던 것은 이유가 있었던 것이다.

하지만 광해군에게 밀착했던 이이첨 같은 대북파는 영창대군을 제거하려고 시도한다. 계축옥사가 일어났던 것은 그들에게 절호의 기회였다. 박응서朴應犀를 비롯한 옥사의 주도자들이 "영창대군을 추대하려 했다"고 진술하면서 영창대군의 비극이 시작되었다. 대북파의 언관들은 1613년 11월, 당시 강화도에 위리안치되어 있던 영창대군을 처단할 것을 주장했다. 광해군은 일단 거부했지만, 당시 여덟 살밖에 되지 않은 영창대군의 처리 문제를 놓고 조야에서는 격론이 벌어졌다. 이이첨 일파는 영창대군을 살려 두어야 한다는 안팎의 신료들에게 '임금을 능멸하는 불충한 무리'라고 매도했다.

영창대군의 목숨이 경각에 달려 있는 상황에서 인목대비는 절규

할 수밖에 없었다. 당시 거의 감금 상태에 있던 인목대비는 아들을 살리기 위해 몸부림쳤다. 광해군에게 호소하고자 했지만 접촉이나 통신이 막혀 버린 상태였다.[2] 그 와중에 1613년 12월, 명의 요동도사가 파견한 왕지휘王指揮란 차관이 입국한다.[3] 최명길이 광해군 조정에서 벼슬살이를 마감한 것은 바로 왕지휘가 입국했던 상황과 관련이 있었다. 광해군은 왕지휘가 입국하기 직전 신료들에게 영창대군 문제를 언급하지 말라고 지시했다. 또 병조낭청과 선전관에게 차관의 숙소에서 숙직하라고 지시했다. 명 차관과 외부인의 접촉을 차단하고 계축옥사와 영창대군 관련 소식이 차관을 통해 명나라로 전파되는 것을 막기 위한 조처였다.

광해군은 즉위 과정에서 갖은 우여곡절을 겪으면서 명에게 일종의 '트라우마'를 안고 있었다. 명 조정은 선조 말년부터 광해군이 장자가 아니라는 이유를 들어 왕세자로 승인하는 것을 거부했다. 심지어 1608년 왕위에 이미 오른 이후에도 광해군이 형 임해군을 제치고 즉위한 까닭을 조사하겠다고 사문관查問官을 파견하기도 했다. 실제로 같은 해 6월, 명의 만애민萬愛民과 엄일괴嚴一魁가 사문관으로 조선에 입경했고, 그들은 임해군을 직접 만나 광해군 즉위 전후의 전말을 캐물었다.[4]

광해군은 왕지휘가 차관으로 입국한다는 소식에 과거의 기억을 떠올렸다. 시점이 미묘했기 때문에 광해군의 조바심은 클 수밖에 없었다. 혹시라도 차관을 통해 계축옥사와 영창대군 관련 이야기가 명에 알려질 경우 어떤 상황이 벌어질 것인가? 그런데 1614년 1월, 결국 문제가 터지고 말았다. 영창대군을 살리기 위해 동분서주하던 인목대비가 명 차관과 접촉을 시도했던 정황이 드러났던 것이다. 대북파가 영창대군을 처단하라고 한창 세몰이를 하고 있던 상황에서 인목대비는 마지막 지푸라기라도 잡는 심정으로 명 차관에게 도움을 요청하려고 시도했을 개연성이 높았다.[5]

사건의 불똥은 최명길에게 튀었다. 명 차관은 1613년 12월 17일에 입경했는데 해가 바뀌어 1614년 정월 초하루가 되자 차관의 부하 몇 사람이 숙소를 나와 외출했다. 포도청 군사들이 그들을 따라다니며 감시하고 있었는데, 마침 술에 취한 채 지나가던 서학西學 유생 이홍임이란 자가 "어디서 온 사람이냐?" 하며 중국인들에게 접근을 시도한다. 포도청 군사들은 이홍임을 붙잡아 끌고 간다. 《광해군일기》는 "포도청 군사들이 상을 받기 위해 이홍임이 중국인들과 밀담을 주고받았다"고 무고했다고 적었다.

그런데 병조좌랑 최명길은 낭청(郎廳, 실무 담당자)으로 사건의 전말을 조사한 뒤 별다른 혐의가 없다며 이홍임을 석방했다. 그러자 보고를 받은 이이첨이 이홍임은 물론 최명길까지 잡아들이게 했고, 최명길은 광해군으로부터 친히 국문을 받고 투옥되는 신세가 된다.[6] 그리고 며칠 뒤 광해군은 최명길의 관작을 삭탈하고 도성 밖으로 내보내라는 명령을 내린다. 최명길의 광해군 조정에서의 짧은 관직 생활은 그렇게 허망하게 끝났다.

비록 벼슬살이는 마감했지만 관작 삭탈 정도에 그친 것은 천만다행이었다. 이홍임이 중국인들과 밀담을 나누었다는 무고가 들어간

이상 그를 석방한 최명길의 행위는 자칫 심각한 상황으로 이어질 수 있었기 때문이다. 당시 최명길은 장유에게 보낸 편지에서 "석방했던 선비가 피하지 않고 나타난 덕에 대죄大罪를 피하고 가까스로 삭출에 그칠 수 있었다"고 회고한 바 있다.7 만일 이홍임이 돌아와서 자초지종을 진술하지 않았더라면 최명길은 훨씬 큰 처벌을 받았을 개연성이 높았던 것이다.

인목대비가 명 차관과 접촉을 시도했던 사건과 맞물려 최명길이 조정에서 쫓겨난 지 얼마 지나지 않아 대북파는 강화도에 있던 영창대군을 살해한다. 인목대비의 광해군과 대북파에 대한 원한은 극에 이르렀고, 대북파는 인목대비를 폐위시키기 위해 이른바 '폐모 논의'를 주도하면서 정국은 다시 요동친다. 강상윤리를 강조하면서 폐모에 반대했던 서인, 남인, 소북 신료들은 '불충한 무리'라는 매도 속에 유배되거나 조정에서 제거되었다. 최명길은 폐모 논의의 소용돌이 속으로 빠져들기 직전 조정에서 쫓겨났던 셈이다. 결과론적인 이야기지만 최명길에게는 그것이 어쩌면 정치적으로 커다란 행운일 수도 있었다.

광해군대 벼슬에서 쫓겨난 이후 최명길은 부친과 함께 경기도 가평으로 이주한다. 가평 구운역九雲驛 동쪽에 있는 대생촌大生村의 시냇물가에 집을 마련했다. 오늘날의 대성리 부근인데 집 주변에 있던 시내를 '지천遲川'이라 이름 짓고8 자신의 호로 삼았던 것으로 보인다. 대생촌은 본래 '대성大成', '대생이'로 불렸고, 요즘은 대성리라고 부르는데 행정구역상으로는 경기도 가평군 외서면에 해당된다. 일설에 따르면 남이(南怡, 1441~1468)가 이곳에서 태어났기 때문에 '대생이'라고 불렀다고 한다. 현재의 가평군 외서면 남쪽에 화랑개라는 마을이 있었고, 그곳을 흐르는 물 위에 구운교라는 다리가 있었다.[9]

최명길의 가평 생활은 나름대로 유유자적했던 것으로 보인다. 최명길이 한준겸(韓浚謙, 1557~1627)에게 보낸 편지에 당시의 심정을 엿볼 수 있는 내용이 보인다. 우선 그는, 폐모론에 연관되었던 부친 최기남이 영흥에서 체포되었지만, 벼슬에서 쫓겨난 것 말고는 별달리 화를 입지 않고 물러날 수 있던 것을 다행으로 생각했다. 그는 한준겸에게 자신이 산골의 한가로운 백성이 되었지만 참으로 편안한 곳을 얻었다고 강조한다. 이어 나름대로 향후의 시국과 자신의 운세에 대해 다음과 같이 진단한다.

예로부터 배척을 당한 한탄이 많았지만, 이렇게 한 시대의 충신과 현사가 모두 쫓겨나고 배척당하는 화를 면한 사람이 아무도 없는 것을 보면 천고의 그 어느 벼슬살이하는 때보다 평지풍파가 심한 것 같습니다. 소멸하고 성장하고 나아가고 물러나는 이치는 실로 시운의 소관이라, 기뻐하거나 슬퍼할 것이 못 되는 것이 추위와 더위, 낮과 밤이 왕래하는 것과 같을 따름입니다. 인생의 이합 또한 운수가 있어 한번 이별하면 응당 한번 합할 때가 있을 것입니다. 다만 근일의 효상(爻象, 운세)을 살펴보면 소인의 도가 몹시 왕성하여 도리어 군자의 회합하는 시기가 갑자기 오기는 어려울 듯합니다.[10]

위에 나타난 최명길의 모습은 심리적으로 불안하거나 초조한 것이 아니었다. 벼슬에서 쫓겨난 것을 시운으로 인식하여 담담하게 마음을 추스르면서 때를 기다리는 자세를 보이고 있다. 최명길은 가평에서 생활하는 동안 《주역》을 수천 번이나 읽어 환하게 통달했다고 밝힌 바 있다. 그런 내공 덕분인지 시세를 관망하면서 오히려 한준겸을 위로하는 자세를 보이고 있었다.

재기의 기회가
찾아오다

시간이 지나면서 이이첨을 비롯한 대북파의 정치적 공세는 극단
으로 치닫고 있었다. 그들은 계축옥사 이후 권력의 실세로 떠오르면
서 "임금 이외에는 어떤 강상綱常도 있을 수 없고 조정 이외에는 어떤
시비是非도 있을 수 없다"고 강변했다. 말하자면 지존인 광해군이 조
정 신하들과 함께 벌이는 일에 대해서는 그 누구도 왈가왈부하지 말
라는 경고였다. 그들은 인목대비도 광해군의 '어머니'이기 이전에 '신
하'이며 "충이 효보다 중요하다"는 명분을 내세웠다. 그러면서 "불충
한 인목대비를 대비 자리에서 쫓아내야 한다"고 강조했다. 폐모론은
그 같은 논리와 주장 속에서 대두되었다. 대북파는 서인과 남인을 중
심으로 폐모론에 반대하는 것을 '역적을 비호하는 것', 곧 호역護逆이
라고 매도했다. 대북파는 '토역(討逆, 역적을 토벌하는 것) 담당자'로 자

임하면서 폐모에 반대하거나 소극적인 신하들을 제거해 나갔다. 광해군이 이이첨 같은 대북파를 사실상 방임하면서 '공안 정국'이 조성되고 서인, 남인, 소북의 신료들은 난신적자亂臣賊子가 되어 조정에서 쫓겨났다. 대북파가 조정을 장악하고 독주하게 되면서 급기야 '서인이 이를 갈고, 남인이 원망을 품으며, 소북이 눈을 흘기는' 상황이 빚어지고 말았다.[11]

최명길은 이미 쫓겨났지만 폐모 논의가 본격화되면서 그와 과거 합격 동기였던 한찬남은 정치적으로 전성기를 누리게 된다. 한찬남은 이이첨의 하수인 노릇을 하면서 폐모를 공론화하기 위한 '정치 공작'에 몰입했다. 대북파 언관들과 함께 '인목대비 문제'를 빨리 결단하라고 광해군에게 채근하는가 하면 서울과 지방의 유생들을 사주하여 폐모를 청하는 소를 올리게 했다.[12]

하지만 광해군은 '폐모' 결단을 내리지 못했다. 효를 강상윤리의 으뜸가는 덕목으로 여기던 조야의 분위기에서 대비를 폐위하고 모자 관계를 끊는 것은 몹시 부담스러웠기 때문이다. 인목대비가 서궁(西宮, 덕수궁)에 유폐되어 있는 상태에서 '폐모'의 결말이 맺어지지 않자 이이첨은 여론 조작까지 시도한다. 그들은 조정 신료들뿐 아니라 재야의 유생들에게 폐모를 요청하는 소를 올리게 하며 여론 몰이에 나섰다. '의견을 수렴한다'는 명분이었다. 그런데 이런 수의收議 과정에는 조야의 신료와 유생들뿐 아니라 훈련도감의 무사, 서리, 역관, 의관, 수문장, 심지어는 한성부의 백성들까지도 가담하고 있었다. 그리고 광해군에게 결단을 내리도록 압박하기 위해 '관제官製 데모'까지

시도했다.[13]

　수의를 통해 '공론'이 결집되었다고 여겼던 이이첨 무리는 1618년(광해군 10) 1월 4일 광해군에게 인목대비를 폐출하라고 공식적으로 요청하는 정청庭請을 열었다. '정청'이란 조정 신하들을 모아 놓고 의견을 결집하여 광해군에게 결단을 내리라고 촉구하는 행사였다. 당시 조정에 유일하게 남아 있던 정승인 우의정 한효순(韓孝純, 1543～1621)이 대북파의 압박에 떠밀려 총대를 멨다. 한효순은 백관들을 이끌고 인목대비의 10가지 '죄악'을 열거한 뒤 폐출하라고 광해군에게 촉구했다. 이날의 상황을 기록한 《광해군일기》는 "분위기가 너무 무시무시하여 사람들이 모두 정청에 불참하면 죽을 줄로 알았기 때문에, 평소 약간이나마 명망을 지닌 사람들마저 휩쓸려 따라가는 꼴을 면치 못했다"고 적었다. 실제로 대북파의 전방위 압박 때문에 정청에 끝까지 불참한 이들은 모두 24명에 지나지 않았다.[14]

　정청까지 밀어붙였지만 폐모론은 결말을 완전히 맺지 못했다. 그 뒤 명과 후금의 군사적 대결이 격화되어 그 여파가 조선으로 밀려왔던 데다, 광해군이 경덕궁과 인경궁을 짓는 일에 몰두하면서 폐모 논의는 일단 수면 아래로 잠복하게 된다.

　1618년과 1619년은 최명길이나 광해군 정권에게 특히 중요한 해였다. 1618년 후금의 누르하치가 명에 대해 일곱 가지 원한, 이른바 '칠대한七大恨'을 내세워 선전포고하고 만주의 무순을 공격하여 점령했다. 누르하치의 도전에 명은 경악했다. 누르하치를 응징하기 위해 명은 후금의 수도 허투알라를 정벌하기로 결정했다. 명과 후금의 대결이 본격화되는 순간이었다. 명은 조선도 원병을 보내 후금 정벌에 동참하라고 강요했다. 조선 조야는 명의 파병 요구를 받아들이는 여부를 놓고 격론을 벌였다. 광해군과 일부 측근들은 출병을 거부해야 한다고 주장했지만 조야의 여론은 '부모의 나라'이자 임진왜란 때 은혜를 베푼 명을 위해 출병해야 한다는 것이 대세였다. 급기야 명의 강요와 신료들의 채근에 밀린 광해군은 1만 3천의 병력을 파견한다. 하지만 도원수 강홍립이 이끌던 조선군은 1619년 허투알라 근처의 심하에서 후금군의 기습에 휘말려 참패하고 만다.[15]

후금 원정이 실패로 끝난 뒤에도 명은 조선에서 군사 원조를 다시 이끌어 내려고 시도했다. 1619년 6월, 명의 서광계徐光啓는 자신이 직접 조선에 가서 조선 군신들을 감호하겠다고 주청했다. 그는 조선이 심하 전투에서 패한 이후 혼비백산하여 후금에게 공손하게 응대하고, 강홍립과 패잔병들이 억류된 상태에서 후금과 내통하고 있다고 진단했다. 이어 임진왜란 때 명이 조선을 구원했던 사실을 상기시키며 조선과 연합하여 후금을 공략하라고 강조했다. 그러면서 조선 군신들을 타이르고 다그쳐서 명에 순응하게 만들겠다고 자청했다.[16]

광해군은 바짝 긴장했다. 서광계가 '조선이 후금과 내통했다'고 언급한 것을 과거 정유재란 때 정응태丁應泰가 '조선이 일본과 내통했다'고 무고했던 것보다 훨씬 더 심각한 변고로 규정했다. 광해군은 당장 이정구를 변무사辨誣使로 임명하여 명에 파견하라고 지시했다.[17] 당시 이정구는 폐모 정청에 참여하지 않았다는 이유로 대죄하고 있는 상태였다. 대북파 일각에서는 이정구가 김제남의 '심복'이라는 것,

계축옥사의 주모자인 정협의 공초에서 이름이 나왔다는 것, 수의와 정청에 불참하여 임금을 무시하고 역적을 비호했다는 것들을 내세워 사형에 처하라는 주장까지 나오고 있었다.[18]

하지만 광해군은 서광계의 무고를 변무하려면 최고의 문한文翰 능력을 지닌 이정구가 필요하다고 보았다. 그는 선조대 이래 '문장과 재기가 조선에서 으뜸'이라고 평가받는 인물이었다.[19] 광해군은 대북파의 반대를 일축하고 이정구를 변무사의 상사로 임명했다. 중대한 외교 현안이 돌출되면서 '정청 불참'을 빌미로 이정구를 제거하려 했던 대북파의 시도가 무산되는 순간이었다.

이이첨과 대북파는 계축옥사를 처결하고 폐모 논의를 주도하면서 '토역 담당자'로서 광해군의 절대적인 신임을 얻었다. 나아가 서인과 남인을 조정에서 축출하면서 권력이 비대해졌다. 1616년(광해군 8) 무렵, 이이첨은 사실상 조정을 장악했다. 인사권을 맡은 이조와 병조, 언론을 맡은 삼사의 관원은 물론 성균관의 유생들까지 이이첨의 심복 아니면 추종자들이라는 지적이 나올 정도였다. 이이첨이 자신의 측근을 이조전랑으로 앉혀 인사권을 장악하고, 과거 시험의 출제와 시행, 채점 과정에 개입하여 부정을 자행했기에 가능했던 일이었다. 이이첨이 '토역 담당자'로서 워낙 큰 신임을 받았기에 광해군의 처남 유희분柳希奮이나 사돈 박승종도 이이첨의 권세를 당해 내지 못하고 있다는 형편이었다.[20]

폐모 논의를 주도하면서 이이첨은 명종대의 윤원형尹元衡과 마찬가지로 권간權奸이 되었다. '권간'이란 신하로서 임금에 버금가는 권력을 휘두르는 자를 가리킨다. 조정의 권력을 장악하고, 자신의 손녀를 세자빈으로 만들고, 능침의 나무를 베고, 민전을 탈취하고, 밀무역에도 관여하여 치부했다. 혹시라도 사관이 자신의 행적을 직필할 것을 우려하여 사관 선발에도 관여했다.21

이이첨이 무소불위의 권력을 휘두르게 되자 자연히 반대파들이 많아졌고, 광해군 또한 그에게 의구심을 품을 수밖에 없었다. 권간으로 부상한 이후 이이첨은 대외 정책에서도 광해군과 다른 태도를 보였다. 명을 위해 후금을 치는 데 필요한 병력을 파견하자고 강조했고, 1619년 심하 전투 패전 이후에는 "오랑캐 사신을 처단하고 후금의 국서를 소각하라"고 강조하며 강경한 척화론을 견지했다.22 광해군과 이이첨의 관계에 균열의 조짐이 나타나고 있었다.

계축옥사 이래 이이첨은 시종일관 반대파들을 '호역'이라는 굴레를 씌워 제거하려고 했는데 그 시도가 먹혀들지 않은 대표적인 사례가 이정구였다. 이정구가 '서광계의 무고' 문제를 원만하게 해결한 뒤에도 이이첨 일파는 그를 '역적(김제남)을 비호한 불충한 인물'로 몰아제거하려고 시도했다. 그러자 광해군은 "김제남이 너희들의 덕이 된지 오래되었다. 다른 사람을 모함할 때마다 김제남을 함정으로 삼으려 하니 신기하지도 않고 듣기에 피곤하다. 이제는 이런 말들을 그만둘 때가 되었다"고 냉소했다.23 심지어 인조반정의 거사가 성공했던 당일, 반정군을 피해 도주했던 광해군은 측근에게 정변을 주도한 자가 이이첨이 아니냐고 물었다는 일화가 전하기도 한다.24

광해군과 이이첨의 관계에 균열의 조짐이 보이기 시작할 무렵 최명길에게도 기회가 찾아왔다. 최명길이 34세가 된 1619년(광해군 11) 5월, 광해군은 최명길을 풀어 주었다. 그런데 주목되는 것은 당시 최명길 말고도 훗날 인조반정의 거사를 일으키고 이후 인조 정권에서 중심 역할을 했던 인물들도 귀양살이에서 풀려났다는 사실이다. 이원익(李元翼, 1547~1634), 이귀, 조희일趙希逸, 김세렴金世濂, 남이공南以恭 같은 이들이었다.[25] 최명길과 함께 특히 주목되는 인물은 단연 이귀였다. 이귀는 바로 인조반정을 주도하여 원훈이 되었던 인물이기 때문이다.

　권간이 되어 폭주하는 이이첨을 견제하려는 의도에서 비롯된 것이겠지만 광해군이 이원익, 이귀, 최명길 들을 풀어 준 것은 결과적으로 커다란 실수였다. 광해군은 이귀와 최명길이 불과 4년 뒤 쿠데타를 통해 자신을 권좌에서 밀어내리라고는 꿈에도 생각하지 못했을 것이다. 요컨대 광해군과 대북파가 균열의 조짐을 보이고, 그 와중에 이귀와 최명길을 풀어 준 것은 광해군과 대북파의 종말을 예비하는 행위였던 셈이다.

인조반정에
참여하다

비록 사면을 받았지만 최명길은 광해군대 조정으로 복귀하지는 못했다. 그는 계속 재야에 머물면서 독서로 소일했다. 그런데 3년 뒤인 1622년부터 최명길은 본격적으로 광해군 정권을 뒤집어엎으려는 기획에 가담했던 것으로 보인다. 최명길이 거사에 가담하게 된 것은 이시백, 이귀 부자와의 인연에서 비롯되었다고 한다.[26] 하지만 이시백이나 이귀의 동참 권유 이전에 최명길 스스로도 광해군 정권에 심각한 비판 의식을 갖고 있었다. 그것은 1622년 장인 장만에게 보낸 편지 속에 잘 나타나 있다.

임금과 신하 사이에 지켜야 할 의리가 중대하지 않은 것은 아니나, 갑자기 종국이 망할 위기를 당하면 차라리 임금답지 않은 임금과 의리를 끊을지언정 조선에서 대대로 국록을 먹었던 신하로서 어찌 종국을 안정시키는 도리에 충성을 다하지 않을 수 있다는 말입니까. …… "임금이 신하 보기를 지푸라기처럼 하면 신하도 임금 보기를 원수같이 한다"는 가르침이 《맹자》에 있습니다. 하물며 오늘의 형편은 다만 신하를 지푸라기처럼 대하고 저를 학대하는 것만이 아닙니다. 선왕의 옛 신하들은 차례로 모두 쫓아내고, 선왕이 아끼던 자식을 죄 없이 갑자기 죽였으며, 선왕의 후비를 서궁에 유폐했습니다. 그 밖에도 법도에 어긋난 일은 이루 다 기록할 수 없을 정도입니다.[27]

군신 사이의 의리가 중요하지만 나라가 망할 위기에 처했다면 임금과의 의리를 끊어서라도 종사를 안정시켜야 한다는 주장이다. 《맹자》의 혁명론을 끌어다가 반정을 정당화하고 있다. 전체적으로는 광해군이 영창대군을 죽이고 인목대비를 유폐시킨 이른바 '폐모살제'를 거사를 정당화하는 주된 명분으로 강조하고 있다. 또 폐모 논의를 밀어붙이면서 반대하는 신료들을 모두 몰아낸 것을 "신하 보기를 지푸라기 보듯 하는 것"이라며 맹렬히 비난하고 있다.

반면 장만은 사위 최명길의 거사 동참 요청에 미온적인 태도를 보였다. 그는 광해군과의 의리를 내세워 거사에 동참하겠다고 확답하는 것을 망설였던 것으로 보인다. 실제로 장만은 광해군으로부터 크게 총애받았던 인물이다. 고위 관직을 역임했고, 폐모 논의에도 동참해서 동료들로부터 비난을 받기도 했다.[28] 그런데 일단 혁명 거사에 참여하기로 결심했던 최명길의 입장에서 장인 장만을 설득하여 동참시키는 것은 가장 먼저 해야 할 과업이었을 것이다. 장만이 광해군 조정의 중신인 데다 다양한 관직을 역임하면서 군사 지휘관으로서의 능력과 명망도 지닌 인물이었기 때문이다.

장만은 최명길의 동참 요구에 즉답을 피했지만 1622년 무렵, 안팎의 시국에 대해서는 극히 비판적인 인식을 갖고 있었다. 장만은 무엇보다 오랫동안 계속된 궁궐 공사 때문에 민생이 피폐해지고 있던 현실에 비판적이었다. 궁궐 공사에 들어가는 비용을 염출한다는 명목으로 도적과 다름없는 수령들의 가렴주구가 이어지면서 백성들의 원망과 울부짖는 소리가 하늘을 찌르는 형국이었다. 장만은 토목공사를 잠시라도 중단하여 백성들에게 숨 돌릴 여유를 주라고 촉구했지만 광해군은 그의 호소에 귀를 기울이지 않았다.[29] 바로 이런 시점에서 사위 최명길이 거사에 동참하라고 촉구하자 장만 또한 마음이 흔들릴 수밖에 없었을 것으로 여겨진다. 하지만 장만은 광해군과의 '의리'를 생각하여 거사에 직접 참여하는 것은 끝내 사양했던 것으로 보인다.

여하튼 반정 모의는 1620년(광해군 12)부터 진행되었다. 무장 출신 구굉과 구인후가 신경진申景禛, 이서李曙 들과 거사를 기획한 뒤, 전 동지同知 김류를 만나 능양군(綾陽君, 인조)을 추대할 계책을 세웠다. 이렇게 대체적인 윤곽이 그려진 뒤 신경진이 전 부사 이귀를 만나 그와 두 아들 이시백과 이시방을 끌어들였다.[30] 구굉, 신경진, 이서 같은 무장들이 기획하고 김류와 이귀 같은 문신들이 합세하여 구체적인 계획이 마련된 뒤에 최명길은 이귀 부자의 권유를 토대로 거사에 동참하게 되었던 것이다. 그런데 이귀와 이시백이 최명길에게 능양군을 잠저潛邸로 찾아뵙자고 했을 때 최명길은 사양했다고 한다. "다른 날에 임금으로 섬기게 될 것인데 사사로이 찾아뵙는 것은 의리가 아니다"라는 것이 당시 최명길이 내세운 명분이었다.[31]

그렇다면 거사를 최초로 기획하지는 않았던 김류와, 능양군을 추대하기로 결정하는 과정에 참여하지 않았던 최명길이 반정 성공 후 각각 원훈공신과 일등공신이 되었던 것은 어떻게 가능했을까? 먼저 김류의 경우 능양군과 기묘한 인연이 있었다.

김류는 임진왜란 초기 탄금대 전투에 신립申砬의 참모로서 출전했던 김여물金汝岉의 장남이다. 거사를 기획했던 신경진이 신립의 아들이었던 것을 고려하면 두 사람의 의기가 투합하는 것은 어렵지 않았을 것이다. 김류는 1596년(선조 29) 10월, 과거에 급제하여 벼슬에 나아갔지만 그의 벼슬살이는 순탄치 못했다. 1598년 2월, 승문원에 재직하던 시절 김류는 "충주를 왕래할 때 기생을 끼고 탄금대 아래에서 술을 마시고 놀았다"는 탄핵을 받았다. 사헌부는 "자식 된 자가 자기 아비가 전사한 곳에서 풍악을 울리며 놀았던 것은 경악할 일"이라고 맹공을 퍼부었다. 일각에서는 근거 없는 무고라고 변호했지만 그는 결국 벼슬에서 쫓겨나고 만다.[32]

김류를 구해 준 사람은 스승 이항복이었다. 1601년 영의정 이항복은 김류가 무고를 당했다고 여겨 그를 복관시킨다. 1610년 김류는 도체찰사 이항복의 종사관이 되어 평안도를 순행했다. 이후 시강원

사서, 홍문관 수찬, 부교리, 강계부사 같은 벼슬을 지냈다. 하지만 스승 이항복이 폐모 논의에 반대하다가 삭탈관작되고 유배되면서 김류의 벼슬살이도 끝나게 된다.

김류는 스승 이항복 덕분에 반정을 일으키기 전에 능양군과 조우하는 기이한 인연을 맺게 된다. 손자 능양군을 아꼈던 선조가 능양군이 그린 말 그림을 이항복에게 준 일이 있었다. 이항복은 폐모론에 반대하다가 쫓겨나 북청北靑으로 유배되었을 때도 그 그림을 간직했다. 이항복은 어느 날 자신을 시종하고 있던 김류에게 그림을 주면서 그린 사람이 누구인지 알아보라고 시킨다. 김류는 수소문했지만 알아내지 못한 채 그림을 자신의 집에 걸어 두었다.

그런데 반정을 일으키기 전, 능양군이 길을 가다가 비를 피해 우연히 남의 집으로 들어갔는데 그 집이 바로 김류의 집이었다는 것이다. 능양군은 그곳에서 자신이 그린 말 그림을 확인했고, 이후 두 사람은 순식간에 동지적인 관계로 발전했다.[33] 반정 거사를 도모할 당시 김류가 대장이 된 것, 그리고 인조가 그를 원훈으로 인정한 것은 이 같은 기이한 인연에서 비롯되었던 것이다.

최명길이 거사 모의에 뒤늦게 참여했지만 당당히 일등공신으로 책립되었던 까닭은 무엇인가? 일단 모의에 가담하면서부터는 거사 성공을 위해 매우 적극적으로 노력한 공을 인정받았기 때문이다.

거사하려는 은밀한 모의가 이미 정해졌는데, 여러 공들이 안팎으로 흩어져 거처하면서 힘을 합치지 못해 일이 어긋나게 되자 공이 근심했다. 계해년 봄 교외에서 성안으로 들어와서 여러 공들에게 통고하여 드디어 계획을 정했다. 공은 일찍이 유청전劉靑田의 영기점법靈棋占法에 통달하여 점을 쳐서 좋은 날을 잡아 군사 일으킬 시기를 정했다. 공훈을 정할 때 일등공신이 된 것은 이 때문이었다.[34]

광해군 조정에서 쫓겨나 가평 대성리에 은거할 때 주역을 수천 번이나 읽었다고 한 데서도 알 수 있듯이 최명길은 점을 치고 괘를 뽑는 데도 일가견을 갖고 있었다. 위의 기록에 따르면 최명길이 애초의 거사 모의에는 늦게 참여했지만 1623년 거사를 실행하는 과정에서는 봉기 날짜를 정하며 구체적으로 기여한 바가 많았던 것이다.

최명길이 점을 쳐서 결정한 거사 날짜는 1623년 3월 12일이었다. 이날 저녁 반정군은 움직이기 시작했다. 그런데 이날 이이반李而頒이란 인물이 창덕궁으로 달려와 고변했다. 역모를 위한 거사가 있을 것이라 고발한 것이다. 고변이 들어갔을 때 광해군은 창덕궁 어수당魚水堂에서 연회를 벌이고 있었다. 술에 취해 한참 뒤에야 이이반의 상소를 보았지만 별로 대수롭지 않게 여겼다. 광해군의 태도에 애가 탄 박승종과 유희분이 두세 번이나 채근하자 광해군은 마지못해 금부당상과 포도대장을 불러 조사하게 했다.

훈련대장 이흥립李興立은 군사를 이끌고 궁궐을 호위하는 한편 천총千摠 이확李廓을 보내 창의문 밖을 수색하도록 했다. 하지만 상황은 광해군에게 절망적이었다. 이흥립과 이확 모두 반정군과 내통하고 있었기 때문이다. 이흥립은 사위 장신(장유의 동생)의 설득에 거사에 동참하기로 내락한 상태였다. 이확은 창의문 밖을 수색하라는 명을 실행하지 않는다.[35] 국왕을 경호해야 할 수족들이 반정군과 내통하는 상황에서 광해군의 몰락은 이미 기정사실이 되고 말았다.

당시 반정군 내부에도 문제가 있었다. 반정군 주력이 홍제원에서 집결하기로 했는데 대장 김류가 약속한 시간에 나타나지 않아 많은 사람들의 애를 태웠다. 이 때문에 김류는 "사태를 관망하려 했기 때문"이라고 이괄과 이귀로부터 거센 비난을 받은 바 있다. 하지만 훗날 최명길은 김류를 비호하면서 자신도 약속 시간에 늦게 왔다고 고백했다. 3월 12일 저녁 해가 지기도 전에 이이반의 고변이 들어갔기에 광해군이나 대북파들이 홍제원에 진압군을 보낼지도 모른다고 우려하여 성문이 닫히기를 기다렸다는 것이다. 최명길은 대신 당시 모화관에 있던 이귀에게 형 최래길을 먼저 보내 반드시 갈 것임을 통보했다고 회고한 바 있다.[36]

운명이 결정되던 당일, 술에 취해 상황 파악을 제대로 할 수 없었던 데다 이흥립과 이확의 배신이 겹쳐지면서 광해군은 상황을 뒤집을 수 있는 마지막 기회를 날려 버린다. 급기야 인조가 이끄는 반정군 1천여 명은 삼경에 창의문을 통과하여 3월 13일 이른 새벽 창덕궁 문밖까지 진출했다. 훈련대장 이흥립이 지팡이를 버리고 와서 맞이했고 이확은 군사를 이끌고 후퇴했다. 광해군 조정의 여러 신료들은 반정군의 함성 소리에 놀라 모두 흩어졌다. 대장 김류가 단봉문을 열고 창덕궁으로 들어갔고, 곧이어 인조가 도착했다. 광해군을 모시던 입직 승지 이덕형(李德泂, 1566~1645)과 정립鄭岦이 함성 소리에 놀라 광해군의 침전 문을 두드렸지만 답이 없었다. 상황은 싱겁게 종료되었다.

인조가 인정전 서쪽 뜰로 들어가 호상胡床에 걸터앉을 무렵, 광해
군은 후원의 소나무 숲으로 달아나 사다리를 타고 창덕궁의 담을 넘
는다. 사다리는 평상시 밤에 궁인들이 여염을 출입하기 위해 설치한
것이었다. 담을 넘은 광해군은 젊은 내시의 등에 업혀 사복시 개천가
에 있는 의관 안국신安國信의 집으로 숨어든다.[37] 지존의 자리가 허무
하게 교체되는 순간이었다. 동시에 최명길을 비롯하여 반정공신들의
운명 또한 극적으로 바뀌는 순간이기도 했다.

4장
반정 직후의 활약

최명길을 인정한
김장생의 편지

　　1623년 3월 14일, 반정이 성공한 다음 날 최명길은 이조좌랑에 임명되었다. 광해군대 조정에서 최명길의 마지막 벼슬이 병조좌랑이었던 것을 염두에 둔 인사로 보인다. 원훈 김류는 병조참판, 이귀는 이조참판에 임명되었다. 그런데 최명길의 이조좌랑 발령 사실을 기록한 《인조실록》의 사관은 이렇게 언급했다.

　　명길은 영민하고 재주가 있으며 성품이 기지가 번뜩였다. 젊어서부터 세상일을 담당할 뜻을 지녔다. 광해군 때 벼슬에서 쫓겨나 집에 있다가 드디어 신경진 등과 의거하기로 결의했는데 기묘하고 은밀한 계책이 그의 손에서 많이 나왔다.[1]

'젊어서부터 세상일을 담당할 뜻을 지녔지만' 광해군 때 쫓겨남으로써 좌절을 겪었고, '은밀하고 기묘한 계책'으로 거사를 성공시킨 최명길은 이제 인생에서 새로운 전기를 맞이한 셈이었다.

최명길은 이조좌랑이 된 직후부터 민심을 수습하여 새 정권을 안정시키기 위한 계책들을 제시했다. 3월 16일 김류, 이귀를 비롯한 여러 공신들과 함께 인조를 대면했던 자리에서 최명길이 가장 먼저 꺼낸 것은 인조를 호위하는 병력들을 빨리 해산시키라는 건의였다. 거사 과정에서 훈신들 휘하에는 군관, 종사관이라 불리는 사람들이 모여들었다. 거사에 가담할 당시 야인이었던 최명길과 장유가 지녔던 공식 직함도 반정군 대장 김류의 종사관이었다.

그런데 실제 종사관이라 칭했던 사람들 가운데는 무뢰배들이 적지 않았다. 세상이 바뀌는 격변기를 틈타 입신을 꾀하거나 한밑천 챙기려 했던 자들이었다. 거사가 성공하고 정권이 바뀌었는데도 이들은 여전히 변함없이 설치고 다녔다. 인조를 호위한다는 명목으로 떼지어 다니면서 민간의 재물을 약탈하거나 평소 유감을 품었던 사람들에게 보복을 일삼고 있었다. 그래서 최명길은 정권이 바뀐 직후 흉흉해진 민심을 수습하려면 호위군들을 해산시키는 것이 급선무라고 강조했던 것이다.

그러자 이귀가 당장 제동을 걸었다. 아직 민심이 흉흉하고 정권이 안정되지 않은 상태에서 호위군을 해산시키는 것은 너무 성급하다고 반박했다. 그런데 자리에 있던 다른 신료들이 자신의 주장에 동조하지 않자 이귀는 물러가겠다고 인조를 압박했다.[2] 이조참판에 임명된 지 불과 사흘 만에 사퇴하겠다고 나선 것이다. 직설적이면서도 괄괄한 이귀의 성격을 잘 보여 주는 단면이다. 거사를 일으켜 집권하는 데는 성공했지만, 이후 공신들 사이의 의견 충돌과 알력이 만만치 않을 것임을 암시하는 대목이기도 했다.

반정 성공 이후 공신들 사이에서 불협화음이 불거질 것을 예측했던 것일까? 당시 충청도 연산에 머물던 서인의 원로 김장생(金長生, 1548~1631)이 편지를 보내왔다. 수신인은 이귀, 김류, 장유, 최명길처럼 모두 반정공신들이었다. 김장생은 이들 네 명 모두의 스승뻘로 거사가 성공할 경우 반정공신들이 조정으로 가장 먼저 모셔 오려 했던 인물이다. 그는 서인 학통의 비조(鼻祖, 시조)인 이이의 제자로서, 생존해 있던 서인들 가운데 가장 연장자였다. 더욱이 김장생도 광해군대 폐모 논의에 휘말려 죽을 뻔했다가 겨우 살아난 경험이 있어 반정공신들과 심정적으로 통하는 바가 있었다.

이런저런 정황으로 볼 때 김장생은, 서인들의 '정신적 지주'이자 반정공신들의 '멘토', 그리고 새 정권의 '이데올로그(이론가)'라 할 수 있는 위치에 있었다. 즉위 직후 인조는 공신들의 요청에 따라 김장생에게 사헌부 장령 벼슬을 내리고 서울로 불렀다. 하지만 김장생은 고령인 데다 몸이 병들었다는 이유로 사양하고, 대신 반정공신 제자들에게 편지를 보낸 것이었다.

김장생은 편지에서 먼저 반정 거사가 성공한 것을 "실추된 인륜을 바로잡고 망해 가는 국운을 붙잡은 빛나는 의거이자 공훈"이라고 찬양했다. 그러면서 유종의 미를 거두기 위해 공신들에게 무엇보다 인심을 수습하는 데 진력하라고 당부했다.

> 만에 하나라도 잘못하여 인심을 만족시키지 못하면 후세에 말하기 좋아하는 사람들은 "오늘의 의거는 나라를 위해 적을 토벌한 것이 아니라 오로지 부귀를 위해 일으킨 것이다"라고 하여 스스로 공의公議의 비난을 받게 될 뿐만 아니라 스승과 벗들에게 부끄러움을 끼칠 것이니 두려운 일이 아니겠습니까.《서경》에 이르기를 "끝없이 아름답고 끝없이 걱정된다"고 했으니 오늘날의 책임은 모두 공들에게 달려 있습니다.[3]

김장생은, 인심을 수습하는 데 실패할 경우 거사가 나라의 대의를 지키기 위한 '의거'가 아니라 공신들의 부귀와 영달을 위한 '사욕'이라고 비난받을 수 있다고 경고한 것이다.

김장생은 이어 김류를 비롯한 공신들이 책임지고 실천해야 할 긴급한 과제들을 제시했다. 인조의 덕을 보필하여 제대로 인도할 것, 도탄에 빠진 백성들을 구제할 것, 광해군과 그의 아들을 보전할 것, 모든 옥사를 신중하게 살필 것, 인재를 등용할 것, 땅에 떨어진 기강을 진작할 것, 공도公道를 넓힐 것, 탐욕스런 풍조를 개혁할 것까지 모두 여덟 가지였다.

신중하고 사려 깊었던 김장생은 새 정부가 시급히 처리해야 할 외교 과제도 거론한다. '인조반정'을 일으키게 된 자초지종을 명나라 조정에 잘 설명하여 인조의 책봉을 빨리 받아 내라고 훈수했다. 김장생은 1506년 중종반정 발생 직후의 전례를 들어 공신들에게 경각심을 가지라고 촉구했다. 당시 '반정' 사실을 명에 설명할 때 연산군의 죄악을 분명하게 언급하지 않고 "단종 때처럼 국왕이 질병이 있어 왕위를 사양했다" 운운하여 명의 의심을 사게 되었던 것, 그 때문에 명 조정이 책봉을 곧바로 허락하지 않았던 것을 환기시켰다. 이번에는 광해군 정권의 문제점을 명확하게 언급하여 '반정'의 필연성과 정당성을 명에 정확히 알려 중종대의 과오를 되풀이하지 말라고 당부했다.

김장생은 이렇게 집권 직후 시급하게 처리해야 할 과제들을 강조하는 한편, 공신들이 스스로 청렴하고 근신해야 한다고 역설했다. 혹시라도 권력을 얻은 것에 도취하여 마음이 풀어지면 민심이 돌아설지도 모른다는 우려 때문이었다. 김장생은 공신들이 솔선수범해야 한다고 역설하면서 최명길과 장유의 역할을 특히 강조했다.

장유와 최명길은 어려서부터 학문에 뜻을 두어 왔기 때문에 반드시 얻고자 하는 욕심을 경계하지 않아도 될 것입니다. 그러나 또한 반드시 여러 공들에게 강력하게 경계시켜 조정 선비들의 모범이 된다면 매우 다행한 일일 것입니다.[4]

새 정권의 성공을 염원하며 이런저런 훈수를 내놓았던 김장생이 보기에 장유와 최명길은 여느 공신들과는 다른 존재였다. 두 사람은 어려서부터 학문에 뜻을 둔 사람들이라 권력을 잡은 이후에도 별다른 욕심을 부리지는 않을 것이라는 기대를 김장생은 드러낸 것이다.

하지만 김장생은 반정공신들이 집권 이후 드러낼지도 모르는 '보상 심리' 또한 함께 지적했다. 광해군대 조정에서 이이첨 무리에게 쫓겨 나면서 품었던 좌절감과 울분이 혹시라도 엉뚱한 방향으로 표출되 지나 않을까 경계했던 것이다. 그러니 최명길과 장유가 앞장서서 다 른 공신들이 함부로 탐욕을 부리지 못하도록 제어하고 조정에서 사 표가 되라는 주문이었다.

김장생의 우려는 적중한다. 《인조실록》을 보면 시간이 지나면서 공신들의 탐욕과 권력 남용을 비판하는 기사가 줄을 잇는다. 당장 인 조 정권의 원훈이자 최고 실력자였던 김류와 이귀가 문제였다. 김류 는 반정 성공 직후 광해군 정권의 권세가였던 박승종의 저택을, 이귀 는 박승종의 아들 박자흥朴自興의 저택을 차지했다. 말하자면 쫓겨난 과거 정권의 실세들이 남긴 '적산 가옥'을 점유한 셈이다. 이 때문에 1624년 이괄의 난이 일어나 인조가 도성을 빠져나가자마자 박승종과 박자흥의 잔당들이 들이닥쳐 두 사람의 집을 도로 빼앗는 사태가 빚 어지기도 했다.[5]

그뿐만이 아니었다. 정권이 바뀐 직후부터 실세한 광해군 정권 의 유력자들이 남긴 토지와 노비들이 반정공신들에게 돌아가고 있었 다. 또 주인이 사라진 산림, 어장, 천택川澤 따위를 먼저 차지하기 위 해 내수사, 궁가, 공신들이 경쟁을 벌였다.[6] 애초 거사를 도모할 때는 광해군 정권의 난정과 탐학을 소리 높여 비판했지만 권력을 손에 넣 자마자 '역적'들이 남긴 재산을 챙기는 데 혈안이 되었던 것이다.

급기야 반정이 성공한 지 불과 넉 달이 지난 1623년 7월, 전 현령

유응형柳應洞이 고변하는 일이 벌어졌다. 역모 사건이 일어났다는 신고였다. 기자헌, 유몽인柳夢寅 같은 광해군 정권의 중신들이 잡혀 왔다. 같이 체포된 유전柳湔이란 자는 심문 과정에서 "지금 거사에 성공한 자들이 천명天命을 받은 사람이 아니라 인조에게 왕위를 넘긴 것이 문제"라거나 "조정 사대부들이 하는 행위가 광해군 정권과 다름이 없다"고 직격탄을 날렸다. 같은 해 10월에도 역모 혐의로 체포된 황현黃玹이란 자가 "지금 정권이 하는 일이 광해군 때보다 나을 게 없고 상하가 균열되고 원망이 자자하니 거사를 일으키면 메아리처럼 호응이 일어날 것"이라고 진술하여7 인조 정권을 긴장시켰다.

최명길도 일등공신이었으므로 반정 성공 직후 상당한 상급을 받았다. 하지만 다른 반정공신들과는 달리 최명길이 적산을 차지했다거나 민전을 탈취했다는 식의 비리를 언급한 기사는 보이지 않는다. 오히려 인조가 대북파에게서 몰수한 집을 하사했지만, 최명길은 '적산 가옥'이 너무 사치스럽고 화려한 데다 흉가라고 여겨 들어가지 않았다. 그뿐만 아니라 하사받은 진천의 사패지(賜牌地, 임금이 공신에게 내려 주던 땅)도 대부분 원래의 주인들에게 돌려주었다. 사패지 가운데는 광해군대의 고관들이 백성들로부터 빼앗은 민전民田도 포함되어 있었기 때문이다.

최명길은 동네에 방을 내걸고 본래의 주인들이 와서 찾아가도록 했다. 그 때문에 1701년(숙종 27) 진천에서 귀양살이하던 최명길의 손자 최석정은, 최명길에게서 땅을 돌려받은 사람의 후손인 진사 권의權誼로부터 "지금도 집안에서는 최명길을 칭송하면서 감사해한다"는

이야기를 들었다고 한다.[8] 물론 후손이 남긴 기록이므로 다소의 과장
이 있을 수도 있지만 최명길의 담백한 면모를 보여 주는 대목이라고
할 수 있다.

반정공신들의 스승이자 정치적 '멘토'인 김장생의 평가대로 최명
길은 '학문하는 사람'이기 때문에 그랬을까? 아니면 김장생의 평가와
기대를 늘 가슴에 담아 두었기 때문일까? 최명길이 반정 직후 보였던
행보는 김류와 이귀의 그것과는 사뭇 달랐다.

득의의
시절

최명길이 정6품 관직인 이조좌랑으로 근무한 기간은 대략 5개월 정도였다. 1623년 8월, 인조는 최명길을 이조참의로 승진시켰다. 인조는 반정을 성공시키는 데 큰 공을 세운 최명길을 오랫동안 낭료郎 僚 자리에 두는 것은 훈신을 대우하는 도리가 아니라고 강조했다. 그리고 3개월 뒤 최명길을 다시 이조참판으로 임명했다. 최명길은 정6품 좌랑에서 5개월 만에 정3품 참의로, 그리고 다시 3개월 만에 종2품 참판으로 뛰어올랐다.[9] 그야말로 파격적인 승진이었다.

1623년은 최명길에게 득의의 한 해였다. 목숨을 걸고 반정에 참여하여 정권을 바꾸는 데 성공했고 단숨에 이조좌랑에서 이조참판으로 뛰어올랐다. 윤10월에는 공신들에 대한 녹훈도 이루어졌다. 53명의 공신이 녹훈되었는데 그 명칭은 정사공신靖社功臣이었다. 굳이 해석하자면 '사직을 바로 세운 공신'이란 뜻이다. 최명길은 당당히 1등 공신이 되었다. 공신 선정을 주도했던 김류는 인조에게 "최명길이 처음부터 치밀하게 반정을 주선하여 큰 공을 세웠다"고 보고했다. 당시 함께 1등공신에 녹훈된 인물은 김류, 이귀, 김자점金自點, 신경진, 심기원沈器遠, 이서, 이흥립, 구굉, 심명세沈命世까지 아홉 명이었다.[10]

녹훈까지 이루어지면서 훈신들은 권력과 부와 명예를 한손에 거머쥐게 된다. 최명길을 좌랑으로 두는 것이 훈신을 예우하는 도리가 아니라고 말했던 데서도 드러나듯이 인조는 경제적으로도 훈신들을 배려했다. 즉위 초 훈신들을 접견할 때마다 각종 재물과 물품들을 하사했다. 1623년 11월, 10명의 1등공신들에게 황금 2냥, 은 100냥, 비단 1필, 병풍 1개씩을 하사했다. 그리고 며칠 뒤에는 그들을 접견한 자리에서 술을 내리고 다시 사슴 가죽 1개씩을 나눠 주었다. 훈신들로서는 목숨을 걸고 시도했던 정치적 도박에서 '대박'을 터뜨린 것을 실감하는 순간이었다.

1등공신으로서 이조좌랑에서 이조참판까지 오른 최명길은 거침이 없었다. 그는 인사 문제를 담당하는 이조의 관원으로서, 중앙과 지방을 안정시키는 데 필요한 인물들을 등용하기에 골몰했다. 우선 새로 구성된 조정의 안정을 위해 최명길이 무엇보다 강조했던 것은 영의정으로 모셔온 이원익(李元翼, 1547~1634)을 제대로 예우하여 그의 경륜과 덕망을 활용하는 것이었다. 실제로 반정 직후 분위기가 뒤숭숭하고 민심이 흉흉할 때 인조와 훈신들은 이원익을 영의정으로 맞아들여 상황을 수습하려 했다. 광해군대 폐모 논의에 반대했다가 유배되어 있던 이원익은 조야에서 모두가 인정하는 덕망 있는 원로였다. 심지어 도성 안팎에서는 "이원익이 들어와 새 임금을 섬긴다면 온 장안이 마땅히 새 임금을 섬길 것이고, 만약 옛 임금을 섬긴다면 마땅히 옛 임금을 섬길 것이다"란 이야기까지 돌고 있었다.[11] 이렇게 무게감이 컸던 이원익이 조정에 출사하자 민심이 안정되었다.

하지만 상황은 간단치 않았다. 이원익은 그저 추대된 영의정일 뿐 실권을 지닌 존재가 아니었다. 권력의 실세는 단연 훈신들이었다. 그 가운데서도 이귀는 시종일관 이원익을 불안하게 만들었다. "이원익이 덕망 있는 원로지만 학식이나 경륜은 별 볼 일 없다"고 폄하하거나 "다른 사람들이 오로지 이원익만 바라보고 있다"며 노골적으로 견제구를 날리곤 했다. 중간에 낀 인조는 곤혹스러울 수밖에 없었다.

최명길은 집권 초기의 어려운 상황에서 이원익이야말로 민심의 향배와 국가의 안위를 좌우하는 지주석支柱石이라고 보았다. 그래서 적극적으로 이원익을 감싸면서 정국을 안정시키려 했다. 그는 이귀에게 보낸 서신에서 "오늘의 형편에서 이원익을 불안하게 만들어 그로 하여금 물러가게 할 경우 국가의 안위가 위태로울 수 있다"며 자제를 촉구했다. 이귀가 대사헌으로서 준엄하고 과격한 의논을 펼 수는 있지만 당시의 불안한 정국에서 가장 중요한 것은 조정의 안정이라고 강조했던 것이다.[12]

최명길은 또한 새 정권의 두 실세였던 김류와 이귀를 화합시키려는 노력도 기울였다. 집권 직후 이귀는 김류에게 불만이 많았다. 무엇보다 김류가 반정군의 대장이었음에도 거사 당일 약속 시간에 제

때 나타나지 않았던 것, 그런데도 거사 성공 이후에는 원훈으로 논공 행상을 주도했던 것에 반감을 품고 있었다. 거사 당일 자신이 상황을 관망했다고 여기는 이귀의 비판을 의식해서 김류도 원훈에서 이름을 빼 달라고 요구했을 정도였다. 하지만 당시 인조가 가장 크게 의지하고 있던 인물은 단연 김류였다.

최명길은 집권 초기의 불안정한 상황에서 김류와 이귀가 협력하는 것이 중요하다고 보았다. 그는 거사 당일 김류가 늦게 나타난 것은 관망하느라 고의로 그런 것이 아니었다고 변호해 준다. 그러면서 이귀에게는 김류가 관망했다고 비난하지 말라고 요청하고, 김류에게는 이귀의 비난에 개의치 말라고 권유했다.[13] 두 사람을 다독여 화해시키려 했던 것이다.

이조참판으로서 조정의 안정을 도모하려 했던 최명길의 행보에는 자신감이 넘쳤다. 그는 인조를 만난 자리에서도 김류와 이귀에 대해 거침없이 평가를 내렸다. 이귀는 큰 논의를 일으키는 것은 좋아하지만 절목에는 엉성하고, 김류는 신중하기는 하나 큰 식견이 없다고 단언했다. 말하자면 이귀는 큰소리는 치지만 '디테일'에 약하고 김류는 이것저것 눈치만 볼 뿐 별 능력이 없다는 평가였다.[14]

김류는 반정군의 대장을 맡은 원훈이었다. 그리고 이귀는 최명길보다 서른 살 가까이나 연장인 데다 친구인 이시백의 아버지였다. 그런데도 집권 직후 최명길이 두 사람의 성품이나 능력을 평가하는 데 거침이 없었던 것은 자신감 말고는 설명하기 어렵다.

최명길은 인조에게도 하고 싶은 이야기를 거침없이 개진했다.

그는 옛날에는 임금과 신하가 서로 친밀하여 의견을 주고받는 데 어려움이 없었는데 후대에는 군신 사이의 예절을 너무 엄하게 따지는 바람에 만나는 것 자체가 어렵게 되었다고 지적했다. 그러면서 신하가 아뢸 내용이 있으면 임금이 식사하거나 침실에 있을 때도 주저 없이 들어갈 수 있도록 허용해야 한다고 강조했다. 또 임금과 신하가 만날 때 승지와 사관을 동석시키는 것도 문제라고 지적했다. 나라를 제대로 다스리려면 형식과 절차를 뛰어넘어 임금과 신하 사이의 대화와 소통을 원활하게 하는 것이 가장 중요하다고 강조했다.[15]

임금과 신하 사이의 원만하고 효율적인 소통을 위해서는 사관과 승지를 배제할 수도 있다는 최명길의 주장은 논란을 부를 수밖에 없었다. 그는 1637년 1월 병자호란을 맞아 남한산성에 포위되어 있을 때에도 비슷한 주장을 편 바 있다. 종사의 존망이 걸린 위급한 상황에서 청과의 화의를 추진하려면 신속하면서도 비밀을 유지하는 것이 관건인데, 사관과 승지가 옆에 있으면 그렇게 할 수가 없다는 것이었다. 실제로 당시 최명길은 청과의 화친 협상을 주도하면서 보안을 유지하기 위해 문서를 소매를 통해 전달했다는 기록이 나온다.[16] 삼사와 언관들이 격하게 반발하는 것은 당연한 수순이었다.

최명길이 이조에 있으면서 고심했던 또 다른 과제는 청렴하고 능력 있는 인물들을 지방 수령에 앉혀 민심을 수습하는 문제였다. 광해군 말년, 난정이 이어지면서 지방의 각급 수령이나 변장邊將 자리는 뇌물과 청탁에 의해 '거래'되고 있었다. 특히 후궁을 비롯한 궁궐의 유력자들에게 뇌물을 바쳐 자리를 얻는 풍조가 확산되면서 수령값이 은의 액수에 따라 정해지고 있다는 이야기까지 돌고 있었다.

뇌물과 청탁을 통해 지방에 부임한 수령은 가장 먼저 '본전'을 뽑으려고 덤비게 마련이다. 당연히 백성들에게 온갖 명목으로 수탈을 자행하게 되고, 견디다 못한 백성들이 사방으로 떠돌게 되면서 고을이 비어 버리는 실정이 되었다.[17] 최명길은 지방 백성들이, 반정을 통해 정권이 바뀌고 세상이 달라졌다는 것을 실감토록 하려면 청렴한 인물을 수령으로 앉히는 것이 관건이라고 생각했다.

이조참판 최명길은 인조를 만난 자리에서 자신이 지방 수령을 임명하는 기준과 원칙을 보고했다. '계축옥사 이후 바른말을 했던 사람', '광해군 정권 시절 과거에 응시하지 않고 시골에서 학문에 몰두했던 사람'들을 주로 뽑았다고 강조한다. 언로가 막히고 과거 시행 과정에서 부정이 많았던 광해군대의 상황을 고려하여 벼슬에 한눈팔지 않고 스스로 몸을 닦으며 학문에 정진했던 인물들을 선택했다는 것이다.[18]

하지만 청렴하고 절개를 지켰다고 해서 무조건 수령에 임명하는 것은 아니었다. 일단 도덕성과 절개를 보되 수령 직책을 수행할 수 있는 능력을 중시하자는 것이 최명길의 지론이었다. 1623년 8월, 최명길은 김시언金時言이란 인물을 의주부윤에 임명했던 인조의 조처에 반대했다. 최명길은 김시언이 백면서생에 불과하기 때문에 의주부윤 같은 중요한 자리를 주면 안 된다고 강조한다. 의주부윤은 단순한 지방의 수령직이 아니라 국방과 외교까지도 책임져야 하는 자리이므로 재략을 고려하지 않고 경험이 없는 유생 출신에게 제수하면 안 된다

는 논리를 내세웠다.[19]

반정 성공 직후 최명길은 조정을 안정시키고 군신 사이의 원만한 소통을 이끌어 내기 위해 동분서주하는 모습을 보였다. 하지만 그의 자신만만하면서도 파격적인 행보를 바라보는 주변의 시선은 결코 곱지 않았다. 당시 최명길의 행적을 언급했던 《인조실록》의 평가는 양면적인 모습을 보여 준다.

> 최명길은 거의(擧義, 반정)에 참여했는데, 당초 모의할 적에 자못 협력하고 능력을 발휘하여 반정 뒤에는 김류와 이귀 다음으로 총애를 받아 발탁되었다. 일등공신에 녹훈되고 1년 동안 이조좌랑에서 정랑, 참의를 거쳐 곧장 참판이 되었다. 사람됨이 영특하고 민첩하며 재주가 있었는데, 공을 세우고 때를 만나 뭔가 할 수가 있다고 여겨 당시의 인재들을 깔보았다. 모든 인물의 진퇴와 국가의 정령을 자신이 모두 담당하여 경장(更張, 개혁)에 뜻을 다했다. 그러나 본래 그릇이 작아 재주와 공을 믿고 거리낌 없이 행동하며 간사하고 아첨하는 태도를 보여 사람들이 그가 불길한 사람이 될까 염려했다.[20]

"그릇이 작은데 재주와 공을 믿고 거리낌이 없다", "간사하고 아첨하는 태도를 보인다"처럼 최명길의 거침없는 행보에 대한 반감이 물씬 묻어나는 비판적인 평가다. 반면 당시 정국에서 최명길이 김류와 이귀 다음으로 '권력 서열 3위'라는 사실, 그가 영민한 재주와 자신감을 바탕으로 당시 조선이 안고 있는 현안과 개혁 과제들을 도맡아 처리하고자 했던 정황이 잘 드러나 있기도 하다.

인조반정 성공으로 이조좌랑이 되고, 고속 승진을 거듭하여 조정의 중심에 섰던 최명길에게 이후의 약 10년은 그야말로 득의와 열정의 시간이었다. 광해군 연간에 자행된 폐모살제, 토목 공사 등으로 인륜이 바닥에 떨어지고 민생이 위기에 처한 현실을 직접 바꿔 보려는 의지가 넘쳤다. 더욱이 반정 이후 그의 주변에 있던 신료들 가운데는 친구와 스승, 아버지의 친구들도 있었다. 장유, 이시백, 신흠, 이귀들이었다. 따라서 무엇이든, 어떤 개혁 과제든 마음만 먹으면 다 성취할 수 있다는 자신감이 하늘을 찔렀다.

> 신은 어려서부터 과거 공부를 일삼아 녹祿을 구하는 데 뜻을 두어 경제의 학문에는 어두웠습니다. 그러다가 중년에 지우(知遇, 남이 재주를 알아주는 것)를 입어 갑자기 발탁되어 때를 만난 것 같은 감격으로 기운을 내서 능력을 헤아리지 않고 지나치게 책려했습니다. 제 스스로 크게 무엇인가 이룰 수 있는 성세이자 잃어버릴 수 없는 기회로 여겨 "나라의 기강을 때맞춰 세울 수 있고, 세상의 도리를 힘써 만회할 수 있으며, 잘못된 정사를 모두 개혁하고 태평성세를 당장 이룰 수 있다"고 생각했습니다. 그래서 이른 아침부터 한밤중까지 생각하여 품은 뜻이 있으면 반드시 아뢰었습니다.[21]

1631년(인조 9) 홍문관 부제학을 사직하면서 최명길이 올린 차자이다. 인조반정 성공 직후부터 자신이 달려왔던 과거를 회고하는 내용이다. 원대한 이상을 실현할 수 있는 절호의 기회를 만났다는 기대감이 물씬 풍긴다.

인조는 일찍이 반정공신들을 모아놓고 "금수의 세상을 끝장내고 사람 사는 세상을 이루었다"고 기염을 토한 적이 있었다.[22] '금수 같은' 광해군 정권을 무너뜨리고 새로운 세상을 열게 되었다는 뿌듯함과 자신감에서 나온 표현이었다. 최명길 역시 마찬가지였다. 능력 있고 뛰어난 동료 신료들과 힘을 합쳐 광해군 정권 시절 자행된 폐정들을 일소하고 태평성대를 이루겠다는 목표 아래 밤낮으로 뛰고 또 뛰었다고 자부했던 것이다.

박엽을
구명하려 애쓰다

인조반정 성공 직후 이조좌랑이 되었다가 이조참판까지 뛰어오르며 인사 문제를 담당했던 최명길의 행적 가운데 특별히 주목해야 할 대목이 있다. 바로 평안도 관찰사였던 박엽을 구명하려고 노심초사했던 사실이다.

박엽은 광해군 정권에서 오랫동안 의주부윤, 평안도 관찰사로 재직하면서 수많은 구설에 올랐던 인물이다. 이런저런 정사와 야사 관련 기록에서는 그를 대단히 잔혹한 성품을 지닌 인물로 묘사해 놓은 점이 눈에 띈다. 사람됨이 사납고 엄격하여 "재직 시에 사람 죽이기를 풀 베듯 했다"거나 "광해군에게 항상 뇌물을 바치고 신임을 얻었다"는 섬뜩하고 부정적인 평가가 낭자하다. 실제로 인조반정 성공 직후 박엽이 처형되었을 때 원한을 품은 사람들이 몰려들어 그의 관

을 쪼개고 시체를 토막 냈다고 한다.23

최명길은 왜 인조반정 성공 직후 처형 대상자로 확정된 박엽을 구명하려고 했을까? 박엽이 광해군에게 총애받았던 인물인 데다 죽은 뒤 시신조차 보전하지 못했을 정도로 원한의 대상이었던 사실을 고려하면 최명길이 그를 구명하려 했던 것은 잘 이해가 되지 않는다. 그런데 최명길은 반정 성공 직후 원훈 김류에게 편지를 보내 박엽을 죽이지 말라고 강력하게 요청했다.

> 제가 생각건대 장차 우리 나라에 닥칠 병란으로는 북쪽 오랑캐가 가장 걱정스럽습니다. 조금만 지식이 있다면 천기를 살필 수 있고, 천기를 살피면 이처럼 장수의 지략을 지닌 사람은 살려야 합니다. …… 대감께서 만약 이 사람을 죽인다면 그것은 대감의 손으로 우리 나라의 장성長城을 허무는 것이니 만일 훗날 북쪽 오랑캐가 달려 내려온다면 누가 그것을 막겠습니까? 저의 이 말이 허망에 가깝지만 대감께서는 반드시 후회하실 날이 있을 것입니다.24

위에서 최명길은 '장수의 지략이 뛰어난 장성'이라고 박엽을 높이 평가하면서 그를 살려 두어야만 후금의 침략을 막아 낼 수 있다고 강조했다. 반면 김류는 박엽이 광해군에게 충성을 다했던 인물이므로 혹시라도 병력을 동원하여 반反혁명의 길로 나가지나 않을까 우려했다. 그런데 최명길은, 반정을 전후한 무렵 박엽이 보였던 행적을 근거로 그렇지 않다고 강조했다. 반정 성공 직후 박엽이 조정의 명령에 순종했던 사실을 강조하고 그가 반혁명의 길로 나가려 했다면 벌써 진즉에 군대를 동원했을 것이라고 반박한 바 있다.[25]

하지만 최명길의 구명 요청은 받아들여지지 않았다. 인조는 집권했던 직후 도원수 한준겸을 평안도로 보내 박엽은 물론 의주부윤 정준(鄭遵, 1580~1623)까지 처형해 버린다. 두 사람이 모두 후금과 내통했다는 것이 죄목이었다. '광해군이 후금과 화친한 것을 타도한다'는 명분을 내세워 권력을 잡은 이상 두 사람을 그대로 두기는 어려웠던 것으로 보인다. 실제로 박엽과 정준이 처형되었다는 소식을 접한 요동 일대의 명나라 장수들이 보였던 반응은 긍정적이었다. 1623년 6월, 인조반정 발생 사실을 알리려고 북경으로 가던 조선 사신 일행을 만났던 광록도廣鹿島의 명군 지휘관은 정준 등을 죽인 것을 통쾌하다고 찬양한다. 그런데 그는 "박엽은 정준과 죄가 같지 않은데 왜 죽였느냐?"고 의문을 표시한 바 있다.[26]

최명길은 정준을 구명하려고는 하지 않았다. 그것은 그가 이이첨의 심복인 데다 폐모 논의에 적극적으로 앞장섰던 정조의 아우였던 것과 관련이 있는 것으로 보인다. 하지만 박엽에 대해서는 전혀 달랐다. 최명길은 박엽을 살리는 것이 나라의 장성을 보전하는 것이자 후금의 침략을 막는 길이라고까지 생각했다. 1636년 병자호란이 일어날 무렵에도 김류에게 보낸 편지에서 최명길은 박엽 이야기를 다시 언급한다.

일찍이 박엽을 살려 두라는 일로 서신을 올린 적이 있는데 아마 기억하고 계시리라 생각합니다. 그런데 만일 박엽이 살아 있었더라면 정묘호란도 없었을 것이고 오늘의 이런 우환도 없었을 것입니다. …… 합하(閣下, 김류)께서 박엽을 죽인 것은 그가 폐조(廢朝, 광해군)의 총애받던 신하임을 염려했기 때문입니다. 이것은 진회가 후금 오랑캐를 위해 악비를 죽인 것과는 크게 다릅니다. 하지만 그러한 처사가 우리의 장성을 무너뜨린 것에서는 동일합니다. 그러니 합하께서 어찌 후회가 없으시겠습니까.[27]

놀라운 것은 최명길이 "박엽을 살려 두었더라면 정묘호란도 겪지 않았을 것이고, 조선이 직면하고 있던 청과의 위기 상황도 없었을 것"이라고 확언하고 있다는 사실이다. 최명길 또한 박엽이 몹시 포학하고 문제가 많다는 세간의 평가를 모르지 않았을 터인데 왜 그를 구명하려 했던 것일까? 최명길은 무슨 까닭에 박엽을 그토록 높이 평가했을까? 의문을 풀 수 있는 열쇠는 광해군 연간 박엽이 보여 주었던 행적에서 찾을 수밖에 없을 것이다.

박엽은 1618년(광해군 10) 9월 28일 평안도 관찰사에 제수되었다. 그리고 1623년 3월 인조반정 성공 직후 처형되었으므로 대략 4년 6개월가량 재직한 것이 된다. 거기에 그가 이전에 의주부윤, 성천부사를 역임했던 것까지 고려하면 박엽은 평안도에서만 10년 정도 장기간 근무했던 셈이다. 최명길이 그를 살리려고 했던 것은 박엽이 10년 가까이 평안도에 머물면서 보여 주었던 후금과의 교섭 능력과 경험, 그리고 그가 확보하고 있던 후금과의 외교 통로들을 중시했기 때문이다.

박엽은 일을 처리하는 재능이 있어 일찍이 큰 부서의 직책을 맡았는데 성품이 잔학하고 탐욕스러웠다. 강선루를 재건하여 은총을 얻었으며 유덕신(柳德新, 1548~1617)의 사위로서 궁중과 통했다. 박엽은 재주가 있는 데다 중국어도 할 줄 알았으므로 역관들과 친하여 중국과 통상하여 진기한 보물과 기이한 장신구가 집에 가득했다. …… 임금에게 두터운 은총을 입고 있다고 자만하여 조정의 높은 신하들을 멸시했으며 원수 이하가 다 그에게 제어되었다.[28]

위에서 주목되는 대목이 몇 가지 있다. 우선 박엽이 일을 처리하는 능력과 재주가 뛰어났다는 것이다. 다음으로는 유덕신의 사위라는 사실이다. 광해군이 유덕신의 형인 유자신(柳自新, 1541~1612)의 사위이므로 박엽은 광해군과 동서지간이 된다. 또 박엽이 중국어를 할줄 알았다는 점이다. 그는 실제로 광해군의 어전통사(御前通事, 왕의 통역관)를 했을 만큼 중국어에 뛰어났다. 강선루는 평안도 성천에 있는 누대인데 임진왜란 당시 선조와 광해군이 머물렀던 인연이 있던 곳이다. 그런데 불타 버린 강선루를 박엽이 성천부사로 있을 때 거창하게 중건하여 광해군을 기쁘게 했다는 기록이 나온다. 무엇보다 주목되는 것은 '원수 이하가 모두 박엽에게 제어되었다'는 지적이다. 그것은 박엽이 광해군 말년 평안도 관찰사로 있으면서 대후금 정책을 사실상 전관專管했음을 암시하는 대목이다.

박엽 관련 기사는 야사에도 적지 않게 실려 있는데 평가가 대체로 긍정적이다. "박엽은 천문지리와 술수에 통달했다", "박엽이 평안감사가 되자 오랑캐들이 그를 두려워하여 10년간 조선을 넘보지 못했다", "박엽이 조선을 정탐하러 온 오랑캐 첩자를 물리쳤다" 같은 이야기들이 실려 있다. 그뿐만 아니라 인조반정이 일어날 무렵 박엽이 취했던 행동을 언급한 내용도 매우 흥미롭다. 자신의 부하였던 구인후가 반정 거사에 참여하기 위해 이별을 고하자 박엽이 그에게 붉은색 담요 서른 개를 주면서 훗날 자신의 시신을 수습해 달라고 부탁했다는 이야기도 실려 있다. 반정군이 봉기할 당시 붉은 모전으로 두건을 만들어 썼는데 '천문지리에 통달한' 박엽이 이미 자신의 운명을 예측하고 있었다는 것처럼 여겨진다.

《기문총화記聞叢話》에는 박엽이 자신의 운명을 담담하게 받아들였음을 암시하는 내용도 실려 있다. 인조반정이 성공한 직후 어떤 사람이 박엽을 찾아와서 세 가지 계책을 제시했다고 한다. 상책은 반란을 일으켜 후금과 결탁하여 임진강 이북을 장악하는 것, 중책은 휘하 병력을 이끌고 반정군을 진압하러 나서는 것, 하책은 그냥 새 정권의 명령을 받아들이는 것이었다. 박엽이 장고 끝에 결국 하책을 선택하자 그 사람은 떠나 버린다. 그런데 그가 바로 후금의 용골대였다는 것이다.[29]

정확한 사실을 알 수는 없지만 박엽이 당시 용골대를 비롯한 후금 측과 외교 '통로'를 구축하고 있었던 사실을 은유하는 대목이라고 할 수 있다. 《광해군일기》 같은 공식적인 사서에 기록된 박엽은 광해군에게 밀착하여 권력을 마구 휘둘렀던 가혹하고 교활한 관리였지만 민간의 야담이나 시문들에 언급된 그의 모습은 권력에 의해 억울하

게 희생된 인재이자 이인異人이었다. 박엽에게는 양면이 모두 있었던 것이다.[30]

최명길이 인조반정의 주도자이면서도 그를 구명하려 한 것은 박엽의 외교관이자 군사 전략가로서의 능력을 고려했기 때문이었다. 박엽은 천문지리와 술수에 밝은 데다 일처리 능력, 중국어 구사 능력이 뛰어났다. 그에 더해 광해군의 절대적인 신임을 바탕으로 평안도 관찰사로 장기간 재직하면서 명, 후금과 접촉해 외교 현안을 처리했던 것으로 보인다.

주목되는 것은 박엽이 평안도 관찰사에 임명된 시점이다. 바로 조선이 명의 강요에 의해 누르하치 정벌에 동참하는 문제를 놓고 논란이 벌어지던 시기였다. 또 파병할 경우 평안도를 거쳐 요동으로 이동하는 조선군에게 필요한 군량 보급 문제들도 현안으로 떠올랐다. 당연히 평안도 관찰사의 역할이 몹시 중요해질 수밖에 없었다. 1619년, 강홍립이 이끄는 1만 3천여 조선군이 심하 전투에서 참패하자 상황은 더 복잡하고 미묘해진다. 명은 조선군이 고의적으로 항복했다고 의심하는 한편 조선으로부터 다시 원병을 이끌어 내기 위해 부심했다. 후금은 강홍립을 억류한 상태에서 조선과의 화친을 도모하기 위해 사절을 보내왔다.

1619년 4월, 화친을 요구하는 국서를 들고 후금에서 사절이 왔을 때 광해군은 박엽 명의로 답서를 만들어 후금에 보낸다. 후금의 원한을 사지 않으면서 명의 의심도 피해야만 했던 어려운 임무가 박엽에게 주어졌던 셈이다. 당시 후금 사절은 만포滿浦 건너편의 압록강 변에 초막을 짓고 머물렀는데 광해군은 그를 만포성 안으로 맞아들여 후하게 접대하고 선물을 주라고 지시했다.[31] 사실상 후금과의 교섭 실무는 박엽 선에서 처리했던 것으로 보인다.

박엽의 활약상은 1621년(광해군 13) 이후 더 두드러진다. 이 무렵 주목되는 것은 박엽과 모문룡의 관계였다. 1621년 모문룡이 진강(鎭江, 지금의 단동)을 공격했다가 후금군의 반격을 받아 미곶彌串을 건너 조선으로 들어오면서 후금과의 긴장은 한층 고조되었다. 모문룡이 청천강 이북 일대를 휘젓고 다니며 "후금을 물리치고 요동을 수복하겠다"고 허풍을 떨었기 때문이다. 모문룡에게 의탁하기 위해 요동의 한인들까지 조선으로 몰려들자 1621년 10월 무렵, 후금은 그의 목에 현상금까지 걸며 모문룡을 처단하기 위해 혈안이 되었다. 조선은 모문룡과 후금 사이에서 자칫 '샌드위치'의 처지로 몰릴 수밖에 없었다. 명의 장수인 그를 접대하지 않을 수 없지만 그러자니 후금의 원한을 사서 침략을 부를 수도 있었기 때문이다.[32]

광해군과 비변사는 고심 끝에 모문룡에게 명의 광녕廣寧으로 이동하라고 권유하기로 결정한다. 모문룡이 사라지면 그는 물론 조선도 후금의 위협으로부터 벗어날 수 있었기 때문이다. 하지만 모문룡에게 조선을 떠나라고 설득하는 것은 결코 쉬운 일이 아니었다. 비변사는 이 어려운 과업을 박엽에게 맡기자고 강조한다. 실제로《광해군일기》중초본에는 "평안감사 박엽이 모문룡의 마음을 깊이 얻었다"는 기록이 나온다.[33] 하지만 정초본인 정족산본鼎足山本《광해군일기》에는 이 대목이 삭제되어 버렸다. 박엽을 처단했던 인조 정권의 입장에서는 "박엽이 모문룡의 마음을 얻었다"는 대목이 불편했기 때문에 그랬을 개연성이 높다.

모문룡은 1622년 결국 평안도 내지를 떠나 철산鐵山 앞바다의 가도로 들어간다. 박엽이 모문룡을 만나 섬으로 이주하라고 권유했다는 기록은 찾을 수 없지만 전후 맥락을 보면 박엽이 모문룡을 만나 조율했을 개연성이 높다. 그리고 노회하기 짝이 없는 모문룡으로부터 깊은 환심을 샀다는 《광해군일기》의 기록을 보면 박엽이 모문룡을 꽤 능수능란하게 다루었던 것은 분명해 보인다.

최명길의 간곡한 반대에도 결국 박엽은 처형되었지만 이후에도 박엽의 '억울한 죽음'을 안타깝게 여기고 그를 외교와 국방을 맡아 뛰어난 재능을 발휘한 인물로 높이 평가하는 분위기는 이어졌다. 1707년(숙종 33) 7월, 조태억(趙泰億, 1675~1728)은 경연 자리에서 박엽이 억울하게 죽었다고 호소했다가 숙종에게 추고 당한다.[34] 또 박필주(朴弼周, 1665~1748)는 박엽이 이이첨과는 전혀 노선을 달리했음에도 그 부하였던 이서나 구인후에게 곤장을 쳐서 원한을 샀던 것이 결국 죽음을 피하지 못했던 원인일 수 있다고 진단했다. 더 나아가 병자호란 당시 청인들이 "박엽이 만약 있었으면 우리가 조선에 들어올 수 없었을 것"이라고 했을 정도로 오랑캐들에게 두려운 존재였다고 회고하기도 했다.[35]

여러 기록에 나타난 정황을 고려하고 약간의 상상을 더한다면 광해군은, 중국어를 할 줄 알고 업무 처리 능력이 탁월한 박엽을 평안도 관찰사에 붙박이로 앉혀 놓고 명과 후금과의 복잡하고 미묘한 교섭과 접촉 업무를 전담시켰던 것이다. 박엽이 광해군의 외교 '브레인'으로 후금과의 화친을 유지하며 막후에서 활약했던 양상을 이해하는 데 다음 자료는 매우 시사적이다.

차관差官이 평양에서 중화中和로 향할 때 재송정 밖 돌다리 옆의 선돌 위에 큼직하게 쓴 익명서가 있었는데, 대개 "평안감사 박엽이 임금을 무시하고 권세를 마음대로 부리며, 오랑캐 추장과 서신을 왕래하고 인민을 위엄으로 죽이면서 몸을 관아 속에 숨기고 천조(天朝, 명)의 칙사를 맞이하지 않았으니, 반드시 딴 뜻이 있을 것이므로 속히 죄를 묻기를 청한다"라고 했다. 차관이 보고 놀라 "이는 반드시 난민들이 한 짓일 것이다"라고 말했다.[36]

1619년 명 사신이 서울로 올 때 있었던 상황을 기록한 내용이다. "오랑캐 추장과 서신을 왕래하고 천조의 칙사를 맞이하지 않았다"는 익명서의 내용은 박엽이 광해군의 의중을 헤아려 명과 후금 사이에서 복잡하고 미묘한 외교적 행보를 이어 갔던 상황을 짐작케 한다. 박엽은 광해군의 대리인으로서 막후에서 누르하치 측과 외교 통로를 유지하고 있었던 것이다.

최명길은 일찍이 부체찰사로 박엽과 자주 접촉했던 장인 장만을 통해 박엽의 사람됨과 능력에 대해 들었을 개연성이 높다. 김류에게 박엽의 구명을 간청하면서 그를 '장성'이라고 표현한 것들을 통해 저간의 사정을 엿볼 수 있다. 박엽에 대한 부정적인 평가 또한 알고 있었지만 그의 노련하고 경험 많은 외교관으로서의 면모에 더 주목했던 것이다. 최명길은 반정 성공 이후 가장 중대한 현안이었던 후금과의 외교, 국방 관련 난제들을 해결하려면 박엽을 계속 기용해야 한다고 인식했던 것이다.

최명길은 일단 사람의 능력과 재주를 인정하면 그의 다른 측면들은 별로 괘념치 않는 성향이었다. 그것은 정충신을 대했던 태도에서도 잘 드러난다. 정충신은 이항복의 장인 권율(權慄, 1537~1599)의 집사 출신이었다. 정충신은 최명길보다 열 살이나 위였지만 출신이 한미하여 다른 사람들로부터는 인정받지 못했다. 반면 자신의 재주나 기예에 대한 자부심은 대단하여 문벌 좋은 이항복 문하의 다른 사대부들을 대할 때 전혀 기가 죽지 않았던 모양이다. 그러니 '미천한 출신이 교만하다'는 비방을 받을 수밖에 없었다.

최명길은 정충신의 재략을 인정하여 동문으로 사귀었는데 다른 사람들이 책망하자 그가 했다는 말이 재미있다. "정충신의 장점은 바로 교만하고 망령스러운 데 있다. 그에게 이것들이 없다면 무엇을 취하겠는가?"라고 말이다.[37] 정충신이 장만의 충직한 부하였으므로 최명길이 그를 보는 인식이 남달랐겠지만, 사람을 판단하는 최명길의 독특한 안목을 여실히 보여 주는 사례가 아닐 수 없다.

박엽을 구명하려 애썼던 것은 정묘, 병자호란 무렵의 최명길을 이해하는 데 매우 중요한 의미를 지닌다. 인조반정 성공 직후 다른 공신들 대부분이 권력을 장악한 사실에 도취돼 있었던 데 견주어 최명길은 향후 닥쳐올 위기를 염두에 두고 대비하고자 했다. 실제로 최명길은 광해군 내정의 난맥상은 신랄하게 비판했지만, 광해군이 명과 후금에 대해 취했던 외교 정책에 대해서는 부정적으로 언급하거나 비판한 적이 없다. 다른 공신들은 박엽이 광해군의 동서로서 중용되었던 과거 전력을 문제 삼았지만, 최명길은 새 정권의 안위를 지키기 위해 박엽을 반드시 필요한 뛰어난 인재로 보았다.

비록 전 정권의 인물일지라도 그의 경험과 능력이 국가의 위기를 극복하는 데 필요하다면 주저 없이 등용한다.[38] 그것이 최명길의 인사 철학이었다. 요컨대 최명길은 당시 공신들 가운데서는 드물게 정치와 외교의 요체가 무엇인지를 아는 인물이었던 셈이다.

5장
이괄의 난과 최명길의 분투

배금을 표방하되
실천은 유보하다

반정을 통해 집권에는 성공했지만 인조 정권이 해결해야 할 안 팎의 과제는 만만치 않았다. 당장 '반정'이라는 비정상적인 방식으로 정권이 바뀐 전말을 명에 설명하고 인조의 책봉을 받아 내는 것이 시급했다.

인조 정권은 1623년 3월, 이경전 등을 주문사奏聞使로 명에 보내 '반정' 사실을 알리고 인조를 빨리 책봉해 달라고 요청한다. 하지만 명 조정에는 조선의 정권 교체를 '반정'이 아니라 '찬탈'이라고 규정하면서 인조와 반정 주도 세력들을 응징해야 한다고 주장하는 신료들이 적지 않았다. 그뿐만 아니라 명은 인조를 책봉해 주는 대가로 조선의 새 정권을 길들여 후금과의 군사 대결에 본격적으로 끌어들이려고 획책했다. 그 과정에서 명은 인조 즉위의 정당성을 조사한다는 명목으로 2년 반 이상 시간을 끌면서 책봉을 차일피일 미루었다.[1] 명은 책봉이란 '카드'를 손에 쥐고 조선을 확실히 길들이려고 시도했다. '오랑캐' 후금의 거센 도전에 직면해 있던 명의 입장에서 조선에서 인조반정이 일어난 것은 이이제이以夷制夷를 할 수 있는 절호의 기회가 찾아온 것을 의미했다.

명이 빨리 책봉해 주리라 낙관했던 인조 정권은 당혹스러울 수밖에 없었다. 반정공신들은 명 조정을 설득하기 위해 모문룡에게 필사적으로 매달렸다. 과거 광해군에게 홀대받아 앙앙불락하고 있던 모문룡의 환심을 사서 책봉을 빨리 받아 내고 정권의 기반을 안정시키려는 의도였다. 반정의 원훈이었던 이귀는 자신이 가도로 직접 가서 모문룡을 만나겠다고 나설 정도였다.[2]

하지만 세상에 공짜는 없는 법. 책봉과 관련하여 모문룡의 도움을 받으려 했던 인조 정권은 그에게 반대급부를 제공할 수밖에 없었다. 가도의 동강진東江鎭에 군량과 군수 물자를 공급하고, 모문룡이 청천강 이북 지역에서 둔전을 경작하는 것도 허용했다. 자연히 '모병毛兵'이라 불리던 모문룡 휘하의 장졸들이 청천강 이북 지역에 무시로 출몰했다. 그뿐만 아니라 '요민遼民'이라 불리던 후금 치하 요동의 한인들까지 모문룡에게 의지하기 위해 조선으로 쇄도했다.

이들 모병과 요민들은 청천강 이북 지역을 떠돌면서 약탈과 폭행을 비롯하여 갖은 민폐를 자행했다. 이들의 작폐가 너무 심해 '제2의 홍건적'이 될 것이라는 우려까지 제기되었지만 모문룡의 눈치를 봐야 했던 인조 정권은 이들을 방임할 수밖에 없었다. 반면 자신을 푸

대접했던 광해군에게 원망을 품었던 모문룡은 조선의 정권 교체가 기꺼울 수밖에 없었다. 명 조정도 '반정'이라는 비정상적인 방식으로 집권한 약점을 빌미로 모문룡을 전폭적으로 지원하겠다는 다짐을 받아 내려고 인조 정권을 다그쳤다.3

모문룡과 어쩔 수 없이 밀착해야 했고 모병과 요민들을 지원해야 하는 상황에서 후금과의 관계를 어떻게 풀어가야 할지도 초미의 현안으로 떠올랐다. '광해군이 오랑캐 후금과 화친한 것을 응징한다'는 명분을 내세워 집권했던 인조 정권이 '배금排金'을 내세우는 것은 어쩌면 당연한 수순이었다. 인조는 즉위한 지 채 열흘이 안 된 1623년 3월 22일 모문룡의 차관 응시태應時泰를 접견한 자리에서 "모문룡과 힘을 합쳐 후금 오랑캐를 정벌하겠다"고 다짐한 바 있다.4 응시태가 '정벌' 이야기를 꺼내지 않았는데도 인조가 먼저 거론한 것은 모문룡으로부터 정권 교체의 정당성을 인정받고 책봉 과정에서 그의 협력을 얻어 내는 것이 절실했기 때문이었다.

며칠 뒤 인조는 새 정권이 시급히 달성해야 할 과제로서 '민생 구휼〔恤民(휼민)〕'과 '오랑캐 토벌〔討賊(토적)〕'을 언급하여5 후금을 정벌하겠다는 의지를 다시 한번 강조한다. 하지만 당시 조선의 군사력이나 그 바탕이 되는 사회 경제적인 역량을 고려할 때 후금 정벌은 어불성설이었다. 1623년 5월, 이시발(李時發, 1569~1626)은 인조 정권이 집권 직후부터 오랑캐를 토벌하겠다고 나서는 것의 위험성을 비판했다. 그는 명이 징발령을 내리지도 않았는데 '조선이 명과 함께 후금을 친다'는 소문이 후금까지 전파되고 있다고 우려했다. 군사와 군량도 제대로 준비하지 못한 상황에서 '토적'을 먼저 거론하는 것을 비판했던 것이다. 선조, 광해군 대를 거치며 관찰사, 찬획사, 체찰부사 등을 두루 역임했던 이시발은 당시 몇 안 되는 군사 전문가였다. 그는 당시를 민생의 고통이 너무 심해 병사兵事를 당분간 포기하고 백성들을 휴식시켜야 할 시기라고 진단했다.[6] 인조가 언급한 '휼민'과 '토적' 가운데 '토적'이 사실상 불가능하다고 강조했던 것이다.

인조가 모문룡의 차관을 만나 '오랑캐 정벌'에 동참하겠다고 먼저 다짐했지만 그것을 실천할 만한 능력이 없는 상황에서 반정 주체들의 고민은 커질 수밖에 없었다. 사실상 반정공신들로 구성된 비변사는 인조에게 후금과 현상을 유지할 수밖에 없다고 강조했다. 광해군 때 그랬던 것처럼 후금을 적절히 접대하여 원한을 사는 것을 피하되 그들과의 접촉 사실을 모문룡에게 일일이 보고하자고 주장했다.[7] 준비가 되지 않은 상황에서 후금과 무리하게 군사적인 모험을 벌일 경우 어렵게 잡은 정권을 상실할지도 모른다는 현실적인 계산이 반영된 것이었다.

후금과 현상을 유지하기로 내부 방침을 정했지만 모문룡의 차관에게 '오랑캐 정벌'을 먼저 언급한 이상 인조 정권은 후금의 침략 가능성에 신경을 곤두세울 수밖에 없었다. 인조는 즉위 직후 장만을 팔도 도원수로 임명했다. 그리고 1623년 4월 24일, 인조는 모화관에서 평안도로 떠나는 장만을 전송하는 출정식을 열었다. 종실과 반정공신들까지 도열해 있는 자리에 인조는 융복 차림으로 거둥했다. 인조는 이윽고 장만에게 상방검尙方劍을 하사한 뒤, 명령에 따르지 않는 부하 장수는 군법으로 처단하라고 강조했다. 이틀 전인 4월 22일, 장만을 만났던 자리에서 인조는 후금 정벌에 직접 출전하고 싶다고 말하기도 했다.[8] '오랑캐'를 친정親征하겠다고 강조하고 융복까지 입고 출정식에 나아갔던 인조의 '토적' 의지는 결연해 보였다.

성대한 출정식까지 치렀지만 평안도로 내려가는 장만의 마음은 편치 않았다. 그는 출정에 앞서 인조에게 올린 차자에서 당시의 현실을 냉정하게 진단했다.

> 지금 안으로는 조정이 아직 바로잡히지 않았고 밖으로는 도망친 자들이 되돌아오지 않았습니다. 서쪽 오랑캐는 군침을 흘리고 있고 남쪽 왜구는 틈을 엿보고 있는데, 군사軍事는 마치 아이들이 노는 것과 같고 병력은 날로 쇠약해지고 있으니 오늘날 국사의 근심을 차마 말할 수 있겠습니까.[9]

후금과 일본 사이에서 위기에 처해 있는데 "군사는 아이들이 노는 것과 같고 병력은 날로 쇠약해지고 있다." 장만의 진단 또한 이시발의 판단과 별로 다르지 않았다.

도원수 장만이 평양에 부임한 이후의 상황은 더 엄중해졌다. 무엇보다 모문룡과 그 휘하 장졸들이 경솔하게 행동하면서 후금과의 긴장을 고조시키고 있었기 때문이다. 당시 모문룡 휘하의 병력들은 수시로 압록강을 건너 봉황성과 탕참湯站 등지에 출몰하여 포를 쏘아 대면서 시위를 벌였다. 장만이 직접 관찰하여 보고한 바에 따르면 모병들의 전력은 보잘것이 없는 수준이었다. 그런데도 그들은 후금 지역에 들어가 "조선과 연합하여 요동을 되찾겠다"고 떠벌렸다. 인조가 응시태에게 명군과 함께 오랑캐를 토벌하겠다고 자청했던 부작용이 현실로 나타나고 있었다.

장만은 모병들의 경거망동 때문에 격앙된 후금이 조선을 침략하지나 않을까 전전긍긍했다. 그런데 장만이 직접 목격한 평안도와 황해도의 방어 태세는 엉망이었다. 군병들은 훈련되지 않았고 무기도 제대로 갖춰지지 못했으며 휘하의 장수들 또한 쓸 만한 인물이 없는 상태였다. 가장 심각한 문제는 장졸들을 먹일 군량이 고갈되었다는 점이었다. 장만은 인조에게 군량을 빨리 내려보내고 각 도에서 차출할 방추(防秋, 가을에 병사를 보내 외적의 침입을 막아 내는 일) 군사도 빨리 파견해 달라고 호소했다.[10]

서쪽 변방의 분위기가 불온해지고 있던 1623년 8월, 인조는 부원수 이괄을 영변으로 내려보낸다. 후금의 침략에 대비하려는 포석이었다. 인조반정이 일어날 즈음 인조에게 이괄은 믿음직한 무장이었다.

1622년 12월, 광해군이 이괄을 북병사에 임명했지만 그는 부임하지 않고 반정에 동참했다. 1623년 3월 12일, 거사를 결행하던 당일 반정군이 홍제원에 집결하기로 했을 때 대장 김류는 약속 시간에 나타나지 않았다. 이이반의 고변 때문에 제시간에 오면 체포될 것을 우려했기 때문이었지만, 대장이 나타나지 않자 반정군은 동요했다. 반정군 가운데는 갑자기 끌어모은 오합지졸이 많아 대오가 무너질 수도 있는 위기를 맞았다. 장졸들이 동요하자 이귀는 이괄을 임시 대장으로 추대했다. 이괄이 병력을 지휘해 본 경험이 많았기 때문이다.

이괄은 절체절명의 상황에서 동요하던 반정군을 휘어잡아 대오를 안정시켰다. 이괄이 군심을 안정시킨 뒤에야 김류가 나타난다. 애초 반정군의 대장으로 추대되었던 김류를 다시 대장으로 삼고 이괄을 부장으로 배속시키면서 갈등은 시작되었다. 이괄은 거사를 성공시키는 과정에서 자신이 결정적인 공을 세웠다고 자부했다. 실제로 반정이 성공했던 이튿날 이괄은 "어제 김류가 늦게 와서 참斬하려고 했다"며 김류에게 직격탄을 날리기도 했다.[11]

여하튼 반정이 성공하자 김류와 이귀는 이괄을 새 정권을 지탱할 대들보라고 여겼다. 인조가 이괄을 부원수에 임명하여 평안도로 파견하려 하자 김류와 이귀는 반대했다. 이괄을 서울에 남겨 두어 정권을 보위해야 한다고 주장했다.[12] 하지만 도원수 장만이 평안도로 부임한 뒤에도 서북의 정세가 안정되지 않자 결국 이괄을 평안도로 파견하게 되었다. 떠나기 직전, 인조를 면담했을 때 이괄은 태연했다. '재주 없는 저에게 국방의 중임을 맡기셨으니 은혜를 갚겠다'고 다짐했다.[13] 영변으로 부임하던 날까지도 이괄은 여전히 충성스럽고 믿음직한 무장의 모습 그대로였다.

반란을 진압하려
고투하다

인조는 물론 반정의 원훈인 김류와 이귀도 이괄을 믿고 의지하려 했지만 최명길은 달랐다. 최명길은 이괄을 몹시 불신했다. 이괄이 반정 거사에 가담하여 장졸들을 휘어잡는 데 큰 공을 세웠지만 최명길은 그의 의도가 불순하다고 보았다. 난세를 바로잡으려는 대의명분보다 거사 성공 이후 한자리 얻으려는 욕심 때문에 가담했다고 보았기 때문이다. 최명길은 실제로 김류에게 이괄을 서북 변방으로 보내지 않겠다는 약속을 받아 냈다. 하지만 김류는 결국 이괄을 변방으로 보낸다. 반정 거사 당일 늦게 나타났던 '과오' 때문에도 이괄과 서울에서 자주 마주치는 것이 부담스러웠을 것이다. 김류의 입장에서는 껄끄러운 이괄을 아예 변방으로 보내 버리는 것이 편했을 것이다. 하지만 김류의 이 결정은 결국 화근이 되고 만다.

이괄의 일에 대해 전에 찾아뵙고 말씀드려 서북 변방으로 보내지 않겠다는 분명한 다짐을 받았는데, 오늘 조보朝報를 보니 어찌 이렇게 말씀이 다른 것입니까? …… 후환을 막는 방법은 마땅히 이자를 경직(京職, 중앙의 관직)에 두어 외방의 군사권을 맡는 곳으로 보내지 말고 그 동정을 살피면서 그 억울해하는 마음을 점차로 억제하는 것이니 그런 연후에야 이자를 등용할 수 있을 것입니다.

이제 우리 나라가 새로 기틀을 정한 처음에 서북 변방의 일은 막중합니다. 도원수 장만은 광해군 때부터 숙망이 있고 덕을 갖춘 사람으로, 비록 나이는 많지만 문무를 겸비한 명망으로 볼 때 생사의 갈림길에서 이 직책을 담당하기에 부족함이 없습니다. 하지만 이괄은 거사 당시에는 목숨을 아끼지 않는 사람인지는 모르지만, 그 인품을 보면 거사에 참여한 것이 전적으로 충의에서 비롯된 것이 아니라 이익을 추구하는 마음이 태반이나 섞여 있는 자입니다. 비록 하늘과 신이 도왔던 그날의 일을 같이했지만, 위험한 서북 변경에서 병사를 통솔하는 중요한 일을 맡겨 보내서는 안 될 사람입니다. …… 이제 이자를 보냈으므로 북쪽 오랑캐가 쳐들어오기 전에 국내의 우환이 먼저 생길 것이고 그 조짐이 점차 쌓일 것입니다.[14]

이괄의 난이 일어나기 직전 최명길이 김류에게 보낸 편지의 내용이다. 편지에 드러난 최명길의 예지력은 대단했다. 최명길은 변방의 야전군 병력을 움직일 수 있는 권한을 이괄에게 맡기는 것의 위험성을 경고했다. 이괄을 서울에 두고 동정을 살피면서 그의 앙앙불락하는 마음을 풀게 만든 이후에야 안심할 수 있다고 했다. "이괄을 서북 변방으로 보냈으므로 후금이 쳐들어오기 전에 국내의 우환이 먼저 생길 것이다." 최명길의 예언은 기가 막히게 들어맞는다.

이괄이 영변으로 부임한 직후인 1623년 윤10월 18일, 인조는 김류, 이귀 등과 상의하여 반정공신 53명을 녹훈했다. 이괄은 2등공신 가운데 첫 머리에 놓였다. 거사 당일 늦게 나타난 김류가 1등공신, 그 가운데서도 으뜸인 원훈이 되고 논공행상까지 주도하자 이괄의 마음이 편할 리 없었다. 실제로 훗날 이귀는 이괄이 반란을 꾀하게 된 까닭을 김류가 논공행상을 편파적으로 했던 것에서 찾았다. 특히 김류가 자신의 아들 김경징金慶徵을 이괄보다 상위에 두려고 무리하게 시도하다가 원망을 사게 되었다고 지적한 바 있다.[15] 이귀의 발언은 김류에 대한 불만 때문에 과장되거나 왜곡되었을 가능성이 없지 않지만 개연성이 있는 지적으로 보인다. 거사 당일 늦게 나타났던 김류가 논공행상을 주도하여 자신을 변방으로 보내고 공신 녹훈도 2등에 그치게 되자 이괄은 앙앙불락하게 된다.

1624년 1월 16일 문회文晦, 이우李祐 등이 고변했다. 문회는 공초에서 "이괄이 거사 성공 직후 귀가하여 울면서 '내가 남에게 속아 이 일에 가담했다'며 역모를 도모하고 있다"고 진술했다.[16] 이윽고 1624년 1월 22일, 이괄은 자신을 체포하려 내려온 금부도사 일행을 처치한 뒤 한명련韓明璉과 함께 군대를 일으킨다. 평안도 영변에서 개천, 순천, 강동 방면으로 진출하여 2월 3일 황해도 수안, 2월 6일에는 평산까지 진격하여 임진강의 저탄을 건널 태세였다.

인조 정권은 초전에 이괄의 반란군을 진압하는 데 실패했다. 우선 장만이 이괄의 동향을 안이하게 판단했던 것이 문제가 되었다. 최명길은 이괄이 수상하다는 소문을 들은 직후 장만에게 이괄의 동태를 염탐하라고 요청한다. 하지만 이괄을 신뢰했던 장만은 최명길의 요청에 응하지 않았고 결국 이괄이 거병하면서 낭패를 보았다.[17]

당시 독전어사督戰御史로 진압 작전을 독려했던 최현의 기록에 따르면 이괄의 반란군과 장만이 이끄는 진압군의 전력은 비교가 되지 않았다. 이괄 휘하에는 약 1만 2천 병력이 있었는데 이들 가운데 상당수는 3년 이상 조련된 정예병이었다. 반면 도원수 장만 휘하의 병력은 6천 정도였는데 대부분이 오합지졸이었다. 수도 적고 훈련도 제대로 안 된 관군이 반란군을 제압하는 것은 애초부터 어려운 일이었다. 최현은 심지어 당시 관군의 상황을 "양떼를 몰아다가 이리를 공격하는 격"이라고 비유했다.[18]

더욱이 당시 장만은 병세가 위중하여 반란군을 제대로 진압할 수 있는 처지가 아니었다. 그럼에도 이괄은 장만과 직접 맞닥뜨리는 것을 피하기 위해 평양을 우회하여 남하했다. 이 때문에 당시 서울에서는 장만이 많은 병력을 거느린 채 반란군 뒤에서 싸움을 회피하고 있다는 소문이 돌았다. 특기할 것은 이괄 휘하에 수백 명의 항왜降倭들이 배속되어 있다는 사실이었다. 투항한 일본군의 후예인 '항왜'들은 총검을 다루는 솜씨가 뛰어났다. 그뿐만 아니라 이들은 명령을 받으면 죽음을 무릅쓰고 돌격을 감행하여 관군의 방어선을 돌파했다. 항왜를 선봉에 세운 이괄의 반란군은 진격로를 수시로 바꾸고 기동

력을 발휘하면서 무서운 기세로 남하했다.[19]

인조 정권이나 최명길에게 이괄의 난이 일어난 것은 집권 이래 최악의 위기가 찾아왔음을 의미했다. 어렵사리 잡은 권력을 불과 1년도 되지 않아 날릴 상황에 직면했기 때문이다. 더욱이 당시 인조는 명으로부터 정식으로 책봉을 받지 못한 상태였다. 책봉을 받지 못했다는 것은 아직 정통성을 갖추지 못한 것을 의미했다. 만약 이괄의 반란군이 서울을 점령하고 그가 추대했던 흥안군興安君이 명의 책봉을 받을 경우, 인조 정권은 공중분해될 수도 있는 상황이었다.

절체절명의 위기를 맞아 최명길은 권력을 지키기 위해 동분서주했다. 반란군이 임진강에 이르렀다는 소식에 조정은 자전(慈殿, 인목대비)과 중전, 원자를 먼저 강화도로 들여보내기로 결정했다. 최명길과 장유는 자전을 먼저 피난시키는 것을 강하게 반대했다.[20] 최명길이 보기에 인목대비는 인조 정권이 집권할 수 있도록 권한을 부여했던 권력의 '근거'이자 '상징'이었다. 광해군이 인목대비를 모후로 잘 모셨더라면 애당초 인조가 권력을 넘볼 수 있는 여지 자체가 없었다. 광해군 정권이 '폐모' 운운하며 인목대비를 유폐하고 박대하면서 사대부들의 민심이 돌아섰고, 인조와 최명길 등이 '강상윤리 회복'을 명분으로 정권 교체를 꾀할 수 있는 환경이 조성되었다. 그리고 거사 성공 당일 인조에게 옥새를 넘겨주었던 주체도 인목대비였다. 혹시라도 반란군이 인목대비를 옹위하게 될 경우 어떤 일이 벌어질지 예측할 수 없는 상황이었다.[21] 최명길은 권력의 '상징'이자 '원천'인 인목대비와 인조 조정을 분리시키는 것은 위험천만한 일이라고 인식했다. 그의 정치적 감각은 탁월했다.

1624년 2월 3일, 장만이 이끄는 관군이 제대로 싸우지 않고 관망한다는 소문이 들려오자 병조판서 김류는 자신이 총독으로 일선에 나아가 직접 장수들을 독전하겠다고 나선다. 그러면서 최명길을 총독부사總督副使로, 이소한李昭漢과 오숙吳翻을 종사관으로 요청했다. 인조는 허락했지만, 비변사가 반대하여 김류의 파견은 무산되었다. 김류는 정권의 원훈이므로 인조 곁에 있어야 한다는 판단에서 비롯된 조처였다. 2월 4일 반군이 황주에 이르렀다는 소식이 전해지자 최명길이 총독부사로 파견되었다. 최명길이 사실상 독전사督戰使가 되어 도원수 장만을 비롯한 관군 장수들을 감독하게 된 것이다.

최명길은 북으로 달려가 도원수 장만을 만나 반란군을 속히 진압하라고 독려했다. 하지만 사위 최명길이 장인 장만에게 독전을 강조하거나 그를 처벌하는 것은 여의치 않았을 것이다. 실제로 이괄의 난이 일어났을 당시 강릉참봉으로 있던 송갑조(宋甲祚, 1574~1628)는 "사위가 장인을 독전하는 것이 가당키나 하겠냐?"며 극히 냉소적이었던 당시의 분위기를 전한 바 있다.[22] 결국 2월 8일 임진강 방어선은 무너졌고, 인조와 조정은 한양을 버리고 과천, 수원, 진위, 천안을 거쳐 공주까지 파천해야 했다. 곧이어 조선 역사상 전무후무하게 반란군이 한양으로 들이닥치게 된다.

인조가 파천하고 이괄의 반란군이 한양에 입성하는 사태가 벌어지자 도원수 장만은 물론 총독부사 최명길도 사색이 될 수밖에 없었다. 그들은 반란군이 입성했던 직후 파주에서 급히 회동했다. 최명길과 장만뿐 아니라 최현, 이시발, 김기종金起宗, 정충신 들이 모두 모였다. 분위기는 무겁고 심각했다. 반란군을 막지 못해 인조를 파천길에 오르게 한 것 자체가 대죄였다. 만약 이괄이 휘하의 날랜 기병으로 인조 일행을 추격할 경우 벌어질 사태는 생각하기조차 끔찍한 것이었다. 모두 목숨을 걸어야 하는 상황에서 정충신이 계책을 제시했다.

> 먼저 북악北岳을 장악하는 측이 이긴다. 아군이 먼저 안현鞍峴을 점거한 모습을 보여 준다면 도성 백성들이 반드시 도와줄 것이고 적의 기세는 저절로 꺾일 것이다. 그런 뒤에 장만과 최명길이 뒤에서 독전하여 대군으로 내리누르고 목숨을 걸고 싸우게 하는 것! 지금이보다 더 나은 계책은 없다.[23]

회의 참석자들은 정충신의 계책에 동의했다. 반란군이 한양에 입성한 이상 미적거릴 시간이 없었다. 장만은 황해병사 변흡邊潝을 '참퇴대장斬退大將'에 임명했다. 물러나는 장졸들을 처단하는 임무를 맡긴 것이다. 정충신은 관군 본진에 앞서서 기병 20여 기를 이끌고 서울로 내달렸다. 그는 안현 아래까지 도착한 뒤 산 정상으로 몰래 올라가 봉수대를 장악했다. 그리고 봉화를 맡은 군사들을 생포하여 평상시의 봉화를 올리도록 하여 반란군이 상황 변화를 눈치채지 못하도록 했다.[24]

도성을 장악한 뒤 방심했던 이괄의 반란군은 이튿날 안현으로 몰려왔다. 그들은 여전히 관군을 가볍게 보았다. 하지만 곧이어 벌어진 전투는 고지를 장악한 관군에게 절대적으로 유리했다. 전략 요충지인 안현을 장악하도록 방치했던 것이 이괄의 결정적인 실수였다. 더욱이 관군은 임금을 파천하게 했다는 죄책감 때문에도 필사적으로 싸웠다. 날씨도 관군 편이었다. 산 위에서 아래로 서북풍이 불면서 반란군이 쏜 화살과 조총 탄환은 관군에게 큰 위협이 되지 못했다.

전투가 한창 벌어지고 있을 때 도성 주민들은 무리지어 성루에 올라 승패의 향방을 관찰했다. 그들은 서울을 버린 인조 정권과 도성에 새로 진입한 이괄의 반란군 사이에서 향배를 저울질하고 있었다. 전세가 관군 쪽으로 기울고 반란군의 패색이 짙어지자 도성 주민들은 곧바로 행동에 나선다. 그들은 서소문과 돈의문을 닫아 버리고, 반란군을 공격하거나 그들이 식사를 하지 못하도록 방해했다.[25] 승자 쪽에 붙으려는 생존 본능을 명확히 드러낸 것이다.

관군과 도성 주민들에게 막힌 반란군은 창의문 방향으로 퇴각하려다 이확이 이끄는 관군에게 차단되자 한밤중에 수구문을 통해 동쪽 방향으로 빠져나갔다. 하지만 중간에 매복한 관군에게 대부분 피살되고 이괄과 한명련은 수백 기를 이끌고 마전포를 거쳐 경기도 광주까지 달아났다. 하지만 이괄은 곧 부하들에게 살해되었고, 그의 목은 상자에 담겨 공주 공산성으로 전달되었다. 자중지란으로 반란이 허무하게 끝나는 순간이었다. 그것은 동시에 도원수로서 반란 진압의 최고 책임자였던 장만과, 총독부사로서 관군의 진압 작전을 독려하는 책임을 맡았던 최명길이 한숨을 돌리는 순간이기도 했다.

노출된 정권의 취약성,
높아진 최명길의 존재감

공신 출신인 이괄이 반란을 일으켜 서울까지 점령했던 사실은 집권 직후 인조 정권이 후금을 가장 큰 위협으로 상정했던 것이 틀렸다는 것을 의미했다. 정권의 가장 큰 적은 바로 '내부'에 있었던 셈이다. 이괄의 반란을 계기로 인조 정권의 한계와 취약성이 여지없이 노출되었다.

당장 인조와 반정공신들은 충격에 휩싸였다. 이괄이 거병했다는 보고가 전해지자마자 역모 혐의로 수감 중이던 정치범들을 즉결 처분한 것은 충격의 상징이었다. 1624년 1월 24일 저녁, 거병 소식을 들었을 때 인조는 기자헌에게 사약을 내려 목숨을 끊도록 했다. 기자헌은 광해군대 영의정까지 지낸 북인의 원로였다. 기자헌은 그래도 예우하여 사약을 내렸지만, 당시 감옥에 있던 유공량柳公亮, 윤수겸尹守謙, 이

성李惺, 이시언李時言 같은 정치범 37명은 전격적으로 참수되었다.[26]

　민심도 요동쳤다. 1월 26일쯤 되니 서울의 사족들은 대부분이 피란길에 올랐다. 조정은 민심의 동요를 막기 위해 사족들이 도성 밖으로 나가는 것을 금지했지만 소용이 없었다. 반란군이 임진강으로 접근하고 있던 2월 8일 무렵의 상황은 더 심각해진다. 도성에서는 반란군의 입성을 고대하면서 투항하겠다는 무리들이 줄을 이었다.

　조정에서는 강원도와 충청도, 그리고 강화도에서 올라온 병력들을 도성 주변에 배치하여 방어 태세를 갖추려고 했지만 민심은 이미 파장 분위기였다. 반란이 발생했다는 소식을 들은 직후 영의정 이원익과 좌참찬 이귀는 종로 거리에서 도성 방어를 위해 자원자를 모집하려고 시도했다. 이원익의 명망을 활용하려는 포석이었다. 하지만 모병을 시작한 지 10여 일이 지났지만 단 한 사람도 나서려고 하지 않는 충격적인 사태가 벌어졌다.[27]

　반란군이 임진강을 건너고 인조와 인목대비 일행이 파천길에 오른 2월 8일 밤 이후 도성은 난장판이 되었다. 난민들이 궁궐에 난입하여 불을 지르고, 재물을 챙기기 위해 서로 다투고, 서로 죽고 죽이는 사태가 빚어졌다. 이윽고 2월 10일 반란군이 입성할 때, 기다리고 있던 수천 명의 동조 세력들은 무악재까지 나아가 이괄을 맞이했다. 그들은 반란군이 행군해 오는 길에 황토를 뿌려 길을 정비하고 환영했다.[28] 이괄은 경복궁에 사령부를 설치하고 흥안군을 새 국왕으로 추대했다. 바야흐로 광해군이 쫓겨난 지 채 1년도 되지 않아 또 다른 정권 교체가 임박한 것처럼 보였다.

인조와 반정공신들은 파천하는 도중 불온한 민심과 적대적인 분위기를 절감했다. 당장 경기도와 충청도 일대에서는 인조의 명령이 통하지 않는다는 보고가 올라왔다. 인조가 수원에 이르렀을 때 수원부사와 향소鄕所의 사족들이 모두 도망하여 인조는 식사조차 제대로 챙기지 못했다. 지방관들은 상황을 관망하는 자세를 노골적으로 드러냈다. 경상병사 권진權縉은 근왕(勤王, 임금을 지키고 충성을 다하는 것)한다는 명목으로 병력을 이끌고 충주까지 왔지만, 인조가 있는 곳으로 바로 달려가지 않고 오랫동안 머물면서 관망했다. 그는 이괄의 반란군이 무너졌다는 소식을 들은 뒤에야 비로소 안성 쪽으로 옮겨 갔다. 반란을 계기로 재조와 재야를 막론하고 많은 사람들이 인조 정권이 과연 지속될 수 있을지를 의심하고 있었다. 다급해진 인조는 파천하면서, 이괄이 수령을 임명하여 지방에 파견하면 먼저 처치한 다음에 보고하라고 명령을 내리기도 했다.[29]

관망하던 민심은 관군이 안현 전투에서 승리하면서부터 인조 정권 쪽으로 다시 돌아섰다. 인조는 2월 18일 공주를 떠나 22일 서울로 돌아왔다. 인조가 귀환한다는 소식에 도성에서는 다시 격변이 벌어진다. 반란군에 붙었던 부역자들에 대한 처참한 보복이 자행되었다. 반란군 잔당들을 살해하거나, 개인적으로 사감이 있는 자를 학살하여 반란군이나 부역자의 수급인 것처럼 속여서 바치는 일이 빈발했다. 피난 갔다가 귀환했던 사족들도 부역자들을 색출하여 보복에 나섰다. 좌의정 윤방은 자신이 처단한 부역자만 200명이라고 보고했을 정도였다.[30] 비록 잠깐 동안이었지만 반란군 치하의 도성에 남아 있던 백성들은 갖은 폭력과 위협의 대상이 되었다. 특히 노약자이기 때문에, 혹은 갖고 있는 재물과 가축 때문에 피난가지 않고 도성에 남아 있던 사람들이 공격 목표가 되었다. 귀환한 사민들이 이들을 '부역배'로 규정하여 관에 고소하거나 스스로 사형私刑을 가하고 있었다. 포도청에서는 진위가 분명하지 않았음에도 이들 고소당한 백성들을 붙잡아다가 고문하거나 물자를 빼앗았다.31 보복과 폭력이 난무하면서 "감옥에는 갇힌 자가 넘쳐나고 길에는 원성이 가득하다"는 것이 당시 도성의 분위기였다.32

반정으로 어렵게 잡은 권력을 반란으로 졸지에 잃어버릴 뻔했던 인조 정권은 놀란 가슴을 쓸어내렸다. 이제 인조와 반정공신들의 관심은 온통 '정권 보위'에 집중되었다. 무엇보다 인조의 호위를 강화하는 조처를 취했다. 어영군 병력을 보강하고 김류, 이귀, 신경진, 이서까지 사대장四大將이 거느리는 군관의 수를 4백 명에서 1천 명으로 늘렸다. 인조는 선조대 무용위武勇衛와 같은 경호 부대를 신설하라고 지시했다. 환도 이후에도 민심이 흉흉해지자 이서 등에게 병력을 거느리고 궐내에서 숙직하라고 지시했다. 또 다른 반란이 일어날 경우에 대비하여 남한산성과 강화도를 정비하는 사업에 착수했다. 유사시 인조는 훈련도감의 군병과 어영군을 이끌고 강화도로, 세자는 총융군摠戎軍을 이끌고 남한산성으로 들어간다는 '매뉴얼'도 작성했다.

이괄 같은 반란 장수가 다시 나타나는 것을 막기 위해 기찰譏察도 대폭 강화했다. '기찰'이란 오늘날로 치면 사찰을 가리키는데, 밀정들을 풀어 '요주의 인물'의 일거수일투족을 철저히 감시하는 것이다. 인조반정 성공 직후에는 기찰의 대상이 주로 광해군 정권의 잔당들, 그리고 그들과 직접 간접으로 연결되어 있는 인물들이었다. 그런데 이괄의 난을 겪은 이후에는 병력을 거느리고 있는 변방의 군사 지휘관들, 인성군 같은 종실들에 대한 감시가 강화되었다.

실제로 1625년 1월, 평안도에 부임했던 도원수 이홍주李弘胄의 사례는 이와 관련하여 매우 흥미롭다. 평소 이홍주는 인품이 담백하고 도량이 넓다는 평을 받았던 인물이다. 그가 평양에 부임하여 군졸들을 잘 다독거려 마음을 얻었지만 휘하 장졸들을 제대로 다스리지 못하자 당장 훈신들에게 "이홍주가 황해도 관찰사 권첩權怗과 함께 모반을 꾀한다"는 무고가 올라오기 시작했다. 이홍주는 곧바로 사직을 청했지만 인조는 따뜻하게 위로하면서 사표를 반려했다. 하지만 이홍주는 이후에는 군무를 직접 처결하지 않고 부하에게 맡겨 버렸다.33 기찰에 대한 두려움 때문이었다.

1625년 10월, 검열 목성선(睦性善, 1597~1647)은 훈신들이 기찰을 빌미로 무고한 사람을 얽어 역모를 조작하고 있다고 지적했다. 특히 고변하는 자들이 조정에 공식적으로 보고하지 않고 훈신의 집을 개인적으로 찾아가고 있다고 비난했다. 목성선은 한산직(閑散職, 품계만 있고 직역이 없는 벼슬)에 있는 사람, 나랏일에 대해 이러쿵저러쿵 언급하는 사람, 권세가의 비위를 거스른 사람, 재능이 있는데도 벼슬하지 않는 사람들이 기찰의 대상이자 '모역 혐의자'로 지목되고 있다고 직격탄을 날렸다.34 훈신들에게 밉보이는 사람들이 기찰의 대상으로 내몰리고 있다는 것이다.

이괄의 난 이후 한층 강화된 기찰은 주로 김류를 비롯한 훈신들이 거느리고 있던 군관들을 통해 이루어졌다. 그런데 이들 군관들은 국가의 공적 군사력이 아니라 훈신들에 의해 사병이나 집사처럼 부려지고 있었다. 수도 출신의 무사들이 훈신 집안에 군관으로 의탁할 경우 변방으로 배치되는 것을 피할 수 있었기 때문이다. 훈신들은 이들 군관들을 '인조를 호위한다'는 명목으로 거느리면서 실제로는 도망친 노비를 찾아 잡아오거나 전택田宅을 관리하는 일을 시키면서 집사처럼 부리고 있었다.35 정경세鄭經世, 조경, 최현 같은 남인들은 서인 반정공신들에게 기찰을 중지하라고 요구하는 한편, 국가가 정예병으로 활용할 수 있는 군관들을 변방으로 보내 후금의 침략을 막는 데 활용하라고 강조했다.36

서인 반정공신들은 기찰을 중지하고 군관을 사적으로 부리지 말라는 남인들의 요구에 신경질적인 반응을 보였다. 이귀는 정경세와 최현이 군관을 혁파하라고 요구하자 두 사람을 참수해야 한다고 극언을 퍼부었다.37 이괄의 난을 계기로 극도로 예민해져 있던 반정공신들의 격앙되고 불안한 심사를 그대로 드러냈던 것이다.

그런데 반란이 일어났을 당시 휘하에 군관을 거느리고 있던 사대장이 보인 행태는 문제가 많았다. 사대장 가운데 김류는 줄곧 인조와 같이 있었고, 이귀는 임진강 방어선이 뚫리자 도주하여 역시 인조를 호종했다. 사대장 가운데 무장으로서 누구보다도 반란군 진압에 솔선해야 했던 신경진과 이서는 시종일관 무책임한 자세를 보였다. 이들은 반란군을 막으라는 왕명을 무시하고, 출전하지 않은 채 군관들을 이끌고 산골짜기에서 배회했다. 사실상 군관들을 자신들의 호위병으로 부려 먹었던 셈이다.

사대장들의 무책임한 행태와는 대조적으로 최명길은 반란 진압, 나아가 '정권 보위' 과정에서 뚜렷한 업적을 남겼다. 그는 반란군의 공세로 관군이 밀리고 있을 때 총독부사로 출전하여 현장에서 진압 작전을 독려했다. 관군의 책임자는 물론 장만이었지만, 최명길이 반정공신이었음을 고려하면 그는 실제로 진압군의 실세였다. 최명길은 어렵게 잡은 정권을 허무하게 잃을지도 모르는 절체절명의 위기 상황에서 진압 작전의 일선에서 뛰었던 유일한 공신이었다. 일단 권력을 장악한 이상 그것을 지키기 위해 분투했던 최명길을 《인조실록》의 사관은 매우 긍정적으로 평가하고 있다.

> 이서와 신경진은 모두 무장으로 정토(征討, 적을 토벌하는 것)의 권세를 잡고도 혹은 싸우지 않고 산골짜기에서 배회하거나, 혹은 나아가 막으라는 명을 받고도 끝내 출전하지 않고 먼 곳에 물러가 주둔했다. 최명길은 백면서생으로 홀로 위험을 피하지 않고 강 언덕에서 군사가 무너졌을 때 만사일생萬死一生의 계책을 내어 임진강을 도로 건너 원수와 만났는데, 언사가 강개하고 그의 장인을 격동시켜 드디어 사현沙峴의 승리를 이루었다. 당시 명을 받고 정토한 신하 중에 능히 자신을 잊고 나라를 위하는 의리를 알았던 자는 오직 최명길 한 사람뿐이다.[38]

사관의 평가는 매우 흥미롭다. 본래 무장인 데다 휘하에 군관까지 거느리고 있던 신경진과 이서가 싸움을 회피하고 배회했던 것에 견주어 백면서생 출신의 최명길은 목숨을 걸고 종군하면서 반란군을 진압하기 위한 계책을 제시했다는 것이다.

주목되는 것은 비록 반란군에게 한양을 내주기는 했지만 안현 전투의 승리를 이끌어 내는 데 최명길이 중요한 역할을 했다고 평가한 점이다. 불과 몇 개월 전 최명길을 소인배라고 비판했던 사평과는 전혀 달라진 평가였다. 인조반정 성공 직후 이조참판으로 정국을 이끌고 개혁 작업을 주도하려 했던 최명길의 적극적인 자세가 이괄의 반란이 일어났을 당시에도 그대로 재현되었던 셈이다. 요컨대 이괄의 난을 계기로 최명길은 인조 정권의 기둥으로 우뚝 서게 된다.

6장
개혁과 왕권 강화를 위한 노심초사

정치 개혁을
시도하다

최명길은 이괄의 난이 진압된 직후 인조에게 사직을 요청했다. 평소 몸이 허약하고 건강이 부실했던 그가 총독부사 직책을 맡아 동분서주하면서 몸이 망가질 수밖에 없었기 때문이다. 반란 진압 직후 올린 사직소에서 최명길은 "이가 반이나 빠져 음식을 제대로 씹지 못하고, 차가운 곳에 조금만 있어도 배 속이 딱딱하게 굳는 증세 때문에 앉아 있을 수 없다"고 호소한다. 더욱이 반란을 계기로 인조 정권의 취약성과 반정공신들의 문제점이 여지없이 드러나면서 최명길의 마음이 편할 수 없었다. 이괄의 반란이 진압된 뒤 여항에서는 반정공신들의 허물과 문제점에 대해 노골적인 비판이 일어나고 있었다.[1] 최명길은 비록 지탄의 대상이 된 다른 공신들처럼 뚜렷하게 탐학을 자행한 일이 없었지만, 공신의 한 사람으로서 책임감을 느낄 수밖에 없었다. 하지만 인조는 최명길의 사직 요청을 허락하지 않았다.

이조참판에 유임되자 최명길은 다시 움직인다. 최명길은 난리를 겪어 사회 전반이 동요하고 있던 당시 상황에서 가장 시급한 과제는 기강을 세우는 것이라고 생각했다. 이괄 같은 반적이 다시 나타나는 상황을 막으려면 대신들이 앞장서서 기강을 바로 잡고 신료들을 감독하는 것이 절실했다. 하지만 최명길이 보기에 당시 대신 자리에 있던 이원익, 윤방, 신흠은 명망은 출중했지만 이렇다 할 치적을 내지 못한 사람들이었다. 그는 인조에게 대신의 역할을 제대로 수행할 수 있는 적임자를 임용하라고 촉구한다.[2]

최명길은 또한 위기에 처한 국정을 수습하려면 포괄적인 개혁이 필요하다고 보았다. 그와 관련하여 오래전에 만든 법을 현실에 맞게 개정하는 것이 시급하다고 강조했다.[3] 최명길은 제정된 지 오래된 《경국대전》의 개정을 회피하는 바람에 나라를 다스리는 일에 체體만 있고 용用은 사라져 버렸다고 지적했다. 그러니 낡은 법전을 고치자고 강조했다. 하지만 그의 주장은 "조종이 만든 법을 갑자기 고칠 수는 없다"는 인조와 대신들의 반대에 직면한다. 1625년 3월, 최명길은 경연 자리에서 선조와 이이, 류성룡(柳成龍, 1542~1607)의 사례를 들어 다시 반박한다.

정자程子가 치도를 논하여 "조금 고치면 조금 유익하고 크게 고치면 크게 유익하다"고 했으니 대개 변법變法을 두고 한 말입니다. 그러므로 다스려지는 것을 고치면 어지러워지고, 어지러운 것을 고치면 다스려지는 것입니다. 선정신先正臣 이이가 선왕조 때 은총을 크게 받으면서 경장하려 하다가 조정이 허락하지 않아 뜻을 펴지 못하고 죽었는데, 선왕께서 말년에 자못 이이가 한 말을 생각하셨다고 합니다. 지금 성상께서 '조종의 법은 갑자기 고칠 수 없다'고 하셨는데, 이는 몹시 불가합니다. 선조께서는 류성룡과 함께 도감군과 속오군을 창설하셨으니, 그것은 대개 군정이 어지러운 것을 염려하셨기 때문입니다. 이 법은 조종조의 법이 아닌데도 선조께서는 시행하셨습니다.[4]

"조종의 성헌을 함부로 고칠 수 없다"는 것을 명분으로 경장에 반대하는 인조를 설득하기 위해 최명길은 선조와 류성룡이 훈련도감과 속오군을 창설했던 사례를 들고 있다. 주목되는 것은 이이가 선조에게 총애를 받았는데도 끝내 경장을 실현해 내지 못했던 전철을 몹시 아쉬워하고 있다는 점이다.

최명길은 1625년 3월, 경장의 절박함을 강조하기 위해 작심하고 장문의 차자를 다시 올린다. 그는 차자에서 《경국대전》의 문제점을 다시 지적했다. 조정 신료들조차 이미 낡아 버린 《경국대전》의 조문을 지키지 않아 법이 없는 나라가 되었다고 진단했다. 비록 《경국대전》의 후속편으로 《대전속록大典續錄》이 나왔지만 내용이 너무 번잡하여 이서배들이 농간을 부리는 근거로 활용되고 있다며, 《경국대전》과 《대전속록》의 조문 가운데 번잡한 것을 제거하고 빠진 것을 보충하는 수정 작업이 시급하다고 역설했다. 법전을 개정한 뒤에야 모

든 사람들에게 그것을 준수토록 강제할 수 있다고 했다.5

최명길은 다음으로 관제의 개혁을 주문했다. 먼저 의정부의 권한을 회복하고 대신들이 국정을 제대로 총괄할 수 있도록 할 것을 강조했다. 당시 비변사가 국정 전반을 주관하면서 의정부는 유명무실해진 상태였다. 최명길은 의정부의 대신들이 실권은 없이 비변사에 참여할 뿐이며 의정부의 찬성贊成과 참찬參贊은 병을 요양하는 자리가 되고, 사인舍人과 검상檢詳은 기악을 담당하는 자리로 전락했다고 통탄했다. 따라서 의정부의 본래 기능을 복구시켜 대신들이 국정을 실질적으로 모두 관리할 수 있도록 하라고 촉구했다.

만일 대신의 권한이 커지는 것이 두려우면 당송 시절처럼 비변사를 문하성으로 개칭하여 삼정승이 문하성을 통괄토록 하고, 찬성과 참찬은 지사를 겸임하며, 정치의 요체를 잘 아는 두 사람을 각각 문하성의 좌복야左僕射, 우복야右僕射로 삼아 유사有司의 임무를 맡겨야 한다고 주장했다. 그러면 관부의 겉과 속이 부합되고 대신들의 위엄도 세울 수 있어 조정의 체면이 바로 설 것이라고 강조했다.6

비변사는 굳이 해석하자면 '변무邊務에 대비하는 관서'라는 뜻이다. 변방에서 외침과 같은 비상사태가 발생했을 때 대신과 변무를 아는 신료들이 함께 모여 대책을 마련하기 위해 만든 임시 기구였다. 하지만 임진왜란을 거쳐 선조 말년부터는 팔도의 업무와 육조의 공사를 비변사가 모두 관장하면서 부작용이 생기기 시작했다.7 의정부는 유명무실해졌고, 승정원은 왕명의 출납만 맡아 승지가 서리처럼 되고, 육조가 분담해야 할 실무도 사라져 버렸다. 또 비변사라는 울타리 아래서 각 신료들의 책임 소재가 모호해질 뿐 아니라 신료들이 자리를 비우는 일이 많아지는 문제점도 생겨났다.[8]

모든 정무를 비변사에서 처리하면서 나타난 심각한 문제는 더 있었다. 형식적으로는 영의정을 비롯한 대신들도 비변사에 참여하지만 그들은 논의 과정에서 실질적인 권한이 없는 경우가 많았다. 광해군대의 경우 이이첨, 유희분, 박승종 같은 집권 북인의 실권자들이 비변사의 논의를 주도하면서 대신과 나머지 신료들은 그저 '얼굴마담'이나 '들러리'로 전락해 버린 상태였다.[9] 인조대에 들어와서도 별반 다르지 않았다. 인조는 집권 직후 명망 있는 원로 이원익을 영의정으로 임명했지만 그는 김류, 이귀를 비롯한 반정공신 실세들이 포진해 있는 비변사에서 이렇다 할 목소리를 낼 수 있는 처지가 아니었다. 최명길은 의정부의 권한을 복구하고 대신의 권한을 실질적으로 강화함으로써 이 같은 문제점들을 해결하려고 시도했던 것이다.

대신권을 강화하라는 주장과 함께 최명길이 강조한 것은 삼사 관원들의 언론 활동의 효율성을 높이는 문제였다. 조선은 전통적으로 언관들의 언론 활동을 중시했다. 그것은 비판과 견제를 활성화함으로써 특정 신료의 권력이 비대해지는 것, 즉 '권간權奸'이 출현하는 것을 막기 위한 목적에서 비롯된 것이었다. 그 과정에서 이조의 전랑이 삼사의 관원을 임명하는 데 영향력을 행사할 수 있게 했고, 이조전랑은 전임자가 후임자를 스스로 추천할 수 있는 자대제自代制를 운영했다. 이 같은 배경에서 시간이 지남에 따라 삼사는 대신들과 맞설 수 있을 만큼 권한이 커졌다.[10]

사간원과 사헌부의 의사 결정 방식은 전원 합의에 따라 이루어졌다. 만일 어떤 사안이 합의에 이르지 못하면 각 관원은 자신의 의사를 밝힌 뒤 피혐避嫌을 했다. '피혐'이란 어떤 사건에 관련되었다는 혐의를 받는 관원이 그 혐의가 풀릴 때까지 자리에서 물러나 있는 것을 가리킨다. 그런데 사헌부에서 전원 합의에 이르지 못하면 사헌부 관원들이 피혐을 하고, 그 문제의 결정권은 사간원으로 넘어가게 된다. 만약 사간원에서 합의를 통해 그 문제에 어떤 결정을 내리게 되면 그것을 '처치處置'라고 부른다.

이후 처치와 같은 의견을 제시했던 사헌부 관원은 관직을 유지하지만, 다른 의견을 제시했던 관원은 물러나게 된다. 나아가 사간원에서도 합의가 이루어지지 않으면 사간원 관원들도 피혐하게 되고, 처치의 권한은 다시 홍문관으로 넘어간다.[11]

최명길은 삼사 관원들이 별로 중요한 사안이 아닌데도 빈번하게 피혐하고 그 때문에 자주 교체되는 것을 문제 삼았다. 과거에는 언관들이 자신의 의견을 개별적으로 자유롭게 말할 수 있었는데 전원 합의제가 되면서 문제가 생겼다고 본 것이다. 사헌부나 사간원이 계사(啓辭, 임금께 아뢰는 글)를 올리려 할 때, 소속 아전들은 각 언관들의 집으로 달려가 일일이 의견을 물어 뜻이 통일된 다음에야 계사를 올린다. 그 과정 자체가 번거롭고 시간이 걸리는 데다 언관들이 의견을 통일하는 과정에서 다른 언관들의 눈치를 보기 때문에 소신대로 하지 못하거나 사소한 문제를 놓고도 사달이 일어났던 것이다.

최명길은 조정이 안정되지 않는 까닭을 피혐이 남발되는 것에서 찾고, 개별 언관들이 자신의 의견을 자유롭게 말할 수 있도록 제도를 고치자고 강조했다. 조정 관원들이 모두 인정할 정도로 중대한 사안이 아니라면 삼사 관원들이 모두 합계合啓하여 의견 통일을 꾀하는 폐단을 막으라고 촉구했던 것이다.12

최명길은 관직을 운영하는 과정에서 생기는 문제점도 개선할 것을 촉구했다. 그는 힘 있는 집안, 즉 세족 자제들이 과거를 통하지 않고 음직蔭職으로 벼슬에 나가는 것을 규제해야 한다고 강조했다. 세족 자제들이 문과 급제를 위한 수험 준비나 무과 합격을 위한 무예 수련 같은 구체적인 노력을 기울이지 않고 부형의 후광에 따라 고위직에 오르는 것은 문제가 있다고 인식했기 때문이다. 실제로 당시 음직으로 벼슬에 나아가는 세족 자제들의 수가 급증하여 과거 출신 관원이나 지방관 출신 관원들이 갈 수 있는 보직의 수가 줄어드는 문제점이 나타나고 있었다. 최명길은 이런 문제를 해결하기 위해 당시 음직 출신자들에게 돌아가고 있던 금부도사, 별좌 같은 관원을 능력 위주로 임명하라고 촉구했다. 타고난 문벌보다 개인의 노력과 능력을 존중하는 최명길의 문제의식이 드러나는 대목이다.13

최명길이 중시했던 것은 각 관인이 자신의 능력과 재주를 발휘할 수 있는 분야에서 전업할 수 있게 하는 것, 별로 중요하지 않은데도 난립해 있는 관서들을 통폐합하고 인원을 구조 조정하는 것, 산국散局을 설치하는 것 등이었다. '산국'은 벼슬에 있다가 늙어 갈 곳이 없는 사람, 병 때문에 해직된 사람, 능력과 재주가 있지만 산직에 머물고 있는 사람들을 위한 기구였다. 산국에서 받는 녹봉은 적게 하되 정원은 충분히 확보해서 들어오는 사람들의 노고를 위로하고 낙담하거나 원망하지 않도록 하자고 강조했다.

최명길은 또한 지방의 감사, 병사, 수사들에게 모두 한 고을씩을 맡도록 하여 각각 그곳에서 받는 녹봉으로 생활하게 하되, 판관을 두어 그들의 직무를 감찰하여 부정과 일탈을 막으라고 건의했다. 그러면 지방관들이 오랫동안 재직하여 행정의 일관성과 전문성을 높일 수 있고, 고을 백성들을 침탈하는 폐단도 없앨 수 있다고 강조했다.[14]

무엇보다 최명길은 관제를 개혁하여 조정 신료들의 관습과 인식을 근본적으로 바꾸려고 시도했다.

> 지금 사람들은 깨끗하고 한가하게 지내는 것을 고상한 것으로, 부지런히 애쓰는 것을 누습으로, 사정私情을 따르는 것을 후한 것으로, 법대로 하는 것을 박덕한 것으로, 벼슬이 자주 갈리는 것을 영화로운 것으로, 오래 재임하는 것을 구차한 것으로, 뇌물 쓰는 것을 법으로, 부박한 논의를 공론으로 여깁니다. 이 같은 풍속을 크게 고치지 않는다면 비록 성상께서 위에 계시고 명현이 조정에 가득해도 양자강 동쪽에서 안일을 도모하던 쇠약한 송나라처럼 되는 데 불과해 좋은 법과 아름다운 정책도 소용이 없게 될 것입니다.[15]

최명길은 조정 신료들이 안일에 젖어 벼슬살이를 가볍게 여기고 법과 원칙을 무시하면서 부박한 논의를 일삼는 현실을 통박했다. 그 같은 풍조를 뜯어고치지 않으면 쇠약한 남송처럼 부흥할 수 있는 기회를 날리게 될 것이라고 경고했다. 그가 관제를 총체적으로 개혁해야 한다고 강조하면서 — 당시 조선이 후금의 위협에 직면하고 있었던 것처럼 — 12세기 금의 위협에 시달리고 있었던 남송의 전철을 거론한 것은 주목된다.

최명길이 관제 개혁을 역설했을 때 인조와 조정 신료들의 반응은 어떠했을까? 비변사는 최명길의 개혁안을 높이 평가했다. 새 정권이 출범하여 무엇인가 새로운 것을 해 보려는 시대에 최명길이야말로 '원칙을 세워 시대를 구제하고 폐단을 바로잡기 위해 뜻을 세운 사람'이라고 찬양했다. 또 그의 관제 개혁 구상은 나라를 위한 지성에서 비롯된 것으로 나라의 발전을 위해 매우 중요한 의견이라는 평가도 나오고 있었다.[16]

하지만 이 같은 높은 평가에도 최명길의 관제 개혁안은 실행되지 못했다. 무엇보다 인조의 소극적인 태도가 문제였다. 인조는 "경의 충성이 몹시 가상하니 어찌 힘써 시행하지 않을 수 있겠는가?"라고 하면서도 "다만 새로 개혁해야 할 일이 많아 갑자기 고치기는 어려우니 대신들과 의논하여 처결하겠다"고 답한다.[17] 그야말로 판에 박힌 답변이었다. 요컨대 최명길은 당시 그 어느 누구도 쉽게 생각하지 못했던 개혁안을 제시했지만 "조종의 성헌을 섣불리 바꿀 수는 없다"는 묵수론(墨守論, 자기주장이나 관습을 굽히지 않는 것)의 벽을 넘어서지 못했던 것이다.

사회 경제 개혁을
주도하다

인조 정권이 처한 현실은 만만치 않았다. 관제 개혁 말고도 국정 전반에서 바로잡아야 할 과제들이 산적해 있었다. 엄밀히 말하면 당시 조선은 임진왜란이 남긴 후유증에서 완전히 벗어난 상태가 아니었다. 전쟁 때문에 국가가 파악한 토지는 격감했는데 양전(量田, 토지 조사)이 제대로 실시되지 않아 토지 대장에서 누락된 면세전이 증가했다. 또 군적軍籍이 정비되지 않아 군역 대상자를 제대로 확보할 수 없었다. 거기다 지역에 따라 공물 부담이 불공평했고, 백성들은 방납(防納, 백성을 대신해 공물을 바치고 높은 대가를 받아 내던 것) 때문에 심각한 고통을 겪고 있었다.[18]

이에 더해 광해군 연간 난정으로 말미암아 상황은 악화되었다. 무엇보다 광해군이 1618년 이래 경덕궁과 인경궁을 짓는 영건 사업에 몰두하면서 빚어진 폐단이 심각했다. 영건 사업에 소요되는 각종 물자들을 조달하느라 백성들의 부담은 격증했다. 물자 조달 과정에서 방납을 자행하는 자들이 농간을 부렸고, 목재들을 벌목하고 운반하는 과정에서 농민들의 고통이 이만저만이 아니었다. 농민들은 부풀려진 방납가를 납부해야 했고, 강제 노역에 시달렸다.

궁궐 공사가 제대로 진척되지 않자 광해군은 물자 조달과 운반을 독려하기 위해 조도사調度使를 파견했다. 일종의 임시 어사였다. 조도사들의 업무에 얼마나 잘 협조하는지 여부를 놓고 수령들을 평가하면서 조도사들과 지방 수령들이 작당하여 백성들을 협박하고 갈취하는 일이 빈번해졌다.[19] 그 결과는 처참했다. 가렴주구를 이기지 못한 백성들은 고향을 버리고 떠돌았고, 그들이 져야 할 부담을 남은 백성들이 대신 떠안게 되면서 민생의 고난은 극에 이르렀다.

민생의 피폐, 재정의 고갈이라는 부정적인 유산을 이어받았던 인조는 즉위 직후 민생 안정을 최우선의 국정 과제로 제시했다. 이원익의 건의에 따라 재생청裁省廳을 설치한 것은 그 의지의 표현이었다. '재생'이란 국가 경비를 절감하여 백성들의 부세 부담을 줄여 준다는 뜻이다. 재생청은 경작되지 않는 토지의 세금을 경감하는 문제, 미달된 군인의 정원을 채우는 문제, 공물을 대신 바치고 값을 배 이상 받아 내는 방납의 폐단을 없애는 문제, 국가와 왕실의 경비를 합리적으로 절감하고 세입을 헤아려 세출을 정하는 문제처럼 민생 안정을 위해 시급했던 현안들을 처리하기 위해 설치한 기구였다.[20]

재생청 설치를 계기로 대동법을 실시하자는 논의도 급물살을 탔다. 대동법은 공물을 현물 대신 쌀로 내도록 하되 납부 횟수와 수량을 제한함으로써 백성들의 부담을 덜어 주자는 조처였다. 광해군 즉위 직후 경기도에서 '선혜지법宣惠之法'이란 이름으로 실시되었지만 그 뒤 사실상 중단된 상태였다. 그러다 인조 즉위 직후 이원익, 조익 등이 대동법을 확대해서 실시하자고 강력히 주장했는데 조익은 특히 대동법을 제대로 실시하는 것이야말로 왕자가 인정仁政을 펼치는 상징이라고까지 강조한 바 있었다.[21]

인조 정권은 1623년 9월, 삼도대동청三道大同廳을 설치하고 강원도, 충청도, 전라도에서 대동법을 시행하기로 결정했다. 그런데 시행 과정에서 적지 않은 문제점이 불거졌다. 애초 백성들에게 1년에 두 차례 토지 1결마다 쌀 10말씩만 징수하기로 했는데 막상 실시하는 과정에서 추가로 징수하는 수량이 만만치 않았다. 중앙에 바치는 공물의 비용은 대동법을 통해 해결되었지만 왕실에 보낼 진상품, 지방 관아에서 소요되는 물품의 비용을 계산하지 않아 별도로 징수하는 사태가 빚어졌다. 또 백성들이 납부한 대동미를 운반하는 데 들어가는 수송비까지 추가로 징수하게 되면서 불만이 높아졌다.

무엇보다 대동미 징수의 기준이 되는 토지 결수를 정확히 파악하지 못한 상황에서 지역과 계층에 따라 부담이 균등하지 않은 것이 문제였다. 반대론이 비등해지면서 1625년 2월, 충청도와 전라도에서 실시했던 대동법은 폐지되고 말았다.[22]

대동법이 중단된 것은 인조 정권이 '안민'을 위해 의욕적으로 실시했던 개혁이 좌초되었던 첫 사례였다. 민생을 안정시키고 재정을 확보하려면 의지와 표방만으로 되는 것이 아니라 좀 더 근본적이고 꼼꼼한 접근이 필요하다는 사실을 환기시키는 계기도 되었다. 실제로 재생청에서는 지방에 공문을 보내 백성들에게 묵은 세금을 면제해 주라고 요구했지만 일선의 지방관들은 모른 척하는 경우가 많았다. 반정 직후, 1622년(광해군 14) 이전에 거두지 못한 세금도 모두 면제해 주라고 했지만 현장에서는 전혀 실행되지 않고 있었다.[23]

이 같은 상황에서 민생과 재정의 안정을 기약하기는 어려웠다. 특히 재정은 만성 적자 상태에서 벗어나지 못했다. 1623년 반정 성공 직후 국가 경비는 대략 11만 석이었는데 세금으로 걷히는 것은 대략 10만 석 정도였다. 당장 써야 할 경비조차 대기 어려운 상황에서 군량 조달에 투입할 비용 마련은 생각조차 하기 어려웠다.[24] 시간이 지나도 재정 형편은 나아질 기미를 보이지 않았다.

> 지금 나라의 저축은 고갈되었는데 경용(經用, 날마다 쓰는 비용)은 제한이 없어 각사는 하루의 경비를 대기에도 곤란한 형편이고 호조 창고에는 몇 달 동안의 수요도 남아 있지 않습니다. 그런데 모문룡의 채단값과 여러 곳에서 외상으로 쓴 물건값은 대략 계산해도 은 5~6만 냥을 밑돌지 않습니다. 비유컨대 가난한 집에서 아침에 저녁 끼니를 걱정하는 형편인데, 계약서를 들고 와 묵은 빚을 독촉하려는 자가 문 밖에 줄을 서고 방 안에 가득히 앉아 있는 것과 같으니, 어떻게 견디어 내겠습니까.[25]

1624년 호조판서 김신국(金藎國, 1572~1657)이 내린 진단이다. "끼니 걱정을 해야 할 정도로 가난한 집 앞에 빚쟁이들이 줄 서 있다"는 표현이 당시 조선의 재정 형편을 웅변하고 있다.

백성은 가난하고 재정은 고갈된 상태에서 '안민'과 '토적'은 그저 공염불이 될 수밖에 없었다. '안민'과 '토적'을 실현하려면 전정田政과 군정軍政에서 전반적인 개혁이 필요했다. 하지만 인조대 사회 경제 정책의 개혁 방향을 놓고 신료들의 입장은 갈라져 있었다. 우선 당시 조선의 상황을 '큰 병을 앓고 난 뒤 원기가 소진되어 목숨을 겨우 보전하는 상태'로 규정해 일을 벌이지 말고 백성들을 무조건 휴식시켜야 한다는 주장이 있었다.[26] 구체적인 개혁 방향과 관련해서는 대동법은 시행하되 호패법에는 반대하거나, 대동법을 제대로 시행하기 위해 양전을 먼저 하자는 주장까지 다양했다.[27]

최명길은 백성들의 힘을 펴 주어야 한다는 데 이견이 없었지만 국가 재정을 확보함으로써 궁극에는 군사력을 기를 수 있는 기반도 마련해야 한다는 입장이었다.[28] 그러면 무엇을 어떻게 할 것인가? 최명길은 그와 관련하여 인조에게 자신의 구상을 밝힌 바 있다.

먼저 양전을 실시하여 누락된 토지를 파악할 것, 대동법을 복구하여 부역을 균등하게 할 것, 입안(立案, 관에서 공증 문서를 발급해 주는 것)을 금단하여 남의 토지를 빼앗는 것을 금지할 것, 면세를 없애 국가의 부세 수입을 넓힐 것들을 강조했다. 나아가 정예한 장정을 뽑아 속오를 편성할 것, 노약자의 군역을 면제하되 그 대가로 베를 받을 것, 복무를 느슨하게 하여 도망자들을 복귀하게 할 것, 무예를 가르쳐

병력을 정예롭게 할 것도 강조했다.[29]

'안민'과 '토적'을 위한 개혁을 성공시키려면 나라 전체의 인민과 토지를 정확히 파악하는 것이 먼저였다. 그를 위해 최명길뿐 아니라 당시 관인들이 강조했던 것이 바로 호패법, 군적법, 양전을 실시하는 것이었다. 호패법과 군적은 모두 백성들을 제대로 파악하기 위한 정책이었다. 임진왜란과 광해군 정권의 실정을 거치면서 본래의 거주지에서 도망한 자들, 또는 죽은 자들로 말미암아 생긴 군대의 부족 인원을 보충하고 주변 사람들에게 책임을 지우는 폐단을 제거하기 위한 수단이기도 했다.

최명길은 호패법을 기획하고 주도했다. 그는 대동법과 양전을 제대로 시행하는 것이 중요하다고 인식했지만 이괄의 난을 겪었던 이후에는 현실적으로 어렵다고 보았다. 1624년 5월, 이괄의 난 직후 삼도대동청 당상으로 임명되었던 최명길은 인조와의 대화에서 다음과 같이 이야기한다.

대동청의 일이 매우 허술한데 신이 새로 당상이 되어 일의 전말을 잘 모르니 이서를 시켜 검찰하게 하는 것이 매우 온당하겠습니다. 이 일은 관계되는 바가 매우 중대하므로 적임자에게 맡기지 않으면 끝내는 허술하게 되어 백성들을 괴롭힐 것이니, 어찌 커다란 근심이 아니겠습니까? …… 애초 영상과 조익이 과조(科條, 법규)를 처음 세웠는데 영상은 이미 노쇠하고 조익은 옛 사람의 글만 읽었을 뿐 일을 다뤄 보지 못했으니, 반드시 사무에 숙달한 자가 있어야 일을 맡아 처리할 수 있을 것입니다. 또 각 도의 토지가 얼마나 되는지 먼저 알아야 허술해질 걱정이 없는데, 전안(田案, 토지 대장)을 변란 중에 모두 잃었으니 더욱 염려스럽습니다. 또 우리 나라의 일들이 전부터 태만하게 세월만 보낼 뿐 점점 위축되어 가고 있습니다. 신이 생각건대 호패를 먼저 시행하여 조사와 생원, 진사 외에는 재상의 자제일지라도 베를 거두는 것이 더 낫다고 여겨집니다. 그러면 나라 살림에 보태는 것이 어찌 적겠습니까.[30]

최명길은 대동법을 제대로 실시하려면 전국의 토지에 대한 정확한 파악, 즉 양전을 실시하는 것이 절실하다고 강조했다. 하지만 이괄의 난으로 전안이 모두 소실된 상태에서 양전을 당장 실시하는 것은 현실적으로 어려운 일이었다. 그렇다고 손을 놓고 시간만 보내고 있을 수는 없는 노릇이었다. 그가 호패법을 먼저 시행하자고 했던 것은 바로 이 같은 배경에서 비롯된 것이었다.

인조는 최명길의 주장에 반대했다. 당장 포를 징수하거나 호패를 차게 하여 백성들을 규제하려 할 경우 민심이 심하게 동요할 것이라고 주장했다. 이괄의 난을 계기로 정권의 취약성, 민심의 불안함을 절감했던 인조는 민심의 동향에 촉각을 곤두세울 수밖에 없었던 것이다.

실제로 이후 호패법과 군적 가운데 어느 것을 먼저 실시하느냐를 놓고 인조와 신료들은 극심한 의견 대립을 보였다. 인조는 군적을 먼저 정리하자고 했던 반면 최명길과 이귀는 호패법을 먼저 시행하자고 맞섰다.[31] 최명길은 신역身役이 없는 사람들이 군적을 시행한다는 소문에 모두 도피할 생각을 품고 있다며 군적을 섣불리 시행해서는 안 된다고 강조했다. 반면 호패법도 폐단이 적지 않지만 그래도 자기 본거지로 돌아가서 신역을 정하려는 사람들 입장에서는 군적보다는 받아들일 만하다고 강조했다.[32]

논란 끝에 1625년 3월, 호패법을 먼저 시행하기로 결정했다. 호패와 군적 모두 민심을 동요시키는 정책이었지만 그나마 호패법 쪽이 좀 덜할 것이라는 신료들의 의견이 채택되었기 때문이다. 무엇보다 후금의 위협이 날로 높아지고 있는데도 당장 "나라에 군병을 볼 수 없고 군적은 모두 빈 장부"뿐인 현실에서 군정을 채우려면 호패법을 먼저 시행하는 것이 절실했다.[33]

장만의 추산에 따르면 1626년 무렵 조선의 인구는 대략 200만이고 그 가운데 호적에 등재된 인구는 불과 120만 정도였다. 또 사천私賤의 숫자는 수십만 명인데 그 가운데 군역에 충정할 해당자는 4만 호에 12만 명 정도라고 추정했다. 어떤 근거로 인구를 200만으로 추산했는지는 알 수 없지만, 국가가 인구를 제대로 파악하지 못했던 것과 군정의 숫자가 형편없이 부족했던 것은 엄연한 현실이었다.[34]

최명길은 호패청의 유사당상有司堂上에 임명되었다. 사실상의 실무 책임자로서 최명길은 열과 성을 다해 노력했다. 그 사실은 비변사가 인정하는 것이었다. "호패법 시행의 의도를 살려 시행 과정의 폐단을 없애려고 절목을 제정하는 등 나라를 위하는 정성이 지극하다"고 공개적으로 찬양했을 정도였다.[35]

최명길이 호패법을 주도하면서 추구했던 가장 큰 목표는 '균역均役'이었다. 민정民丁의 총수를 집계하고 각 민정들이 신역을 지고 있는지 여부를 확인하여 역 부과의 기초 자료로 활용하려는 것이 목적이었다.36 하지만 지방 수령들이 시행을 서두르면서 문제점이 속출했다. 큰 고을의 민정 숫자가 작은 고을보다 적은 경우가 많았다. 또 호적에 등재하는 과정에서 양민을 천민으로, 노비의 경우 다른 사람의 주인을 자기의 주인으로, 다른 사람의 노비를 자기의 노비로 잘못 기재하는 경우가 빈발했다. 호패청에서는 이 같은 폐단을 막기 위해 어사를 파견하여 수령과 백성들을 동시에 감찰하기로 결정했다.37

최명길의 노력으로 호패법은 순항하는 듯했다. 1625년 11월, 호패법을 시행하고 얻은 민정의 수가 25~26만이라는 보고가 나오며38 가시적인 성과가 있었다. 호패청은 1626년 1월 1일부터 팔도의 모든 백성들이 호패를 차도록 결정했다. 벼슬아치 가운데 1, 2품은 아패牙牌, 3품 이하는 각패角牌, 생원과 진사는 황양목소패黃楊木小牌, 유생은 소목패小木牌를 차도록 했다. 종실과 문관의 호패는 홍색, 무관은 청색, 음직은 황색이었고, 나이와 거주지, 과거 합격 연도를 적었다. 백성들에게는 흰색의 대목패大木牌를 차도록 했는데 나이, 거주지, 신장, 흉터 유무 따위를 기록했다.39 얼핏 보아도 국가가 백성들을 촘촘히 파악하여 장악하려는 목적이 엿보이는 대목이다.

실시하기로 결정한 지 1년 정도 지난 1626년 7월 무렵, 호패법은 거의 끝나 가고 있었다. 하지만 수십 년 동안 권력의 통제 밖에 있던 백성들을 짧은 시간 안에 호패를 채워 통제하는 것은 결코 쉬운 일이 아니었다. 부작용이 만만치 않았다. 무엇보다 너무 조급하게 시행하려 한다는 비판이 제기될 수밖에 없었다. 남인 이준(李埈, 1560~1635)은 "호패법을 서서히 실시해야 하는데 앞뒤를 재지 않고 급하게 밀어붙이면서 노약자나 구걸하는 자들까지 대오에 충당되어 숫자만 부풀리고 있다"고 비판하기도 했다.[40]

그뿐만 아니라 당시 호패법의 사목(事目, 시행 규정)은 엄격했다. 호패가 없거나 도용하는 사람은 참형에 처하고, 고발하는 자는 부역을 면제하기로 했다. 호패를 소지하지 않아 옥에 갇힌 자들이 늘어났고, 그것을 피하기 위해 양인이 노비로 투속하는 경우, 양인끼리 서로 상전이라고 칭하는 경우, 상전의 이름을 위조하는 경우 같은 다양한 회피 사례가 나타나고 있었다. 또 호패법을 피해 거처를 떠나 유리하는 경우도 있었다. 우려했던 부작용이 현실로 나타났던 것이다.

조정에서는 문제 해결을 위해 어사를 파견하기로 결정했지만 백성들은 어사가 엄격하게 자신들을 색출할까 봐, 수령들은 문제가 생길까 봐, 어사는 지방에 오래 머물게 될까 봐 각각 걱정한다는 지적이 나오고 있었다.[41] 최명길은 어차피 실시하기로 결정한 이상 시행 과정의 폐단이 있더라도 법 적용은 엄격히 해야 한다고 강조했다. 어사를 파견하여 시행 과정을 엄격히 감찰하되 호패를 훔치거나 가짜 호패를 소지한 자는 처형할 것을 강조했다.[42]

최명길의 노력에도 호패법은 결국 중단되고 만다. 1627년, 정묘호란이 일어났기 때문이다. 당시 민심은 조정이 호패법을 밀어붙이면서 야기된 문제점들을 견뎌 내지 못했다. 호패법 때문에 민심이 심하게 동요하고 있다는 소식은 후금에도 전해졌던 것으로 보인다. 1627년 1월, 정묘호란 당시 후금군 지휘부는 안주성 공격을 앞두고 "너희 나라는 무슨 까닭으로 호패를 만들어 백성들을 침해하느냐?" 하고 힐문했다고 한다.43 물론 안주성의 방어 태세를 교란하려고 선동하는 발언이었지만 당시 호패법 시행의 파장이 어느 정도였는지를 짐작할 수 있는 대목이다.

실제로 후금군의 침략이 시작되었다는 소식이 들어온 직후 심기원은 호패법 시행을 즉각 중단하라고 촉구했다. 인조는 심기원의 의견을 받아들여 호패성책號牌成冊을 한강변에서 불태워 버린다.44 그리고 인목대비 일행이 서울을 떠나 강화도로 피난한 직후 백성들에게 사과하는 교서를 반포했다. 인조는 자신이 집권 이후 광해군 시절의 폐단을 뜯어고쳐 백성들을 살리려 했지만 실제적인 성과를 얻지 못한 것, 옥사를 처결하는 과정에서 무고한 사람들이 많이 희생되어 화기를 손상시킨 것, 모문룡을 접대하는 데 급급하여 백성들을 힘들고 괴롭게 한 것을 사과했다. 그뿐만 아니라 호패법 실시를 위해 각도에 파견했던 어사들을 소환하고 호패법을 실시하기 위해 작성한 장부들을 소각했다는 사실도 강조한다. 이어 호패 문제로 연좌되어 갇히거나 유배된 사람들을 모두 사면토록 했다.

호패법은 본래 도망하거나 죽은 자로 말미암은 결락 인원을 보충하고, 인척에게 책임을 지우는 폐단을 제거하려 했던 것으로 애초 백성들에게 피해를 주려고 한 것은 아니었다. 그러나 백 년 동안 폐지되었던 법령을 갑자기 거행하면서 허다한 유민들을 강제로 검속하였고 실행에 급급하여 점진적으로 시행하지 못했다. 지나치게 엄하게 속박하며 너무 세밀하게 책임을 부과했기 때문에 사람들 대부분이 불편하다고 했다. 나는 홀로 중간에 그만두는 것을 어렵게 여겨 뭇 사람들의 분노를 쌓고 말았으니 누가 나의 본심을 이해해 주겠는가?[45]

"지나치게 엄하게 속박하고 너무 세밀하게 책임을 부과하고, 중간에 그만두지 못해 뭇 사람들의 분노를 쌓고 말았다." 인조는 호패법 때문에 백성들을 괴롭게 하고 민심을 잃게 된 것을 자인하고 사과했다. 후금군의 침략으로 종사가 또 다시 위기에 처한 상황에서 어쩔 수 없는 선택이었을 것이다.

호패법 시행을 위해 노심초사했던 최명길은 허탈할 수밖에 없었다. 당장 후금군의 침략에서 살아남는 것도 중요했지만 이후의 사회경제를 재건할 수 있는 기회를 다시 날려 버렸기 때문이다. 가장 먼저 대동법을 중단했고 이어 호패법도 시행을 중지했다. 공물을 둘러싼 폐단이 여전하고 인구와 토지가 정확히 파악되지 못한 상황에서 세금을 제대로 징수할 수 없었던 것이다. 전쟁을 치러야 하는 와중에 양전을 시행하고 군적을 정비하기도 어려웠다. 면세전과 면역자가 넘쳐 국역의 부담은 여전히 불평등했다. 인조 정권이 출범하면서 시정목표로 내세웠던 '안민'과 '토적'은커녕 당장 전쟁에서 살아남는 것이 급선무가 될 수밖에 없었다.

원종 추숭에
앞장서다

이괄의 난의 여파 때문에 안팎으로 뒤숭숭한 상황이 이어지고 있던 1626년(인조 4) 1월 14일, 인조의 생모 계운궁啓運宮 구씨(具氏, 1578~1626)가 세상을 떠났다. 당장 계운궁의 상례를 놓고 인조와 신료들의 의견이 갈렸다. 인조는 자신의 모친을 위해 삼년상을 치러야 한다고 강조했다. 주무 관청인 예조의 신료들은 인조가 선조의 후사를 이었으니 사친私親인 계운궁을 위해서는 삼년상이 아니라 '부장기不杖期' 상례를 치러야 한다고 주장했다. '부장기'란 상주가 1년간 상복을 입되 지팡이는 짚지 않는 것을 말한다. 영의정 이원익, 좌의정 윤방, 우의정 신흠도 인조의 삼년상 주장에 즉각 반대한다.

삼년상이 천자부터 서인까지 공통된 것이라 함은 성인이 가르침을 확립시킨 상법이지만, 오늘의 일은 변례입니다. 전하께서는 직접 선묘(宣廟, 선조)의 후사를 이었으므로, 선묘께서 조부이자 아버지가 되는 도리가 있고 전하께서는 손자이자 아들이 되는 도리가 있는 것입니다. 조종의 종통은 사체(事體, 사리와 체면)가 매우 중요한 것인데 어찌 사친을 위해 삼년상을 행할 수 있겠습니까? 역대로 임금들은 본래 낳아 준 부모에게 효성을 극진히 다했지만 종통의 존엄함에 압존(壓屈, 어른에 대한 공대를 그보다 더 높은 어른 앞에서 낮추는 것)되어 정리를 억누르고 예문을 지켜 천하 후세에 칭송을 받은 분이 많습니다. 부모라고 부르는 것은 친속의 호칭이기 때문에 고칠 수 없습니다. 그런데 친속의 호칭에 따라 부모라 불렀다고 해서 상제喪制를 어긋나게 시행할 수야 있겠습니까?[46]

위의 주장은 계운궁 서거 이후 인조의 생부 정원군 이부(李琈, 1580~1619)를 '원종元宗'으로 추숭할 때까지 대다수 조정 신료들이 강조했던 일종의 원칙이었다. 인조는 반정을 통해 조부인 선조를 이어 보위에 올랐으므로 종통의 존엄함을 중시해야지 사친에게 효도하는 것만 생각해서는 안 된다는 것이다.

인조는 신료들의 반대를 무릅쓰고 계운궁의 상례를 왕비의 예, 나아가 국상으로 치르려고 시도했다. 5일 만에 빈소를 차리고, 6일 만에 상복을 입고자 했는데, 신료들은 그것이 왕비의 예라고 반발했지만 인조는 밀어붙였다.[47] 거기에는 왕으로서의 권위와 정통성을 높이기 위한 의도가 깔려 있었다.

인조는 '반정'이란 비정상적인 방식으로 왕위에 오른 임금이다. 그 때문에 인조는 '추대된 군주'라는 태생적인 한계를 벗어나기 위해 무진 애를 썼다. 그런데 즉위 직후부터 조정에서는 인조의 생부인 정원군의 호칭과 예우 문제를 놓고 논란이 벌어진다. 인조는 당연히 정원군을 '왕'으로 추존하고 싶어 했다. 하지만 서인 반정공신들의 '멘토'이자 예학의 대가였던 김장생은 인조가 정원군을 '아버지'가 아닌 '숙부'로 예우해야 한다고 주장했다. 인조가 선조를 계승한 만큼 종통상의 아버지는 정원군이 아닌 선조가 되어야 한다는 것이었다. 반면 또 다른 예학의 대가 박지계(朴知誡, 1573~1635)는 인조가 자신을 낳아준 정원군을 아버지로 칭하고, 그 연장선에서 생모 계운궁의 상도 삼년상으로 치러야 한다고 강조했다.

정원군과 인조의 관계를 놓고 종통을 중시하는 김장생의 '숙질론叔姪論'과 효를 강조하는 박지계의 '칭고론稱考論'이 맞섰지만, 조정 신료들이 김장생의 숙질론을 받아들일 수는 없었다. 인조를 선조의 아들로 볼 경우, 인조가 정원군과 형제가 되어 버리는 난감한 상황이 초래되기 때문이다. 예조판서 이정구는 이 같은 문제점을 고려하여 인조와 정원군의 관계를 칭고론의 입장에서 정리했다.

하지만 이정구를 비롯한 대다수 신료들은 이후 인조가 혹시라도 정원군을 왕으로 추숭하지나 않을까 신경을 곤두세웠다. 즉 종통을 중시했던 그들은 인조와 정원군의 부자 관계는 인정했지만, 인조가 정원군에게 부자 관계에 걸맞은 예우를 실제로 베푸는 것은 차단하려는 모순된 입장을 지니고 있었다. 박지계의 칭고론을 어쩔 수 없이

받아들이면서도 실제로는 인조가 김장생의 숙질론에 따라 정원군을 예우해 주기를 바라고 있었던 셈이다.[48]

실제로 박지계와 김장생은 《의례》에 나오는 '조부를 계승한 자〔爲祖後者(위조후자)〕'와 '다른 사람을 계승한 자〔爲人後者(위인후자)〕'의 규정을 각각 자신들의 논리로 삼았다. 박지계는 인조가 친손자로 선조를 계승했으므로 정원군과 계운궁을 부모로 모시고 삼년상을 치르는 것이 맞다고 보았다. 부자 사이의 인륜이 군신 사이의 도리보다 중요하므로 인조는 정원군을 모시는 예묘(禰廟, 아버지를 모시는 사당)를 만들어야 한다는 입장이었다. 그것은 인조반정의 의의를 극대화하면서 선조→정원군→인조로 이어지는 종법의 정통성을 확립하고, 인조의 효도를 강조하면서 왕의 권위를 높이려는 의미를 갖는 것이었다.

반면 김장생은 인조가 방계 종실로서 선조를 계승한 데다 정원군은 인조의 사친일 뿐 애초 왕으로 즉위할 자격이 없었기 때문에 선조→인조로 이어지는 종통 속에 넣어 줄 수가 없다고 보았다. 인조는 반정을 통해 왕위를 계승했을 뿐, 나라를 창업한 군주가 아니므로 어디까지나 다른 사람을 계승한 '위인후자'로 보아야 한다는 주장이었다. 박지계의 주장이 공맹孔孟의 유학에 근거하여 왕권과 효치孝治를 강조하는 것이었다면 김장생의 주장은 정주학에 입각하여 신권臣權과 종통을 중시하는 입장이었다.[49]

인조는 계운궁의 상례를 치르면서 신료들과 결국 충돌한다. 인조는 정원군을 '고(考, 선친)'라고 칭한 이상 계운궁의 상을 국장으로 치르는 것이 문제될 것이 없다고 보았기 때문이다.

최명길의 입장은 어떠했는가? 계운궁 상례 문제가 불거졌을 때 그는 홍문관 부제학이었다. 최명길은 인조가 선조의 조통祖統을 이어받았으므로 계운궁을 부모로 부르고 삼년상을 치르는 것이 원칙이라고 강조했다. 하지만 종통의 엄중함을 고려해 예조와 대신, 양사 신료들이 모두 삼년상에 반대하고 있는 현실을 따르라고 촉구했다.[50] 원칙적으로는 삼년상이 맞지만 현실에서는 부장기로 상을 치르라는 절충론을 제시했던 것이다.

이귀는 최명길을 맹렬히 비난했다. 이귀는 정원군을 인조의 아버지이자 '선조의 장자'로 규정하면서 인조가 삼년상을 치러야 한다고 주장했다. 그러면서 영의정 이원익을 비롯한 여타 신료들의 주장을 공박했다. 이귀는 최명길이 애초 '부장기'를 주장했던 것을 묵과할 수 없었던 것이다. 이귀의 공격을 받은 이후, 최명길은 상차하여 자신의 본의는 장기나 부장기로 청하는 것이 아니었다고 변명한다. 그러면서 "많은 사람들의 비방이 한 몸에 집중되어 뼈가 녹을 지경이고 마음이 위축되고 사세에 핍박되어 울부짖고 싶다"며 사직을 청했다.[51]

최명길은 그 뒤에 입장을 바꾼다. 그는 1626년 1월 15일 홍문관이 삼년상에 반대하는 내용으로 상차할 때는 참여했다가 이튿날 다시 상차할 때는 병을 칭탁하고 조정에 나오지 않는다. 심지어 홍문관 신료들에게 "추숭한 나라는 망하지 않았지만 아버지를 무시한 나라는 반드시 망했다"고 일갈했다. 당연히 많은 신료들로부터 '변심하여 인조에게 영합한다'는 비난이 쏟아질 수밖에 없었다.[52]

삼년상에 찬성하는 진영과 반대하는 진영 모두로부터 공격을 받아 '뼈가 녹을 지경'이라고 하소연했던 최명길은 결국 계운궁의 상례를 삼년상으로 해야 한다고 입장을 바꾼다. 인조의 주장에 동조한 것이다. 왜 그랬을까?

옛사람이 말하기를 "국가가 평안하면 적장嫡長을 우선으로 하고, 국가가 위태로우면 공이 있는 사람을 우선으로 한다"고 했습니다. 또 "천하의 화를 제거한 사람은 마땅히 천하의 복을 누려야 한다"고도 했습니다. 전하께서 윤리와 기강이 끊어지고 백성들이 도탄에 빠진 시대를 맞아 몸소 대의를 주창하여 화란을 제거하시니, 종사를 위탁하는 일이 전하가 아니고 그 누구에게 돌아가겠습니까? 전하께서 이미 조통을 직접 이으셨고 방계로 대를 이으신 것이 아닌데 대원군을 아버지로 하지 않으면 누구를 아버지로 하겠습니까? 또 대원군은 이미 전하의 부친이시니 임금의 부모가 아니고 다른 무엇이겠습니까? 그러므로 구구하게 적서嫡庶니, 장소長少니 따지는 이야기는 참으로 오늘날 함께 논할 바가 못 됩니다.[53]

위의 주장이 던지는 의미는 명확하다. 최명길은 인조가 반정을 통해 '윤리와 기강이 끊어지고 백성들이 도탄에 빠졌던' 광해군 시대를 끝장냄으로써 천하의 화를 제거하는 공을 세웠다고 평가한다. 몸소 대의를 주창하여 화란을 제거했으니 최명길이 보기에 인조는 사실 창업의 군주와 다름이 없다. 그런데도 '창업의 군주'인 인조가 조부 선조를 계승했다는 이유로 정원군을 아버지로 칭하면 안 되고 적서와 장소를 고려하여 삼년상을 치르면 안 된다는 신료들의 주장에 공감할 수 없다는 것이었다. 인조가 화란의 시대를 끝장낸 공을 세운 것이 절대적으로 중요하지 선조와의 관계는 부차적인 것이라는 문제의식이다. 최명길의 주장에는 인조 왕권의 위상을 절대적으로 높이려는 목적이 담겨 있었다. 또 최명길 스스로 목숨을 걸고 '반정' 거사에 참여하여 인조를 보위에 올렸던 사실을 고려하면, 인조를 높이는 것은 곧 최명길 자신의 자부심과 존재감을 높이는 것이기도 했다.

> 이제 대원군은 본래 선조 대왕의 아들이요, 전하는 본래 대원군의 아들이시거늘 하루아침에 갑자기 남의 후사가 된 예를 핑계 대어 부모의 상복을 낮춰 입는다면, 대원군이 선조 대왕의 아들일 수 없음에 그치는 것이 아니라 선조 대왕도 장차 전하의 조부가 될 수 없게 될 것입니다. 다만 전하가 그 아버지를 아버지로 삼지 못하는 데 그치는 것뿐 아니라, 선조 대왕도 장차 아들을 아들로 삼을 수 없게 될 것이니 하늘에 계신 조종의 혼령이 장차 모두 어두운 가운데 괴이하게 여길 것입니다. 그러면 일거에 부자와 조손의 윤기(倫紀, 윤리와 기강)가 거꾸로 되어 차례를 잃게 될 것이니 어찌 인륜의 변고가 아니겠습니까?[54]

최명길은 위와 같은 입장을 바탕으로, 대다수 신료들이 오로지 인조에게 강복(降服, 상복을 낮춰 입는 것)하라고만 요구하는 것을 반박하고 삼년상을 행해야 한다고 강조했다.

1628년(인조 6) 계운궁을 부묘(祔廟, 신주를 사당에 모시는 일)할 즈음 최명길은 신주를 모시기 위해 별묘別廟를 세우자고 주장한다. 인조가 정원군과 계운궁을 부모로 칭하는 이상 그들의 신주를 사묘에 모실 수는 없다는 것이 최명길의 입장이었다. 별도의 예묘를 만들어 정원군을 모시되, 제례는 종묘와 같은 날에 하지 않아 차별을 둔다면 조부와 부를 높이는 도에 모두 부합될 것이라고 강조했다.[55] 최명길은 이귀나 박지계처럼 정원군을 '왕'으로 추숭하여 종묘에 모시자는 주장, 다른 대다수 신료들처럼 정원군을 사묘에 모셔야 한다는 주장에 모두 반대하면서 그 대안으로 '별묘론'을 제기했던 것이다.

별묘를 세우자는 최명길의 주장은 당장 반박을 받는다. 대신들은 정원군을 위해 별묘를 세우면 인조 당대에는 예묘이지만, 인조 다음 대에는 조묘, 증조묘가 되기 때문에 종묘가 사실상 두 개가 되는 것이라고 논박했다.[56] 정원군을 위해 별묘를 세우는 것에 반대하는 신료들은 기본적으로 인조반정을 바라보는 인식 자체가 최명길과 달랐다. 그들은 인조가 반정을 성공시킨 공덕은 창업의 군주와 다를 바 없지만, 인조가 밖에서 들어와 선조의 대통을 이었기 때문에 창업과는 구별되어야 한다고 보았다. 창업한 군주만이 종묘를 세울 수 있는데, 그렇지 않은 인조가 사친을 위해 별묘를 세우는 것은 있을 수 없다고 강조했다.[57]

이귀와 박지계가 정원군을 추숭하여 종묘에 모시자고 주장하고, 최명길은 별묘를 세우자고 강조하고, 대다수 신료들은 반대하는 와

중에 돌발 변수가 발생한다. 1630년 12월, 명에 사신으로 갔다가 귀국한 최유해(崔有海, 1588~1641)가 명의 호부낭중 송헌宋獻이란 인물의 '예론禮論'을 소개했던 것이다. 송헌은 "인조가 반정을 통해 큰 공적을 세워 조부의 대통을 바로 계승했으니 아버지를 계승하는 것이 곧 조부를 높이고 인륜을 펴는 것이지 사정私情을 따르는 것이 아니다"라는 이야기를 최유해에게 해 주었다.[58] 송헌의 예론이 알려지면서 이귀, 박지계의 주장에 한껏 힘이 실렸고, 조정 안팎에서 정원군을 추숭하고 종묘에 모시라는 상소가 잇따랐다.[59]

이귀 등은 송헌의 예론에 고무되어 정원군을 추숭하라고 더 강하게 주장하고, 양사 신료들은 국가 대사를 중국인과 사적으로 논의한 최유해를 처벌하라고 요청하는 사태가 빚어진다. 추숭 문제를 놓고 격론이 벌어지는 와중에 가장 고무된 사람은 인조였다. 그는 1631년(인조 9) 4월, 영의정 오윤겸을 만난 자리에서 추숭을 반드시 관철하겠다고 선언한다. 대신들이 반대하자 인조는 명 조정에 추숭을 주청하여 황제의 허락을 받아 내겠다고 치고 나간다.[60]

조정 신료들 대다수는 인조에게 추숭 시도를 중지하고 명에 주청하지도 말라고 요청했다. 반대하는 유생들은 추숭을 주장하는 박지계를 유적儒籍에서 삭제해 버리기도 했다. 격렬한 반대에 격분한 이귀는 "추숭을 관철시키기 위해 최명길을 이조판서로 임명하고 반대하는 신료들은 모두 유배시키라"고 목소리를 높였다.[61] 바야흐로 추숭 문제를 놓고 조정은 심각하게 분열되고 있었다. 잘못 끼어들었다가 자칫 난감한 상황으로 내몰릴 수 있는 상황에서 최명길은 추숭

문제를 명에 주청하겠다는 것에는 반대했다. 그러면서 별묘를 세워 문제를 해결하라고 다시 촉구했다.[62]

반대 여론이 빗발치는 와중에도 인조는 이귀, 박지계의 강력한 비호 속에 정원군의 추숭을 밀어붙인다. 인조는 그 과정에서 추숭에 반대했던 오윤겸, 김류 등을 정승 자리에서 쫓아냈다. 이어 1632년 추숭도감追崇都監을 설치하고 총책임자인 도제조에 영의정 윤방, 제조에 이조판서 이귀와 예조판서 최명길을 임명한다.

이보다 먼저 오윤겸, 김류 등이 정승 자리에 있으면서 추숭이 불가하다고 강력히 주장했고, 최명길은 별묘를 세울 것을 주장했다. 사람들은 최명길이 사실은 추숭하고 싶으나 남들의 말이 두려워 겉으로만 이런 주장을 한다고 여겼다. 오윤겸이 체직되고 윤방이 영상이 되자, 상의 뜻을 거스를까 두려워하여 비로소 별묘의 주장을 좇아 결국 추숭의 예를 시행했다.[63]

위의 사평을 보면 별묘를 세워야 한다는 최명길의 주장이 결국 수용된 정황을 알 수 있다. 추숭을 관철시키겠다는 인조의 고집과 집념을 꺾기 어렵게 되자 윤방을 비롯한 대신들은 추숭을 수용하되 그 신주를 종묘가 아니라 별묘에 모시는 것을 일종의 '타협안'으로 받아들였던 것이다. 요컨대 최명길의 별묘론이 궁극에는 정원군을 추숭하는 데 디딤돌이 되었던 셈이다.

이윽고 약 1년이 지난 1633년 5월, 명의 숭정제崇禎帝는 조선에 칙서를 보내 정원군을 '원종'으로, 계운궁을 왕비로 추봉하는 것을 허락했다.[64] 당시는 명의 반란군 공유덕孔有德과 경중명耿仲明이 병선과 수군을 이끌고 후금으로 귀순하는 사건이 벌어진 직후였다. 명은 조선에 공유덕 등을 요격하는 데 병력을 동원하여 동참하라고 촉구했고, 후금 또한 사신을 보내 공유덕 무리에게 양곡을 보내 달라고 요구했다. 명과 후금이 조선을 서로 자신의 편으로 끌어들이려 시도했던 아주 미묘한 시점이었다.[65] 의도적인 것인지는 몰라도 이 미묘한 시점에 명이 원종 추숭을 승인한 것은 대단히 절묘한 것이었다. '원종 추숭'이란 '당근'을 제공함으로써 조선을 확실히 명 편으로 끌어들여 후금을 견제하겠다는 의도가 담긴 조처일 수도 있었다.

어쨌든 필생의 숙원이었던 원종 추봉이 승인되자 인조는 감격할 수밖에 없었다. 명에서 원종을 추봉하자 인조는 이제 원종의 신주를 종묘에 부묘하려고 시도한다. 하지만 신료들은 다시 강력하게 반대했다. 양사 신료들은 왕위에 올랐던 적이 없는 원종을 부묘하는 것은 불가하고, 원종을 부묘할 경우 다른 임금의 신주를 종묘에서 옮겨야 하는 문제가 있음을 들어 격렬하게 반대한다.[66] 인조는 격분했다. 명에서 승인했으니 원종은 엄연히 '선조를 계승한 임금'이라며 반대했던 언관들의 관작을 삭탈하고 쫓아냈다. 심지어 관작을 삭탈하라는 명령을 즉시 거행하지 않은 승지에게 "죽음을 면하기 어렵다"고 극언을 퍼붓기도 했다.[67]

원종 추숭과 입묘를 가장 열렬하게 강조했던 이귀는 1633년 2월 세상을 떠났다. 이귀가 부재한 상황에서 최명길이 추숭과 입묘를 주도하게 된다. 1634년 7월, 최명길은 대제학으로서 원종의 옥책문玉冊文을 지어 올린다. 최명길은 애초 별묘론을 주장했지만, 원종을 추숭하고 부묘하겠다는 인조의 의지가 워낙 강한 데다 명에서도 추봉을 승인하는 칙서가 내리자 인조의 의사를 따르기로 결심했다. '원종의 아들 인조가 창업한 임금이 아니고, 원종도 왕위에 오른 적이 없기 때문에 종묘에 들일 수 없다'는 대다수 신료들의 견해를 무시할 수는 없지만, 황제의 추봉 승인이 내려진 것과 어버이를 높이려는 인조의 정리를 두터운 방향으로 따르는 것이야말로 인仁에 합치된다는 것이 최명길의 생각이었다.

이제 원종을 부묘할 경우, 문제가 되는 것은 성종의 신주가 조천(祧遷, 종묘에 있던 신주를 빼는 것) 대상이 되는 점이었다. 최명길은 이 문제에 대한 해결책도 제시했다. 성종을 불천위(不遷位, 영원히 종묘에 모시는 신위)로 삼아 종묘의 세실世室에 모시면 된다는 방안이었다.[68] 최명길의 이 같은 제안은 원종 추숭과 부묘를 필생의 과업으로 여겼던 인조의 의도를 뒷받침하는 바탕이 된다.

최명길은 이후 신료들의 극심한 반대를 무릅쓰고 원종의 부묘를 주도했다. 1635년 3월, 인조는 성종을 불천위로 삼아 종묘 세실에 모신다는 고유문告由文을 반포한다. 문장은 최명길이 지은 것이었다.

이윽고 같은 해 3월 19일, 인조는 종묘에 나아가 원종의 신위를 모시는 부묘례를 거행했다. 이어 그것을 기념하여 전국에 대사령을 내리고 모든 관원의 품계를 높이거나 상품을 하사했다. 생모 계운궁이 죽은 이후 11년간 끌어왔던 '추숭'과 '부묘'라는 인조의 숙원이 마침내 실현되는 순간이었다.

원종 추숭과 부묘에 반대했던 대다수 조정 신료들은 군주의 권한과 통치 행위는 주자학의 의리론과 명분론에 의해 일정하게 통제되어야 한다고 생각했던 신권론자臣權論者들이었다. 즉 인조는 선조의 후계자라는 종통을 중시하고 사친에 대해 과도하게 효성을 다하려 하는 것은 절제해야 한다는 입장이었다.[69]

반면 최명길은 처음에는 신권론자들의 주장에 일정 부분 동조했지만, 곧 입장을 바꾼다. 우선 최명길은 원종 추숭 문제를, 그것을 추진하는 과정에서 참고할 만한 마땅한 전례가 없는 조선만의 독특한 사례로 인식했다. 인조반정과 인조의 즉위, 그리고 추숭에 대해서는 그 어떤 예학의 대가일지라도 명확한 방향이나 지침을 제시할 수 없다고 보았다. 더욱이 최명길 자신은 주자학을 맹목적으로 추종하는 인물도 아니었다. 그 같은 상황에서 최명길은 관련된 전적들을 뒤적이면서 스스로 추숭과 관련된 논리를 개발했던 것으로 보인다.

신은 이때부터 여러 신하들이 예에 대해 의논하는 말이 다 적당하지 않음을 알았습니다. 《의례》, 《예기》와 여러 기록들을 반복하여 참고하고 아침부터 밤까지 생각하여 수십 일을 그렇게 하자, 비로소 활연하게 트여 마치 분명하게 본 것 같아 생각이 이르는 곳마다 다통해 의심할 곳이 없게 되었습니다. 대체로 신은 검은 것과 흰 것을 구별하지 못하지 않고, 문리文理에 아주 어두운 것도 아닌 데다, 선입견을 갖고 주장하지 않을 수 있기에 마음을 비우고 오직 옳은 이치만 추구했습니다. 또 능히 오랫동안 연구하고 고심하여 힘써 찾은 까닭에 '양지'의 천성으로 하루아침에 깨우쳐서 시비의 판단을 가릴 수가 없게 되었습니다.[70]

위의 고백에서 드러나듯이 최명길은 외부의 논리나 비난에 개의치 않고 스스로 마음을 비우고 자신의 양지를 계발함으로써 인조반정을 통해 펼쳐진 새로운 현실에 부합하는 자신만의 예론을 만들어 내기에 이른 것이다.

요컨대 최명길이 원종 추숭에 앞장섰던 배경에는 그의 탈주자학적인 학문 성향과 양명학적 소양, 그리고 국가를 제대로 통치해 나가기 위해서는 절대적인 왕권이 필요하다는 왕권 중심의 정치 사상이 자리 잡고 있었던 것으로 보인다.

7장
정묘호란과 최명길

'시한폭탄' 모문룡,
후금의 침략을 유발하다

　　이괄의 난으로 홍역을 치른 지 불과 3년 만에 인조 정권은 또 다른 절체절명의 위기를 맞는다. 1627년, 후금이 침략해 옴으로써 정묘호란이 일어났기 때문이다. 정묘호란이 발생했던 원인은 복합적이었다. 조선의 입장과 후금의 입장, 그리고 명의 상황이 서로 얽혀 있었다. 앞에서 언급했듯이 인조반정 이후 조선은 이른바 '친명배금親明排金'을 내세웠다. 광해군 정권의 대외 정책을 염두에 두고 "명을 더욱 존숭하면서 챙기고 후금을 배격한다"는 것이었다. 하지만 새 정권이 '친명'과 '배금'을 동시에 실천하기란 쉽지 않았다. 특히 '배금'을 실천하는 것은 정권의 안위까지 걸어야 하는 엄청난 도박이었다.

　　인조는 즉위 직후 실제로 '오랑캐 정벌'과 '민생 안정'을 시정 목표로 분명히 제시했다. 하지만 인조반정 직후의 조선은 후금을 공격할 능력이 없었다. 더욱이 이괄의 난을 겪으면서 조선의 군사, 사회, 경제적인 역량은 더 약화되었다. 당장 반란군과 진압군이 내전을 치르는 과정에서 병력 손실이 클 수밖에 없었다. 그뿐만 아니라 정권의 취약성이 노출되고 민심이 흉흉해지면서 후금을 공격한다는 것은 언감생심 꿈도 꿀 수 없었다. 더욱이 반란군이 서울에 입성했던 이후 중앙 각사에 보관되어 있던 대동법, 군적법, 호패법 시행과 관련된 문건과 서류들이 상당수 불타 버리면서 개혁을 추진하는 것도 쉽지 않았다. 개혁은 고사하고 어렵게 되찾은 정권을 지키기에도 급급한 실정이었다.[1] 요컨대 이괄의 반란 이후 '정권 안보'에 모든 것을 걸어야 했던 인조 정권은 개혁을 추진하거나 후금과의 군사적인 모험을 시도할 수 있는 상황이 아니었다.

그렇다면 후금은 왜 조선을 침략했을까? 그것은 거의 전적으로 모문룡을 제거하기 위한 전쟁이었다. 실제로 1627년 정묘호란 당시 후금군 사령관이던 아민阿敏은 조선에 보낸 국서에서 '조선의 과오' 7가지를 제시했다. 그 가운데 5가지는 과거의 '과오'였고, 2가지는 현재의 '과오'였다. 현재의 과오 2가지는 요민들을 동요시키는 모문룡을 묶어 보내라는 요구를 거부한 것, 모문룡에게 토지와 군량을 제공하여 그의 군수를 풍요롭게 한 것이었다.[2] 홍타이지 또한 같은 해 5월, 조선에 보낸 국서에서 조선이 후금에서 도망친 요민들을 받아들인 것을 침략을 일으킨 주요 원인으로 제시한 바 있다.[3]

이제 조선이 모문룡 때문에 정묘호란에 휘말리게 되는 전말을 간략히 살펴보기로 한다. 그 시작은 광해군 시절까지 거슬러 올라가게 된다.

1618년 건주여진의 누르하치가 군대를 일으켜 무순을 공격하여 점령했던 이래, 명군은 후금군과의 싸움에서 연전연패했다. 명의 조야는 전율했고 요동 지역에 있던 명군의 사기는 땅에 떨어졌다. 바로 그 무렵 혜성처럼 나타나 후금 치하의 진강을 기습하여 승리를 거두었던 인물이 모문룡이다. 절강浙江 출신인 모문룡은 1621년 요양遼陽이 후금군에 함락되자 탈출하여 조선의 용천, 의주 등지를 떠돌았다. 그런데 당시 요동순무 왕화정王化貞이 진강을 탈취하라고 명령하자 모문룡은 220여 명의 병력을 이끌고 조선의 미곶을 통해 진강을 기습했다. 그는 비록 잠깐이었지만 진강을 점거했고, 후금에게 투항했던 한인 동양진佟養眞을 처단하며 전공을 세웠다.[4] 모문룡의 승리 소식에 명 조정은 고무되었다. 당시 명의 실권자나 마찬가지였던 환관 위충현魏忠賢은 모문룡을 중용해야 한다고 강조했다.[5] 하지만 모문룡은 진강에서 오래 버틸 수 없었다. 허를 찔린 후금군이 반격에 나섰기 때문이다. 모문룡은 해로를 통해 조선으로 피신한다.

모문룡이 진강을 기습했다는 보고를 받은 직후부터 광해군은 바짝 긴장한다. 한밤중임에도 비변사 당상들을 소집하여 대책을 논의하라고 지시했다. 당시는 1619년 명의 강요에 밀려 누르하치를 협공하기 위해 원군을 보냈다가 참패했던 직후였다. 광해군은 조선군을 다시 징발하려는 명의 요구를 거절하는 한편, 후금과도 원한을 맺지 않으려고 부심하고 있었다. 그런데 모문룡으로 말미암아 후금과 원치 않는 대결에 휘말릴 수도 있는 상황이 되었다. 한밤중에 비변사 회의를 소집한 것은 위기의식이 반영된 조처였다. 당시 후금과 사신을 왕래시키고 있던 광해군은 모문룡 관련 사실을 후금 측에 알려 주는 여부를 논의하기 위해 신료들을 불러 모았던 것이다.6

모문룡의 입국과 함께 조선의 비극이 시작되었다. 모문룡이 사기성이 농후한 인물인 데다 그 뒤 조선에서 갖가지 사달을 일으켰기 때문이다. 그런데 모문룡이 출세하는 데 발판이 되었던 진강 기습 작전도 사실은 그가 주도한 것이 아니었다. 그 주체는 왕일녕王一寧이라는 요양 출신의 수재였다.

왕일녕은 요양이 후금군에 함락된 이후 조선에서 원병을 동원하여 요동을 수복하려는 구상을 갖고 있었다. 그는 홀로 조선에 와서 원병을 요청했는데 광해군은 응하지 않았다. 그런데 1621년(광해군 13) 천계제天啓帝의 즉위 소식을 알리러 조선에 왔던 명사 유홍훈劉鴻訓이 왕일녕에게 자금을 지원했고, 왕일녕은 요동반도 일대의 섬들을 순회하면서 사람들을 포섭하는 작업을 벌인다. 왕일녕은 그 과정에서 모문룡을 만나게 되는데 모문룡도 동참하겠다고 나선다. 마침 요동 순무 왕화정이 200명의 병력과 두 달 치 군량을 지원하자 왕일녕은 모문룡과 함께 선무 작업에 나서게 된다. 하지만 섬들의 사정을 전혀 몰랐던 모문룡은 바다에 머물면서 섬으로 들어가려 하지 않았다.

당시 본래 진강의 수장 출신으로 후금에 투항했던 동양진이 장산도長山島를 공략했는데, 그의 휘하였던 한인 진양책陳良策은 왕일녕에게 귀순한다. 왕일녕과 진양책은 모문룡에게 동양진을 협공하자고 요청했지만 모문룡은 그것도 거부한다. 이에 왕일녕과 진양책은 모문룡의 깃발을 빌린 뒤 진강을 야습하여 동양진을 사로잡는 전공을 세운다. 두 사람은 진강을 점거한 이후 모문룡을 우두머리로 추대했다. 그러자 모문룡은 진강에서의 승리를 마치 자신이 주도한 것처럼 꾸며 명 조정에 보고한다. 명 조정은 모문룡의 '승리'를 진강기첩鎭江奇捷이라 찬양했다. 그야말로 '기적 같은 승리'라는 뜻이다.

이윽고 군공을 세우고 싶어 했던 환관 위충현이 나서 모문룡을 참장參將에 임명한다. 이후 왕일녕은 모문룡이 위충현과 결탁하여 기고만장하게 구는 것을 나무라게 된다. 앙심을 품은 모문룡은 왕일녕을 '조선과 사사로이 결탁했다'고 무고하여 북경으로 묶어 보낸다. 그리고 이내 왕일녕은 모문룡의 사주를 받은 환관 허현순許顯純에 의해 죽음을 당하게 된다.[7] 요컨대 1621년 모문룡이 벌인 사기 행각은 천계天啓 연간 명 조정을 주무르던 환관 위충현에 의해 '진강기첩'으로 둔갑했던 셈이다.

모문룡은 조선으로 피신한 이후 사달을 계속 일으켰다. 얼마 되지 않는 병력을 이끌고 철산, 용천, 의주 등지를 옮겨 다니며 '요동을 수복하겠다'고 떠벌리면서 후금을 자극했다. 허풍에 불과했지만 문제는 간단치 않았다. 당시 평안도에는 후금의 지배를 피해 요동을 탈출했던 한인 난민, 곧 '요민'들이 몰려들고 있었다. 그런데 모문룡이 조선에 머물면서 그들을 불러 모으자 요민들이 더 많이 쇄도했다. 생계 대책 없이 들어온 그들은 청천강 이북 지역을 떠돌며 구걸과 약탈을 자행했다.[8] 반면 후금은 모문룡이 난민들을 끌어들이자 날선 반응을 보였다. 1621년 12월, 후금군은 모문룡을 처치하려고 조선에 침입하여 선천, 용천을 기습했다. 이것을 '임반林畔의 변'이라 하는데 모문룡은 조선인 옷으로 갈아입고 탈출하여 겨우 목숨을 부지했다. 하지만 그의 휘하 578명이 피살되었다.[9]

조선은 고민에 빠질 수밖에 없었다. 모문룡이 '화근'임을 절감했기 때문이다. 그뿐만 아니라 '임반의 변' 발생 이후 명에서는 "조선이 고의적으로 후금군을 끌어들였다"거나 "조선이 오랑캐로부터 책봉을 받았다"는 유언비어까지 돌고 있었다. 광해군은 명 조정을 상대로 변무辨誣에 나설 수밖에 없었다.[10]

광해군은 고민 끝에 모문룡에게 청북 지역을 떠나 섬으로 들어가라고 종용했다. 당시 후금은 수군이 없었으므로, 모문룡이 섬에 있으면 그나마 안전하다고 생각했기 때문이다. 모문룡이 육지에 계속 머물 경우 조선 또한 후금의 위협에서 벗어날 수 없다는 판단에서 비롯된 것이기도 했다. 우여곡절 끝에 모문룡은 1622년 철산 앞바다의 가도로 들어간다.[11]

모문룡이 가도로 들어가면서 조선은 한시름 놓았지만 그것도 잠시뿐이었다. 상황은 다시 꼬이기 시작했다. 모문룡은 가도에 동강진이라는 군사 기지를 설치하고 '요동 수복'이라는 거창한 목표를 내걸었다. 모문룡을 '비빌 언덕'으로 여기고 조선으로 들어오는 요민들도 줄어들지 않았다. 모문룡 휘하의 병력과 요민들을 먹일 식량을 마련하는 문제가 초미의 현안으로 떠올랐다. 명이 가도로 양곡을 보내려면 산동山東에서 배편을 이용해야 했는데 해로가 험악하여 여의치 않았다. 모문룡은 조선에 손을 벌렸다. 하지만 광해군은 최소한만 수용할 뿐 모문룡과 요민들을 지원하는 데 열의를 보이지 않았다. 모문룡을 경솔한 인물로 여겼던 데다 후금과 사달이 생기는 것을 피하기 위해 거리를 두려고 했던 것이다. 대신 수시로 사람을 보내 요민들을 산동 등지로 송환하라고 촉구했다. 모문룡은 광해군에게 반감을 품을 수밖에 없었다.[12]

모문룡의 '몸값'은 1623년 인조반정이 일어나면서 폭등했다. 앞에서 언급했듯이 인조와 반정 주체들이 명으로부터 책봉을 빨리 받아 내려고 모문룡에게 매달렸기 때문이다. 모문룡은 명 조정에 보낸 보고서에서 "광해군은 배은망덕했는데 인조는 명에 일편단심을 갖고 있다"며 책봉 승인을 거들었다. 명은 논란 끝에 인조를 책봉하되 조선으로부터 '모문룡을 확실히 지원하겠다'는 다짐을 받아 내고자 했다.[13] 인조반정을 계기로 모문룡은 사실상 인조 정권의 '후견인'이자 '갑'으로 등장했다.

1624년 1월, 이괄의 난이 일어나자 모문룡의 존재감은 극에 이르렀다. 당시 인조가 명으로부터 아직 책봉을 받지 못한 상태에서 이괄이 인조의 숙부 흥안군을 국왕으로 추대하자 인조 정권은 벼랑 끝으로 몰린다. 혹시라도 명 조정이나 모문룡이 흥안군에게 우호적인 생각을 갖는다면? 인조 정권으로서는 상상조차 끔찍한 시나리오였다. 인조 정권은 모문룡에게 더욱 필사적으로 매달린다. 모문룡에게 원병을 요청하고, 평안도 주민들에게 "모문룡이 대군을 보내 이괄의 반란군을 토벌한다"고 선전했다. 또 모문룡의 부하 두세 명을 반란군 진영에 보내는 계책도 고민했다. 만약 이괄이 그들을 죽일 경우 모문

룡이 이괄을 '명나라의 적'으로, 흥안군을 '역적의 괴수'로 규정하여
배척할 것이라는 판단에 따른 조처였다.[14]

모문룡은 인조 정권의 곤경을 느긋하게 즐겼다. 자신이 병력을
동원하여 반란군을 공격한다는 이야기를 흘리면서 조선에 청구서를
내밀었다. 빨리 가도로 군량을 보내라고 채근했다.[15] 반란이 진압된
직후에는 휘하 병력 5천 명을 함경도로 들여보내 후금 원정에 나서겠
다고 통고했다. 명분은 '오랑캐 정벌'이었지만 실제로는 조선에서 양
곡을 뜯어내 가도의 기민들을 구제하기 위한 '쇼'였다.[16]

명 조정도 인조 정권을 농락했다. 인조 책봉에 시간을 끌면서 인
조를 책봉하는 데 '모문룡이 결정적인 역할을 했다'고 연출함으로써
모문룡이 자유자재로 조선을 '길들일 수' 있도록 획책했다.[17] 이윽고
1625년 6월, 인조를 책봉하기 위해 명사 왕민정王敏政과 호양보胡良輔
가 입경했다. '반정'으로 잡은 정권을 '반란'으로 잃을 뻔했던 인조 정
권은 이들을 접대하는 데 20만 냥 가까운 은을 지출했다. 거의 2년 치
호조 경비에 해당하는 막대한 금액이었다.[18] 이 같은 상황에서 민생
을 안정시키고 군사를 길러 후금 정벌을 시도한다는 것은 어불성설
이었다.

이괄의 난 이후 조선은 모문룡의 징색에 시달리면서 '국력이 고
갈되는' 상황에 직면했다.[19] 그런데도 인조 정권이 저자세를 취하자
모문룡은 기고만장해진다. 자신의 공적을 기리는 송덕비를 세우라고
요구했다. 조선을 왕래하는 명 사신들이 송덕비를 볼 경우, 명 조정이
자신을 높이 평가하여 더 많은 군수 물자를 지원할 것이라는 계산에

서 비롯된 요구였다. 인조 정권은 1624년 7월, 송덕비를 세웠다. 인조 반정의 원훈 김류는 송덕비에 "모문룡의 용병술이 신의 경지에 이르 렀다", "모문룡의 부하들은 모두 호걸들이다", "모문룡이 조선과 조선 백성들을 지켜 주고 있다", "모문룡이 청렴하여 조선 백성들이 태평 가를 부르고 있다"고 썼다.[20] 한마디로 '소설'이자 '판타지'였다.

이괄의 난 이후 인조 정권에게 모문룡은 '악성 종기'와 같은 존재 였다.[21] 1625년 무렵까지만 해도 모문룡은 그나마 염치가 좀 있었다. 조선에 군량을 요구하면서 그 대가로 각종 물자를 보내오기도 했다. 하지만 1626년에는 달랐다. 이해 7월까지 조선은 모문룡에게 대가 없 이 14만 석의 양곡을 지급했다. 인조 정권은 모량(毛粮, 모문룡에게 보내 는 양곡)을 마련하기 위해 삼남 지방에서 해마다 매 결당 1두 5승씩 특 별세를 징수했다. 징수된 쌀을 운송하는 데 들어가는 비용까지 포함 하면 농민들의 부담은 결당 4두가 넘었다.[22]

그런데도 모문룡은 "조선에서 오로지 물만 얻어 마시고 있다"며 명 조정에 거짓말을 해 댔다. 조선 조정이 자신의 요구에 난색을 표하 면 '후금을 정벌하겠다'며 평안도 내륙으로 병력을 파견했다. 그러면 서 통과하는 고을에 군량을 내놓으라고 독촉했다. 평안도 일대에서 는 "모문룡 때문에 양곡이 고갈되어 병력이 있어도 후금군의 침략을 막을 수 없다"는 한탄이 터져 나오고 있었다.[23]

인조반정과 이괄의 난을 계기로 조선은 모문룡에게 코가 꿰어 버렸다. 인조 정권은 속으로 끙끙 앓으면서도 그의 요구를 거부하지 못했다. 최명길 또한 모문룡 문제와 관련해서는 뾰족한 대책이 없었다. 1626년 7월, 최명길은 인조에게 모문룡과 약조를 명확히 맺어 군량 공급량을 제한하자고 건의했다.[24] 하지만 이미 만성이 되어 버린 모문룡의 '갑질' 앞에서 약조해 봤자 소용이 없었다. 그의 무지막지한 양곡 수탈, 그를 보고 쇄도했던 요민들이 끼치는 민폐 때문에 평안도가 병들고 국가 재정이 흔들렸다.

인조 정권은 집권 이후 '배금'을 표방했지만 현실에서는 후금을 자극하지 않고 기미하려 했다. '기미'란 오랑캐의 요구를 적당히 들어주면서 성내지 않도록 다독거리는 정책을 가리킨다. 하지만 인조 정권의 의도와 달리 모문룡 때문에 후금과의 관계는 망가지고 있었다. 후금은 모문룡이 가도라는 전략 요충에 머물며 '요동 수복'을 운운하면서 자신들을 자극하는 것이 부담스러울 수밖에 없었다.[25]

비록 모문룡의 군사력이 시원찮고 싸우겠다는 의지 또한 박약했지만 후금의 입장에서 모문룡과 동강진은 자신들의 급소를 노리는 비수 같은 존재였다. 후금이 요동을 벗어나 요서를 향해, 궁극에는 산해관을 넘어 북경을 향해 진격하려 할 때 모문룡의 가도는 후금으로 하여금 뒤를 돌아보게 만드는 존재였다. 더욱이 당시까지 변변한 수군이나 병선을 보유하지 못한 후금은 압록강에서 지척에 있는 가도를 공격할 수 없었다. 후금군이 서쪽으로 공격에 나섰을 때 혹시라도 모문룡이 조선군과 연합하여 요양과 심양 방향으로 역습을 할지도 모른다고 우려했던 것이다. 그러니 무슨 수를 써서라도 모문룡과 조선의 연결과 유착을 끊어야만 했다.

그뿐만이 아니었다. 모문룡 때문에 요동의 한인들이 자꾸 조선으로 탈출하는 것도 후금의 두통거리였다. 후금은 인조 정권이 자신들에게 적대적인 행동을 직접 취하지는 않았지만 모문룡을 접제(接濟, 살아가는 데 필요한 물건을 마련해 주는 일)하는 것에 유감을 품었다. 당시 청천강 이북 지역에는 모문룡이 설치한 둔전들이 널려 있었다. 조선의 지원 덕분에 모문룡이 버틸 수 있다고 여겼던 후금은 이미 정묘호란 이전부터 모문룡의 둔전을 수시로 습격하여 농군들을 납치하거나 양곡을 약탈하여 모문룡의 전력을 약화시키려고 시도했다.26 조선은 후금을 자극하지 않고 현상을 유지하려 했지만, 모문룡을 지원하고 접제하는 한 그것은 실현될 수 없는 목표였다. 요컨대 정묘호란 발생 직전의 모문룡은 조선에게 '시한폭탄'이자 후금의 조선 침략을 부르는 '인계철선'이었다.

물론 당시 후금의 입장에서는 '모문룡 제거'라는 주된 동기 말고도 조선 침략을 통해 달성하려는 다른 목표도 있었다. 1626년 후금의 창업자 누르하치가 영원성寧遠城을 공격했다가 명의 원숭환袁崇煥에게 참패하는 사태가 빚어진다. 당시 원숭환은 가공할 화력을 지닌 홍이포紅夷砲를 발사하여 후금군 기마대의 돌격을 무력화시켰다. 1618년 명에게 선전포고했던 이래 연전연승했던 누르하치가 처음으로 겪은 좌절이었다.

이윽고 누르하치는 죽고, 그의 8남 홍타이지가 칸 자리에 올랐다. 홍타이지는 비록 칸이 되었지만 자신의 형들 세 명과 권력을 분점하는 연립 정권의 명목상 수장에 불과했다. 더욱이 당시 후금은 내우외환을 겪고 있었다. 홍타이지가 즉위했을 무렵 후금 지역에 대기근이 닥쳐 아사자가 속출하며 사회 경제적으로 위기를 맞았다. 곡물 가격이 폭등하고 민심은 흉흉해졌다. 한편 요동을 넘어 요서, 산해관 山海關 방면으로 향하는 군사적 진출은 영원성의 원숭환에게 가로막혀 답보 상태에 처해 있었다. 명에 대한 원정을 통해 인축(人畜, 사람과 가축)과 물자를 약탈, 획득함으로써 경제 위기를 탈출하는 것도 여의치 않았다.

'추대된 칸'이었던 홍타이지는 위기 상황에서 무엇인가 지도력을 발휘해야만 했다. 지도력을 보여 주지 않으면 연장자인 형들이 자신을 흔들어 칸의 자리가 위태로워질 것임은 불 보듯 빤한 일이었다. 조선 침략은 바로 이 같은 난관을 돌파하기 위한 일종의 우회로였다고 할 수 있다.[27] 홍타이지는 후금의 배후를 위협하는 모문룡을 제거하고, 조선을 위협하여 생필품을 공급받아 경제 위기를 탈출하고, 궁극에는 그 과정에서 자신의 지도력을 과시할 수 있는 기회로 조선 침략을 감행하게 되었던 것이다.

돌격하는 후금군,
지리멸렬한 조선군

1627년 1월 8일, 후금의 홍타이지는 자신의 사촌형 아민에게 조선을 공격하라고 명령했다. 정묘호란이 시작되는 순간이었다. 홍타이지는 아민에게 '조선이 오랫동안 죄를 지었으니 응징해야 한다는 것', '모문룡이 조선에 붙어 요민들을 끌어들이고 있으니 정벌해야 한다는 것' 두 가지를 침략의 목표로 제시했다.[28]

후금군은 1월 13일 의주성을 포위했고, 후금군의 침략 소식은 1월 17일에야 조정에 전해졌다. 정묘호란 당시 조선군은 후금군의 상대가 되지 못했다. 후금군을 따라 종군했던 강홍립은 개전 초반 후금군의 기세를 다음과 같이 회고했다.

지금 적의 기세는 바야흐로 대단합니다. 선봉 5천 명이 의주성으로 진격하여 함락시켰는데 저들의 사상자는 5, 6명에 불과합니다. 능한산성은 호병胡兵 한 사람이 깃발을 들고 기어오르자 싸우지도 않고 스스로 무너졌습니다. 안주성은 칼날을 맞대자마자 곧바로 궤산되었으니 향하는 곳마다 앞에서 결코 감당할 수 없습니다.[29]

왜 후금군의 깃발만 봐도 조선군이 무너지는 상황이 빚어졌을까? '오랑캐 토벌'을 표방했던 인조 정권은 집권 이후 나름대로 평안도 지역의 방어 태세를 갖추려고 노력했다. 서북 지역의 병력 3만여 명에 삼남 지방에서 부방(赴防, 변경에 군대를 보내는 것)시키는 병력 5천 정도를 합쳐 방어선을 설정했다. 압록강 변의 의주와 창성을 1차 방어선으로, 청천강 부근의 영변과 안주를 2차 방어선으로, 평양을 3차 방어선으로 설정했다.

하지만 이괄의 난을 치르면서 평안도의 방어 병력은 급감했다. 안주의 경우 반란 이전 7천 명에 달하던 방어 병력이 2천 명으로 감소했고, 평안도 전체의 병력도 7천 명에 불과했다. 여기에 청천강 이북 지역에서 모문룡의 병사들과 요민들이 횡행함에 따라 제대로 된 방어선을 마련할 수 없었다. 의주, 창성 등지의 방어는 제대로 이루어지기 어려웠다. 1625년 본래 영변에 있던 평안도 병영을 안주로 옮기고, 도원수는 평양에 배치했다. 사실상 청천강 이북 지역의 방어는 포기하고 안주와 평양에 중점을 두는 방어 전략이었다.[30]

하지만 막상 정묘호란이 일어나 후금군이 의주-용천-곽산-안주-평양 방면으로 남하했을 때 조선군은 지리멸렬했다. 당시 전쟁의 승패를 결정하는 요인들을 따져 볼 때 조선군은 후금군보다 어느 것 하나 나은 점이 없었다. 이괄의 난을 계기로 인조 정권의 군사력, 그리고 군사력을 떠받치는 재정 능력은 사실상 붕괴되었다. 비록 반란을 일으켰지만 이괄, 한명련처럼 산전수전을 겪은 노련한 장수가 내란을 계기로 사라진 것은 조선 국방력 전체에서 보면 커다란 손실이었다. 비록 한참 뒤의 인물이지만 성해응(成海應, 1760~1839)은 이를 두고 다음과 같이 언급한다.

> 정충신이 안현 싸움에서 승리한 뒤 물러나 크게 탄식하며 말했다. "전투는 다행히 이겼지만 작년에는 박엽을 죽이고 금년에는 이괄을 죽였으니 북쪽 오랑캐는 누구를 시켜 방어하게 할까?"[31]

정충신은 장만의 부하이자 이괄의 난 당시 진압군의 핵심 무장이었다. 비록 반란군의 수괴인 이괄과 맞서 싸울 수밖에 없었지만, 이괄의 난 때문에 내전을 치른 것이 조선의 국방력 전반에 어떤 악영향을 끼쳤는지를 너무 잘 알고 있었던 것이다.

이괄의 난이 남긴 악영향은 더 있었다. 어렵게 잡은 권력을 반란 때문에 잃을 뻔했던 인조 정권은 이후 기찰에 매달렸다. 반역을 꾀할 가능성이 있다고 의심되는 자들을 사전에 색출하기 위한 사찰이었다. 영변에 주둔했던 이괄에게 뒤통수를 맞았던 만큼 평안도 일대에 부임해 있던 무장들이 기찰의 주요 대상이 될 수밖에 없었다. 정묘호란 당시 안주성을 지키다가 순절한 평안도 병마절도사 남이흥에 대한 정온(鄭蘊, 1569~1641)의 언급은 이와 관련하여 주목된다.

　신이 일찍이 듣건대, 남이흥이 죽음에 임하여 "내가 변방의 장수
가 되어 한 번도 습진(習陣, 진법 훈련)을 해 보지 못하고 죽는 것이 애
통하다"고 했는데, 이것은 아마 그 당시 기찰하는 사람의 왕래가 빈
번하여 연병과 습진을 할 수 없어 이런 말이 나왔을 것이니 어찌 비
통한 말이 아니겠습니까. 이 같은 상황에서 장사들이 온몸을 바쳐
적을 섬멸시키는 공을 세우기를 바랄 수 있겠습니까? 공이 없으면
오히려 몸을 보전하고 공이 있으면 결코 살아남지 못하기 때문에,
장사들이 맥이 풀려 슬슬 눈치만 보고 나아가서는 전투할 뜻이 없고
물러나서는 수비할 뜻이 없어서, 오로지 뇌물을 갖다 바치는 것으로
자신을 온전하게 하는 계책으로 삼고 있습니다.[32]

　서인 정권에 매우 비판적이었던 남인 정온의 언급이라 과장이
있을 수도 있겠지만, 빈번한 기찰 때문에 진을 치는 훈련을 한 번도
해 보지 못했다는 남이흥의 유언은 많은 것을 생각하게 한다. 남이흥
이 기찰이 무서워 합조(合操, 여러 부대가 함께하는 합동 훈련) 한 번 해 보
지 못했다는 것은 정묘호란 이후 서인 이식도 지적한 바 있다.[33] 이괄
의 난 이후 인조 정권이 권력을 지키는 데만 급급하게 되면서 변방 장
수들은 훈련조차 제대로 못 해 본 상태에서 정묘호란을 맞이했던 셈
이다.

　정묘호란이 발생했던 직후 조선 조정은 강화도로 파천했다. 애

초 후금군의 침략 소식을 듣자마자 이귀는 "강화도를 피난처로 정해 놓았다가 안주에서 패전 소식이 들어오면 곧바로 들어가자"고 건의 했다. 처음부터 후금군을 막기 어렵다는 판단을 하고 있었던 셈이다. 실제로 인조와 반정공신들 대부분은 강화도와 남한산성 방어에 모든 것을 걸려고 했다. 침략 소식을 들은 직후 호패법을 중지하라는 건의 가 나온 것도 같은 맥락이었다.[34] 적군의 침략과 민심의 이반 앞에서 인조 정권은 이괄의 난이 일어난 직후의 상황을 떠올리며 전율했던 것으로 보인다.

비록 장만을 도원수로 임명하여 서북 방면으로 출전시켰지만 그 가 거느린 병력은 형편없는 수준이었다. 장만은 최명길에게 보낸 편 지에서 자신의 휘하에 개성의 시정배 1천여 명, 마전과 적성에서 모 집한 농민 5~6백 명밖에 없다고 고백한 바 있다. 장만이 황해도 서흥 에 이르렀을 때 후금군은 이미 안주, 평양을 거쳐 황주, 평산까지 밀 고 내려온 상태였다. 평안도와 황해도가 후금군 수중에 떨어진 상태 에서 많은 백성들은 머리를 깎고 투항하는 형편이었다.

약간의 오합지졸밖에 없는 장만으로서는 어떻게 해 볼 도리가 없었다. 조정의 명령에 따라 부방하러 온 전라도 군병은 강화도로 보 내고, 충청도와 경기의 군병들은 한강을 지키게 했다. 그런데 멀리서 오느라 지쳐 버린 군병들은 "바람 소리나 학의 울음소리만 들려도 간 이 떨어진다"거나 오로지 기회를 봐서 도망칠 궁리만 하는 상황이었 다. 그런데도 일선의 상황을 모르는 양사의 언관들은 장만이 적과의 싸움을 회피한다며 비난의 날을 세우고 있었다.[35]

특히 사간 윤황(尹煌, 1571~1639)은 장만이 적과의 싸움을 회피하면서 관망한다고 비난했지만, 근원적인 문제가 무엇인지는 정확히 파악하고 있었다.

전하께서 친히 믿는 신하로는 모모某某만 한 사람들이 없습니다. 그런데 혹자는 섬으로 들어가고 혹자는 산성으로 올라가 모두 편안한 자리를 차지하고는, 유독 장만을 시켜 빈손으로 적진에 나아가게 했습니다. 장만에게 어찌 능히 원망하는 마음이 없을 수 있겠습니까? 신이 생각건대 장만은 항복하지 않으면 도망갈 것입니다.[36]

위에서 언급한 모모는 김류, 이귀, 신경진, 이서를 가리킨다. 사대장이라 불렸던 이들 반정공신 실세들이 정예 병력을 거느리고 있으면서도 섬이나 산성 같은 안전한 곳으로 피신한 채 만만한 장만만 전방으로 보냈다고 꼬집은 것이다. 윤황은 빈손으로 적에게 달려가야 했던 장만의 처지를 잘 알고 있었기에, 그가 필경 후금군에게 항복하거나 도주할 수밖에 없다고 예단했던 것이다.

그런데 상황이 급변한다. 자신들의 깃발만 봐도 조선군이 무너지는 상황에서 마음만 먹으면 서울까지 밀고 내려올 수 있었던 후금군이 화친을 제의했던 것이다. 후금군 지휘부는 1월 13일 정주에 이르러 화친을 요구하는 국서를 보낸 이래 곽산, 안주, 평양, 중화 같은 주요 거점들에 도착해 전투를 앞두고 국서를 계속 보내왔다.[37] 조선의 지방관이 화친 요구를 거부할 경우 성을 공격하여 함락시키곤 했던 그들은 1월 27일 중화에 이르러서는 진격을 멈추고 화친을 요구하는 국서를 다시 보내온다.

전황이 자신들에게 유리하게 전개되고 있었는데도 후금군 지휘부가 화친을 요구했던 까닭은 무엇일까? 우선 후금군이 침략했던 주 목적은 모문룡을 제거하고 조선에서 교역 약속을 얻어 냄으로써 경제 위기를 타개하는 데 있었다. 또한 당시 영원성에 포진하고 있던 원숭환의 위협을 의식해야 했던 상황에서 조선에서 장기간 머물 수 있는 처지가 아니었기 때문이다.[38]

최명길,
화친을 주도하다

최명길은 정묘호란을 맞아 이귀와 함께 주화의 선봉에 섰다. 조선군이 후금군의 공격을 제대로 막아 내지 못한 데다 후금군이 먼저 강화를 요청했으므로 종사를 보전하기 위해 화친을 선택하는 것은 전혀 문제가 되지 않는다는 것이 최명길의 생각이었다. 나아가 당시 명이 후금과 화친을 허락했던 상황이었기에 명을 섬기는 조선이 후금과 화친하는 것은 따를 수 있는 일이라고 강조했다.[39] 하지만 조정에서는 후금 사신을 강화도로 받아들일지 여부를 놓고 격한 논란이 빚어졌다.

장유의 회고에 따르면 인조가 강화도로 파천하기 위해 김포 통진에 머물고 있을 때 한밤중에 후금 사신이 온다는 소식이 전해졌다. 후금 사신이 화친 문제를 논의하러 온다고 했지만 인조와 신료들은 그를 만날지 여부조차 쉽게 결정하지 못했다. '오랑캐 사신'을 만나는 것 자체가 명분상 부담스러웠기 때문이다. 그러자 최명길이 나선다. 최명길이 "교전 중에도 사신은 왕래하는 법이니 무턱대고 배척하거나 거절해서는 안 된다"고 강조하면서 화의의 물꼬를 트게 된다. 다른 신료들도 대개 비슷한 생각을 하고 있었지만, 주변의 눈치를 보느라 섣불리 입을 열지 못하던 상황에서 최명길이 '총대'를 메고 나서자 비로소 화의가 이루어지게 되었다는 것이다.

> 당시 오랑캐 군대가 강화도에서 1백여 리밖에 떨어져 있지 않은 평산에 주둔했는데 조정의 수비 태세가 너무 빈약하여 사람들이 모두 두려워 떨고 있었다. 척화를 주장하는 사람들도 겉으로는 큰소리를 쳤지만 속으로는 화의가 성립되는 것을 바라고 있었는데, 다만 실없이 떠드는 주장에 희생될까 두려워 감히 분명하게 말하지 못할 따름이었다. 그런데 최명길이 이 사태에 직면하여 문득 앞장서서 그 말을 꺼내 주저하거나 피하지 않았으니, 결국 이 일 때문에 탄핵을 받고 물러나는 신세가 되고 말았다.[40]

"척화신들이 겉으로는 큰소리를 쳤지만 속으로는 화의를 바라고 있었다." 정묘호란 당시 조선 조정이 처해 있던 근본적인 '딜레마'였다. '광해군이 오랑캐 후금과 화친했기 때문에 타도할 수밖에 없다'는 것을 인조반정의 명분이자 '국시'로 내세웠던 상황에서 후금과의 화친은 받아들이기 너무 곤란한 것이었다.

최명길은 이 곤란한 상황에서 "교전 중에도 사신은 왕래하는 법이니, 무조건 배척하며 거절하는 뜻을 보여서는 안 된다. 우선 접견하여 그의 말을 들어 본 뒤에 처리해야 한다"고 주장했다.[41] 다른 신료들도 속으로는 그렇게 생각하면서도 섣불리 말하기를 꺼려하던 차에, 최명길이 앞장서면서 후금 사신을 진해루에서 접견하고 강화가 이루어지게 된다.

"교전 중에도 사신은 왕래해야 한다"는 것은 적과 전쟁을 벌이는 상황에서도 최후의 연락 통로는 열어 놓아야 한다는 주장이다. 주목되는 것은 최명길의 이 같은 주장이 과거 광해군이 후금과 외교를 펼칠 때 강조했던 지론과 상통한다는 사실이다. 광해군 또한 1621년(광해군 13) 4월, "옛 사람들은 전쟁할 때도 사신을 왕래시켰고…… 고론청담高論淸談은 나라의 위망을 구하는 데 보탬이 되지 않는다"고 강조한 바 있다.[42]

앞에서 언급했듯이 최명길이 인조반정에 주도적으로 참여하고 광해군의 실정을 비판했지만 광해군이 후금과 화친했던 것에 대해서는 명확하게 비판한 적이 없다. 비판은커녕 평안도 관찰사 박엽을 구명하려고 노력했던 것을 보면[43] 광해군의 외교 정책에 대해서는 인정하는 태도를 취했던 것으로 여겨진다. 최명길은 광해군과 상통하는 외교 감각을 갖고 있었다.

정묘호란을 맞아 최명길이 광해군과 마찬가지로 후금과 화친하는 길로 갔던 배경은 무엇일까? 무엇보다 그가 조선의 현실과 후금의 군사력에 정확한 인식을 갖고 있었던 것이 바탕이 되었을 것으로 보인다. 앞에서 살펴보았듯이 최명길은 반정 이후 호패법, 군적법을 시행하는 업무를 주도하면서 조선의 열악한 사회 경제적 상황과 취약한 국방력의 실상을 정확히 파악했다고 할 수 있다.

　다음으로는 최명길 주변에 당시의 군정이나 후금의 의도를 객관적으로 자문해 줄 수 있는 조언자가 있었던 것을 들 수 있다. 그와 관련하여 주목되는 인물이 장만과 정충신이다. 이미 언급했듯이 장만은 광해군대 이후 서북방 방어의 최전선에 있었던 데다 정묘호란 당시에도 도원수로 출전했다. 그가 제공했던 변방의 실정이나 후금 관련 정보들이 최명길이 후금과의 화친을 도모하는 데 근본적인 근거가 되었을 것임은 짐작하기 어렵지 않다. 정충신도 정묘호란 발생 직후 장만과 함께 출전했는데 그를 전송하러 나갔던 장유에게 후금군의 침략 목적이 조선 정복이 아니라 화의를 맺는 데 있다고 간파했다고 말한다.[44]

　후금군을 당해 낼 수 없던 상황에서 화친을 유일한 보국保國의 방도라고 생각했던 최명길은 거침이 없었다. 당시 후금은 조선과 강화 협상을 위해 유해劉海라는 한인을 강화도로 보냈다. 조선이 명 출신 인물에 대해서는 기본적으로 공손하게 대접하는 분위기를 의식하여 그를 파견했는지도 모른다. 유해는 실제로 자신이 명나라 출신임을 내세워 과거 명 사신들처럼 대접받고 싶어 했다.[45] 신료들은 오랑캐에게 투항한 자를 후대하면 안 된다고 반발했지만 최명길은 달랐다. 화친의 성공을 위해서라면 유해를 빈주賓主로 대접할 수 있다고 강조했다. 그뿐만 아니라 고려 때 고사까지 인용했다.

우리 나라가 고려 때부터 금과 송을 아울러 섬겼으니 칭신稱臣하
지 않으려 해도 그것이 가능하겠습니까?[46]

그야말로 파격적인 발언이었다. 고려가 금에게 칭신했던 것처
럼, 화친을 위해서라면 후금에 대한 칭신도 받아들일 수 있다는 말이
다. 당시 조선의 지식인들이 후금을 '노적(虜賊, 오랑캐)'이라 부르며
사람으로 취급하지 않으려 했던 것과는 근본적으로 다른 태도였다.
최명길은 후금의 객관적인 실체와 그들이 지닌 현실적인 힘을 인정
하고 받아들이려 했다. 어쩌면 최명길이 지니고 있던 양명학적 사고
에서 나온 생각일 수도 있었다.

최명길은 정묘호란 당시 후금군을 따라 들어왔던 강홍립에 대해
서도 다른 신료들과는 다른 태도를 보였다. 대다수 신료들이 오랑캐
에게 투항하여 조선을 배신한 강홍립을 참수해야 한다고 외쳤지만,
최명길은 강홍립의 충절을 높이 평가해야 한다고 주장했다.[47] 왜 그
랬을까? 후금군을 제대로 막아 낼 수 없는 상황에서 후금군 지휘부를
움직일 수 있었던 강홍립을 통해 후금과의 화친을 원만하게 이끌고
후금군의 만행도 제어할 수 있다고 보았기 때문이다. 실제로 청과 화
약이 맺어진 직후, 정충신은 강홍립에게 보낸 서신에서 "영감께서 화
의를 담당하여 언설言舌로써 수만의 후금병을 물러나게 했으니 조선
의 생령들이 감격하고 있다"고 찬양했다. 그리고 강홍립에게 후금군
지휘부를 움직여서 철수하는 후금군의 살육과 약탈을 막아 달라고
부탁한다.[48]

후금과의 화친을 주도하고 '배신자' 강홍립을 비호했던 최명길에게 격한 비난이 쏟아지는 것은 당연한 수순이었다. 유학 허신許身이란 인물은 최명길의 목을 쳐서 팔방에 사죄하라고 촉구했다.[49] 언관들은 최명길을 당장 조정에서 쫓아내라고 아우성을 쳤다.

주화론의 선봉에 서면서 '참수 대상자'로 내몰렸지만 정묘호란 당시 최명길에게는 든든한 동조자가 있었다. 바로 이귀였다. 이귀 또한 당시를 화친하지 않으면 망할 수밖에 없는 상황으로 인식하고 삼사의 명분론으로는 적을 물리칠 수 없다고 강조했다. 최악의 경우 후금 칸에게 신하를 칭하는 것도 받아들일 수 있다는 입장이었다. 그러자 사간 윤황은 "임금으로 하여금 개돼지 같은 오랑캐 사신에게 절하게 만들려는 이귀는 진회보다 더한 자"라고 통박했다.[50]

최명길과 이귀의 주도로 조선은 후금과 '정묘화약丁卯和約'을 맺었다. 당시 인조 정권은 이괄의 난을 겪으면서 이미 얼이 빠진 상태였다. 민심도 동요하고 군사력도 제대로 추스르지 못한 상황에서 갑작스레 정묘호란을 맞았으니 후금과의 화친이라는 응급책, 미봉책을 선택할 수밖에 없었다. 조선은 후금과 형제 관계를 맺기로 하늘에 맹세하는 의식을 치렀고, 그들에게 목면 1만 5천 필, 면주 2백 필, 백저포 250필을 지급하기로 약속했으며, 물자를 교역할 개시開市도 허용했다. 후금은 조선이 명과 유지해 왔던 기존의 군신 관계를 용인해 주는 태도를 보였다.[51]

후금과 화친함으로써 종사를 지키고 명과의 군신 관계도 유지할 수 있었지만 후유증은 컸다. 무엇보다 인조반정 당시 내세웠던 명분이 훼손되었다. 후금과 화친해 명을 배신한 광해군을 응징한다는 것을 내세워 집권했던 정권이 '오랑캐'이자 '명의 원수'와 싸우기는커녕 화친을 했으니 도무지 얼굴을 들 수 없게 되었다. 윤황은 "오늘의 화친은 화친이 아니라 항복"이라고 인조에게 직격탄을 날렸다.[52] 인조는 '항복'이라는 말에 격분하여 윤황을 국문하라고 지시했지만 그를 강하게 처벌하지는 못했다. 후금과의 화친 때문에 인조반정의 명분이 크게 훼손된 것은 부정할 수 없는 사실이었기 때문이다.

최명길 또한 정묘호란 이후 마음고생이 심했다. 자신에 대한 비판의 목소리가 좀처럼 수그러들지 않았기 때문이다. 전쟁이 끝난 뒤에도 언관들은, 강화도로 파천을 주도하고 화의를 앞장서서 이끌었던 최명길을 처벌하라고 목소리를 높였다. 최명길은 인조에게 사직을 청할 수밖에 없었다.

> 신이 일찍이 강화도에 있을 때 물의를 일으켰으므로 정상적인 도리로 보면 단 하루도 조정에 머무를 수 없을 것입니다. …… 조정에서는 여러 사람이 눈을 부릅뜨고 바라보고 있고 시중에서는 여러 말이 들끓어, 비유컨대 습한 땅에 물을 끌어들이고 빈 구멍에 바람이 들어오는 것 같습니다. 집집마다 제 일을 말하고 호구마다 타이르지 못하는 데다, 산에 오르거나 바다로 들어갈 수도 없으니 처신의 어려움이 여기까지 이르렀습니다. …… 신을 위한 오늘의 계획은 다만 한산한 곳으로 물러나 문을 닫고 제 잘못을 살피며 여러 사람의 비방하는 말을 피하는 것뿐입니다.[53]

"집집마다 제 일을 말하니 한산한 곳으로 물러나 여러 사람의 비방을 피하고 싶다." 정묘호란 직후 최명길의 괴로운 처지를 웅변하는 대목이다. 하지만 최명길을 향한 비판과 매도는 좀처럼 끝나지 않았다.

1627년 10월, 강원도 횡성에 살던 전 익찬翊贊 이인거李仁居의 모반 사건이 터졌다. 이인거는 인조 정권이 오랑캐와 화친한 것을 비난하고 자신이 "의병을 일으켜 주화파 간신들의 목을 베고 서쪽으로 달려가 오랑캐를 토벌하겠다"며 거사하려다가 발각되었다.[54] 주목되는 것은 이인거가 목을 치겠다고 공언한 '간신' 가운데 가장 먼저 거론된 인물이 최명길이었다는 사실이다.[55] 이인거의 모반에 참여한 사람은 수십 명에 불과했고, 그들은 관군과의 교전 끝에 싱겁게 진압된다. 하지만 '해프닝'에 지나지 않았던 이 사건에서도 최명길이 가장 먼저 처단 대상으로 거론되었다는 사실은 의미심장하다. 요컨대 정묘호란을 맞아 후금과의 화친을 주도했던 최명길은 이후 조야를 막론하고 명분론자들에 의해 '공공의 적'으로 매도되었던 셈이다.

8장
전쟁을 막으려 고군분투하다

제국이 된 후금,
흔들리는 형제 관계

1627년 정묘호란을 맞아 조선과 후금은 형제 관계를 맺었다. 하지만 이후 두 나라의 관계는 살얼음판을 걷듯이 위태롭게 유지되었다. 무엇보다 조선과 후금이 정묘화약을 바라보는 인식이 서로 달랐기 때문이다. 조선은 정묘화약을 상종하기 싫은 오랑캐의 무력에 밀려 '마지못해 맺은 권도(權道, 임시 방편)'라고 인식했다. 반면 후금은 자신들이 조선을 군사적으로 완전히 제압할 수 있었는데도 대폭 양보하여 '은혜를 베풀었던 행위'로 인식했다. 정묘화약을 보는 양국의 인식은 그야말로 동상이몽 상태였다.[1]

더 근본적인 원인이 있었다. 조선은 명과 맺은 기존의 군신 관계를 유지한다는 전제 아래 후금과 형제 관계를 맺었다. 따라서 정묘화약을 맺음으로써 조선은 '명의 신하'이자 '후금의 아우'라는 이중의

정체성을 갖게 된다. 정묘화약 이후 조선은 '임금'인 명과 '형'인 후금 사이에서 두 나라와의 관계를 모두 잘 유지하려고 노력했다. 그런데 끼여 있는 약소국이 두 강국 '모두'와의 관계를 원만히 유지하려고 아무리 노력해도 그 노력이 물거품이 될 수도 있었다. 두 강국끼리 적대적인 상태를 계속 유지하거나 싸울 경우, '끼여 있는' 약소국은 두 강국 가운데 하나를 선택해야만 하는 벼랑 끝으로 내몰릴 수밖에 없기 때문이다. 정묘호란 이후 시간이 흐르면서 조선은 실제로 그 같은 상황을 맞는다.

후금은 잇따라 명을 공격하여 연전연승을 거둔다. 명을 군사적으로 압도하면서 후금의 자신감은 높아졌고, 그 자신감은 조선에 압박으로 다가올 수밖에 없었다. 후금은 이제 "우리가 명을 군사적으로 압도하는데 조선은 왜 명은 임금으로 섬기고 우리는 고작 형으로 대접하는가?"라고 조선을 힐문하게 되고, 궁극에는 '우리도 조선으로부터 임금으로 대접받고 싶다'는 유혹에 빠지게 된다. 후금의 유혹과 압박에 조선이 어떻게 대응하느냐에 따라 양국 관계의 순항, 또는 파탄 여부가 결정될 수밖에 없었다.

연전연승하던 누르하치가 1626년 영원성에서 원숭환에게 패한 뒤로 후금은 잠시 멈칫거렸다. 하지만 새로운 칸으로 등극한 홍타이지는 안팎으로 어려운 상황에서도 명에게 도전적인 자세를 취했다. 정묘호란 직후인 1627년 4월, 홍타이지는 원숭환에게 보낸 서신에서 스스로를 '황제'라고 칭했다. 이어 "후금이 영원성 공략에 실패한 것을 계기로 그대가 의기양양하여 화호和好를 사칭한다"고 비난한 뒤

"만일 하늘이 연경燕京을 후금에게 주고 명의 국주國主가 남쪽으로 쫓겨 가면 어쩔 것이냐?" 하고 공세적인 언사를 퍼부었다.[2] 자신은 '황제'로, 명의 희종熹宗은 '국주'라고 칭한 것이 주목된다.

정묘호란 이후 후금이 명을 군사적으로 압도하고, 세력이 일취월장하면서 조선과 후금 관계가 동요를 거듭하여 끝내는 병자호란으로 귀결되는 과정에서 1629년, 1633년, 1636년은 특히 중요한 분수령이 되는 해였다.

우선 1629년을 보자. 조선이 후금과 형제 관계에 입각한 정묘화약을 맺자 명과 모문룡은 반발했다. 명에서는 조선이 후금의 편이 되어 후금군을 끌어들였고 그 때문에 후금의 세력이 더욱 강해질 것이라는 위기감이 높아졌다.[3] 특히 모문룡은 조선이 명을 배신하고 후금에게 항복했다고 다그쳤다. 모병들은 평안도 일대에 병력을 매복시켰다가 서울을 왕래하는 후금 사자들을 공격하거나 체포하려고 시도했다. 그러자 후금은 조선이 모문룡과 결탁하여 여전히 자신들에게 적대하려 한다고 힐난했다. 조선은 양자 사이에서 '샌드위치 신세'로 내몰리고 있었다.

> 모문룡은 우리더러 오랑캐와 친하게 지낸다고 책하고, 후금인들은 우리가 모문룡을 비호한다고 집요하게 말하니 둘 사이에 끼여 처신하기가 갈수록 어렵습니다.[4]

1628년 김기종이 했던 푸념이다. 조선은 가도에 사람을 보내 후금과의 화친이 기미 차원에서 부득이한 조처임을 설명하고, 후금 사신들이 안전하게 왕래할 수 있도록 협조해 달라고 호소했다. 하지만 소용이 없었다. 모병들은 여전히 후금 사신들을 습격했고, '조선의 배신'을 핑계로 청천강 이북 곳곳에서 살육과 약탈을 자행했다. 후금도 가만히 있지 않았다. 1629년 1월, 후금군은 선사포宣沙浦에 있는 모문룡의 둔전을 기습하여 명군들을 죽이거나 끌고 갔다. 양자의 교전 소식이 알려지자 서울에서는 전쟁이 다시 터질 것이라는 위기감이 일어 민심이 동요했다. 정묘호란 이후 모병과 후금군의 충돌은 여전했고 중간에 낀 조선의 고민도 깊어지고 있었다.[5]

조선을 끊임없이 괴롭히고 고민하게 했던 모문룡은 1629년 6월 5일, 영원순무寧遠巡撫 원숭환에게 주살되었다. 원숭환은 모문룡을 쌍도雙島라는 곳으로 소환하여 12가지 죄목을 들이댄 뒤 참형에 처했다. 원숭환이 제시한 죄의 핵심은 "환관 위충현과 결탁하여 8년 동안 가도에서 온갖 비행과 비리를 자행하여 재물만 축적하고 안락을 누리면서 잃어버린 요동 땅을 한 뼘도 수복하지 못했다"는 것이었다.[6]

모문룡의 죽음은 삼국 관계에 파장을 몰고 왔다. 조선은 모문룡의 무절제한 물자 징색과 그 부하들이 끼치는 작폐가 줄어들 것이라는 기대를 품었지만 상황은 간단치 않았다. 원숭환은 모문룡처럼 마구잡이로 징색하지는 않았지만, 향배를 분명히 하라고 조선을 압박했다. 모문룡을 처단한 직후인 1629년 7월, 원숭환은 자문(咨文, 외교문서)을 보내 조선도 힘을 비축하여 후금과 싸울 준비를 하라고 촉구했다.[7] 조선을 이이제이의 도구로 활용하겠다는 의도를 노골적으로 드러냈던 셈이다.

원숭환의 요청에 인조는 "명 조정이 군대를 동원한다면 우리는 대의를 생각하여 힘껏 도와야 한다"면서 원숭환의 요구에 응할 뜻을 내비친다. 반면 최명길의 생각은 달랐다.

신이 경략이 보낸 자문의 의도를 살펴보니 계책을 세워 적을 공격하자는 것이고, 자문을 보낸 의도도 다만 섬의 군대를 철수한다고 우리에게 통보한 것뿐입니다. 저쪽에서 일반적인 말로 통보해 왔으니 우리 나라도 적을 잊지 않고 있다는 뜻만 보여 주면 됩니다. 신이 우리의 답서를 보니 문구 가운데 마치 기한에 맞춰 군대를 일으킬 것 같은 내용이 있었습니다. 신이 생각건대 저쪽의 정세를 천천히 살피면서 전투를 돕겠다는 뜻을 다시 거론했으면 합니다.[8]

비록 짧은 언급이지만 명과 후금 사이의 대결 구도에서 '끼여 있는' 조선이 어떤 입장을 취할 것인지에 대한 최명길의 생각이 명확히 드러나 있다. 원숭환이 자문을 보내자마자 조선이 마치 명이 요구하는 날짜에 맞춰 군대를 보내 동참할 것처럼 명확한 언질을 주면 안 된다는 주장이다. 명과 후금의 대결 구도에 치여 이미 정묘호란을 겪었고, 후금과의 화친을 통해 겨우 평화를 유지하고 있는 현실에서 후금과의 대결로 가는 길을 섣불리 선택하는 것은 불가하다는 입장이기도 하다. 나아가 최명길의 이 같은 주장은 과거 광해군대 명이 후금을 칠 때 조선이 원병을 보내는 여부를 놓고 논란을 벌이자 광해군이 취했던 입장과 매우 유사한 것이었다.

여하튼 정묘호란을 계기로 조선을 묶어 놓는 데 성공했다고 여겼던 홍타이지는 이후 서진을 도모했다. 그는 1627년 5월, 명의 금주錦州, 영원 공략에 나섰다. 하지만 홍이포로 무장하고 있던 원숭환의 격렬한 저항에 다시 막혀 원정은 실패로 끝난다.[9] 원숭환이 '넘기 힘든 벽'이라는 사실을 절감한 홍타이지는 전략을 바꾼다. 그는 원숭환이 강력한 방어선을 구축하고 있는 금주-영원-산해관 지역에 대한 정면 공격을 유보하고 우회로를 택한다.

1629년 10월, 홍타이지는 몽골 부족의 도움을 받아 장성 외곽의 희봉구喜峰口를 통해 명의 계요蓟遼 지역으로 침입했고 북경의 황성皇城 부근까지 돌입했다. 허를 찔린 원숭환은 황성을 구하기 위해 필사적으로 북경으로 달려갔다. 홍타이지는 원숭환의 반격에 밀려 철수하면서 북경 주변의 준화遵化, 영평永平, 난주灤州, 천안遷安 등지를 초략하여 엄청난 수량의 인축과 재물을 노획했다. 홍타이지의 기습에 명 조야는 전율했다.[10]

1629년 황성 기습전에서 홍타이지가 거둔 최고의 성과는 '반간계'로 원숭환을 제거한 것이었다. 의심이 많은 데다 대국을 볼 줄 몰랐던 숭정제는 '원숭환이 홍타이지와 내통해 후금군을 끌어들였다'는 엄당(奄黨, 환관들의 당) 잔당들의 참소에 넘어가 원숭환을 처형한다. 원숭환을 죽여야 한다고 주장했던 신료들 가운데는 원숭환이 모문룡을 주살한 것에 원한을 품은 자들도 섞여 있었다. 원숭환이 모문룡을 처형했던 것이 부메랑이 되어 돌아왔던 셈이다.[11]

홍타이지의 기습으로 명의 조야가 충격에 빠지자 당시 가도에 있던 진계성陳繼盛과 명군 지휘부는 조선을 왕래하는 후금 사신들을 체포하려고 다시 시도했다. 황성이 위기에 처했는데도 배후에서 후금군을 견제하지 못하고, 북경에 원병도 보내지 못한 것 때문에 혹시라도 명 조정으로부터 질책받는 것을 피하기 위한 행보였다.

진계성은 실제로 1630년 3월, 가도의 병력 2천을 동원하여 후금 사신 중남仲男 일행을 습격하려고 시도했다. 당시 양측 사이에서 사달이 생길 것을 우려한 의주부윤 이시영李時英은 중남 일행에게 진계성의 계획을 알려 주고 그들을 도피시켰다. 중남을 체포하는 데 실패하자 진계성은 의주성에 난입하여 이시영을 마구 구타하고 창고를 부수며 난동을 부렸다. 또 후금은 후금대로 병력을 이끌고 의주로 달려오면서 일촉즉발의 사태가 빚어졌다. 후금은 조선이 중남을 체포하기 위해 진계성과 공모했다고 의심했던 것이다. 모문룡이 죽은 뒤에도 가도를 둘러싼 조선, 명, 후금의 갈등은 멈출 기미를 보이지 않았다.[12]

1629년 이후 후금의 힘은 더 커진다. 후금은 1631년 홍이포까지 자체 제작하는 데 성공한다. 이제 화력에서도 명과 대등한 전력을 갖추게 되었다. 그런데 같은 해, 가도에서 또다시 격변이 벌어졌다. 가도에 있던 유흥치劉興治 등이 달자(㺚子, 가도로 투항했던 만주인)들과 함께 반란을 일으켜 후금으로 투항하려다가, 계획이 누설되어 그 무리들이 장도張燾와 심세괴沈世魁에게 참살당하는 사건이 일어났다. 가도가 다시 혼란에 빠지자 홍타이지는 가도를 직접 공략하려고 시도한다.

그런데 당시 후금은 아직 수군과 병선이 없었다. 홍타이지는 조선에 국서를 보내 병선을 빌려 달라고 요구한다. 그러면서 조선이 정묘년에 가도의 명군들이 조선에 상륙하는 것을 금지하기로 약속해 놓고도 지키지 않았다고 힐문했다. 따라서 약속을 어긴 것을 보상하는 차원에서 병선을 빌려주든지 의주 등지를 자신들에게 반환하라고 요구했다. 조선은 난감한 상황에 직면했다. 후금이 병선을 획득하려고 혈안이 된 것을 간파한 명 또한 조선을 압박했다. 가도를 장악했던 명 장수 황룡黃龍은 조선에 사람을 보내 병선을 빌려주지 말라고 경고하고, 자신들과 함께 후금을 협공하라고 요구했다.[13]

1631년 병선을 빌려 달라는 후금의 요구를 겨우 거부했지만, 조선은 명과 후금의 대결 구도 속으로 계속 휘말려 들어간다. 1631년 11월, 홍타이지는 명의 대릉하성大凌河城을 공격하여 함락시킨다. 대릉하성까지 장악하여 자신감이 더 커진 후금의 조선에 대한 태도 역시 달라진다. 조선 사신에게 자신들이 대릉하성을 장악하고, 명의 장수 조대수祖大壽가 항복했다는 사실을 자랑스레 과시했다.[14] 자신들이 명보다 강하다는 사실을 강조하려는 의도였다.

이어 1632년 10월, 후금은 조선이 자신들에게 지급해야 할 세폐의 액수를 예년보다 증액하고 황금, 은, 궁각들을 추가로 요구했다. 그뿐만 아니라 후금 사신 소도리所道里는 자신들에게 연향을 베풀어 달라고 강요했다. 인조는 거부했다. 그러자 홍타이지는 1632년 12월, 심양에 온 조선 사신 박난영朴蘭英 일행을 쫓아내고 가져온 방물도 퇴짜 놓는다. 자신들의 힘이 날로 커지고 있는데 조선이 명을 의식하여

제대로 대접하지 않는 것에 불만을 표출했던 것이다.15

1633년은 악화 일로에 있던 양국 관계에서 또 다른 분수령이 되는 해였다. 이해, 후금은 다시 조선을 떠보려는 '카드'를 던졌다. 같은 해 1월, 홍타이지는 조선에 병선을 빌려 달라고 다시 요구한다. 이미 후금이 세폐를 증액했던 것에 격앙된 조선은 후금과 맺은 정묘화약을 파기하기로 결정한다. 비변사는 후금과의 전쟁까지 각오하여 팔도의 병력을 소집하고 강화도로 파천하기로 결의했다. 조선은 절교 사실을 통고하기 위해 역관 김대건을 후금으로 파견한다. 그는 국서를 소지했다. 내용의 핵심은 "후금과 화친한 것은 교린(交隣, 이웃과 사귀는 것)의 도이고, 명을 섬기는 것은 사천(事天, 천자로 섬기는 것)의 도"라는 것을 후금에 환기시킨 뒤 병선을 빌려 달라는 것, 황금과 은을 세폐로 요구하는 것은 받아들일 수 없다고 명시했다.16

후금과 절교가 임박한 상황에서 체찰사 김시양과 원수 정충신은 김대건을 억류한 뒤, 후금과의 절교 방침을 재고하라고 상소한다. 그리고 상소에서 과거 송의 한기韓琦와 부필富弼이 세폐를 증액하여 요를 달랬던 고사를 인용하며 후금을 다독이자고 촉구했다. 인조는 격분하여 두 사람을 유배했지만, 후금과의 절교 위기는 아슬아슬하게 넘어가게 된다.

주목되는 점은 김시양과 정충신 모두 최명길과 친한 데다 동일한 외교 감각을 지니고 있었다는 사실이다. 1632년 후금이 세폐를 증액하라고 요구했을 때 최명길은 김시양과 함께 증액에 동의한 바 있다. "예로부터 오랑캐와 화친하면서 세폐가 없었던 시절은 없었다"는 것이 최명길과 김시양의 지론이었다.[17] 정충신 또한 정묘호란 이후 후금과의 관계가 삐걱거릴 때 후금을 달래야 한다고 강조했던 인물이다. 즉 "그들이 금수인줄 알면서 화약을 맺은 이상, 그들과의 약조를 지켜야 한다"고 강조한 것이다.[18] 정충신은 최명길에게 보낸 서신에서도 세폐를 증액하여 후금을 다독여야 한다고 강조했다.[19] 요컨대 두 사람이 김대건을 억류해 후금과의 절교 사태를 막으려고 했던 배경에는 최명길과의 교감이 있었던 것으로 보인다.

후금과의 절교는 아슬아슬하게 피했지만 위기는 곧바로 다시 찾아왔다. 1633년 3월, 등주登州 일대에서 반란을 일으켰던 공유덕과 경중명이 병선과 병력을 이끌고 후금으로 귀순하는 사건이 터졌다. 두 사람은 모두 모문룡의 부하 출신으로 모문룡이 죽자 가도에서 이탈하여 등래순무 손원화孫元化에게 의탁했던 인물들이었다. 여하튼 이들은 산동을 거점으로 반란을 일으켰다가 진압될 위기에 처하자 반군을 배에 태우고 홍이포까지 실은 채 후금으로 투항을 시도한다. 깜짝 놀란 명은 조선에 연락하여 이들을 함께 요격할 것, 명군에게 군량을 제공할 것들을 요구했다. 조선은 명의 요구를 받아들여 공유덕 등을 추격하는 데 동참했고, 압록강 부근에서는 공유덕 일당을 엄호하려는 후금군과 전투를 벌였다.[20]

공유덕 등이 후금으로 귀순하는 과정에서 조선군이 명군과 함께 그들을 추격하고, 후금군과 전투까지 벌였던 것의 의미는 중대했다. 당시 공유덕을 추격했던 주문욱周文郁은 조선에 보낸 자문에서 자신이 반란군의 선박 가운데 80~90% 정도는 제거하고 수천 명을 사로

잡았다고 전과를 알렸다. 이어 당시 요격 과정을 통해 조선의 명에 대한 충성심을 확인했다고 치하했다.[21] 주문욱은 이어 후금으로 넘어간 선박들은 여러 차례 전투에 참가했기 때문에 바다로 나가려면 수리가 필요하지만, 강을 건너는 것은 충분하기 때문에 조선에 화근이 될 것이라고 경고했다. 조선은 주문욱에게 문서를 보내 "조선은 명에 충성을 바친 지 삼백 년에, 임진년의 재조지은(再造之恩, 망하게 될 나라를 다시 살려 준 은혜)을 잠시도 잊은 적이 없다"며 "나라가 작고 군사력이 약해 충돌을 피하고자 오랑캐와 기미하면서 와신상담臥薪嘗膽한 지 10년째"라고 화답했다. 이어 조선군 화기수 수백 명을 배에 태워 압록강 연안에서 적당들을 추격하려 한다고 강조했다.[22]

정묘호란 이후 후금과 아슬아슬하게 평화를 유지해 왔던 조선은 공유덕 일당을 요격하는 데 동참하며 확실하게 명의 편에 섰다. 그 바탕에는 조선이 '오랑캐' 후금과 화약을 맺으며 갖게 된 명에 대한 부채 의식을 씻으려는 의도도 자리 잡고 있었다. 하지만 후금과의 관계는 다시 기로에 설 수밖에 없었다.

공유덕이 귀순할 무렵인 1633년 4월과 6월, 후금은 두 차례나 용골대를 조선에 보내 쌀을 공급해 달라고 요청한다. 공유덕이 끌고 온 병선들을 간수하는 데 투입된 병력들에게 주기 위해서였다. 조선이 거부하자 홍타이지는 "명은 아버지라며 모든 요구를 들어주면서 후금은 형인데도 아무런 요구도 들어주지 않는다"고 조선을 힐난했다.[23] 그러면서 홍타이지는 조선을 협박했다. 조선이 공유덕 무리를 추격한 것은 강토를 지키기 위한 것으로 부득이했지만, 공유덕이 요양으로 옮겨 간 이후에도 조선군이 압록강 부근에 배치되어 있는 것은 자신들과 전쟁을 거는 행위라고 경고했다.[24] 공유덕 무리의 후금 귀순 과정에서 조선이 취한 행보를 통해 후금은 조선의 본심을 확실하게 파악했던 셈이다.

그리고 홍타이지는 훗날 병자호란을 도발하면서 조선이 공유덕과 경중명이 후금으로 귀순하는 것을 막으려 했던 것을 침략의 명분 가운데 하나로 분명하게 제시했다.[25] 요컨대 1633년 조선이 명의 요구에 따라 공유덕과 경중명이 후금으로 귀순하는 것을 요격하고 그 과정에서 후금군과 교전까지 벌였던 것은 조선과 후금이 맺은 형제맹약이 파탄으로 이어지는 데 중요한 분수령이 되었던 것이다.[26]

홍타이지의 칭제와
강화 파탄

1635년 4월, 최명길은 호조판서에 임명된다. 하지만 당시 그는 건강이 워낙 좋지 않아 판서직을 수행하기 어려운 상태였다. 그런데도 최명길은 호조판서뿐 아니라 국장도감 제조, 약방 제조, 관상감 제조, 춘추관 제조, 경연 빈객 같은 여러 직책을 동시에 겸임하고 있었다.27 1636년(인조 14) 초에도 건강 상태는 나아지지 않았다. 이가 부실하여 제대로 먹지 못하는 데다 걷는 것도 힘겨워 부축을 받아야 했다. 최명길은 인조에게 사직을 청하는 상소에서 자신의 몸은 껍데기만 남았을 뿐 원기가 고갈되어 사직하지 못하면 목숨을 이어갈 수 없다고 절박하게 호소했다.28 깜짝 놀란 인조는 사직을 허락한다. 덕분에 최명길은 조정에서 물러나 서너 달 동안 조리할 수 있는 시간을 가질 수 있었다. 하지만 당시 조정 안팎의 상황은 최명길이 여유롭게 정양하면서 시간을 보낼 수 있게 허락하지 않았다.

1633년 6월, 공유덕 무리의 귀순으로 자신감이 더욱 커진 후금은 향후 조선에 대한 외교 방침을 결정했다. 일단 조선과 맺은 화약을 유지하되, 명을 정복하는 데 전력을 다하자는 것이었다. 명을 제압하고 나면 어차피 조선은 저절로 복속될 것이므로 당분간은 조선과 현상을 유지하면서 교역을 계속하겠다는 심산이었다.

1635년 12월 어느 날 저녁, 심양의 고궁에 모인 만몽한滿蒙漢 출신 신료들은 홍타이지를 황제로 추대하는 문제를 논의했다. 등극을 논의하게 된 결정적인 계기는 1635년 8월, 홍타이지가 차하르察哈爾 몽골의 릭단林丹 칸이 갖고 있던 대원의 옥새를 획득했던 것에서 비롯되었다. 신료들은 옥새를 얻은 것을, 천명이 후금과 홍타이지에게 돌아온 것을 상징한다고 여겨 홍타이지에게 제위에 오르라고 촉구했다.

홍타이지는 처음에는 신료들의 요청을 거부했다. 하지만 신료들은 물론 자신의 친형 다이샨까지 나서서 간청하자 태도를 바꾼다. 홍타이지는 이 대목에서 "조선은 형제의 나라니 마땅히 같이 의논해야 한다"며 조선에 사신을 보내라고 지시한다. 순진한 홍타이지는 '아우' 조선도 자신이 제위에 오르는 데 동의할 것이라고 믿었을지도 모를 일이다. 이윽고 1636년 2월 16일, 용골대와 마부대馬夫大가 이끄는 후금 사절단이 의주에 도착했다. 사절단에는 만주인 이외에 서달西㺚이라 불리던 몽골인 77인도 포함되어 있었다.

용골대 일행의 입국 소식에 조선 조야는 술렁였다. 장령 홍익한은 용골대가 온 것은 홍타이지의 '칭제' 문제 때문이라며 "이 세상에는 대명 천자가 있을 뿐인데 정묘년에 오랑캐의 명령을 듣는 데 급급하여 이런 사태가 초래되었다"면서 용골대 일행의 목을 쳐서 상자에 담아 명으로 보내라고 촉구했다.

2월 24일 서울에 들어온 사절단은 홍타이지 명의의 국서 말고도 두 통의 별서를 소지하고 있었다. 하나는 후금의 여덟 버일러들이, 다른 하나는 몽골 왕자들이 인조에게 보내는 서신이었다. 당시 용골대는 춘신사春信使로서 홍타이지의 '즉위 문제'를 조선과 의논하는 임무를, 마부대는 1635년 연말 세상을 떠난 인조의 왕비 인열왕후仁烈王后를 조문하는 임무를 맡고 있었다.

조선 조정은 후금의 여덟 버일러와 서달 왕자들의 별서를 수취하는 것을 거부했다. 후금 버일러들의 별서는 홍타이지에게 존호를 올리는 데 조선 국왕도 자제들을 보내 동참하라는 것이었다. 말하자면 인조로 하여금 진정한 '아우'로서의 역할을 하라고 채근하는 내용이었다. 즉 '형' 홍타이지가 무위武威를 바탕으로 정벌할 때마다 승리를 거두고 옥새를 얻었다는 소식을 들었으면 '아우'의 도리에서 축하 사절을 보내고 존호를 올리는 데 동참해야 했는데, 인조가 그러지 않았다는 것을 문제 삼고 이제부터라도 근친 자제들을 보내 동참하라는 요구였다.29 몽골 왕자들이 소지한 국서의 내용 또한 대동소이했다. 그들은 명이 스스로 망해 가고 있는 것에 견주어 홍타이지의 위덕은 날로 커지고 있다고 강조하면서 조선도 자제들을 보내 존호 올리는 데 동참하라고 촉구했다.30

조선 조정은 신하가 다른 나라 임금에게 편지를 보내는 것은 참람하다고 별서의 수취를 거부했다. 그러자 용골대 일행은 조선 조정이 별서 수취를 거부한 것에 격분하여 귀국하겠다고 으름장을 놓았다. 2월 25일 성균관 유생 수백 명이 상소하여 용골대의 목을 베고 국서를 불태우라고 촉구했다. 상황이 급박하게 돌아가자 병중에 있던 최명길이 상소하여 대책을 제시했다.

오랑캐는 이미 대막大漠에 웅거하여 견제 받는 바 없이 방자하게 황제를 칭하니 누가 그들을 금지하겠습니까? 그런데 그들이 우리에게 구실을 삼으려는 것은 그 속셈을 알기 어렵습니다. 우리가 만약 구두로만 답한다면 일의 자취가 애매하여 입증할 증거가 없습니다. 교만한 오랑캐가 말을 뒤집어 우리를 천하에 무고한다면 장차 무엇으로 스스로 해명하겠습니까?

신이 생각건대 관례대로 답하는 것 이외에 별도로 문서를 하나 마련하여 위호를 참람하게 쓸 수 없다는 것, (명에 대한) 신하의 절개를 바꿀 수 없다는 것, 존비의 등급을 문란하게 할 수 없다는 것을 갖추어 말함으로써 대의를 밝히고 국체를 보전해야 할 것입니다. 그리고 오랑캐의 서신과 우리의 답변 내용을 독부(督府, 가도)에 보내 명 조정에 아뢰게 하고, 한편으로 팔도에 유시하여 병마를 훈련하여 변란에 대비해야 합니다. 천하 사람들로 하여금 조정의 처치가 명백했음을 확실하게 알게 한 뒤에야 오랑캐의 모략을 꺾고 사기를 장려할 수 있으며 역사책에 기록해도 부끄럽지 않을 것입니다.[31]

최명길은 조선이 청이 칭제한 것을 배척했다는 사실을 명확히 밝히지 않으면 명과 천하로부터 오해를 받을 수 있다고 우려했다. 따라서 구두로 애매하게 답하지 말고 문서를 작성하여 명에 알리는 한편, 청의 침략에 대비하는 방어 대책을 마련해야 한다고 촉구했다.

최명길은 사신들을 대하는 자세에 대해서도 언급했다. 춘신사와 조문사로 온 용골대와 마부대 일행을 만나 보고 홍타이지가 보낸 국서도 접수해야 한다고 주장했다. 다만 서달 왕자 일행은 박대하지는 말되, 그들의 별서는 강하게 거부함으로써 명에 대한 군신의 도리와 청에 대한 이웃 나라의 도리를 동시에 밝히라고 촉구했다. 또 조선의 방어 태세가 취약한 상황에서 임기응변으로나마 화를 늦추는 계책을 시급히 마련해야 한다고 촉구했다.[32]

하지만 상황은 최악으로 치달았다. 최명길이 상소했던 당일, 용골대 일행이 궁궐을 박차고 나가 귀국길에 올랐던 것이다. 조선이 별서를 끝내 받지 않았기 때문이기도 하지만, 다른 중대한 이유도 있었다. "용골대 등 사신들의 목을 쳐야 한다"는 이야기가 역관을 통해 그들에게 누설되었기 때문이다. 심지어 그들에게 조보를 넘겨준 사람도 있었다. 용골대 일행은 조선의 살벌한 분위기에서 더 머물 경우 목숨을 부지하지 못할 수도 있다는 위기감이 작동했던 것이다. 일행이 도성에서 도망칠 때 구경꾼들이 거리를 메우고 아이들이 그들을 향해 기와 조각을 집어던지는 사태가 빚어지기도 했다.[33]

용골대 일행이 도주하자 조선의 위기의식이 높아졌다. 후금의 침략이 이미 기정사실이 되었다고 여긴 신료들은 빨리 강화도로 들어가서 대비하자는 의견까지 제기했다. 3월 1일 인조는 팔도에 유시문을 내린다. "정묘년에 오랑캐와 부득이하게 형제 관계를 맺었는데 이번에는 '황제' 운운하는 참월한 국서를 들고 왔기에 강약과 존망을 생각하지 않고 그것을 물리쳤다"고 강조한 뒤 그들의 침략에 대비하여 싸울 준비를 하라는 것이 골자였다. 그런데 유시문은 청을 '이 오랑캐(此虜)'라고 지칭함으로써 사실상 기존의 관계를 끊겠다는 내용을 담고 있었다. 정묘년에 맹약을 맺은 이후 후금에 보낸 국서에서 줄곧 '귀국'이라는 칭호를 썼던 것을 고려하면 유시문은 사실상 절화絶和 교서인 셈이었다.34

그런데 교서를 가지고 평양으로 달려가던 금군이, 도망치고 있던 용골대 일행의 복병에게 붙잡혀 교서를 빼앗기는 황당한 사태가 벌어진다. 조선 내부에서 누군가 용골대 일행에게 관련 정보를 제공했을지도 모를 일이었다. 어쨌든 용골대 일행은 교서를 탈취한 뒤 역관 정명수鄭命壽를 시켜 평안감사에게 "귀국의 문서를 얻었지만 이미 소각했다"고 거짓말을 하게 했다. 그들은 또 평양에서 관사에 들어가지 않고 산 위에 모여 앉아 의심하고 두려워하는 기색으로 좌우를 살폈다고 한다.35

왜 그랬을까? 용골대 일행은 자신들의 목을 치라는 이야기까지 난무하는 서울의 살벌한 분위기에 놀라 도망치는 중이었다. 그런데 만약 자신들이 '절화 교서'를 소지하고 있다는 사실을 조선 조정이 알게 되면 자신들을 가만두지 않을 것이라고 판단했을 가능성이 높다. 자신들을 죽이거나 억류하지는 않더라도 교서를 필사적으로 도로 빼앗으려 할 것이라고 생각했기에 이미 소각했다고 거짓말을 하고, 관사에도 들어가지 않고 산 위에 올라 상황을 살폈던 것이다.

용골대 일행이 '절화 교서'를 심양으로 가져가는 것은 또 다른 이유 때문에도 매우 중요했다. 원래 홍타이지가 용골대를 조선에 보내면서 맡겼던 주된 임무는 자신의 '즉위 문제'를 조선과 의논하라는 것이었다. 그런데 용골대는 조선의 살벌한 분위기에 놀라 '즉위 문제'는 제대로 논의조차 못한 채 허겁지겁 서울을 탈출했다. 용골대 일행이 만약 빈손으로 심양으로 귀환한다면 그들은 사신의 임무를 제대로 이행하지 못하고 왔다는 질책을 받을 수도 있었다. 그런데 절화 교서는 홍타이지의 황제 즉위에 몹시 적대적이고 냉소적이었던 조선 조정의 분위기, 그 때문에 자신들은 '즉위 문제'는 꺼낼 수도 없었다는 사실을 홍타이지에게 보고할 때 더없이 생생하고 귀중한 물증이 될 수 있었다.

주목되는 사건이 하나 더 있다. 용골대 일행이 조선에서 탈취한 교서를 갖고 심양으로 귀환할 때, 가도의 명군 지휘부가 그들을 가로막고 습격하는 사태가 발생했다는 사실이다. 용골대가 비록 그들을 물리치고 무사히 귀환했지만, 이 사건 역시 매우 중요하다고 보인다.[36] 자신들의 목을 치라는 조선의 험악한 분위기, 전쟁도 불사하겠다는 내용을 담은 교서 때문에 격노했던 그들에게 명군의 습격은 어떤 의미로 다가왔을까? 조선이 여전히 철저하게 명의 편이라는 현실을 새삼 절감하게 만드는, 타오르는 분노의 불길에 휘발유를 끼얹은 사태가 아니었을까?

실제로 용골대 일행이 심양에 도착하여 저간의 사정을 보고하고 탈취한 교서를 제시했을 때 홍타이지와 버일러들은 격분했다. 조선에서 서달의 별서를 수취하지 않았던 것, 용골대 일행의 목을 치라는 주장까지 빗발쳤다는 것을 알게 된 데다, '절화 교서'를 통해 자신들을 '오랑캐'라고 지칭하고 전쟁도 불사하겠다는 조선의 태도를 확인했기 때문이다. 홍타이지의 입장에서는, 정묘년에 형제 화약을 맺었기 때문에 조선이 '아우'로서 자신을 황제로 추대하는 데 동참할 수도 있다고 생각했던 일말의 기대감이 산산조각 나는 순간이었다.

홍타이지는 조선이 국교를 단절하려 한다고 여겨 여러 버일러들을 모아 회의를 열었다. 버일러들은 당장 대군을 동원하여 조선을 치자고 길길이 뛰었다. 그러나 홍타이지는 침착했다. 그는 일단 조선에 왕자와 대신들을 인질로 보내라고 요구한 뒤 승낙 여부를 보고 정벌할지를 다시 논의하자고 했다.[37] 사실상 양국의 형제 관계가 깨지는 순간이었다. 용골대 일행의 파견을 통해 조선의 본심을 확인하고, '절화 교서'까지 입수한 것은 청의 입장에서는 대단한 성과였다.

반면 사신 일행을 참수하자는 과격한 주장이 용골대에게 누설된 것, 금군 일행이 용골대 일행에게 인조의 교서를 빼앗겼던 것들은 조선의 입장에서는 치명적인 실수였다. 실제로는 청과 직접 대결하거나 싸울 의사도 없고 그럴 준비도 안 된 상태에서 자국의 본심을 적국에 적나라하게 노출시키는 결과를 초래했기 때문이다. 실제로 인조는 병자호란이 일어나 남한산성으로 내몰렸던 1636년 12월, 전쟁 발생의 원인을 다음과 같이 진단한 바 있다.

연소한 자들의 사려가 얕고 논의가 너무 과격하여 끝내 이 같은 화란을 부른 것이다. 당시에 만약 저들의 사자를 박절하게 배척하지 않았더라면 설사 화란이 생겼어도 형세가 이 지경까지 이르지는 않았을 것이다.[38]

실제로 척화신들은 용골대 일행의 목을 쳐야 한다고 외쳤고, 그 이야기는 청 사신들에게 누출되어 그들이 도주하는 데 결정적인 역할을 했다.

남한산성에서 환도했던 이후 최명길도 인조와 유사한 진단을 내린 바 있다. "작년 용골대 일행이 사신으로 왔을 때 연소한 대각 신료들이 지나치게 경망스런 논의를 했고, 묘당이 그것을 막지 못해 엄청난 화란을 당했다"고 진단했다.[39] 훗날 이익(李瀷, 1681~1763)도 "병자호란 이전 척화를 주장하는 자들이 청의 사신을 죽이자고 주장하여 그들을 도망치게 한 것은 결국 전쟁을 우리 스스로 부른 것이었다"고 신랄하게 비판한다.[40] 인조, 최명길, 이익의 진단을 고려하면, 자칫 전쟁이 터질지도 모르는 위기일발의 국면에서 조선 내부의 정책 결정 과정에 상당한 문제가 있었던 것이다.[41]

양국 관계의 파탄은 1636년 4월 11일에 확정된다. 이날 홍타이지는 제위에 올라 '관온인성寬溫仁聖'이라는 존호를 받고 국호를 대청大淸, 연호를 숭덕崇德으로 바꾸었다. 그는 유시문을 내려 "조선을 정복하고 몽골을 통일하며 옥새를 얻어 위업을 천하에 널리 알리고, 안팎으로 버일러들의 추대를 받아들여 국호를 대청으로 칭하고 연호를 숭덕으로 고친다"고 선언했다. 만몽한 출신 신료들은 황제 홍타이지에게 세 번 큰절을 올리고 아홉 번 머리를 조아리는 '삼배구고두례三拜九叩頭禮'를 행했다.

당시 즉위식에는 조선의 춘신사 나덕헌羅德憲과 회답사 이확도 참석해 있었다.[42] 그런데 두 사람은 홍타이지에게 절을 하지 않았다. 주변에 있던 청의 신료들은 두 사람을 마구 구타하면서 아우성을 쳤지만 홍타이지는 두 사람을 처벌하지 않았다. 나덕헌과 이확이 자신에게 절을 하지 않은 것은 인조가 흔단(釁端, 틈)을 야기하려고 고의로 시킨 것이라며, 자신이 사신들을 죽일 경우 청이 먼저 맹약을 어겼다는 빌미를 줄 수 있기 때문에 불문에 부친다고 강조했다.[43] 홍타이지는 나덕헌 등의 행동을 직접 목도함으로써 용골대가 보고했던 내용과 탈취했던 교서 속에 담겨 있던 조선의 청에 대한 적개심과 명에 대한 일편단심을 거듭 확인할 수 있었다. 두 나라의 형제 관계는 그렇게 끝났던 것이다.[44]

홍타이지는 나덕헌과 이확에게 국서를 들려 돌려보낸다. 국서에서는 조선에 대한 불만과 원한을 작심하고 토로했다. 용골대 일행이 갔을 때 서달들의 서신을 접수하지 않은 것, 마부대 일행이 인열왕후를 조문할 때 칼을 차지 못하게 하여 무장해제 시킨 것, 1619년 명을 도와 후금 공격에 동참한 것, 모문룡과 요민들을 받아들인 것, 정묘호란 당시 가짜 왕제를 인질로 보낸 것, 후금과의 무역에 무성의하게 임한 것, 공유덕 무리가 귀순할 때 명을 도와 그들을 요격하고 후금군과 전투를 벌인 것 등등을 들었다. 그러면서 전쟁의 단서는 조선이 먼저

열었다고 강조했다.[45]

주목되는 것은 홍타이지가 조선의 척화신들을 '양국의 화호를 망친 주범'으로 거론했다는 사실이다. 홍타이지는 서생(書生, 척화신)들이 "문장 어구에 얽매여 편협한 사고에 빠져 있다"고 비난했는데 이 것은 용골대 일행이 서울에 갔을 때 "오랑캐 사신의 목을 쳐야 한다"는 주장이 빗발쳤던 것에 대한 반응으로 여겨진다.

> 지금 왕은 덕과 의리는 닦지 않고 해도海島의 험준함을 믿고 서생들의 말을 들어 형제의 '화호지의'를 망치고 있다. 만일 두 나라가 전쟁을 벌여 어려움에 처해 궤산하여 달아날 경우 왕의 신민들은 모두 왕의 적국이 될 것이다. …… 지금 왕이 서생들의 말을 듣고 화호를 망침으로써 전쟁의 단서를 일으켰는데…… 이것은 내 탓이 아니고 모두 왕이 자초한 일일 뿐이라는 것은 하늘과 사람들이 명확하게 알고 있는 것이다.[46]

"인조가 강화도만 믿고 서생들의 말에 놀아나고 있다." 홍타이지는 이전에도 인조에게 서생들의 편벽된 말을 듣지 말라고 훈수한 적이 있었다. 그는 나덕헌 등에게 들려 보낸 국서에서는 자신에게 '신복臣服'하라는 요구를 하지 않았다. 그러면서 인조가 '서생들의 말을 듣고 흔단을 일으킨 것'을 자신이 전쟁을 일으키는 데 결정적인 명분으로 들이댔다. 조선이 먼저 형제 관계를 망쳤다고 강조한 것이다. 홍타이지는 조선이 만약 회개한다면 자제를 인질로 보내라고 요구했고,

받아들이지 않을 경우 모월 모일에 대군을 이끌고 쳐들어가겠다고 날짜까지 명시하면서 위협했다.

나덕헌과 이확은 귀국길에 통원보通遠堡에서 홍타이지에게서 받은 국서를 숙소에 던져 버린다. '예에 어긋나는 편지'이기 때문이라는 명분을 들이댔다.[47] 홍타이지의 칭제를 인정할 수 없다는 거듭된 못박기였던 셈이다. 이윽고 같은 해 10월, 조선은 청에 국서를 보냈지만 홍타이지는 "조선 국왕이 내 편지를 보지 않았는데 나도 볼 필요가 없다"며 사신과 편지를 돌려보낸다.[48]

홍타이지는 이후 1636년 11월, 여러 신료들을 이끌고 조선을 치는 이유를 하늘에 고하는 의식을 거행했다. 이어 조선에 유시문 형식으로 보내는 국서에서 정묘 이후 10년 동안 요민들을 받아들인 것, 공유덕 일행의 귀순을 방해하고 전투를 벌인 것, 명에는 병선을 주고 자신들에게는 주지 않은 것, 자신들과 절화하겠다는 교서를 쓴 것들을 침략의 명분으로 다시 언급했다.[49]

병자호란이 시작되는 순간이었다.

홀로 황손무의 충고를
이해하다

용골대 일행이 도주하고 나덕헌과 이확이 추방된 이후 조선은
이제 청과의 관계는 끝났다고 보았다. 용골대가 도주했을 무렵 조선
조야에서는 '오랑캐' 청에 대한 적개심과 비분강개, 나아가 허장성세
들이 뒤섞여 끓어올랐다.

병자년 봄에 오랑캐가 장차 황제라고 칭하겠다는 뜻을 그의 장수
용골대를 보내 통보했다. 그러자 위로는 재상부터 아래로는 태학의
유생까지 모두 그를 베어 죽이라 청하고, 이명李溟은 이서에게 권해
군대의 위엄을 보이게 하니 용골대가 몹시 놀라 도망가는데, 감히
성부나 인가에 들어가지 못했다. 그런데 평안감사 홍명구洪命耉가
용골대를 베기를 청했다. 비록 조정에서 그것을 허락하더라도 용골

대는 필시 이미 강을 건너가서 형세가 미치지 못할 것인데, 이런 빈 말을 해서 시의에 추중을 받으려고 했으니 당시 인심이 대체로 이와 같았다.[50]

이 같은 상황에서 1636년 6월 17일 조선은 청의 칭제를 인정할 수 없다는 답서를 격문 형식으로 써서 의주로 보낸다. 정묘년 화약을 맺을 때, 후금이 조선과 명의 군신 관계를 용인해 주었기 때문에 이제 와서 그것을 끊을 수 없다는 것, 요동과 심양 등지를 상실했다고 조선이 명을 배신할 수는 없다는 것, 과거 도요토미 히데요시가 조선을 침략했다가 말로가 좋지 않았다는 것들을 강조하고 정묘화약을 끊은 주체는 조선이 아니라 청이라는 사실을 분명히 밝혔다.[51]

격문을 보낸 이후 양국의 접촉이 중단된 상태는 지속되었다. 그런데 1636년 7월 말, 명에서 부총병 백등용白登庸이란 인물이 입국한다. 그는 인조를 만난 자리에서 비록 오랑캐와의 관계는 끊었지만 사람을 보내 적의 정세를 살피는 것이 필요하다고 충고한다.[52] 그의 '훈수'의 영향일까? 8월 2일, 신료들을 만난 자리에서 인조는 "국력이 약해 제대로 할 수 있는 것이 없는데 적의 동정도 모르면서 시간만 허비하고 있다"며 답답한 마음을 토로한다. 이어 청과의 관계를 빨리 복구해야 한다고 강조한다. "명도 그들을 제대로 제압하지 못하는 상황에서 청이 군사를 움직인 다음에는 우리의 기세가 꺾여 과거의 관계를 회복할 수 없다"고 지적했다. 하지만 우의정 이홍주는 당장 청에 추신사秋信使를 보내는 것부터 반대한다. 나덕헌과 이확이 치욕을 당한 이상 먼저 사신을 보내는 것은 불가하다는 논리였다.

인조가 어리석고 사리에 어둡다고 이홍주를 질책하자 윤황이 나선다. 그들이 황제를 칭했기 때문에 표문을 올리고 신하로 칭하지 않는 한 화의를 복구할 수 없다며 무비를 정돈하여 적을 막을 준비에 몰두하라고 촉구했다. 그러자 인조는 "저들이 우리에게 신첩臣妾이란 말을 했던 적이 없는데 어찌 표문을 올리고 칭신한다는 말을 먼저 꺼내느냐"고 일갈했다.[53] 요컨대 윤황을 비롯한 척화신들은 청이 칭제한 이상 모든 관계는 끝났다는 입장이었고, 인조와 최명길은 청이 조선에게 칭신하라고 요구한 적이 없는 이상 화약을 복구할 여지가 있다고 여겼던 것이다.

형제 관계를 복구하려고 시도할지 여부를 놓고 논란을 벌이고 있던 1636년 8월 말, 명에서 감군 황손무黃孫茂가 입국했다. 그의 공식 직함은 '흠차등래감군도欽差登萊監軍道'였다. 황손무가 가도를 거쳐 조선에 왔던 이유는 분명했다. 우선 가도 총병 심세괴에게 후금을 공격하라고 독려하고 동시에 조선도 공격에 동참하도록 채근하려는 목적이었다.[54] 요동 지역을 이미 상실한 상황에서 후금군의 서진西進을 견제할 수 있는 거점은 가도와 조선밖에 없었기 때문이다.

숭정제가 임명해서 보낸 황손무가 입경하자 인조는 모화관까지 나아가 영접하고, 인정전에서 칙서를 맞이하는 의식을 거행했다. 칙서의 내용은 미묘했다.

황제는 조선 국왕에게 칙유하노라. …… 무지한 노추(奴酋, 오랑캐)

가 험고함을 믿고 완강하게 버티는데 아직까지 천토(天討, 오랑캐에게 내리는 천벌)를 늦추어 죄가 이미 천지에 가득 찼도다. 요즘 변방 신하들의 보고에 따르면 저 도적이 다시 교활한 꾀로 조선을 위협했는데, 국왕이 능히 준엄한 말로 거절하고 함께 원수를 갚겠다는 의리가 간절하여 충직하고 양순한 마음을 변치 않았다 하니 몹시 가상하다. 이미 연해의 각 장수들에게 신칙하여 수군을 정돈, 격려하고 서로 연락을 취해 기각지세(掎角之勢, 앞뒤에서 적을 치는 것)를 이루고 기묘한 계책을 세워 승리로 이끌어 천토를 펴라 하였다. 하니 국왕은 충직하고 양순한 마음을 더욱 돈독히 하고 무략을 크게 드날려 함께 협력하여, 큰 공을 세워 영원토록 요해의 파도를 맑게 하고 번병藩屛의 공렬을 세워 여러 대를 지켜온 나라를 빛내 훌륭한 포상이 내려지기를 기다릴지어다.[55]

조선이 청과의 관계를 끊고 척화의 길로 가는 것을 찬양한 뒤 명군과 힘을 합쳐 청을 정벌하라는 주문이었다. 명이 흠차 사신을 조선에 보내 청과의 싸움에 나서라고 직접 요구한 것은 인조대 들어 처음 있는 일이었다.

황손무는 이전에 왔던 명의 사신들과는 전혀 다른 인물이었다. 그는 강서 건창建昌 출신으로 1622년(광해군 14)에 진사가 된 문관이었다. 왕민정과 호양보, 노유녕盧維寧 같은 기존에 왔던 환관 출신 사신들은 온갖 명목으로 엄청난 양의 은화를 뇌물로 챙겼는 데 비해 황손무는 몹시 청렴했다. 과도한 접대를 요구하지도 않고, 재물을 탐하지도 않았다. 술을 즐기고 조선 신료들과 시를 주고받는 '수창酬唱'도 벌였다. 전형적인 문관 출신 사신의 모습이었다.[56] 황손무는 귀국할 때, 조선에서 받았던 예물 가운데 금과 은으로 만든 그릇, 호피로 제작한 휘장 같은 것들을 모두 반납했다. 환관 출신 명사들의 무지막지한 탐욕에 몸서리쳤던 조선 신료들은 감격할 수밖에 없었다.

하지만 황손무가 보여 준 '과도한' 청렴의 자세는 다른 한편에서는 조선에 더 큰 부담으로 다가왔다. 은과 인삼 따위를 챙기는 데만 눈이 먼 사신들은 이런저런 틈을 보이기 마련이지만 황손무는 좀처럼 틈을 보이지 않았다. 실제로 그를 접대했던 신료들은 황손무가 거만할 정도로 도도하고 비위를 맞추기 어려운 인물이라고 평가했다.[57] 위기에 처한 명을 위해 조선으로부터 군사 원조를 얻어 내는 임무를 맡고 온 이상 그는 '대국'이자 '상국' 사신에 걸맞은 위엄을 보이려고 시도했던 것이다.

황손무는 인조에게 "청의 군사력이 만만치 않지만 그들이 오만해졌기 때문에 명과 조선, 그리고 다른 여진 부족이 힘을 합치면 그들을 제압할 수 있다"며 조선의 동참을 촉구했다. 그는 또 간첩을 들여보내 청의 내정을 정탐할 것과 명에 각종 물자를 공급하라고 촉구했다. 또 조선이 문치만 숭상하고 무비를 등한시했던 것, 병사와 농민을 구별하지 않은 것을 지적한 뒤 군대 조련에 힘쓰라고 강조했다.[58] 황손무는 서울에 머무는 동안 인조와 신료들을 설득하여 청과의 대결로 끌어들이기 위해 동분서주했다.

1636년 9월 15일 황손무는 급거 귀국길에 오른다. 청군이 거용관

居庸關을 통해 침략하여 북경을 포위하고 역대 황제들의 무덤을 파헤쳤다는 소식을 들었기 때문이다.[59] 귀국길에 가도에 들렀던 그는 조선 조정에 편지를 보내왔다.

몇 해 전에 귀국이 행한 기미는 그야말로 제대로 계책을 얻었다고 할 만했습니다. 이제 비록 호號를 참칭했지만 다만 그들 나라에서 지칭한 것일 뿐이니, 예가 아닌 일로 곧바로 귀국을 협박하지 않는다면 오래된 기미의 계책을 굳이 끊을 필요는 없습니다. 이것은 나라를 도모하는 좋은 계책이니 어찌 구구한 의리로 일시적으로 통쾌하게 들리게 하려고 망국의 화를 재촉하겠습니까? 저 반역하는 달자들이 조선에 창을 겨눈다면 귀국의 인심과 기계로는 저 강성한 도적들을 결코 당해 내기 어렵습니다. 만일 꺾여 굴복하지 않는다면 반드시 보존하기 어렵습니다. 이러한 형세는 비단 저만의 생각이 아니고 중국의 공론이 모두 이와 같습니다. 지금 귀국이 이 같은 기미의 계책을 잃어 병화를 당한다면 귀국의 불행일 뿐만 아니라 중국 또한 동쪽 변방에서 은연하게 성원하는 세력을 잃게 될 것입니다.[60]

인조나 조선 신료들에게 황손무의 편지 내용은 뜻밖의 것이 아닐 수 없었다. 서울에 머물 때 그는 분명 청을 치는 데 동참하라고 채근했기 때문이었다. 황손무는 조선이 정묘호란 당시 후금과 기미하여 형제 관계를 맺은 것을 '제대로 된 계책'이라고 높이 평가했다. 이어 청이 명시적으로 신속하라고 협박하지 않는 이상 그들과의 화친을 끊지 말라고 권고했다. 또한 청과 관계를 끊고 전쟁을 벌이면 조선은 십중팔구 망할 수밖에 없다고 경고했다. 그는 기본적으로 조선이 청의 군사력을 감당할 수 없다고 판단했던 것이다. 특히 그 같은 분석과 진단이 황손무 혼자만의 생각이 아니라 중국의 공론이라고 강조했다는 사실이 주목된다. 요컨대 황손무가 조선에 전한 메시지는 분명했다. 청과 화친을 끊어 전쟁을 벌이는 것은 조선의 불행일 뿐만 아니라 명에게도 전혀 도움이 되지 않는다는 것이었다.

황손무의 태도가 이렇게 돌변했던 까닭은 무엇일까? 애초에 황손무는 군사 원조를 이끌어 내고 청과 싸움을 붙이려고 조선에 왔다. 하지만 서울에 머무는 동안 관찰했던 조선은 청과 전쟁을 벌일 수 있는 역량을 지닌 나라가 아니었다. 그는 조선 신료들이 시서만 읊조릴 뿐 국가를 운영하고 국방력을 키우는 실질적인 경세치용經世致用의 사업에는 신경을 쓰지 않는다고 냉정하게 평가했다.

무릇 경서를 탐구하는 것은 장차 치용하기 위한 것인데 정사를 맡겨도 제대로 달성하지 못하면 시 삼백 편을 외워도 소용없는 것입니다. 저는 귀국의 학사나 대부가 송독하는 것이 무슨 책이며, 경제하는 것이 무슨 일인지 이해할 수 없었습니다. 뜻도 모르면서 그저 웅얼거리고 의관을 갖춘 채 영달만 누리니, 국도를 정하고 군현을 구획하며 군대를 강하게 만들고 세금을 경리하는 것들을 왕의 신하 중 누가 처리할 수 있겠습니까? 임금은 있으나 신하가 없으니 한심스럽습니다. 왕에게 지우를 받았기에 변변치 못한 견해를 대략 진달하

오니, 왕은 살피십시오.[61]

"임금은 있으나 신하가 없다"는 이야기를 스스럼없이 꺼낼 만큼 황손무의 눈에 비친 조선 신료들은 미덥지 못했다. 그런데도 조선의 척화신들이 "청 사신의 목을 베고 청과의 전쟁도 불사하겠다"고 기염을 토하는 것은 일견 기꺼운 일이었다. 하지만 명의 입장에서 조선이 청과 맺은 기존의 형제 관계를 파기하고 전쟁의 길로 가는 것은 위험천만한 일이었다.

만약 조선이 망하면 명은 어떻게 될 것인가? 미약하나마 조선이 배후에서 계속 버텨 준다면 청은 명을 공격할 때마다 조선 쪽을 돌아볼 수밖에 없다. 하지만 조선이 망해 버리면 청은 뒤를 돌아볼 염려 없이 명을 향해 달려들 것이고, 명은 더 심각한 위기 상황으로 내몰릴 것이다. 더욱이 당시 청은 장성을 넘어 북경을 포위하고 명 황제들의 무덤까지 파헤칠 정도로 마구 날뛰고 있었다. 조선이 비록 청을 제압할 만한 군사력은 없지만 망하지 않고 존속해야 청이 마음 놓고 명을 유린하는 것을 견제하는 역할을 할 수 있었다. 철저히 명의 국익을 생각했던 황손무는 냉철한 인물이자 현실주의자였다.

최명길은 황손무의 의중을 누구보다도 명확하게 이해했다. 그는 황손무에게 답장을 썼다. 최명길은 답장에서 "오랑캐들이 외람되게 황제를 칭한 데 격분하여 관계를 끊기로 결심했지만, 황손무의 가르침을 통해 구구한 의리를 지키려다가 천하의 대계를 그르칠 수 있다는 것을 깨달았다"고 고백했다.

처음에 한 조각 충성심으로 천조天朝를 위하고자 했는데 한때의 의성(義聲, 의로운 목소리)으로 도리어 천조에 해를 끼친다면, 당직(當職, 인조)의 처사가 바르지 못함이니 이것은 진실로 배꼽을 씹으려 하지만 거기에 미치지 못하듯이 후회막급한 일이 될 것입니다. 그렇지만 조금이라도 여전한 바람이 있다면, 보내 주신 자문의 간절한 가르침을 이미 받들었으니 힘을 다해 모책을 고쳐서 감히 병화를 완화시키는 계책을 삼지 아니하겠습니까.[62]

청의 침략을 감당할 역량이 없는 조선이 기존의 형제 관계를 끊고 청과 대결의 길을 택하는 것은 '의로운 목소리'에 불과할 뿐 망국을 초래하고 명에게도 해를 끼치는 이적 행위가 된다는 것을 깨달았다고 최명길은 강조한다.

황손무의 편지를 통해 최명길은 조선이 굳세게 살아남는 것이야말로 진정으로 명을 위하는 길이라고 인식했던 것으로 보인다. 그러니 척화신들의 주장대로 승산 없는 전쟁을 선택하여 망국의 길로 갈 것인가? 아니면 종사와 백성들을 보전하여 어떤 형태로든 명의 은혜를 갚을 수 있는 기회를 도모할 것인가? 최명길의 선택은 단연 후자였다.

청과의 관계를 신중하게 처리하라고 조선에 주문했던 사람은 황손무뿐만 아니었다. 가도의 명군 도독 심세괴도 비슷한 생각을 갖고 있었다. 병자호란이 일어나기 직전인 1636년 7월, 북경에 동지사로 가던 김육(金堉, 1580~1658) 일행을 만났을 때, 심세괴는 조선이 청과 사신을 왕래하는지 여부를 질문한다. 김육은 "오랑캐와 관계를 끊어 왕래하는 사람이 없다"고 답한다. 혹시라도 심세괴가 청과 상통하는 것을 힐책할 것을 우려한 답변이었다. 그런데 심세괴의 반응은 의외였다. "비록 관계를 끊었더라도 때때로 사람을 보내 정세를 염탐하라"고 권고했다.63

최명길 이외의 다른 신료들은, "간첩을 보내고 청과 섣불리 대결의 길로 가지 말라"고 했던 황손무 등의 충고에 어떤 반응을 보였을까? 그와 관련하여 병자호란 직전 최명길이 올린 차자에는 다음과 같은 구절이 있다.

칙사가 장차 귀국하여 황제에게 아뢰려는 주고(奏稿, 문서)를 베껴 보여 주고, 또한 벽제에서 송별연을 할 때 대면했던 대신들에게 더욱 간곡한 뜻으로 촉구했던 것은 진실로 우연한 계책이 아닙니다. 이것은 명나라 사람이 우리 나라의 병력이 약하여 오랑캐와 결코 맞설 수 없음을 보고, 다른 일은 우리에게 바라지 않고 계략을 쓰라는 방책을 부탁한 것입니다. 그의 계첩에서 "국경을 지키고 백성을 쉬게 하는 것이 인지상정이므로 겉으로는 그들에게 베풀지만 속으로는 우리를 위해 계책을 세워 예측할 수 없게 해야 한다"고 말한 것에서도 그 뜻을 알 수 있습니다. 그런데 두세 명의 연소한 자들이 칙사의 깊은 뜻과 묘당의 고심을 헤아리지 못하고 공공연히 장계를 올려 허물을 조정에 돌리면서 "우리 백성들을 속이고 황조를 배반한다" 같은 이야기를 조보에 올려 원근에 전파하니 무엇이 백성을 속이고

황조를 배반하는 것인지 모르겠습니다.[64]

진정으로 명을 위한다면 청과 대결의 길로 가지 말라는 황손무의 훈수도 척화파 언관들에게는 마이동풍이었다. 그들은 황손무의 충고를 따르는 것을 '백성을 속이고 황조를 배반하는 행위'라고 규정했다. 당시 언관들의 행태는 오늘날의 용어를 빌어 표현하자면 오로지 원칙만 고집하는 '근본주의'에 가까운 것이었다. 그들은 부모국 명에 대한 의리를 지켜야 하고 그러려면 오랑캐 청과는 어떤 타협이나 접촉도 해서는 안 된다고 강조했다. 또 그 과정에서 조선의 현실이나 존망 여부는 고려할 대상이 아니었다. 정작 명 황제가 파견한 사신은 "명을 위해 청과의 관계를 끊지 말라"고 신신당부하는데 조선의 언관들은 "명을 위해 청과의 관계를 끊어야 한다"고 고집하는 괴이한 상황이 빚어지고 있었다.

구구한 의성보다 천하의 대계를 중시하라는 황손무의 권고가 최명길에게는 상당히 큰 충격으로 다가왔던 것으로 보인다. 청에게 항복했던 이후인 1638년(인조 17), 최명길은 독보를 통해 보낸 주문(奏文, 임금에게 아뢰는 글)에서 병자호란의 전말을 명에 보고했다. 최명길은 주문의 맨 앞에서 황손무가 했던 '충고'를 제대로 실행하지 못한 것을 깊이 사과했다. 강약을 헤아리지 않고 청과의 기존 관계를 끊음으로써 결국 병자호란을 만나 항복했고, 그 때문에 명에 대한 의리마저 어기게 되었다며 처벌을 기다린다고 머리를 숙였다. 황손무의 권고를 실행하지 못한 데 대한 깊은 회한을 담고 있는 내용이었다.[65]

그렇다면 황손무는 조선이 병자호란을 맞아 청에게 항복함으로써 결과적으로 자신의 충고를 받아들이지 않았던 것에 대해 어떻게 생각했을까? 병자호란 직전 명에 파견되었던 김육과 동지사 일행은 이듬해 귀국길에 오르게 된다. 사절단의 서장관이었던 이만영(李晩榮, 1604~1672)은 1637년 5월 4일 장산도에서 황손무와 만났던 사실을 기록으로 남겼다. 당시 장산도의 명 관리나 군인들은 대부분 조선이 병자호란을 맞아 청에게 항복한 사실을 안타깝게 여겨 사신들을 위로했는데, 황손무는 한마디도 위로의 말을 건네지 않았다고 한다. 이만영은 그 때문에 "교만하고 거드름 피우는 사람됨을 알 만하다"고 황손무를 비난한다.66

황손무는 왜 조선 사신 일행에게 아무런 위로의 말도 하지 않았을까? 필자의 무리한 상상일 수도 있지만, 자신의 충고를 따르지 않고 청과 대결의 길로 갔다가 결국 항복했던 조선에게 불편한 감정을 느꼈기 때문에 그랬던 것은 아닐까?

병자호란이 일어날 무렵 척화론자들은 명에 대해 의리를 지키는 것을 존망, 강약, 이해를 초월한 절대적인 과제로 인식했다. 그들에게 명과의 의리를 준수하는 것은 외교상의 현안이라기보다 윤리와 도덕의 문제였다.67 그러려면 당연히 청과의 관계를 끊고 그들과 전쟁의 길로 가는 것 말고는 다른 방법이 없다고 보았다. 그런데 황손무는 조선이 청과 단교한 것을 찬양하고 또 청과 싸우도록 권유하기 위해 왔지만, 조선의 실상을 파악한 뒤에는 조선이 청과 싸우는 것을 말리려고 했다. 심지어 조선이 청과 대결하는 것은 명에 대해 의리를 지키는 진정한 방법이 아니라고 강조했다.[68] 조선이 어떻게 해서든 청 옆에서 망하지 않고 나라를 존속해 주는 것이야말로 명에 대한 의리를 지키는 길이라고 했다.

최명길은 황손무의 훈수를 접했던 것을 계기로 '진정으로' 명을 위하고 명에 대한 의리를 지키는 길은 조선이 은인자중하면서 청과 맺은 기존의 화약을 유지하는 것이라고 확신했다. 요컨대 최명길은 '근본주의자'들이 넘쳐나던 당시 조선에서 전략적으로 사고하고 행동했던 거의 유일한 인물이었다.

척화신들과
격렬한 논전을 벌이다

  그렇다면 당시 조선은 청의 침략에 대비하여 어떤 대책을 세웠을까? 청과의 관계가 끊어졌다고 생각했던 이후 안주성을 비롯한 평안도 일대의 성들을 정비하자는 주장, 효사수성과(效死守城科, 목숨을 걸고 성을 지킬 용사들을 뽑는 과거)를 설치하여 병력을 양성하자는 주장, 인조가 친히 개성에 머물러 적의 침략에 대비하자는 주장들이 제기되었다.

  인조는 1636년 4월 25일, 자신의 허물을 스스로 질책하면서 신하들에게 종사의 중흥을 위해 분발하고 단결하자고 호소하는 교서를 내린다.[69] 5월 26일, 인조는 한층 높아진 자신감을 피력했다. "수천 리 국토를 갖고 있는 조선이 한결같이 움츠리면서 오랑캐의 모욕을 받을 수는 없다"며 훌륭한 장수를 선발하고 군율을 밝혀 오랑캐 청의

침략에 대비하라고 하교했다. 청과 맞서기 위해 무엇인가 해 보자는 분위기가 조성되고 있었다.⁷⁰

4월 29일 인조는 최명길에게 병조판서를 제수했지만 최명길은 병으로 사양한다. 하지만 최명길은 청의 향후 동향을 예측하느라 분주했다. 병 때문에 쉬고 있던 6월, 최명길은 인조에게 강화도로 조정을 옮기라고 요청한다. 청이 침략할 경우 도무지 막아 내기가 어렵다고 판단했기 때문이다. 하지만 강화도로 이어移御하는 것은 비변사의 반대로 실행되지 못했다.⁷¹

최명길은 당시 조선 군사력의 실태를 잘 알고 있었다. 병력도 부족했고, 상당수 병사들은 훈련이 제대로 되어 있지 않았다. 1636년 7월 무렵 파악된 팔도 군병의 총수는 118,825명이었다. 그 가운데 속오군이 86,073명이었다.⁷² 장부상의 병력은 10만이 넘었지만 실제의 전투력은 미약했다. 같은 해 7월, 전 참봉 김확金鑊이 조정에 보고한 속오군의 실태는 한심했다.

신이 오랫동안 시골에 있어 군병을 뽑고 조련하는 일을 싫증 나도록 들었는데, 장수가 재주를 보고 장관이 사사로이 연습시키는 이가 모두 농사짓는 농민들이었습니다. 활, 칼, 기계들이 제대로 갖춰지지 않았으니 어찌 감히 군졸이 정예하기를 바랄 수 있겠습니까. 도망하거나 죽어서 궐원이 생겨 군졸을 더 뽑아 채우려 하면, 명령이 아직 내리지도 않았는데 먼저 도피하여 동쪽에 있던 자는 서쪽으로 가고, 서쪽에 있던 자는 동쪽으로 가서 고식적으로 면하는 것을 다행으로 여깁니다. 호패법을 비록 전처럼 거행할 수는 없지만…… 숨겨 준 것들이 많은데 장관이 색출하지 못하고 간사한 아전이 더불어 사사로이 합니다. 이것은 모두 인심이 착하지 않아서 나라를 위하는 마음이 없고 사사로운 정을 두기 때문입니다. 만일 법을 엄격히 하여 군병을 검속하려고 한다면 먼저 세력가로부터 시작해야 할 것입니다.[73]

농민들이 대부분을 차지하는 속오군은 무기도 제대로 갖추지 못했고 훈련도 되어 있지 않았다. 병력에 결원이 생겨도 보충하는 것은 여의치 않았다. 인조 초반에 실시하려 했던 호패법 같은 개혁 작업이 중간에 무위로 끝나 버린 여파가 컸다. 설사 병력이 있어도 문제였다. 군량을 공급하는 것이 어려웠기 때문이다. 정충신은 최명길에게 보낸 서신에서 당시의 군량 상황을 이렇게 보고한다.

적정을 알기 어려우니 오직 준비하고 기다려야 할 것입니다. 위급한 상황이 닥치면 제가 어찌 많은 병력을 요청할 것을 생각하지 않겠습니까? 하지만 병사들이 공기만 마시고 노을만 먹을 수는 없습니다. 장수들은 필시 식량을 달라고 안주에 요청할 것인데, 나라 전체의 비축을 다 털어도 단지 1만 병력이 3개월 먹을 수 있는 군량에 불과합니다. 청천강 서쪽 진지들의 경우에는 수백 명 군사들에게 3개월 치 군량도 주지 못하고 있습니다. 바야흐로 병력을 나눠 방어를 맡기면 여러 성들이 다투어 군량을 달라고 할 터인데 군량을 담

당하는 신하에게 과연 소하(蕭何, 전한의 정치가)의 방책이 있을지 모르겠습니다.[74]

나라 전체의 비축곡을 털어도 평안도의 1만 병력을 3개월밖에는 먹일 수 없다. 다소의 오차와 과장이 없지 않겠지만 당시 조선의 군량 상황을 잘 보여 준다.[75]

청의 침략에 대비한 방어 대책이 제대로 갖춰지지 못한 상황에서 시간이 흐르자 최명길은 초조해졌다. 그는 8월 27일 경연 석상에서 청에 역관을 파견하여 그들의 동태를 파악하자고 주장했다. 병법에는 권모술수도 필요한 법이니 추신사는 아니더라도 역관이라도 보내자는 고육지책이었다. 당장 척화신 조빈趙贇이 제동을 걸었다. 그는 '정묘 이후 화의 때문에 자강自强할 수 없었다'며 대의를 위해 관계를 끊어야 한다고 강조했다.[76]

황손무가 청과의 관계를 섣불리 끊지 말고 정탐하라고 강조했음에도 상황은 별로 달라지지 않았다. 최명길은 1636년 9월 5일, 차자를 올려 비변사가 일 처리를 몽롱하게 한다고 비판했다. 청과 관계를 끊고 척화하려는 것이 진심이라면 차라리 사간원 신료들의 주전론主戰論을 받아들이자고 주장했다. 비변사가 척화와 주화 사이에서 어정쩡한 태도를 취하고 있는 데 비해 사간원 신료들은 청과 맞서 싸우자는 입장을 명확히 밝혔기 때문이다. 그러면서 최명길은 청과 결전을 벌이자는 주장에 공감한다면 제대로 싸울 것을 주문했다.

신이 생각건대 대가(大駕, 임금의 수레)의 나아감과 머무름은 섣불리 의논할 수 없으나, 도체찰사와 도원수는 모두 평안도에 본부를 두고 병마사는 의주로 들어가 머물되, 여러 장수들과 '전진이 있을 뿐 후퇴는 없다'고 약속해야 싸우고 지키는 도리에 맞을 것입니다. 또 심양에 국서를 보내 군신의 대의를 갖춰 말하고, 추신사를 보내지 않은 이유를 말해야 합니다. 한편으로는 오랑캐의 정세를 탐지하고 한편으로는 저들의 대답을 관찰하여 만약 저들에게 별다른 마음이 없으면 전처럼 형제의 예를 쓰고, 호안국(胡安國, 1074~1138)이 논한 것처럼 우선 전의 약속을 지키면서 안으로 정사를 닦아 후일을 도모하되 석진石晉의 전철을 힘써 돌아봐야 합니다. 그렇지 않다면 의주를 굳게 지키면서 성을 등지고 한판 결전을 벌여 국경에서 안위를 결정하는 것이, 비록 만전의 계책은 아닐지라도 속수무책으로 망하기를 기다리는 것보다는 나을 것입니다.[77]

최명길 주장의 핵심은 이런 것이었다. 심양에 사람을 보내 청의 동향을 파악하고 그들이 형제 관계를 복구할 의사가 있는지를 확인한 뒤, 그렇지 않다면 국경에서 한판 결전을 벌임으로써 안위를 결정하자는 주장이었다. 최명길은 당시 조정의 분위기를 견딜 수 없었다. 과거 후금과 맺은 형제 관계를 복구하기 위해 노력하자는 주장은 대간들의 반대에 막히고, 황손무의 권유처럼 청에 사절을 보내 적정을 탐지하자는 주장도 반대에 부딪힌 상황에서 도무지 어떻게 하자는 것인지 알 수 없었다. 최명길은 인조에게 우물쭈물 시간만 보내지 말고 화친이든 전쟁이든 빨리 결단을 내리라고 촉구했던 것이다.

당시 조선은 청군이 침략할 경우 정묘호란 때처럼 강화도로 파천한다는 계획을 세웠다. 하지만 문제는 간단치 않았다. 강화도로 갈 경우, 육군은 물론 삼남의 수군 전력까지 총동원하여 강화도 방어에 모든 것을 걸어야 했다. 그것은 또한 청군을 서울 부근까지 깊숙이 끌어들이는 것을 의미했다. 최명길은, 청과 싸우겠다는 의지가 진정으로 확고하다면 청군이 가장 먼저 들이닥칠 국경에서 싸우는 것이 올바른 길이라고 보았던 것이다.

또 다른 문제는 유사시 조선이 강화도로 갈 것이라는 사실을 청이 이미 간파하고 있었다는 점이다. 양국 관계가 악화되고 있던 1633년 무렵부터 홍타이지는 "우리가 공격할 경우 너희는 보나마나 섬으로 들어가려 할 것"이라고 조선을 조롱했다. 또 나덕헌과 이확에게 들려 보낸 국서에서도 비슷한 내용을 언급한 바 있다.[78] 더욱이 공유덕 무리가 귀순하면서 청이 해전을 치를 수 있는 역량은 이전보다 크게 증강되었다. 실제로 홍타이지는 너희가 섬으로 들어가면 우리도 들어갈 수 있다고 자신감을 드러낸다.[79]

최명길도 한때는 인조에게 강화도로 들어가자고 주장한 적이 있다. 하지만 그는 청과의 형제 관계를 회복할 수 없다면, 청과 어떻게 할 것인지 명확하게 결단을 내리지 못하고 갈팡질팡하면서 시간을 보내는 것보다 압록강 변에서 결전을 벌이는 것이 그나마 낫다는 것으로 입장을 바꾼다. 물론 그가 공유덕의 귀순을 통해 청군이 수군을 갖게 된 것을 고려하여 입장을 바꾼 것인지는 알 수 없다. 다만 척화신들의 주장대로 청군과 싸우려는 것이 진심이라면 그야말로 제대로 싸우자는 것이 최명길의 생각이었다. 실제로 전쟁이 시작될 경우, 청군이 가장 먼저 몰려오는 곳이 어디일까? 십중팔구 압록강을 건너 의주로 올 것이다. 그렇다면 조선군 또한 압록강 변으로 나아가 싸우는 것이 정상이지 않을까?

그런데 9월 초순, 청의 마부대가 인삼 가격을 치르겠다며 의주에 나타난다. 그가 만나기를 청하자 의주부윤 임경업(林慶業, 1594~1646)은 그를 접대하면서 보관하고 있던 격문을 전달하려 했다. 내용을 확인한 마부대는 자신들이 이미 대호大號를 칭했는데 조선이 예전의 칭호를 썼다는 이유, 홍타이지의 명령이 없었다는 이유로 임경업이 전달한 격문의 접수를 거부했다. 그러면서 홍타이지는 매번 "조선은 아녀자의 나라인데 무엇을 믿고 그러느냐고 웃고 있다"는 사실을 전해주었다. 이어 조선이 격서를 꼭 보내고자 한다면 따로 사람을 보내라고 요구했다.[80]

주목되는 것은 당시 마부대가 '나덕헌 등에게 모욕을 주었던 것을 청도 후회하고 있다'는 이야기를 임경업에게 했다는 점이다.[81] 자신들이 이미 황제를 칭한 이상 과거의 관계는 받아들이지 않겠다는 의사를 표시하면서도 조선과의 마지막 대화의 문은 열어 놓겠다는 여지를 남긴 것으로 해석할 수 있는 대목이었다.

여하튼 황손무의 권유, 최명길의 차자에 자극을 받아서였을까? 9월 8일 비변사는 역관 권인록權仁祿을 심양에 보내 청의 동정을 탐문하라고 청했고, 인조도 받아들인다. 그러자 교리 조빈과 수찬 오달제

吳達濟가 반대 상소를 올린다. 황손무의 권유대로 청에게 반간계를 사용하는 것은 의리에 어긋나는 데다 실패할 경우 명의 질책을 받을 수 있다고 반대했다. 일주일 뒤, 반대 상소를 올린 헌납 이일상李一相, 정언 유황兪榥과 홍전洪瑑 등은 더 강력한 어조로 비변사와 인조를 성토했다.

아, 화친은 이미 끊어졌고 장려하는 (황제의) 칙서가 막 내려졌는데 (우리의) 거조가 바르지 못하여 여러 사람들이 의혹을 품으니 위로는 황조를 배신하고 아래로는 우리 백성들을 기만하는 것이 아니겠습니까?[82]

이들 척화신들 주장의 핵심은 '청과 이미 절교했으니 간첩을 쓰는 계책도 써서는 안 된다'는 것이었다. 주목되는 것은 사람을 보내 청과 다시 접촉하는 것을 '명을 배신하고 백성을 기만하는' 행위라고 극론했던 점이다.

명을 배신하고 백성을 기만하려 한다고 삼사 척화신들이 반발했던 여파는 컸다. 9월 19일, 인조는 역관 권인록과 박인범朴仁範을 심양으로 파견했다. 마부대가 임경업에게 사신을 보내도 된다는 여지를 남겨 놓았기에 이들을 파견함으로써 전쟁을 피하거나 늦출 수 있는 돌파구를 마련해 보려는 의도가 담긴 것이었다. 하지만 두 사람은 압록강을 곧바로 건너지 못하고 의주에 대기하게 된다. 삼사 신료들이 또다시 격렬하게 반발했기 때문이다.[83] 삼사 척화신들이 꺼내 든 명을 배신하고 백성을 기만한다는 공격 '카드' 앞에서 비변사의 대신들은 여전히 움찔했던 것이다.

급기야 최명길과 삼사의 척화신들은 직접 충돌한다. 같은 날 경연 자리에서 최명길은 청에 역관 보내는 일이 늦어지는 것을 우려한 뒤 "황손무도 간첩을 쓰라고 간곡히 부탁했으니 연소배들의 논의를 모두 들어줄 수는 없다"고 포문을 열었다. 최명길은 척화신들의 행태를 신랄히 비난했다.

우리 나라 사람들은 군사 기밀의 중요성을 알지 못합니다. 전에 강화도에 있을 때 대간이 야간에 습격하는 일을 가지고 논계까지 했으니 정말 가소롭습니다. 오늘의 일은 전하께서 심복 대신과 더불어 은밀히 의논하여 결정하시되 승지와 내관도 듣지 못하게 해야 가능한 것입니다.[84]

정묘호란 당시 적을 야간에 기습 공격하자는 주장이 제기되었을 때, 그것이 정의롭지 않다고 문제 삼았던 대간의 행태를 들어 최명길은 심양에 사람 보내는 것을 극력 반대하는 척화신들을 가소롭다고 비판했던 것이다. 당장 삼사 신료들이 반격에 나선다. 특히 조빈의 반박은 준열했다.

우리 나라는 중국을 높이고 오랑캐를 배척하는 것을 입국의 근본으로 삼았습니다. 광해군 때 하서국河瑞國을 보내 오랑캐와 왕래했는데 반정 초에 이것을 혼조昏朝의 죄악 가운데 하나로 지목했습니다. 지금 다시 참월한 오랑캐와 화친한다면 인심이 복종하지 않는 것이 어떠하겠습니까?[85]

조빈은 '오랑캐와 화친했기 때문에 광해군을 몰아냈다'는 것이 인조 정권의 '국시'이자 '공의'임을 강조하면서 최명길을 성토했던 것이다. 이어 오달제는 양사가 아직 논의를 끝내지도 않았는데 사자를 보내려는 저의가 무엇이냐고 최명길을 다그쳤다. 두 사람의 힐난 앞에서 최명길은 머쓱해질 수밖에 없었다. 최명길은 "오달제의 말이 매우 준엄하니 신은 굴복할 수밖에 없다"고 했다.[86] 푸념과 비아냥이 섞인 반응이었다.

후폭풍은 멈추지 않았다. 정언 홍처후洪處厚와 신상申恦은 최명길이 '청'이라는 국호를 쓰자고 청했던 것, 국가 대사를 승지와 사관도 배제한 채 심복 대신과만 은밀히 논의하자고 했던 것들을 통박했다. 이어 최명길을 다른 사람의 눈과 귀를 가리고 자기 욕심을 달성하려는 '간신'이라며 관작을 삭탈하라고 촉구했다.

인조는 "최명길은 원훈이자 중신으로 충성심과 계려計慮는 그 누구도 미칠 수 없다"며 홍처후 등을 질타했다. 급기야 오달제가 다시 상소하여 최명길이 대각의 체면을 깎아 내리고 공론을 무시했다고 극론하자 인조는 오달제를 파직시킨다. 그러자 최명길도 상차하여 판윤 자리에서 물러난다.[87]

청과의 화친을 다시 시도해 보려는 최명길과 그에 격렬하게 반대하는 삼사 척화신들의 논쟁과 갈등이 극단으로 치닫고 있던 11월 4일, 불길한 소식이 전해진다. 요동에서 도망쳐 온 한인 왕언과王彦科가 "청이 명을 공략한 뒤 소굴로 귀환했고, 겨울에 조선을 치기 위해 말을 먹이고 있다"는 정보를 전해 주었다.

최명길이 물러났지만 삼사의 척화신들은 멈추지 않았다. 부교리 윤집(尹集, 1606~1637)이 다시 상소하여 최명길을 격렬하게 성토한다.

화의가 나라를 망친 것은 옛날부터 그러했지만 오늘날처럼 심한 적은 없었습니다. 명은 우리에게 부모이고 오랑캐는 부모의 원수입니다. 신하 된 자로서 부모의 원수와 형제가 돼 부모를 잊고 저버릴 수 있겠습니까. 하물며 임진년의 일은 사소한 것조차 모두 황제의 덕분이니 우리가 살아 숨 쉬는 한 은혜를 잊기 어렵습니다.

지난번 전하께서 크게 분발하시어 의리에 따라 화의를 물리치고 중외에 포고하여 명에 알리시니 동토 수천 리가 모두 크게 기뻐하여 '우리가 오랑캐 되는 것을 면했다'고 했습니다. 그런데 이번에 장려하는 칙서가 내리자마자 사악한 논의가 일어나 그 입에서 '청국한淸國汗'이란 세 자를 차마 거론할 줄은 생각도 못 했습니다. 또한 승지와 근신들을 내보내라는 말도 있으니 너무도 심합니다. ……아, 옛날 화의를 주장한 사람은 진회 같은 자가 없는데 당시 그의 말과 사적은 사관의 필주(筆誅, 죄나 허물을 꾸짖는 것)를 피할 수 없었으니, 비록 크게 간악한 진회조차도 감히 사관을 물리치지 못한 것은 명확합니다. 대저 최명길은 진회도 감히 하지 못한 짓을 자행했으니 전하

의 죄인일 뿐만 아니라 진회의 죄인입니다.[88]

윤집은 상소에서 조선의 '부모'이자 '은인'인 명을 배신하고 청과 화의를 재개하려고 시도하는 최명길을 가리켜 '진회보다 더한 자'라고 극론했던 것이다.

이윽고 10월 27일에야 심양에 들어갔던 박인범 일행이 귀환하여 청이 침략해 올 기미가 보였다고 보고한다. 당시 홍타이지는 역관들을 만나 주지 않고 국서의 접수도 거부했다.[89] 위기감이 높아지면서 방어 대책을 마련하자는 주장이 제기되자 인조는 푸념을 늘어놓는다.

> 적을 막을 준비를 하려고 하면 형세가 이와 같고, 기미할 대책을 세우려고 하면 명사名士 무리들이 모두 불가하다고 한다. 적은 오고야 말 것인데 장차 어떻게 해야 하는가?[90]

'광해군이 후금과 화친했기 때문에 몰아냈던 것'을 국시라고 강조하고, 후금과 화친을 재개하려고 시도하는 것은 '명을 배신하고 백성을 기만하는 행위'라는 삼사 척화신들의 성토 앞에서 인조는 결단을 내리지 못했다. 청에 사신을 보내 화약을 복구해야 한다는 비변사의 주장에 동의하면서도 인조반정의 '명분'을 지키라는 척화신들의 채근 또한 물리치지 못했던 것이다.

전쟁을 피하기 위해 청과의 화약을 복구해 보려는 자신의 마지막 시도가 삼사 척화신들의 반대에 막혀 무산될 위기에 처하자 최명길은 애가 탈 수밖에 없었다. 최명길의 입장에서는 결단을 내리지 못하는 인조도 문제였지만, 척화와 주화 사이를 오락가락했던 영의정 김류의 처신 또한 이해할 수 없었다.

윤집이 상소에서 말한 대의는 나라의 존망을 헤아리지 않는 대의입니다. 이에 비해 제가 상소에서 말한 대의는 오로지 나라를 보전하기 위한 대의입니다. …… 이미 이성(二聖, 송의 휘종과 흠종)이 북으로 끌려간 것과 같은 원수 진 원한도 없고, 또 악비처럼 믿을 만한 명장도 없으니 조선의 신하된 자로서 《춘추》에서 말한 각기 제 임금을 위한다는 대의를 알 것 같으면 이제 후금 오랑캐와 화의한다는 것이 어찌 그리 의리에 어긋난단 말입니까?

지금 상공은 나라의 기둥으로서 장수와 재상의 덕을 겸하셨는데, 아침에는 주화하고 저녁에는 척화하여 아무런 주견도 없는 사람처럼 행동하십니다. 평소 고명하신 합하께서 어찌 대의에 처해 결정하는 것이 이리도 분명치 않다는 말입니까? …… 그렇거늘 지금 합하께서는 '진회 같은 자'라는 이름이 두려워 도리어 청론으로 돌아가셔서 화친 논의를 포기하시니 우리들이 당초에 강화를 의논하던 고심에 어찌 터럭만큼이라도 역적 진회와 같은 것이 있었습니까?

저에 대한 비방과 칭찬 같은 것은 구석으로 던져 버린 지 이미 오래입니다. 또 합하의 본심이 그렇지 않다는 것도 알고 있습니다. 다만 합하의 본심이 (현실 도피를 하려는) 청허(淸虛, 도교)의 설에 빼앗긴

것이 섭섭합니다.[91]

인조가 절대적으로 신임하는 원훈이자 '나라의 기둥'인 영의정 김류에게 빨리 중심을 잡고 화의에 동참하여 나라를 보전하라고 최명길은 촉구하고 있다. 주목되는 것은 최명길이 나라를 보전하는 데만 집중할 뿐 자신에 대한 평가에는 개의치 않는다고 강조한 부분이다.

정묘화약 복구 시도를 둘러싸고 비변사와 삼사의 논란이 이어지고 인조는 결단을 내리지 못하는 어정쩡한 상황에서 시간은 속절없이 흐르고 있었다.

최후까지
화친을 위해 부심하다

청의 침략과 전쟁이 기정사실로 굳어져 가고 있던 상황에서 최
명길은 인조에게 다시 차자를 올린다. 세 번째 차자를 올리는 최명길
의 마음은 비장했다. 병은 고질이 되고 다른 신료들의 비방이 빗발치
는 와중에 살고 싶은 마음은 없지만, 마음속에 남은 이야기를 인조에
게 쏟아 내지 않으면 원통하고 분해서 견딜 수 없다고 토로했다.[92] 세
번째 차자에서도 최명길은 청과의 화친을 복구하는 것이 절박하다고
강조한다. 그러면서 그는 석진石晉의 사례를 인용하여 조선의 당시
상황을 분석하고 있다.

대저 상유한(桑維翰, 898~946)의 간언은 지혜로움에 가깝지만 애
초 계책을 잘못 써서 임금을 오랑캐에게 신복하도록 이끌어 중국의

환란을 만들었습니다. 경연광(景延廣, 892~947)의 말은 올바름에 가깝지만 시의를 헤아리지 못하고 섣불리 오랑캐와의 틈을 만들어 나라가 망하게 하는 화를 초래했습니다. 그들의 일은 비록 다르지만 죄는 똑같기에 주자가 《강목綱目》에서 그들의 관직을 삭제하고 모두 폄하했습니다.[93]

석진은 후진後晉을 가리키는데 석경당(石敬瑭, 892~942)이 세웠기에 석진이라고도 부른다. 석경당은 오대 시절 후당(後唐, 923~936)의 하동절도사였다. 석경당은 후당에 반기를 들었는데 후당의 말제末帝는 초토사 장경달張敬達을 보내 석경당을 토벌토록 했다. 전세가 불리해지자 석경당의 책사였던 상유한은 석경당에게 거란의 원조를 받으라고 권유한다. 석경당은 상유한의 계책을 따랐고, 거란의 야율덕광耶律德光은 원병을 이끌고 출전한다. 이윽고 야율덕광은 석경당을 황제로 임명하고 자신의 의관을 벗어 입혀 주는 책봉 의식을 거행했다. 석경당은 그 대가로 거란에 신복하고 연운십육주를 넘겨준 뒤 해마다 30만 필의 비단을 세폐로 바치기로 약속했다. 또 야율덕광은 석경당에게 상유한을 재상으로 삼을 것을 종용한다. 거란의 군사 원조를 받은 석경당은 936년 후당을 멸망시키고 후진을 건국했다.[94]

거란의 원조 덕분에 석경당은 제위에 올랐지만 석진의 상황은 심각했다. 장기간의 전쟁으로 국고는 고갈되고 민생은 도탄에 빠졌는데 상국이 된 거란의 징색은 끝이 없었다. 그런데도 석경당이 거란에 극진히 사대하자 석진 내부에서 반발이 터져 나왔다. 지방의 절도사들 가운데서 거란 사신을 살해하는 자들이 나타나기도 했다. 그러자 상유한은 941년 비밀리에 상소하여 거란의 은혜가 크다는 사실, 그들이 강성하고 전성기에 있다는 사실, 반면 석진은 전쟁의 후유증 때문에 재정이 고갈되었다는 사실들을 상기시킨 뒤 섣불리 거란을 배신하여 사달을 일으키면 안 된다고 극간했다.[95]

942년 석경당이 죽자 천평절도사天平節度使 경연광이 석경당의 조카 석중귀(石中貴, 출제)를 옹립하고 조정의 실권을 장악한다. 출제가 즉위한 뒤 경연광은 거란에 칭신하지 말고 다만 '손자'라고 칭하자고 주장했다. 반대가 많았지만 출제는 경연광의 건의를 따랐고 거란은 격분하게 된다. 경연광은 거란 사신에게 "선황제(석경당)는 거란에 의해 옹립되었기에 칭신했지만 지금 황제는 중국에서 세웠으니 이웃으로서 손자라 칭하면 충분하다. 만약 조부(거란)가 노하여 전쟁을 걸어온다면 손자는 10만 병력으로 칼을 갈아 족히 상대할 수 있으니 손자에게 패하여 천하의 웃음거리가 되지 마라" 하고 호언했다. 상유한이 거란과의 약속을 파기하면 안 된다고 누차 지적했지만 출제는 듣지 않았다.[96]

이윽고 944년 거란군이 침략을 개시한다. 출제는 역관을 보내 구호舊好를 회복하자고 청했지만 야율덕광은 거부한다. 당시 유지원劉知遠 등이 거란군의 공격을 막아 내면서 석진은 근근이 버티게 된다. 하지만 전쟁이 길어지면서 재정은 고갈되고 민간에 대한 가렴주구는 극한 상황으로 치닫게 된다. 출제는 신료들의 '공공의 적'이 되어 버린 경연광을 좌천시키고 상유한을 중서령中書令 겸 추밀원사樞密院使

로 임명하여 난국을 타개하는 책임을 맡긴다. 민생과 재정이 한계에 처한 상황에서 상유한은 출제에게 거란과의 화약을 복구하라고 촉구했다. 출제는 장휘張暉라는 인물을 거란에 보내 다시 칭신하겠다고 청한다. 그러자 야율덕광이, 경연광과 상유한을 잡아 보내고 영토를 추가적으로 할양하라고 요구하여 교섭은 결렬된다.[97]

주목되는 것은 당시 출제가 역관 곽인우郭仁遇를 고려에 보내 고려로 하여금 배후에서 거란을 공격하라고 권유했다는 사실이다. 거란이 발해를 멸망시킨 데다 과거 왕건王建이 석진에 거란을 협공하자고 제의했던 것을 고려한 조처였다. 하지만 곽인우가 고려의 군사력이 미약한 실상을 목도하면서 고려와의 제휴 계획은 무위로 돌아가게 된다.[98]

거란의 공격을 근근이 버텨 내고 있던 945년 3월, 도배진사都排陳使 부언경苻彦卿이 양성陽城에서 거란군을 대파한다. 예기치 못한 승전 소식에 출제는 고무되었고, 무절제한 사치에 빠진다. 상유한이 간했지만 출제는 받아들이지 않았고 상유한이 모반할까 의심하여 정사에서 배제해 버린다. 946년부터 거란군의 집요한 공격에 무너지거나 투항하는 진영이 속출했다. 상유한은 대책을 진언하려고 면담을 요청했으나 출제는 거부한다. 급기야 장언택張彦澤이란 장수가 거란군을 이끌고 궁궐로 들이닥쳤고 출제는 그에게 사로잡히고 만다. 장언택은 도성을 대대적으로 겁략한 뒤 상유한을 살해하고 출제를 개봉으로 끌고 간다. 한편 야율덕광은 경연광을 사로잡은 뒤 "두 군주 사이의 화호를 망친 것은 너의 짓이다. 칼 가는 10만의 군사는 어디 있는가?"라고 조롱한다.[99] 946년 11월, 석진은 석경당이 나라를 세운 지 11년 만에 망하고 말았다.

이상 석진이 거란의 도움을 받아 건국했다가 파맹罷盟하고 끝내는 거란의 침략을 받아 망하게 되는 전말을 《자치통감資治通鑑》의 내용을 토대로 간략히 정리해 보았다. 최명길은 석진의 흥망 과정에서 결정적인 역할을 했던 상유한과 경연광의 행적을 세심하게 고찰했던 것으로 보인다. 그런데 최명길이 주로 문제 삼은 것은 경연광의 행적이었다. 경연광이 거란에 신복하는 것을 수치로 여겨 맹약을 파기했던 것을 신랄하게 비판했다.

> 선유先儒 호씨(胡氏, 호안국)의 논의를 보면 "일로 말하면 경연광이 석진을 망하게 한 죄는 속죄할 수 없는 것이다. 정으로 논하면 석진이 거란을 아버지로 섬김으로써 중외의 인심이 모두 불평했기 때문에 연광이 개연히 한번 설욕하려 했으나, 경술하게 신의와 우호를 저버리고 스스로 흔단을 만드는 것을 생각하지 못했다. 좁은 속마음으로 생각해 낸 얕은꾀와 하루아침의 분노 때문에 자기 몸과 임금에게 (화가) 미치게 했다. 만일 경연광이 생각을 잘하고 때에 맞춰 움직여 우선 앞의 약조를 지키고 안으로 정사를 닦았더라면 몇 년 지나지 않아 뜻을 펼 수 있었을 것이다"라고 했습니다.[100]

최명길은 송의 학자 호안국의 평가를 인용하여 경연광의 행적을 비판한다. '오랑캐' 거란을 임금으로 섬기기로 했던 것은 분명 치욕이지만, 거란의 침략을 감당해 낼 수 없는 상황에서 섣불리 맹약을 파기하여 자신은 물론 임금에게까지 화가 미치도록 만들었다는 것이다.

최명길은 세 번째 차자를 올리면서 이 내용을 등사하여 조익을 비롯한 친구들에게도 회람시킨 바 있다. 그는 조익에게 보낸 편지에서, 신하가 되어 나랏일을 도모하면서 길게 보는 안목을 갖지 못하고 자신의 주장과 계책만을 고집하다가 나라를 망하게 했다면 그 일이 비록 바르더라도 죄를 피할 수 없다고 역설했다.

> 그런데 위로는 천시天時를 모르고 아래로는 인기人機를 모르는 무리들이 항상 '화친을 주장하여 오랑캐를 섬기려 한다'는 이유를 들이대며 저를 책망하고 척화를 준열하게 주장하여 국가 존망의 대계를 훼손하고 있습니다. …… 무릇 신하의 도리로 우리 임금을 편안하게 하고 백성을 보전하는 것이 마땅하고, 우리 임금을 해치고 병화를 재촉하는 것이 부당하다는 것은 명백히 득중(得中, 넘치거나 모자람이 없이 마땅한 것)의 의리입니다. 그런데 오늘 조정에 가득한 명류들은 모두 나라를 위하는 충신들이라지만, 국망의 화가 닥쳐오는 것을 망각하고 한갓 맑고 고고하나 허탄한 의리만 알고 있을 뿐입니다. 제 어찌 그들이 맑고 높이 여기는 바를 알지 못하겠습니까? …… 저는 오로지 천시에 순응하여 종사를 보존하는 것을 주로 할 뿐 제 몸의 영욕은 헤아리지 않습니다. 그래서 기미로써 화를 완화하자는 말씀을 드리는 것입니다.[101]

척화신들이 맑고 높은 의리를 외치는 충정은 이해하지만 그것은 병화를 재촉할 뿐 종사와 백성을 보전하는 길은 아니라는 것이다. 최명길은 '청과 어떤 접촉도 해서는 안 된다'고 강조했던 당시 척화신들의 주장에서 석진 시절 경연광의 모습을 떠올렸던 것으로 보인다. 그러면서 자신은 오직 종사를 보전하려 할 뿐 '진회의 죄인'이라는 모욕을 받아도 기꺼이 감수하겠다는 각오가 결연하다.

그런데 조익은 최명길의 주장에 동의하지 않았다. 그는 답서에서 최명길의 주장은 결국 오랑캐에게 칭신하자는 주장이라고 비판했다.

지금의 형세는 이전과 완전히 달라 저들이 이미 참람하게 칭제했으니 만약 잠깐이라도 따른다면 바로 그 아래에 놓이게 되어 저들이 점점 우리를 속국으로 대하려고 할 것입니다. 만약 한결같이 겁먹고 두려워하여 감히 거역하지 못하면 반드시 칭신하기에 이르고, 칭신하게 되면 나라가 망하는 것은 필연적입니다. 본래는 나라를 보전하려던 것이 도리어 나라가 망하도록 재촉하는 셈입니다. 또 화이華夷와 역순逆順을 논하지 않고 크고 작음을 말하더라도 저들 무리는 겨우 우리 나라의 한 도道와 같을 뿐인데, 저들은 천자가 되고 우리는 신하가 된다면 천하에 어찌 이런 이치가 있을 수 있습니까. …… 이미 (저들과) 절화한다고 명에 통고해 놓고는 명에 알리지도 않고 저들과 몰래 통하는 것은 결단코 불가합니다. 만약 사실대로 알려 준다면 명은 장차 뭐라고 하겠습니까. 밖으로는 천하로부터 비방을 받게 되고, 안으로는 사대부들의 마음을 답답하게 하고 장사들의 뜻을 해이하게 할 것이니 생각건대 이로운 점이 보이지 않습니다.[102]

조익은 청이 '오랑캐'이기 때문인 것은 말할 것도 없고, 그들이 겨우 조선의 한 도에 지나지 않는 작은 무리들이므로 그들을 인정하는 것은 있을 수 없다고 강조했다. 즉 청은 '하찮은 오랑캐'에 불과하므로 그들을 기미하여 기존의 화약을 복구하려는 최명길의 시도는 무리한 것이라고 비판했던 것이다. 조익은 또한 차자를 올릴 경우 척화신들은 물론 온 나라의 반대 여론이 끓어올라 최명길을 성토할 것이라고 경고한 뒤 차자를 올리지 말라고 권유했다.[103]

조익의 반박 편지를 받은 직후, 최명길은 다시 보낸 편지에서 자신의 생각을 솔직하게 피력했다.

대저 천리의 성쇠는 화華와 이夷에 거역하느냐 순종하느냐에 있지 않고, 제왕의 흥망은 크고 작음, 강함과 약함에 달린 것도 아닙니다. 그러므로 우리가 천자가 되고 저들이 신하로 예속되는 일이 천하에 어찌 그럴 이치가 없겠으며, 저들이 천자가 되고 우리가 신하로 예속되는 일이 천하에 또 어찌 그럴 이치가 없겠습니까? …… 이것이 비록 예전 성인과는 다르고 또 화이의 분별이 있기는 하지만, 왕업을 일으키는 사람은 화와 이의 차이를 두고 논할 수 없으며 또 크고 작음을 이유로 경솔히 할 수 없다는 것은 명약관화한 만고의 천리입니다. …… 오랑캐의 무리가 비록 우리 나라의 한 도에 불과하다 하

더라도 어찌 크기로 그 강약을 논하고 어찌 장담만으로 나라를 일으
키려는 그 웅심을 꺾을 수 있겠습니까?[104]

최명길의 위의 발언은 매우 중요하다. 무엇보다 천리의 성쇠는
일정하지 않아서 때에 따라서는 '오랑캐'도 왕업을 일으킬 수 있다는
인식이 주목된다. 그것은 청이 '오랑캐'이므로 그들이 칭제했다는 사
실 자체를 인정할 수 없다는 척화신들의 사고와는 근본적으로 다른
생각이다. 청이 비록 '오랑캐'지만 그들도 엄연히 제업帝業을 이룰 수
있는 능력과 시운을 가질 수 있다는 것을 받아들이자는 주장이기도
하다. 최명길이 지니고 있던 양명학적인 세계관에서 비롯된 인식일
지도 모를 일이다.

'오랑캐' 청이 이미 칭제했으니 조선은 어떻게 할 것인가? 최명길
은 계속 이야기한다.

저들이 이미 황제를 칭하고 우리를 비례로 대접한다면 논자들의
말처럼 명호名號가 달라졌다는 것이 옳습니다. 그러나 저들이 황제
의 칭호를 참람하게 사용하더라도 이웃 나라와 맺은 형제의 의를 어
기지 않고 우리를 전과 다름없이 대한다면, 저들이 감히 황제를 칭
하거나 말거나 우리 나라가 간여할 일이 아닙니다. 우리 힘으로 저
들이 칭제하는 불의를 제어할 수 없으니 잠시 그대로 내버려 두어
참견하지 말고 전처럼 형제의 약조를 지키면서 내치와 국방을 다져
나가는 것이 진실로 우리 나라가 취해야 할 좋은 정책입니다. 어찌

저들에게 순종하여 허여許與하는 것을 곧 저들의 아래에 굴복하는 것이라 따진단 말입니까? 저들에게 순종하든 순종하지 않든 간에 저들 아래에 굴복하여 속국으로 취급받기에 이르는 것은 형제로 칭하지 않는 데 있습니다. 그런데 저들이 지금 감히 황제를 칭하기는 했지만 우리에게 비례로 협박하지 않고 우리를 형제로 대접하는 것은 이전과 마찬가지이니, 우리가 저들에게 순종하여 허여하는 것은 저들에게 순종하는 것 같기는 하나 순종하지 않는 것입니다.[105]

최명길은 적어도 당시까지는 청이 조선에게 신복臣服하라고 명시적으로 요구했던 적이 없다는 사실을 강조한다. 그렇다면 조선은 일단 기존에 청과 맺은 형제 관계를 계속 유지할 수 있도록 끝까지 노력하는 것이 절실했다. 그런데 척화신들은 '오랑캐'가 칭제했다는 사실에 격분하여 기존에 맺은 형제 관계까지 모두 파기하자고 주장했다. 나아가 '용골대 일행의 목을 치고 청과 결전을 벌이자'는 과격하고 늠름한 언설들을 쏟아 냈다. 하지만 최명길이 보기에 조선은 석진만큼의 군사력도 갖추지 못한 상태였다. 그런데도 청과의 화약을 복구하려고 시도하는 것은 물론이고 그들과 어떤 형태의 연락이나 접촉도 불가하다는 척화신들의 반대에 최명길은 초조하고 다급해졌다. 최명길은 그래서 상유한과 경연광의 고사를 꺼내 든 것이다.

최명길은 기본적으로 두 사람을 모두 비판했다. 하지만 경연광에 대한 비판이 훨씬 신랄하다. 상유한이 애초에 거란을 끌어들인 '원죄'가 있긴 하지만, 거란군을 물리칠 수 있다고 호언장담하며 그들과 맺은 약속을 파기하여 거란의 침략을 유발한 결정적인 책임은 경연 광에게 있다고 보았다.[106] 반면 나라의 존망이 경각에 달린 상황에서 출제에게 거란과의 약속을 지키고 맹약을 복구하라고 누차 간청했지만 끝내 용납되지 못하고 좌절했던 상유한에게는 동병상련의 연민을 품었던 것으로 보인다. 최명길이 보기에 당시의 조선 또한 석진의 전철을 답습하기 직전의 모습이었던 것이다.

9장
병자호란과 최명길의 고투

목숨을 걸고 인조를
남한산성으로 들여보내다

1636년 11월 16일, 비변사는 인조에게 청을 기미하고 정묘화약을 복구하자고 건의한다. 인조도 건의를 받아들여 청과 다시 기미한다는 조정의 방침을 중외에 포고하라고 지시했다. 그리고 박난영을 파견하여 '관계를 끊지 않겠다'는 조선의 본심을 청에 전하기로 결정했다. 또 추신사도 파견하기로 결정했다. 하지만 11월 24일, 청으로 가져 갈 국서에 '청'이라는 국호를 사용하는 여부를 놓고 다시 논란이 빚어진다. 그런데 조선의 의사와 관계없이 전쟁의 발발은 돌이킬 수 없는 상황으로 굳어지고 있었다. 11월 25일 홍타이지는 조선을 정벌하겠다는 사실을 하늘에 고하는 고천告天 의식을 거행한다.

1636년 12월 13일, 청군이 침략을 개시했다는 소식이 전해졌다. 민심은 순식간에 술렁였고 도성을 빠져나가려는 사람들이 줄을 이었다. 낮과 저녁 무렵에 장계가 거듭 들어왔는데 적이 이미 평양까지 남하했다는 소식이 담겨 있었다. 이튿날인 14일에는 정방산성正方山城에 머물던 도원수 김자점이 보낸 장계가 조정에 도착했다. 장계에 따르면 청군은 이미 안주를 지나고 있는 상태였다. 나만갑羅萬甲은《병자록》에서 14일 이전부터 압록강 쪽에서 청군의 침략을 알리는 봉화가 올랐는데 김자점이 그것을 무시했다고 적었다. 김자점이 봉화가 오른 것을 보자마자 한양에 알렸더라면 상황은 달라졌을 것이다.

무엇보다 청군은 전격적인 기습 작전을 펼쳤는데 조선이 그것에 제대로 대응하지 못한 데 문제가 있었다. 야전에서는 청군의 철기를 감당할 수 없다고 여겨 들판을 비우고 산성으로 들어가 지키는 전략을 고수했던 것이 치명적이었다. 평안도 지역의 산성 대부분은 서울로 이어지는 대로에서 수십 킬로미터 떨어져 있었는데, 청군 선봉은 조선군이 집결해 있는 산성을 외면하고 텅 빈 들을 지나 곧장 서울로 돌격해 버리는 난감한 상황이 펼쳐졌던 것이다.[1] 일찍이 병자년 봄, 이민환(李民寏, 1573~1649)은 야전을 포기하고 산성만 고수하는 전략의 위험성을 경고하고, 조선도 기마병을 확보하여 청군의 돌격에 직접 맞설 것을 촉구한 바 있었다.[2]

청군이 한양을 향해 돌격해 온다는 급보가 이어지자 인조는 신하들을 불러 모았다. 영의정 김류는 병력을 징발하되 개성의 병력 1,600명을 도원수에게 주어 적을 막도록 하고 서울과 경기도 일원의 병력을 소집하여 대가를 모시고 강화도로 가자고 건의했다. 반면 인조는 의외로 차분했다. 무슨 근거인지는 몰라도 "적이 깊숙이 들어오지는 않을 것이니 정확한 보고를 기다린 뒤 움직이자"고 했다. 여러 신하들이 정묘호란 때처럼 세자가 이끄는 분조分朝를 설치하자고 주장했지만 인조는 받아들이지 않았다. 인조는 김류 등이 간곡하게 요청하자 강화로 옮길 것을 승낙하고 늙고 병든 신하들에게 먼저 강화도로 들어가라고 지시했다.

인조 일행이 강화도로 가기 위해 창경궁을 나선 것은 12월 14일 저물 무렵이었다. 남급南磎은《남한일기》에서 인조의 출발이 오후 서너 시쯤이었다고 적었다. 조익은 정오를 알리는 북이 울릴 때까지 김류, 홍서봉洪瑞鳳, 이홍주 등 정승들이 창경궁 선정문에서 기다리고 있었다고 적었다. 이조판서였던 최명길은 말을 타고 창경궁을 나와 인조를 호종했다. 그는 병 때문에 인조가 탄 가마를 바로 수행하지 못했는데 며느리가 구해 준 말을 타고 허겁지겁 인조의 뒤를 따랐다.[3]

하지만 인조 일행이 숭례문 부근에 이르렀을 때 청군 선봉은 이미 양철평을 지나 사현까지 도착한 상태였다. 사현은 오늘날의 무악재 부근이다. 인조와 신료들은 경악했다. 적이 바로 코앞까지 와 있는 상황에서 강화도로 들어가는 것은 불가능했다. 강화도로 가려면 한강 변에서 배를 타고 난지도를 지나 김포 통진까지 가야 했는데 당시는 겨울이었다. 한강이 얼어 있는 것은 물론이고, 청군이 지척에 있는 상황에서는 한강 변까지 가는 것 자체가 어려워진 상태였다. 거의 공황 상태에 빠진 인조는 숭례문 문루에 올라 훈련대장 신경진에게 숭례문 밖에 진을 치라고 명령했다.

한마디로 어처구니없는 상황이었다. 불과 며칠 전까지만 해도 조정 안팎에서는 청군과 목숨 걸고 싸우자는 결전론이 비등했다. 그런데 막상 전쟁이 터지자 결전은커녕 화살 한 발 제대로 쏴 보지 못한 채 임금이 적의 공격에 노출될 판이었다. 이 절체절명의 위기 상황에서 최명길이 나선다. 이긍익의 《연려실기술》은 당시 최명길의 행적을 이렇게 기록했다.

임금이 "일이 급하게 되었으니, 장차 어찌해야 하는가?" 하니, 대신과 재신들이 황망하여 대답할 바를 몰랐다.

이조판서 최명길이 나와 "종묘 사직의 존망이 호흡 사이에 달려 있어 해 볼 만한 일이 없으니, 청컨대 신이 단기로 달려가서 적장을 보고 까닭 없이 군사를 일으켜 깊이 쳐들어온 까닭을 묻겠습니다. 오랑캐가 만일 신의 말을 듣지 않고 죽인다면 신은 말발굽 아래에서 죽을 것이요, 다행히 서로 이야기가 되면 잠시라도 칼날을 멈추게 할 것입니다. 그러면 서울 가까운 곳에서 방어할 만한 땅은 남한산성만 한 데가 없으니, 전하께서는 수구문을 통해 나가서 빨리 달려 산성에 들어가 일의 추이를 보소서"라고 아뢰었다. 또 "동중추부사 이경직李景稷이 강개하고 기절이 많으니 부사를 삼을 만합니다" 하고 말하니 임금이 허락했다. 금군 20명을 나누어 주어 따라가게 했더니 모두 흩어져 달아나고 이경직과 비장 한 사람만 따라갔다.

최명길이 사현에 가서 적의 군사를 만나 마침내 말을 머물게 하고, 맹약을 어기고 군사를 발동한 까닭을 힐문하며 일부러 이야기를 끌어 해가 기울게 되니, 이에 임금이 세자와 백관을 거느리고 마침

내 남한산성으로 들어갔다. [4]

위의 《연려실기술》 말고도 《인조실록》, 조경남趙慶男의 《속잡록
續雜錄》, 나만갑의 《병자록》, 남급의 《남한일기》, 저자 미상의 《산성
일기》들은, 내용에 약간의 차이가 있지만 모두 최명길이 "적진에 가
서 상황을 살피고 적의 예봉을 늦춰 보겠다"고 했다고 기록했다. 최
명길이 자발적으로 목숨을 걸고 적진으로 달려갔던 사실을 강조하고
있는 것이다. [5]

반면 유계兪棨가 쓴 《남한일기南漢日記》의 내용은 전혀 다르다.

> 상이 최명길과 이경직 등을 시켜 적진으로 가서 호의를 통하라고
> 명하셨다. 또 신경진을 시켜 도감 포수 수백 명을 남문 밖에 진을 치
> 도록 하여 뜻밖의 사태에 대비하게 하셨다. 이보다 먼저 조정은 이
> 미 정에 포수 수백 명을 보내 사현을 방어토록 했다. 적병이 이미 이
> 르자 군사들은 모두 화약을 장착하여 적군 선봉을 섬멸하려고 대기
> 했는데 명길이 힘써 개유하여 그들에게 한 발도 쏘지 못하게 하고는
> 적병을 호행하여 사현을 넘어왔다. [6]

유계는 최명길이 자발적으로 적진으로 달려간 것이 아니라 인조
가 시켰다는 점을 강조한다. 심지어 최명길이 아군으로 하여금 적에
게 총을 쏘지 못하게 했고 청군을 도성으로 이끌고 들어왔다는 뉘앙
스까지 풍기고 있다. 전후 맥락으로 볼 때 유계의 기록은 최명길이 목

숨을 걸고 인조를 위해 시간을 벌어 주었다는 사실을 고의적으로 삭제하려고 했다는 의심을 지울 수 없다. 유계는 철저한 척화파였다. 이미 최명길이 정묘호란 때부터 강화를 주창한 것이 못마땅했기 때문에 위와 같은 기록을 남겼던 것으로 보인다. 국왕 인조의 안위마저 경각에 달렸던 위기의 순간, 자진하여 청군 진영으로 달려가 그들과 협상을 벌이면서 피신할 수 있는 시간을 벌어 주었다는 사실을 인정하기가 싫었다고 볼 수 있다.

하지만 최명길이 자진하여 적진으로 달려갔던 것은 부인하기 어려운 사실이다. 우선 실록에서도 최명길이 자진하여 적진으로 가겠다고 적었음을 염두에 둘 필요가 있다. 인조 또한 최명길이 자신을 위해 적진으로 달려가 시간을 벌어 주었던 용기와 헌신을 여러 차례 언급한 바 있다. 1636년 12월 17일 밤, 포위된 남한산성에서 왕세자를 적진에 보내는 문제를 논의한 뒤 인조는 최명길을 따로 부른다. 이 자리에서 인조는 최명길의 손을 붙잡고 울면서 "일전의 일은 경이 속은 것이다. 일에 착오가 있었지만 경의 충성에 짝할 사람은 드물다"고 찬양한다.[7] 그뿐만 아니라 이후 척화신들이 "최명길이 화친을 주장하여 나라를 망치고 있다"고 성토할 때도 인조는 "남문에서 다급한 상황을 당했을 때 최명길만이 적진에 나가는 일을 담당했다"는 것을 들어 최명길을 비호했다.[8]

그렇다면 인조가 '최명길이 속았다'고 언급했던 내용은 무엇인가? 그와 관련하여 청 사서에는 최명길과 마부대가 만났을 때 나누었던 대화의 내용을 간략하게나마 기록한 것이 있다.

그 뒤에 왕경에 도착하자 최 판서와 이 좌랑이 성 밖으로 맞으러 나와 "너희들은 무슨 까닭에 왔는가?"라고 묻기에 마부대는 "우리는 성황제聖皇帝의 유지를 받들어 너희 왕과 의논할 사안이 있어 왔다"고 대답했다. 최 판서와 이 좌랑은 "너희들이 의논할 일이 있어 왔다면 우리들은 가서 왕에게 보고하고 예를 갖추어 영접하겠다"고 답하고 속임수를 행하면서 천천히 주연을 준비해서 맞았다. 그 뒤에 왕은 도주했다.[9]

위에서 언급된 이 좌랑은 최명길과 동행했던 부사 이경직을 가리킨다. 최명길은 적진으로 가면서 스스로를 화친을 이끌어 내기 위한 사신으로 자처했던 것이다. 하여튼 위의 대화를 보면 마부대와 최명길은 서로를 기만하려 했다. 마부대는 의논할 일이 있어 왔다면서 전면적인 침략 사실을 부인하여 최명길을 안심시키려 했다. 곧 홍타이지가 이끄는 본진이 아직 도착하지 못한 상황에서 '의논할 일이 있어 왔다'고 둘러 댔던 것이다.[10] 반면 최명길은 수도 한복판까지 들이닥친 청군 선봉대의 전진을 어떻게 해서든 늦추려고 시도했다. 최명길은 이경직과 함께 남대문에서 적진으로 향하면서 쇠고기와 술을 준비한 상태였다.[11] 일단 마부대 일행에게 주연을 베풀어 그들을 무악재 부근에 붙잡아 둠으로써 인조가 남한산성으로 들어갈 수 있는 시간을 벌기 위해 최선을 다했던 것이다.

최명길은 12월 15일 산성으로 복귀하여 청이 화의를 맺기 위해 왔다는 것, 그리고 그를 위해 왕제와 대신을 인질로 보내라고 요구했다는 것들을 보고했다. 조정은 적진에서 온 최명길의 이야기를 믿을 수밖에 없었다.[12] 그런데 청군은 12월 16일 남한산성을 포위하여 조선 조정의 통신을 사실상 끊어 버렸다. 인조가 '최명길이 속았다'고 지적한 것은 바로 이 대목을 가리키는 것이었다.

최명길이 비록 마부대에게 속았지만 그렇다고 해서 그가 인조를 구하기 위해 고군분투했던 것을 평가절하할 수는 없다. 인간의 속마음과 본성은 평화롭고 안정적일 때는 잘 드러나지 않는다. 대개 절체절명의 위기 상황에서 적나라하게 드러나기 마련이다.

청군의 침략 이전까지 청 사신의 목을 베고 결전을 벌이자고 외쳤던 그 어떤 신료들도 숭례문 앞에서는 그저 당황했을 뿐이었다. 또 인조가 최명길을 경호하는 인력으로 붙여 준 20명 금군들 또한 모두 겁먹고 달아나 버린 상태였다. 그런데 최명길은 달랐다. 이미 정묘호란 이후 청과의 강화를 주도하고 병자호란 발생 직전까지도 화약을 복구하기 위해 고군분투하여 '진회보다 더한 인간'이라는 오명을 뒤집어썼던 사람이 최명길이었다.

당시는 엄연히 전시 상황이었다. 마부대를 비롯한 청군 선봉의 지휘부가 최명길이 고의적으로 시간을 끌기 위해 나타났다고 단정할 경우, 최명길은 목숨을 잃을 수도 있었다. 또 목숨을 잃지는 않더라도 청군 진영에 붙잡혀 억류될 수도 있었다. 실제로 1637년 1월, 홍타이지가 심양의 지르가랑濟爾哈朗 등에게 보낸 유시문에 보면 다음과 같은 구절이 나온다.

왕경에 이르렀을 때 최 각신과 이 시랑이 나와서 맞이했는데, 거짓말로 우리 군사들을 늦추게 했다. 이때 조선 국왕은 이미 장자와 여러 신하들을 이끌고 왕경을 나가 동쪽으로 몰래 도주하여 40리 떨어진 남한산성으로 들어갔다. 최와 이도 계책을 써서 왕경성으로 도주해 들어가서는 끝내 다시 오지 않았다.[13]

"최명길과 이경직도 계책을 써서 왕경으로 도주했다"는 구절은 청군 진영에서 두 사람의 안전이 결코 담보되지 않았음을 의미한다.

요컨대 최명길은 죽음을 각오하고 사현으로 달려갔고, 마부대 일행과 담판을 벌여 인조와 조정이 남한산성으로 들어갈 수 있는 시간을 벌어 주었다. 마부대 일행의 임무가 인조를 서울에 묶어 놓는 것이었음을 염두에 두면, 주군이 위기에 처한 상황에서 최명길이 보여 준 용기와 희생정신은 참으로 대단한 것이었다.

춥고 배고픈 산성,
참수 대상자로 지목된 최명길

인조는 절체절명의 상황에서 최명길이 시간을 벌어 준 덕분에 남한산성으로 피신할 수 있었다. 남한산성은 천혜의 요새였지만, 인조가 입성했을 당시에는 적군을 막아 낼 수 있는 준비가 제대로 되어 있지 않았다. 병력은 1만 명 안팎에 불과했고, 군량도 넉넉하지 않았다.[14] 더욱이 추위까지 극심한 상황에서 오래 버틸 수 있는 전망이 보이지 않았다. 12월 14일 한밤중에 인조가 들어왔던 직후부터 영의정 김류 등은 인조에게 다시 강화도로 들어가자고 채근했다. 바다를 방패 삼아 지키면서 삼남으로부터 물자를 조달하면 청군과 맞설 수 있다고 누차 강조했다. 하지만 남한산성을 탈출하여 강화도까지 가는 것은 여의치 않았다. 12월 15일 새벽에 인조는 남한산성을 나섰다가 길이 미끄러워 더 이상 내려가지 못하고 도로 돌아왔다.

남한산성이 청군에 의해 포위되면서 공포심이 높아졌지만, 입성 초기 조선 조정은 화의가 성공할 수 있을 것이라고 기대했다. 그런데 그 기대를 실현하려면 주도면밀한 계획과 준비가 절실했지만 그렇지 못했다. 마부대가 왕자와 대신을 인질로 보내라고 요구하자 12월 16일, 조정은 능봉수綾峯守 칭伜을 군君으로 올린 뒤 왕자라고 칭하고, 형조판서 심즙沈諿을 대신으로 가장하여 청군 진영으로 보낸다. 그것은 과거 정묘호란 때 후금에게 행했던 미봉책을 그대로 답습한 것이었다.[15] 그런데 그것이 결국 화근이 되고 만다.

심즙은 "나는 평생 충忠과 신信을 말해 왔으므로 비록 야만인이라도 속일 수 없다"고 운운했다. 심즙 일행을 만난 마부대는 정묘호란 당시 조선이 가짜 왕제를 보냈던 사실을 거론한 뒤 능봉수가 진짜 왕자냐고 힐문했다. 그러자 심즙은 자신은 물론 능봉수도 '가짜'라고 실토해 버린다. 반면 능봉수가 자신이 '진짜 왕자'라고 강변하자 마부대는 당시 청군 진영에 있던 역관 박난영에게 능봉수의 진위 여부를 다시 묻는다. 박난영도 '진짜'라고 답하자 마부대는 격분하여 박난영을 죽여 버린다. 그러면서 강화를 다시 논의하려면 왕세자를 보내라고 요구 조건을 높인다.[16]

홍타이지는 이미 1636년 4월, 나덕헌에게 들려 보낸 국서에서 조선의 '과오'이자 자신이 침략을 결심하게 된 '명분'의 하나로 조선이 정묘호란 시기 원창군原昌君을 왕제로 가장하여 보냈던 사실을 거론한 바 있다.[17] 그런데도 병자호란 초 조선이 다시 가짜 왕자를 보내고, 또 심즙 같은 '대책 없는 인물'을 동행시킨 것은 문제가 아닐 수 없었다. 정묘호란 당시에는 후금군이 군사적으로 우세했는데도 강화를 먼저 제의한 데다, 한인 유해 등이 중간에서 적극적으로 조정 역할을 했기 때문에 원창군 파견과 같은 조선의 미봉책이 어느 정도 먹힐 수 있었다. 그에 반해 병자호란의 경우 청은 홍타이지가 직접 친정親征에 나서며 총력전을 펼치고 있었다.[18] 그런데도 조선이 '가짜 왕자' 능봉수를 보내 화의를 도모하려 했던 것은 당시 상황의 엄중함을 제대로 인식하지 못했음을 의미한다. 요컨대 조선은 남한산성 입성 초기까지는 이 전쟁을 정묘호란과 별로 다르지 않은 전쟁으로 인식하고 있었던 것이다.

청이 왕세자를 보내라는 새로운 요구를 꺼내들자 조정의 논의는 다시 갈린다. 고립된 산성을 탈출하여 강화도로 가자는 주장, 화의를 재개하는 것밖에는 대책이 없다는 주장, 왕세자를 청군 진영으로 보내야 한다는 주장, 청군이 포위를 굳히기 전에 기습 공격하자는 주장들이 대두되었다. 그런데 화의 이야기가 나오자 예조판서 김상헌 등이 그 부당함을 극언하며 반대한다. 결론을 내리지 못하자 인조는 성을 고수하면서 결전을 벌이는 방향으로 돌아선다.[19]

12월 18일 인조는 남한산성의 남문으로 거둥했다. 성을 지키는 장졸들을 격려하기 위해서였다. 최명길도 인조를 수행했다. 인조는 남문에서 애통 교서를 반포했다. "한쪽 귀퉁이에 고립된 성에서 화친은 이미 거절했는데, 안으로는 믿을 만한 형세가 없고 밖으로는 개미 새끼만 한 원군도 없다"고 통탄하며 신료들에게 대책을 촉구하는 내용이었다. 그때 전 참봉 심광수沈光洙가 나서서 "최명길의 목을 쳐서 화의를 끊고 백성들에게 사과하라"고 극언을 퍼붓는다. 최명길은 급히 몸을 피했다.[20] 상황은 점점 최악으로 치닫고 있었지만 산성의 분위기를 주도하는 사람들은 여전히 척화신들이었다. 그런데 공개된 자리에서 "목을 치라"는 이야기를 들었을 때 최명길의 심정은 어떠했을까? 화의를 위해 모든 비난과 매도를 감내할 각오가 되어 있다손 치더라도 심광수의 극언을 지척에서 듣는 것은 감당하기 어려운 고역이었을 것이다.

같은 날 최명길은 인조에게 면담을 요청했다. 그는 옷소매에서 작은 첩자帖子를 꺼내 바쳤다. 화친을 다시 시도하자는 내용이었다. 최명길은 그러면서도 적이 성 밖의 각 지역을 확실히 점거하기 전에 기습 공격을 벌이는 것도 필요하다고 강조했다. 구체적으로는 광주와 이현 지역을 공격하고, 기마병을 동원하여 청 왕자의 처소를 급습할 것을 주장했다. 또 사람을 보내 적정을 탐지하라고 촉구했다.[21] 화전和戰 양면 작전을 펴자는 것이었다.

적어도 12월 25일까지 산성의 분위기는 적과 싸우겠다는 결의로 충만했다. 지중추부사 심열沈悅이 화의를 촉구하는 차자를 올리자 대간들이 들고일어나 차자를 불태우라고 반발했다. 교리 윤집은 화친을 주장하는 자들의 목을 치라고 강조하며 척화론을 주도했다. 인조 또한 심열이 비겁하다고 비난한 뒤, 영의정 김류를 불러 군사를 출전시켜 적과 싸우라고 지시했다. 인조 스스로도 성을 순시하면서 병사들을 격려하고 호궤(犒饋, 먹을 것을 보내 위로하는 일)했다. 싸우겠다는 결의가 효과를 발휘했던 것일까? 18일부터 23일까지는 각 군영의 군

사들이 출전하여 청군에게 소소한 승리를 거두기도 했다.[22]

하지만 날씨와 시간은 철저히 청군 편이었다. 산성 안 사람들에게 추위는 가장 큰 적이었다. 12월 24일 비가 내린 뒤 기온이 뚝 떨어진 데다 바람까지 심하게 불어 병사들의 손발이 얼어 터지고 허리를 구부리고 펼 수조차 없는 실정이었다. 성을 내려가 싸우려 해도 손이 시려 조총을 잡을 수 없고, 강한 바람 때문에 화약까지 날려 출전이 어렵다는 보고가 올라오고 있었다. 게다가 군량과 마초도 문제였다. 군량이 줄어드는 것이 가시화되자 전직 관원들에게는 녹봉을 주지 말라는 건의가 올라왔다. 마초 또한 모두 고갈되어 말들이 굶주리면서 기마병을 운용할 수 없는 상황이 빚어졌다. 급기야 말들이 쓰러져 죽자, 그것을 도축하여 군사들에게 먹이는 지경까지 이르렀다.[23]

조정에서는 응급 대책들을 내놓았다. 장졸들이 추위 때문에 너무 힘겨운 상황에 처한 것을 의식하여 조정 관리들도 성첩에 나눠 배속시켰다. 《남한일기》의 저자 남급도 "남문 왼쪽 성첩에 배속되어 밤새 보초를 서다가 닭이 운 뒤에야 임시 처소에 들어와 잠깐 쉬었다"는 기록을 남겼다. 사대부들이 성 위에서 경계 근무를 선다는 것은 평소 같으면 상상하기 어려운 일이었다. 남급은, 밤새도록 성첩을 지키는 데 투입되었던 사대부들도 대부분 동상에 걸려 살가죽이 얼어 터졌다고 적었다.[24] 시간이 지나면서 양반과 상놈을 막론하고 성안에 있는 사람들의 하루하루는 견디기 어려운 상황으로 치닫고 있었다.

갈수록 힘겨워지는 상황에서도 조정이 버틸 수 있었던 것은 외부에서 근왕병이 달려와 구원해 줄 것이라는 기대와 믿음 때문이었다. 나만갑은 12월 27일 자 《병자록》에 "성안 사람들은 근왕병을 고대하면서 밤만 되면 성 위에 올라 사방을 바라본다"고 적었다. 포위된 상태에서 외부와의 통신이 단절되자 인조는 납서(蠟書, 납밀로 뭉쳐 몰래 전하는 글)를 강화유수 장신에게 보냈다. 도원수와 관찰사에게 연락하여 근왕군을 빨리 보내라고 독촉하라는 명령을 담고 있는 납서였다.[25] 하지만 고대하던 근왕병은 오지 않았다. 그나마 산성 근처까지 접근한 근왕병들은 청군의 공격에 번번이 패퇴했다. 강원도 영장 권정길權井吉이 검단산까지 왔다가 패했고, 충청도 관찰사 정세규鄭世規도 험천(險川, 용인)까지 접근했다가 패몰했다.[26]

국가가 불행하여 오랑캐는 서울에 들어오고 대가는 파천 중에 있으니 신민들의 통분을 어찌 이루 다 말할 수 있겠는가. …… 도원수와 다른 장수들은 지금 어디에 있는가? 적병이 줄곧 들이닥쳐도 한 번도 접전하지 않으니 이 무슨 일이란 말인가? 생각하면 나도 모르게 눈물이 흘러내리고 간담이 찢어진다.[27]

고대하는 근왕군의 소식이 들어오지 않는 현실, 도원수를 비롯한 여러 장수들의 동태를 알 수 없는 현실에 대한 통분이 넘친다. 당시 평안도와 황해도 일대의 조선군, 그리고 삼남 지역의 조선군이 근왕을 게을리 한 것은 아니었다. 하지만 북쪽의 조선군은 청군의 양로병진兩路竝進 작전과 시차를 두고 움직이는 기동 작전에 휘말려 제때 남한산성으로 달려오지 못했다. 또 제대로 훈련되지 못한 속오군이

대부분이었던 삼남의 조선군은 청군의 매복과 기습에 밀려 대부분
패퇴했다.[28] 포위되어 고립된 산성에서 전황을 제대로 알지 못하는
상황에서는 그저 답답하고 통분해할 수밖에 없는 노릇이었다.

상황이 최악으로 치닫는 와중에서도 신료들은 여전히 척화와 화
의 가운데 입장을 정하지 못했고, 인조 또한 신료들의 이런저런 건의
에 즉자적인 반응을 보일 뿐 결단을 내리지 못했다. 보다 못한 나만갑
은 인조에게 결단을 내리라고 촉구했다.

> 전하께서 고립된 성에 들어온 지 이미 12일이 지났으니, 한고조漢
> 高祖가 백등白登에서 7일간 포위당했던 일과는 참으로 다릅니다. 그
> 런데도 여러 장수들은 그럭저럭 지내면서 일찍이 한 가지 계책을 얻
> 거나 한 가지 일을 실행하지 않고 일마다 모두 전하께 여쭈며 화의
> 도, 전투도 하지 않으면서 세월을 보내고 있습니다. 어제는 비가 와
> 서 싸우지 않았다고 말하고, 오늘은 날씨가 추워 싸우지 않았다고
> 말하니, 내일은 반드시 화의를 핑계로 싸우지 않을 것입니다. 진퇴
> 를 모르는 장수를 데리고 끝내 무엇을 할 수 있겠습니까?
>
> 비변사 신하들은 이런 일은 생각하지 않고 그럭저럭 지내면서 단
> 지 부질없는 담론이나 일삼으며 소소한 모든 일까지 반드시 품정(稟
> 定, 임금이나 윗사람에게 물어서 결정하는 것)을 기다립니다. 그러므로 무
> 릇 한 가지 일을 조치하고 시행할 적마다 어린아이나 심부름하는 하
> 인까지도 모르는 이가 없으니, 만일 오랑캐가 간첩이라도 쓸 것 같
> 으면 무슨 일인들 모르겠습니까. 화의를 할 것인지, 싸울 것인지 빨

리 정해야 하는데 오늘도 결정된 것이 없습니다. 신하와 백성들은 거론할 것이 없지만, 종묘와 사직을 어느 곳에 둘 것인지는 전하께서 명쾌하게 결단을 내리지 않으시면 안 됩니다.[29]

당시 나만갑은 군량의 수급을 책임지는 관량사管糧使였다. 하루하루 군량이 줄어드는 실상을 직접 목도했던 그는 시간이 흘러가는 것에 누구보다도 민감할 수밖에 없었다. 하지만 그가 보기에 산성의 장수와 신료들은 화의를 시도할 것인지, 싸울 것인지 결정하지 못한 채 소소한 사안까지 모두 인조에게 아뢰면서 세월만 보내고 있었다.

답답한 상황에서 최명길이 나선다. 12월 28일, 최명길은 인조에게 강화를 다시 추진해 보자고 청한다. 인조가 화친이 성립할 수 있겠느냐고 의문을 표시하자 최명길은 일단 구변 있는 사람부터 보내 시도하자고 청했다. 하지만 당장 반론이 나온다. 김상헌과 사간원 관원들이 오랑캐 진영에 사람을 보내면 안 된다고 막아섰던 것이다.[30] 1636년 연말, 남한산성의 조정 분위기는 답답함 그 자체였다.

최명길은 항복 국서를 쓰고,
김상헌은 그것을 찢다

1637년 1월 1일, 청군에 포위된 상황에서 해가 바뀌었다. 이날 청
군 진영에 다녀온 김신국과 이경직이 엄청난 소식을 들고 온다. 홍타
이지가 조선에 도착했다는 소식이었다. 홍타이지가 왔다는 것은 상
황이 이전과는 근본적으로 달라지는 것을 의미했다. 사실이라면 홍
타이지는 인조로부터 항복을 받아 내기 전에는 돌아가지 않을 것이
다. 산성에 대한 청군의 공세는 한층 강화될 것이고, 만일 그것을 막
아 내지 못할 경우 인조와 조선은 상상했던 것보다 훨씬 심각한 굴욕
과 피해를 감수해야 할지도 모를 일이었다. 그래서일까? 인조와 대다
수 신료들은 홍타이지가 왔다는 사실을 쉽게 믿으려 하지 않았다. 아
니, 사실이 아니라 헛소문이기를 바라고 있었다.

최명길은 달랐다. 인조가 신료들을 불러들여 회의를 열었을 때

영의정 김류는 '황제가 왔다는 것은 과장일 뿐, 사실이 아닐 것'이라고 진단했다. 최명길은 홍타이지가 오지 않았다고 장담할 수 없다며 반박했다. 그러면서 "황제가 왔다면 온 나라의 군사를 거느리고 왔을 터라 쉽게 철군할 까닭이 없다"며 이제 조선군이 감당할 수 없는 상황이 되었다고 진단했다. 최명길은 홍타이지에게 직접 서신을 보내 조선의 실정을 알리자고 주장했다.

> 그렇다면 반달이나 포위되어 있었는데 여러 장수 중에 일찍이 한 사람도 출전한 자가 없었던 것은 왜였겠습니까? 성안의 인사로 말하건대, 추운 날에 사신을 보내려 하면 "적이 반드시 우리가 궁박한 상황에 처했다고 여길 것이다"라고 말하고, 비 오는 날에도 그와 같이 합니다. 그러면서 전투에서 조금 유리하면 교만하게 뽐내면서 보내지 않고 전투에서 이기지 못하면 처지를 잊고서 보내지 않으니, 어느 때에나 화친하는 일이 결정될지 모르겠습니다.[31]

최명길은 기본적으로 화친을 시도하는 것 말고는 당시의 곤경에서 벗어날 방법이 없다고 보았다. 그 역시 나만갑과 마찬가지로 장수나 신료들이 이렇다 할 대책 없이 시간만 보내고 있다고 인식했다. 그 때문에 홍타이지가 온 것을 계기로 화친을 확실히 추진하려고 결심했던 것이다. 인조는 최명길의 의견을 받아들여 김신국과 이경직을 청군 진영에 보내 다시 화친을 청하기로 했다.[32]

홍타이지가 왔다는 것을 사실로 받아들이고 사신을 보내기로 했지만 국서에 어떤 내용을 담을지가 초미의 과제로 떠올랐다. 1637년 1월 2일, 최명길은 홍타이지에게 보내는 편지에 '문안한다'는 내용을 집어넣어야 한다고 주장했다. 자칫 월나라가 당한 '회계會稽의 치욕'을 겪어야 할지도 모르는 상황에서는 자세를 낮출 수밖에 없다는 주장이었다. 홍서봉도 동조했다. "과거 근거 없는 논의 때문에 형제의 예를 그르친 것을 사과해야 한다"고 강조했다.

예조판서 김상헌이 격하게 반발했다. "홍타이지가 왔다는 소식에 겁을 집어먹고 차마 할 수 없는 말을 집어넣어서는 안 된다"고 목소리를 높였다. 최명길도 가만히 있지 않았다. 김상헌의 주장은 '화친을 포기하는 것'이라며 월나라의 정치가 범려范蠡와 대부 종種이 임금을 위해 적에게 화친을 빌었던 고사를 상기시킨 뒤 "국가가 보전된 다음에야 와신상담도 할 수 있는 법"이라고 다시 반박했다.

인조가 중재에 나섰다. "강국일지라도 약국에게 거만하게 굴어서는 안 되는 법인데 하물며 약국이 강국을 대할 때 뻣뻣해서는 안 된다"며 최명길의 손을 들어 주었다.[33]

1월 2일, 김신국 등이 청군 진영에서 홍타이지의 답서를 갖고 돌아왔다. 그런데 답서를 보자마자 인조와 신료들은 '공황 상태'에 빠진다. 답서의 첫머리에 "대청국 관온인성황제寬溫仁聖皇帝가 조선 관리와 백성들에게 고유告諭한다"고 써 있었기 때문이다. 편지의 본문은 조선을 비난하는 내용으로 채워져 있었다. "청은 조선과 늘 화친하려 했지만 조선 임금과 신하들이 불화의 단서를 먼저 야기했다", "1619년 사르후薩爾滸 전투 당시 조선이 명과 함께 침공했는데도 후금은 조선에 보복하지 않았다", "그런데도 조선은 후금에서 도망쳐 온 난민들을 명에 바쳤다", "1633년 공유덕이 후금으로 귀순하려 할 때 조선이 군대를 동원하여 방해했다", "명에게는 배〔船〕를 주면서도 후금에게는 주지 않았다"는 등등이 핵심이었다. 1636년 용골대 일행이 도주하면서 탈취했던 인조의 유시문에서 청과의 대결을 결정했던 것을 자신이 군대를 동원하여 쳐들어오게 된 배경으로 언급했던 것이다. 그러면서 정묘년과 병자년에 조선을 침략했던 자신의 군대를 모두 '의병'이라고 표현했다.[34] 요컨대 홍타이지는 전쟁의 빌미를 제공한 책임은 조선에 있다고 강변한 것이다.

국서를 검토한 뒤 인조는 대책을 세우라고 지시했다. 하지만 신료들 누구도 선뜻 입을 열지 못했다. '황제'를 칭하고 '고유'라고 언급한 국서를 받은 이상 섣불리 대답할 경우 홍타이지를 황제로 인정하고 청을 황제국으로 받아들이는 것이 되기 때문이다. 김류가 여러 사람들의 의견을 모아야 한다고 강조했을 뿐 다른 신료들은 침묵했다. 김상헌은 답서의 내용을 경솔하게 결정해서는 안 된다며 "저들이 끝내는 따르기 어려운 요구를 해 올 것이니 차라리 국서를 군사들에게 보여 주어 적개심과 사기를 진작시키자"고 촉구했다. 홍서봉이 고민 끝에 나름대로 기발한 대책을 제시했다. 청군 진영에 보낼 답서에서 홍타이지를 '제형帝兄'이라고 부르자고 건의했다. 일단 홍타이지를 황제로 인정은 하되 정묘호란 당시 약속했던 대로 형으로 대접하자는 고육책이었다.

1월 3일 홍서봉 등이 답서를 들고 청군 진영으로 향했다. 최명길이 작성한 답서는 "조선 국왕 모某는 삼가 대청국 관온인성황제께 글을 올립니다"는 구절로 시작했다. 사실상 홍타이지를 '황제'로 인정하는 셈이었다. 하지만 대간들의 격렬한 반대에 밀려 청의 숭덕 연호는 쓰지 않았다. 답서는 홍타이지가 언급했던 것들을 대체로 인정하는 내용으로 채워져 있었다.

소방이 정묘년에 화약을 맺은 이래 10여 년간 돈독하게 우의를 다지고 공손히 예절을 지킨 것은 대국이 아는 일일 뿐만 아니라 실로 황천皇天이 살피는 바인데, 작년의 일은 소방이 참으로 그 죄를 변명할 수 없는 점이 있습니다. 그러나 이 또한 소방의 신민이 식견이 얕고 좁아 명분과 의리를 변통성 없이 지키려고 한 데서 연유한 것으로 끝내는 사신이 화를 내고 곧바로 떠나게 하고 말았습니다. 그리고 소방의 군신이 지나치게 염려한 나머지 변경의 신하를 놀라게 했는데, 문장을 맡은 신하가 글을 지으면서 내용이 어긋나고 자극하는 것이 많아 모르는 사이에 대국의 노여움을 촉발시켰습니다. 그것이 신하들에게서 나온 일이라고 하여 나는 모르는 일이라고 감히 말할 수 있겠습니까.[35]

최명길은 1636년 청의 사신들이 왔을 때 '용골대 일행의 목을 치라'고 했던 것, 용골대가 탈취했던 '교서'에 '청의 노여움을 촉발시키는 내용'이 있었다는 점을 인정하고 사과했다. 그런데 주목되는 것은 홍타이지를 '황제'라고 칭했지만 조선을 '신臣'이라고는 칭하지 않았

다는 사실이다.[36]

최명길은 그러면서도 '명은 조선과 부자 관계'라고 강조한 뒤 과거 청군이 산해관을 넘어 명으로 쳐들어갈 때 조선은 청군에게 화살한 발 쏜 적이 없다고 강조했다. 또 "죄가 있으면 정벌하지만 죄를 깨달으면 용서하는 것이 만물을 포용하는 대국이 취할 행동"이라며 포위를 풀어 줄 것을 요청했다.

최명길이 국서에서 홍타이지를 '황제'라고 칭한 것의 후폭풍은 거셌다. 1월 4일, 삼사 언관들이 모두 들고일어나 최명길을 성토했다. 윤집의 비난이 특히 격렬했다.

이번의 흉패한 글 또한 최명길의 죄입니다. …… 어제 답서를 보니, 화서和書가 아니라 항서降書였는데 다만 신하라고 일컫지 않았을 뿐입니다. 최명길은 어찌 차마 이런 문자를 짓는단 말입니까. 이에 여론의 울분이 이미 오래되었고 사사로이 이야기할 적에 강개한 마음으로 이를 갈지 않는 사람이 없습니다. …… 최명길이 화친을 주장하여 나라를 그르친 죄는 머리카락 숫자대로 죄를 주어도 다 하기가 어렵습니다. 적의 실정을 모르면 모른다고 하면 될 텐데 적이 마포에 도착하도록 오히려 결단코 다른 뜻이 없을 것이라고 하면서 적의 형세를 과장했고, 싸워 지키는 일을 고의로 방해했으니 만고 천하에 어찌 이 같은 소인이 있겠습니까.[37]

윤집이 최명길에게 극언을 퍼붓자 인조가 나선다. 인조는 "숭례문에서 위태롭고 급박한 상황에 처했을 때 최명길이 적진에 가기를 청해서 예봉을 늦췄다", "최명길은 평소부터 이런 환란을 늘 걱정하여 시기에 맞춰 주선하려고 노력했다"며 감쌌다.[38] 12월 14일, 최명길이 적진으로 달려감으로써 자신이 그나마 남한산성으로 피신할 수 있었던 기억이 인조의 뇌리에 강하게 남아 있음을 보여 주는 대목이다. 하지만 인조의 두둔에도 삼사 신료들에게 최명길은 '역적'이자 '매국노'로 거듭 각인되었다.

삼사 신료들이 격렬하게 성토했지만 최명길은 개의치 않았다. 이미 병자호란 이전부터 '진회보다 더한 자'라는 극언을 들었고 공개 석상에서 '목을 쳐야 할 대상'으로 지목되지 않았던가. 1월 9일, 최명길은 인조에게 뵙기를 청한 뒤 국서를 다시 보내자고 건의했다. 논란 끝에 인조가 윤허하자 최명길은 국서를 새로 작성한다. 1월 11일 청군 진영으로 보내기 직전, 인조가 국서의 내용 가운데 고칠 곳이 없느냐고 묻자 최명길은 인조의 면전에서 붓을 들고 자구字句를 곧바로 수정했다.[39] 이제 삼사 관원들을 비롯한 척화신들의 비판에는 괘념치 않겠다는 의지의 표현이었다.

1월 11일 청군 진영에 보낸 국서에서도 아직 신하라고 칭하지는 않았다. 대신 조선이 여전히 청의 '아우'임을 강조했다. "아우에게 잘못이 있으면 형이 책망하는 것이 당연하지만 너무 엄하게 책망하면 도리어 형제의 의리에 어긋나게 된다"며 형제 관계를 새삼 강조했다. 그러면서 홍타이지에게 관온인성寬溫仁聖 황제답게 '관대하고 따뜻하고 인자하고 성스런 마음'으로 관용을 베풀어 달라고 요청했다. 이어 조선이 명을 배신할 수 없는 이유를 간절하게 다시 언급했다.

> 소방은 바다 한쪽 구석에 위치하여 오직 시서詩書만 일삼고 군대
> 는 신경 쓰지 않았습니다. 약한 나라가 강한 나라에 복종하는 것은
> 당연한 이치인데 어찌 대국과 감히 서로 견주겠습니까? 다만 임진
> 년 환란에 신종 황제께서 천하의 군사를 동원하여 수화水火 가운데
> 빠진 백성들을 건져 내고 구제하셨으므로 소방 백성들이 지금까지
> 그 은혜를 마음과 뼈에 새기고 있습니다.[40]

최명길은 임진왜란 때 명으로부터 '재조지은'을 입었기 때문에
도 명을 배신할 수 없다고 강조했다. 하지만 청의 감성에 호소하려는
의도에서 쓴 최명길의 이 국서는 결과적으로 실패작이었다. 이미 명
을 '남조南朝'로 부르면서 상대화시키고, 무시하려 했던 홍타이지에게
'명이 곧 천하'라고 언급한 것은 곧바로 되치기를 당하게 된다.

1월 13일 최명길은 이 국서를 들고 청군 진영으로 갔다. 용골대
는 국서를 받은 뒤 "황제께 아뢴 뒤 회답을 주겠다"고 했다. 최명길 일
행은 화친이 이루어질 가능성이 있다고 내심 기대감에 부풀었다.

답서를 고대했지만 15일이 저물 때까지 청군 진영으로부터는 아
무런 소식이 없었다. 왜 그랬을까? 기본적으로 당시 청은 조선과 달
리 느긋했기 때문이다. 당장 1월 10일, 청군의 포병 부대가 홍이포, 장
군포를 끌고 남한산성에 도착했다.[41] 과거 1631년 후금군이 대릉하성
을 함락시키는 데 결정적인 역할을 했던 홍이포까지 도착하면서 청

군의 전력은 더 강해졌고 상대적으로 조선은 더 큰 곤경으로 내몰릴 수밖에 없었다.[42] 더욱이 당시 청은 남한산성의 조선 조정이 심각한 상황에 처해 있다는 것을 잘 알고 있었다. 그들은 사로잡은 조선인 포로들의 진술을 통해 산성 안의 식량과 땔감이 모두 부족하다는 것을 인지했다.[43] 그러니 굳이 공격을 서두르지 않아도 산성을 굳게 포위하고 외부의 근왕군만 차단하면 조선의 항복은 '시간문제'라고 여겼다. 더욱이 홍타이지의 입장에서는, 아직 칭신하지 않고 여전히 명과의 관계를 끊을 수 없다고 했던 최명길의 국서에 반응을 보일 까닭이 없었던 것이다.

청군 진영에서 이렇다 할 답신이 없자 최명길은 인조에게 뵙기를 청한 뒤 다음과 같은 이야기를 했다.

> 묘당은 화친이 이루어지도록 힘쓰고, 장사들은 성을 지키도록 힘써야 할 것이며, 밖에 있는 구원병은 전투를 임무로 삼아야 할 것입니다.[44]

묘당의 임무는 '화和'이고, 장수들의 임무는 '수守'이고, 외부 구원병의 임무는 '전戰'이라는 사실을 새삼 강조한 것이다. 청의 반응이 없어 초조한 상황에서도 일단 조선이 해야 할 과업들을 철저히 실행하면서 기다리자는 주장이었다.

1월 16일 최명길, 윤휘尹暉, 홍서봉은 청군 진영으로 달려갔다. 한편으론 몹시 초조하고 다른 한편으론 기대감에 부풀었던 최명길 일행에게 용골대는 "새로운 말이 없으면 다시는 오지 마라" 하고 면박을 주었다. '새로운 말'이란 무조건 항복을 의미했다. 실제로 이날 청군은 산성에서 보이는 곳에 '초항招降'이라는 두 글자가 크게 써 있는 깃발을 세워 놓았다.[45] 13일에 가져간 조선 측의 국서에 대한 회답인 셈이었다. 정묘호란 때 맺은 형제 관계를 계속 유지하면서 화친을 성사시킬 수 있을 것이란 일말의 기대가 물거품이 되는 순간이었다. 결국 올 것이 오고야 말았다.

산성으로 돌아온 최명길은 인조에게 항복 이야기를 꺼냈다. "임금과 필부의 처지는 같지 않으니 어떻게든 보전될 수만 있다면 적당한 시기에 우리가 항복 이야기를 꺼내 화친을 매듭지어야 한다"고 보고했다. 춥고 배고픈 산성에 포위되어 변변찮은 저항조차 하지 못하는 상황에서 홍타이지의 감성에 호소해서는 화친을 성사시키는 것이 더 이상 불가능하다는 판단에서 비롯된 생각이었다. 그러면서 최명길은 '항복'을 논의하는 과정은 사책史冊에 기록하면 안 된다고 강조했다.[46] 자신이 임금과 종사를 구하기 위해 비록 '차마할 수 없는 일'에 앞장서고 있지만 그것이 역사책에 기록되는 것은 최명길에게도 몹시 부담스러웠던 것이다.

17일 청은 서문으로 사람을 보내 사신들을 보내라고 요구했다. 최명길이 달려가서 홍타이지의 국서를 받아 왔다. 국서의 내용은 심각했다. 홍타이지는 먼저 조선이 정묘화약을 깨뜨렸다고 질타했다. 이어 '임진왜란 때 신종 황제가 천하의 군사를 동원하여 조선을 구원했다'는 구절을 문제 삼았다. "천하는 크고 나라가 많은데 조선은 망령되게도 명을 천하라고 여긴다"고 비난했다. 그런데 핵심은 다음의 내용이었다.

> 짐은 까닭 없이 그대 나라를 멸망시키거나 백성을 해롭게 하려는 것이 아니라, 이치의 옳고 그름을 따지려는 것뿐이다. …… 지금 그대가 짐과 대적하므로 군사를 일으켜 여기에 이르렀지만 만약 그대 나라가 모두 우리 판도에 들어온다면, 짐은 살리고 기르며 안전하게 사랑하기를 적자赤子처럼 할 것이다. 지금 그대가 살고 싶다면 빨리 성에서 나와 귀순하고, 싸우고 싶다면 또한 속히 한번 겨뤄 보자. 서로 싸우다 보면 하늘이 처분을 내릴 것이다.[47]

이제 조선이 '천하'라고 여기는 명과의 관계를 접고 청을 상국으로 받아들이라는 요구였다. 항복하여 자신들의 휘하로 들어오든지 아니면 한번 싸워 승부를 결정 짓자는 사실상의 최후통첩이었다. 무엇보다 중요한 대목은 인조에게 성에서 나오라고 요구한 것이다.

인조는 결국 칭신 요구를 받아들인다. 대신들에게 답서의 내용을 논의하여 제술하라고 지시했다. 그러고는 최명길을 불러 국서의 내용을 상의하면서 즉석에서 수정하는 작업을 벌였다. 인조 또한 대세가 이미 기울어 칭신하지 않고는 더 이상 버틸 수 없다고 판단했던 셈이다. 그러자 이경증李景增이 막중한 조처를 비밀리에 할 수는 없다며 대간과 2품 이상 신료들을 불러 모아 분명하게 유시하라고 촉구했다. 하지만 인조는 냉랭했다. "신료들의 성실성이 부족하여 속마음과 말이 달라 국사를 이 지경으로 만들었다"며 대간들과 다시 의논하는 것을 거부했다.[48] 김류, 최명길 같은 대신들과만 상의하여 결정하겠다는 의사 표시였다.

최명길은 비변사로 돌아와 문장을 다시 다듬기 시작했다. 이번 국서는 이전의 국서와는 전혀 다른 내용과 의미를 지니고 있었다. 청에게 신하로 복종하겠다는 표현과 내용을 담고 있었기 때문이다.

조선 국왕은 삼가 대청국 관온인성황제께 글을 올립니다. 삼가 명지明旨를 받들건대 거듭 유시해 주셨으니, 간절히 책망하신 것은 바로 지극하게 가르쳐 주신 것과 같아 추상과 같이 엄한 말 속에 만물을 소생시키는 봄의 기운이 들어 있었습니다. 삼가 생각건대 멀리까지 대국의 위덕을 베풀어 주시니 여러 번국이 사례해야 마땅하고, 천명과 인심이 돌아갔으니 크나큰 명을 새롭게 가다듬을 때입니다. 소방은 10년 동안 형제의 나라로 있으면서 오히려 거꾸로 운세가 일어나는 초기에 죄를 얻었으니, 후회해도 소용없는 결과가 되고 말았습니다. 지금 원하는 것은 단지 마음을 고치고 생각을 바꾸어 구습을 말끔히 씻고 온 나라가 명을 받들어 여러 번국과 대등하게 되는 것뿐입니다. 진실로 위태로운 심정을 굽어 살피시어 스스로 새로워지도록 허락한다면, 문서와 예절은 마땅히 행해야 할 의식이 저절로 있으니 강구하여 시행하는 것이 오늘에 있다고 하겠습니다.[49]

위에서 보이듯 최명길은 국서의 맨 앞에서 홍타이지를 '대청국 관온인성황제'라고 적었다. 원래 '관온인성황제' 다음에는 '폐하'라는 문구도 들어 있었는데 다른 신료들의 반발 때문에 삭제했다. 여하튼 최명길은 이 국서에서 청을 제국으로, 홍타이지를 황제로 인정하겠다는 것을 명시했다. 또 천명과 인심이 청에게 돌아갔다는 사실을 인정하고, 홍타이지가 제위에 오르려 할 때 조선이 반발하여 동참하지 않은 것을 죄를 지은 것이라고 사과했다. 이어 조선은 장차 '번국'이 되어 청을 섬기겠다고 다짐하는 내용을 담았다.

최명길이 국서를 가다듬고 있을 때 예조판서 김상헌이 들어왔다. 김상헌은 최명길이 쓴 국서를 보자마자 통곡하면서 그것을 찢어 버렸다.[50] 그는 인조에게 달려가 뵐 것을 청했다.

명분이 일단 정해지면 적은 반드시 우리에게 군신의 의리를 요구할 것이니, 성을 나가는 것을 면치 못할 것입니다. 한번 성문을 나서면 또한 북쪽으로 행차하게 되는 치욕을 면하기 어려울 것이니, 여러 신하들이 전하를 위하는 계책이 잘못되었습니다. 진실로 의논하는 자의 말과 같이 이성(二聖, 인조와 왕세자)께서 마침내 겹겹이 포위된 곳에서 빠져나올 수만 있다면 신 또한 어찌 감히 망령되게 소견을 진달하겠습니까. 국서를 찢어 이미 죽을죄를 범했으니 먼저 신을 주벌하고 다시 더 깊이 생각하소서.[51]

김상헌은 최명길이 쓴 국서를 보낼 경우, 청이 신하로 복종하라고 요구할 것이고 그것을 받아들이면 인조가 남한산성에서 나가 청으로 끌려가게 될 것을 우려했다. 1127년 금이 송의 개봉을 함락시킨 뒤 휘종과 흠종, 두 황제를 만주로 끌고 갔던 사태, 이른바 '정강靖康의 변'이 재현될 것을 걱정했던 것이다.

인조는 김상헌에게 "경의 말이 옳은 것을 알지만 종사와 백성들을 위해 어쩔 수 없이 따르는 것"이라고 했다. 그러면서 자신이 일찍 죽지 못한 것이 한스럽다고 탄식했다. 순간 인조의 면전은 눈물바다로 변했다.《인조실록》은 "신료들도 모두 울고 소현세자의 목 놓아 우는 소리가 문밖까지 들렸다"고 당시의 처참한 상황을 적었다.

성하의 맹을 주도하여
종사를 지켜 내다

1월 18일 국서를 보낼 때까지만 해도 인조는 홍타이지에게 칭신하면 청군이 물러가고 포위가 풀릴 것이라고 기대했다. 하지만 그렇지 않았다. 홍타이지는 인조에게 출성出城할 것을 강요하고 있었다. 왜 그랬을까? 여기서 홍타이지가 1636년 4월, 제위에 올라 만몽한을 아우르는 제국의 황제를 표방했던 사실, 그리고 그 즉위식장에서 조선의 나덕헌 등이 배례를 거부하여 '민족을 초월한 잔치판'에 재를 뿌렸던 사실, 그리고 홍타이지가 만몽한 출신 신료와 장수들을 이끌고 조선에 친정했던 사실들을 상기할 필요가 있다.

만몽한을 아우르는 제국의 황제가 되기를 원했던 홍타이지에게 끝까지 명을 '천하=제국'으로 섬기고 청을 '형'으로 대하겠다는 조선의 존재는 '눈엣가시'이자 부담 그 자체였다. 따라서 홍타이지는 어떻게 해서든 조선을 '아우'가 아닌 '신하'로 복종시켜야 할 강박 관념을 갖고 있었다. 그것을 해소하려면 자신이 이끌고 온 만몽한 신료들에게 '마침내 조선도 나에게 신복했다'는 것을 확인시키는 장면을 연출하는 것이 필요했다. 그러려면 인조를 남한산성에서 불러내는 것이 필수적인 과업이었다.[52]

홍타이지를 황제로 인정하고 칭신할 경우, 청이 인조를 출성시켜 심양으로 연행해 갈지도 모른다는 것은 최명길도 이미 우려하고 있는 시나리오였다. 그래서 18일의 국서에서 청에 칭신하겠다고 다짐했지만, 인조의 출성만은 면제해 달라고 간곡하게 호소한다.

> 성에서 나오라고 하신 명이 실로 인자하게 감싸 주는 뜻에서 나온 것이긴 합니다만, 생각해 보건대 겹겹의 포위가 풀리지 않았고 황제께서 한창 노여워하고 계시는 때이니 이곳에 있으나 성을 나가거나 죽는 것은 마찬가지일 것입니다. 그래서 용정龍旌을 우러러 보며 죽음의 갈림길에서 결정하자니 그 마음 또한 서글픕니다. 옛날 사람이 성 위에서 천자에게 절했던 것은 대체로 예절도 폐할 수 없지만 군사의 위엄 또한 두려웠기 때문입니다. …… 삼가 생각건대 황제의 덕이 하늘과 같아, 반드시 불쌍하게 여겨 용서하실 것이기에 감히 실정을 토로하며 공손히 은혜로운 분부를 기다립니다.[53]

칭신은 하겠지만 황제의 위엄과 청군의 군세가 두려우므로 산성에서 나가 직접 대면하는 대신 홍타이지가 철군할 때 성 위에서 절을 할 수 있게 해 달라는 간청이었다. 출성이 아닌 성 위에서 절하는 '성상요배城上遙拜'를 하겠다는 의사를 에둘러 표현한 것이었다.

사실상의 항서를 보내기 직전 삼사 신료들이 인조를 뵙자고 청했다. 대사헌 이경석은 국서를 곧바로 보내지 말고 내용을 더 검토하여 하루 정도 있다가 보내자고 건의했다. 그러자 최명길은 직격탄을 날린다. "그대들이 매번 사소한 곡절을 따지면서 다투었기 때문에 이렇게 위태로운 치욕을 맞게 되었다"며 삼사는 다만 칭신 여부만 따지면 되지 사신을 보내는 것은 묘당에서 알아서 할 것이니 간섭하지 말라고 일갈했다. 준열한 질책이었다. 이경석은 최명길의 질타에 대꾸도 못 했다.[54] '종사와 주군을 팔아먹는 행위'라는 매도를 무릅쓰면서까지 마지막 국면을 담당하고 있던 최명길의 결기 앞에서 이경석은 할 말이 없었다.

최명길은 삼사 신료들이 중심이 되어 사소한 문제를 따지다가 결국 남한산성까지 내몰리게 되었다고 생각했다. 위기가 턱밑까지 차오른 상황에서 칭신 여부를 따지는 것은 삼사의 본분으로 인정해줄 수 있어도, 사신을 보내는 시기 문제까지 개입하는 것은 용인할 수 없다는 입장이었다. 종사의 존망이 걸린 절체절명의 상황에서 삼사의 간섭과 반대 때문에 외교 업무를 제때 처리할 수 없었던 현실에 대한 문제의식이 담긴 발언이기도 했다.

1월 19일, 청은 사람을 보내 사신을 빨리 보내라고 독촉했다. 최명길이 국서를 들고 달려갔지만 청의 반응은 냉랭했다. '신臣'이라고 명기하지 않은 데다 인조가 출성한다는 내용이 없다는 것을 확인한 마부대는 최명길에게 다시는 오지 말라고 쏘아붙였다. 최명길이 답서도 받지 못한 채 하릴없이 돌아왔을 때 인조는 단호했다. 출성은 절대로 받아들일 수 없다는 것이었다. 칭신은 받아들이기로 했지만 인조의 출성 문제가 새로운 걸림돌로 떠올랐다. 그래서였을까? 청군은 이날 성을 향해 대포를 쏘아 댔다. 인조의 출성을 재촉하는 무력시위였다. 거위 알만 한 탄환에 맞아 죽는 사람이 발생하고 사람들은 모두 공포에 떨었다.[55]

1월 20일, 청은 새벽 2시경에 사람을 보내 사신을 보내라고 요구했다. 그들 또한 무엇인가 급박한 사정이 있음을 보여 주는 대목이었다. 해 뜰 무렵 그들이 다시 와서 독촉하자 최명길이 청군 진영에 가서 답서를 받아 왔다. 답서의 내용은 충격적이었다. 인조가 빨리 성에서 나와야 한다는 것, 화친을 배척한 신하 두세 명을 묶어 보내야 한다는 것이 핵심적인 조건이었다. 굳이 출성을 요구하는 것은 진심으로 복종하려는지 여부를 확인하고 항복 의식을 행함으로써 자신의 신의와 인자함을 천하에 과시하기 위해서라고 강조했다. 만약 나오지 않을 경우 지방까지 유린하겠다고 위협했다.[56]

답서의 내용에 인조는 격앙되었다. 자신의 출성과 척화신 박송(縛送, 죄인을 묶어 보내는 것)은 논의의 대상이 아닌데 최명길이 가져온 결과가 잘못되었다고 질타했다. 최명길은 두 건에 대해 대책을 제시했다. 출성 요구에 대해서는 "만일 군사를 물려 주신다면 성 위에 단을 설치하고 요배하면서 전송하겠다"고 답하고, 박송 요구에 대해서는 "척화신들은 이미 우리 스스로 처벌했으니 대국이 새삼 무겁게 처벌할 필요는 없다"고 답하자고 건의했다. 어떻게 해서든 출성과 박송을 피해 보려는 고육지책이었다. 인조는 자신의 출성 건에 대해 "그저 겁나고 두려워서 감히 군문에 나가지 못하겠다"고 진술하라고 지시했다.[57]

최명길은 부랴부랴 국서를 다시 작성하여 청군 진영으로 달려갔다. 국서에는 어떻게 해서든 인조의 출성과 척화신들의 박송을 막아 보려는 그의 안간힘이 담겨 있었다.

조선 국왕 신臣 성휘姓諱는 삼가 대청국 관온인성황제 폐하께 글을 올립니다. …… 다만 신에게 안타깝고 절박한 사정이 있어 폐하께 호소하려 합니다. 동방의 풍속은 잘달아 예절이 세세하고 꼼꼼합니다. 임금의 행동에 조금만 이상한 점이 보여도 놀란 눈으로 서로 쳐다보며 괴이한 일로 여깁니다. …… 오늘날 성안의 백관과 사민들은 위급한 형세를 목도하고 귀순하자는 논의에 대해서는 한결같이 동의했습니다만, 오직 '출성' 한 조목에 대해서만은 모두 고려 이래 없었던 일이라면서 죽더라도 나가지 않으려 합니다. 만약 대국이 독촉을 멈추지 않는다면 뒷날 얻는 것은 쌓인 시체와 빈 성에 불과할 것입니다. …… 예로부터 국가가 망하는 것은 오로지 적병 때문만은 아니었습니다. 비록 폐하의 은덕을 입어 나라를 다시 세울 수 있더라도, 오늘날 인정을 살펴보면 반드시 신을 임금으로 받들려 하지 않을 것이니 이것이 신이 크게 두려워하는 바입니다. …… 화친을 배척한 신하들의 일에 대해서는…… 지난날의 행동은 참으로 그릇되고 망령되

어 소방의 생령으로 하여금 도탄에 빠지게 한 것은 이 무리들의 죄가
아닌 것이 없었습니다. …… 폐하께서 하늘 같은 도량으로 이미 국군
國君의 죄를 용서해 주셨으니 보잘것없는 이들 소신小臣을 곧바로 소
방의 형벌로 다스리게 해 주신다면, 관대한 덕이 더욱 나타날 것이기
에 아울러 어리석은 견해를 진달하며 폐하의 결재를 기다립니다. 삼
가 죽음을 무릅쓰고 아룁니다. 숭덕 모년 월 일.[58]

국서의 형식과 내용은 치욕적이었다. 홍타이지를 '황제 폐하'로,
인조를 '신'으로 명시했고, 청의 연호 '숭덕'을 사용하여 완전한 항복
문서의 형식을 갖추었다. 그러면서도 인조의 출성, 척화신 박송만은
면제해 달라고 호소한다. 출성을 끝내 독촉한다면 성안의 사람들은
모두 옥쇄할 수밖에 없다는 것, 인조가 출성할 경우 신하들이 장차 임
금으로 섬기지 않을 것이라는 것, 홍타이지가 인조를 용서했으니 척
화신들도 용서하여 조선이 자체적으로 처벌할 수 있게 해 달라는 것
을 애원하고 있다.

하지만 최명길의 간절한 호소가 통할 리 없었다. 용골대는 "황제
가 조선에 직접 온 이상 인조는 무조건 성에서 나와야 한다"고 선을
그었다. 최명길이 돌아와 청의 분위기를 전하자 인조는 흥분했다. 그
는 홍타이지가 자신을 출성시켜 심양으로 끌고 가려 한다고 확신했
다. 인조는 최명길에게 "경들은 대답을 제대로 했는가?"라고 다그친
다. 준엄하게 끊었다고 최명길이 아뢰었지만 인조는 노여운 감정을
쏟아 냈다.

이조판서는 성질이 본래 유약하니, 저들이 혹시라도 화를 내면 틀림없이 좋은 말로 해명할 것인데 이렇게 하는 것은 부당하다.[59]

남한산성에 들어온 뒤 줄곧 최명길을 믿고 의지해 왔던 인조였다. 하지만 홍타이지가 자신의 출성을 다시 강요하자 최명길이 혹시라도 미온적으로 대처한 것이 아닌지 의구심을 드러냈던 것이다. 최명길은 자칫 인조의 불신과 삼사 신료들의 매도에 치여 '공공의 적'이 될 처지로 내몰리고 있었다.

인조가 워낙 강하게 반발하면서 최명길은 출성 문제에 대해서는 입을 닫았다. 하지만 척화신 두세 명을 보내는 문제는 거론할 수밖에 없었다. 1월 22일 최명길은 김류, 이성구(李聖求, 1584~1644)와 함께 입시했다. 김류는 "척화신들의 주장이 과거에는 정론이었지만 지금은 나라를 그르친 죄를 피할 수 없다"며 척화신들이 자발적으로 청군 진영으로 가야 한다고 주문했다. 비변사는 적진에 보낼 척화신으로 홍익한, 윤집, 오달제를 지목했다. 당시 윤집과 오달제는 남한산성에 있었고, 홍익한은 평양에 있었다. 최명길은 이들 삼학사三學士를 적진에 보내는 것을 앞두고 자신의 고민을 토로한다.

홍익한의 상소가 당시에는 올바른 것이었지만 나라의 안위에 커다란 해를 끼쳤으니 죄가 없다고 할 수는 없습니다. 다만 신은 그의 친척입니다. 만약 그의 말이 도리에 어긋나고 흉악한 것이라면 대의를 위해 친척을 돌아보지 말아야겠지만, 그의 마음은 곧고 그의 일은 옳으니 이리나 승냥이가 아닌 이상 묶어 보내라는 말을 신의 입으로는 차마 할 수 없어 이런 뜻을 영상에게 말했던 것입니다. 진실로 나라에 이롭다면 어떻게 처갓집 친척이라고 봐줄 수 있겠습니까.

옛날에 약한 나라는 강한 나라에게 해 보지 않은 일이 없었습니다. 연이 망하려 할 때 태자 단丹의 목을 베어 보냈고…… 송이 금에게 화친을 청할 때 금인들이 한탁주韓侂冑를 죽이라고 하자 권신이라 죽일 수 없었는데, 황후가 사미원史彌遠과 내통하여 목을 베어 보내니 그가 본래 소인배였기에 사람들이 통쾌하게 여겼습니다.

하지만 오늘날 척화신들은 본래 조정을 혼란시키려 한 것이 아니라 일시적인 의기에 격발되어 그런 것이니 위의 사례들과는 전혀 다릅니다. 그렇더라도 그들이 자수하여 적진으로 갔으면 좋으련만 아직 한 사람도 자수하는 사람이 없습니다. 논의하는 자들은 "이렇게 하면 민심을 크게 잃을 것이니 장차 나라를 바로 세울 수 있겠는가?"라거나 "일에는 경중이 있으니 재앙을 면할 수 있다면 어찌 그것을 하지 않을 수 있겠는가?"라고 하니 어떻게 하는 것이 잘하는 것인지 모르겠습니다.⁶⁰

홍익한은 최명길의 처가 쪽 인척이었다. 그런 홍익한을 청군 진영으로 보내는 것은 '인간으로서는 차마 할 수 없는' 불인지사不忍之事였다. 더욱이 최명길은 척화신들의 애국심과 충정은 높이 평가했다. 그들의 언동이 나라를 위태롭게 만들었지만 의기가 넘쳐 과격한 말을 내뱉었을 뿐이지 본심은 곧고 옳은 것이라고 인정했다. 하지만 '약한 나라가 살아남으려면 강한 나라에게 무슨 수단이라도 다 쓸 수밖에 없다'는 것이 최명길의 생각이었다.

척화신 박송이란 '불인지사'를 피하기 위해 아무리 고뇌하고 노력해도 최명길이 청과의 화친을 주도하고 있는 이상, 척화신들의 비난과 원망은 그에게 집중될 수밖에 없었다. 유계는 최명길이 교활한 오랑캐를 핑계 삼아 한 시대의 명류를 제거하여 과거의 유감을 보복하고 미래의 언로를 막으려 한다고 준열하게 성토했다.[61] 비록 본의는 아니더라도 최명길의 입장에서는 뼈아픈 지적이 아닐 수 없었다.

인조의 출성과 척화신의 박송만은 따를 수 없다고 버텼지만, 상황은 점점 절망적으로 바뀌고 있었다. 1월 20일, 밤새 성첩을 지키던 군사 아홉 명이 얼어 죽는 참극이 일어났다. 산성 안의 숲에는 눈이 녹지 않아 나무하는 군사들을 성 밖으로 내보냈는데 그들은 대부분 도망쳐 버렸다. 땔감을 구할 길이 막막해지자 개원사의 행랑채와 광주부의 옥사를 뜯어 사용하는 응급책을 썼다.[62]

상황이 극한으로 치달아 인내력이 한계에 이르자 예기치 못한 사태가 일어났다. 1월 23일, 성첩을 지키던 장수와 병졸 수백 명이 행궁의 체찰부 앞으로 모여들었다. 이들은 척화신들을 내놓으라고 소리쳤다. 체찰부 관원들이 뛰어나와 "이미 척화신 몇 명을 결박해 보내기로 했다"며 달래려고 시도했다. 장졸들을 선동했던 배후는 구굉, 신경인申景禋, 홍진도洪振道 같은 무장들이었다. 그들은 "오늘의 사태는 명류들의 고담준론에서 비롯된 것이니 이들을 제거해야 한다"고 떠벌렸다.

1월 25일 청군은 다시 대포를 쏘아 댔다. 포탄이 성안의 이곳저 곳을 강타하면서 조선군의 사기는 급격히 저하되었다. 1월 26일 훈련 도감과 어영청의 장졸들이 다시 대궐로 몰려들어 척화신들을 규탄하 기 시작했다. "포탄에 성첩이 모두 부서졌는데도 문사들은 고담준론 만 일삼고 있다"며 "문사들을 망월대로 보내 직접 지키도록 하라!" 고 외치며 인조를 면담하겠다고 덤볐다. 승지 이행원李行遠이 칼을 빼들 고 지휘관을 나무라자 분위기가 더 험악해졌다. 장졸들은 "오랑캐는 베지 못하면서 죄 없는 사람을 베려 하니 용감하다"고 비아냥대며 이 행원을 오랑캐 진영으로 끌고 가겠다고 외쳤다. 남급은 23일과 26일 의 사태와 관련하여 "고려 때 있었던 정중부鄭仲夫의 난이 일어날 뻔 했다"고 적었다.63 성의 일선에서 적을 막던 무장들이 척화신을 처단 하겠다고 집단행동에 나선 것은 성의 방어 또한 한계에 다다른 것을 의미했다.

1월 26일, 최명길은 청군 진영에 가서 세자가 출성하겠다고 제의 한다. 청은 즉각 거부하고 인조가 나오지 않는 한 화친은 없다며 다시 선을 긋는다. 동시에 충격적인 소식을 전한다. 자신들이 강화도를 함 락시켰다는 내용이었다. 홍타이지는 일찍부터 강화도를 함락시키면 인조의 항복과 출성을 이끌어 낼 수 있다고 생각했다. 1월 22일 강화 도는 결국 함락되었다.64 강화도가 함락되고 섬에 피난해 있던 강빈 姜嬪과 봉림대군鳳林大君을 비롯한 왕실 인척들, 그리고 조정 신료들의 가족들이 모두 포로로 붙잡혔다는 소식을 접하자 인조는 통곡하면서 말을 잇지 못했다. 춥고 배고픈 산성에서 악전고투를 감내할 수 있었던 것은 금성탕지(金城湯池, 빈틈없이 아주 튼튼하고 견고한 성)이자 마지막 보루로 여겼던 강화도만은 무사할 것이라는 믿음 때문이었다. 더욱이 인조는 산성에 들어온 뒤에도 강화도로 들어가려고 시도하지 않았던가. 그런데 그 마지막 보루마저 청군에게 무너졌다는 소식을 확인하자 산성의 저항 대오는 급속히 무너졌다. 출성만은 끝까지 거부하려 했던 인조의 결심 또한 같이 무너졌다.

강화도 함락 소식을 접하자 최명길과 대신들은 인조에게 결단할 것을 건의했다. 결단이란 다름 아닌 출성이었다.

저들의 문서나 언어가 모두 거짓이거나 속이는 것은 아닙니다. 성을 나가면 보전되거나 위태롭게 될 가능성이 반반이지만 나가지 않으면 열이면 열, 망하고야 말 것입니다. 전하의 뜻이 만약 정해지면 이로부터 회복의 기틀이 마련될지 어찌 알겠습니까?[65]

자신이 섬기는 임금에게 성에서 나가 항복하라고 권유하는 것은 신하로서 감히 할 수 있는 일이 아니었다. 하지만 출구가 보이지 않았다. 춥고 고립된 성에 갇힌 채 구원병은 끊기고 식량은 곧 바닥을 드러낼 형편인데, 성을 지키는 장졸들은 더 이상은 버티지 못하겠다고 시위를 벌이는 상황이었다. 또 '마지막 보루'인 강화도까지 무너지면서 조선 조정은 벼랑 끝으로 몰렸다. '출성하면 종사가 보전될 가능성이 절반은 되지만 하지 않으면 분명 망할 것'이라는 진단을 수긍할 수밖에 없었던 인조는 결국 최명길의 건의를 받아들인다.

인조가 출성을 결심하면서 최명길에게 부여된 가장 중요한 임무는 홍타이지로부터 인조의 안전을 확약받는 것이었다. 1월 27일 최명길은 새로운 국서를 들고 청군 진영으로 향했다.

> 이제 듣건대 폐하께서 곧 돌아가실 것이라 하는데, 만약 일찍 스스로 나아가 용광龍光을 우러러 뵙지 않는다면, 조그만 정성도 펼 수 없게 될 것이니 후회한들 무슨 소용이 있겠습니까. 생각건대 신이 바야흐로 삼백 년 종사와 수천 리 생령을 폐하에게 우러러 의탁하게 되었으니 마음이 참으로 애처롭습니다. 혹시라도 일이 어긋난다면 차라리 칼로 자결하는 것이 나을 것입니다. 엎드려 바라건대 성상께서는 진심에서 나오는 정성을 굽어 살피시어 조서를 분명하게 내려 신이 안심하고 귀순할 수 있는 길을 열어 주소서.[66]

앞에서도 언급했지만 인조가 가장 두려워했던 것은, 출성했을 때 홍타이지가 혹시라도 자신을 심양으로 연행해 가지 않을까 하는 것이었다. 최명길은 국서에서, 만약 그런 일이 벌어진다면 인조가 자결할 수도 있다고 강조함으로써 홍타이지에게 인조의 안전을 확실하게 보장해 줄 것을 요구했던 것이다.

1월 28일, 홍타이지는 답서를 보내 최명길의 요청을 수락한다. 답서의 핵심은 '자신은 약속을 확실히 지킬 것이니 조선은 안심하고 청에 신복하라'는 내용이었다.[67] 우여곡절과 악전고투 끝에 이른바 '성하의 맹'을 맺기로 합의하고 청의 침략으로 시작된 전쟁이 종식되는 순간이었다. 동시에 청군 진영을 왕래하며 항복 조건을 조율하고 성하의 맹을 이끌었던 최명길이 척화신들에 의해 '자신의 임금을 흉악한 오랑캐에게 무릎을 꿇도록 인도한 난신적자亂臣賊子'로 규정되는 순간이기도 했다.

하지만 최명길에게는 수행해야 할 '악역'들이 아직 더 남아 있었다. 1월 29일, 최명길은 청 진영에서 윤집과 오달제를 넘겨준다. 청군 진영에서 돌아온 뒤에는 청과 약속한 사항들을 점검했다. 즉 청군이 조선에서 철수할 때 대동강과 청천강 등지에서 배를 준비하여 그들을 건너 주는 문제, 귀국하는 홍타이지가 지나가는 연변 고을의 장수와 수령들이 나와 그를 배알하는 문제, 철수하는 청군을 호궤하는 데 필요한 양곡을 미리 준비하는 문제들을 처리했다.[68]

마침내 1월 30일, 최명길은 인조를 모시고 남한산성의 서문을 나와 삼전도로 나아간다. 마중 나온 용골대 일행과 인조의 경호와 의전 문제를 논의했던 사람도 최명길이었다. 삼전도에서 인조는 홍타이지에게 세 번 큰절을 올리고 아홉 번 머리를 조아리는 '삼배구고두례'를 행한다. 커다란 치욕이 아닐 수 없었다. 하지만 당시 상황에서 조선이 종사를 유지할 수 있는 방도는 이것밖에는 달리 없었다. 1월 30일 무렵, 청군은 사실상 남한산성을 함락시킬 준비를 끝낸 상태였다. 전 병력이 집결했고, 과거 명의 대릉하성을 공포로 몰아넣었던 홍이포를 비롯한 포병대의 집결도 끝난 상태였다. 굳이 공격하지 않더라도 산성을 포위하면서 고사시키는 작전을 펼 경우, 군량이 곧 고갈될 조선군의 저항이 무너지는 것은 시간문제였을 뿐이다. 조선이 버틸 수 있는 여지가 사라진 상태에서 '삼전도의 치욕' 정도로 전쟁이 종결된 것은 의외의 결과였다고 할 수 있다.[69]

조선이 사실상 무조건 항복을 했는데도 종사와 영토를 보전 할 수 있었던 것은 '행운'이었다고도 할 수 있다. '무조건 항복'을 할 경우 패자의 운명은 승자에 의해 일방적으로 결정될 수밖에 없기 때문이다. 비록 인조가 무릎을 꿇고 삼배구고두의 예를 올리는 치욕을 겪었지만 조선은 영토를 넘겨주지도 않았고, 훗날 청군이 북경을 점령한 이후 자행했던 것처럼 관민들이 체발을 강요당하지도 않았다. 또 몹시 우려했던 것처럼 인조 자신이 심양으로 끌려가는 사태도 빚어지지 않았다. 그 과정에서는 갖은 비방과 매도를 당했음에도 시종일관 일관성을 유지하면서 청과의 화친을 이끌어 냈던 최명길의 노력과 분투가 중요한 바탕이 되었다. 하지만 조정이 남한산성에서 환도한 이후 최명길은 인조에게 글을 올려 "전하의 불세출의 용기 덕분에 혈식(血食, 종묘에 제사 지내는 것)이 유지되었다"고 하면서 종사 보전의 모든 공을 인조에게 돌린다.[70]

여하튼 인조의 항복 의식이 끝나자 승자 홍타이지는 전승 축하 잔치를 벌인다. 잔치가 끝나고 해가 질 무렵, 홍타이지는 인조에게 도성으로 돌아가도 좋다고 허락한다. 인조가 송파 나루에서 배에 오를 때 백관들은 인조의 어의까지 잡아당기며 다투어 배에 올랐다.[71]

인조의 출성이 결정되던 날, 산성 안의 대다수 신료들은 인조를 수행하려 하지 않거나 고향으로 돌아가려 했다. 인조를 따라가면 '차마 못 볼 것을 많이 볼 것'이라는 이유 때문이었다. 또 인조를 따라갈

경우 혹시라도 인조와 함께 심양으로 끌려갈지도 모른다고 우려했기 때문이었다.[72]

최명길은 달랐다. 그는 인조를 삼전도로 수행하여 항복 의식을 행하는 일련의 과정에서 사실상 인조의 보호자 역할을 했다. 그런데 인조가 도성으로 귀환할 때 최명길은 배에 오르지 않았다. 그는 청군 진영에 남았다. 청군 진영에 억류된 채 곧 심양으로 떠나야 했던 소현 세자와 봉림대군 부부를 돌보기 위해서였다. 청군 선봉이 서울로 들 이닥치던 날 자발적으로 청군 진영으로 달려가 인조가 피신할 수 있 는 시간을 벌어 주었던 최명길은 전쟁이 끝나 청군이 서울을 떠나기 전날에도 청군 진영에서 밤을 보냈다. 정묘호란 이래 청과의 화의를 주도하면서 '진회보다 더한 간신', '오랑캐에게 종사를 갖다 바친 죄 인'으로 매도되었던 최명길은 종사와 왕실을 보전하기 위해 끝까지 고투했던 것이다.

10장
전란의 상처를 치유하다

백성들의 고통,
인조의 사과 성명

청에 항복함으로써 종사를 보전하는 데는 가까스로 성공했지만 문제는 그다음이었다. 전쟁이 남긴 상처와 후유증은 처참했다. 수많은 사람들이 죽거나 다치고 청군에게 붙잡혀 심양으로 끌려갔다. 위로는 국왕 인조를 비롯한 조정의 고관들부터 아래로는 이름을 남기지 못한 백성들에 이르기까지 수많은 사람들이 전쟁이 남긴 상처와 고통 때문에 울부짖었다.

인조는 삼전도에서 '오랑캐 추장' 홍타이지에게 세 번 큰절을 올리고 아홉 번 머리를 조아리는 항례降禮를 행하는 치욕을 겪었다. 그뿐만 아니라 아들 소현세자와 봉림대군, 그리고 두 며느리를 심양에 인질로 보내야만 했다. 조정 신료들 가운데도 적지 않은 사람들이 참혹한 고통과 슬픔을 겪어야 했다.

한 예로 당시 병조판서였던 이성구 집안이 겪어야 했던 비극은 특히 처절했다. 이성구는《지봉유설芝峯類說》의 저자로 잘 알려진 이수광(李睟光, 1563~1628)의 아들이다. 병자호란이 일어나자 이성구는 인조를 따라 남한산성으로 들어갔고, 그의 처자식들은 강화도로 피신했다. 하지만 강화도가 청군에 의해 함락되면서 그의 집안은 풍비박산 나고 말았다.

강화성에 청군이 들이닥치던 날, 이성구의 부인 권씨權氏는 자결을 시도했고 맏아들 상규(尙揆, 19세)는 쓰러진 모친을 지키다가 청군에게 붙잡힌다. 청군이 자신의 망건을 강제로 벗기고 체발하려고 덤비자 상규는 격렬하게 저항하다가 화살 열세 발을 맞고 죽었다. 권씨는 결국 목을 매 자결했다. 이상규의 아내 구씨具氏와 각각 이일상, 한오상韓五相에게 출가했던 두 누이도 청군에 저항하다가 피살되었다. 이성구의 첩 정씨鄭氏도 자결을 시도했지만 겨우 살아남았다.

상규의 동생 동규(同揆, 14세), 당규(堂揆, 12세), 태규(台揆, 6세)는 청군에게 붙잡혀 끌려간다. 청군은 권씨와 상규가 자신들에게 저항한 것에 격분하여 권씨의 시신을 끌어낸 뒤 옷을 벗기고 집에 불을 질렀다. 이성구의 또 다른 아들 석규(碩揆, 10세)는 모친의 시신을 부여잡고 통곡하면서 청군에게 모친의 옷을 돌려 달라고 애걸했다. 석규를 불쌍히 여긴 청군이 옷을 돌려주었고 석규는 겨우 피로(被擄, 적에게 붙잡히는 것)를 면할 수 있었다. 부인과 아들 부부, 두 딸까지 다섯 명이 죽고 아들 세 명이 청군에게 끌려갔던 이성구 집안의 사연은, 인조의 표현대로 '차마 들을 수 없는' 처참한 비극이었다.[1]

일반 백성들이 겪었던 비극 또한 처절했다. 1637년 1월 30일, 삼전도에서 항복 의식을 마친 뒤 인조는 청군의 호위를 받으며 도성으로 귀환한다. 그의 행차가 송파나루를 건너 잠실 일대를 지날 때 길의 좌우에는 청군에 붙잡혀 억류된 만여 명의 피로인被擄人이 운집해 있었다. 그들은 인조를 향해 "우리 임금이시여! 우리 임금이시여! 우리를 버리고 가십니까?"라고 일제히 울부짖었다.2 곧 철수할 청군에 의해 심양으로 끌려가게 될 백성들이 구해 달라고 절규했지만, 인조가 그들에게 해 줄 수 있는 일은 아무것도 없었다.

인조와 조정이 40여 일만에 돌아온 도성의 정경은 처참했다. 인조가 남한산성에서 농성하고 있는 동안, 청군의 칼날 앞에 무방비 상태로 노출되었던 도성 백성들은 가장 혹심한 피해를 입었다. 여염은 대부분 불타고 거리 곳곳에는 시체들이 널브러져 있었다. 버려진 시체들을 거두어 매장하는 일이 급선무가 되었다.

호조의 보고에 따르면 도성에 남아 있는 백성은 열 살 미만의 어린아이들과 일흔이 넘은 노인들뿐이었고 그나마 대부분 심각한 추위와 굶주림 때문에 죽기 직전의 상황이었다.3 거기에 피난 갔다가 귀환하는 사람들, 청군에게 붙잡혀 가다가 탈출했던 사람들도 서울로 몰려들었다. 당장 양곡을 마련해서 구휼해야 할 인원이 서울에서만 수만 명에 이르고 있었다.4 그뿐만 아니라 전쟁 중에 버려진 고아들을 구호하는 일도 시급했다. 한성부는 인조에게 남정들을 징발해서 시체를 매장하고 굶주리고 곤궁한 백성들을 구휼하라고 건의했다. 또 버려진 아이들을 데려다가 키운 사람들의 양육권을 인정하고, 혹

시라도 본래의 부모가 나타나 고아들을 도로 찾아가려 할 경우 엄중히 처벌하라고 촉구했다.[5]

경기도 일대의 상황도 도성과 별반 다르지 않았다. 대대로 오늘날의 경기도 산본, 수리산 아래에 살았던 이응희(李應禧, 1579~1651)는 병자호란을 맞아 남쪽으로 피난 갔다가 돌아온 뒤의 정경을 다음과 같이 읊은 바 있다.

> 달무리 진 외로운 성에는 새벽 딱따기 소리 울리고
> 구름처럼 모인 용맹한 병사들 밤에도 북채 안고 잔다.
> 백성들 붙잡혀 가니 들판마다 곡하는 소리
> 재물을 쓸어가느라 촌락마다 다 뒤지는구나.
> 세자 타신 수레는 서쪽 멀리 요동 변방을 떠돌고
> 용안은 삭풍 몰아치는 북쪽을 바라보시네.
> 수레와 시종이 이어져 먼지 자욱하고
> 피난하는 행차 어지러워 밝은 해도 시름겹다.
> 조정은 기미의 계책 쓰느라 세월만 보냈고
> 정벌 계책은 고식적이라 창칼은 녹이 슬었네.
> 많은 식구 거느리고 남쪽 고을 수령 의지해
> 갖은 고생 다 겪으며 바닷가에서 피난했네.
> (……)
> 타향은 아무리 아름다워도 내 땅이 아니라
> 여장을 꾸려 서로 함께 고향으로 돌아오니

죽은 사람 산 사람 안부 물으매 슬픔은 끝없고

홀아비 과부 위로하며 곡소리 그치지 않는구나.

여염집은 모두 불타 잿더미만 남았고

시골 마을은 텅 비어 해골만 널려 있는데

집안의 주현朱絃은 없어져 보이지 않고

상자 속의 서책은 흩어져 수습할 수 없네.[6]

산본은 남한산성에서 그다지 멀지 않아 전쟁의 참화가 곧바로
밀어닥쳤던 지역이다. 백성들 가운데는 인근의 수리산 등지로 피난
했던 경우도 있었지만 산으로 들어간다고 안전이 보장되는 것은 아
니었다. 그나마 남쪽 고을에 의지할 수령이 있어 바닷가로 피난할 수
있었던 이응희 일가는 운이 좋았던 셈이다. 하지만 전쟁이 끝나 고향
으로 돌아왔지만 고향은 난리가 터지기 전의 평화로운 마을이 아니
었다. 곳곳에서 죽은 사람을 조문하고 살아남은 사람들의 안부를 묻
는 슬픈 정경이 펼쳐졌다. 여염집들은 불타 버린 채 비어 있고 곳곳에
해골이 널려 있는 처참한 모습 또한 서울과 다르지 않았다.

병자호란이 끝난 뒤 나타났던 상황 가운데 주목되는 것은 수많
은 서울과 경기도 출신 주민들이 유리하고 있는 현실이었다. 서울과
경기도는 전투가 주로 벌어진 지역인 데다 청군이 장기간 머물면서
겁략을 자행했던 곳이었기에 청군이 철수한 뒤에도 그 후유증이 만
만치 않았다. 청군이 물러간 뒤, 피난 갔던 사람들이 귀향했지만 대부
분의 지역이 폐허가 되어 곡식 한 톨도 구하기 어려운 실정이었다. 이

때문에 많은 사람들이 노약자들을 이끌고 삼남 지역으로 몰려들었는데 "모두 얼굴 가득 부황기가 돌아 주검으로 골짜기를 채울 날이 멀지 않았다"는[7] 처참한 전망이 나오고 있었다.

비록 서울과 경기도 지역만큼 청군으로부터 직접적인 살략을 당하지는 않았지만 삼남 지역도 상황이 만만치 않았다. 청군이 남하한다는 소식에 지역 수령들이 임지를 버리고 도망치면서 백성들이 동요했기 때문이다. 경상도 현풍玄風에서는 백성들이 모두 산으로 피신하면서 고을이 비어 버렸다. 청군이 금강을 건너온다는 소식에 공주에서는 백성들의 소요가 발생하여 관청과 여염이 모두 잿더미가 되어 버렸다. 수령이 부재중인 상황에서 백성들이 작당하여 관곡을 약탈했고, 그 증거를 없애기 위해 불을 질렀던 것이다.[8]

전라도 지역의 상황은 심각했다. 전주, 김제, 익산, 태인, 정읍, 나주, 영광, 강진 곳곳에서 소요가 일어났다. 지역의 무뢰배들은 난동을 일으켜 수령을 쫓아내고 아전을 살해하거나 관아와 창고에 불을 지르고 무기고를 습격했다. 또 옥문을 부수고 죄수들을 탈출시키는 사태가 빚어졌다. 일부 주민들은 호복胡服으로 갈아입고 곳곳에서 난동을 일으켰다.[9] 격심한 소요 사태의 배경에는 남한산성에 포위된 조정이 신경을 쓰지 못하는 현실이 자리 잡고 있었다.

실제로 태인 등지에서는 청군이 남하한다는 소문에 고을이 비어 버렸다. 체찰부 종사관 김광혁金光爀이 태인현에 들어가 흩어진 아전을 찾아내 형장을 가하자 현감 심지한沈之漢과 추종자들이 칼을 빼들고 김광혁에게 달려들어 겁박하는 사태까지 빚어졌다. 김광혁은 그

들을 통제할 수 없었고, 겨우 몸만 빠져나오는 수모를 겪었다.[10] 인조
가 청군에게 포위되어 위기에 처한 상황에서 삼남 지역, 그 가운데서
도 호남 지역에서 민심의 이반이 극심하고 조정의 권위가 실추되었
던 것을 보여 주는 대목이다.

서울과 지방을 막론하고 민심의 동요가 심상치 않자 1637년 2월,
인조는 백성들에게 사과하는 내용으로 교유문教論文을 발표했다.

> 덕이 부족한 내가 대위大位에 있은 지 이제 15년이 되었다. 운명
> 이 험한 데다 국사에 어려움이 많아 잇따라 변고를 당해 두 번이나
> 파천했으니 백성들에게 해독을 끼친 것이 이미 적지 않은데, 하늘이
> 바야흐로 재앙을 내림에도 과거의 간난을 반성하지 못했다.
>
> 돌아보건대 내가 깊이 통탄하는 것은 여기에 있지 않다. 백성을
> 기르는 직책에 있으면서 스스로 도를 잃어 나 한 사람의 죄 때문에
> 만백성들에게 화를 끼쳤다. 난을 구하러 달려온 군사들을 전쟁터의
> 원혼이 되게 했고, 무고한 백성들을 모두 이역의 포로가 되게 하여
> 아비는 자식을 보호하지 못하고 남편은 아내를 보호하지 못해 곳곳
> 에서 가슴을 치며 하늘에 호소하게 했으니, 백성의 부모 된 자로서
> 장차 누구에게 책임을 돌릴 것인가? 이 때문에 고통과 괴로움을 머
> 금고 오장이 에는 듯하여 밤중에도 잠을 이루지 못한다.
>
> 이제 묵은 폐단을 통렬히 징계하고 가혹한 정치를 모두 없애며,
> 사사로운 당파를 제거하여 공도公道를 회복하고, 농사에 힘쓰고 병
> 졸들을 쉬게 하여 남은 백성들을 보전하려 한다. 아, 너희 팔도의 사

민과 진신대부들은 나의 부득이했던 사연을 양해하고 이미 지나간 잘못 때문에 나를 버리지 마라. 상하가 합심하여 어려움을 널리 구제함으로써 천명이 계속 이어져 우리 태조와 태종이 남기신 유업을 떨어뜨리지 말도록 하라.[11]

인조는 교유문을 통해 백성들에게 머리를 숙였다. 병자호란을 만나 만백성이 죽거나 포로가 된 것을 자신의 죄 때문이라고 인정하며 사과했다. 그리고 과거를 통렬히 반성하여 당파를 없애고 민생을 챙길 테니 제발 자신을 버리지 말아 달라고 간곡히 호소한다. 교유문에 담긴 내용을 보면 병자호란 항복 직후 인조의 반성과 다짐은 절절하면서도 진정성이 있어 보였다.

인조를 위로하고
조정을 이끌다

인조가 교유문을 반포하여 백성들에게 사과하고 '개과천선'하겠다고 다짐까지 했지만 그것을 실천하는 것은 막막했다. 환도했던 직후 조정에는 일할 사람이 부족했다. 당장 적지 않은 신료들이 잇따라 사직을 청했기 때문이다. 판서 이상의 고위 신료들은 아들을 심양에 인질로 보내야만 했기 때문에 벼슬을 고의적으로 회피했다. 비록 품계는 높지 않더라도 심양에 질자(質子, 볼모)를 보내지 않아도 되는 관직에 임명되면 다행으로 여기고, 높은 관직에 임명되면 사퇴를 꾀하는 풍조가 나타나고 있었다.[12]

호조판서 김신국은 병이 위독하다며 사직을 청했는데, 실은 질자를 보내지 않기 위해 병을 핑계 댔다는 것이 밝혀져 파직되었다.[13] 헌납 김경여金慶餘, 정언 김중일金重鎰, 지평 변호길邊虎吉 등은 정식으로 휴가를 요청하지도 않은 채 고향으로 돌아가 버렸다.[14] 그뿐만 아니라 각 관아의 서리나 노비들도 자신의 부모와 처자들을 찾아야 한다며 모두 흩어져 버렸다. 직접 실무를 담당할 수족들이 부족해지면서 각사의 관원들은 자신들이 직접 움직여 업무를 처리할 수밖에 없었다.[15] 업무에 지장이 있을 정도로 신료들의 이탈이 잦아지자 비변사, 육조, 한성부, 장예원掌隸院 같은 경우 신료들이 날마다 출근하는지 여부를 살펴 고과에 반영하기로 했을 정도였다.[16]

　질자를 보내야 하는 것 말고 사퇴하거나 벼슬에 나아가는 것을 꺼리는 풍조가 퍼지게 된 또 다른 이유는 무엇일까? '오랑캐'로 여겼던 청에게 항복하는 치욕을 겪으면서 인조의 권위, 조정의 위신이 땅에 떨어졌던 것도 영향을 미쳤다. 척화신들은 인조가 남한산성에서 종사와 함께 장렬하게 순국함으로써 명분과 의리를 지키고 명에 대한 충절을 다했어야 한다고 생각했다.[17] 그렇게 하는 것이야말로 문명국 조선의 절개를 만세에 드러내고, 궁극에는 인조반정을 일으킨 명분에도 부합한다고 인식했다.

　요즘 길에 떠도는 소문을 듣건대, 조정이 물러나서 재야에 머무는 사대부들을 더러운 임금 섬기기를 부끄러워하기 때문이라 여기고, 과거에 응시하지 않으려는 유신儒臣들 또한 하찮은 조정에 들어가기를 부끄러워하기 때문이라 여긴다 합니다. 하여 그릇되게 헐뜯는 말을 지어 내는 것이 끝이 없어 모두 일망타진의 변이 곧 일어날 것이라 의심하고 있습니다. 아, 이것은 일찍이 혼조(昏朝, 광해군) 때 실컷

듣던 것인데 밝으신 성상께서 위에 계신 때 다시 이런 말을 들으리 라고 어찌 생각이나 했겠습니까.[18]

1637년 2월, 대사헌에 임명된 김영조(金榮祖, 1577~1648)가 올렸던 사직소의 내용이다. 여기서 주목되는 것은 당시 인조와 조정을 '더러 운 임금〔汚君(오군)〕', '하찮은 조정〔小朝(소조)〕'이라 운운하며 자조하 는 분위기가 있었음을 언급한 대목이다. 골수 척화신들이 보기에 인 조는 오랑캐에게 무릎을 꿇음으로써 임금의 자격을 이미 상실한 '더 럽혀진 군주'였다. 따라서 그들의 입장에서, 순국은커녕 오랑캐에게 신복하기로 맹세했던 '오군'이 이끄는 '소조'에 나아가 벼슬하는 것은 결코 내키지 않는 일이었다.

이 같은 분위기에서 인조가 느꼈던 굴욕감과 허탈감, 그로 말미 암아 척화신들에게 갖게 된 배신감이 얼마나 컸을지는 짐작하기 어 렵지 않다. 인조는 신료들이 자신을 '오군'으로 여기는 데 빌미를 제 공한 '원흉'으로 김상헌을 지목했다. 명시적으로 언급하지는 않았지 만 김상헌은 사실상 인조에게 종사와 함께 순국할 것을 권했고, 자신 의 건의가 받아들여지지 않고 청과의 화친이 성립되자 고향 안동으 로 돌아가 버렸다. 1637년 4월, 최명길과 만난 자리에서 인조는 김상 헌을 준열하게 성토했다. 인조는 김상헌을 가리켜 '스스로 목숨을 바 쳐 절개와 명분을 지키지 못했으면서도 임금에게는 사직을 위해 죽 으라고 강요한 인물'이라고 매도했다. 김상헌이 청에게 항복하기로 했다는 소식을 들은 직후 자결을 시도했다가 자식들에게 발견되어

미수에 그쳤던 사실을 비꼬면서 했던 말이었다.[19]

이처럼 안팎에서 자신과 조정을 냉소적으로 바라보고 있던 분위기에서 최명길은 인조가 기대려 했던 유일한 의지처이자 최후의 보루였다. 인조는 청군 선봉이 무악재까지 들이닥쳐 숭례문 근처에서 길이 막힌 채 허둥대고 있을 때 최명길이 보여 주었던 용기와 충성심을 잊지 못했다. 척화신, 주화신을 막론하고 모두가 황망하여 발만 동동 구르고 있을 때 홀로 적진으로 달려가 자신이 남한산성으로 피할 수 있는 시간을 벌어 주었고, 산성에서도 갖은 비방과 성토를 무릅쓰고 강화를 성사시켜 자신의 권좌를 유지시켜 준 신하가 바로 최명길이었다.

환도 직후인 1637년 4월, 인조는 최명길을 우의정으로 승진시킨다. 이어 같은 해 7월 좌의정으로, 이듬해인 1638년 9월 영의정으로 승진시켰다.[20] 그러면서 당시 조정의 여러 문제들을 해결하는 책임을 최명길에게 위임했다. 최명길도 인조를 위로하고 다독이면서 파산 직전의 조정을 이끌어 갈 책임을 떠안는 것을 마다하지 않았다. 환도 직후 인조를 대면했던 자리에서 최명길은 다음과 같이 이야기했다.

가슴속에 품은 생각을 바로 들어와서 진달하고 싶었지만 전하께서 혹시라도 참람하다고 여기실까 두려워 그렇게 하지 못했습니다. 지금부터는 품은 생각이 있으면 들어와서 바로 아뢰고 싶습니다.[21]

최명길의 건의에 인조도 적극적으로 화답했다. 환도 직후인

1637년부터 최명길이 명과 밀통했던 것이 발각되어 심양으로 끌려
가는 1642년 무렵까지 인조는 최명길을 절대적으로 믿고 의지했다.
1638년 초, 최명길은 청의 징병 요구를 거절하기 위해 심양에 갔다
가 병을 얻었고 귀환한 직후 인조에게 사직을 청했다. 그러자 인조는
"과인이 경에게 의지하는 것은 열 사람의 장님이 나무 한 그루에 매
달린 격이니 비록 사무실에 누워 정사를 보더라도 물러나서는 안 된
다"며 결사적으로 만류했다.[22] 하지만 최명길의 병약한 건강 상태가
문제가 되었다. 영의정에 제수된 직후 최명길이 병을 이유로 사직을
청하자 인조는 만류하면서 그야말로 절절한 비답을 내린다.

> 경은 원훈으로 나라의 중책을 맡을 만한 기국(器局, 도량과 재능)이
> 있다. 시세를 읽는 능력이 신하들 가운데 제일이고 경의 치밀한 모
> 책 덕분에 종사가 편안해졌다. 산성에 있을 때 적진을 오가며 분쟁
> 을 해결하여 종사를 살렸으니 그 공로가 하늘에 이를 만하다. 자신
> 의 안위를 돌보지 않고 한겨울에도 심양 만 리 길을 왕래하는 것을
> 꺼리지 않았다. 경은 나의 고굉(股肱, 팔다리에 견줄 만큼 믿고 아끼는 신
> 하)이니 대소사를 모두 경에게 의지하노라. 나는 임금 노릇이 즐겁
> 지 않아 밤낮으로 지쳐 있는데 경이 떠나면 어쩌란 말인가.[23]

"임금 노릇이 힘들어 경만 바라보고 있다"는 간절한 만류에도 최
명길이 병을 이유로 계속 사직을 청하자 인조는 애가 탈 수밖에 없었
다. 어의를 보내 간병하고 승지를 보내 간절히 청했다. 심지어 "집에

누워서라도 정무를 봐 달라"고 매달렸을 정도였다.[24]

인조의 절대적인 신임을 바탕으로 조정을 이끌어 갈 대임을 맡은 최명길이 가장 먼저 신경 썼던 것은 항복 이후 몹시 상심하고 우울해했던 인조를 위로하는 것이었다. 최명길은 먼저 자신이 인조를 치욕의 길로 이끌었던 '죄인'이라고 자책했다.

> 기괴한 변란을 맞아 커다란 권도를 행했으니 이 같은 무리들 때문에 군이 변명할 필요는 없다. 하지만 내가 나라의 큰 은혜를 입었는데도 나라의 보전을 도모함에는 불충하여 난을 맞아 비상한 계책을 내어 오랑캐를 물리쳐 쫓아내지 못했다. 그저 한갓 몸을 굽히고 복종하여 보존을 도모하라고 권하여 임금으로 하여금 전에 없는 치욕을 겪게 했으니, 임금과 나라는 이미 보존되었지만 이것은 모두 신하의 죄이다.[25]

아우 최혜길에게 보낸 편지에서 최명길은 스스로 '인조의 죄인'으로 자처하고 있다. 적을 물리칠 대책을 제시하지 못하고 지존으로 하여금 '오랑캐 추장'에게 무릎을 꿇게 했던 것은 누가 뭐래도 자신의 불충 때문이라고 자책했다.

최명길은 이어 장문의 상소를 통해 인조를 위로한다.

> 지난겨울 개벽 이래 없었던 병란을 갑자기 만나 멸망의 화가 눈앞에 임박했습니다. 전하께서 몸을 굽히시고 치욕을 참으셔서 종사

를 보전하셨으니 사세와 의리를 헤아릴 때 이것을 대신할 것이 없는데 전하의 성덕에 무슨 손상이 있겠습니까? 그런데 전에 신이 입시하여 천안天顔을 뵈니 안색이 화평하지 못하시고 눈썹을 찡그리시며 항상 우울하며 답답하신 것 같았습니다.

남한산성의 전쟁에 이르러…… 불측한 변란이 눈앞에 임박했습니다. 이때를 맞아 지혜로운 자는 지혜를 쓸 수 없었고, 용맹한 자는 용맹함을 쓸 수 없었는데 전하께서 만약 필부의 절개만을 고수하셨다면 종사는 분명 망하고 생령들은 모두 죽었을 것입니다. 다행히 하늘이 전하의 충정을 이끌어 문득 깨닫게 하시어 묘당의 논의를 받아들여 사람들의 염원을 따르시니 하루 만에 위기가 돌변하여 종사는 혈식血食이 연장되고 민생은 어육魚肉을 면했습니다. 전하의 지극하신 인자함과 커다란 용기가 없었다면 어찌 이 일을 이루었겠습니까.

원컨대 전하께서는 이 일로 너무 괴로워하지 마소서. 하늘의 운은 순환하니 가면 반드시 돌아오고, 음이 다하면 양이 돌아오고 비운이 다하면 행운이 오는 법입니다. 전하의 지극한 덕과 순일한 행실은 여느 임금들 가운데 으뜸이고, 춘추도 아직 젊으시며 만기(萬機. 임금이 살피는 갖가지 정무)에 게으르지 않으시니 군신 상하가 마음을 합쳐 분발하여 국사를 도모한다면 하늘의 뜻을 돌이키는 것이 어렵지 않고 인심을 안정시키기도 어렵지 않다고 생각합니다.[26]

필부의 절개만 고수했다면 나라는 망하고 백성들은 모두 죽었을 텐데 종사와 백성을 위해 굴욕을 참았으니 임금으로서 책임을 다했다고 인조를 위로하고 있다. 포위된 남한산성에서 청과의 화친을 주도하면서 내세웠던 최명길의 지론이 그대로 반영된 내용이었다.

척화신들은 "명의 은혜를 갚기 위해 임금은 종사와 함께 순국해야 한다"고 강조했지만 최명길은 "조선의 임금과 신하는 조선의 종사를 먼저 살린 뒤에 명을 생각하는 것이 순서"라고 줄곧 주장했다. 나아가 존망의 기로에서 인덕과 용기를 발휘하여 종사와 백성을 살렸으니 이제 군신이 마음을 합쳐 분발하면, 끊임없이 순환하는 천운을 다시 되돌릴 수 있다고 강조했다. 그것은 최명길 스스로도 인조의 절대적인 신임을 바탕으로 전쟁이 남긴 후유증을 극복하고 개혁을 시행하는 데 매진하겠다는 다짐의 표시이기도 했다.

'소년 가장'
최명길

병자호란 이후 최명길이 해결해야 할 내부 과제는 한두 가지가 아니었다. 인조를 다독이면서 임금의 권위를 회복하는 문제, 조정을 냉소적으로 바라보면서 출사를 기피하는 풍조를 불식하고 인재를 등용하는 문제, 전란으로 피폐해진 민생을 안정시키는 문제처럼 만만치 않은 난제들이 최명길의 어깨 위로 부과되었다.

최명길은 인조와 조정의 권위를 회복하기 위해 당시 신하들 사이에 퍼져 있던 벼슬을 기피하는 풍조를 불식시키려 고심했다. 출사를 거부하고 조정을 조롱까지 하는 분위기에서 최명길의 조바심은 컸다. 환도 직후 사촌 동생 최정길(崔廷吉, 1608~1687)에게 보낸 편지 속에 그 같은 고민이 담겨 있어 주목된다.

자네가 난을 겪은 이후 '관광(觀光, 과거에 응시하는 것)'도 하지 않고 도성에도 들어오지 않으려 한다 들었네. 일세의 은거하는 선비로서 간혹 이같이 하는 자가 많으나, 자네의 경우는 우리 가문 사람으로서 이처럼 세상을 등지는 것이 혹시라도 내가 권도로 나라를 보존한 것이 옳지 못하다는 생각에서 그렇게 하는 것인가? 아니면 북쪽 오랑캐의 천운이 왕성한 것을 한탄하여 그렇게 하는 것인가? 자네 편지의 뜻을 보면 이미 종사와 임금을 위한 의리를 인정하여 내가 권도를 행한 것을 그르다고 하지 않았는데, 어찌하여 도성에 들어오지 않고 과거도 피하는 것인가?[27]

당시 최정길은 인천에 머물고 있었다. 그런데 그는 관광도 하지 않으려 하고 서울에 들어오려고도 하지 않았다. 최정길이 본래부터 벼슬을 포기한 것은 아니었다. 그는 16세부터 생원시, 진사시에 합격했고 문과에도 응시했지만 곧바로 합격하지는 못했다. 그런데 1638년(인조 16) 치러진 과거에서 그가 제출한 답안이 애초 1등이 되었지만, 오자 한 자가 발견되는 바람에 결국 급제하지 못했다. 이후 그는 과거에 별다른 뜻을 두지 않고 화초를 키우면서 유유자적했는데, 재주를 아깝게 여긴 최명길이 벼슬에 추천하려 했지만 사양했다고 한다.[28] 어쨌든 최명길은 자신의 사촌 동생이 과거 응시에 열성을 보이지 않고 전원에 머물려 하는 것이 혹시라도 자신이 청과의 화친을 통해 종사를 보존한 것에 불만을 품었기 때문에 그런 것은 아닌지 촉각을 곤두세웠던 것이다.

최명길은 신료들이 벼슬을 버리고 조정을 떠나는 것을 개탄했다. 조정에 나아가 벼슬하는 것은 천하게 여기고, 물러나는 것은 귀하게 여기는 것이 일종의 풍조가 되어 버린 것에 대한 지적이었다. 최명길은 "임금이 종사를 위해 죽는 것은 그것을 보전할 가망이 전혀 없을 경우에나 하는 것일 뿐, 조금이라도 보전할 길이 있을 경우에는 권도를 쓰는 것이 올바르다"고 거듭 강조했다. 따라서 애초부터 벼슬을 포기하고 재야에 머무는 산림처사山林處士도 아니고 평소 후한 녹봉을 받고 임금의 은혜를 입었던 신료들이 그렇게 하는 것은 있을 수 없다고 강조했다.29

이 같은 분위기에서 우의정이 된 뒤 최명길은 인재들을 등용하기 위해 노심초사했다. 환도 직후 최명길이 조정으로 불러들이려고 가장 크게 애태웠던 인물은 단연 장유였다. 당시 장유는 상중에 있었는데 최명길은 인조에게 장유를 기복起復시키라고 채근했다.30 '기복'이란 상례를 아직 끝마치지 않은 사람을 등용하는 것을 가리킨다.

최명길은 비록 상중에 있더라도 국가가 위기에 처한 상황에서는 개인의 예만 챙길 수 없다고 강조했다. 기복과 관련된 중국의 고사는 물론 선조대 이덕형이 상중이었음에도 임진왜란을 맞아 벼슬에 나아갔던 전례를 들어 장유를 설득했다. 장유가 당시는 전란 중이 아니라는 이유로 출사를 거부하자 최명길은 반박한다. "세자가 청으로 끌려가고 백성들은 만신창이가 된 지금 현실보다 더 심한 전란이 어디 있느냐"며 장유를 압박했다.31

형처럼 고명한 사람은 불행히도 죄를 입어 칩거하시는데 저처럼 식견이 부족한 사람은 불행히도 전형(銓衡, 인사)을 담당했습니다. 본래부터 비방만 많고 도와주는 사람은 적은 제가 홀로 다수의 창끝과 대중의 회초리를 만나게 되니 장차 청론 사이에서 어떻게 선처해야 하겠습니까? 너무도 고통스럽습니다. 세상일에 어두운 저로서는, 청론을 진정시키는 어려움이 백등白登의 포위망을 푸는 것보다 더 심합니다. …… 형은 이미 나라를 보전하는 일에 저와 함께 동참하시고, 또 한편 청론도 겸하셨으니 이같이 우러러 상의 드리는 것입니다. 비록 상중이고 오랫동안 병환 중이시지만 깊이 잘 생각하시어 선도해 주시기를 간절히 바랍니다.[32]

백등이란 한고조가 흉노에 의해 포위되어 위기에 몰렸던 곳으로 남한산성을 은유하여 표현한 것이다. 자신이 청과의 화친을 주도하여 사직을 겨우 회복했지만, 항복 이후 최명길은 조정에서 척화신들을 상대하는 것이 백등의 포위를 돌파하는 것보다 훨씬 힘들다고 토로했다.

주목되는 것은 최명길이 장유를 "나라를 보전하는 일에 동참하고 청의도 겸했다"고 평가하는 점이다. 상당수 신료들이 조정에 출사하는 것을 백안시하는 상황, 홀로 다수의 칼끝과 회초리에 맞서야 하는 상황에서 뜻이 맞는 장유를 정승에 앉히면 조정이 안정되는 것은 물론, 자신이 추구하는 개혁 작업에도 크게 보탬이 될 것이라 판단했기 때문이었다. 인조는 최명길의 강청을 받아들여 장유에게 기복하라고 명하고 우의정을 제수했다. 하지만 장유는 물경 열여덟 차례나 사직소를 올린다. 자신이 상중에 있는 데다 병이 심각하다는 명분을 들어 조정에 나오는 것을 끝내 거부해[33] 최명길을 실망시켰다.

최명길은 또한 판서급의 자리에도 능력 있는 인물들을 등용하려고 부심했다. 대표적으로 김신국, 남이공, 심열, 윤휘尹暉 같은 사람들이었다.[34] 이들은 모두 당시까지 인조 정권에서 주변인들이었다. 본래 서인의 주류도 아니고, 인조반정에 가담했던 공신도 아닌 데다 과거 광해군의 대내외 정책에 영합했던 전력이 있었기 때문이다.

김신국과 남이공, 심열은 모두 경제 문제와 실무에 밝고 재주와 도량이 있었지만 본래 북인 출신이었다. 심열은 특히 광해군대 토목 사업에 적극적으로 참여했던 전력 때문에 인조대 조정에서는 '실세'가 될 수 없는 인물이었다.[35] 윤휘는 서인 가문 출신이지만 광해군의 후금에 대한 화호和好 정책에 동조했고, 1619년 명이 후금 정벌에 필요한 원병을 보내라고 요구했을 때 파병에 적극적으로 반대하여 인조 정권에서는 '명분과 의리를 망각한 인물'로 매도되었다.[36] 그런데 최명길은 심열과 윤휘를 높이 평가했다. 윤휘를 당시 상황에서 적국(청)의 동향을 객관적으로 파악하고 적절한 대응책을 제시할 수 있는 '외교의 적임자'라고 추천했다.[37] 항복 이후의 엄혹한 상황에서 안팎의 난제들을 풀어가려면 당색이 아니라 실무를 담당할 수 있는 능력과 재주가 중요하다고 판단했던 것이다.

병자호란 이후 인재를 끌어들이려는 최명길의 노력이 얼마나 눈물겨운 것이었는지를 잘 보여 주는 사례가 있다. 바로 김시양(金時讓,

1581~1643)을 등용하려 했던 사실이다. 당시 김시양은 벼슬에서 물러난 지 오래된 데다 심각한 안질 때문에 시력을 상실한 상태였다. 그런데도 최명길은 김시양을 등용해야 한다고 강청했다. 최명길은 "김시양의 시력을 볼 것이 아니라 그의 정신력을 보아야 한다"고 강조했다.38 김시양이 "비록 앞을 보지 못하지만 나라가 위급하고 난제가 산적해 있는 상황에서 그의 지혜가 절실하다"며 충주에 은거하고 있던 김시양을 불러들이라고 강청했다. 급기야 인조는 사양하는 김시양에게 상경하라고 세 번이나 유시했다.39

최명길은 왜 시력까지 상실했던 김시양을 굳이 다시 기용하려 했을까? 환도 직후 가장 어려운 문제였던 청과의 외교를 펼쳐 나가는 방향이나 방책과 관련하여 나름의 소신과 강단을 지닌 인물이 김시양이라고 여겼기 때문이다.

1633년 후금의 홍타이지는 조선이 자신들과의 약조를 여러 차례 어겼다고 비난한 뒤, 보상하는 차원에서 병선을 빌려 달라고 강요한다. 당시 인조와 조정은 격분하여 정묘호란 때 맺은 후금과의 화약을 파기하기로 결정하고 그 사실을 통고하기 위해 역관 김대건을 심양으로 보낸다. 그런데 당시 평안감사였던 김시양은 의주부윤 정충신과 상의하여 김대건을 억류해 놓고 조정에 장계를 올렸다. 그는 병선을 빌려 달라는 것은 구실일 뿐, 후금의 속셈은 세폐를 더 받는 데 있다고 간파한 뒤, 형제 관계를 끊어 후금의 침략을 초래하는 것보다 차라리 세폐를 더 주어 다독거리는 것이 국가를 위해 나은 방책이라고 주장했다.40 그만큼 소신과 강단이 있었다.

능력과 재주를 겸비한 인물들을 등용하는 것과 함께 최명길이 크게 신경 썼던 것은 조정 신료들을 화합시키는 문제였다. 최명길은 그와 관련하여 대각 신료들에게 윤방尹昉, 조익趙翼, 김상헌 들이 호란 중에 보였던 행적과 언동을 더 이상 문제 삼지 말라고 촉구했다. 윤방은 원로 중신임에도 강화도 함락 당시 순절하지 않고 적에게 굴복했다는 이유로, 조익은 학문과 행실이 뛰어났음에도 호란 당시 인조를 호종하지 않았다는 이유로, 김상헌은 인조가 항복하려 출성할 때 고향으로 돌아가 버렸다는 이유로 환도 이후 대각 신료들의 공격 대상으로 떠올랐다.

최명길은 '강화도가 함락되었을 때 윤방은 자결했어야 한다'는 주장을 반박했다. 사세가 어쩔 수 없게 되었을 때 책임지고 자결하여 의리를 보전하는 것이 신하의 도리지만, 굴욕을 참고 일을 잘 주선해서 더 큰 화를 방지할 방도를 찾는 것도 대신이 변란에 대응하는 권도라면서 윤방을 옹호했다.[41] 또 김상헌과 관련하여 자신과 김상헌의 관계가 좋지 않다는 사실은 세상이 다 알고 있지만 역시 그의 '과거'를 들어 더 이상 처벌하지 말 것을 촉구했다.[42] 전쟁이 이미 끝난 마당에 '과거'를 놓고 정쟁이 빚어지고 사론이 분열되는 것을 막아 보겠다는 충정에서 비롯된 주장이었다. 또 정승으로서 조정의 사론을 화합시켜 세도世道를 바로 세우는 것이 자신의 소명이라는 신념에서 비롯된 행동이기도 했다.

최명길은 이미 처벌받은 척화신들도 용서하고 사면하라고 촉구했다. 연소한 척화신들이 병자호란 발생 무렵 경박하게 행동하여 국사를 그르친 죄는 징계해야 마땅하지만 의리를 추구했던 그들의 본심과 충정은 용서할 만하다고 평가했다. 또 시세를 헤아려 나라를 위해 적절히 대응하는 것은 본래 대신들의 책임이므로 척화신들만 책망해서는 안 된다며 그들을 사면하라고 촉구했다.[43]

대체로 청론의 선비들은 모두 정직한 무리지만 천기를 몰라 병화를 재촉하고 국사를 그르쳤으며, 임금께서 일만 번 죽을 각오로 나라를 보전한 뜻을 생각하지 않고 한갓 청의淸議만 숭상하여 벼슬을 버리고 함께 돌아가니 이는 조정과 겨루려는 것에 가까운 것입니다. …… 그래서 여러 공들을 내지로 귀양 보내 가벼운 벌을 시행한 지가 지금 벌써 반년이 되었습니다. …… 청론의 무리가 비록 정세에 따라 선처하는 도리에는 어긋났지만 그 원칙을 지키는 이론 또한 폐기할 수 없기에 오랫동안 유배에 처함으로써 사림들이 억울해하지 않도록 하는 것이 진실로 체도體度에 맞는 것입니다.[44]

연소한 척화신들이 천기를 파악하지 못하고 병화를 촉발시킨 잘못은 있지만 청론을 통해 원칙을 지키려 했다는 사실은 인정해야 한다는 것이 최명길의 입장이었다. 따라서 그들을 오랫동안 유배지에 둘 수는 없다고 강조한다. 역시 환도 이후 심하게 분열되었던 조정의 화합을 도모하려는 조처였다.

병자호란 직후의 최명길은 어쩌면 좌초된 난파선의 지휘관이라고 할 수 있었다. 국왕 인조가 좌절해 버린 선장이었다면 최명길은 어떻게 해서든 배를 수리하여 다시 띄우려 했던 일등 항해사였다. 실제로 최명길은 당시 조정에 있는 여러 신하들의 처지를, '같은 배를 타고 풍랑을 만난 형세〔同舟遇風之勢〕'라고 비유한 바 있다.[45] 급박한 위기를 맞아 서로 공경하고 마음을 합쳐야 하는데도 대각 신하들은 여전히 서로 공격하는 것을 일삼아 조정에 파란을 일으키고 있다고 통탄한다. 좌절해 버린 인조를 위로하고, 대소 신료들을 화합시키고 민생을 챙기며 청과의 외교까지 앞장서서 맡아야 했던 최명길은 조정의 마지막 보루였다. 요컨대 병자호란 이후 최명길은 쓰러져 가는 조선 조정의 '소년 가장'이었던 셈이다.

다시 정치 개혁을
시도하다

병자호란이 일어나기 직전이었던 1636년 9월 19일, 인조는 문정전으로 신료들을 불러 모았다. 병 때문에 오랫동안 물러나 있었던 최명길은 이날 지중추부사知中樞府事로 인조를 대면했다. 승지 최연崔衍이 먼저 입을 열었다. 그는 인조에게 쓴소리를 쏟아 냈다. 반정을 통해 집권한 지 14년이 지났지만 민생은 불안하고 변방의 방어 태세도 허술하다고 진단했다. 이어 백성들은 모두 궁핍하여 삶을 즐겁게 여기지 않는다고 말한 뒤 인조에게 개혁을 위해 결단을 내리라고 촉구했다. 그러자 인조는 나라가 제대로 서지 못한 책임은 자신이 져야 하지만 붕당의 폐단 때문에 발목이 잡혀 있다고 항변했다.

인조가 붕당 이야기를 꺼내자 최연은 "전하께서 사심을 버리고 솔선수범하신다면 붕당의 폐단을 줄일 수 있다"고 응수했다. 그러자 인조는 격앙되었다. "붕당은 신료들의 욕심 때문에 생겼고 그 때문에 나라가 망할 수도 있다"며 나라가 망하면 또 어디서 붕당을 지어 싸울 것이냐고 되물었다.

인조와 최연의 이야기를 듣고 있던 최명길은 붕당의 폐단을 해소하기 위한 대책을 다음과 같이 진술한 바 있다.

붕당이 생긴 뒤로 조정의 사대부가 두 패로 나뉘었습니다. 삼사의 관직이 너무 적어 관원들을 배치할 때마다 매번 다툼이 벌어지곤 합니다. 지난번엔 성상의 하교가 간절하여 삼사 관직을 배분할 때 여염에서 분재(分財, 재산을 나누는 것)하듯이 하여 피차 어느 정도 균형이 맞춰졌습니다. …… 임금이 권병(權柄, 정권)을 장악하여 어진 자를 등용하고 불초한 자를 물리치면 붕당은 저절로 없어질 것입니다. 근래 나이 어린 대간들의 부박한 논의가 너무 심합니다. 그리고 대간들의 피혐 풍조가 그치지 않아 붕당을 없애기가 어렵습니다.[46]

최명길은 임금이 권병을 틀어쥐고 제대로 된 인재를 등용하면 붕당은 없어진다고 진단한다. 하지만 대간들이 부박한 논의를 일삼고 피혐을 남발하고 있던 당시 상황에서는 붕당을 없애는 것이 어렵다고 강조했다. 이윽고 시간이 흘러 남한산성에서 환도했던 직후인 1637년 5월, 최명길은 정치 개혁 차원에서 붕당 문제와 삼사 문제를 다시 꺼내든다.

작년 용골대 일행이 왔을 때 연소한 대각 신료들이 지나치게 경망스런 논의를 했고, 묘당은 그것을 진압해 막지 못해 앉아서 크나큰 화란을 당했으니 이것은 진실로 여러 신하들의 죄입니다. 그러나 전하께서도 마음으로는 그것이 잘못된 계책임을 아시면서도 엄하게 거절하지 못하셨으니 이것은 전하의 잘못입니다. …… 정묘년 난리 때는 화친으로 병화를 해소했으니 이를 보면 화친의 효과는 이미 뚜렷이 드러난 것입니다. 그런데 명예를 좋아하는 무리들이 이론異論을 주장하여 주화자를 노비처럼 여기고 척화자를 주인으로 여겨 십년 사이에 묘당과 대각이 서로 모순을 일으켜 오늘날의 화란을 초래했습니다. 이것은 국시가 정해지지 못했기 때문입니다.[47]

위의 발언에는 병자호란이 발생하게 된 원인이 무엇인지에 대한 최명길의 인식이 드러나 있다. 최명길은 먼저 연소한 대각 신료들이 지나치게 경망스런 논의를 제기한 것과 비변사가 대각의 경망스런 논의를 제압하지 못했던 것을 원인으로 지적한다. 이어 인조 또한 대각의 위세에 눌려 어정쩡한 태도를 취했던 잘못이 있다고 진단한다.

'지나치게 경망스런 논의'란 구체적으로 무엇을 말하는 것일까? 그것은 필시 1636년, 대청 관계를 놓고 논란이 빚어졌을 때 대각의 신료들이 표출했던 일련의 언동을 가리키는 것으로 보인다. 용골대 일행의 입국 소식이 전해졌을 때 홍익한 등은 "오랑캐 사신의 목을 쳐서 상자에 담아 명으로 보내라"고 하며 강경한 척화론을 제기했다. 그런데 '목을 치라'고 운운하는 이야기가 청 사신들에게 누설된 데다 조선

조정이 청과 몽골 버일러들의 서신을 접수하는 것을 거부하자 용골대 일행은 신변의 위협을 느끼고 도주한다. 이후 몇 달이 지나면서 최명길을 비롯한 비변사 신료들은 심양에 사람을 보내 동정을 파악하고 청과의 관계를 복원해야 한다고 주장했지만, 삼사 신료들은 '오랑캐'와의 관계를 이미 끊기로 한 마당에 사람을 다시 보내면 절대로 안 된다고 반박했다. 사신을 다시 보내는 것은 심지어 '명을 저버리고 백성을 속이는 행위'라고 성토했다. 삼사의 강경한 논박 때문에 인조는 섣불리 결정을 내릴 수 없었다.[48]

1636년 여름 이후, 최명길은 사람을 빨리 심양에 보내 정묘화약을 복원하려고 시도하는 것이 종사의 안전을 위해 절박한 과제라고 인식했다. 그런 최명길에게 삼사의 언관들이 사신 파견에 한사코 반대하는 것은 도무지 이해할 수 없는 일이자 부박한 논의에서 비롯된 당파 행위로 인식될 수밖에 없었다. 그러니 병자호란을 겪고 치욕적인 항복을 했지만, 이제라도 비변사와 삼사 사이의 갈등과 불협화음 때문에 국가의 안전이 위태로워질 수 있는 문제점은 해소시켜야 했다. 그러려면 당연히 '개혁'이 필요했다.

조정이란 온 나라의 기강입니다. 대신이란 임금의 복심腹心이고, 육조란 임금의 고굉股肱이며, 대각이란 임금의 이목耳目이니 고굉과 이목에게 각기 그 직책을 다하게 하는 것은 복심이 할 일입니다. 고로 나라를 다스리고자 하는 이는 마땅히 조정으로부터 시작해야 하며 조정을 바로잡고자 하는 이는 마땅히 대신, 육조, 대각을 먼저 바로잡아야 합니다. …… 그런데 국가의 근래 규례를 보면 비록 재주가 관중管仲, 제갈량諸葛亮 같고, 충성이 왕규王珪, 위징魏徵 같더라도 재주와 충성을 펴 나갈 길이 없습니다. 왜냐하면 '서사署事'가 혁파되어 대신이 그 직능을 잃었고, '낭천郎薦'이 시작되면서 이조와 병조가 그 직능을 잃었고, '피혐'이 일어나면서 대간이 그 직능을 잃었으니 전하께서 다스리려고 하지 않으신다면 그뿐이지만 만약 다스리려고 하신다면 이런 종류의 잘못된 예는 마땅히 변통되어야 할 것입니다.[49]

1637년 5월 최명길이 상소한 내용이다. 최명길은 병자호란 이후 조선이 맞이한 위기를 극복하려면 조정을 바로잡아야 한다고 주장한다. 구체적으로는 조정을 구성하며 임금을 보필하는 대신(복심), 육조(고굉), 대각(이목)을 모두 개혁하는 것이 절실하다고 강조했다.

조정이 잘 운영되고 나라가 제대로 굴러가려면 '복심'인 대신이 '고굉'인 육조와 '이목'인 대각을 잘 통할하여 각각의 역할을 다할 수 있도록 조율하는 것이 중요하다. 그런데 당시 대신들에게는 '서사'의 권한이 없었다. '서사'란 의정부 대신이 육조의 직무를 종합적으로 규찰하고 제어하는 것을 가리킨다. 조선 왕조 개창 이래 실시되었던 의정부 서사제는 1414년(태종 14) 폐지되었다가 1443년(세종 15)에 복구되었는데, 1455년(세조 1) 다시 폐지되었다. 그런데 의정부 서사제가 폐지되면서 영의정 같은 삼공은 그저 자리만 차지하고 있는 상황이 빚어지고 있었다.[50] 최명길 당대에는 비변사가 있어 삼공이 비변사에 나아가 정무를 논의했지만 과거 서사권을 갖고 있었던 의정부에 비하면 권위가 형편없는 상황이었다. 최명길은 서사제를 당장 복구하지는 못하더라도 비변사의 명칭을 중서성中書省, 추밀원樞密院, 아니면 도평의사사都評議使司로 바꾸어 일단 권위부터 회복하자고 주장한다. 이어 비변사에 당상 두 명을 설치하여 이들로 하여금 대신들의 지휘를 받아 육조와 삼사를 제어하는 역할을 맡기자고 주장했다.[51] 비변사의 명목과 실권을 높이고 강화하여 대신이 책임을 지고 국정을 통할할 수 있도록 하자는 개혁안이었다.

최명길은 이어 임금의 고굉에 해당하는 육조, 그 가운데서도 인사권을 장악하고 있는 이조와 병조의 문제점을 언급했다.

우리 나라의 크고 작은 관리의 임명은 모두 '전장(銓長, 판서)'에게서 나오는데, 유독 이조와 병조의 낭관은 낭청에게 자천하게 하고 당하 청망(淸望, 언관)의 임명이 모두 낭관의 손에서 나옵니다. 이 때문에 전랑의 권한이 지나치게 중하여 때때로 조정을 흔들어 매번 낭관을 천거할 때가 되면 연소한 명류들이 기염을 토하며 서로 배격하여 반드시 다투어야 할 곳으로 알고 있으니, 이것이 바로 당론의 근원지입니다. …… 신은 이 규정을 통렬하게 없애지 않으면 당론은 종식될 때가 없을 것이며 조정은 조용할 때가 없을 것이라고 생각합니다. 병조는 비록 이조의 낭관을 천거하는 것처럼 폐단이 있지 않지만 연소한 낭관이 각기 친한 자를 이끌어 반드시 모두가 합당한 사람을 천거하는 것이 아니고, 일찍이 낭관을 지냈던 자는 재주의 우열을 논하지 아니하고 단지 그들 중 차례에 따라 추천하여 고하의 차등을 삼고 있습니다. 이것은 관직에 맞는 인재를 선택하는 뜻이 없는 것이니 모두 혁파하여 전적으로 '전조銓曹'에 귀속시키는 것만 못합니다.[52]

'전조'는 인사권을 가진 이조와 병조를, '전장'은 이조와 병조의 장관인 판서를 가리킨다. 전랑이란 이조와 병조의 낭관, 즉 정랑(正郞, 정5품)과 좌랑(佐郞, 정6품)을 가리킨다. 이조정랑과 좌랑은, 품계는 판서에 비해 훨씬 낮았지만 만만치 않은 권한을 갖고 있었다. 이들은 자신의 후임을 스스로 결정할 수 있는 자천권自薦權과 삼사의 관원들을 추천, 임명할 수 있는 통청권通淸權을 갖고 있었다. 특히 이들은 홍문관의 직제학 이하 관원들의 인사권을 갖고 있었다. 따라서 언론을 맡은 삼사는 전랑의 눈치를 볼 수밖에 없었고, 전랑은 삼사에 소속된 연소한 언관들의 영수처럼 인식되었다.

참혹한 사화의 시대를 겪은 뒤, 삼공육경三公六卿 고관들의 막강한 권력을 견제하기 위해 삼사의 역할은 강조되었는데, 시간이 더 지나자 삼사의 권한은 대신들을 능가하는 지경에 이르게 된다. 그런데 그 막강한 삼사 신료들을 전랑이 좌지우지하게 되면서 전랑 자리를 서로 차지하기 위한 당파 사이의 갈등은 심해질 수밖에 없었다.[53] 병자호란 발생 직전, 삼사 신료들의 격렬한 반대에 밀려 비변사가 구상했던 대청 정책이 표류할 수밖에 없었다고 여겼던 최명길은 삼사 관원들의 임명권을 갖고 있는 전랑을 '당론의 근원'으로 여겼고, 나아가 전랑의 자천권과 통청권을 혁파하자고 주장했던 것이다.

최명길은 또한 임금의 이목에 해당하는 대간들의 피혐 관행에 대해서도 개혁이 필요하다고 강조한다.

지금 대간은 사소한 일 하나를 논할 때도 반드시 만장일치를 구하고 하나라도 합의가 안 되면 피혐하면서 벌 떼처럼 일어나 사람들로 하여금 자기의 소견을 지킬 수 없게 하니, 뭐라고 말할 수조차 없습니다. 그리고 사람이 요순堯舜이 아닌 이상 일마다 다 잘할 수는 없는 것인데 유독 대간에게만 어찌 조그만 허물도 없기를 요구할 수 있겠습니까. …… 오직 피혐해야 하는 경우가 두 가지 있으니, 혹 임금의 엄한 분부가 있거나 혹은 남에게 두드러진 배척을 받았다면 정상을 호소하고 물러나기를 청하여 공의公議를 기다리는 것은 어쩔 수 없는 일이며, 공의가 그의 출사를 이미 허락하였다면 굳이 다시 회피할 필요는 없습니다. 또 혹시 아래에서 체직하기를 청하는데 임금께서 특별히 체직하지 말라고 명하면 은혜에 감격하여 언관의 책무에 더욱 힘써야 마땅한데, 지금은 그러지 않고 삼사의 공론이라고 핑계 대고 반드시 체직하고야 마니, 이것은 임금의 고유한 인사권을 아래에서 빼앗는 것이라 몹시 부당합니다. 이 폐단도 혁파하지 않을 수 없습니다.[54]

이미 언급했듯이 피혐이란 어떤 사건에 관련되었다는 혐의를 받는 언관이 혐의가 풀릴 때까지 자리에서 물러나 있는 것을 가리킨다.

최명길은 1625년 3월, 장문의 차자를 올렸을 때도 삼사 관원들이 빈번하게 피혐하고, 자주 교체되는 폐단을 뜯어 고치자고 강조했던 적이 있다.[55] 그 문제를 다시 언급한 것은 병자호란 이후 사헌부, 사간원 신료들을 중심으로 걸핏하면 사소한 혐의에도 자리에서 물러나려고 했던 폐단을 염두에 두었기 때문이다. 임금이 피혐하지 말라고 명하면, 언관으로서 주어진 직책을 다하면 되는데 양사 신료들은 과거의 혐의를 계속 끌어대면서 물러나려고 했다.[56] 최명길은 이 같은 풍조를 임금의 인사권에 대한 도전으로 인식했던 것이다.

최명길은 또한 양사의 언관들이 다른 신료들을 논죄하거나 탄핵하려고 계사啓辭를 올릴 때 무리하게 의견을 통일하려는 시도, 그 과정에서 논의를 주도하는 자가 자신의 집에서 계사의 초안을 잡은 뒤 서신으로 다른 동료들에게 통고하는 간통簡通의 관행을 없애야 한다고 다시 주장한다. 합의를 도출하고 간통하는 과정에서 언관이 자신의 소신을 지키지 못하고 결국 피혐을 남발하게 되는 상황이 빚어지는 것을 바로잡기 위한 것이었다.[57]

최명길은 대신, 육조, 삼사 같은 조정의 운영 체계를 개혁하려고 시도하는 한편, 민생을 안정시키기 위해 절실했던 방안들도 수시로 개진했다. 1638년, 삼남 지역엔 심각한 한재旱災가 닥쳐 농사 작황이 최악이었다. 그런데도 조정 일각에서는 속오군에서 이탈한 백성들을 색출하려고 시도했는데 최명길은 단호하게 반대한다. 흉년이 든 시기에 병역을 회피한 자들을 무리하게 색출하면 백성들이 유망하고 민심이 이반될 수 있으므로 절대 안 된다는 것이었다. 극심한 흉년 때문에 초근목피로 연명하는 백성들에게 부역을 면제해 주고, 초식草食을 위해 필수적인 소금과 미역을 제대로 공급하여 그들을 살리는 것이 조정이 해야 할 우선적인 과제라고 강조했다.[58]

최명길은 또한 자신이 심양을 왕래하면서 직접 목도했던 평안도와 황해도 일대의 민정, 군정 상황을 개선하기 위한 대책도 수시로 제시했다. 호란 당시 청군에게 맞서 싸우느라 농시農時를 잃어버린 의주와 철산 백성들의 환자미를 경감해 주는 문제, 역시 병자호란 때 분전했던 백성들을 포상하는 문제, 국방의 요지인 평산과 의주에 삼남과 강원도의 속오군을 투입하는 문제, 서북 지역 노비들의 면천과 면역을 엄격히 심사하여 인구 유출을 막고 고을을 유지하는 문제, 무관 출신 수령이 민폐를 야기하는 것을 막기 위해 문관을 파견하는 문제, 서북의 각 역로와 역참을 제대로 유지하기 위해 적합한 인물을 파견하는 문제들을 거론하면서 서북 지역을 소생시키기 위한 종합 대책을 제시했다.[59]

최명길은 전란 이후 해결해야 할 최우선 과제를 민생을 살리고 청과의 관계를 안정시키는 것으로 설정했다. 그러려면 안팎으로 정책을 펴 나가는 과정에서 조정의 통치 체제를 효율적으로 개편하는 것이 필요했다. 병자호란 발생 전처럼 비변사에서 구상하거나 주도하려 했던 정책에 삼사의 언관들이 사사건건 문제를 제기하거나 반대하고, 나아가 반대가 관철되지 않으면 곧바로 사퇴하는 상황이 빚어지면 곤란했다.

더욱이 당시 신료들 사이에서는 벼슬에 나오지 않는 것을 정의

롭게 여기는 풍조마저 번지고 있었다. 그것은 정승으로서 조정을 사실상 이끌고 있는 최명길의 입장에서 시급히 바로잡아야 할 폐습이 아닐 수 없었다. 세조대 이후 폐지된 의정부의 서사권을 온전히 복구하지는 못하더라도 대신들이 조정의 중심이 되어 정무를 총괄할 수 있는 체제를 만드는 것이 절실했다. 아쉬운 대로 비변사의 명칭을 바꾸어 권위를 회복하고 대신들이 정무를 총괄할 수 있도록 개혁하는 것이 필요했다. 또 양사 신료들의 대신에 대한 비판과 견제는 허용하되, 그들이 피혐과 사퇴를 남용하는 것도 막으려 했다. 그러려면 양사 신료들에게 절대적인 영향력을 갖고 있는 전조 낭관들의 자천권과 통청권을 폐지하는 것이 중요했다.

요컨대 최명길은 병자호란 이후 조선이 직면했던 안팎의 난제들을 효율적으로 해결하기 위해서는 국왕 인조의 권위를 회복하고 대신들이 국정을 주도하는 것이 절실하다고 여겼다. 그가 환도한 직후 조정 개혁론을 다시 꺼내 든 까닭은 바로 여기에 있었다.

약소국의 신하,
대청 외교의 일선에 서다

병자호란은 비록 끝났지만 이후에도 청과의 '전쟁'은 끝난 것이 아니었다. 청은 항복을 받아들이면서 향후 조선이 지켜야 할 여러 가지 약조들을 제시했고 그것들을 준수하라고 압박했기 때문이다. 병자호란 당시 청에게 군사적으로 이렇다 할 저항을 하지 못했던 조선은 '무조건 항복'을 할 수밖에 없었다. 무조건 항복 이후의 양국 관계는 '승자 독식'의 방식으로 규정될 수밖에 없었다. '승자' 청이 '패자' 조선에 강제했던 약조의 내용은 만만치 않았다. 그것은 대략 아홉 가지 정도였다.

- 명과의 관계를 끊고 청을 임금으로 섬길 것.
- 인조의 장남과 차남 및 여러 신하들의 아들이나 조카를 청에 인

질로 보낼 것.

- 명을 공격하는 데 조선도 군사를 파견하여 동참할 것.
- 피로인 가운데 청에 도착한 이후 도망쳐 오는 자는 도로 붙잡아 보낼 것.
- 청의 신하들과 혼인을 맺을 것.
- 성을 수리하거나 신축하지 말 것.
- 여진 출신 향화인向化人을 색출하여 보낼 것.
- 일본과 무역을 계속하고 일본 사신을 청으로 데려올 것.
- 황금 1백 냥, 백은 1천 냥, 면주 2천 필, 쌀 1만 포를 세폐로 보낼 것.[60]

청은 조선의 종사는 유지시켜 주었지만 소현세자와 봉림대군뿐 아니라 대신들의 아들과 조카를 심양에 인질로 유치하여 조선의 변심을 방지하는 안전판으로 삼았다. 특히 소현세자와 봉림대군이 머물던 심관瀋館을 통로로 삼아 조선을 통제하고 조종하려 했다. 또 조선의 동향을 탐지하기 위해 의주부터 서울까지 곳곳에 광범한 감시망, 정보망을 설치했다. 그 때문에 "조선의 길거리에서 떠도는 말까지 청나라 사람들이 다 듣고 있다"는 지적이 나오고 있을 정도였다.[61]

만약 항복 당시 제시된 약조들을 조선이 제대로 지키지 않거나, 조선 내부에서 반청의 조짐이 나타나거나, 조선이 명과 밀통하는 기미가 포착되면 사신이나 사문관을 조선에 수시로 보내 힐책하거나 관련자들을 직접 처단하기도 했다. 특히 청은 조선 출신 역관 정명수를 대리인으로 내세워 자신들이 점찍은 신료나 백성들에게 무자비한 폭력을 휘둘러 공포 분위기를 조성하여 조선을 길들이려 시도했다.[62]

한 예로 1641년(인조 19) 11월 정명수는 서울에서, 명나라 선박과 밀통했다는 혐의를 받고 끌려온 의주부윤 황일호黃一皓를 비롯한 관련자 11명을 참살했다. 정명수는 청의 사신 일행이 머무는 관소 옆에 처형장을 설치하고, 영의정 이하 조선 신료들을 불러 모아 놓은 뒤 관련자들에게 능지처사 형을 집행했다. 청이 정명수를 앞세워 연출한 공포 분위기에 질린 조선에서는 황일호 등의 시신조차 수습할 엄두를 낼 수 없었다.[63]

청의 폭압적인 조선 '길들이기'는 1637년 항복했던 직후부터 그들이 북경을 접수하는 1644년 무렵까지 지속되었다. 이 같은 상황에서 조선에서는 청의 강성함과 그들에게 항복한 '현실'을 인정하고 성의를 다해 사대하여 종사를 유지해야 한다는 입장과 여전히 청을 '오랑캐'로 여기면서 중화 문명의 유지와 회복을 기약해야 한다는 노선이 병존했다. 하지만 청의 감시와 압박이 극에 달했던 병자호란 이후 인조대의 조선이 후자의 입장을 취하는 것은 현실적으로 불가능했다.[64]

환도 이후 조정의 대소사를 주도했던 최명길이 가장 크게 신경 썼던 것은 청과 사달을 일으키지 않는 것이었다. 최명길은 그와 관련하여 조선 내부의 동정과 정보가 청으로 새어 나가지 않게 하려고 노심초사했다. 청이 치밀한 감시망을 통해 조선 사정을 훤히 꿰뚫고 있는 상황에서 기밀 정보가 새어 나갈 경우 어떤 압박이 들이닥칠지 모르기 때문이었다. 최명길은 보안을 유지하기 위해 조정에서 논의된 기밀 사안은 오직 도승지나 담당 승지 한 사람에게만 맡기되 사관도 알지 못하게 하고, 비변사에서 임금에게 아뢸 적에도 일을 맡은 유사 당상만 알도록 하되 역시 사관에게는 알리지 말도록 하자고 주장했다. 심지어 관련 문서를 관아의 사무실에 두지 말고, 일을 맡은 해당 당상의 집에 보관토록 하여 기밀이 누설되는 것을 원천적으로 차단하자고 촉구했다.[65]

조선 내부의 기밀과 동정이 유출될 것을 우려했던 최명길의 노심초사는 거의 병적인 수준이었다. 그가 인조를 만난 자리에서 "청인은 물론 한인도 우리 사정을 모르는 것이 없다"고 하자 인조는 "심지어 일본도 우리 사정을 잘 알아 우리만 타국 사정에 어둡다"고 동조하면서 보안에 신경 써야 한다고 강조했다. 실제로 당시 청은 조선 사정을 훤히 알고 있었던 데 비해 조선은 청의 내부 사정을 잘 알지 못했다. 그것은 양국의 보안 수준의 차이에서 비롯된 것이었다. 인조는 일찍이 "우리 나라 사람은 모두 하고 싶은 말을 참지 못하는 병통이 있다", "우리 나라에서는 기밀이라면 관련 없는 사람도 굳이 알고 싶어 안달한다"고 꼬집은 적이 있었다.[66] 반면 청은 달랐다. 그들은 자신들의 내부 사정이 조선으로 유출되는 것을 철저히 차단했다. 조선 사신이 심양에 들어가도 접견 담당자 이외의 관리들은 만나지 못하게 했고, 조선 출신 피로인들과 접촉하는 것도 철저하게 차단했다.[67]

최명길은 또한 당시 청의 감시와 압박이 극심했던 상황에서 실속 없이 큰소리치는 풍토를 바꿔야 한다고 강조했다.

우리 나라 사람은 본래 경박하여 계책에 심원함이 없습니다. 매번 월왕 구천句踐이 와신상담했던 일을 말하지만 사세에 차이가 있다는 것을 모르고서 장주(章奏, 임금께 올리는 글) 중에 혹 기휘忌諱해야 할 말을 쓰니, 멀리 내다보는 계책이 몹시 부족합니다. 어찌 성상의 마음이나 묘당의 계책이 저들의 계려에 미치지 못하겠습니까. 저들이 사세의 옳고 그름을 헤아리지 않고 이처럼 쉽게 말하니, 정원으로 하여금 만일 온당치 않은 소장이 있으면 고쳐서 들이게 하는 것이 어떻겠습니까?[68]

당시 척화파 계열의 신료들은 인조에게 올린 소차에서 월왕 구천의 와신상담 관련 고사를 언급하는 경우가 있었다. 청에게 복수하여 호란의 치욕을 갚자는 주장이었다. 한 예로 환도 직후인 1637년 4월, 지평 최계훈崔繼勳은 당시를 '군신 상하가 모두 와신상담하여 치욕을 갚기 위해 노력해야 할 시기'라고 강조한 바 있다.[69]

최명길은 환도 직후 조선의 가장 시급한 과제를 청의 엄청난 강압을 이겨 내고 일단 살아남는 것이라고 생각했다. 소현세자와 봉림대군, 대신의 자제들이 적의 수도에 인질로 잡혀 있고, 수많은 백성들이 전란의 상처 때문에 신음하고 있는 현실에서 청에게 복수 운운하는 것은 실현 불가능한 공담空談이었다. 더욱이 청의 치밀한 감시망이 곳곳에 존재하는 상황에서 '와신상담' 운운하는 이야기가 누설될 경우 그 후폭풍은 불 보듯 빤한 것이었다. 최명길은 무익한 공담을 앞세우기보다 청을 자극하지 않으면서 징병 요구를 비롯한 그들의 압박을 누그러뜨리는 것이 급선무라고 생각했다.

항복했던 이후 대청 관계에서 조선이 가장 심각하게 고민했던 현안은 명을 치는 데 병력을 보내 동참하는 문제와 청으로 잡혀 갔던 피로인 가운데 도망쳐 온 주회인走回人들을 쇄환(刷還, 사람을 찾아서 돌려보내는 일)하는 문제였다. 실제로 조선은 1637년 4월, 수군과 병선을 동원하여 청이 가도를 공략하는 데 동참했다. 항복 직후 청의 서슬이 시퍼랬던 상황에서 그것을 회피할 방도는 없었다.[70] 문제는 그다음이었다. 조선은 가도 공략에 동참하는 것은 어쩔 수 없다고 보았지만 더 이상의 참전은 피하려고 부심했다. 병력과 물자를 동원하는 것도 힘들었지만, 무엇보다 과거 '상국'이자 '부모국'으로 섬겼던 명을 치는 데 동참하는 것은 '차마 할 수 없는 일'이었기 때문이다.

조선은 가도 공략전이 끝난 직후 이성구를 사은사謝恩使로 보내 더 이상의 징병을 면제해 달라고 요청하려 했지만, 이성구 일행은 청의 험악한 분위기에 눌려 이야기도 꺼내지 못하고 귀환했다. 당시 심양에서 돌아온 이주李澍는 인조에게 "청인들과 말로 상대하는 것은 마치 대나무 못을 바위에 박는 것처럼 어려운 일이었다"고 버거웠던 분위기를 전한 바 있다.[71]

최명길은 이 대목에서 자신이 다시 청으로 가겠다고 자원한다. 징병 문제는 나라의 존망이 걸린 중대사이므로 모든 수단을 총동원해서 회피하려고 시도하되 성패는 하늘에 맡겨야 한다는 것이 그의 생각이었다. 최명길은 또한 자신이 병자호란 이전부터 청과 화친을 성사시키고자 노력해 왔기에 청 조정과 그나마 말이 통할 수 있는 자신이 심양으로 가야 한다고 강조했다. 최명길은 청과의 '막후 통로'로 자임하고 있었던 셈이다. 인조도 공감했다. 최명길은 인조에게 징병을 피하기 위한 계책을 털어놓았다. '과거 고려가 요, 금, 원을 섬겼지만 징병하는 일은 없었다'는 전례를 들어 청을 설득하겠다는 구상이었다.[72]

최명길은 1637년 9월, 심양으로 향했다. 그가 맡은 가장 큰 임무는 물론 징병 요구를 무산시키는 것이었다. 다른 과제도 적지 않았다. 향화인을 송환하는 문제, 공녀를 보내라는 요구에 대응하는 문제, 소현세자와 봉림대군의 귀환을 요청하는 문제, 심양에 잡혀간 김류의 손자 같은 피로인들을 속환해 오는 문제도 있었다. 모두 만만치 않은 난제들이었다.

심양에서 청의 관인들을 상대로 조선의 의지를 관철시키는 것은 쉽지 않았다. 그들이 조선의 내부 사정과 속셈을 꿰뚫고 있었기 때문이다. 나를 너무 잘 알고 있는 상대를 언설로 설득시키는 것은 힘들고 피곤한 일이었다. 최명길은 심양에서 몸져눕고 말았다. 결국 최명길은 심양에 남고 부사와 서장관은 11월에 귀국했다. 홍타이지는 이들에게 들려 보낸 국서에서 인조에게 훈수를 늘어놓았다. 핵심은 "군사 징발은 시세를 헤아려서 할 것이다", "병자호란 이전처럼 어리석은 문인, 서생들의 이야기만 믿지 말고 자기 기준을 세워라" 하는 것이었다.[73]

홍타이지는 소현세자를 귀환시켜 달라는 요청도 능수능란하게 받아친다. 최명길은 잠시나마 소현세자를 귀환시켜 달라고 하면서

"군신은 부자와 같으니 원하는 바가 있으면 모두 아뢰어야 한다", "조선과 청, 두 나라는 한집안"이라고 언급했다. 그러자 홍타이지는 "군신을 부자로 여기며 조선과 청을 한집안이라 하면서 왜 귀환을 굳이 청하느냐?"고 간단히 일축해 버린다. 조선의 논리를 여지없이 되치기 하는 능력이 드러나는 대목이다.[74] 목숨을 걸고 의욕적으로 심양으로 달려갔지만 청의 벽이 높은 것을 실감했던 순간이기도 했다.

최명길은 두 달 가까이 심양에서 와병하다가 12월에야 귀환했다. 그나마 홍타이지가 징병을 곧바로 요구하지 않은 것이 성과였다. 청은 언제, 얼마나 되는 군병을 동원하라는 것인지 명시적으로 요구하지 않았다. 하지만 청이 곧바로 징병할지 모른다고 전전긍긍했던 인조는 몹시 기뻐했다.[75] 최명길이 사행하여 징병 문제를 해결하고 돌아왔다고 여겼기 때문이다.

하지만 문제는 간단치 않았다. 청은 1638년 5월, 명을 치는 데 동참할 병력 5천 명을 파견하라고 요구했다. 하지만 조선이 미적거리자 격앙된 홍타이지는 인조를 힐책하는 칙서를 보내왔다. 그는 칙서에서 "작년 최명길에게 준 칙서에서 징병을 면제한다는 이야기를 한 적이 없다"고 상기시키면서 인조가 신하들의 말을 믿고 신의를 지키지 않는다고 질타했다. 그러면서 인조에게 두 아들이 인질로 잡혀 있는 현실을 잊지 말라고 협박까지 늘어놓았다.[76]

깜짝 놀란 최명길은 인조에게 "당장 징병을 하지 않더라도 과거에 약속했던 것은 지켜야 한다"며 자신이 다시 심양으로 가겠다고 나선다. 당시 최명길은 병 때문에 몸 상태가 몹시 좋지 않았지만 인조는 말릴 수 없었다. 그런데 유림柳琳이 이끌고 가던 조선군 5천 명은 청이 지정한 시간까지 심양에 도착하지 못했다. 홍타이지는 격분하여, 봉황성까지 도착했던 조선군을 도로 돌려보내 버린다. 심양행을 앞두고 있던 최명길에게 또 다른 돌발 변수가 생긴 셈이다. 그는 인조에게 "조선군이 늦게 도착한 벌은 자신이 감수하겠다"며 심양으로 향했다.[77] 박세당이 쓴 〈연보〉에 따르면 당시 최명길은 심양으로 갈 때 장례 도구를 지참했고, 가족과 친척들도 그가 필시 죽게 될 것으로 여겨 통곡하면서 전송했다고 한다.[78]

청의 징병을 피하기 위해 두 차례나 직접 심양으로 달려갔던 최명길은 어떤 심정이었을까? 아들 후량에게 보낸 편지에서 당시의 심정을 다음과 같이 피력한다.

당시 내 생각에는 청인들이 위엄을 세우려던 초기이므로 징병을 거절하고 군율을 어긴 죄를 물어 필시 죽임을 당할 것으로 생각했다. 그런데 천만뜻밖으로 산성에서 약속했던 말 그대로 조선 신하의 의리를 지키려는 지조를 빼앗지 않았으므로, 나는 볼모로 있던 너의 객사에 머물다가 징병을 중지시키고 돌아오게 되었다. …… 그런데 우리 임금을 위해 종국宗國을 보존한 뒤에 다시 명나라를 위해 목숨을 버리고 의를 취하겠다던 본심을 돌아보면, 죽음을 면한 것이 행이 아니라 오히려 불행이라 생각한다. …… 이번 행로에서 죽음으로 명에 대한 충절을 드러내지 못한 것이 한스럽다. 하지만 청이 중원을 침입하여 차지한 것이 이때뿐만 아니고 또 몇 차례일지 모르니

다른 때 다시 징병을 요구한다면 어찌 목숨 바칠 날이 없겠는가.[79]

최명길은 명을 치는 데 조선이 동참하는 것을 피하는 것을 자신의 새로운 과업으로 생각했다. 이미 조선의 종사를 지켜 내는 데는 성공했으니 징병을 거부하여 명에 대한 의리를 지킬 수만 있다면 죽어도 괜찮다고 생각했던 것이다.[80]

항복 당시 맺은 약조 가운데 최명길을 고뇌하게 만든 또 다른 사안은 청이 조선의 종실, 신하들과 혼인을 맺자고 했던 것이었다. 청은 후금 시절부터 주변의 몽골 부족들과 겹사돈을 맺으며 혼인 관계를 유지하는 데 깊은 관심을 보였다. 양쪽이 혼인을 하면 조선과의 관계를 훨씬 더 밀접하게 할 수 있고, 조선의 변심을 막는 담보 역할도 할 수 있었다.

문제는 조선이었다. 청과 청인들을 여전히 '오랑캐'로 여기고 있던 조선의 종실이나 신하들 가운데 자신의 딸을 선뜻 청으로 시집보낼 사람은 없었다. 그렇다고 항복 당시 했던 약조를 어길 경우 문제가 심각해질 수 있었다. 최명길이 고민 끝에 생각해 낸 것은 사대부가의 양녀들을 보내는 것이었다. 청인들은 다른 사람의 아이들을 데려다가 키우는 경우가 많으므로 조선이 양녀를 보내도 별달리 거부 반응을 보이지 않을 것이라고 판단했던 최명길이 고뇌 끝에 생각해 낸 묘수였다.

최명길은 비변사 당상들이 모였을 때 자발적으로 양녀를 들일 신료들을 모집했다. 자신의 이름을 제일 먼저 올린 것은 물론이었다.

최명길은 구굉과 구인후의 이름도 명단에 올렸는데, 구인후는 언짢아하면서도 동의했지만 구굉은 끝내 거부했다. 그러자 최명길은 당시 자리에 없던 이시백의 이름을 대신 올렸다. 하지만 이시백 또한 난색을 보인다. 최명길은 다시 윤휘의 이름을 올린다.[81] 그리고 향후 청이 본격적으로 혼인을 요구해 올 경우에 대비하여 비변사 당상들에게 모두 양녀를 준비하자고 강조했다.[82]

청의 서슬 퍼런 압박 때문에 아침에 저녁을 기약할 수 없을 정도로 위태로운 상황이 이어지고 있을 때, 최명길은 눈앞에 닥친 난제를 해결하기 위해 최선을 다했다. 그는 환도한 직후, 청에게 이미 칭신한 이상 약조를 지켜 청과의 관계를 잘 유지하는 것이 보국保國의 길이라고 보았다.[83] 하지만 여전히 대다수 신료들이 청을 '오랑캐'로 여기고, '더럽혀진 조정'에 출사하는 것을 수치스럽게 생각하는 분위기에서 최명길에 대한 인식이 좋을 수 없었다. 급기야 청 또한 조선이 징병 문제와 주회인 송환에 성의를 보이지 않는다는 이유로 조선을 압박했다.

1639년 7월, 청 사신들은 인조가 심양으로 가서 황제에게 직접 해명해야 한다는 '입조론入朝論'을 흘린다. 인조가 소집한 대책 회의에서 일부 신료들은 청과 다시 결전을 벌일 준비를 해야 한다는 강경론을 쏟아 냈다. 과거 원이 고려에게 그랬던 것처럼 청이 군대를 보내 인조를 납치해 갈지도 모른다는 우려도 제기했다. 대다수 신료들은 대책은 제시하지 못하면서 눈물을 흘리며 감상적인 한탄을 늘어놓기도 했다. 최명길은 그들을 향해 경거망동하지 말라고 일갈했다. 그러면서 대책 회의에서 언급한 이야기들을 가까운 친척들에게도 누설하지 말라고 다그쳤다.[84] 실현 가능성은 거의 없는 감상적인 강경론이 자칫 누설될 경우, 청으로부터 심각한 보복이 초래될 것을 우려한 일 같이었다.

최명길은 청이 인조에게 실제로 입조하라고 요구할지 여부를 알 수 없는 상황에서, 부질없는 상상과 감상을 늘어놓는 것보다 청 사신들을 잘 대접하여 그들의 환심을 사는 것이 입조를 막는 현실적인 대책이라고 생각했다. 인조도 실제로 용골대를 비롯한 청 사신들을 극진하게 대접했다. 그들은 과거 후금 시절에도 조선에 왔던 사람들이었다. 당시에는 '오랑캐 차사〔胡差〕'로서 인조에게 무릎을 꿇고 절을 올렸지만, 이제 상황은 완전히 바뀌었다. 그들은 이제 엄연히 '새로운 상국' 청의 황제가 보낸 칙사였다.

인조는 용골대 일행이 도착한 때부터 돌아갈 때까지 그들에게 배례하고 직접 술을 권했다. 1638년 6월, 그들이 돌아가던 날 영의정 최명길은 여러 신료들에게 벽제관으로 모이라고 종용했다. 모든 신하들이 그들을 극진히 대접하고 환송하는 모습을 보임으로써 환심을 사서 징병 문제, 주회인 쇄환 문제, 나아가 입조 문제까지 원만하게 풀어 보려는 포석이었다. 실제로 최명길은 용골대가 행차하는 길옆에 엎드려 절을 올렸다. 하지만 최명길의 간곡한 당부에도 대다수 신료들은 나오지 않았다.[85] 지존인 임금과 수상인 영의정도 굴욕을 참으며 그들을 극진히 대하는데 다른 신료들은 그 장면을 외면하고 있었다.

병자호란 항복 이후 최명길은 청과의 외교에서도 자신의 소명을 정립했다. 그것은 '가난한 선비의 아내'이자 '약한 나라의 신하'였다.

나라의 불행이 이 지경에 이르렀으니, 임금과 신하들은 오로지 마음을 다해 괴로움을 견뎌 한결같이 종사를 온전히 하고, 동궁을 돌아오게 하고 징병을 면하는 일에 전념해야지 다른 것은 돌아볼 겨를도 없습니다. 옛사람이 이른바 가난한 선비의 아내와 약한 나라의 신하는 각각 정도正道를 지켜야 할 뿐이라고 한 것은 바로 이것을 이르는 것입니다.[86]

가난한 선비의 아내는 무너져 가는 가계를 꾸려 나가기 위해 다른 것들은 생각조차 할 겨를이 없다. 약한 나라의 신하 또한 처지가 다르지 않다. 강국에 치여 망하기 직전으로 몰린 종사를 살리고 강국의 이런저런 간섭과 요구를 피하기 위해 모든 수단을 동원하여 애를 쓰는 것 말고는 다른 일에 신경 쓸 여유가 없다. 요컨대 최명길은 '약한 나라의 신하'로서 갖은 수모와 냉소를 견뎌 내면서 국가를 회복시키기 위해 분투했던 것이다.

일본과 우호를 유지하려
부심하다

임진왜란을 계기로 조선은 일본을 '영원히 함께 할 수 없는 원수'로 규정했다. 그 같은 적개심은 인조대에도 좀처럼 완화되기 어려웠다.

임진년과 정유년에 원수진 것으로 말한다면 비록 동해의 파도를 기울여 일본을 윤몰淪沒시켜 한 사람도 남기지 않은들 마음이 어찌 통쾌할 수 있겠습니까?[87]

1629년(인조 7) 5월, 조정에서 '일본 문제'를 논의할 때, 반정공신 이서가 했던 발언이다. 일본에 대한 적개심이 여전히 하늘을 찌르는 수준이다.

하지만 시간이 흐르고, 후금의 군사적 위협이 높아져서 그에 대비하는 것이 절박해짐에 따라 조선이 일본에게 적대적인 태도를 계속 유지하기는 쉽지 않았다. 일본의 막부와 대마도 또한 조선의 정세와 동향을 주시하면서 자신들에 대한 조선의 태도를 바꾸고 자신들의 이익을 챙기기 위해 부심했다. 1627년 정묘호란이 발생했던 것은 그와 관련하여 절호의 기회가 되었다. 특히 대마도는 정묘호란 발생 이후 조선에 무기와 화약을 원조하겠다며 접근한다.[88] 이어 대마도는 1629년 '요동 정세를 탐지하고 오랑캐를 평정한다'는 명목으로 현방玄方이란 승려를 동래에 보내 상경하겠다고 강청한다. 현방은 요동 정세를 탐지한다는 명분을 내걸었지만, 실제로는 광해군 연간 조선에서 지급하지 않은 공목公木을 받아 내려는 속셈을 갖고 있었다. 조선이 정묘호란 이후 곤경에 처한 상황을 이용하여 자신들의 이익을 챙기려는 의도이기도 했다.

조선은 처음에는 왜사倭使의 상경을 엄격하게 금지했던 임진왜란 이후의 관행을 들어 현방 일행의 상경을 거부했다. 하지만 당시 후금과의 관계를 원만히 유지하는 데 집중해야 하는 상황에서 일본과의 관계마저 악화시킬 수는 없다는 현실론이 대두하면서 조선은 현방 일행의 상경을 허용한다.[89] 조선이 처한 위기를 교묘하게 파고든 대마도의 기도가 성공하는 순간이었다.

조선은 이후에도 외교의 축을 후금 방향에 두면서도 일본의 동향을 주시하지 않을 수 없었다. 조선은 특히 1635년 막부에서 문제가 되었던 야나가와 잇켄柳川一件이 조선에 미칠 파장을 경계했다. '야나가와 잇켄'이란 1633년 대마도 도주 소오 야스나리宗義成와 그의 가신 야나가와 시게오키柳川調興 사이에 갈등이 빚어지고, 거기에 막부가 개입하여 재판까지 벌여 시게오키를 처벌하고 야스나리의 손을 들어 준 사건을 말한다.[90] 그런데 막부가 이 사건을 조사하는 동안 대마도 에서 세견선歲遣船이 오지 않는 등 이전과는 다른 상황이 전개되자 조 선은 바짝 긴장했다. 혹시라도 대마도와 일본 내부에 이상 기류가 발 생하여 조선을 재침하지나 않을까 우려했기 때문이다. 1635년 야스 나리가 승리한 이후에도, 조선은 혹시라도 시게오키의 잔당들이 막 부를 움직여 조선에 피해가 미치는 사태가 발생할까 봐 긴장했다.

최명길은 조선이 야스나리를 우대함으로써 대마도, 막부와의 기 존 우호 관계가 흔들리지 않도록 세심하게 배려할 것을 주장했다.

> 지금 관백(關白, 최고 권력자)은 연소하고 경망스러우며 조부의 부
> 강함을 믿고 지나치게 허세를 부리는 데다 시게오키의 참소 때문에
> 의심이 누적되어 있으니, 인서당麟西堂이 나온 데서 도주가 위태로
> 운 것을 엿볼 수 있습니다. 도주가 죄를 입고 시게오키가 다시 등용
> 되면 화가 양국에 전가될 것은 필연적인 형세입니다. 그렇다면 도주
> 를 편안하게 하는 것은 곧 우리 변경을 편안히 하는 것입니다. 그 일
> 이 어찌 중요하지 않겠습니까.[91]

'인서당'은 시게오키의 폭로를 통해 대마도가 조선에 보내는 국 서를 개작했던 것을 알게 된 막부가 개작 행위가 재발하는 것을 막기

위해 대마도에 파견한 승려를 가리킨다. 승려를 파견한 것은 대마도에 대한 막부의 통제와 간섭이 그만큼 커진 것을 의미했다. 최명길은 대마도에 대한 막부의 통제가 강해지는 사태가 혹시라도 시게오키가 재기하는 상황으로 이어지고, 그 때문에 야스나리를 매개로 유지되어 왔던 기존의 조일 관계가 흔들리지 않을까 우려했던 것이다. 청의 조선에 대한 압박이 날로 높아지고 있던 1635년 당시, 일본과의 관계를 안정시키는 것이 무엇보다 절실하다는 판단에서 비롯된 발언이기도 하다.

'야나가와 잇켄'에서 비롯된 우려가 채 불식되지 않은 상황에서 병자호란이 일어나자 조선은 일본의 동향과 태도에 다시 신경을 곤두세울 수밖에 없었다. 실제로 대마도는 병자호란 이후에도 군사 원조를 제공하겠다는 이야기를 흘리면서 조선에 접근했다. 조선은 몹시 부담스러울 수밖에 없었다. 조선은 전쟁의 실상을 대마도에 알려주는 것을 몹시 꺼렸다. 대신 "조선군이 청군을 여러 차례 물리쳤다"거나 "청군이 화의를 간청한 뒤 철수했다" 같은 기만적인 내용으로 사태를 미봉하려고 시도했다.[92]

하지만 조선이 청의 침략으로 심각한 위기에 처한 상황을 알아챘던 일본의 태도는 집요했다. 1637년 12월, 대마도의 사절 우치노平成連는 동래에 나타나 서울로 올라가겠다고 요구한다. 상경을 거부당한 우치노는 귀국하지 않고 왜관에 머물면서 조선 조정에 요구 사항을 들이민다. 향후 대마도를 '귀주貴州'라고 호칭할 것, 왜사가 모래밭에서 숙배하는 것을 폐지할 것, 조선이 쌀이나 콩 같은 물품을 주면서 하사下賜, 봉진가封進價라는 용어를 사용하지 말 것, 왜선이 정박하는 선착장을 수리하고 왜관을 개축해 줄 것까지 모두 일곱 가지를 요구했다.[93] 조선이 곤경에 처한 것을 기화로 자신들에 대한 접대와 예우의 격을 확연히 높이겠다는 속셈이었다. 병자호란으로 위기에 처한 조선 조정은 그들의 요구와 공세를 무시하기 어려웠다.

한편 우치노는 이후 3년 가까이 왜관에 머물면서 왜관의 역할과 기능을 개편하는 작업을 추진했다. 특히 왜관에 관수館守라는 직책을 새롭게 설치했는데 그것은 범죄자의 처리, 왜관 시설과 관련된 조선과의 교섭뿐 아니라 조선과 중국 대륙에 관련된 동향과 정보들을 수집하는 임무도 담당했다. 병자호란이 일어난 것을 계기로 왜관을 조선과 명청 관련 정보를 수집하는 거점이자 전진 기지로 활용하려 했던 것이다.[94]

그뿐만 아니라 대마도 측은 자신들에게 각종 물자를 공급해 달라는 요구를 조선에 쏟아 냈다. 왜사 우치노가 귀국을 거부하고 왜관에 장기간 체재하면서 각종 요구를 쏟아 내자 조선의 일본에 대한 의구심과 위기의식도 커질 수밖에 없었다. 실제로 1637년 이후에는 일본이 다시 쳐들어올 것이라는 유언비어가 난무하며 대일 위기감이 높아지고 있었다.[95] 인조와 조정 신료들은 일본의 재침 가능성에 대비하여 대략 세 가지 방향에서 대책을 마련했다. 수군을 정비하는 한편 전라도와 충청도의 수군을 경상도 연해에 첨방添防시키고, 부산에서 서울로 이르는 내륙의 방어 태세를 점검하고, 남한산성과 강화도에 축성하고 군수 물자를 비축하는 논의가 구체화되었다.[96]

하지만 일본 침략에 대비한 방어 대책을 마련하는 것은 결코 쉬운 일이 아니었다. 당시의 열악한 사회 경제적 현실 때문이었다. 1638년 1월, 순검사巡檢使 임광任絖이 보고한 경상도 지역 수군의 상황은 심각했다. 병선을 운영할 인력의 숫자가 절대적으로 부족했고, 훈련도 제대로 되어 있지 않았다. 더욱이 일본군의 침략에 대비하여 경상도 연해로 차출된 호남 출신 수군들은 과중한 세금 부담과 수탈 때문에 대부분이 떠돌고 있는 상황이었다.[97] 수군을 제대로 정비하려면 군역 체계를 근본적으로 개혁하고 수군들에게 생계 대책을 마련해 주지 않으면 불가능하다는 현실이 확인되었을 뿐이었다.

유사시 일본군의 진격을 막기 위해 내륙 지역에 성을 쌓고 남한산성을 정비하는 문제 또한 난관에 부딪힌다. 1638년과 1639년, 조선에서는 전국적으로 가뭄이 심각하여 기근이 만연했다. 목숨을 부지하기에도 급급한 백성들을 축성 공사에 사역시키는 것은 사실상 불가능한 일이었다.[98] 또 남한산성을 수리하고 포루砲壘를 설치하는 조처는 청의 반발과 힐난을 부를 수 있는 민감한 사안이었다. 1637년 1월 항복 당시, 조선은 남한산성을 수리하거나 새로 쌓지 않는다고 약조했기 때문이다.[99]

최명길은 일본이 실제로 침략해 올 경우 그들을 막아 낼 수 없다고 진단했다. 그렇다면 차라리 일본의 침략 가능성을 청에게 미리 알려 유사시 구원을 청하는 것이 낫다고 강조했다. 인조 또한 "섬 오랑캐가 쳐들어오면 청도 위태로워질 것이니 조선을 구원할 것"이라고 맞장구를 쳤다.[100] 청에 항복한 지 불과 1년 만에 청의 안보 우산 속으로 들어가는 것을 받아들일 수밖에 없는 것이 조선의 현실이었다.

최명길은 병자호란 직후의 상황에서 청과 사달을 일으키는 것을 원천적으로 회피하고자 했다. 일본의 침략에 대비하기 위해 남한산성을 수리해야 한다는 주장에 반대했던 것도 그 때문이었다. 최명길은 남한산성을 다시 쌓을 경우, 청이 분명히 다시 훼철毀撤을 강요할 것이라고 예상했다. 또 축성 역사가 너무 방대하고 인력 소요가 많다고 지적한 뒤 일단 무너진 곳만 수축하자고 주장했다. 비변사도 최명길의 의견에 따라 축성 대신 군량을 비축하고 기계를 정비하는 데 힘쓰자고 강조했다.101 하지만 인조는 축성에 집착했고, 결국 문제가 터지고 말았다. 1639년 12월, 서울에 왔던 청 사신들은 조선 정부가 남한산성을 수리한 것에 격노했고, 그것을 훼철하여 원상태로 돌리라고 요구했다. 나아가 일본의 위협을 핑계로 조선이 불순한 생각을 품고 있다고 비난했다.102

최명길은 인조와 조정이 남변南邊 방어에 집중하려 했던 것에도 반대했다. 일본의 침략에 대비하여 전라도 수군을 통영統營으로 보내는 것에는 찬성했지만 충청도 수군을 전라도로 보내는 것에는 반대했다. 최명길은 강화도와 경기도 일대를 방어하는 것이 더 중요하다고 생각했기 때문이다. 또 수군을 확충하고 다른 지역으로 이동시키는 과정에서 군역을 담당하는 백성들이 견디지 못할 것을 우려했기 때문이다. 최명길이 열악한 현실과 민생의 어려움을 들어 반대했지만, 인조는 그의 간언을 받아들이지 않았다. 인조는 "요즘 민정民情은 교만한 자식이 아비를 업신여기듯이 한다"며 대신이 중심을 잡지 못하고 뭇 사람들의 논의에 흔들려서는 안 된다고 최명길을 은근히 책망했다.103 최명길은 곧바로 사직을 청했다. 인조는 최명길의 사표를 즉각 반려했지만,104 최명길은 인조의 태도에 한계를 느낄 수밖에 없었다. 하지만 그렇다고 사표를 다시 던질 수는 없었다.

1638년 2월, 최명길은 작심하고 인조에게 차자를 올렸다. 어투는 공손했지만 내용은 한껏 날이 서 있었다. 최명길은 차자에서 먼저 인조의 태도를 문제 삼는다. 방어 문제를 놓고 임금과 신하의 의견이 다를 수 있는데도 인조가 임금의 위세를 내세워 자신의 의견을 묵살하려 했던 것을 비판했다. 나아가 자신을 대신, 정확히는 좌의정으로 임명했으면 그에 합당한 예우를 해 줘야 하는데 일반 신하들 대하듯이 찍어 누르려 했던 것에 우회적으로 불만을 표시했다.105 최명길은 이어 당시 조선이 처한 위태롭고 엄중한 현실을 지적하면서 인조에게 각성을 촉구한다.

아, 지금이 어떤 때입니까. 이변이 거듭되고 유언비어가 들끓으며 백성들은 도탄에 빠져 나라의 형세는 계란을 쌓아 놓은 것보다 위태롭습니다. 봄 농사철이 다가왔는데 가뭄은 심하고, 소 대신 사람이 논밭을 갈아야 하니 힘은 배나 듭니다. 열 사람이 농사를 팽개치면 열 집이 굶주리고, 백 사람이 농사를 팽개치면 백 집이 굶주립니다. 지금 농사를 포기한 사람은 열이나 백에 그치지 않습니다. 한 사람만 잃어버려도 치화治化를 손상시키는데 만 집이 떠돌고 있으니 어떻게 나라를 다스리겠습니까. 수군을 늘려 방어해도 큰 도움이 될지 모르겠고 포루를 설치하면 반드시 후환이 있을 것입니다. 움직였다가 후회하기보다 차라리 가만히 있으면서 기다리는 것이 낫습니다. 신이 바야흐로 사퇴를 청하면서도 이것을 고치기를 바라는 심정은 또한 서글픕니다. 과거 역사를 돌아보면 대신으로서 자리에 합당치 않을 경우에는 사표를 내기 전에 먼저 물러나라고 했습니다. 하물며 오늘날처럼 일이 많을 때이겠습니까. 저를 물러나게 하옵소서.[106]

1638년 당시 최명길이 지니고 있던 시국 인식을 명확하게 보여주는 내용이다. 도탄에 빠진 수많은 백성들이 농사마저 포기하고 떠돌고 있는 현실에서 조정이 취해야 할 가장 중요한 조처는 그들을 다독이는 것이었다. 그런데도 수군을 더 징발하고 포루를 설치하는 데 백성들을 동원하면 가뜩이나 어려운 민생은 더 망가지고 민심은 수습할 수 없는 지경으로 치달을 판이었다. 최명길은 그러면서 인조에게 사퇴하겠다고 다시 요청한다. 비록 부드럽고 절제된 어조였지만 인조에게는 사실상의 '협박'이었다. 당시 사면초가의 상황에 처해 있던 인조에게 최명길이 없는 조정은 상상조차 할 수 없는 것이었다. 인조는 화들짝 놀라 최명길을 만류한다. 최명길은 일주일쯤 뒤에 조정으로 돌아온다.

최명길은 당시 나름대로 일본 정세를 판단하고 있었다. 인조가 일본이 침략해 오지나 않을까 크게 우려하고 있었던 데 비해 최명길의 생각은 달랐다. 그는 임진왜란 이후 일본이 40년 동안 우호를 유지해 온 나라로서 갑자기 침략해 올 가능성은 거의 없다고 보았다. 따라서 일본의 침략에 대비하여 방어 태세를 강화하는 것이 필요하기는 하지만 당시의 열악한 상황에서는 민생을 챙기고 민심을 수습하는 것이 먼저라고 생각했다. 민생을 챙기는 일에 힘쓰되 일본과의 관계를 원만히 유지하기 위해 노력하는 것이 더 중요하다고 보았다. 그와 관련하여 최명길은 임진왜란 이후 선조가 취했던 대일對日 정책에 주목한다.

생각건대 임진년의 변고는 히데요시의 짓이고 원씨(源氏, 도쿠가와 이에야스)가 히데요시의 자손을 모두 멸했으니 하는 일마다 히데요시와는 상반된 것입니다. 그러니 우리 나라의 원수는 히데요시이고 원씨는 우리를 위해 복수해 준 자입니다. 원씨가 일을 맡은 이후 변방에 와서 수호를 요구하고 백성을 쉬게 하며 전쟁을 멈춘 지 이제 30여 년입니다. 남변이 편안하고 무사하게 된 것은 진실로 선조께서 뜻을 굽혀 화친을 허락하고 종사의 안전을 도모하신 지극한 계책과, 원씨가 우리나라와 친하게 지내려 정성을 다한 덕분임은 속일 수 없습니다. …… 저들이 우리를 저버릴지언정 우리 쪽에서 먼저 신의를 잃어서는 안 됩니다. 이웃 나라를 사귀는 도리는 마땅히 이러해야 합니다. …… 또 수호 관계인 이웃 나라에 하소연할 바가 있어 상경할 기회를 얻기 청하므로 그들의 소원대로 불러 말하는 바를 들어주는 것은 도리상 불가한 것이 아닙니다.[107]

1629년, 현방의 상경 문제가 불거졌을 때 최명길이 올렸던 차자이다. 우선 눈에 띄는 것은 조선이 임진왜란 이후 일본과 30년 가까이 평화를 유지할 수 있었던 것을 선조가 생각을 바꿔 그들과의 화친을 허락했던 것에서 비롯되었다고 평가하고 있다는 사실이다. 최명길은 또한 도요토미 히데요시 때와는 달라진 일본을 신의로 대하는 것이 중요하다고 강조한다. 실제로 그는 1629년 현방의 상경을 받아들이자고 주장했다.

최명길의 이 같은 태도는 당시 조선의 주적主敵이었던 후금과의 관계에 집중하기 위해서라도 일본과의 우호를 유지하는 것이 절실해졌던 현실을 염두에 둔 것이었다. 실제로 1629년 현방의 상경 문제를 놓고 논란이 빚어졌을 때 이정구는 조선의 현실을 고려하여 상경을 허락하자고 주장한다. 당시 이정구는 조선을 '공허지국空虛之國'이라고 표현한 바 있다.[108] 임진왜란의 상처가 채 아물지 않은 상황에서 정묘호란까지 겪어 나라가 사실상 골병든 상태에 있는 현실을 묘사한 표현이었다.

최명길이 보기에 병자호란 이후의 상황은 더 심각했다. 민생이 위기에 처한 현실에서 청의 엄중한 감시까지 무릅쓰고 일본의 침략에 대비하기 위한 방어 대책 마련에 몰두하는 것은 많은 문제점을 야기하는 것일 수밖에 없었다. 최명길은 선조가 일본과 화친의 결단을 내렸던 것을 이어받아 일본을 다독이는 방향으로 대일 정책을 펼쳐 나갈 것을 강조한다.

대체로 신은 요즘 남방의 일에 지나치게 우려하는 마음을 금할 수 없습니다. 그것은 차왜(差倭, 일본 사신)의 공갈하는 말을 염려하는 것이 아닙니다. 다만 나라의 형세가 이전과 달라졌기에 적의 형세도 따라서 변한 것은 이세理勢로 보아 그럴 수 있는 일입니다. …… 만일 저들이 진실로 우리를 능멸하는 마음이 있다면 사신 보내기를 기다리지 않아도 우리의 지모와 힘으로는 모면하기 어렵습니다. 그러니 나라를 도모하는 도리로 볼 때 구원할 도리가 없다는 핑계로 속수무책으로 있어서는 안 됩니다. 우리의 정성과 신의를 다해서 그들의 환심을 깊이 얻어 재앙이 발생하기 전에 없애자는 것이 신의 생각입니다. 가강(家康, 이에야스)이 전쟁을 멈춘 공이 있어 양국이 모두 덕을 보았다는 것은 그들이 늘 해 왔던 말이고 불법佛法을 높이고 믿는 것은 그들의 한결같은 풍속입니다. 그들이 사찰의 종鐘을 청하는 이 기회에 한두 명 승려를 보내 우리의 성의를 보이고, 가강의 명복을 빌어 주어 자비로운 가르침으로 관백을 잘 깨우치십시오. 이것이야말로 곧 세를 이용하여 국익을 이끄는 방법입니다.[109]

1642년 2월, 대마도는 막부의 관백이 득남했다는 것을 들어 통신사를 파견할 것과, 일광日光에 도쿠가와 이에야스의 사당 동조궁東照宮이 낙성된 것을 계기로 축하하는 선물을 보내라고 조선에 요청한다. 그들은 특히 인조의 어필로 쓴 시문까지 요구했는데 조선이 난색을 표하자 '받아들이지 않을 경우 양국의 안녕을 해치고 이전의 화친이 수포로 돌아갈 수 있다'고 협박을 늘어놓기도 했다.[110] 조선이 청과의 관계 때문에 곤경에 처한 것을 이용하여 조선에서 받아 낸 선물로 막부에 생색을 내려는 대마도의 의도가 담긴 요구였다.

앞서 인용한 글은 바로 당시 대마도의 요구를 받아들이는 여부를 놓고 논란이 벌어졌을 때 최명길이 올린 차자이다. 여기서 주목되는 것은 조선의 형세가 달라졌으니 그에 대한 일본의 태도도 달라졌다는 것을 인정하자는 주장이다. 임진왜란을 계기로 일본을 '영원히 함께 할 수 없는 원수'로 생각하고 적대하려 했지만 조선이 청의 침략을 받아 수렁에 빠진 상황에서 일본을 언제까지나 적대시할 수는 없다는 생각을 피력하고 있다.

최명길은 특히 당시 일본이 마음먹고 조선을 침략하거나 위해를 끼치려 할 경우, 조선이 사실상 속수무책의 현실에 처해 있음을 직시할 것을 촉구했다. 따라서 그들의 요구를 적절히 수용하고 정성과 신의를 보임으로써 그들의 환심을 사고 다독이는 것이 재앙을 막는 보국의 도리임을 역설하고 있다. 병자호란 이후의 험난한 현실 속에서 최명길은 상황을 관리하고 사달의 발생을 회피하는 방향으로 유화적인 대일 정책을 추구했던 것이다.

최명길의 발언에서는 병자호란의 상흔과 이후에도 계속된 청의 압박 때문에 신음하던 조선이 대일 정책에서 마주해야 했던 고뇌를 엿볼 수 있다. 조선 조정은 결국 최명길의 의견대로 동조궁에 '일광정계日光淨界'라고 쓴 편액과 종을 주조해서 보냈다. 또 '일광정계 창효도량日光淨界 彰孝道場'이라고 쓴 인조의 어필과 신료들이 쓴 축하 시문도 보냈다.[111]

병자호란 이후 최명길은 이렇게 조선의 열악한 현실, 이어지는 청의 압박을 염두에 두면서 일본과의 사달이 발생하는 것을 막기 위해 고심했다. 전쟁이 남긴 상처를 치유하고 청의 압박을 넘어서서 종사와 백성을 살리려면 일본을 다독이는 것이 최선이라는 판단에서 비롯된 것이었다. 요컨대 그것은 최명길이 '가난한 사대부가의 며느리'이자 '약소국의 신하'로 자임하면서 안팎의 난관을 헤쳐 나가려 했던 분투의 연장선상에 있는 것이기도 했다.

11장
피로인과 속환 여성을 보듬다

피로인의 참상과
속환 원칙

홍타이지가 인조로부터 항복을 받을 때 제시했던 조건 중에 매우 특이하면서도 심각한 파장을 남긴 사안이 있었다. 바로 전쟁 중에 청군이 사로잡은 조선 피로인들과 관련된 문제였다. 피로인이란 전쟁 중에 붙잡힌 민간인들을 가리킨다. 홍타이지가 제시한 조건은 조선인 피로인들을 빠짐없이 심양으로 연행하겠다는 것, 피로인들을 돌려받고 싶으면 정당한 절차를 통해 몸값을 청에 지불해야 한다는 것, 연행되는 피로인들이 압록강을 건너기 전에 탈출에 성공하면 어쩔 수 없지만 일단 청에 도착한 뒤에 도주해 오는 경우는 조선에서 다시 붙잡아 송환해야 한다는 것이 핵심이었다. 특히 도망쳐 온 피로인들, 이른바 '주회인'들을 반드시 쇄환해야 한다고 강조했다.[1]

그렇다면 병자호란 당시 청군에게 붙잡혀 끌려갔던 피로인의 수는 얼마나 될까? 정확한 기록은 없지만 수만 명에 이르는 것으로 추산된다.[2] 전통적으로 청은 전장에서 붙잡은 피로인들을 매우 중시했다. 부족별로 흩어져 살던 여진 시절부터 명이나 조선으로부터 사람들을 납치해 갔던 그들은 피로인을 '하늘이 내린 선물'이자 '자신들이 피땀 흘려 획득한 전리품'으로 인식했다.[3] 명과 비교가 되지 않을 정도로 인구가 적었던 그들에게 피로인은 소중한 노동력이자 재산이었기 때문이다. 따라서 소중한 전리품이 도망치도록 방치하거나 그들을 무상으로 돌려주는 것은 있을 수 없는 일이었다.

반면 조선 사람들이 피로인을 보는 시각은 완전히 달랐다. 난리 중에 끌려간 피로인들이 부모 형제와 고향을 그리며 도망쳐 오는 것은 당연한 일이고, 그들 주회인을 도로 붙잡아 보내는 것은 인간으로서 '차마 할 수 없는 일'이며 '천리를 어그러뜨리는 행동'이라고 여겼다.[4] 청과 조선이 피로인을 보는 인식이 이처럼 전혀 다른 상황에서 병자호란 이후 양국의 갈등은 피할 수 없었다.

실제로 청군이 심양으로 철수를 완료한 직후부터 수많은 피로인들이 조선으로 도망쳐 왔다.[5] 청은 격앙되어 주회인들을 쇄송刷送하라고 조선을 압박했다. 그리고 조선이 붙잡아 보낸 피로인들에게 혹형을 가했다. 실제로 당시 쇄송되었던 주회인 가운데는 청군에게 끌려가 발꿈치를 잘리는 끔찍한 보복을 당했던 경우도 있었다.[6]

인조와 조선 조정은 청의 압박 때문에 전전긍긍할 수밖에 없었다. 1639년, 조선이 주회인 송환을 회피하거나 미적거린다고 여겼던 청 조정에서는 인조를 심양으로 직접 불러들여 따져야 한다는 입조론까지 흘러나왔다. 다급해진 조선 조정이 주회인의 입국을 막기 위해 압록강을 차단하고 그들의 쇄환에 골몰하면서 참극이 빚어졌다. 당장 심양을 탈출하여 압록강 변까지 도착했다가 조선 입국이 좌절되어 자살하거나 익사하는 사람들이 속출했다. 조선에 들어온 뒤 관의 쇄환을 피해 종적을 감춰 버린 주회인 대신 그 가족을 붙잡아 보내는 경우, 청군에게 붙잡힌 적이 없는 무고한 사람을 주회인으로 점찍어 붙잡아 보내는 경우가 있었다. 또 주회인 가운데는 쇄환을 피하기 위해 자살하거나 스스로 손과 발을 절단하는 사람, 관에 붙잡힌 뒤 청으로의 압송을 기다리며 감옥에 하염없이 구금된 사람도 있었다. 급기야 주회인을 쇄송하는 과정에서 빚어진 참극 때문에 민심이 동요될 것을 우려한 인조는 1641년, 백성들에게 조정의 조치를 이해해 달라고 호소하는 유시문까지 발표해야 했을 정도였다.[7]

청이 이렇게 눈을 부릅뜨고 주회인 쇄환에 집착했던 상황에서 뒤탈 없이 피로인들을 데려올 수 있는 방도는 속환贖還이 유일했다. '속환'이란 피로인을 소유하고 있는 청나라 사람에게 몸값을 지급하고 데려오는 것을 가리킨다.

병자호란 직후 청이 몸값으로 원했던 것은 은이었다. 때때로 면포나 연초 따위를 몸값으로 주고 데려오는 경우도 있었다. 병자호란 직후 조선의 유림이 청의 공유덕, 경중명 등과 피로인 문제를 놓고 협상을 벌였다. 여기서 합의된 몸값은 한 사람당 은 10냥 정도였다.[8] 그런데 시간이 지나면서 몸값이 점점 폭등하는 심각한 문제점들이 나타나고 있었다. 상황을 주시하던 최명길은 1637년 4월, 속환 문제와 관련하여 차자를 올린다.

　　속환은 오늘의 급무입니다. ······ 저들의 정가가 원래 저렴했는데
값이 점점 오른 것은 속환을 원하는 자들이 혈육을 데려오는 데 조
급하여 몸값의 많고 적음을 따지지 않아 저들이 가격을 높여 부르는
폐단이 생겼기 때문입니다. 혹은 수백 금을 요구하는 경우도 있으니
이렇게 되면 가난한 백성들은 끝내 속환할 길이 없어질 것입니다.
임금은 빈부귀천에 관계없이 백성들을 똑같이 대해야 합니다. 한두
명의 재력가가 높은 값을 아끼지 않아 수많은 사람들을 끝내 이역에
서 죽게 한다면 심히 잘못된 것입니다. 조정에서 금제禁制를 정해 노
소, 귀천에 따라 다소 차등을 두더라도 몸값이 최대 1백 냥을 넘지
못하게 하고 저들이 높은 값을 요구하면 차라리 버려 두고 돌아오더
라도 끝내 이 액수를 지켜야 합니다. 이를 어기는 자를 중죄로 다스
린다면 청인들 또한 이익이 없음을 알고 적당한 가격을 따라 사람마
다 소원을 이룰 수 있을 것입니다.[9]

　　최명길의 발언 가운데 "임금은 빈부귀천에 관계없이 모든 백성
들을 공평하게 대해야 한다"는 말이 특히 주목된다. 당시 조선에서
혈육이나 친척의 속환을 원하는 사람들, 이른바 원속인願贖人들의 사
회, 경제적 처지는 천차만별이었다. 높은 벼슬을 지닌 관리나 재력 있
는 사람들과 평범하고 가난한 일반 백성들이 속환에 성공할 가능성
은 하늘과 땅 차이가 났다. 속환을 하려면 심양까지 가야 하는데, 벼

슬아치라도 사행使行으로 낙점된 사람이 아닐 경우 심양으로 가는 것이 쉽지 않았다. 그 때문에 다른 벼슬아치가 사신으로 심양에 간다는 소식을 들으면 자기 혈육의 생사를 알아봐 달라거나 속환을 부탁하는 경우가 많았다.[10] 벼슬이 있는 관인의 경우가 이러할진대 일반 백성들은 정부의 허락이나 알선 없이는 심양에 들어가는 것 자체가 쉽지 않았다. 간혹 혈육을 그리는 간절한 마음 때문에 몰래 국경을 넘었다가 처형되거나 구금되는 사람들도 적지 않았다.

최명길의 지적처럼 속환 과정에서 벌어지는 부익부 빈익빈의 상황도 심각했다. 적지로 끌려간 자신의 가족이나 친척을 하루라도 빨리 데려오고 싶은 것은 인지상정이다. 그런데 특히 벼슬이 높거나 재력이 있는 사람들은 속환 과정에서 애초 약정한 몸값보다 훨씬 많은 금액을 청에 건네는 경우가 있었다. 실제로 좌의정 이성구의 경우 자신의 아들을 속환하면서 청인들에게 은 천오백 냥을 지불했다.[11] 조선의 고관이나 재력가들이 약정 금액의 몇십 배나 되는 은을 싸들고 심양으로 달려오는 상황에서 청의 피로인 소유자들은 배짱을 부릴 수밖에 없었다. 몸값이 폭등하는 것은 어쩌면 당연했다.

속환가가 폭등하면서 부작용이 속출했다. 당장 가난한 일반 원속인들은 속환을 포기할 수밖에 없는 지경으로 내몰린다. 사실 애초 약정했던 은 10냥도 가난한 그들에게는 결코 적은 액수가 아니었다. 그런데 몸값이 몇백 냥 수준으로 뛰어버리자 그들은 속환을 포기할 수밖에 없었다.

또 재력이 제법 있는 사람들조차 속환가를 마련하는 과정에서 파산하는 경우가 발생한다. 당장 좌의정 이성구가 그러했다. 앞에서 언급했듯이 이성구는 병자호란 당시 부인과 장남 부부, 그리고 두 딸을 잃고 아들 세 명이 청군에게 끌려갔던 처참한 가족사를 지니고 있었다.[12] 이성구는 심양에 가서 아들들을 속환하면서 은 천오백 냥을 지불했는데, 그 때문에 가산을 탕진하는 지경에 이르렀다. 그는 훗날, 속환에 필요한 은을 마련하기 위해 고위 신료로서 어울리지 않는 비루하고 잗단 일까지 하지 않을 수 없었다고 고백한다. 즉 처가 친척에게 손을 벌려 마련한 미곡을 자신의 군관을 시켜 시장에 내다 팔아 은을 샀다는 것이다.[13]

정승 자리에 있던 이성구조차 속환가를 마련하는 것이 이렇게 힘들었다면 나머지 사람들이 어떠했을지는 짐작하기 어렵지 않다. 최명길이 청과 원래 합의했던 속환가가 10냥 정도였는데도, 개인의 속환가를 최대 1백 냥 이내로 제한하자고 주장했던 것은 당시 몸값이 폭등해 버린 것이 이미 되돌릴 수 없는 상황에 이르렀음을 반영한다.

최명길의 속환, 속환인에 대한 관심과 배려는 남달랐다. 그는 속환 가격뿐 아니라 속환되어 돌아오는 사람들이 조선으로 귀환하는 과정에서 겪을 수 있는 애로와 문제점에 대해서도 지적했다.

속환된 사람들이 돌아올 때 평안도의 각 관에서는 마땅히 곡식을 마련하여 그들이 굶주림을 면할 수 있도록 지급해야 합니다. 심양에서 의주까지는 7~8일이 걸리는 거리인데 가족이 있는 사람은 양곡을 준비해 가지만, 가족이 없거나 관은官銀으로 속환된 사람들은 먹을 만한 방도가 없습니다. 청북에 있는 관향미를 적당히 수송해서 통원보 서쪽의 곳곳에 비치하면 일이 매우 편하고 좋을 것입니다. 사신과 평안감사, 그리고 관향사가 서로 상의하여 조처하는 것이 좋겠습니다.[14]

심양 등지에서 속환에 성공하여 마침내 '자유의 몸'이 되었다고 기뻐하는 것도 잠시뿐, 풀려난 속환인들에게는 새로운 난관이 기다리고 있었다. 7~8일 정도 걸리는 심양에서 의주까지의 만주 벌판을 무사히 통과하는 문제였다. 그 기간 동안 굶거나 지쳐서 쓰러지지 않고, 들짐승 따위의 공격을 피할 수 있어야 하며, 혹여 있을 수도 있는 청인들의 공격이나 납치 시도도 피해야만 했을 것이다. 동행할 가족이나 친지가 있으면 그래도 낫겠지만, 그렇지 않을 경우 의주까지 무사히 도착하는 것 자체가 큰일이 아닐 수 없었다.[15]

심양에서 속환된 사람들이 귀환하는 도중에 굶어죽지 않도록 정부가 나서서 챙기자는 최명길의 주장은 어떻게 보면 당연한 것이다. 하지만 결코 쉬운 일이 아니었다. 평안도의 양곡을 압록강을 건너 청의 영역으로 운반하고 통원보 이서 지역의 곳곳에 일종의 구휼 장소를 설치하는 것은 청과의 논의가 필요한 사안이었기 때문이다. 실제로 최명길의 위의 주장이 실현되었는지 여부는 관련 자료가 없어 알수 없다.

그런데 주목되는 것은 당시 속환 문제를 거론하는 사람들이 대부분 속환 대상이나 속환 가격, 속환가를 마련하는 방도들을 주로 언급했던 데 견주어 '속환 이후'의 문제까지 신경 쓰고 챙기려 했던 관인은 최명길 말고는 없었다는 사실이다. 인조와 관리들은 주로 종실이나 자신의 혈육들을 속환해 오는 데만 신경을 썼지 일반 백성들을 속환해 오는 문제에는 별로 관심을 기울이지 않았다.

물론 당시 백성들의 속환 문제를 해결하기 위해 가장 열정적이고 적극적인 자세로 주목되는 대책을 제시했던 인물은 단연 예조좌랑 허박(許博, 1598~1638)이었다.[16] 하지만 그도 속환 이후의 문제, 즉 피로인들이 심양에서 풀려난 이후 조선으로 돌아오는 과정에서 직면했던 문제에 대해서는 언급하지 않았다. 그런 측면에서 속환인들이 귀환하는 과정에서 마주쳐야 했던 구체적인 어려움들을 세심하게 챙기려고 했던 최명길의 주장은 단연 돋보인다.

귀환 여성들을
보듬으려 했던 최명길

어느 시대나 전쟁이 일어나면 가장 큰 피해를 입는 사람들은 여성들이다. 병자호란의 경우도 예외가 아니었다. 청군이 돌격해 오고, 조선군이 그들을 제대로 막아 내지 못하면서 여성들의 비극은 이미 예고되어 있었다. 들이닥친 청군을 피하지 못하고 많은 여성들이 능욕을 당하거나 죽임을 당했다. 또 정절을 지키기 위해 자결하기도 했다.

한 예로 강화도가 함락된 직후 수많은 여성들이 스스로 목을 매거나 바닷물에 뛰어드는 참극이 벌어졌다. 또 주목되는 것은 사대부 집안의 여성들 가운데는 자결을 강요당한 사람들도 있었다는 사실이다. 영의정 김류의 손자 김진표金震標는 자신의 할머니와 어머니에게 자결을 강요했고, 정백창鄭百昌의 아들 정선흥鄭善興은 자신의 어머니와 아내에게 자결을 강요했다는 기록이 나온다.[17]

작자 미상의 《강도몽유록江都夢遊錄》에 등장하는 청주 한씨는 강화도 함락 직후의 비극을 이렇게 비탄한 바 있다.

아아, 제 죽음이 과연 다른 사람과 같다면 굳은 절개가 저절로 드러나 넋 또한 빛날 것입니다만, 제 자식이 착하지 못해 일 처리가 전도되어 적의 칼날이 닥치기도 전에 먼저 죽으라고 강요했습니다. 제 스스로 죽지 않았으니 어찌 남들의 말이 없겠습니까? 권해서 이룬 정절을 세상이 모두 비웃고 욕하거늘, 하물며 오늘날 열녀문을 내리는 것이 무슨 소용이 있겠습니까?[18]

《강도몽유록》은 병자호란의 희생자인 여성들을 주인공으로 등장시켜 전쟁의 비극과 전쟁을 이끌었던 남성 위정자들의 문제점을 신랄하게 비판하고 있는 작품이다.[19] 그런데 위에 등장하는 청주 한씨는 정선흥의 어머니이자 김진표에게는 장모가 되는 실존 인물이다. 국가는 전쟁 이후 한씨에게 정려문을 내려주었다. 하지만 《강도몽유록》의 저자는, 강화도가 함락될 때 자신의 의지가 아니라 아들의 강요 때문에 원치 않는 자결을 감행해야 했던 한씨의 기막힌 사연을 고발하고 있는 것이다.

죽임을 당하거나 자결했던 여성들과 달리 목숨은 부지했지만 청군에게 사로잡혀 심양으로 끌려가야 했던 여성 피로인들의 고통도 심각했다. 2011년 개봉되어 호평을 받았던 〈최종병기 활〉이라는 영화를 보면 여성 피로인 이야기가 나온다.

황해도 어느 고을에서 양반가의 신부 자인과 신랑 서군이 결혼식을 올리던 당일, 서울을 향해 쳐들어가던 청군이 식장에 난입한다. 결혼식은 졸지에 아수라장이 되고 자인의 시아버지는 칼을 빼들고 청군에게 맞서다가 죽음을 맞는다. 결국 자인과 서군을 비롯하여 하객으로 참석한 마을 사람들은 대부분 청군에게 붙잡혀 끌려가는 신세가 된다. 끌려가던 당일 밤, 자인은 청나라 왕자 도르곤多爾袞의 수청을 들도록 강요받게 된다. 자인은 정절을 지키기 위해 도르곤에게 격렬하게 저항하지만 그의 완력을 이기지 못하고 성폭행을 당할 위기를 맞는다. 절체절명의 순간 자인은 오빠 남이에 의해 가까스로 구출된다. 활을 잘 쏘는 명사수였던 남이는 청나라 왕자 도르곤을 불태워 죽이고, 자신을 추격해 왔던 청군 장교들에 맞서 싸워 자인 부부를 구출한 뒤 숨을 거두게 된다.

　　비록 도르곤이라는 청의 실존 인물이 남이에게 피살되는 스토리를 설정한 것처럼 허구의 내용이 대부분이지만, 병자호란 당시 청군에게 붙잡히거나 끌려가는 과정에서 조선 정부나 군으로부터 아무런 도움도 받지 못하고 방치되었던 피로인들, 특히 여성 피로인들의 수난상을 생동감 있게 묘사한 영화라고 할 수 있다.

　　그랬다. 병자호란을 계기로 수많은 조선의 '자인'들이 청군에게 붙잡혀 끌려갔다.[20] 그런데 당시 실존했던 수많은 '자인'들에게는 활을 잘 쏘는 '오빠'가 없었다. 피로 여성들은 청군에게 붙잡히는 순간부터, 끌려가는 과정에서, 심양에 도착해서, 속환을 통해 조선으로 귀환하는 과정에서, 그리고 조선에 돌아온 이후에도 온갖 고통과 수난을 겪어야만 했다. 그들은 붙잡힌 뒤 청군 장졸들의 첩이나 노비로 전락하기도 했다. 피로 여성들은 심양에 도착한 이후, 질투심에 눈이 먼 청군 본처들로부터 끔찍한 '린치'를 당하기도 했다. 만주족 본처 중에는 조선 여성에게 끓는 물을 뿌리거나 혹독한 고문을 가하여 자신의 남편이 첩이나 노비로 삼는 것을 막으려고 시도했던 자도 있었다. 소식을 들은 홍타이지조차 격분하여, 잔학 행위를 했던 만주족 본처에게 순사殉死시키겠다고 경고했을 정도였다.[21]

여성 피로인들이 겪어야 했던 고통과 시련은 속환된 이후에도 좀처럼 끝나지 않았다. 가족이나 친척, 혹은 조선 정부나 관에서 호송하거나 챙겨 주지 않을 경우, 속환 여성들은 귀환 과정에서도 위기에 처하는 경우가 있었다. 청나라 땅을 무사히 빠져 나오는 것이 쉽지 않았을 뿐 아니라 조선에 입국해서도 자신의 연고지까지 이동하는 과정이 험난했다. 중간에 납치되는 경우도 적지 않았던 모양이다.[22]

천신만고 끝에 귀향에 성공하더라도 안심할 상황은 아니었다. 오히려 더 견디기 힘든 시련이 기다리고 있었다. 속환되어 돌아온 여성들에게는 '정절을 잃은 여자'라는 낙인이 찍혔다. 자신의 어머니나 아내에게까지도 자결을 강요했던 사대부 사회의 분위기를 고려하면 어쩌면 예견된 일이기도 했다. 이 때문에 심양에서 속환을 고대했던 여성들 중에는 조선으로 돌아가면 자결하겠다고 미리 결심하는 경우도 있었다.

서천군수를 지낸 이만지李萬枝란 인물의 동료였던 도사都事가 병자호란 당시 처와 함께 붙잡혀 심양으로 끌려간다. 심양 도착 이후 도사는 청인의 노비가 되고 그의 처는 청인의 아내가 되었다고 한다. 도사의 본처는 청인의 사랑을 받아 집안일을 도맡게 되었고, 매일 청인 남편으로부터 은전 한 닢씩을 받아 도사에게 건네준다. 그러면서 본처는 도사에게 "은전을 모아 먼저 속환하여 조선으로 돌아간 뒤 친정에 연락해서 몸값을 가져와서 자신을 구해 달라"고 부탁한다. 그러면서 자신은 이미 정절을 잃었으니 압록강을 건넌 뒤 자결하여 고국에 뼈를 묻겠다고 했다. 하지만 도사는 속환되어 조선으로 돌아오자마자 변심한다. 그는 처가를 찾아가 재산을 받았지만 그 돈으로 다른 여자를 얻었다는 것이다. 박양한(朴亮漢, 1677~1746)은 이 슬픈 이야기를 이만지의 조카에게서 들었다고 한다.[23]

실제로 유부녀 출신의 피로 여성들은 속환을 통해 귀환한 뒤 대부분 남편과 시가로부터 기피 대상으로 전락하고 말았다.[24] 1638년 3월, 최명길의 절친 장유가 예조에 호소문을 올린다. 내용은 자신의 외아들 장선징과 속환되어 온 며느리가 이혼할 수 있도록 허락해 달라는 것이었다. 반면 전 승지 한이겸韓履謙은 자신의 딸과 사위의 이혼을 막아 달라고 호소하기 위해 격쟁擊錚[25]을 했다. 장유는 오랑캐에게 끌려갔다가 돌아온 며느리에게 조상의 제사를 받들게 할 수는 없다며 아들이 새장가를 들 수 있도록 해 달라고 요청했다. 한이겸은 조정이 나서서 이혼을 막아 달라고 호소했다.

상반된 호소를 놓고 조정의 의견이 분분하여 쉽게 결론을 내리지 못했는데 최명길이 나선다. 그의 주장은 단호했다. 속환을 통해 돌아온 여자들과 본래 남편들의 이혼을 허락해서는 안 된다고 강조했다. 그는 임진왜란 이후 선조가 내렸던 명령을 일종의 판례로 제시했다. 당시 어떤 신료의 처가 일본군에게 붙잡혀 끌려갔는데, 처가 끌려간 뒤 그 신료는 새장가를 들었다. 그런데 피로되었던 처가 쇄환되어 돌아오자 선조는 후취 부인을 첩으로 삼으라고 명령했고, 그 신료는 쇄환된 첫 부인이 죽은 뒤에야 비로소 후취한 부인을 정실로 올렸다는 것이다.[26]

최명길은 속환된 여성들을 내치면 안 된다고 주장하면서 "예는 정情에서 나오는 것이므로 때에 따라 기준이 다를 수 있으니 한 가지에만 구애되면 안 된다"고 강조했다. 최명길은 그러면서 자신이 사은사로 심양에 갔을 때 직접 보고 들었던 사연을 풀어놓았다. 병자호란이 끝난 직후 청군이 한 아리따운 조선 여인을 끌고 가면서 여인을 범하기 위해 온갖 수단으로 어르고 달랬지만 여인은 끝까지 거부하다가 만주 사하보沙河堡에 이르렀을 때 끝내는 굶어죽었다는 것이다. 결국 청군도 감탄하여 여인을 묻어 주고 떠났다는 슬픈 이야기였다. 최명길은 심양 관사에 머물 때 직접 겪은 사연도 소개했다. 자신이 한 처녀를 속환하려 했는데 청인이 애초의 약속을 어기고 몸값을 올리는 바람에 처녀가 자결했다는 것이다. 처녀의 시신을 거두어 돌아왔다는 사연을 전하면서 최명길은 이렇게 강조했다.

만약 이혼을 허락하는 명이 있으면 속환을 원하는 사람이 없게 될 것이니 이것은 수많은 부녀자들을 영원히 이역에서 귀신이 되게 하는 것입니다. 한 사람이 소원을 이루고 백 집에서 원망을 품게 되면 화기和氣가 손상되는 법입니다. …… 이 두 처녀가 기한 전에 속환되었더라면 자결하지 않았을 것입니다. 비록 곧고 깨끗한 지조가 있더라도 누가 다시 알아주겠습니까. 이로 본다면 급박한 상황 속에서 몸을 더럽혔다는 누명을 쓰고서도 밝히지 못하는 사람이 얼마나 많겠습니까. 사로잡혀 간 부녀자들이 모두 몸을 더럽혔다고 논할 수 없는 것이 이와 같습니다.[27]

"한 사람이 소원을 이루고 백 집에서 원망을 품게 되면 화기가 손상된다." 장선징은 최명길의 둘도 없는 친구인 장유의 아들이다. 하지만 최명길은 속환된 아내와 이혼하도록 허락하면 장선징 한 사람은 소원을 이루겠지만 나머지 수많은 속환 여성들은 원한을 품게 된다며 단호하게 반대했다. 더 나아가 청군에게 잡혀갔다가 돌아온 모든 여성들에게 '정절을 잃었다'고 무조건 낙인찍는 것에도 반대한다. 인조는 최명길의 단호한 주장을 받아들여 이혼을 불허하는 것을 법제로 규정했다.

하지만 그렇게 했음에도 이후의 현실은 전혀 다른 방향으로 흘러갔다. 예조에서는 "속환된 처와 다시 결합하기를 원하는 사람이나, 원하지 않고 재취를 바라는 사람들의 의향을 그대로 따르면 된다"는 의견을 제시했다.[28] 사실상 이혼 여부를 남편이나 시가의 의사에 맡기자는 주장이었다.

1638년 5월, 경연 자리에서 특진관 조문수曺文秀는 속환 여성들을 '금수에게 더럽혀진 사람'으로 규정하고 그들을 받아들여 제사를 받들게 하면 하루아침에 예의지국의 윤리가 끊어질 것이라고 극언했다.[29] 이어 1640년(인조 18) 장유의 처가 호소문을 올려 아들과 며느리의 이혼을 허락해 달라고 다시 요청하자 인조는 고심 끝에 결론을 내린다. "훈신의 독자이므로 장선징에게만 이혼을 허락한다"는 결정이었다.[30] 인조의 이 같은 결정을 계기로 "속환된 유부녀들과의 이혼을 불허한다"는 애초의 결정은 유야무야되고 만다. 사대부 집안 자제들은 모두 속환된 아내들을 버렸고 새장가를 들게 되었던 것이다.

당시 사대부 사회는 '충신은 두 임금을 섬기지 않고 열녀는 두 남편을 섬기지 않는다'는 전제 아래 속환된 여성들의 '허물'을 질타했다. "많은 부녀자들이 청군에게 붙잡혀 끌려간 것은 본의가 아니었지만 죽지 않고 살아남은 것 자체가 절의를 잃은 것이므로 억지로 재결합하도록 하면 사대부 집안의 가풍을 망친다"고 강조했다.[31] 요컨대 피로인 여성들은 애초 죽음으로써 절개를 지켰어야 한다는 주장인 셈이다.

《인조실록》의 사관은 속환 여성 문제와 관련하여 비난의 화살을 최명길에게 겨눈다. 최명길이 증거도 없는 선조대의 사례를 망령되게 인용하여 속환 여성들을 비호하려 한다고 맹렬하게 질타했다. "절의를 잃은 부인을 다시 취해 부모를 섬기고 제사를 받들며 자손을 낳아 가계를 잇자"고 주장하는 최명길은 '나라의 풍속을 무너뜨려 삼한을 오랑캐로 만든 자'라고 극언을 퍼부었다.[32]

'삼한을 오랑캐로 만든 자!' 병자호란이 남긴 후유증을 수습하려고 노력하는 와중에 최명길이 뒤집어써야 했던 또 다른 오명이었다.

'진회보다 더한 자'라는 기존의 매도에 더해 '나라를 오랑캐로 만든 자'라는 멍에까지 뒤집어썼던 것이다. 실제로 최명길이 당시 사대부 사회 일반의 여론을 거스르면서 속환된 여성들을 보듬으려고 하자 그에 대한 비난은 그치지 않았다.

최명길이 속환 여성들의 이혼에 반대했던 것은 그의 후손들에게 도 멍에가 되었다. 1664년(현종 5) 윤6월, "최명길의 아들 후상이 과거 급제했지만 병자호란 당시의 부친의 행적 때문에 벼슬길을 포기했다"는 기록이 나온다. 당시 최후상을 비난했던 자들이 비난의 주요한 근거로 언급했던 것이 바로 최명길이 속환 여성들과 이혼을 반대했다는 사실이었다.[33] 《인조실록》의 사관이 최명길을 '나라를 오랑캐로 만든 자'라고 매도했던 것은 이후 최명길의 반대파들에게 계승되었던 것이다.

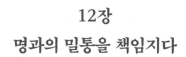

12장
명과의 밀통을 책임지다

명에 대한 부담감,
삼학사에 대한 미안함

성하의 맹을 주도하여 청에게 항복함으로써 종사를 보전했지만 최명길의 마음은 편하지 않았다. 최명길도 어려서부터 존명尊明 의식을 머릿속에 새기면서 살아왔던 데다 당시 사대부 사회에 퍼져 있던 존명의 분위기를 외면하거나 초월할 수는 없었기 때문이다. 그런데 조선은 청에게 항복하면서 건국 이래 '상국'이자 '부모국'으로 섬겨왔던 명과의 관계를 단절해야만 했다. 명의 연호를 더 이상 사용할 수 없음은 물론 과거 명 황제로부터 받았던 고명(誥命, 임명장)과 인신(印信, 옥새)도 모두 청에 넘겨주어야 했다. 하지만 250년 가까이 이어져 온 명과의 관계를 곧바로 끊는 것은 결코 쉬운 일이 아니었다.

그런데 명과의 관계를 끊는 것보다 더 괴롭고 견디기 어려운 일이 당장 코앞에 다가와 있었다. 남한산성에서 내려온 직후 조선은 청

의 강압에 밀려 가도를 치는 일에 수군과 병선을 동원하여 동참해야
만 했다. 1622년 모문룡이 처음 들어가 동강진이란 군사 기지를 건설
했던 이후, 청에게 가도는 '목에 걸린 가시' 같은 존재였다. 청은 병자
호란을 통해 조선을 굴복시킨 여세를 몰아 가도까지 무너뜨리려고
했다. 가도를 무너뜨리는 것을 숙원으로 생각했던 청은 가도를 공략
하는 데 조선이 얼마나 성의껏 협력하는지를 충성의 가늠자로 삼으
려고 했다. 홍타이지는 심양으로 귀환하기에 앞서 조선이 가도 공략
에 동원할 군사와 병선의 수, 지휘관들의 면면을 상세히 조사하여 보
고하라고 부하들에게 지시했다. 무조건 항복으로 아무런 발언권이
없는 데다 청의 서슬이 시퍼랬던 상황에서 조선이 가도 공략에 동참
하는 것은 도무지 빠져나가기 어려운 질곡이었다.

불과 몇 달 전까지도 빈번하게 왕래했던 가도를 치는 데 동참해
야 하는 '불인지사'를 앞에 두고 인조와 신료들은 고뇌할 수밖에 없었
다. 청군의 공격이 임박했다는 사실, 조선도 어쩔 수 없이 동참해야
한다는 사실을 가도의 명군 지휘부에 알려 줄 것인지를 놓고 고민을
거듭했다. 인조와 신료들은 최소한 통보라도 해 주는 것이 과거 상국
에 대한 도리라고 생각했다.[1] 하지만 당시 청군이 아직 완전히 철수
하지도 않았고 감시와 압박이 너무 심해 알릴 방법이 없었다. 조선은
결국 공격 사실을 알리지 못한 채 수군과 병선을 동원하여 가도 원정
에 동참했고, 1637년 4월 8일 가도는 함락되었다.

명군의 방어선이 무너져 청군이 섬에 막 상륙할 때까지만 해도
조선군은 배에서 내리려고 하지 않으며 관망하려는 모습을 보였다.

그러자 청군 지휘부는 조선군의 태도를 질타하면서 살략에 동참하라고 강요했고 조선군은 마지못해 응하는 모습을 보였다. 그런데 또 다른 기록에는 조선군이 처음에는 망설였지만, 섬에 상륙한 뒤에는 청군보다 더 심하게 한인들을 죽이거나 약탈했다고 되어 있다. 그 때문에 한인들 가운데서 "명이 도대체 조선에게 무슨 원수진 일이 있느냐?"고 원망하는 절규가 터져 나오기도 했다는 것이다.[2]

최명길이 시종일관 청과의 화의에 매달렸던 것은 일단 조선의 종사를 살려 놓는 것이 자신의 임무라는 신념 때문이었다. 하지만 막상 명과의 관계를 끊는 것에 그치지 않고 가도까지 공격해야 하는 지경으로 내몰리자 최명길이 느끼는 부담감은 훨씬 커질 수밖에 없었다. 일련의 상황을 주도적으로 이끌어 왔던 장본인이 바로 자신이었기 때문이다.

가도가 함락되었다는 보고가 올라온 직후 최명길은 "의로운 길로 나아가기 위해 죽음을 선택했다"며 도독 심세괴를 추모하고, 조선이 나서서 명군 장사들의 시신을 거둬 매장해 주자고 요청했다.[3] 청의 강압을 이겨 내지 못하고 명을 치는 데 동참하면서 갖게 된 부담감을 조금이나마 덜어 보려는 행보였다.

병자호란 이후 최명길이 명에 대해 지녔던 미안함과 안타까움, 그리고 그와 맞물린 복잡한 감정은 그가 남긴 시문 곳곳에서 나타난다. 앞서 "몸을 바침에 본래 목숨을 아끼지 않았기에…… 스스로 죽기를 각오하고 다시 이 길을 가노라"[4] 하고 비장하게 읊었던 시도 그중 하나이다. 1642년(인조 20), 승려 독보를 보내 명과 밀통했던 사실이 발각돼 청의 소환으로 봉황성으로 향할 때 지은 시이다.

조선의 종사를 보전하기 위해 어쩔 수 없이 청에게 항복하고 그들의 요구대로 가도 공격에 동참했지만, 명에게 의리를 지키지 못한 미안함은 가슴속에 응어리처럼 남았다. 그런데 이제 명에 의리를 지킬 기회가 왔다. 의리를 지키기 위한 첫 번째 과업은 청의 또 다른 파병 요구를 거절하는 것이었다.

최명길은 실제로 1637년 심양으로 달려가 원병 파견을 잠정적으로 중지시키는 데 성공했다.[5] 그런데 명에게 의리를 지키기 위해 독보를 보냈던 사실이 발각되면서 자칫 죽음을 당할지도 모르는 순간이 다가왔다. 하지만 최명길은 죽는 것을 겁내거나 안타깝게 생각하지 않는다. "먼저 내 나라를 살린 다음에 명을 위한다"는 신념을 실천할 수 있는 기회가 왔기 때문이다. 봉황성으로 향하는 것은 죽으러 가는 길이지만 동시에 자신의 신념을 실천하려고 가는 것이기에 결코 겁나는 도정道程이 아니었다.

최명길은 또한 자신의 본심은 아니었지만 삼학사를 청군 진영으로 뽑아 보내는 과정에서도 주도적인 역할을 했다. 척화를 앞장서서 주장했던 신하 몇 사람을 묶어 보내지 않으면 항복을 받아 주지 않겠다고 청이 으름장을 놓았던 상황에서 누군가는 악역을 맡아야만 했다. 하지만 그것은 인간으로서 '차마 할 수 없는 일'이었다. 청군 진영에 가면 죽을 것이 빤한 상황에서 '불인지사'를 맡아 처리한다는 것이 어찌 쉬운 일이겠는가. 삼학사를 청군 진영에 보내는 일을 주도한 것은 최명길에게 두고두고 마음의 짐이 되었다. 최명길은 병자호란 이후 '징병 문제' 등을 해결하기 위해 심양을 오갈 때마다 삼학사를 떠올렸던 것으로 보인다. 최명길이 왕래하던 길은 삼학사가 청으로 끌려갈 때 지났던 길이기 때문이다.

> 내가 비록 세 군자를 죽이지 않았지만
> 한밤중에 생각하면 저절로 마음 놀라네.
> 천도는 본래 순환하길 잘하니
> 흰 머리로 오늘 또 서행하게 되는구나.[6]

1638년 가을, 청은 명의 금주錦州를 공략하기에 앞서 조선에게 병력을 보내 동참하라고 요구한다. 조선 조정은 마지못해 유림이 이끄는 병력 5천을 파견했지만 이들은 청이 지정한 날짜까지 심양에 도착하지 못했다. 격앙된 청은 조선을 힐책했고, 최명길은 자신이 심양에 가서 청의 힐문을 감당하겠다고 나선다. 그런데 죽음을 각오하고 심양으로 가는 도중 최명길은 세 군자, 즉 삼학사가 떠올라 심란해진다. 위의 시는 바로 당시 최명길의 심정을 읊은 것으로 삼학사에 대한 마음의 빚 때문에 괴로워하던 모습이 잘 나타나 있다.

1642년, 독보를 명에 몰래 보냈던 행적이 발각되어 청의 조사를 받기 위해 봉황성으로 향할 때도 마찬가지였다.

> 일찍이 화친을 논하느라 죽을 겨를 없었는데
> 이제 장차 의로 나아가니 어찌 놀라랴.

외로운 신하 다시 삼학사의 뒤를 이으려 하매
하늘의 해도 만 리 행로를 비추네.[7]

　삼학사의 뒤를 이어 명을 위해 죽겠다는 다짐이 확고하다. 최명
길은 필시 이렇게 말하고 싶었을 것이다. "내가 오랑캐와의 화친에
매달린 것은 딴 뜻이 아니었다. 청군의 칼날 앞에서 종사와 임금을 살
리려면 그 길밖에는 다른 방법이 없었다. 화친으로 종사와 임금은 살
렸으니 이제는 내가 삼학사의 뒤를 따라 의를 위해 죽을 차례다."
　일찍이 삼학사가 그랬던 것처럼 명에 대한 의리를 지키기 위해
독보를 보내는 과업을 주도했고, 그 사실이 발각되어 청으로 죽으러
가는 것이니 삼학사에게 조금이나마 면목은 서게 된 셈이다. 하지만
최명길은 세상 사람들에게 하고 싶은 말이 아직 더 있었다.

경도와 권도는 지금이나 옛날이나 우리 도를 관통하고
제 한 목숨 잊는 것 똑같으니 세상이여, 놀라지 마라.
삼학사의 죽음이 앞이요, 나의 죽음은 뒤이니
하늘이 분부하여 쌍죽처럼 빛나리.[8]

　"내가 오랑캐와 화친하여 종사를 구한 것은 권도이고, 삼학사가
목숨을 걸고 그들에게 저항한 것은 경상經常이었다. 하지만 나 또한
목숨이 아까워 화친에 매달린 것은 아니었다. 종사를 구하기 위해 어
쩔 수 없이 그런 것이다. 일단 종사를 구했으니 명과의 의리를 지키기

위해 미련 없이 목숨을 던질 준비가 되었노라. 오직 순서의 차이만 있을 뿐 의리를 위해 죽음을 선택한 것은 나와 삼학사 모두 다르지 않다. 그러니 나의 절개 또한 빛날 것이다"라는 자부심이 절절하다. 권도는 '임시방편'이고 경상은 '변치 않는 원칙'이다. 하지만 조선을 살리는 것이 먼저이고 명을 위하는 것은 그다음이라는 신념 때문에 삼학사와는 다른 길을 걸었던 자신의 충정을 알아 달라는 호소이기도 하다.

독보를 보내
명과 밀통하다

조청 연합군의 공격으로 가도의 동강진이 함락되고 조선군도 살략에 동참했다는 소식이 전해지자 인조와 조정은 충격에 휩싸인다. 소식을 접한 직후인 1637년 4월 18일, 최명길은 조선이 어쩔 수 없이 청에 항복했다는 사실, 또 그들의 강압에 못 이겨 가도 공략에 동참할 수밖에 없었던 사연을 명에 사실대로 알리자고 주장했다.[9] 그리고 최명길은, 가도가 함락되기 직전 장산도로 탈출했던 명군 총병 진홍범 陳洪範에게 자문을 보내 조선이 병자호란으로 청에게 굴복하고 그들의 강압에 휘둘려 가도 공략에 동참하게 된 사연을 알렸다.[10] 그런데 문제는 진홍범에게 보낸 자문이 숭정제에게 전달되었는지 여부를 확신할 수 없는 것이었다.

다시 사람을 명에 보내 숭정제에게 조선의 사연을 직접 알려야 한다는 생각이 간절했던 것은 인조도 마찬가지였다. 그런데 명으로 가는 바닷길이 험하고 청의 감시가 엄중한 상황에서 임무를 맡길 만한 사자를 선택하는 것이 쉽지 않았다. 바로 이때 등장하는 인물이 '독보'였다.

독보의 본명은 신헐申歇인데 일찍이 묘향산에 들어가 불도를 배우고 승려가 되었다. 그는 병자호란이 일어나기 직전 가도로 들어갔다가 1637년 가도가 함락되고 심세괴가 죽자 명의 송산松山으로 달아나 병부상서 홍승주洪承疇의 군문에 의탁했다. 홍승주는 이후 독보를 쓸 만하다고 여겨 청의 사정을 정탐하는 간첩 역할을 맡긴다. 독보는 첩보 임무를 맡고 1638년 조선 국경에 이르렀다가 임경업에게 붙잡힌다.[11] 독보를 심문했던 임경업은 그가 의기가 있고 부릴 만하다고 여겨 평안감사 정태화鄭太和에게 보고했고, 그 소식은 영의정 최명길에게까지 전달되었다. 최명길은 독보를 비밀리에 서울로 불러 직접 만나 본 뒤, 그가 강개하고 담력이 있어 사자로서 쓸 만하다는 판단을 내린다. 최명길은 인조에게 저간의 사정을 보고한 뒤 독보를 명에 보내 조선 사정을 알리자고 주청했다.[12]

독보가 임경업에게 포착되어 최명길을 거쳐 인조에게까지 보고되고 명에 보낼 사자로 낙점되는 과정은 첩보 영화의 한 장면처럼 진행되었다. 최명길은 독보 관련 사실이 혹시라도 사관이나 승지를 통해 외부로 누설될 것을 우려하여 인조에게 비밀리에 차자를 올렸다.

인조와 최명길이 독보를 명에 보낼 사자로 낙점했던 까닭은 무엇일까? 무엇보다 그가 명의 병부상서 홍승주의 군문에 의탁했다가 돌아왔던 전력을 고려한 것으로 보인다. 이미 명을 왕래했던 경험이 있는 데다 당시 명군의 최고 지휘관 격인 홍승주에게 신임을 받았던 사실에 주목했던 것이다. 실제로 본명이 신헐이었던 그에게 '독보'라는 이름을 붙여 준 것도 한인들이었다. 신헐이 가도에서 바다를 건너 송산까지 홀로 왔던 것을 기이하게 여겼던 한인들이 그를 찬양하여 '독보'라고 불렀다는 것이다.[13]

1638년 가을, 최명길은 인조의 재가를 받아 독보를 명으로 파견한다. 최명길은 숭정제에게 보내는 주문과 홍승주에게 보내는 자문을 직접 써서 독보에게 맡겼다. 인조가 숭정제에게 아뢰는 형식으로 된 주문은 조선이 청에게 항복하여 명의 신하로서 의리를 훼손하게 된 것을 '죽을 죄'라고 사과하는 내용으로 시작한다. 이어 명 태조 주원장朱元璋이 이성계李成桂를 왕으로 봉하고 국호를 하사했던 사실, 임진왜란 당시 명의 신종 황제가 조선을 구원하여 조선이 장차 죽음으로써 은혜를 갚고자 다짐했던 사실들을 언급한 뒤 병자호란의 전말을 기술했다. 마지막 부분에서는 청에게 굴복하여 명의 은혜를 배신한 과오를 거듭 사과하면서 비통한 심정을 토로했다.

위로는 종사가 영원히 끊어질 뻔한 것을 보전하고 아래로는 생령이 모두 절멸될 뻔한 것을 면했지만, 스스로 절개를 돌아보면 이미 살신의 인仁을 어그러뜨렸고 주인에게 보답하는 의義 또한 무너뜨려 천지를 돌아봐도 몸 둘 곳이 없습니다. …… 신처럼 죽을죄를 짓고 어떻게 하늘과 땅 사이에 서겠습니까? 오직 만절필동萬折必東의 남은 정성과 북쪽을 향해 손을 모으는 간절한 정성으로, 사신을 시켜 바다를 건너게 하여 만 번 죽을죄를 우러러 아뢰고 부월斧鉞의 처벌을 기다리자니 황공하여 몸 둘 곳이 없고 눈물은 마치 샘처럼 흘러내립니다.[14]

조선이 항복함으로써 종사와 생령을 겨우 보전했지만 주인(명)에게 보답하는 의리를 무너뜨리게 된 것을 사과하고 만절필동의 애달픈 심정만큼은 알아 달라는 호소를 담고 있다. '만절필동'이란《순자》〈유좌宥坐〉편에 나오는 말로 '황하가 흐르면서 굽이굽이 돌아 만번이나 꺾이지만 끝내 향하는 곳은 동쪽'이라는 뜻이다. 조선이 비록 청에게 항복하여 당장의 형세는 명에게서 멀어졌지만 명을 향한 마음만은 영원히 변하지 않을 것이라는 다짐이기도 하다.

최명길은 독보를 명에 보내면서 정태화와 임경업에게 그의 행장을 갖춰 주도록 조처했다. 그리고 독보에게 장도를 기원하는 시를 지어 건네주었다.

> 원림園林에 가을이 찾아들어 온갖 잎이 우는데
> 귀밑머리 눈처럼 희어져 거울 속이 환하구나.
> 본래부터 무한히 애태우던 일을
> 모두 산사람 지팡이에 맡기노라.[15]

'산사람'이란 승려 독보를 가리킨다. 병자호란에서 항복했던 이래 명 황제에게 조선 소식을 직접 알려야 한다는 조바심과 의무감 때문에 오랫동안 가슴앓이를 해 왔던 심정이 잘 드러난다.

그런데 당시 최명길이 주도하여 파견을 결정하기는 했지만 독보는 명으로 곧바로 들어가지는 못했던 것으로 보인다. 훗날 최명길의 회고에 따르면 1639년 겨울, 최명길은 안주에서 임경업을 만났는데 임경업이 배편을 확보하지 못해 독보를 보내지 못했다고 보고했다는 것이다. 최명길은 이에 독보를 다시 보내는 일을 임경업에 위임하게 된다.[16]

비록 뒷날의 기록이지만 권두인(權斗寅, 1643~1719)과 이재(李栽, 1657~1730)가 쓴 《임경업전林慶業傳》에서는 임경업이 독보를 명으로 보낸 시기를 1640년이라고 명기하고 있다. 당시 청이 금주 공략에 나서면서 조선에 원병 파견을 요구했고, 조선은 임경업을 수군 지휘관으로 임명하여 출전하게 했다. 그런데 임경업은 독보를 등주로 보내 명군 지휘관 황종예皇宗裔에게 조선이 병자호란을 맞아 청에게 항복한 사실, 소현세자 등이 청으로 끌려간 사실, 그리고 청의 압박을 이기지 못하고 금주 공략전에 동참할 수밖에 없는 사실들을 통고했다고 한다.[17] 청을 돕는다는 명목으로 수군과 병선을 이끌고 참전하게 되면서 독보를 보낼 수 있는 여지가 확보되었기 때문에 가능했던 것으로 보인다.

최명길이 임경업과 독보를 다시 만난 것은 1641년 가을이었다. 이때 독보는 명에서 답서를 받아 왔다. 전후의 기록을 종합하면 최명길이 독보를 처음 보낸 것은 1638년 가을이지만 독보는 실제로 1640

년에야 명으로 잠입하여 조선 사정을 알리고, 1641년 황제와 홍승주의 회답을 받아 귀환했던 셈이다.

숭정제는 독보를 통해 조선의 주문을 받은 뒤 이부상서 주종예朱宗藝를 시켜 비답을 주었다. 병부상서 홍승주 역시 조선에 회답 자문을 주었다. 숭정제는 비답에서 자신이 일찍이 군대를 정돈하여 오랑캐를 섬멸하지 못함으로써 조선이 오랑캐에게 '씹히는' 기박한 운세를 만났다고 위로했다. 그러면서 조선이 청에게 항복했던 것을 어쩔 수 없는 것으로 용인해 주는 태도를 보였다.[18] 비록 시간이 지났지만 인조와 최명길은 숭정제의 비답 내용에 감격할 수밖에 없었다.

반면 홍승주가 보낸 회답 자문의 내용과 분위기는 황제의 비답과는 자못 달랐다. 홍승주는 조선의 항복이 '종사를 보전하기 위해 어쩔 수 없이 받아들인 횡액'으로 인정하면서도 조선에 대한 당부와 요구를 빼놓지 않았다. 조선이 환란을 추스르고 정신을 가다듬어 명과 함께 오랑캐 청을 섬멸하는 데 동참할 것을 강조했다.[19] 조선이 청에게 항복했지만 다시 명 편으로 복귀하라는 요구였던 셈이다. 어쨌든 조선은 숭정제와 홍승주의 회답을 받은 사실에 감격했고, 1641년 영의정 신경진과 임경업이 주도하여 독보를 사은사로 다시 명에 파견했다. 독보는 세 번째 명으로 향했던 것이다.

주목되는 것은 병자호란으로 조선이 청에게 항복하고 청의 강요로 명과의 관계를 끊었는데도 명은 조선에 대한 미련을 버리지 않았다는 사실이다. 명은 병자호란 이후에도 조선과 연결하거나 조선으로부터 군사 원조를 이끌어 냄으로써 청을 견제하려는 생각을 여전

히 강하게 지니고 있었다. 1638년(인조 16) 4월, 명군 도독 심지상沈志
祥은 의주부윤 임경업에게 서신을 보내 인조와 신료들에게 명으로 망
명하라고 권유하고, 힘을 합쳐 청을 공격하자고 권유한 바 있다.[20] 또
진홍범도 조선과 연결하여 가도를 다시 탈환하고 그곳을 거점으로
과거 모문룡이 했던 역할을 자신이 재현하고자 하는 열망이 강한 인
물이었다. 그 때문에 누차 조선에 사람을 보내 명에 다시 조공할 것과
군사 원조를 제공하라고 요구했다.[21]

병자호란 이후에도 이른바 한선(漢船, 명나라 선박)이 평안도 연해
에 수시로 출몰했던 것은 바로 이런 배경에서 비롯된 것이다. 당시 청
은 조선과 한선의 접촉 여부를 엄중히 감시하고 있었다. 또 조선에 그
들과 밀통하지 말라고 수시로 경고했다. 그럼에도 한선은 계속 출몰
했고, 급기야 1642년 심각한 사태가 빚어지게 된다.

밀통이 발각되어
청으로 소환되다

　　1642년(인조 20) 5월 5일 심양의 고궁에서는 깜짝 놀랄 만한 일이 벌어진다. 명의 병부상서 겸 계요총독薊遼總督 홍승주가 호복을 입고 치발을 한 채 나타나 홍타이지 앞에서 세 번 절하고 아홉 번 머리를 조아리는 항복 의식이 거행되었다. 항복 의식이 열리던 자리에는 소현세자와 봉림대군 같은 조선의 인질들도 참석해 있었다.[22]

　　홍승주는 1641년, 청군에 의해 포위된 금주성을 구원하기 위해 13만 대군을 이끌고 금주 부근의 송산으로 진격했던 명군 사령관이었다. 하지만 그는 송산에서 청군의 요격에 휘말려 대패했고, 이후 6개월 가까이 송산성에서 농성하다가 1642년 2월, 성이 함락되면서 청군에게 생포되는 비운을 맞는다. 생포된 이후 심양으로 연행된 그는 청에 투항하기를 거부하다가 끝내는 홍타이지의 집요한 회유에 넘어

가 그에게 충성을 다 바치기로 결심했던 터였다.[23]

홍승주의 생포와 투항이 몰고 온 여파는 심각했다. 송산성이 무너지고 홍승주가 생포된 직후 금주, 행산杏山, 탑산塔山 등 산해관을 보위하고 있는 명의 전방 거점들이 청군에게 모두 함락되었다.[24] 그것은 이제 명의 운명이 거의 종말에 다다르고 동시에 청이 산해관을 돌파하여 북경을 장악하고 궁극에는 중원의 주인이 될 날이 임박했음을 예고하는 것이었다.

홍승주의 투항은 조선에도 커다란 후폭풍을 몰고 왔다. 청으로 전향해 버린 홍승주와 그의 부하들은 과거 조선이 독보를 보내 명과 밀통했던 사실, 명에서 보낸 한선과 평안도 연해의 조선 지방관들이 접촉했던 사실들을 청에 모두 실토해 버린다.

조선의 상국이었던 명의 병부상서 출신이 조선의 왕세자가 보고 있는 장소에서 '오랑캐'의 수장 홍타이지에게 무릎을 꿇고 항복했던 치욕 때문에 휙 돌아섰던 것일까? 아니면 귀순한 청에서 제대로 대접 받으려면 자신이 알고 있는 중요한 정보를 털어 놓아야 한다는 치밀한 계산 때문에 그랬던 것일까? 여하튼 조선 조정과 최명길은 홍승주로부터 뒤통수를 얻어맞는 상황에 직면하게 된다.[25]

홍승주가 투항한 지 다섯 달 정도가 지난 1642년 10월 12일, 심관에서 보낸 장계가 조정으로 날아들었다. 같은 달 6일, 용골대 등이 심관에 와서 소현세자에게 황제의 칙서를 전하고 영의정 최명길을 비롯한 신료들을 봉황성으로 보내라고 요구했다는 내용이었다. 비변사 당상, 양사 장관, 전 현직 평안도 관찰사와 의주부윤, 선천부사와 정주定州의 대상인 고충원高忠元과 정이남鄭二男도 연행 대상이었다. 청은 1641년 한선이 용천龍川, 철산 등지의 해안에 나타났을 때 조선 관원과 상인들이 그들과 접촉하고 통상했던 것을 문제 삼았다. 홍승주의 부하 가운데 예씨倪氏 성을 가진 자가 저간의 사정을 모두 실토했다고 했다. 예씨가 1641년 한선을 타고 선천에 갔을 때 선천부사가 배 안에서 연회를 베풀어 주고 다량의 쌀과 인삼을 선사했다고 고백했다. 또 홍승주 휘하의 오난영烏鸞營이란 자는 과거 임경업이 청의 요구로 수군을 이끌고 출전했을 때 고의적으로 배를 풍랑에 떠내려가게 하고 명군과의 교전도 회피했다고 실토했다는 것이다. 또 홍타이지는 칙서에서 조선이 수년 동안 한선과 밀통한 것을 힐문하고 소현세자와 용골대를 보내 관련자들을 심문하겠다고 통고했다.[26]

병자호란 이후 청은 조선이 한선과 접촉하지나 않을까 신경을 곤두세우고 있었다. 그들은 한선이 조선 연해에 나타나 표류인을 송환하는 것은 어쩔 수 없지만, 승조원들과 대화를 나누거나 문서를 주고받거나 물자를 공급할 경우 가만두지 않겠다고 협박했다. 실제로 청은 구련성부터 압록강 하류까지 곳곳에 군대를 매복시켜 한선의 출몰 여부를 감시하고 있었다.[27] 이 같은 상황에서 선천부사가 한선 승조원들에게 연회를 베풀고 물자를 공급했다는 진술이 나오자 조선은 바짝 긴장하지 않을 수 없었다.

그런데 심관에서 보낸 장계에는 용골대가 했다는 이야기도 첨부되어 있었다. 몹시 충격적인 내용이었다.

오늘 돌아보면 과거 조선에 의심을 품었던 일이 과연 부질없는 것이 아니었다. 정축년 전쟁 때 여러 기왕旗王들이 모두 "조선 팔도 가운데 세 도만 조선 국왕이 다스리도록 하고 나머지는 청이 장수를 정해 통치하자"고 했는데 황제께서 "언어가 통하지 않고 사리에 맞지 않는다"고 하셨다. 그런데 이제 그대 나라의 일이 이와 같으니 황제께서도 몹시 후회하고 있다.[28]

병자호란 항복 당시 조선 팔도 가운데 세 도만 인조에게 돌려주고 나머지 다섯 도는 청이 관원을 보내 직할 통치하려 했다는 이야기다. 1639년 입조론이 불거졌던 이후 바짝 긴장하고 있던 인조로서는 몹시 두려운 내용이 아닐 수 없었다. 이 사건에 제대로 대응하지 못할 경우, 청 조정에서 직할 통치 이야기가 다시 나올지도 모르기 때문이었다.

인조는 장계가 들어온 다음 날 최명길 등을 불러 대책회의를 열었다. 청의 의도를 둘러싸고 갖가지 추측들이 난무했다. 최명길은 한선과의 밀통 문제를 자신이 감당하겠다고 강조했다.[29] 당장 의주로 달려가야 했다. 영의정으로 복귀한 지 불과 두 달여 만에 맞이한 돌발 사태였다. 최명길 이외에도 이조판서 이현영李顯英, 예조참판 이식, 행호군 이경증李景曾, 대사헌 서경우徐景雨, 대사간 이후원李厚源 등도 봉황성으로 가야 했다.

그런데 상황은 더 심각한 방향으로 흘러가고 있었다. 용골대가 정주 상인 고충원과 정이남을 심문하는 과정에서 최명길이 독보를 파견했던 사실이 드러나고 말았던 것이다. 고충원은 고문을 이기지 못하고 "작년(1641) 한선이 선천 연해에 나타났을 때 최명길이 임경업과 상의하여 독보를 들여보내고 뱃사람 네 명에게 문첩文帖을 주었다"고 자백했다. 고충원이 실토하자 청은 임경업을 잡아 보내라고 길길이 뛰었다.30 최명길이 봉황성으로 가고 있던 도중에 독보를 밀파했던 사실까지 노출되고 만 것이다.

고충원에 이어 전 선천부사 이계李烓까지 '대형 사고'를 쳤다. 이계는 한선과 직접 접촉했던 인물이다. 그런데 체포되어 용골대로부터 심문을 받을 때 한선과의 밀통 전말을 모두 자백해 버렸다. 그는 평안감사 정태화가 자신과 군관 이지룡李之龍을 시켜 한선과 접촉하고 식량을 공급하도록 지시했다는 것과 최명길이 독보를 파견했던 사실을 실토했다. 그뿐만 아니라 자신이, 인조의 출성을 반대하던 김상헌의 죄를 논핵했다가 미움을 받아 변방의 관직으로 쫓겨 왔다는 사실, 신익성, 신익전申翊全, 허계許啓, 이명한李明漢, 이경여李敬輿 들이 한선과 관련된 일들을 알고 있었다는 사실, 이경여가 평소 숭덕 연호를 쓰지 않았던 사실들을 모두 털어놓았다.31

정태화는 평소 이계를 아꼈다. 이계가 선천부사가 된 것도 정태화의 추천 덕분이었다. 평안도 연해에 한선이 나타나자 정태화는 이지룡을 시켜 한선과 접촉하고, 이계에게 서찰을 보내 한인 승조원들에게 쌀과 음식을 주라고 지시했다. 하지만 사람의 속은 알 수 없는 법. 이계는 정태화의 서찰을 없애 버리지 않고 간직했다. 혹시라도 밀통 사실이 발각될 경우 자신의 책임을 회피할 증거로 삼기 위해서였다. 급기야 심문받는 과정에서 그 서찰을 청인들에게 넘겨주었다. 이계는 또한 진술서를 써서 용골대에게 건넸는데 그 가운데는 '차마 들을 수 없고 차마 말할 수 없는' 내용들이 많이 들어 있었다.[32] 이계가 한선과의 접촉 사실, 명과의 밀통 내막, 조선 내부의 반청 분위기 같은 다양한 기밀들을 남김없이 자백해 버리면서 조선 조정은 자칫 초토화될 위기에 직면했다.

그렇다면 이계의 진술서에 담긴 '차마 들을 수 없고 차마 말할 수 없는' 내용이란 무엇일까? 그것은 인조와 관련된 것이었다.

임금이 반정한 뒤로 신하들이 모두 추대한 공을 믿고 국사를 함부로 농단해도 임금은 그들을 죄주지 못했다. 이 때문에 신하들이 스스로 방자해져 남조南朝와 통신한 일도 또한 금지하지 못한다.[33]

한마디로 인조는 '추대된 임금'이자 허수아비이기 때문에 신하들에게 휘둘릴 수밖에 없고, 명과의 밀통 사건도 그 때문에 발생했다는 것이다.

이계의 이 진술은 그가 처형된 뒤에 공개되었지만, 인조는 바짝 긴장할 수밖에 없었다. 이미 청에서 자신을 입조시킬 수 있다는 이야기가 흘러나오고, 산성에서 출성할 무렵 청이 조선을 직접 통치하려고 시도했다는 사실까지 공개된 상황이었다. 그렇다면 이번 밀통 사건을 계기로 청은 인조를 교체하려고 덤빌지도 모를 일이었다.

실제로 당시 청은 홍승주의 진술을 통해 조선이 한선과 접촉하고 독보를 보내 명과 밀통했다는 사실을 이미 알고 있었다. 그런데도 청은 이계와 고충원 등이 자백하기 전까지는 자신들이 '접촉'과 '밀통'을 인지하고 있는 사실을 조선에 드러내지 않았다.[34] 청은 이 사건을 처리하면서 노회하고 용의주도한 모습을 보였다. 요컨대 청은 최명길과 신료들은 물론 인조까지 연루된 이 사건을 계기로 조선을 완전히 길들이려고 시도했던 것이다.

그런데 상황은 더 꼬여 가고 있었다. 독보 파견의 또 다른 주모자로서 청으로 소환되던 임경업이 중간에 도주해 버리는 일이 벌어졌다. 임경업뿐 아니라 그의 형제와 가족들까지 모두 종적을 감추었다. 자칫 청으로부터 '조선이 증거를 없애기 위해 임경업 일가를 빼돌렸다'는 의심을 살 수도 있는 사태가 빚어졌다.[35]

임경업까지 도주하자 공포심이 커진 인조는 최명길이 모든 것을 떠맡아 해결해 주기를 기대했다. 동시에 그를 의심하기 시작한다. 최명길이 독보 파견의 전말이나 한선과의 접촉 사실을 청인들에게 진술하는 과정에서 혹시라도 불똥이 자신에게 튀지 않을까 전전긍긍했다. 급기야 11월 17일, 인조는 최명길의 영의정직을 삭탈하라고 지시한다. 그리고 인조와 신료들은 "최명길이 인조에게 보고하지도 않고 제 마음대로 독보를 보냈다"는 내용으로 심관으로 글을 보내기로 했다.[36] 인조는 애초부터 독보 파견 사실을 전혀 몰랐다는 것처럼 분식하고자 했던 것이다. 최명길은 밀통 사건을 해명하고 책임지기 위해 봉황성으로 출발한다.

인조의 의심에도
인조를 보호하려 애쓰다

독보를 몰래 명에 보낸 것이 탄로 나서 봉황성으로 출발하려 할 즈음 인조와 최명길의 관계는 미묘했다. 인조는 여전히 영의정 최명길을 믿고 그에게 의지하려 했지만, 최명길은 당시 인조의 태도 때문에, 그리고 자신의 가족들 주변에서 일어난 몇몇 사건들 때문에 적지 않은 불안감과 부담감을 느끼고 있었다.

1639년, 인조와 최명길 사이에 갈등을 야기하는 옥사가 발생한다. 당시 인조는 오랫동안 와병 중이었는데, 자신의 병이 길어진 것이 궁중에서 발생한 무고巫蠱 때문이라고 생각했다. 구체적으로는 "정명공주貞明公主 궁에 소속된 궁인이 흉하고 더러운 물건을 비밀리에 대궐로 들여갔기 때문"이라는 소문을 믿고 있었다. 그런데 관련자들을 심문하는 과정에서 정명공주가 언급된 내용이 나오자 인조는 최명길에게 밀지를 내려 옥사를 철저히 조사하라고 지시한다. 정명공주는 광해군 때 비명횡사한 영창대군의 동생이자 당시 유일하게 남아 있던 선조의 혈육이었다. 그 때문에 '무고 사건'이 터지기 전까지 인조는 정명공주를 몹시 애틋하게 여기고 우대했다.

최명길은 "무고 사건은 애매하기 때문에 섣불리 정명공주를 다스리는 것은 불가하다"고 수차례나 반대한다. 인조는 격분했다. 병자호란 이후 가장 크게 신임하고 의탁했던 최명길이 자신의 명령에 정면으로 반기를 들었기 때문이다. 인조는 최명길에게 청의 원병 파견 문제를 해결하라는 명목으로 심양으로 갈 것을 지시한다. 본래는 최명길이 아닌 다른 정승이 갈 차례였다. 그런데도 최명길이 심양으로 출발하자 인조는 "왕명을 거역한 최명길의 죄를 문책하지 않았다"고 삼사 신료들을 심하게 질책한다.37

당시 최명길은 의주에 도착한 뒤 중풍이 재발하여 압록강을 건너지 못하고 요양하고 있었다. 그때 최명길은 심신이 몹시 비통하고 힘든 상태였다. 그가 심양을 향해 떠나기 얼마 전, 늦게 얻었던 아들이 일곱 살의 어린 나이에 세상을 떠나는 아픔을 겪었다. 최명길이 의주에 도착한 뒤 몸져누웠던 것은 이 같은 상황과 관련이 있었다. 그런데도 그는 의주에 머물면서 인조에게 상소했다. "신이 차마 공주를 다스리지 못하는 것은 감히 선왕을 저버릴 수 없고 감히 전하를 저버릴 수 없기 때문"이라며 자신을 파직해 달라고 청했다. 최명길은 애매한 무고 사건을 빌미로 정명공주를 조사하여 혹시라도 공주가 천수를 누리지 못하게 될 경우, 인조가 반정을 일으킨 명분도 사라진다

고 극간했다.38

1640년 2월, 심양에서 돌아온 직후 최명길은 영의정 자리에서 파직된다. 이번에는 심양에 가짜 질자를 보낸 것이 문제가 되었기 때문이다. 최명길은 애초 병자호란 직후 아들 후량을 심양에 질자로 보내 3년간 머무르게 했는데, 그가 과거에 응시할 수 있게 용골대에게 사정을 말해 돌아오게 하고 사촌 동생을 대신 질자로 보냈다. 그런데 친동생이 아닌 사촌 동생을 보낸 것이 문제가 되었다. 청은 처음에는 가짜 질자를 보낸 것에 문제를 제기했다가 최명길이 화의를 주도하고 청과의 관계를 원만히 유지하려고 노력했던 사실들을 참작하여 문제삼으려 하지 않았다. 하지만 최명길은 결국 파직되었다.39

정명공주 문제를 둘러싼 인조와의 갈등은 시간이 지나면서 그럭저럭 봉합되었지만, 영의정에서 파직된 뒤 또 다시 황당한 일이 발생한다. 1640년 7월, 최명길의 아우 최만길崔晩吉이 이괄의 잔당이었던 김개金介를 은닉해 주었다가 발각되는 사태가 빚어졌다. 김개는 1624년 이괄이 반란을 일으켰을 때, 개성에서 이괄에게 붙어 호조정랑을 자칭하고 서울에 들어와 길거리에서 군졸을 모집하는 데 앞장섰던 인물이다. 본래 그는 반란이 진압된 이후 서울에 숨어 있다가 1625년 체포되어 장살杖殺된 것으로 알려졌는데, 실제로는 살아남아 안첨지安僉知라고 이름을 바꾸고 10년 정도를 최만길의 집에서 숨어 지냈다고 한다. 최만길이 무슨 까닭으로 그를 숨겨 주었는지는 명확하지 않다. 하지만 어쨌든 역적의 잔당을 즉시 고발하지 않고 숨겨 주었던 사실이 드러나면서 파장이 클 수밖에 없었다.40 김개는 결국 처형되었

고, 최만길은 체포되어 심문을 받은 뒤 종성鍾城으로 유배되었다.[41]

　최만길 사건의 불똥은 당장 최명길에게 튈 수밖에 없었다. 양사 신료들은 '나라의 대신이자 집안의 가장'으로서 역할을 제대로 못한 최명길을 처벌하라고 들고일어났다. 그들은 최명길이 궁극적으로 역적을 비호했는데 처벌이 삭탈관작 정도에 그치는 것은 불가하다며 그를 엄하게 처벌하라고 요구했다. 심지어 그 과정에서 '부월(斧鉞, 형벌의 의미)'이란 단어까지 거론했다.[42] 인조와 다른 신료들이 비호해서 겨우 넘어가긴 했지만 최명길의 입장에서는 몹시 곤혹스러울 수밖에 없었다.

　'정명공주 사건'을 계기로 인조와 관계가 미묘해지고, '가짜 질자 파견 건' 때문에 파직된 상태에서 '최만길 건'까지 터지자 최명길은 조정에 다시 나아갈 엄두가 나지 않았던 것으로 보인다. 하지만 1642년 8월 3일, 인조는 최명길을 다시 영의정에 임명한다. 그러자 최명길은 영의정직을 사양하는 사직소를 16차례나 올렸다. 우선은 자신의 병 때문에, 그리고 청에 사촌 동생을 인질로 보낸 것과 아우 최만길이 이괄의 잔당을 숨겨 주었던 일들이 발각된 것 때문에 영의정 자리에 취임하는 것이 부담스러웠던 것이다. 하지만 인조는 "경이 아니면 현재의 위기와 난관을 해결할 수 없다"며 "집에 누워서라도 영의정의 업무를 맡아 달라"고 최명길에게 간곡하게 호소한다.[43]

　그렇게 애타게 최명길에게 매달린 지 불과 두 달여 만에 '독보 사건'이 터지자 인조는 최명길에 대한 태도를 완전히 바꾼다. 독보 사건과 한선과의 밀통 사건을 계기로 청이 본격적으로 반청 혐의자들을 색출하여 처단하려고 덤비면서 바짝 긴장했기 때문이다. 처음 독보를 명에 보낼 때 최명길은 분명 인조에게 계획을 보고하여 재가를 받아 파견했다. 그러니 최명길이 만약 '독보 사건'을 제대로 해명하지 못할 경우 불똥은 인조 자신에게까지 튈 수 있었다.

자칫 자신이 독보를 명에 보낸 '최종 결재자'로 지목될 경우 어떤 일이 벌어질까? 청은 다시 인조에게 입조하라고 강요할지도 모를 일이었다. 인조로서는 생각하기조차 두려운 일이 아닐 수 없었다. 그러면 어떻게 할 것인가? 인조는 어떤 형태로든 자신에게 여파가 미치는 사태를 원천 차단하기로 결심한다. 16번이나 사직소를 올린 최명길에게 애원하다시피 해서 영의정에 다시 임명했던 것이 불과 석 달 전이었지만 인조가 가차 없이 최명길을 다시 파직했던 것은 바로 이 같은 배경에서 비롯된 것이었다. 그뿐만 아니라 인조는 청으로 가는 최명길이 과연 '밀통' 건과 관련된 모든 문제를 스스로 책임지고 해결할 것인지에 대해서도 촉각을 곤두세웠다.

그렇다면 최명길은 어떻게 처신했을까? 그는 10월 13일 출발하면서 기본적으로 독보 파견 건에 대해서는 죽음을 당하더라도 자신이 책임지겠다는 입장이었다. 실제로 독보를 최초로 보낸 주체는 최명길이었고, 두 번째는 임경업, 세 번째는 임경업과 영의정 신경진이었다. 애초 1642년 10월, 청의 소환 요구를 받아 봉황성으로 떠나기에 앞서 최명길은 임경업과 신경진에게, 독보를 보낸 건은 청에 사실대로 진술하는 것이 후환을 없애는 길이라고 강조한다. 하지만 두 사람은 강하게 반대했고 상황은 계속 요동쳤다. 최명길이 봉황성으로 향하던 도중에도 신경진은 최명길에게 편지를 보내 사실대로 실토하지 말라고 당부했다.

그런데 최명길이 안주를 떠나 숙천肅川으로 가고 있을 때 "상인 고충원이 '독보 파견' 건을 이미 실토했다"는 소식이 전해진다. 최명길이 고민하면서 정주에 도착했을 때 신경진은 다시 전갈을 보내 "독보 건은 실토하고 한선 건은 숨기라"는 조정의 입장을 전한다. 그런데 임경업은 당시까지도 '독보 건'은 숨겨야 한다고 고집했다. 그러자 최명길은 정주와 선천에 머물면서 임경업이 도착하기만을 기다린다. 그를 만나 청인들에게 진술할 내용에 대해 미리 입을 맞추기 위해서였다. 하지만 임경업이 의주로 오는 척하다가 중간에 도주해 버리면서 최명길은 난감한 상황에 직면하게 된다.[44]

1642년 10월 23일, 최명길은 용골대로부터 심문을 받는다. 용골대가 질문하고 역관 정명수가 통역하는 방식으로 진행되었다. 그들은 최명길에게 독보를 몰래 명에 파견한 까닭, 독보를 보낸 주체, 1641년 한선이 왔을 때의 접촉 상황과 접촉을 지시한 주체, 임경업을 고의적으로 도주시켰는지의 여부, 평양의 기자묘箕子廟에서 제사할 때 제문에 쓴 내용, 인조가 독보 파견과 한선 접촉 건에 대해 알고 있는지 여부들을 캐물었다.[45]

최명길은 독보를 밀파한 이유를 명의 동정을 살피기 위해서라고 진술했다. "조선이 청에게 항복하여 명과 적이 되는 바람에 명이 수군을 동원하여 서해로 쳐들어올 가능성이 높아졌기에 명의 상황을 미리 정탐하여 침략에 대비하기 위해 파견했다"고 둘러댔다.

한선과 접촉했던 내용에 대해서는 분리해서 진술했다. 독보는 최초 명에 들어갔다가 황제의 칙서를 받아 돌아올 때, 명에 표류했던 조선인들을 데리고 왔다. 최명길은 "독보는 조선이 받아 줄지 여부를 몰라 해상에 머물면서 대답을 기다렸는데, 상국이 의심할까 우려하여 임경업이 비변사와 상의한 뒤 인삼을 예물로 주고 명 선박을 돌려보냈다"고 진술했다. 또 별도의 한선 두 척이 와서 이계 등과 밀무역을 하고 표류인들을 받아들이라고 요구했지만, "표류인은 물리치고 어쩔 수 없이 쌀 200석을 주어 돌려보냈다"고 진술했다. 용골대가 쌀을 줄 당시의 대신이 누구냐고 묻자 최명길은 눈을 감은 채 대답하지 않는다. 거듭된 힐문에도 최명길이 답하지 않자 용골대는 최명길을 내보낸다.[46]

최명길이 공식적인 심문 장소에서 일단 빠져나오자 정명수가 따라와서 다시 이것저것을 묻는다. 그러자 최명길은 한선에게 쌀을 줄 당시의 대신이 좌의정 신경진이었다고 진술한다. 최명길은 신경진과 정명수가 사적으로 매우 친하다는 사실을 알고 있었다. 그것을 염두에 두고 "청이 두 번째 징병을 요구했을 때 신경진이 주변의 반대를 물리치고 청의 요구에 따랐다", "신경진이 청의 의심을 살까 봐 표류인들을 물리치도록 강력히 주장했다"고 강조하여 신경진이 청에 충성스러운 인물임을 먼저 환기시켰다. 그런 다음 정명수에게 "신경진이 한선 승조원들에게 간단한 예물만 주게 했다"고 진술했다.

최명길은 누가 됐든 한선과의 접촉을 주도한 사람을 말하지 않으면 심문이 계속될 것을 우려하여 신경진을 언급했던 것이다. 최명길은 또한 조선 출신인 정명수가 신경진과 사적으로 친한 관계이기 때문에 청 황제에게는 신경진 이야기를 하지 않을 것이라고 확신하고 있었다. 실제로 당시 정명수는 오히려 신경진을 비호하는 태도를 보였다. 정명수는 최명길의 신경진 관련 진술을 들은 뒤에 "표류한 사람은 물리쳤고 주고받은 문서도 없었는데 다만 국왕에게 보고하지 않은 것만은 죄가 된다"고 사건의 성격을 스스로 정리했다.[47]

용골대의 심문을 받을 때 최명길이 가장 세심하게 주의를 기울인 것은 인조를 보호하는 것이었다. 최명길은 "독보 파견은 비변사 신료들이 주도하여 인조는 알지 못한다", "한선이 왔다는 사실만 인조에게 보고했다"고 진술했다. 그런데 공개된 장소에서 용골대로부터 심문을 받을 때 최명길은 독보를 보낸 것은 전체적으로 자신이 주도했다고 진술하면서 독보를 두 번째 파견했던 주체가 임경업이란 사실은 숨긴다. 요컨대 최명길은 청인들로부터 심문받는 과정에서 인조가 거론되는 것은 원천적으로 차단하고, 임경업을 살리고 신경진은 가벼운 처벌에 그치게 하는 것을 목표로 삼았던 것이다.

　　신이 생각건대 황제가 남조에서 표류한 사람을 배에 실어 보냈다는 일을 듣고 우리 나라가 어떻게 처치했는지 몰라 의심하고 갖가지로 화를 내는 것이었으니, 만약 분명히 말하지 않으면 화禍가 끝내 풀리지 않을 상황이었습니다. 일찍이 이런 뜻으로 비국에 반론했지만 의견이 일치되지 않았기에 인견했을 때 굳이 말을 꺼내지 말자는 것으로 임시로 결정하고 왔습니다. 오는 길에 사태가 조금씩 변해 간다는 소문은 들었으나 장계를 보지 못해 의심과 믿음이 반반이었다가 용만(龍灣, 의주)의 제신들을 만나 보고서야 비로소 숨길 수 없음을 알았습니다. 처음에는 스스로 두 가지 일을 책임져서 이 난국을 타개하려 했지만 작년 일은 비록 스스로 책임지려 해도 도대체 말이 되지 않고, 또 좌상(신경진)이 이전부터 청국의 존중을 받은 데다 표류인을 물리쳐 보낸 공도 있으므로 비록 이로써 그에게 책임을 돌리더라도 화가 필시 무겁지 않을 것으로 여겨졌습니다. 작년 일은 이미 숨길 수 없는 데다 그 일을 맡은 사람을 말하지 않으면 일의 결말이 결코 나지 않을 것이기 때문에 "공은 크고 죄는 작다"는 말을 감히 진술하는 과정에서 꺼냈습니다. 그러나 끝내 그 이름을 말하지 않았던 것은 공청에서 말하면 용(龍, 용골대)과 정(鄭, 정명수)이 어떻게 힘을 써 볼 도리가 없을 것이기 때문이었고, 사사로이 정 역관에게 말했던 것은 황제의 귀에 반드시 들어가지는 않을 것이기 때문이었습니다.[48]

비록 조정에 있을 때 청인들에게 진술할 내용을 비변사 신료들과 의논하고, 최명길 혼자 두 가지 사건을 모두 책임지기로 정했지만 그가 봉황성까지 이동하는 동안 상황은 계속 바뀌고 있었다. 이계뿐 아니라 고충원 같은 상인들이 은밀한 내용을 실토했고, 임경업은 중간에 도주해 버렸다. 이계와 고충원의 실토 사실을 의주부윤이 조정에 장계를 올려 보고했지만, 이동하는 도중에 있던 최명길은 전후 맥락을 알 수 없었다. 의주에 도착해서야 전후 맥락을 어느 정도 파악하게 된 상황에서 신경진을 끌어들였던 것이다. 그리고 신경진에게 돌아갈 피해를 최소화하기 위해 "공은 크고 죄는 작다"는 진술을 하게 되었다고 밝히고 있다.

하지만 사건이 종료된 뒤에도 조선에서는 최명길에 대한 비방이 그치지 않았다. 초조했던 인조는 여전히 최명길에 대한 의심을 풀지 않았다. 인조는 최명길이 독보를 보낸 것을 홀로 담당한다고 해 놓고 임경업에 전가했다고 인식했다. 또 조정에서도 '최명길이 자신이 당할 화를 경감하기 위해 신경진을 끌어들였다'는 이야기가 흘러나오고 있었다.[49] 심양에서 진행되는 심문 상황, 최명길의 진술 내용들이 장계를 통해 서울로 보고되는 과정에서 보고가 지체되거나 내용이 와전되었기 때문이다.[50]

최명길은 당혹스러울 수밖에 없었다. 시간이 지나면 자신의 진심을 제대로 이해해 줄 것이라고 기대했지만 인조조차도 자신을 의심하고 있는 상황, 또 심양에서 수금囚禁 기간이 길어지고 살아 돌아갈 가능성이 희박해 보이는 상황 때문에 고민했다. 혹시라도 심양에서 죽게 될 경우 자신은 변명조차도 못 하고 후세 사람들에게 악명을 남길 것이 두려워졌다. 1643년 북관에서 남관으로 이감된 뒤 최명길은 구봉서具鳳瑞에게 장문의 편지를 썼다.

임 병사(임경업)는 반드시 죽게 될 처지에 있었으므로 이리저리 숨겨 주고 제가 그 화를 스스로 감당한 것이었고, 작고한 정승(신경진)은 형세로 보아 반드시 안전할 것이므로 사실대로 먼저 고하여 임금의 근심을 덜어 드렸던 것입니다. …… 한갓 내 한 몸에 관계된 일이라면 신의가 목숨보다 중하지만, 한 나라에 관계된 일이라면 벗이 임금보다 가볍기 때문이었습니다. 만일 제가 한 몸만을 위해 승려를 다시 보낸 일은 임 병사에게 미루고, 한선에 대해서는 모른다고 대답했다면 전혀 아무 일도 없지 않았겠습니까?[51]

"나 개인에 관련된 일이라면 신의가 목숨보다 중하고, 나라에 관련된 일이라면 임금이 벗보다 중하다." 독보 밀파와 한선과의 밀통 사실이 발각되어 청으로 끌려가 심문에 임할 때 최명길이 시종일관 취했던 마음가짐이었다.

13장
김상헌과 화해하다

김상헌을 양주학이라
비판했으나

앞에서 언급했듯이 남한산성의 상황이 극단으로 치닫고 청군의 포위망을 뚫을 수 있는 가능성이 거의 사라졌을 때 최명길은 청에게 항복하는 국서를 썼고, 김상헌은 그것을 빼앗아 찢은 바 있다. 두 사람의 상반된 행동은 거기서 그치지 않았다. 최명길은 주화파의 수장으로서 청군 진영을 왕래하면서 화친 조건을 조율했고 끝내는 인조를 설득하여 성하의 맹을 이끌어 냈다. 1637년 1월 30일 삼전도에서 벌어진 '성하의 맹' 행사에서 인조를 배행하면서 항복 의식을 주도한 사람도 최명길이었다.

반면 김상헌은 청과의 화친에 근원적으로 반대했거니와 인조가 출성하기로 결정하자, 여러 날 동안 음식을 끊고 있다가 스스로 목을 매 자결을 시도했다.[1] 죽기 전에 자식들에게 발견되어 구조되었던 김

상헌은 인조가 삼전도로 나아갈 때 수행하지 않고 고향인 안동으로
내려가 은거했다. 김상헌은 그 같은 자신의 행동을 다음과 같은 논리
로 정당화했다.

　　어떤 사람이 "대가가 남한산성을 나갈 때 그대가 따라가지 않은
　　것은 어째서인가?" 묻기에, 내가 "만약 성 밖으로 한 걸음이라도 나
　　간다면 이는 순리를 버리고 역리를 따르는 것이다. 대의가 있는 바
　　에는 털끝만큼도 구차스럽게 해서는 안 된다. 임금이 사직 때문에
　　죽으면 따라 죽는 것이 신하의 의리이다. 그러나 원수를 받들면서
　　상국을 범할 경우에는 극언으로 간쟁하고, 간쟁했음에도 쓰이지 않
　　으면 물러나 자결하는 것 또한 신하의 의리이다. 옛사람이 '신하는
　　임금에게 그 의리를 지키는 것이지, 그 명령을 따르는 것이 아니다'
　　라고 했다. 사군자士君子가 나아가고 들어앉음에 어찌 일찍이 오직
　　의리만을 따르지 않았겠는가. 예의를 돌보지 않고 오직 명령대로만
　　따르는 것은 바로 부녀자나 환관들이 하는 충성이지, 신하가 임금을
　　섬기는 의리가 아니다"라고 답했다.[2]

　김상헌은 신하는 임금의 명령을 따르지 않고 의리를 따르는 존
재라고 규정했다. 또 인조가 오랑캐이자 원수인 청에게 끝까지 저항
하다가 종사와 함께 순국하는 것이 올바른 도리라고 생각했다. 그렇
게 하는 것이야말로 명에 대해 의리를 지키는 정도이므로, 인조가 만
약 그렇게 했다면 자신은 인조를 따라 죽었을 것이라고 강조한다. 하

지만 인조는 최명길의 '잘못된 인도'에 넘어가 구차스럽게 오랑캐를 받들고 항복하고 말았다. 임금이 사직과 함께 죽으면 신하도 따라 죽어야 하지만 인조가 그러지 않았으니 자신이 인조를 버리고 고향으로 돌아간 것은 결코 잘못이 아니라는 것이다.

척화파의 상징적 인물인 김상헌에 대한 평가는 일찍부터 매우 긍정적이었다. 1625년, 최명길의 스승이자 우의정이었던 신흠은 인조로부터 등용할 만한 인재를 추천하라는 명을 받는다. 신흠은 김상헌을 추천하면서 "강직하고 문장에 뛰어나다"고 평가한 바 있다.[3]

강직하다는 평가에 걸맞게 김상헌은 후금과의 관계에서도 예의와 명분을 바탕으로 '오랑캐'의 비례非禮와 부도不道를 준열하게 꾸짖어야 한다고 강조했다. 1629년 8월, 인조가 후금 사절 중남을 접견할 때 그를 의자에 앉게 하도록 하자 김상헌은 다음과 같이 비판한 바 있다.

무릇 일을 함에 있어 조짐이 미약할 때 방지하는 것은 그 끝을 염려해서이고, 사소할 때 꺾어 버리는 것은 그 일이 커지는 것을 막기 위해서입니다. 옛날 남송 때 국세가 부진하여 오랑캐가 말하는 것을 감히 조금도 어기지 못했습니다. 그때 끝없이 땅을 떼어 주다가 끝내 재배再拜하기에 이르렀고, 재배하다가 마침내 칭신하기에 이르러 천고의 한이 되었습니다. …… 우리나라의 군사력이 이웃의 적국들보다 더 낫다고 할 수 없지만 이렇게 유지하여 보전해 온 것은 예의와 명분이 있기 때문입니다. 그런데 이제 구구하게나마 지켜 온 것마저 제대로 지키지 못한다면 아무리 창고와 궁실과 백관이 있다고 하더라도 망한 나라와 다름이 없을 것입니다.[4]

김상헌은 대사간, 대사헌, 직제학 같은 언관의 수장직을 역임하면서 조정 안팎의 현안에 강개하고 직설적인 언설을 쏟아 냈다. 그 때문에 인조와의 관계는 순탄할 수 없었다. 실제로 1629년 8월, 김상헌은 중남에 대한 접대를 비판했던 차자에서 "반정 이후 신료들이 지치至治를 기대하여 수많은 계책을 진언했지만, 하나도 채용하지 않음으로써 국가의 모든 일이 잘못되어 어떻게 해 볼 수 없는 지경이 되었다"고[5] 인조에게 직격탄을 날린 바 있다. 강경하고 직설적인 발언 때문에 인조와의 관계는 순탄치 않았지만, 그럴수록 김상헌은 신료들 사이에서 '바른 선비'라는 이미지를 굳혀 가게 된다.

> 산에 맹수가 있으면 나물을 캐지 못하고 나라에 바른 선비가 있으면 간사한 행위가 사라지니 김상헌과 같은 자는 바른 선비라 부를 만하다. 그가 물러가려 한 것은 꼭 세상을 잊으려는 것이 아니고 자신의 말이 시행되지 않았기 때문이다. 마땅히 예로써 그를 부르고 정성으로 대우해야 하는데 소장을 한번 올리자 바로 내쳐 면직을 허락했으니 애석하도다.[6]

1634년(인조 12) 12월, 고향에 물러나 있던 김상헌은 인조에게 상소하여 자신이 겸직하고 있던 예문관 제학과 종부시宗簿寺 제조를 면해 달라고 요청한다. 인조는 김상헌의 요청을 받아들인다. 그러자 《인조실록》의 사관은 사평에서 "김상헌 같은 정사(正士, 바른 선비)가 있어야만 조정의 간사한 행위를 멈출 수 있는데 인조가 그를 홀대하고 있다"고 비판한다.

그렇다면 최명길은 평소 김상헌을 어떻게 생각했을까? 대다수 신료들이 '강직한 정사'라고 평가했던 김상헌에 대한 최명길의 인식은 양면적인 것이었다.

김상헌은 도량이 편협하고 기개가 강직하여 좋은 곳에 들어가면 천 길 절벽에 서 있는 기상이 있고, 잘못 들어간 곳에서도 뜻을 굽혀 고칠 생각이 없으니 아마도 그 식견이 모자라기 때문인 듯합니다. …… 상헌이 종묘의 제관을 할 때 6월에도 흑단령黑團領을 입고 종일 재계했습니다. 내의원 제조가 되어 어약을 조제할 때는 반드시 관대를 갖추고 다른 일로 찾아와서 번거롭게 하지 못하게 한 뒤에 지어 올렸으며, 문안할 때도 '군부君父께서 병환이 있는데 어떻게 사가에 물러가 있을 수 있겠는가'라며 반드시 궐문 밖에서 유숙하고 일찍 들어와 문안했으니, 이 또한 사람들이 미치지 못할 점입니다.[7]

"기개는 강직하나 도량은 편협하다." 1636년(인조 14) 9월, 경연 자리에서 최명길이 김상헌을 두고 인조에게 했던 말이다. 최명길이 생각하는 김상헌은 6월의 무더위에도 하루 종일 검은색 예복인 흑단령을 입고 종묘 제례를 올릴 정도로 원칙에 철저하고 강직한 인물인 동시에, 자신이 옳다고 생각하는 사안에 대해서는 양보나 타협이 없는 편협하고 고집스런 인물이었다. 1636년 이전에는 두 사람 사이에 별다른 갈등이 없었다. 하지만 홍타이지가 칭제했던 이후 대청 정책의 방향을 놓고, 또 포위된 남한산성에서 항복 여부를 놓고 두 사람은 충돌했다. "존망의 기로에 놓인 종사를 살릴 수 있는데 번국의 임금이 순국할 수는 없다"며 주화파의 선봉에 섰던 최명길과, "명에 대한 의리를 지키려면 나라가 망하고 임금이 죽을 수도 있다"며 척화파를 이끌었던 두 사람은 격렬하게 부딪혔다. 최명길이 청에 항복하는 국서를 쓰고 김상헌이 그것을 찢었던 것은 그 충돌의 상징이었다.

종전 이후 최명길이 조정을 이끌고, 김상헌이 낙향하면서 두 사람은 멀리 떨어졌지만 양자의 간접 대결은 멈추지 않았다. '성하의 맹' 이후 최명길은 자신의 절친이자 김상헌의 사돈인 장유에게 보낸 편지에서 김상헌의 행동을 다음과 같이 평가했다.

척화의 청론은 위로는 명 조정을 위하고 아래로는 선비들의 여론을 부지하는 것이니 천하의 상경常經이자 고금의 통의通義이므로, 그 정론으로 삼는 바는 비록 삼척동자라도 다 아는 바이거늘 우리들이 어찌 알지 못하겠습니까? 다만 우리는 조선의 신하이므로 우리 임금을 생각하지 않고 오로지 명만 위하는 것은 월진(越津, 순서가 뒤바뀌는 것)의 혐의가 없지 않습니다. 만력 황제의 재조지은을 우리 군신 가운데 누가 감격하여 받들지 않겠습니까? …… 조선의 신하로서 명을 위해 우리 나라를 망하게 할 수는 없다는 것은 의리에 당당하여 실로 성현의 교훈에도 부합되는 것입니다. 그런데 김金, 정鄭 두 대감은 도리어 이 의리에 어두워 나라를 보전한 뒤에도 다만 청론만 숭상하니 의리의 면에서 중도를 보전하는 것은 참으로 어렵습니다. 칼날은 밟을 수 있어도 중용을 실행하기는 어렵다는 것이 참으로 헛된 말이 아닙니다.[8]

최명길도 척화론이 정론이라는 사실은 인정했다. 하지만 조선의 신하는 조선의 종사와 임금을 먼저 살리는 것이 진정한 의리이지 명을 위해 조선이 망하고 임금이 순국하는 것을 요구할 수는 없다고 강조한다. 김상헌과 정온은 이 같은 의리에 어둡다고 비판했던 것이다.

환도 직후인 1637년 4월 4일, 최명길이 인조와 면담했던 자리는 김상헌을 성토하는 무대였다. 최명길이 "위기에 처한 나라를 살리려면 군신 상하가 합심해야 하는데 벼슬을 버리고 떠나는 자가 속출한다"고 개탄하자 인조는 김상헌에 대한 불만과 섭섭함을 여과 없이 쏟아 냈다. 인조는 당장 김상헌이 자결을 시도했다가 자식들에게 구출된 것을 비꼬았다. 만약 김상헌이 절개를 지키기 위해 자결을 시도했다면 자식들에게 발각될 리가 없다는 것이었다.

그러면서 인조는 신하로서 절개를 지키지 못한 김상헌이 '종사가 망하면 임금도 종사와 함께 목숨을 던져야 한다'고 주장했던 것, 성하지맹 이후 자신을 보지 않고 귀향해 버린 것을 맹비난했다. 인조는 "청에게 항복했지만 종사를 보전했는데 김상헌이 왜 자신에게 죽을 것을 요구하는지 이해할 수 없다"고 했다. 최명길은 "지금은 사람들이 김상헌이 물러난 것을 그르다고 여기지만 시간이 지나면 다시 귀하게 여길 것"이라고 당시의 풍조를 문제 삼았다.[9]

환도 이후 신료들 사이에서 벼슬을 거부하거나 출사해도 곧바로 사퇴하는 풍조가 나타나자 김상헌에 대한 인조의 반감은 극에 이르렀다. 자신의 조정과, 조정에서 벼슬하는 것을 우습게 여기는 분위기의 중심에 김상헌이 있다고 보았기 때문이다. 인조는 심지어 김상헌을 '위선자'이자 '가소로운 인물'로 인식했다. 그와 관련해 인조가 "사람들은 김상헌이 조선 조정과 임금을 버리고 영남으로 돌아간 것을 고상하다고 찬양하지만 영남도 조선 땅"이라고 말했던 것, "김상헌이 죽을 의사가 없으면서도 앉아서 목을 매어 죽으려는 것처럼 가장했다"고 냉소했던 것은 특히 주목된다.[10]

병자호란 이후 김상헌을 냉소적으로 보았던 것은 최명길도 마찬가지였다. 1637년 9월 6일, 좌의정 최명길은 인조를 면담했다. 면담에서 가장 중요한 화제는 신료들의 출사 문제였다. 최명길은 인조에게 쓸 만한 인재를 뽑아 먼저 지방 방백方伯으로 임명하여 능력을 살핀 다음, 검증된 사람에게 육경 벼슬을 주자고 건의했다. 최명길은 이어 군신 관계에서 절의의 중요성을 강조했다. "신하가 임금을 섬길 때 가장 중요한 것이 절의인데 위급한 이때 임금을 버리고 떠나니 그 의리를 모르겠습니다"라고 운을 뗐다. 최명길이 '임금을 버리고 떠난 신하'의 이름을 구체적으로 거론하지 않았지만 인조는 곧바로 김상헌을 거명하면서 비난했다. "김상헌이 평소 나라가 어지러우면 같이 죽겠다고 말하여 나도 그렇게 여겼는데, 오늘날 먼저 나를 버리고 젊

고 무식한 자들의 앞장을 섰으니 애석하다"고 일갈했다. 그러자 최명
길도 작심한 듯 김상헌에 대한 비판을 쏟아 냈다.

> 김상헌이 스스로 목을 매어 죽으려 할 때 그 아들이 옆에 있었습
> 니다. 이러고도 죽을 수 있는 자가 있겠습니까? …… 그 임금은 호
> 랑이 굴로 들어가는데 신하는 북문으로 나갔으니, 고금 천하에 어찌
> 이런 도리가 있겠습니까. 김상헌이 거짓으로 죽는 척하면서 아름다
> 운 이름을 얻으려 했지만 인간 세상에 어찌 '양주학揚州鶴'이 있겠습
> 니까. 신은 조금도 사사로운 뜻이 없이 나라 안에 시비를 밝히려고
> 할 뿐입니다. 간혹 김상헌의 처지를 두둔하는 자가 '문산뇌자文山腦
> 子'의 말도 끌어대니, 더욱 가소롭습니다.[11]

최명길 또한 인조처럼 김상헌을 신랄하게 비판하고 있다. 특히
김상헌을 가리켜 '양주학'이라고 비난했던 사실이 주목된다. '양주학'
이란 무슨 뜻일까? 옛날 여러 사람들이 모여 각자 자신의 소원을 말
하는 일이 있었다. 한 사람은 양주자사가 되고 싶다고 했고, 또 한 사
람은 많은 재물을 갖고 싶다고 했고, 또 다른 사람은 학을 타고 하늘
로 오르고 싶다고 했다. 각각 높은 벼슬과, 엄청난 부, 그리고 장수長
壽의 열망을 말했던 것이다. 그러자 세 사람의 이야기를 듣고 있던 또
다른 사람이 "허리에 10만 관의 돈을 두르고 학을 타고 양주에 오르
고 싶다"고 말하여 앞의 세 사람의 입을 다물게 만들었다. 네 번째 사
람은 벼슬과 부와 수를 모두 얻고 싶다는 소원을 말했던 것이다.[12] 최

명길이 '양주학' 이야기를 꺼낸 의도는 분명하다. 김상헌이 자식들 앞에서 목을 매었던 것은 결국 목숨과 명예, 나아가 명분과 실리를 모두 얻으려는 의도에서 비롯된 것임을 신랄하게 풍자한 것이다.

최명길은 또한 그런 김상헌을 두둔하고 찬양하는 사람들에 대해서도 쓴소리를 멈추지 않았다. 위에서 언급했듯이 김상헌을 높이 평가하는 사람들은 '문산뇌자'의 고사를 인용하기도 했다. 문산은 문천상(文天祥, 1236~1283)의 호이다. 김상헌이 자결을 시도한 것을 문천상의 절의에 빗대서 찬양했던 것으로 보인다.

문천상이 누구인가? 그는 남송의 마지막 충신으로 항주杭州가 원나라 군의 공격을 받아 함락된 이후에도 계속 게릴라전을 벌이면서 원에 저항했다. '뇌자'는 문천상이 1278년 오파령五坡嶺이란 곳에서 식사하던 도중 원나라 장수 장홍범張弘範으로부터 급습을 받아 붙잡혔을 때 자결하려고 삼켰던 독약을 가리킨다. 문천상은 체포된 뒤 북경으로 압송되었는데 원의 승상 박라博囉와 대화를 나누던 중에 그는 "덕우德祐는 나의 임금이다. 불행하게도 나라를 잃었으니 이 같은 시대에는 사직이 중요하지 임금은 가벼운 것이다. 내가 별도의 임금을 세우려 한 것은 종묘 사직을 위한 계책이다"라고 설파했다.[13]

최명길은 왜 이토록 신랄하게 김상헌을 비난했을까? 최명길은 정묘호란 이후 청과의 화친을 주도했고, 남한산성에서는 인조의 출성을 이끌어 냄으로써 '나라를 팔아먹은 흉적'이라는 오명을 뒤집어썼다.[14] 최명길은 환도 이후에도 '가난한 사대부가의 며느리', '약소국의 신하'를 자임하면서 안팎으로 쌓여 있는 난제들을 해결하기 위해 동분서주했다. 그러니 사대부들 사이에서 인조와 조정을 가리켜 '더럽혀진 군주', '하찮은 조정'으로 폄하하는 분위기가 나타나고, 김 상헌이 그들로부터 '정사'로 추앙받고 있는 상황이 결코 곱게 보일 리 없었다. 임금과 종사를 살리기 위해 '진회보다 더한 간신'이라는 오명 을 감수하며 자신의 명예는 포기했던 최명길이 보기에 김상헌은 명 분과 실리를 모두 챙기려 했던 위선자였다. 나아가 최명길은 비록 '매 국노', '진회'로 매도되었지만 자신이 고군분투함으로써 임금과 종사 를 구하고, 궁극에는 김상헌도 성을 나갈 수 있도록 만들었다는 자부 심을 지니게 되었던 것으로 보인다. 그와 관련하여 이식이 말한 다음 의 구절이 주목된다.

> 난리 이후 택당(澤堂, 이식)은 일찍이 공(최명길)이 화친을 주도하여 나라를 보전했던 공을 칭찬하면서 "청음(淸陰, 김상헌)이 남한산성에 서 귀향한 것이 비록 고상하지만 또한 완성(完城, 최명길)이 열어 놓 은 문을 통해 나간 것이다"라고 했다. 대개 화친이 성립되어 성문이 열린 뒤에야 나갈 수 있었던 것을 말한 것이다.[15]

요컨대 최명길과 그의 후손들은 "만약 최명길의 활약이 없었더 라면 청군에 의해 포위된 남한산성의 문을 열 수 없었을 것이고 그 러면 김상헌도 끝내 산성에서 나갈 수 없었을 것"이라고 자부했던 것이다.

심양에서
김상헌과 화해하다

    병자호란이 끝날 무렵 김상헌이 보였던 행적을 '양주학'에 빗대 신랄하게 비판했던 최명길은 그 뒤 김상헌에 대한 비판적인 자세를 조금씩 누그러뜨리게 된다. 왜 그랬을까?

    1638년(인조 16) 7월, 장령 박계영朴啓榮과 유석柳碩은 김상헌을 맹렬히 비난하는 소를 올린다. "김상헌이 더러운 임금을 섬기지 않는다면서 이론을 고취시킴으로써 임금을 팔아먹고 붕당을 세워 국가를 그르쳤다"며 머나먼 변경으로 위리안치圍籬安置하라고 강조했다.[16] 박계영의 상소를 계기로 '김상헌 문제'가 다시 쟁점으로 떠올랐을 때 최명길이 보였던 반응은 이전과는 사뭇 달랐다.

    김상헌은 문장과 행동거지가 일시의 존중을 받았고, 산성이 포위당했을 때 앞장서서 국난에 달려와 국서를 찢고 통곡했으니 절의가 참으로 가상합니다. 하지만 일이 다급하게 된 뒤 조그마한 신의와 절개를 스스로 분변하지 못하고 도리어 종사를 받든 임금을 책망하려 하고 발끈하여 성을 나가 돌아보지도 않고 갔으니 근거가 없는 행동입니다. …… 보는 자들이 살피지도 않고 고상한 행동이라고 일컬으니 세도世道의 염려스러움이 또한 작지 않습니다. 그렇지만 그의 행동을 추적해 보면 다만 강직함과 편벽됨이 너무 지나치고, 식견이 부족하여 한때의 소견 차이로 마침내 다소간의 낭패를 저질렀습니다. 오늘 그는 다만 초야로 도망친 일개 신하에 지나지 않으니, 그대로 두고 문제 삼지 않아 천지와 같은 큰 도량을 보여야 할 것인데, 어찌하여 무군부도(無君不道, 임금을 무시하고 도의를 저버리는 것)하다는 죄목으로 과도한 형률을 써서 인심을 불평하게 하고 이반하는 조짐을 더욱 조장한단 말입니까.[17]

김상헌이 위기 상황에서 임금을 버리고 귀향한 것은 분명 군신의 의리를 저버린 행동이지만, 본래 그의 강직함과 편벽됨이 지나친데서 비롯된 것으로 이해하고 조정의 화합 차원에서 더 이상 문제 삼지 말자고 강조하고 있다.

최명길은 당시 조정을 주도적으로 이끌고 있었다. 안으로는 전쟁이 남긴 후유증을 치유하고, 밖으로는 청으로부터 밀려오는 이런저런 압박에 대처해야 했던 어려운 상황에서 최명길이 가장 고심했던 것은 조정 신료들을 화합시켜 서로 협력하도록 이끄는 것이었다.

최명길은 조정 신료들이 '같은 배를 타고 풍랑을 만난 형세'에 처해 있다고 전제하고 서로 공경하고 마음을 합쳐 함께 위기를 극복해야 한다고 강조했다.[18] 그런 상황에서 '김상헌 문제'로 다시 논란을 벌이는 것은 조정의 화합을 해치는 행위라고 지적했던 것이다.

한편 귀향한 뒤 조정 안팎의 현안에 침묵을 지켰던 김상헌은 1639년 12월, 오랜만에 인조에게 소를 올린다. 당시 청은 명의 금주, 송산 등지를 공략하려 했는데 조선에 대해서도 화기수, 수군 같은 원병을 보내 동참하라고 강요하고 있었다. 김상헌이 상소했던 것은 바로 이 때문이었다.

> 정축 이후 중국 조정 사람들이 하루도 우리 나라를 잊지 못하는 것은 중국이 우리를 구해 주지 못해 패했고, 우리가 오랑캐에게 항복한 것이 본심이 아님을 알기 때문입니다. 관하 곳곳에 주둔해 있는 군병들과 바다 위 병선의 군졸들이 비록 오랑캐를 쓸어 내고 요동을 회복하기에는 부족하지만, 우리의 잘못된 행동을 금하기에는 충분합니다. 만약 우리 나라 사람들이 호랑이 앞에서 창귀(倀鬼, 앞잡이)가 되었다는 말을 듣는다면, 죄를 묻는 군대가 벼락같이 달려오고 배를 띄운 지 하루 만에 곧바로 해서와 경기의 섬에 도착할 것이니 두려워할 상대가 심양만은 아닐 것입니다. 사람들이 모두 "저들의 세력이 한창 강하니 거역하면 반드시 화가 있을 것이다"라고 말합니다. 하지만 신은 명분과 의리가 지극히 중하므로 그를 범하면 반드시 재앙이 있을 것이라 생각합니다. 의리를 저버리고 끝내 망하

는 것을 면치 못하느니 정도를 지키면서 하늘의 명을 기다리는 것이 어찌 더 낫지 않겠습니까.[19]

김상헌의 발언 가운데 주목되는 것은 섣불리 청을 도와 명을 치는 데 동참할 경우 자칫 명으로부터 보복 공격을 받을 수 있다고 경고하는 부분이다. 즉 명의 군사력이 청을 제압하고 요동을 수복할 정도는 아니지만 조선을 혼내 주기에는 충분하므로 명분과 의리를 지키면서 자중하라는 것이다.

청을 돕지 말라는 김상헌의 상소는 커다란 파장을 몰고 오게 된다. 청은 당시 조선 곳곳에서 광범위한 감시망을 운용하고 있었다. 그 때문에 "청인들이 여항에서 떠도는 소문까지 다 알고 있다"는 이야기가 나올 정도였다. 청은 조선 내부를 치밀하게 감시하여 조선이 변심하거나 반청의 움직임이 나타나는 것을 원천적으로 차단하려 했다.[20] 청은 특히 반청 신료들을 색출하려고 혈안이 되었다.

1640년(인조 18) 10월, 청의 용골대는 '반청 혐의자'를 색출한다는 명목으로 자신들이 지목한 신료들을 의주로 소환한다. 영의정 홍서봉洪瑞鳳, 이조판서 이현영, 도승지 신득연申得淵 들이 의주로 갔는데, 용골대는 이들을 심문하면서 '반청 혐의자'들이 누구인지 밝히라고 닦달한다. 당시 용골대 등은 의주에 오기 전부터 김상헌에 대한 정보를 나름대로 축적했던 것으로 보인다. 그들은 홍서봉과 신료들에게 김상헌이 청의 연호를 사용하는지 여부, 조정에서 내리는 벼슬을 받았는지 여부, 연소배들을 시켜서 소장을 함부로 올리는지 여부를 집요하게 캐물었다. 용골대의 서슬 퍼런 심문에 겁을 먹었던 홍서봉 일행은 제대로 변명하거나 방어해 주지 못한다.[21] 결국 김상헌은 의주로 소환되었다가 심양으로 압송된다. 김상헌은 당시 목숨이 왔다 갔다 하는 위험하고 급박했던 상황에 처했던 자신의 처지를 '호랑이 아가리 속의 고깃덩이' 같았다고 술회한 바 있다.[22]

　　김상헌은 1641년 1월, 심양에서 혹독한 심문을 받는다. 목에는 쇠사슬이 걸리고 양손은 묶인 상태였다. 청인들은 그에게 남한산성에 있을 때 인조를 호종하지 않은 까닭, 인조를 뵙지 않고 고향으로 내려간 까닭, 인조가 내린 교지를 받지 않고 돌려준 까닭, 조선이 수군을 동원하여 청을 돕는 데 반대한 까닭들을 캐물었다. 김상헌은 각각의 질문에 "병이 중해서 호종할 수 없었다", "늙고 병들어 벼슬살이를 감당할 수 없었다", "임금을 사랑하여 품은 생각을 말할 수밖에 없었지만 인조가 자신의 말을 듣지 않았으니 상관없다"는 식으로 대답했다. 심문 이후 청인들은 김상헌에게 사형을 결정했지만 실제 집행하지는 않았다.[23] 조선 신료들을 길들이기 위해 겁을 주려는 것이 본래 목적이었기 때문이다.

　　1641년 12월, 심양 북관에 갇혀 있던 김상헌의 병세가 악화되자 청은 소현세자에게 두 가지 방안을 제시한 뒤 택일하라고 요구한다. 하나는 김상헌이 글재주가 있으므로 금주로 보내 청군을 돕도록 하자는 안이었고, 다른 하나는 의주로 보내 구류시키는 안이었다.

　　늙고 병든 김상헌을 금주로 보내겠다는 것은 무슨 의도였을까? 조선이 청을 도와 명을 치는 데 동참해서는 절대로 안 된다고 반대했던 인물이 바로 김상헌이다. 그런데 그 김상헌을, 청이 공략하고 있던 명의 금주로 보내 육체적으로 괴롭게 하는 것은 물론 정신적으로도 고통을 주겠다는 의도였다. 존명尊明, 숭명崇明의 상징적인 인물을, 명을 공격하는 현장에 던져 놓아 정신적으로 '공황' 상태에 처하도록 하겠다는 속셈이기도 했다. 일견 어느 쪽을 선택할지 분명해 보이는 순간, 소현세자는 기지를 발휘한다. 김상헌을 의주로 보내자고 요청하지 않고 "황제의 처분에 따르겠다"고 자세를 낮춘다. 그러자 청 조정은 결국 김상헌을 의주로 보내 구류하기로 결정한다.[24]

김상헌은 우여곡절 끝에 조선 땅으로 돌아왔지만 의주에 구류된 채 서울이나 안동으로 귀환할 수 없었다. 더욱이 1642년, 조선의 지방관들이 평안도 연해에서 한선과 밀통한 사실이 드러나면서 그는 다시 체포되어 청으로 끌려가는 신세가 된다. 당시 체포되어 청인들에게 심문받던 선천부사 이계는 한선과 밀통했던 전말뿐 아니라 조선 내부의 내밀한 사실들을 모두 털어놓는다. 평안감사 정태화가 자신을 시켜 한선과 접촉토록 했다는 사실, 최명길이 독보를 명에 밀파했던 사실, 자신이 조정에서 김상헌의 죄를 논핵했다가 미움을 받아 변방으로 쫓겨 왔다는 사실들이 그것이었다. 또 신익성 등이 한선과의 밀통을 알고 있다는 사실, 이경여가 숭덕 연호를 사용하지 않았던 사실도 모두 자백했다.[25]

김상헌은 의주에서 심양으로 이송된다. 1640년 처음 잡혀 왔을 때와는 달리 그가 조선 내부에서 척화, 반청의 대표자이자 상징적인 존재라는 사실이 더욱 명확하게 드러났기 때문이다. 김상헌은 심양의 동관에 수금되어 '국사에 간여하고 문신들을 지휘하고 이계를 죽이라고 주장했다'는 혐의들을 심문받는다. 김상헌은 자신이 "이계뿐 아니라 그의 조부와 부의 죄를 논계하는 바람에 그의 원한을 사게 되었다"고 진술했다고 한다. 김상헌은 이윽고 북관으로 이감된다.26

최명길도 독보를 보내 명과 밀통한 것이 탄로 나면서 1642년 11월, 심양의 북관에 갇힌다. 그는 이듬해 여름 남관으로 이감되었는데 그 뒤 1645년 귀환할 때까지 3년 이상을 심양에서 수감, 구류 생활을 하게 된다.

심양에서 최명길의 생활은 어떠했을까? 또 그는 무슨 생각을 했을까? 비록 김상헌보다 나이는 적지만, 평소 병이 많았던 그가 이역에서 갇혀 지내는 것이 얼마나 힘겨웠을지는 짐작하기 어렵지 않다. 다만 당시 홍타이지나 청의 신료들은 최명길을 긍정적으로 평가하는 부분이 있었다. 최명길이 비록 명과 밀통하는 죄를 저질렀지만 애초부터 청과의 화친을 전담했던 공로를 참작하여 그를 극형에 처하는 것은 불가하다고 생각했다.27 청이 나름대로 최명길을 배려했지만 그의 심양 생활은 몹시 힘겨웠던 것으로 보인다. 실제로 최명길은 심양에 온 지 얼마 되지 않아 변소에 출입하다가 넘어져서 크게 다친 적이 있다. '거의 죽을 뻔했다가 살아났다'는 이야기가 나왔을 정도로 큰 부상을 입었다.28

심양에 수감되었던 초기, 최명길은 심적으로도 괴로운 나날을 보내야 했다. 자신이 '독보 밀파' 건을 책임지기 위해 스스로 달려왔는데도 서울의 조정에서 "최명길의 마음이 두세 가지라 남에게 책임을 떠넘긴다"는 비방이 돌고 있다는 소식이 심양까지 전해졌기 때문이다. 최명길이 1643년 충훈부忠勳府의 여러 신료들에게 보낸 서신에는 당시 그의 답답하고 울적한 심정이 잘 드러나 있다.

충훈부는 본래 연로한 공신들이 들어가는 일종의 '보훈 기구'라고 할 수 있다. 당시 충훈부에 소속된 신료들은 김류, 구굉, 이시백, 홍서봉처럼 인조반정 공신 출신들이 대부분이었다. 일찍이 집권 과정에서 생사를 같이했던 이들에게 보낸 편지에서 최명길은 자신의 심정을 다음과 같이 토로했다.

이 한 몸이 비록 불충의 잘못과 나라를 그르친 죄를 지었더라도, 안으로는 종국을 보존하고 우리 임금을 보호했으며 밖으로는 명 황제를 위해 생을 버리고 의를 취했습니다. 이는 변방에 태어난 약한 나라의 외로운 신하로서 대장부의 능사能事를 실천한 것이므로 나라를 그르치고 불충했다고만 전적으로 말할 수는 없습니다. 천년 뒤에 만일 알아주는 사람이 있다면 불충한 일의 허실과 나라를 그르친 일의 사실 여부를 헤아려 주리라 기대합니다. …… 이런 까닭에 골골하는 병든 몸을 이끌고 달려와서 정태화와 임경업은 다만 나의 명령에 따랐을 뿐이라고 청인에게 대답하여 불문에 붙이도록 했고, 저는 수상인 까닭에 스스로 죽을 것을 감당하여 북옥에 기꺼이 갇혔습니다. 누가 제게 그 마음이 두세 가지라며 남에게 죄를 미루고 자기 죄를 면하고자 하는 자라고 하겠습니까? 아, 비방하는 자들의 헐뜯음이 너무 심합니다.[29]

화친을 통해 조선의 임금과 종사를 보전하고, 명에게 의리를 다하려고 독보를 보낸 것은 번국의 신하이자 대장부로서 의무를 다한 것이라는 자부심이 넘쳐난다. 하지만 자신이 '독보 밀통' 사건을 책임지기 위해 목숨을 걸고 최선을 다했음에도, 서울의 조정에서는 자신에 대한 근거 없는 비방이 난무하고 있는 현실을 통탄하고 있다.

심양에서의 수감 생활이 우울하게 시작되었지만, 최명길은 이후 김상헌과 만나게 되면서 그와의 묵은 감정과 오해, 그리고 궁극에는 악연을 풀 수 있는 소중한 기회를 맞게 된다. 비록 병자호란을 전후한 시기, 각각 주화론과 척화론의 대표자로서 격렬하게 대립했던 앙금이 있었지만, 두 사람은 이제 모두 이역의 감옥에 갇힌 동병상련의 처지였다. 청이 심옥에 수감된 죄수들을 어떻게 관리했는지는 정확히 알 수 없지만 최명길과 김상헌은 수감 중에 얼굴을 대면하거나 서로 연락할 수 있는 기회가 자주 있었던 것으로 보인다.[30]

1643년 최명길의 아우 최혜길이 사헌부 대사헌에 제수되었다는 소식이 심양으로 전해진다. 최명길은 기쁜 마음으로 아우에게 보낸 편지에서 대사헌의 소임을 잘 감당하라고 격려하는 한편, 김상헌과 대화했던 내용을 전하고 있다. 최명길의 아우 혜길이 대사헌에 임명되었다는 소식을 들었을 때 김상헌이 이렇게 얘기했다는 것이다.

최 정승 댁은 어찌 덕행을 그렇게 많이 쌓았습니까? 이미 상국(相國, 정승)께서 진자리 마른자리를 피하지 않고 오로지 임금만 위해, 마침내 나라를 보존하고 끝내 명나라를 도와 오로지 용감하게 나아가는 절개가 탁월하여 다른 사람이 따라갈 수 없습니다. …… 이제 같은 감옥의 죄수가 되어 이미 백 년의 의혹을 풀기로 마음먹었는데 중씨(仲氏, 최혜길)의 광명정대함은 노부가 일찍이 뱃길로 명에 조회하러 갈 때 동행하면서 이미 축적되어 있음을 알았습니다. …… 이런 학력과 덕량으로 정국을 맡아 일을 행하면 응당 상공에게 뒤지지 않을 것이므로 어찌 대사헌의 한 소임을 걱정하겠습니까?[31]

위의 편지를 보면 김상헌은 "최혜길이 대사헌이 된 것은 최씨 집안이 평소 덕행을 많이 쌓은 덕분"이고, "자신이 아는 최혜길은 학식과 덕망이 뛰어나서 대사헌의 직임을 충분히 감당할 수 있다"고 찬양하고 있다.

무엇보다 주목되는 점은 김상헌이 최명길을 평가하는 부분이다. "진자리 마른자리를 피하지 않고 나라와 임금을 보존하고 끝내는 명에 대한 절개를 지켰다"고 최명길을 찬양하고 있다. 김상헌의 이 같은 평가는 병자호란 직후의 상황과 비교하면 금석지감今昔之感이 느껴지는 변화가 아닐 수 없었다. 병자호란이 항복으로 끝난 직후 김상헌의 눈에 비친 최명길은 '오랑캐를 옆에 끼고 임금을 협박한 흉악한 인간'이자 '나라 팔아먹은 것을 자신의 공으로 여기는 간신' 그 자체였기 때문이다.[32]

그렇다면 김상헌의 최명길에 대한 평가는 어떤 연유로 이렇게 극적으로 바뀌었을까? 최명길이 아우 혜길에게 보낸 편지의 내용을 통해 그 실마리를 찾을 수 있다. 무엇보다 김상헌이 최명길을 언급하면서 "끝내 명나라를 도와 오로지 용감하게 나아가는 절개" 운운한 것이 주목된다. 김상헌은 척화론자로서 명에게 의리를 지키기 위해 망국도 감수해야 한다고 강조했고, 청을 도와 명을 치는 데 동참해서는 절대 안 된다고 상소했던 '혐의' 때문에 붙잡혀 왔다. 그런데 두 번째로 심양에 끌려왔을 때, '오랑캐를 옆에 끼고 나라를 팔아먹은 간신' 최명길이 자신보다 먼저 끌려와 수감되어 있는 것이 아닌가.

이 대목에서 김상헌은 필시 의아했을 것이다. 시종일관 '오랑캐' 청과의 화친을 주장하고 그들을 황제국으로 섬기기로 약속하는 항복 국서까지 썼던 최명길이 심양에 잡혀올 까닭이 도대체 무엇이란 말인가? 하지만 최명길이 독보를 명에 몰래 보내 교통하려 했다는 사실, 그 밀통 사실이 발각되었을 때 스스로 모든 책임을 지겠다고 달려왔던 전말들을 알게 되고, 또 최명길과의 대화를 통해 저간의 사정을 들은 다음에는 김상헌도 차츰 최명길의 본마음과 진정성을 이해하게 된 것이 아닐까?

물론 심양에서 최명길과 김상헌이 서로의 본심을 이해하고, 과거에 품었던 감정과 오해를 풀기까지는 우여곡절이 있었다. 그것은 그들이 서로 주고받은 시의 내용을 통해 짐작할 수 있다. 1643년 최명길은 먼저 다음과 같은 시를 지어 김상헌에게 보낸다.

> 고요한 가운데서 뭇 움직임 살펴보면
> 진정 모두 난만한 데로 돌아갑니다.
> 끓는 물이나 얼음이나 모두 물이고

가죽옷과 갈포 옷도 모두 옷입니다.
일이야 간혹 때에 따라 다르더라도
마음은 오히려 도와 함께 돌아가나니
그대께서 능히 이 이치를 깨닫는다면
말하든 침묵하든 모두 천기天機입니다.[33]

　끓는 물이나 얼음이 모두 본래 모두 물이고, 가죽옷이나 갈포 옷도 모두 옷인 것처럼 자신이 갖은 비방과 매도를 무릅쓰고 주화론의 권도를 추구했던 것은 결국 위기에 처한 종사와 임금을 살리기 위한 것이었음을 이해해 달라는 내용이다. 그리고 자신이 권도를 추구했던 것 또한 도와 의리에 어긋나지 않는다는 사실을 강조하고 있다. 김상헌도 시를 지어 응수한다.

성공과 실패는 천운에 달렸으니
모름지기 의로 돌아가는지를 봐야 하리.
비록 아침과 저녁이 바뀐다 해도
어찌 바지와 저고리를 바꿔 입으랴.
권도는 간혹 현인도 잘못되지만
상경은 뭇사람도 어기지 못하노라.
이치 밝은 선비에게 말해 주나니
급할 때도 저울질은 신중히 하소.[34]

인간 세상 모든 일의 성패는 천운에 달린 것. 바지와 저고리를 바꿔 입을 수 없는 것처럼 권도를 함부로 사용하면 현인이라도 낭패를 보는 경우가 있지만 상경을 지키면 절대로 의리에 어긋나지 않는다. 최명길이 명철한 재사인 것은 인정하지만 상경과 의리를 지키려 했던 김상헌이 보기엔 위태롭기 그지없다는 풍유가 번뜩인다.

당시 두 사람과 마찬가지로 반청적인 언동을 했던 혐의로 심양에 붙잡혀 있던 이경여는 다음과 같은 시를 지었다.

> 두 어른의 상경과 권도 각각 나라 위한 것이니
> 하늘 받친 큰 절개와 시대 구한 큰 공이네.
> 이제 난만하게 한곳으로 돌아가니
> 모두가 남관에 갇힌 백발노인이로세.[35]

오랑캐에게 무릎을 꿇었지만 끝내 조선의 종사와 임금을 살려 냈으니 자신이 행한 권도가 도와 의리에 어긋나지 않는다는 최명길의 자부심과, 목숨을 바쳐서라도 중화를 받들고 오랑캐를 물리치는 상경의 대의를 실현하려 했다는 김상헌의 자신감 앞에서 이경여는 누구의 손을 들어 줘야 할지 난감하다. 그래서 하늘을 떠받친 김상헌의 절개와 위기의 시대를 구해 낸 최명길의 공로를 동시에 찬양한 것밖에는 방도가 없었다.

각각 권도와 상경을 언급한 시를 주고받으면서 양보 없는 자존심의 대결을 펼쳤던 최명길과 김상헌의 심양에서의 삶은 계속 이어진다. 두 사람이 서로 시를 주고받는 것도 일상처럼 이어진다.

1643년 4월 1일, 청의 용골대는 심관에 나타나 소현세자에게 두 사람에 대한 처리 방침을 통고한다. "최명길과 김상헌 모두 큰 죄를 지었지만, 황제께서 은혜를 베풀어 풀어 준다"는 내용이었다. 당장 귀국시키는 것은 아니지만 일단 감옥에서 나오게 하여 심관 근처에 거처를 마련해 준다는 것이었다. 용골대는 두 사람에게 황제가 있는 방향을 향해 감사의 인사를 올리라고 요구한다. 최명길이 일어나 김상헌을 부축해서 함께 서쪽을 향해 배례하려 했지만 김상헌은 허리가 아프다며 절을 하지 않는다. 최명길은 네 번 절했지만, 김상헌은 용골대의 채근에도 끝내 누워서 일어나지 않았다. 용골대는 김상헌을 한참 동안 노려보다가 단념하고 나가 버린다.[36] 시를 통해 드러냈던 권도와 상경을 중시했던 두 사람의 태도가 청 황제에 대한 배례를 둘러싼 장면에서도 그대로 드러났던 것이다.

여하튼 최명길과 김상헌은 심양에서의 조우를 계기로 서로의 본심을 이해하고 마침내는 서로를 애틋하게 여기는 관계로 발전하게 된다. 그것은 1643년 김상헌이 최명길의 시에 차운한 시에서 잘 나타난다.

> 좋은 글귀 볼수록 더 묘하니
> 마음 바꾼 것이 바로 여기 있었으리라.
> 두 세대 좋은 교분 다시 찾아서
> 홀연 백 년의 의심을 풀어 버렸네.

도가 이기면 끝내 곧은 데로 돌아가리니
신령이 도와 저절로 위험 벗어나리라.
돌아가선 모름지기 경세제민 사절하고
예전 읽던 서와 시를 다시 대하리.[37]

최명길이 추구했던 주화론에 격하게 반발했던 김상헌이 심양에
서 마침내 최명길의 본심을 이해하고 그를 찬양하기에 이르렀던 것
이다. 최명길 또한 청인들에게 끝까지 굽히려 하지 않는 김상헌의 절
개를 바로 옆에서 확인하게 되면서 과거 그를 '양주학'이라 운운하며
위선자라고 여겼던 오해를 풀었던 것으로 여겨진다.

주목되는 것은 "백 년의 의심을 모두 풀어 버렸다"는 구절이다.
김상헌은 심양에서 고초를 겪는 동안 최명길의 본심과 자신의 마음
이 그다지 다르지 않다는 사실을 알게 되었다. 인생의 부질없음 또한
절감했다. 그러니 늙은 몸이 이제 더 무엇을 바라랴? 이미 백발이 된
노인들이 고국에 돌아가면 과연 무엇을 할 것인가. 이제 경세제민을
위한 벼슬일랑 모두 내려놓고 옛날에 마주했던 책이나 다시 읽으면
서 여생을 한가롭게 보내고 싶다는 염원이 묻어난다.

최명길과 김상헌의 화해는 단순히 두 사람 사이의 문제가 아니
었다. 당시 최명길의 아들 최후량은 심양에 머물면서 병약한 부친을
시봉侍奉하고 있었다. 1643년 옥에서 나온 뒤 김상헌은 최명길뿐 아
니라 최후량과도 자주 만나 이야기를 나누고 그를 격려했던 것으로
보인다.

내가 최생 한경漢卿이 맑고 공손하며 글 읽기를 좋아하는 사람이라고 들었는데, 임오년(1642)에 의주에서 처음 만나서 보고는 전에 들은 말이 의심할 것이 없다고 여겼다.

이듬해 내가 재차 북정北庭에 붙잡혀 가는데, 이때 한경과 대상공(大相公, 최명길)이 이미 붙잡혀 와 있은 지 한 해가 넘었다. 그사이 또 북관에서 남관으로 옮겨졌는데, 모두 나와 함께했다. 한경이 아침저녁으로 잠자리에서 부채질을 해 주고 음식 장만을 게을리 하지 않았다. 한가한 때 나에게 자주 물었는데, 앉아서 대화할 때 쏟아져 나오는 말들이 들을 만했고, 가편佳篇과 경책警策은 왕왕 옛날의 글과 흡사했다. 이에 나는 전에 들은 말을 더욱 믿게 되었다.

한경이 안질이 있어 심해질 때가 있었기에 대상공이 그것을 안타깝게 여겨 가까운 의원에게 가 보게 했다. 한경은 서성이면서 눈물을 흘리면서, 말이 이미 준비되고 노복이 짐을 다 꾸렸는데도 문밖으로 나갔다가 들어오기를 반복하며 끝내 차마 떠나지 못함이 여러 번이었다. 내 여기서 전에 들었던 것보다 그에게 더 뛰어난 점이 있음을 기뻐했다. 아, 사람의 자식이 되어 한경처럼 하기는 또한 어려운 일이다.[38]

1644년 김상헌이 최후량에게 보낸 〈청문가靑門歌〉라는 시에 붙인 글이다. '한경'은 최후량의 자이다. 김상헌이 심양에서 목도했던 최후량의 행동거지에 대해 크게 칭찬하는 내용이다. 최명길을 부르는 칭호를 '대상공'이라 한 것도 주목된다. 최후량이 정성을 다해 부친 최명길과 자신을 시봉했던 것, 그의 말과 글이 뛰어났다는 것을 찬양했다. 최후량이 안질을 심하게 앓으면서도 잠시라도 아버지 최명길과 떨어지는 것을 안타까워했던 모습에 대한 묘사가 생생하다. 효성스러운 최후량을 한편으로는 기특하게, 다른 한편으로는 애처롭게 바라보는 김상헌의 마음 또한 느껍기 그지없다.

요컨대 심양에서의 해후를 통해 최명길과 김상헌은 이전의 감정과 앙금을 털어 버리고 친구가 되었다. 그리고 두 사람 사이에 새롭게 쌓인 믿음과 애틋함은 그들의 다음 세대에까지 이어지게 된다.

14장
귀환, 냉랭해진 인조, 그리고 죽음

청에서
귀환하다

심양에 억류되었던 최명길이 고통스런 수감과 구류 생활을 버틸
수 있었던 원동력은 주역 공부를 통해 다져진 시세와 시운에 대한 통
찰력, 그리고 자신이 화친을 주도함으로써 조선을 살리고 명의 은혜
도 잊지 않으려고 분투했다는 자부심이었다. 그것은 그가 심양 체류
중에 남긴 시편들 곳곳에서 발견된다.

> 달권達權과 대경大經을
> 내 마음은 둘 다 온전히 하고자 했노라.
> 동국 신하의 일편단심은
> 여전히 북극을 향해 매달려
> 나라도 보전하고 다시 명을 위하니

감히 이 몸의 죽음을 사양할쏜가.

(……)

세상 사람들이여, 시비하지 마소.

외로운 충성으로 날마다 부지런하여

권도를 행한 뒤 대경을 부여잡고

선을 택하여 의지가 절로 견고하다오.

대의와 춘추를 겸하니

천고의 역사가 하물며 앞에 있으니

양 치던 절개를 본받으려고

북비의 감옥살이 감내한다오.[1]

1643년(인조 21) 1월 1일, 북관의 감옥에서 다시 새해를 맞으며 읊었던 시이다. 자신이 화의를 주도하여 조선을 살렸지만 이후의 마음은 오로지 북극, 즉 명을 향해 달려간다. 조선의 신하로서 조선과 명을 같이 위하려는 신념이 있기에 춘추대의春秋大義에도 부끄러울 것이 없다. 그러니 한무제 시절 흉노에 사신으로 갔다가 19년이나 억류되었음에도 북해에서 양을 치면서 끝까지 버텼던 충신 소무蘇武와 같은 용기와 절개로 감옥 생활을 버텨 내겠다는 다짐이 꿋꿋하다.

다행히 같은 해 4월 최명길은 감옥에서 풀려나 심관 근처의 집에서 거처하는 것이 허용되었다. 그를 곁에서 시봉하고 있던 아들 최후량은 물론 김상헌과도 더 밀접하고 빈번하게 접촉할 수 있는 길이 열린 것이다. 하지만 당시까지도 최명길은 자신이 언제 조선으로 돌아갈 수 있을지 예측할 수 없었다. 청인들이 감옥에서는 풀어 주었지만, 그를 돌려보낼 시기와 관련해서는 명확한 언질을 주지 않았기 때문이다. 1643년 가을, 최명길이 자신의 형 최래길에게 보낸 편지에는 당시의 심정이 잘 드러나 있다.

> 삼가 생각해 보니 형님의 회갑이 지난 9월 23일에 막 지났습니다. ……이 한 몸 멀리 만리타국에서 홀로 감옥에 갇힌 신세로 한을 품은 채 아직 죽지 못한 외로운 신하가 되었으니 천지를 우러르고 굽어 보니 무슨 인생이 이럴 수가 있습니까? ……지금 형편으로 그 정세를 헤아려 보면 다만 이번 회갑 모임에 모시지 못한 것뿐만 아니라 고국에 살아 돌아가는 것도 그 길이 없을 듯합니다. 가히 형제간의 생이별이요 사별이라 할 것입니다. 북쪽을 바라보고 편지를 쓰면서 저도 모르는 사이에 눈물이 옷깃에 가득하게 됩니다.[2]

형님의 회갑 잔치에 함께하지 못한 안타까움, 언제 고국으로 돌아갈지 알 수 없는 현실에 대한 답답함, 끝내 심양에 구류된 채 생을 마칠지도 모른다는 두려움과 서러움이 진하게 묻어나는 글이다.

비록 감옥에서는 풀려났지만 최명길의 건강은 여전히 좋지 않았다. 이전부터 앓았던 병이 계속 도지고는 했는데 심양에서는 변변한 의원이나 약물을 구하기 어려웠다. 1644년 1월, 최명길의 노비 한 사람이 비변사에 정장(呈狀, 관에 소장을 내는 것)하여 심양 최명길 처소의 양식과 옷가지가 다 떨어져 가고 약물도 없다는 사실을 알린 뒤 선처를 호소한다. 비변사는 최명길과 김상헌이 언제 귀국할 수 있을지 기약이 없다는 사실을 참작하여 1년에 4번씩 옷가지와 식량들을 심양으로 보내자고 요청했다.[3]

그런데 1644년 봄이 지나면서 최명길이 답답하게 여겼던 정세는 다시 급변하게 된다. 1644년 3월, 이자성李自成이 이끄는 농민 반란군이 북경에 진입하고 명의 마지막 황제 숭정제가 자결하면서 명은 멸망한다. 같은 해 4월, 청 조정의 한인 책사 범문정范文程은 북경을 공략할 계책을 진언했고 청의 섭정왕 도르곤이 병력을 이끌고 산해관 방향으로 진군하게 된다. 산해관을 지키던 명의 영원총병寧遠摠兵 오삼계吳三桂는 도르곤에게 항복했고 도르곤은 4월 23일 산해관에 입성한다. 이어 청군은 이자성의 반란군을 격파한 뒤 5월 1일 북경에 입성한다. 북경에 들어간 도르곤은 한편으로는 도주한 이자성의 농민군을 추격하는 한편, 동란으로 흉흉해진 민심을 수습하는 데 진력했다. 당시 33세였던 도르곤은 조카 순치제順治帝를 대신하여 사실상 청의 실권자로 군림했다. 그는 신속하게 북경 안팎을 장악하고 새 정권의 기초를 다지기 위해 노력했다.[4]

이윽고 같은 해 12월 4일, 소현세자를 따라 북경으로 들어갔던 시강원의 보덕輔德 서상리徐祥履가 보낸 장계가 서울의 조정에 도착한다. 장계에는 조선 문제를 관할하고 있던 청의 섭정왕 도르곤의 이야기가 적혀 있었다. 도르곤은 "북경을 장악하기 전에는 두 나라가 서로 꺼리는 마음이 없지 않았지만 이제 북경을 얻었으니 성의와 신의로 서로 믿어야 한다"고 강조하면서 소현세자 등을 귀국시키겠다고 통고했다. 그뿐만 아니라 최명길과 김상헌, 이경여 들을 돌려보내고 심양에 유치했던 조선 고위 신료들의 질자들도 모두 귀국시키겠다고 했다.[5] 청은 왜 태도를 바꾸었을까? 조선이 그토록 숭앙해 마지않던 명이 이미 망해 버린 데다 이자성의 반란군을 쫓아내고 북경까지 장악하면서 여유와 자신감이 생겼기 때문이다. 중원을 모두 장악하는 것이 눈앞에 다가오면서 이제 조선에게도 훨씬 유화적인 자세로 돌아섰던 것이다.

최명길이 김상헌과 함께 조선으로 귀환한 것은 1645년 2월 23일의 일이었다. 두 사람이 귀국했던 직후 《인조실록》의 사관이 쓴 사평은 매우 대조적이었다. 최명길에 대해서는 "화의를 주장하여 항복을 결정하고 간사한 무리들을 이끌고 김상헌을 무함했다", "청인에게 심문받을 때 신경진을 끌어들여 화를 나누어 받으려는 계책을 삼았다"고 하며 매우 부정적으로 평가했다. 반면 김상헌에 대해서는 "전후 6년 동안 위험과 곤욕에 처해서도 조금도 뜻을 굽히지 않았다", "경중명이 조선에는 오로지 김상헌 한 사람이 있을 뿐이라고 했다"고 하면서 극구 찬양했다.[6] 사관의 눈에 비친 최명길은 '여전한 간신'이고 김상헌은 '한결같은 충신'이었던 셈이다.

귀국 직후, 인조는 최명길의 직첩을 돌려주라고 지시했다. 하지만 이후 수개월 동안 최명길은 조정에 나오지 않고 휴식의 시간을 가졌다. 그는 휴가를 청해 청주로 내려갔고 오랜만에 일가친척들과 더불어 선조 최득평崔得平과 최재崔宰의 묘소를 찾아 성묘하고 제를 올렸다.[7] 최명길은 이어 진천의 와룡천臥龍川 가에 집을 짓고 여생을 보

낼 계획을 세운다.[8]

같은 해 10월, 인조는 최명길에게 어영청 도제조 벼슬을 내린다. 그런데 그 사실을 언급하는 《인조실록》의 사평은 불과 몇 개월 전의 평가와는 사뭇 달라져서 주목된다.

전에 최명길이 정승이 되어 신경진, 임경업, 심기원 들과 함께 명나라와 다시 통할 것을 의논하고 승려 한 사람을 몰래 보내 편지를 왕복시키고, 또 평안도 연해 고을들에 지시하여 중국에서 온 배를 보면 양식과 반찬을 주어 후의를 보이라고 했다. 청이 이 사실을 알고 임오년 겨울에 명길을 잡아가서 캐물었는데 명길이 모든 일을 자신이 했다고 하자 청인들이 그의 담대함을 매우 칭찬했다. 마침 유언비어가 있어 상이 듣고 노하여 삭탈관작을 명했고, 청 역시 명길을 억류하고 내보내지 않았다. 금년 봄에 비로소 돌아왔는데, 이때 와서 상이 다시 서용하고 훈작을 되돌려 주라고 명했다.[9]

1642년 '독보 밀통 건'으로 최명길이 소환되어 심양에 구류되어 있을 때까지 인조는 최명길에 대해 매우 부정적으로 인식했다. 인조는 심지어 '최명길이 모든 책임을 스스로 감당하지 않고 임경업 등에게 자신의 책임을 떠넘겼다'고 의심했다. 그런데 사평은 이제 "최명길이 모든 일을 스스로 담당하여 청인들이 그의 담대함을 칭찬했다"고 적었다. 인조와 조정 신료들이 최명길에게 품었던 오해와 불신이 많이 풀렸음을 암시하는 대목이다.

인조와 관계가
다시 냉랭해지다

심양에서 귀국한 뒤 시간이 지나면서 인조와의 관계는 나아졌지만, 최명길은 더 이상 조정에서 고위 관직을 맡지 못했다. 1642년 11월, 최명길을 영의정에서 해임시켰던 이후 인조는 자신의 뜻에 영합할 수 있는 인물들을 대신으로 중용하여 내정과 외교를 맡긴다. 그 중심에는 김류, 김자점, 심기원 들이 있었다. 이들은 모두 최명길과 마찬가지로 반정공신 출신이었다. 하지만 이들은 최명길과는 근본적으로 다른 인물들이었다.

최명길은 남한산성의 상황이 벼랑 끝으로 내몰렸을 때 청 진영을 오가면서 시종일관 화친을 주도하고 '성하의 맹'을 이끌어 냄으로써 인조가 권력을 계속 유지할 수 있도록 해 준 장본인이었다. 반면 김류는 척화와 주화 사이에서 입장을 무상하게 번복한 데다 남한산

성에서도 도체찰사의 이름에 걸맞은 역할을 보여 주지 못했다. 김자
점은 도원수로 있으면서 청군을 제대로 막아 내지 못했고 근왕에도
태만하여 항복 이후 '처벌 대상자'로 거론되었던 인물이다. 심기원 또
한 전란을 극복하거나 인조의 왕권을 보위하는 데 별다른 역할을 하
지 못했다.

그런데도 인조가 김자점, 김류, 심기원 들을 다시 중용했던 까닭
은 무엇일까? 당시 인조는 척화신들은 혐오했고, 최명길도 이전만큼
신임하지 않았다. 그 같은 상황에서 비록 종사를 구하는 데 공을 세우
지도 못하고, 그렇다고 대의를 뿌리박게 했던 인물들도 아니었지만
김류, 김자점 말고는 뚜렷한 대안이 없었다. 적어도 이들은 뚜렷한 정
치적 입장을 드러내지 않고 공신 출신으로서 인조의 의중을 충실히
따르면서 영합할 수 있는 인물들이었기 때문이다.

사실 인조는 1637년 출성하여 항복했던 이래 매우 고단한 시간
을 보내고 있었다. 오랑캐에게 무릎을 꿇고 항복했던 치욕을 겪은 데
다, 환도 이후에는 '더러운 임금' 운운하면서 조정에 나오는 것을 거
부하는 신료들의 냉소 앞에서 가슴앓이를 해야 했다. 거기에 청은 조
선을 길들이기 위해 자신을 계속 압박했다. 소현세자를 끌고 가 심관
에 유치해 놓은 것 자체가 인조에게는 위협이 아닐 수 없었다. 여차
하면 '인조를 왕위에서 끌어내리고 소현세자를 옹립하겠다'는 신호
였기 때문이다. 실제로 청은 1639년(인조 17), 자신들이 요구했던 원
병 파견, 주회인 쇄환 등에 조선 조정이 성의를 다하지 않았다는 이유
로 인조를 입조시킨다는 이야기를 흘린 바 있다.[10] 산성에 있을 때도

청이 자신을 심양으로 끌고 갈 것을 우려하여 출성을 끝까지 거부하려 했던 인조로서는 두려운 사태가 아닐 수 없었다. 만약 청이 자신을 입조시킬 경우 어떤 일이 벌어질 것인가? 혹시라도 자신을 심양에 억류시키고 소현세자를 귀국시켜 왕위에 오르게 하지 않는다는 보장이 없었다.

입조론이 실현되지 않음으로써 인조는 놀란 가슴을 겨우 쓸어내렸지만, 위기는 또 찾아왔다. 1642년, 최명길이 독보를 명에 밀파했던 사실, 한선과 밀통했던 사실이 드러나면서 인조는 또다시 전율했다. 더욱이 이계가 심문을 받으면서 청인들에게 했던 진술 가운데는 '인조가 추대된 임금이라 척화신들의 반청 행위를 제대로 제어하지 못한다'는 내용까지 들어 있었다.

청이 이번에는 정말 자신을 입조시키거나 교체하려 들지 않을까? 인조는 필경 이 같은 상상을 하며 몸서리쳤을 개연성이 높다. 그래서 항복 이후 매달리다시피 하면서 중용했던 최명길의 영의정직을 가차 없이 삭탈했고, 최명길이 심양에서 자신을 보호하기 위해 온 힘을 다했음에도 그가 혹시라도 책임을 떠넘겨서 궁극에는 자신에게 청의 화살이 날아오지 않을까 의심하면서 전전긍긍했던 것이다. 그리고 그 와중에 아들 소현세자와의 관계도 서서히 망가져 갔던 것으로 보인다.[11]

1643년 10월, 역관 정명수는 청 조정이 소현세자를 곧 돌려보낼 것이라는 이야기를 전한다. 그런데 이 소식을 듣고 대신들을 만났던 자리에서 인조가 보인 태도는 전혀 즐거운 모습이 아니었다. 이경증,

정태화 등이 "청에서 먼저 소현세자를 돌려보낸다고 했으니 조정에서도 적극적으로 귀환을 요청해야 한다"고 건의하자 인조는 다음과 같이 이야기했다.

상이 이르기를 "청인이 나에게 입조하라고 요구한 것은 전대 칸 때부터 그랬지만 내가 병들었다는 것으로 이해시켰기 때문에 저들이 강요하지 않았다. 그런데 이제 듣건대 구왕(九王, 도르곤)은 나이가 젊고 강퍅하다 하니 그 뜻을 어찌 헤아릴 수 있겠는가. 전에는 세자를 몹시 박하게 대하다가 지금은 오히려 지나치게 후하게 대한다 하니, 나는 의심이 생기지 않을 수 없다. …… 저들이 만약 좋은 뜻으로 내보낸다면 세자와 대군을 모두 돌려보낼 것이지 중한 것을 포기하고 가벼운 것을 취하는 것은 무슨 뜻인가?"라고 했다.

김자점이 아뢰기를 "구왕은 아직도 우리를 의심하여 불안하게 생각하고 있으니 반드시 이런 조치를 하지는 않을 것입니다. 이것은 우리 나라에게 환심을 사려는 것에 지나지 않습니다"라고 했다.

상이 말하기를 "만약 그렇다면 저들이 스스로 내보내면 그만인데 우리의 말을 기다릴 게 뭐가 있겠는가. 변이變異가 이와 같으니 비록 좋은 말을 들어도 도리어 의혹이 생긴다. 활에 한번 다친 새는 으레 이런 법이다"라고 했다.[12]

본래 인조는 소현세자를 끔찍이도 아꼈다. 1637년 삼전도에서 항복한 뒤 그를 심양에 볼모로 보내던 날, 인조는 자신의 아들뻘인 도르곤에게 연신 굽신거리면서 '소현을 온돌방에서 재워 달라'고 간청했다. 또 소현세자가 1640년 인조의 병문안을 위해 심양에서 잠시 귀국했을 때는 감격하여 그를 어루만지며 눈물을 흘린다. 당시의 인조는 여느 아비의 모습 그대로였다.[13]

그랬던 인조가 1643년, 정명수를 통해 소현세자를 돌려보낸다는 이야기를 듣자마자 떠올린 것은 다름 아닌 입조론이었다. 특히 청이 '가벼운 것(봉림대군)'을 붙잡아 두고 '중한 것(소현세자)'을 돌려보내려 한다는 사실에 강한 의구심을 드러냈다. 인조는 분명 청의 도르곤이 자신을 왕위에서 끌어내리고 소현세자를 옹립하려 한다고 의심했던 것이다. 김자점의 반론과 위로에도 인조는 자신을 '활에 다친 새'로 규정하고 있다. 인조는 소현세자의 귀국 소식이 전혀 반갑지 않았던 것이다.

자신을 '활에 다친 새'로 규정했던 직후인 1643년 12월, 인조는 1644년 새해부터 제문과 축첩祝帖에 청의 연호를 사용하라고 지시했다. 청이 자신을 폐위시킬지도 모른다는 공포심 때문인지 친청 자세를 노골적으로 드러내기 시작했던 것이다. 동시에 소현세자에 대한 태도도 완전히 달라진다. 소현세자를 '자식'이 아니라 '정적'으로 보기 시작했다. 청이 소현세자를 심양에 유치시켜 놓고 인조와의 충성 경쟁을 유도했던 획책이 본격적으로 효력을 발휘하는 순간이기도 했다.

1644년 1월, 소현세자와 강빈이 다시 일시 귀국했다. 1643년 6월 작고했던 강빈의 친정아버지 강석기(姜碩期, 1580~1643)를 치제致祭하고 성묘하기 위해서였다. 하지만 인조는 며느리 강빈이 친정을 방문하는 것조차 허락하지 않는다. 그리고 1644년 2월, 소현세자 일행이 심양으로 귀환할 때 환관 김언겸金彦謙을 동행시킨다. 사실상 심양에서 소현세자 부부의 동향을 감시하기 위한 조처였다.14

이윽고 1645년 2월 18일, 소현세자 부부는 영구히 귀국한다. 동행했던 청 사신이 인조에게 교외에 나와 맞이할 것을 청했지만 인조는 병을 핑계로 나가지 않는다. 신료들이 소현세자의 귀환을 환영하는 하례 의식을 거행하자고 청했지만 그것도 거부한다. 부왕 인조의 냉랭한 태도에서 비롯된 스트레스 때문이었을까? 아니면 오랜 인질 생활 중에 누적된 피로 때문이었을까? 4월 23일 갑작스레 병석에 누운 소현세자는 사흘 만에 세상을 떠난다.

인조는 장례 의식을 속전속결로 해치우고, 같은 해 윤6월 봉림대군을 새로운 왕세자로 세우겠다는 의향을 드러낸다. 대다수 신료들이 반대했지만 김류, 김자점 들이 인조의 뜻에 영합하면서 봉림대군이 왕세자가 된다.15

소현세자가 갑작스레 죽고, 봉림대군이 전격적으로 왕세자로 책립되면서 강빈의 비극도 시작되었다. 1645년 7월, 저주 사건이 발생한 것을 계기로 인조는 강빈 휘하의 궁녀들을 심문 끝에 살해하고, 강문명姜文明을 비롯한 강빈의 친정 형제들을 오지로 귀양 보냈다. 격앙된 강빈도 가만히 있지 않았다. 강빈은 인조에 대한 조석 문안을 거부하며 저항에 나섰고, 두 사람의 관계는 결국 파탄 난다.

1646년(인조 24) 1월, 인조는 '자신의 수라에 독을 넣었다'는 혐의를 씌워 강빈을 후원 별당에 유폐시킨다. 《인조실록》의 사관은 강빈이 수라에 독을 넣었다는 것은 '조작' 혐의가 짙다고 기록했지만 인조의 강공은 멈추지 않았다. 강문명을 장살하고, "강빈이 심양에서 내전(內殿, 왕비)을 자칭하며 왕위 교체를 도모했다"는 구실을 내세워 폐출하고 사사하라는 명을 내린다. 1646년 3월 15일의 일이었다.[16] 인조는 봉림대군(효종)을 왕세자로 책립한 이후, 강빈 형제들을 제거함으로써 효종 등극 이후 발생할지도 모르는 후환을 미리 차단하려 했던 것이다.

최명길은 인조가 '강빈 문제'를 계기로 폭주하는 것을 가만히 보고만 있을 수 없었다. 1646년(인조 24) 2월 3일, 최명길은 인조에게 강빈을 살려 달라고 호소했다. 하지만 인조는 '강빈이 심양에 있을 때부터 청인들과 왕위를 교체하기 위해 모의했다'고 확신했다. 그러면서 "임금을 해치고자 하는 자의 목숨을 천지 사이에서 하루라도 부지하게 할 수는 없다"며 속히 강빈을 처단하라고 강조했다.

사실상 인조가 이미 이성을 잃은 상태에서 최명길은 간언하면서도 조심할 수밖에 없었다. "성상의 하교를 받으니 자신도 모르게 머리털이 곤두서고 마음이 떨린다"고 하면서 인조의 분노에 최대한 공감하는 자세를 취했다. 그러면서 "제왕이 인륜의 변고에 대처하는 도리는 하나만이 아니다"라는 점을 강조하며 "부모와 자식 사이의 자애심을 고려하여 은혜와 의리를 둘 다 온전하게 하라"고 주문했다. '역적' 강빈을 처단할 수밖에 없는 '의리'도 중요하지만 강빈이 며느리이자 자식이라는 사실을 고려하여 '은혜'를 베풀어야 한다는 완곡한 간

언이었다. 하지만 인조는 윤허하지 않는다고 일축한다.[17]

인조가 허락하지 않자 최명길은 인조에게 다시 차자를 올려 강빈 사건을 복심(覆審, 재심)하라고 촉구했다.

생각해 보면 선왕의 법에는 무릇 죽을죄를 지은 자도 반드시 복심한 뒤에야 판정을 내렸습니다. 이것은 사람의 목숨을 중시했기 때문입니다. 하물며 지극히 가까운 사람을 어찌 이처럼 급하게 처리하신단 말입니까? 또 이전의 하교를 읽어 보니 폐출과 사사를 별개의 두 건으로 나누셨습니다. 그렇다면 지금 먼저 해야 할 것은 폐출하는 일 한 건에 있지 않겠습니까? …… 폐출할 때는 마땅히 종묘에 고하고 교시를 내리는 크고 작은 절차가 있으므로 정말로 짧은 시간에 서둘러 행해서는 안 됩니다. …… 먼저 폐출의 벌을 내려서 그의 속적(屬籍, 왕실 족보)을 도려 내고 그를 섬으로 보내 잠깐이나마 목숨을 살려서 차마 하지 못한다는 기색을 보이십시오. 그리고 재삼 거듭 생각하고 복심하는 뜻을 통해서 그의 죄는 필시 용서할 수 없는 것임도 보이십시오. …… 전하께서는 노기를 잊으시고 사리를 생각하셔서 빈 마음으로 용서해 털끝만큼도 미진하다는 유감이 없도록 하십시오. …… 요즘 신은 앓고 있는 광역狂易 증세가 더욱 심해져 속히 입궐하지 못했습니다. 그러나 지금 나랏일에 우려되는 점이 많음을 눈으로 보고 구구한 마음을 이기지 못하여 감히 간절히 두려움을 무릅쓰고 사정을 진술합니다.[18]

최명길은 강빈을 제거하겠다는 인조의 결심이 이미 확고하다는 사실을 알고 있었다. 그래서 강빈을 곧바로 사사하지 말고 일단 폐출하여 섬으로 유배시킨 뒤에 거듭 생각해 보라고 호소하고 있다.

최명길이 인조의 심기를 거스르지 않기 위해 최대한 조심스럽고 완곡한 어투와 내용으로 차자를 올렸지만 인조는 격분했다. 인조는 최명길이 상차했던 직후 좌의정 김자점을 만난 자리에서 최명길을 격하게 성토했다. 인조가 특히 문제 삼은 것은 최명길이 올린 차자의 끝 부분에 "지금 나랏일에 우려되는 점이 많다"고 했던 대목이었다. 인조는 김자점에게 "이 사람이 누구의 위협을 받고서 말한 것인가? 아니면 임금을 위협하고자 말한 것인가?"라며 최명길의 의도가 무엇인지를 캐묻는다. 그러면서 최명길이 대신들을 미친 듯이 날뛰고 허둥대게 만들었다고 직격탄을 날린다. 김자점이 최명길을 변호하자 인조는 "자식을 죽이고 신하를 죽이는 것은 임금이 하는 일인데 부박한 논의에 동요되어 임금을 위협한다"고 질책했다. 그러면서 강빈을 대궐 안에서 사사하겠다고 선언한다.[19]

인조는 이후에도 최명길에 대한 태도를 누그러뜨리지 않았다. 최명길과 양사 신료들이 강빈에게 은혜를 베풀라고 강청하자 인조는 붕당 이야기까지 꺼내들며 이들을 성토한다. "강빈이 수라에 독을 넣었는데 무슨 할 말이 더 있느냐?" 하며 "서인들의 기세가 등등하여 용렬한 무리들을 사주하여 임금을 협박한다"고 성토했다. '강빈 사사'에 반대하는 것을 서인들의 막강한 위세 때문이라며 서인 전체를 비판했던 것이다. 인조는 격한 어조로 최명길을 다시 성토했다.

최명길이 계복(啓覆, 사형수를 재심하는 것)하자는 말을 했으니 참으로 놀랍고 괴이하다. 이제껏 최명길은 유독 한 번도 추고당하지 않았는데, 그가 심양에서 했던 일은 어떤 죄였는가. 그때 이계는 이미 주륙을 당했는데 최명길만 유독 한 번의 추고도 받지 않았다.[20]

최명길이 '강빈 사사'에 동조하지 않고 계복을 청했다는 이유로 인조는 과거 '독보 밀통' 건과 관련하여 최명길에게 품었던 의구심을 다시 드러내고 있다. 심지어는 최명길을 이계와 같은 부류의 인물로 폄하하고 있다. 최명길이 심양에서 귀환한 이후 회복될 조짐을 보이던 인조와의 관계가 다시 극도로 냉랭해지는 순간이기도 했다.

인조는 기본적으로 '반정'이라는 비정상적인 방식으로 추대된 임금이었다. 광해군 정권이 자행한 과오와 비리를 청산한다는 명분으로 집권한 뒤 개혁을 표방했지만, 병자호란을 맞아 항복하면서 그는 좌절했다. 더욱이 항복 이후 청이 소현세자를 인질로 유치하고 입조론을 흘리며 '충성 경쟁'으로 내몰면서 인조는 공포심 속에 고단한 시간을 보내야만 했다. 그런데 1644년 명이 멸망한 뒤 북경을 장악했던 청이 조선에 대한 압력을 완화시켜 주자 인조는 '친청'의 길로 내달리며 오로지 자신의 왕권을 유지하는 데만 매달린다. 그 과정에서 소현세자의 귀환과 의문의 죽음, 속전속결 장례 처리, 전격적인 봉림대군의 왕세자 책립, 강빈 처가 가족들 제거, 강빈의 폐위와 사사 같은 격변들이 잇따라 발생했다.

요컨대 인조에게 병자호란은 양면적인 의미를 갖는 사건이었다.

병자호란을 계기로 '오랑캐'에게 무릎을 꿇었던 것은 물론 씻을 수 없는 치욕이었다. 하지만 항복 이후 인조는 '추대된 군주'라는 굴레를 벗어던지고 '절대군주'로 변신하려 시도했다. 그 과정에서 숨 가쁘게 폭주하면서 이성을 잃는다. 그런 인조와 최명길의 관계가 다시 냉랭해지는 것은 어쩌면 당연한 수순이었다.

죽음

　최명길의 간곡한 간언과 만류에도 인조는 결국 강빈을 사사시킨다. 1646년 3월 15일의 일이었다. 주된 죄목은 역모 혐의였다. 강빈이 죽은 뒤 최명길은 조정에 나올 일이 별로 없었다. 사실상 은퇴했던 셈이다.

　인조 또한 상황이 비슷했다. 며느리 강빈에게 무리하게 역모 혐의를 씌워 죽이는 과정에서 생긴 후유증 때문일까? 당시 인조도 몹시 지친 상태였다. 그는 강빈을 사사한 뒤에는 조회를 전폐하고 몹시 긴급한 문제가 아니면 신하들과 대면하려 하지 않았다. 긴급한 변방 관련 문제가 발생하거나, 신하들을 질책하려 할 경우에만 대면하려 했다. 이 때문에 신하들은 아뢸 일이 있으면 글로 적어 올려야 했다. 인조는 사실상 정사를 포기하고 창덕궁 후원에 정자를 짓고 꾸미는 일

에 열중했다.[21]

은거하고 있던 최명길은 1646년 4월, 잠시 조정에 불려 나온다. 충청도 이산에서 유탁柳濯이란 인물이 권대용權大用 등과 내응하여 역모를 꾀했다는 고변이 있었던 것이 계기였다. 인조는 유탁 무리가 역모를 꾀한 것이 혹시라도 '강빈 사사' 때문에 비롯된 것이 아닌지 의심했다. 또 강빈을 무리하게 죽인 것 때문에 민심이 이반한 것은 아닌지 몹시 두려워했다. 그래서 최명길을 비롯한 전, 현직 대신들을 불러 모았던 것이다.[22] 인조를 면대한 자리에서 최명길은 별다른 말을 하지 않았다. 다만 전라도 관찰사를 추천하라는 인조의 권유에 원두표元斗杓를 천거했다.[23]

같은 해 7월, 부족한 경비를 염출하기 위해 공안貢案을 변통하고 대동법을 실시하는 문제를 놓고 조정의 의견이 분분해지자 최명길은 차자를 올린다. 최명길은 차자에서 당시는 대동법을 실시할 수 있는 시기가 아니라고 규정했다. 병자호란의 상처가 아물지 않고 자연 재해가 잇따르고 있었던 현실, 백성들의 생활이 곤궁하여 원망의 소리가 높은 데다 역적들의 변고가 일어나고 있던 현실을 거론한 뒤 개혁 조처를 무리하게 밀어붙이면 민심이 더 심하게 돌아설 수 있다고 경고했다. 오히려 조정의 지출 가운데 낭비되는 것들을 절감해야 한다고 강조했다.

우리 나라의 인심은 중국과 달라 문교文敎로 인도하면 순순히 쉽게 따르지만 무력으로 인도하면 도리어 교활한 행동이 늘어나게 됨니다. 오늘날 변방의 일이 이미 안정되었다고 말할 수는 없으니 무비를 참으로 소홀히 할 수는 없으나, 또한 차츰 줄여 가면서 백성들에게 효제충신孝悌忠信의 도리를 가르치고 농사에 힘쓰고 근본에 노력하는 방향으로 인도하면서 조종조에서 예의로 사양하던 풍속을 회복시켜야 할 것입니다. 그러면 백성들의 뜻이 저절로 안정되고 국가의 형세가 굳건해질 것이니, 이것이 바로 오늘날 전하께서 마땅히 생각하셔야 할 바입니다.[24]

최명길은 민생을 다독여 민심을 안정시키는 것이 당시 조정이 해야 할 가장 시급한 과제임을 역설한다. 비록 항복하는 치욕을 겪긴 했지만 청과의 전쟁이 끝나면서 변방의 급박한 위험은 대부분 사라졌다. 그러니 무비를 완전히 팽개칠 수는 없지만 백성들의 부담과 고통을 덜어 주는 데 모든 노력을 집중하는 것이야말로 나라를 유지하는 바탕이라고 강조했던 것이다. 최명길은 그 뒤 조정의 일에 거의 간여하지 않았다. 다만 비변사에서 중요한 정책 결정을 앞두고 사람을 최명길의 집으로 보내 의견을 묻는 정도였다.

그렇다면 최명길의 은거 생활은 어떠했을까? 벼슬살이가 끝나 마음은 편해졌는지 모르지만 그의 은퇴 생활은 만만치 않았다. 병마가 계속 찾아왔기 때문이다. 1646년 여름 이후 그는 산증疝症으로 몸져누웠다. '산증'이란 찬 기운 때문에 신경과 근육이 막히거나 뒤틀리면서 허리나 아랫배에 심한 통증이 나타나는 증상이다. 아픈 와중에 조익에게 보낸 편지를 보면 최명길 스스로도 자신의 병이 나아질 가망이 전혀 없다고 체념하고 있는 상태였다.

　병마에 시달리는 와중에도 조금만 차도가 있으면 최명길은 책을 가까이하려고 무진 애를 썼다. 어린 시절 사서오경 공부를 소홀히 했다는 자책감이 있었고 성년이 된 이후로는 수시로 찾아왔던 질병 때문에, 또 벼슬살이에 바빠 책을 제대로 가까이 할 수 없었던 후회 때문이었다.

　은거한 이래 만사를 다 끊었지만 쇠약하고 병이 더 심해지면서 세간의 모든 기호嗜好도 담박하게 느껴져 자못 본원으로 돌아갈 뜻이 생겼습니다. 그래서 비로소 사서를 가져다 여러 번 읽었습니다. 매번 책을 대할 때는 느끼고 깨닫는 실마리가 없지 않지만 책을 덮으면 곧 잊어버립니다. 황혼이 이미 임박하니 뜻과 생각이 노쇠해져 어찌 조금이나마 힘을 얻는 곳이 있겠습니까? 다만 스스로 슬퍼할 뿐입니다. …… 그러다가 다시 생각하기를 "두루 연구하고 사색하는 것은 병자가 할 일이 아니고, 또 지금 염려하는 것은 힘써 행하지 못하는 데 있는 것이지 아는 것이 정밀하지 못한 데 있지 않다. 옛 사람이 설명한 것이 명백하여 쉽게 볼 수 있는 곳도 또한 수용하지 못하니 훈고와 글의 뜻 가운데 의심스러운 것은 그냥 둘 것이지 군이 억지로 통하도록 구할 필요는 없다"고 여겨 드디어 그만두게 되었습니다. …… 서로가 질병 때문에 다시 만날 길이 없으니 다만 서글픔이 더할 뿐입니다. 전에 주신 편지에 답하는 것도 몇 달이나 늦었으니 몹시 미안합니다. 병을 무릅쓰고 억지로 글을 써보지만 또한

일일이 말할 수가 없습니다. 다만 형의 양해를 바랍니다.[25]

비록 몸은 아프지만 정신을 집중해서 사서를 다시 읽으려고 안간힘을 쓰는 모습이 안쓰럽다. 하지만 읽기는 하지만 기억력이 감퇴하여 책을 덮으면 곧 잊어버리고 만다. 그래서였을까? "깊이 알지 못하는 것이 문제가 아니라 알면서 실천하지 못하는 것이 문제"라고 자위해 보지만 마음이 울적할 수밖에 없다. 더욱이 조익도 병에 시달린다는 소식을 들으니 살아서 다시 만날 수 없을 것 같은 예감에 서글픔이 밀려온다고 말하고 있다.

한편 시간이 흐르면서 강빈의 옥사 때문에 냉랭해졌던 인조와의 관계도 나아지는 조짐을 보였다. 1646년 8월, 최명길이 아픈 몸을 이끌고 광주 선영에 성묘하러 갈 때 인조는 말과 요전상(澆奠床, 성묘 때 차리는 제사상)을 갖추어 지급하라고 지시한다.[26]

1646년 연말에 이르면 최명길의 병세는 더욱 심해진다. 최명길이 병석에 누워 일어날 기미가 보이지 않자 인조는 최명길의 집으로 어의를 보낸다. 당시 내의원에 재직 중이던 어의는 여섯 명이었는데 인조는 그 가운데 박군朴頵이란 의원을 최명길의 집에 상주시키면서 간병하게 했다. 박군은 당시 손꼽히는 명의였다. 특히 약을 잘 쓰는 것으로 유명했다. 그는 일찍이 소현세자가 청에 유치되어 있을 때 어의로서 심관에 머물면서 소현세자와 그를 모시는 신료들을 돌보았던 경력이 있었다.[27] 또 1643년 4월, 청의 홍타이지가 풍증으로 시달릴 때, 청 조정은 소현세자를 통해 명의를 보내 달라고 요청한 적이 있

다. 당시 박군도 심양에 다녀왔다.[28]

박군이 자신의 집에 계속 머물면서 간호하자 최명길은 1647년 3월, 인조에게 감사하는 내용의 서계를 올린다.

하늘 같은 은혜 덕분에 다 죽어 가는 목숨을 오늘까지 이어올 수 있었습니다. 아주 위급한 증세는 이미 다 없어졌는데 그대로 어의가 머무르니 황공하여 마음이 편치 않습니다. 이제 그만두고 가게 하십시오.[29]

최명길이 인조에게 올린 마지막 서계였다. 인조는 박군에게 계속 머물면서 최명길을 간병하라고 지시한다. 최명길의 임종을 앞두고 두 사람의 관계가 다시 회복되었음을 보여 주는 대목이다.

최명길은 이윽고 같은 해 5월 17일, 파란만장한 인생을 마감한다. 최명길의 부고를 접한 인조는 "최명길은 재주가 많고 나랏일에 진심을 다했는데 불행히도 이 지경에 이르렀으니 참으로 애석하다"고 추모했다. 이어 그의 장례를 치르고 묘를 조성하는 데 필요한 조묘군造墓軍 250명을 지원하고, 집을 지어 주고 3년 치의 녹봉을 지급하라고 지시했다.[30] 일찍이 반정을 주도해 일개 종실에 불과했던 자신을 권좌에 올려 주고, 갖은 비방과 모욕을 무릅쓰면서 청과의 화친을 성사시켜 그 권좌를 유지시켜 주었던 공신에 대한 예우였다.

15장
최명길 평가의 우여곡절

진회의 죄인,
또는 매국노

《인조실록》의 사관은 최명길의 죽음을 기록한 뒤 그의 졸기를 다음과 같이 썼다.

명길은 사람됨이 기민하고 임기응변의 꾀가 많았는데, 자기의 재능에 자부심을 갖고 일찍부터 세상일을 담당하겠다는 뜻을 지녔다. 광해 때 배척을 받아 쓰이지 않다가 반정할 때 대계를 협찬한 공이 많아 마침내 정사원훈에 녹훈되고, 몇 년이 되지 않아 차서를 뛰어넘어 경상(卿相, 정승)에 이르렀다. 그러나 추숭을 힘써 주장하고 화의론에 매달리면서 청의에 버림을 받았다. 산성의 변란 때는 척화신을 협박하여 보내 사감을 풀었고, 환도한 뒤에는 바르지 못한 사람들을 등용하여 사류와 알력이 생겼는데 사람들이 그를 모두 소인으로 지목했다. 그러나 위급한 경우를 만나면 앞장서서 피하지 않았고 일에 임하면 칼로 쪼개듯 분명히 처리하여 미칠 사람이 없었으니, 역시 한 시대를 구제한 재상이라 할 수 있다.[1]

비록 뒷부분에서 '한 시대를 구한 재상'이라고 최명길을 긍정적으로 평가했지만, 전체적인 평가는 부정적인 기조가 강하다. 특히 원종 추숭과 화의를 주도한 것을 '청의에 버림받은 행위'로, 삼학사를 청군 진영으로 보낸 것을 '사감을 풀기 위한 행위'로 매도하면서 최명길을 '소인'이라고 규정했다.

정묘호란을 겪은 뒤부터 병자호란을 거쳐 그가 세상을 떠난 뒤까지도 최명길에게는 '조선의 진회'라는 악평이 따라 다녔다. 일찍이 병자호란 발생 직전, 최명길이 심양에 사람을 보내 청과의 화친을 다시 시도해야 한다고 주장했을 때 부교리 윤집은 최명길에게 '진회의 죄인'이라고 극언을 퍼부었다.[2] 윤집은 최명길이 정묘년부터 화친을 주도했던 것, 병자호란 직전의 국서에서 홍타이지를 '청국 칸'이라고 불렀던 것, 인조와 화친을 의논하면서 사관들을 내보내라고 했던 것들을 들어 '진회의 죄인'이라고 매도했다.

윤집처럼 병자호란을 전후한 무렵 청과의 관계를 끊고 끝까지 싸우자고 주창했던 척화신들의 목표는 '명을 위해 의리를 지키는 것'이었다. 그들에게 명은 본래 조선의 임금이자 부모였다. 임진왜란 때는 망하기 직전까지 내몰렸던 조선을 구해 준 은인이기도 했다. 따라서 임금이자 부모, 은인이었던 명에 순종하고 보답하는 것은 조선이 가장 우선적으로 추구해야 할 의리였다. 그리고 그 의리를 지키기 위해서라면 강약, 이해, 성패는 고려할 대상이 아니었다.[3]

조선의 척화신들은 이 지점에서 조선과 명을 일체로 보고 있었다. 부연하자면 조선이 망하거나 조선 국왕이 죽는 것은 용인할 수 있지만, 청과 화친함으로써 명을 배신하는 반역 행위에는 결코 가담할 수 없다는 것이 병자호란 당시 척화론의 본질이었다.[4]

사실 인조도 척화신들과 비슷한 생각을 토로한 바 있다. 남한산성에 들어간 지 3일째 되던 1636년 12월 17일, 인조는 신하들 앞에서 통곡하면서 다음과 같이 말한다.

> 형세가 이 지경이 되었구나. 300년 피맺힌 정성으로 사대하여 받은 은혜가 깊고 큰데 하루아침에 폐조 때도 없었던 일을 겪게 되었도다. 여러 신하들이여! 이를 어찌할 것인가? 윤기가 사라진 시대에 절개를 지킨 어진 신하들과 반정의 사업을 일으켜 임금 자리에 오른 지 이제 14년인데, 끝내는 견양금수犬羊禽獸의 지경이 될 것을 어찌 알았으랴. …… 고금 천하에 어찌 이런 일이 있단 말인가? 훗날 혹시 살아나더라도 장차 무슨 면목으로 중조(中朝, 명)의 사람들을 볼 것이며 선왕의 묘사를 배알할 것인가?[5]

'윤기를 무너뜨린 광해군을 타도한다'는 명분으로 쿠데타를 일으켜 집권한 지 14년, 인조는 병자호란을 만나 남한산성으로 내몰린 현실을 "광해군대에도 없었던 견양금수의 지경"이라고 통탄한다. 그런데 포위된 채 근왕병만 고대하는 처참한 현실에서 인조가 가장 안타깝게 여기는 것은 명나라 사람들을 볼 면목이 없다는 점이었다. 명나라 사람들을 대할 면목이 없는 것이 종묘의 신주들을 대할 면목이 없는 것보다 더 괴로운 일인 셈이다.

그런데 최명길은 명나라 사람들을 볼 면목이 없다고 괴로워하는 인조를 설득하여 청과의 화친을 이끌어 낸다. 조선의 신하는 조선의 종사와 조선의 백성을 살리기 위해 노력하는 것이 시중時中의 도리라고 강조했다. 더욱이 종사가 망하지 않을 수 있는데도 임금이 먼저 죽는 것은 있을 수 없다는 것이 그의 신념이었다. 나아가 조선이 오랑캐로 멸시하는 청 또한 엄연한 역사의 실체이자 이 세상의 패자가 될 수 있다고 생각했다. 그러니 척화신들이나 그들의 생각에 동조하는 사람들의 눈에 최명길이 결코 좋게 보일 리 없었다.

그렇다면 윤집 같은 척화신들이 최명길을 하필 송의 진회에게 비견했던 까닭은 무엇일까? 무엇보다 성리학을 깊이 공부했던 조선의 사대부들은 성리학을 집대성했던 송대의 역사에 대해 남다른 관심을 갖고 있었다. 그런데 송대에 일어난 여러 사건들 가운데서도 '정강의 변'은 조선 척화신들에게 특히 주목의 대상이 될 수밖에 없었다. 1127년(정강 2년), 금군은 북송의 수도 개봉을 함락시킨 뒤 흠종과 그의 아버지 휘종을 붙잡아 금으로 끌고 간다. 이 사건이 바로 '정강의 변'이다.

'정강의 변'이 금의 침략이라면 정묘, 병자호란은 금의 후예인 후금(청)의 침략이었다는 사실, 송과 조선 모두 금이나 청을 제대로 당해 내지 못한 채 멸망의 위기로 내몰렸던 사실들에서 두 나라가 겪었던 경험은 유사한 특징을 지니고 있었다.

조선 지식인들이 '정강의 변'에 특별한 관심을 지녔던 것과 관련하여 주목되는 사실이 있다. 당시 금군은 개봉을 함락시킨 뒤 휘종과 흠종을 끌고 가면서 송의 재상 출신 장방창(張邦昌, 1081~1127)을 황제 자리에 앉히고 나라 이름을 송에서 초楚로 바꾸었다. 사실상 송을 멸망시키고 괴뢰 국가 초를 세웠던 셈이다. 금군이 물러갔던 직후 장방창은 폐위되었지만, 장방창에 대한 역사의 평가는 극히 부정적일 수밖에 없었다.

흥미로운 것은 인조대 과거 시험에서 장방창과 관련된 문제가 출제되었다는 사실이다. 1624년 이괄의 난을 맞아 인조와 조정은 공주로 파천했다. 그리고 이괄이 피살되고 반란이 종식되었다는 보고를 받은 직후 조정은 반란이 평정된 것을 축하하기 위해 임시 과거, 즉 '별시'를 실시한다. 당시 별시에서 출제된 논제가 '송의 이강李綱이 장방창의 참역한 죄를 다스리기를 청하다〔宋李綱請治張邦昌僭逆之罪〕' 였다. 그런데 당시 급제했던 여섯 명 가운데 한 사람이 바로 홍익한이다.6

인조대 척화파의 대표이자 삼학사의 한 사람으로 최명길을 가장 격렬하게 성토했던 홍익한이 '정강의 변'과 관련된 문제를 풀고 과거에 합격하여 벼슬에 나아갔다는 사실은 매우 시사적이다. '정강의 변' 이후 전개된 남송과 금의 관계, 그 과정의 핵심 쟁점이었던 주화, 척화의 논란 속에서 조선의 척화신들이 남송의 주화파 진회에게 주목하는 것은 당연한 수순이었을 것이다. 그리고 그들은 조선의 주화파 최명길에게서 진회의 모습을 떠올리게 되는 것이다.

비록 분위기는 좀 다르지만 화친을 주도했던 최명길을 매도하는 모습은 송시열(宋時烈, 1607~1689)에게서도 발견된다.

> 대저 국가가 멸망하면 군주도 같이 죽는 것이 정의라 결심하지 않고 구구하게 보존할 계획만 하게 되면, 한 가지 일도 구차하지 않은 것이 없을 것이니 그 밖에 자질구레한 잘잘못이야 어찌 다 논하겠는가. 종합해서 논한다면 정묘년 봄부터 최 공(최명길)이 문득 화의和議를 자임한 것은 목전의 위급한 상황을 조금이라도 늦추어 보자는 마음에서였지만, 그 뒤부터 나라에서는 모두 화의만을 믿고 와신상담하려는 뜻을 날이 갈수록 잃어 마침내 굴욕적인 병자호란에 이르렀으니 그 시말을 논할 때 최 공이 어찌 책임을 회피할 수 있겠는가. …… 홍 공(홍익한)이 의를 들어 척화를 주장하는 글을 올렸던 것을, 위급했던 당시에 최 공이 지적하여 마침내 홍 공이 오랑캐에게 죽임을 당하게 했으니 홍 공의 자손들이 어찌 말이 없겠는가. 그러므로 척화를 부르짖던 사람을 묶어 보낸 허물을 최 공에게 돌리는 것은 너무도 당연한 일이 아니겠는가.[7]

송시열은 병자호란 때 인조가 종사와 함께 죽지 않은 것을 문제 삼고 있다. 그러면서 정묘호란 이후 최명길이 화의를 주도하는 바람에 와신상담의 의지가 모두 사라져 병자호란을 당했고, 홍익한이 청인들에게 죽게 된 것도 최명길 때문이라고 규정하고 있다.

송시열은 1683년(숙종 9) 《삼학사전三學士傳》을 지었는데 그것은 홍익한, 윤집, 오달제의 절의를 찬양하는 책이자 동시에 최명길을 비판하는 책이기도 했다. 그런데 《삼학사전》에는 사실 관계에 문제가 있는 내용도 수록되어 있었다. 대표적인 것은 "최명길이 윤집과 오달제를 청군 진영으로 데려가면서 양파陽坡에서 잠깐 쉴 때 두 사람에게 '전후로 척화를 주장했던 신하들을 모두 끌어들인다면, 청인들이 그들을 모두 죽일 수는 없을 것이니 그대들도 죽음을 면할 수 있을 것'이라고 권유했다"는 내용이다.

하지만 체찰사 휘하의 군관으로 당시 상황을 직접 목도했던 이기남(李箕男, 1598~1680)은 "당시 최명길은 두 사람보다 먼저 청군 진영에 이미 가 있었고, 다른 군관이 윤집 등을 압송했다"고 증언한 바 있다. 이기남의 증언을 근거로 최명길의 아들 최후량이 격하게 항의하자 송시열은 이 내용을 삭제한다.[8]

자칫 '화친을 기화로 척화신들을 일망타진하려 했다'는 혐의를 최명길에게 뒤집어씌울 수도 있는 대목을 삭제하긴 했지만,[9] 송시열의 최명길에 대한 평가는 몹시 부정적이었다. 1666년(현종 7), 송시열은 병자호란 전후의 여러 신료들의 행적을 송대의 상황과 연결시켜 언급하면서 김상헌, 정온, 삼학사는 군자이고 최명길은 소인이라고 규정한 바 있다.[10] 송시열은 또한 제자 신만(申曼, 1620~1669)과 다음과 같은 대화를 나눈다.

신만 : 최명길이, 선비들이 자신을 진회로 지목한다는 소문을 듣
        고 해명하기를 "만약 악비가 있는데도 화의를 주장했다면
        진회라 하겠지만, 지금 악비는 없고 종사의 멸망이 눈앞에
        닥쳤는데 어찌 화의를 그만둘 수 있겠는가. 나를 진회로 지
        목하다니 어찌 원통한 일이 아닌가"라고 했는데 이 말은
        어떻습니까?

송시열 : 사세가 그랬더라도 의리와 이해의 관계는 얼음과 숯처럼
        다른 것인 만큼, 최명길은 이익만 알고 의리를 잊은 사람이
        라는 평가를 면하기 어려울 것이다.[11]

　　18세기를 살았던 안정복(安鼎福, 1712~1791)의 평가는 송시열의
그것보다 더 부정적이었다. 안정복은 언젠가 남한산성의 남문을 지
나다가 병자호란과 최명길을 떠올리며 다음과 같이 읊은 바 있다.

　　생각하면 옛날 최 승상은
　　빈번히 오랑캐 추장에게 사신 갔는데
　　초구 내린 황은이 중하다고
　　세 번 절하고 아홉 번 머리 조아렸네.

　　사람들이 말한 쉽지 않은 일이라는 것,
　　나아가 청군 진격을 늦췄다는 것인데
　　죽지 않을 방도 자기가 미리 마련했으니

이 말이 진실로 가소롭구나.

삼학사가 그때 붙잡혀
묶인 채로 군전에 나아가는데
그날 양파에서 했다는 말
지금도 사람을 껄껄 웃게 만들지.

오랑캐 세력이 아무리 무섭다 해도
명나라 은혜는 잊을 수 없으니
징병 한 가지 일만은
마땅히 힘을 다해 막았어야 했는데.

우리 나라 삼백 년 역사에
선비 양성하여 어진 신하 있었건만
마침내 지천 같은 자는
결국 나라 팔아먹은 사람이지.[12]

안정복은 최명길을 가리켜 '나라를 팔아먹은 사람'이라고 매도한다. 청군이 무악재까지 들이닥쳤을 때 최명길이 적진으로 달려가 그들의 진격을 늦추었던 것을 사람들이 찬양하는 것도 가소롭다고 폄하한다. 그런데 '양파에서 했다는 말'은 "최명길이 윤집과 오달제에게 척화한 사람들을 모두 끌어들이면 청이 그들을 다 죽일 수 없을 것이기 때문에 그대들도 살 수 있을 것이라고 말했다"는 것을 가리킨다. 일찍이 송시열이 《삼학사전》에 기록했다가 근거가 없다는 지적을 받고 삭제했던 내용이다.[13] 송시열이 내용을 삭제했는데도 이후에도 계속 구전되어 안정복이 그대로 옮겨 놓은 것이다.

안정복은 또한 청이 조선에서 병력을 징발하여 명을 치는 것을 막지 못한 것도 최명길의 허물로 돌린다. 그런데 앞에서도 살폈듯이 최명길은 청의 징병을 피하기 위해 두 차례나 심양으로 달려가 나름대로 최선을 다했다. 하지만 안정복은 당시 상황에 대한 언급은 없이 최명길을 가리켜 명의 은혜를 배신하고 나라를 팔아먹은 자라고 극단적인 비난을 퍼붓고 있는 것이다.

척화신들의 격렬한 비난과 매도를 감수하면서 화친의 길을 걸었던 최명길이지만, '진회의 죄인' 운운했던 극단적인 비난은 심각한 충격으로 다가왔던 것으로 보인다. 1642년(인조 20), 명과 밀통했던 행적이 탄로 나서 심양의 감옥에 갇혔을 때 충훈부 신료들에게 보낸 편지에는 그 같은 심정이 절절히 담겨 있다.

편지에서 최명길은 '약한 나라의 외로운 신하'로 자처하면서도 자신이 갖고 있는 대장부의 마지막 자부심을 토로한다. "조선의 종사와 임금을 먼저 구하고 나중에는 명을 위해 죽으려 했다"고 말이다. 온갖 비난과 매도를 무릅쓰면서 청과 화친했던 것이 조선의 종사와 임금을 위한 것이라면 '성하의 맹' 이후 명에 독보를 보내고, 청이 명을 치는 병력을 강요했을 때 심양으로 달려가 막으려고 시도하고, 명나라 선박과의 접촉을 시도했던 것들은 명을 위한 의로운 행동이라

는 것이다.[14]

주목되는 것은 비록 척화신들로부터 '진회보다 더한 자'라고 매도되었지만, 최명길이 자신이 주도한 조선의 강화와 진회가 주도했던 남송의 강화는 전혀 다른 성격의 것이었다고 강하게 반박하고 있다는 사실이다.

> 나라를 그르치게 하고 불충한 일 가운데 가장 큰 것은 바로 강화한 가지입니다. 진회의 전철을 천고에 누가 경계하지 않겠습니까만 남송의 강화는 그 이로움이 신하에게 돌아가고 해로움은 나라로 돌아갔습니다. 지금 우리 나라의 강화는 해로움은 신하에게 돌아가고 그 이로움은 나라로 돌아갔으므로 그 마음과 행적에 실로 용서받을 만한 부분이 있고, 이해 또한 밝힐 만한 사정이 있습니다.[15]

"조선의 강화는 이로움이 나라로 돌아가고 남송의 강화는 이로움이 신하에게 돌아갔다." 최명길은 강화를 주도하는 것이 나라를 그르칠 수 있는 '커다란 불충'이라는 사실을 결코 부정하지 않는다. 하지만 조선과 남송이 강화를 통해 얻게 된 결과는 전혀 달랐다고 항변한다. 조선은 강화를 통해 종사와 임금이 보전되었지만, 그것을 주도했던 신하 최명길은 '진회의 죄인'이라는 최악의 오명을 뒤집어쓰는 피해를 입었다. 반면 남송의 강화는 국가에는 엄청난 해독을 끼쳤지만 그것을 주도했던 신하 진회는 재상 자리를 수년간 유지하면서 엄청난 권세를 누렸다. 최명길은 공익, 국익을 위해 강화를 주도했지만,

진회는 사익을 위해 강화를 이용했다는 것이다. 나아가 자신은 나라와 임금을 위해 강화를 주도했으므로 떳떳할 수 있고 또 용서받을 수 있다고 강조한다.

최명길은 과연 어떤 사실과 근거를 바탕으로 자신을 '진회의 죄인'이라고 비난하는 사람들에게 항변했을까? 정확한 맥락을 이해하려면 '정강의 변'의 발생 배경과 강화 문제를 둘러싼 남송의 상황을 간략하게나마 살펴볼 필요가 있다.[16]

'정강의 변'과
진회

    1127년 '정강의 변'이 일어나게 된 것은 송이 연운십육주를 회복하려고 시도했던 것에서 비롯되었다. 연운십육주는 오늘날의 북경, 천진, 하북성, 산서성 일대의 16개 주현을 가리키는데 석경당이 거란의 군사 원조를 받아 후당을 멸망시키고 후진을 건국하는 과정에서 거란으로 넘어갔다.[17] 송은 건국 이래 연운십육주를 수복하려 했지만 거란에 밀려 무위에 그쳤다. 오히려 1004년 거란(요)이 쳐들어오자 송은 요와 '전연澶淵의 맹'을 맺고, 요를 형으로 섬기고 비단 20만 필, 은 10만 냥을 세폐로 바쳐야 하는 굴욕을 겪었다.

    1115년, 완안부完顔部 여진의 아구다阿骨打가 요에 반기를 들고 일어나 금을 건국한다. 요의 천조제天祚帝는 대군을 동원하여 금을 공격했지만 대패하고 만다. 요가 위기에 몰리자 송의 휘종은 금과 동맹을 맺어 연운십육주를 되찾을 계획을 세운다. 금은 협력의 대가로 송이 요에게 바치던 은 20만 냥, 비단 30만 필을 세폐로 요구했다. 송은 금의 요구를 받아들이고 양국은 동맹을 맺었다.

금군은 1121년 요의 중경中京을 공략했다. 하지만 송군은 금과 달리 곧바로 요를 협공하지 못했다. 1120년 10월, 절강에서 반란이 일어나 진압하는 데 3년 가까운 시간을 허비했기 때문이다. 송은 1123년에야 원정군을 출발시킬 수 있었다. 당시 금군은 연경 부근만을 빼고 요의 영토 대부분을 장악한 상태였다. 금은 송과의 약조를 지키기 위해 연경 부근에는 병력을 진입시키지 않았다. 그런데 송군은 요군을 제대로 제압하기는커녕 요의 패잔병들에게도 밀렸다. 다급해진 송군 사령관 동관童貫은 아구다에게 도움을 청했고 금군은 득달같이 달려와 요군을 궤멸시키고 연경까지 점령해 버린다.

애초에 송이 금과 섣불리 군사동맹을 맺은 것이 화근이었다. 금은 요군 잔당을 쓸어버린 대가를 요구했고, 송은 동전 100만 관과 양곡 20만 석을 주기로 약속했다. 그러자 금은 약속대로 연경 지역을 송에게 넘겨주었다.

1123년 금의 태조 아구다가 죽고 태종太宗이 즉위했다. 그러자 천신만고 끝에 연경을 되찾은 송은 변심한다. 금에게 약속한 세폐를 보내는 것을 주저하고, 요의 천조제와 내통하여 거꾸로 금을 공격하려고 시도했다. 하지만 송의 변심은 어설프고 위험한 것이었다. 1125년 금군은 천조제를 사로잡았고 요는 멸망했다. 송이 요와 밀통했던 사실을 알게 된 금은 격분했다. 1125년 12월, 금군은 송을 침공했다.

금군은 수도 개봉을 향해 곧바로 돌격했다. 병자호란 당시 청군이 곧장 한양으로 진격했던 것과 유사했다. 송군은 금군의 상대가 되지 못했다. 당황한 휘종은 근왕병을 기대했지만 여의치 않자 태자(흠종)에게 제위를 넘겨주고 파천길에 나섰다.

1126년 1월, 금군은 개봉을 포위했다. 이강 등이 분전했지만 금군을 막지 못하자 송은 강화를 시도한다. 송이 북방의 삼진三鎭을 할양하겠다고 제의하자 금군은 철수했다. 그런데 금과의 강화에 반대하는 신료들과 태학생들이 들고일어났다. 이들은 이강의 주전론을 지지하고, 강화를 주도했던 채경蔡京, 동관 등을 성토하여 조정에서 몰아냈다. 금군이 철수하고 근왕군이 개봉으로 집결하자 송은 삼진을 금에 넘겨주기로 했던 약속을 다시 파기한다.

송의 거듭된 변심에 격분한 금군은 1126년 가을 다시 개봉으로 밀려들었다. 금군은 개봉을 유린하고 1127년 두 황제를 비롯하여 1,200명의 포로와 송 황실의 금은보화를 모두 탈취하여 철수길에 올랐다. 철수하기 직전 금은 송의 재상 장방창을 제위에 앉히고 국호를 '초'로 고치도록 했다. 송은 사실상 이때 한번 멸망했다.

금군의 철수 이후 장방창은 황위에서 쫓겨났고, 흠종의 아우 조구趙構가 1127년 제위에 올랐다. 그가 바로 남송의 고종高宗이다. 정강의 변 이전의 송은 북송으로 불러 남송과 구분한다. 장방창이 폐위된데다 고종이 즉위하여 이강 같은 주전파를 기용하자 1127년 겨울 금군은 다시 남침한다. 고종은 양주揚州로 파천했고 이후 금의 거듭되는 공격에 죽을 고비를 여러 차례 넘겼다. 고종은 1129년 9월, 임안(臨

安, 항주)을 수도로 삼고 정착했다.

금은 이후에도 누차 남송을 공격했지만 강남의 무덥고 습한 기후와 긴 전선에 따른 보급의 어려움을 극복하지 못하고 회수 이북으로 철수한다. 금은 원정을 통해 획득한 황하와 회수 사이의 영토를 한인 유예劉豫에게 맡겨 '제齊'라 불리는 괴뢰정권을 세웠다. 유예는 개봉으로 천도하여 산동山東, 하남河南, 섬서陝西를 아우르는 광대한 지역을 통치했다. 금은 제를 완충지대로 삼아 숨 고르기에 들어갔다. 반면 남송은 과거 연운십육주처럼 이제 유예가 지배하는 영토를 수복하는 것을 비원悲願으로 품게 되었다.

남송과 제가 다투기 시작할 무렵 등장했던 인물이 바로 진회다. 진회는 태학생 출신으로 '정강의 변' 당시 장방창을 황제로 옹립하는 데 반대하다가 금으로 끌려간다. 진회는 금에서 황실의 유력자였던 달란撻懶의 노비가 되었다. 그런데 금은 1130년, 마치 탈출한 것처럼 가장하여 진회를 남송으로 돌려보낸다. 역사가들은 금이 향후 남송과의 관계를 유리하게 이끌기 위해 진회와 밀약을 맺고 송환했다고 본다. 실제로 남송의 고종은 진회를 환대했고 그를 예부상서에 임명했다. 진회는 이후 고종 정권에서 승승장구하여 재상 자리까지 오르게 된다.

1135년 태종이 죽고 희종熙宗이 17세로 즉위하자 달란은 금의 실권을 장악했다. 달란은 1137년 유예를 폐위하고 제의 영토를 금의 직할령으로 편입시켰다. 이어 진회와 본격적으로 협상에 나섰다. 남송이 금에게 바칠 세폐의 양, 금이 억류하고 있는 송 황족의 송환 문제,

남송이 금에게 복속하면서 취할 의례 문제들을 남송에게 섭서와 하남 지역을 반환하는 조건으로 논의했다. 강화를 통해 남송을 신속臣屬시키고 세폐를 받는 것이 금에게 훨씬 유리하다는 판단에서 비롯된 조처였다.

진회가 금과 강화를 추진하자 남송에서는 호전胡銓 등이 들고 일어나 진회의 목을 치라고 촉구하며 격렬하게 반발했다. 그런데 남송과의 강화가 거의 성사될 무렵, 금에서도 정변이 일어난다. 종실 올출兀朮이 쿠데타를 일으켜 달란을 제거한 뒤 남송을 침공한다. 남송도 악비 등이 분전하여 전쟁은 다시 교착 상태에 빠진다.

자신이 주도했던 금과의 화의가 실패하자 진회는 사직을 청했지만, 고종은 허락하지 않았다. 고종의 절대적인 신임을 바탕으로 진회는 올출과 다시 협상에 나선다. 용병을 바탕으로 군사력을 유지하고 있던 남송은 전쟁을 지속할 경우 재정 운용에 심각한 타격을 받을 수밖에 없었다. 그것은 증세로 이어져 백성들의 반발을 초래하고, 군벌들이 득세하게 만들어 문치주의 정권의 안정을 해칠 수도 있었다. 진회는 금에게 복속하더라도 강화가 필요하다고 결론을 냈다. 올출 또한 남송을 완전히 제압하는 것이 불가능하다는 현실을 수용하여 1141년 남송과 금은 강화에 정식으로 합의했다. 남송은 금에게 칭신하고, 동쪽으로 회수, 서쪽으로 대산관大散關을 국경으로 정하고, 금에게 은 25만 냥과 비단 25만 필을 세폐로 바치기로 약속했다. 이듬해 금은 고종의 생모 위씨韋氏를 송환하면서 금에서 죽은 휘종의 유해도 남송에 돌려주었다.

일찍부터 절도사들의 세력을 억제하려고 부심했던 나라가 송이었다. 화친이 성사되어 금과 전쟁을 벌일 가능성이 당분간 사라지자 진회는 악비, 장준, 한세충 같은 군벌들을 제거하는 작업에 착수했다. 이들을 문관 고위직에 임명하여 예우하는 척했지만 실제로는 병권을 박탈하고 서로 싸우도록 만드는 분열 공작을 벌였다. 악비는 진회에게 매수된 부하 무장의 고발로 투옥되어 비명횡사하는 비운을 맞는다.

1141년 강화 이후 금도 변화를 맞는다. 달란, 올출 같은 종실 유력자들의 전횡에 진저리를 쳤던 금의 희종은 성년이 되자 종실들을 마구 숙청했다. 그러자 1149년 종제 해릉왕海陵王 완안량完顔亮이 희종을 죽이고 제위에 오른다. 해릉왕 또한 1161년 남송을 치는 친정에 나섰다가 아우인 세종世宗이 황제로 옹립되면서 원정 도중 부하에게 피살된다. 세종은 남송에 다시 화친을 제의하고, 1165년 남송과 금은 훨씬 완화된 조건으로 화약을 체결했다.

남송의 강화와
조선의 강화 차이

　　요컨대 '정강의 변'은 치밀한 준비 없이 연운십육주를 되찾겠다고 나선 송이 금과 섣불리 군사 동맹을 맺은 것에서 비롯되었다. 그뿐만 아니라 이후에도 이해타산에 따라 금과의 약속을 수시로 번복했던 송이 자초했던 참사이기도 했다.

　　그런데 중국 정치사에서 송대는 독특한 위치를 차지한다. 무엇보다 송대에 들어와 황제와 사대부가 함께 천하를 다스린다는 의식, 이른바 '군신공치君臣共治'의 관념이 확고하게 자리 잡았기 때문이다. 또 송대에는 '국시國是'를 매우 중시했는데 그것은 황제와 사대부가 공동으로 합의하여 정한 국책이자 시정 방향을 가리킨다. 그런데 송대의 국시는 일단 정해지면 황제나 재상도 그것을 함부로 어겨서는 안 되는 원칙, 일종의 법제法制로까지 인식되었다. 따라서 일단 정해진 국시와 다른 의견이나 노선은 폐기되었고, 그 같은 의견이나 노선을 주장하는 신료들은 조정에서 쫓겨나는 관행이 만들어졌다. 나아가 국시는 황제와 재상이 정책을 추진하는 과정에 합법성을 부여해주는 역할을 했다.

위잉스余英時에 따르면 송에서 이처럼 중요한 국시 관념이 확립된 것은 11세기 후반이었다. 1070년 신종과 왕안석王安石이 신법新法을 시행하기로 합의하고 그에 반대하는 논의가 다시는 존재하지 못하도록 결정했던 것에서 비롯되었다고 한다. 그것이 가능했던 것은 물론 신종이 왕안석을 절대적으로 신임했기 때문이었다.

왕안석이 죽고 철종哲宗이 어린 나이로 즉위했던 초기 수렴청정을 했던 선인태후宣仁太后는 왕안석 당파를 조정에서 대거 축출했다. 하지만 철종이 친정하게 되면서 신종의 정책은 계승되었고, 국시는 반드시 준수해야 할 원칙으로 굳어졌다. 신종 이후 철종, 휘종 시대를 통해 황제가 국시를 바꿀 경우 그것을 황제와 함께 합의한 재상은 실각했다. 집정 세력들은 '국시'를 내세워 자신들의 시정 방침에 반대하는 세력들을 합법적으로 탄압, 제거하는 것이 가능해졌다.[18]

정강의 변을 겪은 이후 남송에서도 국시는 여전히 변함없는 힘을 발휘했다. 1127년 상서우복야 겸 중서시랑 이강은 "정강 연간 주전主戰과 주화主和를 놓고 국시가 정해지지 않고 이론이 분분했기 때문에 '정강의 변'을 겪게 되었다"며 고종에게 강화, 수비, 전투 가운데 하나를 국시로 정하라고 촉구했다. 고종은 강화를 선택했다. 정강의 변을 직접 겪었고, 제위에 오른 직후에도 금의 침략으로 여러 차례 죽을 고비를 넘기면서 겪었던 고통과 '트라우마' 때문에 고종은 강화로 기울 수밖에 없었다. 그는 금과 정면 대결을 벌일 의지가 없었다. 고종대에는 강화가 국시였던 셈이다.

고종은 1138년(고종 8) 섬서와 하남을 돌려받고 자신의 생모와 휘종, 휘종 황후의 관을 넘겨받는 대가로 금에게 칭신을 결심한다. 반대파들의 비난이 쏟아지자 진회는 강화를 '국시'로 밀어붙이기 위해 부심했다. 그 첫 단계는 왕안석의 선례를 따라 고종으로부터 절대적인 신임을 얻어 내는 일이었다.

진회는 고종에게 강화를 결단할 것과, 그 문제를 오로지 자신과 단 둘이서만 논의할 것을 제의했다. 고종이 받아들이자 진회는 고종과 독대해 강화가 불가피하다고 강조한 뒤, 3일 동안 심사숙고해 강화 결심이 굳어지면 말해 달라고 청원한다. 3일 뒤 고종의 굳은 결심을 확인하고도 진회는 집요하게 마지막으로 3일 동안 다시 더 생각해 보라고 다그친다. 다시 3일 뒤 고종의 결심이 확고하다는 사실을 확인하자 비로소 강화를 결정한다. 이처럼 집요한 반복과 확인 과정을 거쳐 마침내 강화가 결정되자, 이를 반대했던 또 다른 재상 조정趙鼎은 파직되고 그 순간 강화는 남송의 국시가 되었다.[19]

남송 조정이 금과의 강화를 국시로 정하는 과정을 살펴보면 진회와 최명길의 행적은 일견 유사해 보이는 측면이 있다. 우선 두 사람 모두 반대를 무릅쓰고 강화를 주도했다는 사실이다. 또 최명길이 인조와 화의를 논하면서 승지와 사관을 배제하려고 했던 것도[20] 정도의 차이가 있지만 진회가 다른 신료들을 배제하고 고종과 독대를 거듭

했던 것과 유사하다고 할 수 있다. 따라서 척화신들이 최명길을 진회에 비견하는 것을 전적으로 틀렸다고는 할 수 없다.

하지만 조선의 강화와 남송의 강화는 결정적인 차이가 있었다. 최명길이 강화를 추진할 때 조선은 남한산성에 포위되어 있었다. 시간이 흐를수록 산성의 방어 능력은 약화되었고, 근왕군은 산성으로 접근하기도 전에 매복했던 청군에게 궤멸되거나 패전했다.[21] 춥고 배고프며 완전히 포위된 남한산성에서 최후까지 버티다가 옥쇄를 감행할 것인가? 아니면 항복할 것인가? 선택지가 단순했다. 반면 남송의 경우는 금군에게 포위당한 급박한 상황이 아니었다. 그뿐만 아니라 곳곳에서 악비 같은 무장들이 금군과 싸워 승리를 거두기도 했다. 고종이 마음만 먹으면 금과 대등하게 맞서거나 나아가 그들을 물리칠 수 있는 군사적인 잠재력을 가진 나라가 남송이었다. 하지만 고종은 자신의 황위를 지키려면 강화밖에는 방법이 없다고 믿었다. 그리하여 일찍부터 자발적으로 칭신을 결심했을 정도였다.

또 남송의 황제와 재상은 국시를 밀어붙이는 힘이 있었지만, 조선은 그렇지 않았다. 삼사 척화신들의 위세가 어쩌면 남송보다 더 강했기 때문이다. 남송에서는 일단 황제와 재상이 합의하면 국시가 되지만 조선은 그렇지 않았다. 예를 들어 병자호란 발생 직전, 황손무의 권유도 있어서 박인범 같은 역관들을 심양으로 보내 돌파구를 열려고 했지만, 삼사 척화신들의 '위로 명을 배신하고 아래로 백성을 기만한다'는 비난에 휘말려 그들은 곧바로 압록강을 건널 수 없었다.[22] 요컨대 조선에서는 국시를 오히려 삼사가 장악하고 있었다고 해도 과언이 아닌 셈이다.

조선과 남송의 강화가 결정적으로 달랐음을 보여 주는 또 다른 사실은 강화 성립 이후 그 주도자들의 모습과 행적이었다. 최명길은 '진회의 죄인', 소인, 매국노라는 오명을 뒤집어 쓴 채 전쟁의 상처를 치유하고 청과의 관계를 원만히 유지하기 위해 노심초사했다. 그러면서도 청의 징병을 거부하려 했고 독보를 보내 명과 밀통하려고 했다. '독보 밀통' 건이 탄로 나고 최명길이 청으로 소환되자 인조는 가차 없이 그의 벼슬을 삭탈해 버린다. 이후 최명길이 심양에 수감, 구류되었다가 돌아왔지만 인조와의 관계는 옛날과는 전혀 달라진다.[23]

반면 진회는 강화가 확정된 이후 정치적으로 승승장구했다. 진회는 1138년 금과의 화의가 사실상 '국시'로 결정되면서 1155년 죽을 때까지 재상으로 17년 이상 집권했다. 1140년 5월, 금군이 맹약을 어기고 쳐들어와서 하남 지역을 장악했지만 진회는 화의를 고수하려는 종전의 태도를 바꾸지 않았다. 그것은 재상 자리를 지키기 위한 것이었다. 화의에 목숨을 걸고 자신의 권력을 지키려는 진회의 자세는 이후 탕사퇴湯思退 등에게도 이어졌다. 탕사퇴는 진회가 이미 죽었는데도, 1161년 금의 완안량(해릉왕)이 화약을 어기고 남송으로 쳐들어왔는데도 금과의 화의를 바꾸려 하지 않았다. 남송에서는 진회가 죽은 뒤에도 또 다른 '진회'가 계속 나타났던 것이다.[24]

요컨대 최명길이 "남송의 강화는 신하를 위한 것이었다"고 했던 것은 바로 이 같은 역사적 사실을 염두에 두고 언급한 것이었다.

병자호란 이후에도 최명길을 '진회의 죄인'이라고 매도하는 분위기가 이어지는 와중에 그 같은 평가가 부당하다고 지적한 인물이 있었다. 그는 바로 송시열의 스승 김집(金集, 1574~1656)이었다. 김집은 당시 사람들이 최명길을 진회라고 매도하는 것을 비판하고, 병자호란 당시 화의가 아니면 청과 대적할 수 없었던 조선의 현실을 인정한 바 있다.

지금 사람들이 최명길을 진회라고 여기고 있지만 이는 크게 잘못된 말이다. 진회는 금에 충성을 다한 자였지만 최명길이 어찌 이러한 마음이 있었겠는가. 그 실상이 상반됨에도 억지로 진회와 같다고 한다면 최명길이 승복하지 않음은 물론이고 또한 올바른 공론이라고도 할 수 없다. 다만 최명길에게 '나라가 망하면 같이 죽어야 한다'는 의리를 지키지 않았다고 죄를 준다면 그도 반드시 할 말이 없겠지만, 청과 화친하지 않고도 그들과 대적할 수 있었다고 한다면 그것은 참으로 가소로운 이야기다.[25]

"진회는 금에 충성을 다한 자였지만 최명길은 그렇지 않았다", "청과 화친하지 않고 그들과 대적할 수 있다고 하는 말은 가소롭다." 김집은 병자호란을 전후한 시기 조선이 청에게 군사적으로 대적할 수 없었다는 사실, 그리고 최명길이 강화를 추진했던 본원적인 목적에 대해 명확하게 이해하고 있었던 것이다.

최명길의
재발견

최명길에 대한 평가가 부정 일변도였던 것만은 아니었다. 그를 '진회의 죄인'으로 매도하는 한편에서는 최명길 덕분에 조선의 종사와 강토가 유지되었다는 사실을 인정하는 평가도 있었다. 골수 척화신으로 청과 무조건 싸워야 한다고 강조했던 조경은 최명길의 만사挽詞에서 다음과 같이 읊었다.

눈은 달과 같아 이치를 밝히고
입은 다물지 않고 논란을 제기했네.
비단 군사 때문이 아니라 형세를 보고서
강화를 주도하여 기꺼이 탄핵을 받았네.
일이 터지기에 앞서 도모한 것인데

이로 인해 사람들의 의혹을 초래하였네.

섣달 광릉의 근처에

오랑캐 기병의 비린내가 가득하네.

왕실의 처지는 눈물 흘릴 만하고

묘당의 계책은 그저 숨죽일 뿐이었네.

사나운 오랑캐 정예병의 포위를 풀고자

시커먼 요기妖氣 속에서 턱을 들고 말했네.

위태로운 형세 하루아침에 안정되니

공의 계책 과연 틀리지 않았네.

강토를 회복한 공을 논하자면

누구에게 으뜸을 양보하리오.[26]

조경은 최명길이 갖은 간난신고 끝에 강토를 회복했던 공로를 찬양한다. 박세당 또한 최명길의 '신도비명'에서 최명길이 조선의 종묘사직을 위해 모두 일곱 가지의 커다란 공을 세웠다고 찬양했다.[27]

하지만 망해 가던 종사를 살려 냈다는 일각의 평가에도 최명길은 인조 묘정에 배향되지 못했다. 인조반정의 일등공신이었는데도, 그와 같이 참여했던 김류, 이귀, 신경진, 이서 들은 모두 배향되었는데도 최명길만 배향되지 못했다.[28] 병자호란을 맞아 위기에 처한 인조를 구해 내고, 이후에도 인조의 후견인 역할을 했던 신료가 최명길이었던 사실을 고려하면 납득되지 않는 상황이었다.

1651년(효종 2) 6월, 좌의정 이시백은 최명길을 인조의 묘정에 배향하자고 강청했지만 무산된다. 당시《효종실록》의 사신은 최명길을 가리켜 "병자 이후 선한 무리를 해치고 국법을 어지럽혀 사론에 죄를 얻은 지 오래"라며 그를 추천한 이시백을 맹렬히 비난한 바 있다.[29]

최명길을 인조의 묘정에 배향한다는 논의는 숙종 때 다시 제기된다. 1676년(숙종 2) 7월, 영의정 허적(許積, 1610~1680)은 "조선의 오늘이 있게 된 것은 병자호란 당시 최명길이 목숨을 걸고 위기를 구한 덕분"이고 "만약 최명길이 없었더라면 뒷날 비록 복수하고 설욕을 꾀하려 해도 종사는 이미 혈식을 받지 못하게 되었을 것"이라며 최명길을 인조의 묘정에 추가로 배향해야 한다고 건의한다.[30] 허적의 건의에 숙종은 다음과 같이 하교한다.

> 슬프다! 고故 상신 최명길의 나라를 위한 충성은 옛날의 어진 재상과 같거니와 그가 병자호란을 맞아 삼백 년 종사와 수천 리 동토로 하여금 이미 멸망한 것을 다시 존속하게 했으니, 그 원대한 생각과 훌륭한 계책이야말로 무엇과도 비할 바 없이 위대한 것이다.[31]

숙종은 최명길 덕분에 하마터면 끊어질 수도 있었던 조선의 종사가 존속하고 영토가 보전될 수 있었다고 평가한다. 최명길의 업적에 대한 극찬이었다.

숙종은 최명길을 인조의 묘정에 추배追配할 수 있도록 태종 때의 전례를 살펴보라고 지시한다. 바야흐로 허적의 적극적인 건의와 숙종의 화답에 의해 최명길의 인조 묘정 배향은 실현되는 것처럼 보였다. 하지만 당장 반대하는 목소리가 터져 나온다. 호군護軍 이옥(李沃, 1641~1698)은 최명길이 위기에서 임기응변한 공로는 있지만 근본적으로 적을 막는 데 기여한 바가 없다는 것, 최명길이 기미하는 데 힘썼을 뿐 악비나 호전처럼 적과 항전하거나 절의의 기풍을 북돋은 바가 없다는 것을 이유로 추배하는 것에 반대한다.32 숙종은 이옥의 상소를 나무랐지만, 이후에도 사간원 언관들의 반대가 이어지면서 숙종은 멈칫하게 된다. 최명길을 인조 묘정에 추배하려는 시도는 결국 다시 흐지부지되고 만다.33

최명길 후손들의 마음고생은 심해질 수밖에 없었다. 하지만 17세기에도 척화론이 여전히 대다수 조선 지식인들에게 정론으로 지지를 받고 있던 상황에서, 시종일관 주화론을 견지했던 최명길에 대한 인식을 바꾸고 묘정 배향을 실현시키는 것은 결코 쉬운 일이 아니었다.

최명길의 손자 최석정은 1690년 무렵, 스승 남구만에게 최명길의 신도비명을 지어 달라고 청탁한다. 최석정은 남구만이 신도비명을 통해 최명길이 명에게도 의리를 실천한 인물로 평가해 주기를 원했지만, 남구만은 응하지 않는다. 병자호란 이전의 상황에서는 명에 대한 의리를 논할 수 있지만, 이미 청에게 항복한 다음에는 의리를 논할 수 있는 상황이 아니었다고 선을 그었다.34 최석정은 스승에게 조부 최명길의 신도비명을 부탁하면서 의리에서도 긍정적인 평가를 해 줄 것을 기대했던 것으로 보인다. 하지만 최석정이 간과했던 것이 하나 있었다. 남구만의 고모부가 오달제였다는 사실이다. 일찍이 1671년 남구만은 송시열에게 오달제와 관련된 전傳을 써 달라고 부탁한 적이 있었다.35 따라서 척화파의 상징 인물인 오달제의 조카였던 남구만으로서는 최석정이 비록 같은 당색이자 자신의 제자였지만, 최명길을 대명對明 의리와 관련해서 인정하기는 어려웠던 것으로 보인다.

더욱이 숙종대 들어 서인과 남인, 노론과 소론 사이의 정쟁이 가열되면서 최명길에 대한 평가 또한 정국의 흐름에 따라 부침할 수밖에 없었다. 1687년(숙종 13) 숙종은 당파의 차별 없이 탕평하겠다는 교서를 내렸지만 1689년 기사환국己巳換局, 1694년 갑술환국甲戌換局이 일어나며 정쟁은 가열되었다. 더욱이 1681년 이래 송시열과 그 제자 윤증尹拯 사이의 갈등이 심각한 지경으로 치닫게 되면서 노론과 소론 사이의 대립과 감정의 골은 더욱 깊어졌다.36

송시열은, 1637년 강화도가 청군에게 함락될 당시 윤증의 부친 윤선거尹宣擧의 행적에 문제가 많았다고 폄하함으로써 윤증과 갈등을 빚은 바 있다. 송시열은 윤선거가 강화도에서 순절하지 않고 살아남은 것을 비판했던 것이다.37 이렇게 상대 당파 인물의 병자호란 당시의 행적을 놓고 의리와 시비를 다투는 분위기 속에서 최명길의 행적에 대한 논란도 이어질 수밖에 없었다.

1698년(숙종 25) 소론 최석정이 탕평을 이룬다는 명목으로 기사환국 당시 김수항金壽恒에게 가해했던 오시복吳始復을 다시 등용하려 하자 김수항의 아들 김창협金昌協과 김창흡金昌翕은 최석정과 절교를 선언한다. 특히 김창흡은 최석정에게 보낸 편지에서 병자호란 당시 최명길이 자신의 증조부 김상헌을 해치려 했고, 최명길이 후손들에게 남겨 준 계책이 흉악한 무리들의 기세를 배양해 왔다고 심하게 비판했다. 그러면서 소론들을 가리켜 '한漢 나라의 얼굴에 오랑캐의 마음을 지닌' 무리들이라고 매도했다.[38] 1642년 최명길과 김상헌이 심양에서 조우하여 서로 시를 주고받고 화해하면서 이어져 왔던 두 집안의 관계가 다시 원래의 적대적인 상황으로 돌아가는 순간이었다. 나아가 송시열의 제자들이 중심이 된 노론 신료들의 최명길에 대한 비판도 격화되는 조짐을 보인다.

명나라가 멸망한 지 60년이 되는 1704년(숙종 30), 조선은 창덕궁 후원 깊숙한 곳에 '대보단大報壇'을 세운다. 임진왜란 당시 원군을 보내 조선을 구원해 준 신종을 기리기 위한 사당이었다. 중원에서는 이미 끊어져 버린 명의 제사를 조선이 지냄으로써 명에게 의리를 지키겠다는 명분에서 비롯된 조처였다. 숙종이 주도했던 대보단 건설에 이여李畬, 민진후閔鎭厚, 권상하權尙夏 같은 송시열 문하의 노론 신료들이 적극 동참했고, 신완申琓, 윤지완尹趾完, 최석정 같은 소론 신료들은 상대적으로 소극적인 태도를 보였다.[39]

그런데 대보단을 만들고 2년이 지난 1706년(숙종 32) 2월, 숙종은 영의정 최석정에게 대보단 제사를 자신을 대신하여 주관하라고 지시한다. 하지만 곧바로 사학四學 유생 송무원宋婺源이 상소하여 반대하고 나선다. 송무원은 "최명길이 병자호란 당시 화의를 주장하여 300년간 이어 온 절의와 강상을 무너뜨렸다", "최석정이 북경에 사신으로 갔을 때, 청 조정이 최명길의 손자라는 이유로 최석정을 후히 대접했다"는 것을 들어 '대대로 오랑캐에 영합하고 명을 배반한 집안'의 인물에게 대보단 제사를 맡길 수는 없다고 극언을 퍼부었다.[40]

송무원은 송시열의 증손이고 노론의 핵심 인물이었던 김춘택金春澤의 매부였다.[41] 그의 이름 '무원鏊源'은 원래 주자 조상의 고향이다. 이름 자체가 주자를 사모하여 지었던 것으로 보인다. 송시열의 증손이자 강경한 노론의 당인인 송무원의 최명길에 대한 인식은 좋을 수 없었다.

송무원이 상소하여 최명길을 비판하고 자신까지 논박하자 최석정은 장문의 상소를 올려 조부 최명길을 변호했다. 최석정은 병자호란 무렵 최명길의 행적을 상세히 언급한 뒤, 일찍이 1676년(숙종 2) 가을, 숙종이 비망기를 통해 "최명길이 병자년 난리 때 홀로 화의를 담당하여 망하기 직전의 300년 종사와 동토 수천 리를 살려 냈다"고 평가했던 것을 상기시켰다. 숙종은 송무원을 원찬(遠竄, 멀리 귀양을 보내는 것)하라고 지시하고, 최석정에게는 다음과 같이 비답을 내린다.

아, 작고한 상신 최명길의 평소 사적이 이 상소에 갖춰 진술되었는데, 화의가 오로지 종사와 존주尊周의 의리를 위해 나왔던 것임을 내 마음은 잊지 않았도다. 반드시 죽을 땅을 밟으면서도 후회하지 않았음을 내가 또한 익히 알고 있도다. 이것이 어찌 변변찮은 송무원의 무리들이 감히 방자하게 헐뜯고 훼손할 수 있을 것인가?[42]

주목되는 것은 숙종이, 최명길이 존주의 의리를 지켰다고 인정하고 있다는 사실이다. 숙종은 "최명길이 죽을 땅을 밟으면서도 후회하지 않았다"고 말함으로써 최명길이 병자호란 이후 청을 왕래하면서 징병을 막으려 노력하고, 독보를 보내 명과 밀통하면서 명에 대한 의리를 지키려 했던 것을 인정했다.

갑술환국 이후 집권 세력이었던 노론계 신료들 대다수가 최명길을 극히 부정적으로 폄하했던 상황에서 예외적으로 최명길의 행적을 찬양했던 인물도 있었다. 바로 김만중(金萬重, 1637~1692)이다. 김만중은 먼저 정축년에 조선이 청에게 항복했던 것을 남송이 금에게 신복하면서 섬겼던 것과는 전혀 다른 것이었다고 평가한다.

> 정축년에 항복한 것은 송나라가 어버이를 잊고 원수를 섬긴 것과는 같지 않다. 단지 임진왜란 때 구원해 준 은혜를 차마 저버릴 수 없어 성을 지켜 죽음을 무릅쓰고 싸웠으나, 힘이 다한 뒤에는 백성을 위해 굴복했으니 비록 성인이 당시를 만났다고 해도 이보다 낫지는 않았을 것이다. 어떤 사람들은 칠묘七廟가 없어지고 구족이 멸망하더라도 명나라를 위해 절개를 지켜야 했다고 말하지만 이것은 지나친 말이다. 주나라는 나라를 세운 곳이 융이戎夷와 가까워 주자가 오히려 은殷의 순수한 신하가 아니라고 했는데 하물며 우리 나라처럼 구복九服의 바깥에 있는 나라임에랴?[43]

위에서 주목되는 것은 조선이 명에 대한 의리를 지키기 위해 종사가 망하고 백성들이 모두 죽더라도 끝까지 청과 싸웠어야 했던 척화신들의 주장을 배격한 사실이다. 조선이 명의 내복內服이 아님에도 명을 위해 순절했어야 한다는 것은 지나치다는 것으로 최명길의 주장과 동일하다. 확실한 노론 계열이었던 김만중의 이 같은 인식은 '성하지맹' 이후 신료들이 보였던 행동을 평가하는 대목에서도 척화 신들의 그것과는 전혀 다른 모습을 보인다.

생각건대 정축년 이후로는 더욱 병자년과 같지 않아 항복 뒤에 임금의 위급함과 굴욕은 호랑이 입을 벗어나지 못했다. 비록 평소 초야에 있던 자라도 모두 마땅히 달려가 위문하고 마음과 힘을 합쳐 나라가 망하지 않도록 도모해야 했거늘, 어찌 차마 더러운 조정이라 하며 장차 자신도 더러워질 것처럼 여길 수 있겠는가?

저 두 노인의 높은 행동이야 진실로 사람마다 배울 수 있는 것이 아니고 또 사람마다 배워야 할 것도 아니다. 요는 각각 그 마음의 편안한 바를 구하여 스스로 신하로서의 직분을 다했어야 할 따름이다. …… 하찮은 조정에 처하지 않겠다고 한 것은 또한 송 고종의 추한 행동 때문일 것이다. 대왕大王과 구천의 일은 물론 정자산鄭子産 같은 사람이 어찌 그 임금이 진을 섬기느냐, 초를 섬기느냐에 따라 거취를 삼았겠는가? 진의 혜공惠公이 은혜를 배반하고 화를 도발하며 간언을 싫어하고 군대를 상실한 것은 말할 것도 없지만, 그런데도 진의 대부들은 머리를 풀어헤치고 집에서 나와 그를 따라갔으니 군신의 도리가 어찌 이와 같은 것이 아니겠는가? 최명길은 줄곧 주화의 입장에 서서 진실로 시비가 많았지만 또한 스스로 자신의 직분을 다해 마음에 부끄러움이 없는 자가 아니겠는가.[44]

위에서 언급한 두 노인은 김상헌과 정온을 가리킨다. 김만중은 항복을 결심한 이후 두 사람이 자결하려고 시도한 것과 이후 벼슬을 버리고 낙향한 것을 높이 평가하지만, 그것이 신하로서의 본분에 맞는 것으로 인정하지는 않는다. 오히려 신하라면 굴욕을 겪은 임금을 위로하고 그 임금과 힘을 합하여 위기에 처한 나라를 구원하는 데 신명을 바치는 것이 도리라고 설파한다. 김만중이 특히 강조하는 것은 신하 된 자는 어떤 상황에서도 임금을 버리면 안 된다는 사실이다. 바로 그 같은 인식 아래 인조를 위로하고 '더러운 조정'을 홀로 이끌면서 병자호란이 남긴 후유증을 극복하려고 노심초사했던 최명길이야말로 신하의 직분을 다한 사람이라고 찬양한다.

최명길을 가장 온전하게 재평가했던 인물은 정조였다. 숙종의 경우 최명길 덕분에 조선의 종사가 유지될 수 있었다고 극찬하고, 최명길을 인조 묘정에 추배하겠다고 다짐했지만 끝내는 그것을 실현시키지 못했다. 그것은 숙종 자신이 서인과 남인, 노론과 소론의 세력 관계와 대립 구도를 교묘하게 이용하고 조종하는 과정에서 때로는 각 당파의 눈치를 봐야 했기 때문에 그랬던 것으로 보인다. 즉 환국이 빈발하여 집권 당파가 수시로 교체되는 와중에 노론의 극렬한 반대를 무릅쓰고 최명길의 추배를 관철시키는 것은 아무래도 부담스러웠던 것으로 여겨진다.

정조는 1778년(정조 2) 11월 성정각에서 승지 정민시(鄭民始, 1745~1800)를 인견하면서 최명길에 대해 언급한다. 당시 막 벼슬을 시작했던 최재수崔在粹는 최명길의 후손이었다. 정조는 최재수를 통해 최

명길을 떠올렸던 모양이다. 두 사람의 대화를 들어보자

> 정조 : 최명길이 병자년에 올린 차자는 실로 지성스런 충심에서
> 나왔으니, 만약 그가 아니었더라면 누가 감히 척화를 주장
> 하는 청의淸議 일색인 상황에서 강화라는 다른 노선을 감
> 행할 수 있었겠는가.
> 정민시 : 성상의 하교가 참으로 옳습니다. 청론을 내세우는 자들
> 은 지금까지도 더러 시비하기도 하지만, 그 당시 만약 최명
> 길이 없었다면 국가와 사직이 어찌 오늘날 존재할 수 있겠
> 습니까?
> 정조 : 청의를 배격하고 홀로 사직을 부지한 것은 과연 어려운 일
> 이다.[45]

"최명길이 없었더라면 오늘날 국가와 사직은 존재하지 않는다!"
주목되는 점은 정조와 정민시 모두 최명길이 병자호란의 위기를 맞
아 종사를 보전했다는 것을 인정하고 있다는 사실이다.

정조는 또한 최명길이 추진했던 관제 변통, 개혁에도 깊은 관심
을 보인다. 정조도 낭천제의 폐해를 깊이 인식하고 개혁하려고 시도
했다. 그는 낭천제가 겉으로는 인재를 등용한다고 내세우지만 실제
로는 자기 당파의 사심을 채우려는 것이라고 몹시 부정적으로 보았
다. 낭천제 폐지에 반대하는 신료들이 폐지해야 할 근거가 없다고 지
적하자 정조는 병자호란 직후 최명길이 올렸던 '정축봉사丁丑封事'를

거론했다. 당시 최명길이 제시했던 관제 변통론이 정조대에 와서 개혁의 근거로 재조명되었던 것이다.[46]

정조는 또한 병자호란 당시 종사를 지키려는 과정에서 최명길이 권도론을 내세웠던 것을 원용하여 자신의 정치적 입장을 정당화하는 데 활용하기도 했다. 1786년(정조 10) 이래 정조는 역적으로 몰린 자신의 이복동생 은언군恩彦君 이인(李裀, 1754~1801)을 제거하라는 정순왕후貞純王后와 신료들의 채근과 압박에 시달리고 있었다. 하지만 정조는 하나밖에 없는 동기를 죽일 수 없다고 강경하게 맞섰고 그 때문에 정순왕후, 신료들과 갈등은 계속 이어졌다. 1794년(정조 18) 4월 정조가 강화도에 유배된 은언군을 1년에 한 번씩 접견하겠다고 나서자 정순왕후와 신료들은 격하게 반발한다. 신료들이 이구동성으로 자신의 제안에 반대하자 정조는 최명길의 권도론을 인용하여 신료들을 설득시키려고 시도한다.

> 정조 : 이것이 바로 권도인데 권도를 써서 도리에 맞으면 경도에 해가 되지 않는다.
>
> 정민시 : 역적에게 어찌 권도를 쓸 수 있겠습니까?
>
> 정조 : 경들이 경도를 지키는 것을 나도 그르다고 여기지 않으나 또한 부득이 권도를 따를 수밖에 없는 경우가 있는 것이다. 경들은 옛 재상 최명길의 일이 어떠했는지 아는가. 그가 어찌 화의가 척화보다 못하다는 것을 몰라서 삼학사처럼 하지 못하였겠는가. 이것은 이른바 경도를 지킬 적에도 권도

를 쓸 경우가 있다는 것이다.

대신과 제신들 : 이것은 오로지 나라를 위해 나온 것이었습니다.

정조 : 경들은 어찌하여 나의 몸은 돌아보지 않는가. 최명길은 종
사를 위하는 일 때문에 스스로 자기 몸을 돌보지 않고 삼학
사를 붙잡아 보냈다. 오늘 여러 신하들이 모두 나의 전교를
받들어 행하지는 못하더라도 어찌 자신의 몸을 돌보지 않
고 권도를 따르는 자가 한 사람도 없단 말인가?[47]

비록 자신의 정치적인 입장을 정당화하기 위해 끌어들인 것이지
만 병자호란 시기 최명길이 내세웠던 권도론이 정조에 의해 역사적
으로 재평가를 받는 중요한 순간이었다. 경도를 추구하는 척화론자
들로 넘쳐나는 인조대 조정에서 최명길 홀로 권도에 해당하는 주화
론을 내세우면서 고군분투했던 상황을 인정하고 있는 것이다.

정조는 더 나아가 최명길에게서 동병상련의 감정을 느꼈던 것으
로 보인다. 종사를 살리기 위해 홀로 주화론을 부여잡고 대다수 척화
론자들의 비판과 매도를 감당해야 했던 최명길의 모습에서, 자신과
피를 나눈 동기 은언군을 살리기 위해 그를 죽이라고 강청하는 신료
들과 홀로 맞서야 했던 자신의 모습이 겹쳐졌던 것이다. 요컨대 최명
길은 정조에 의해 '재발견'되었던 것이다.

책을 마치며

해방 직후 극심한 좌우 대결의 한복판에서 통일 국가를 건설하기 위해 사투했던 백범白凡 김구(金九, 1876~1949)도 최명길을 언급했던 적이 있다.

오늘 최명길의 화전론이 없을 수 없고
긴 세월 동안 삼학사의 주전론도 없을 수 없다.

김구가 1948년 남북협상을 위해 평양으로 출발하기 전에 심산心山 김창숙(金昌淑, 1879~1962)을 방문했을 때 토로했다는 구절이다.[1] 나라와 민족이 두 동강이 날지도 모르는 절체절명의 위기 앞에서 밖으로는 미소美蘇 두 열강으로부터 밀려오는 외압을 넘어서고 안으로는 분출하는 갈등과 분열의 목소리를 극복해야 했던 김구 또한 병자호란 시기 최명길과 삼학사가 걸었던 서로 다른 길을 돌아보며 고뇌했던 것이다.

17세기 초·중반을 살다 간 인물 최명길은 역사로부터 수시로 호출되곤 한다. 열강의 입김과 외압 속에서 살아야 했던 한반도의 지정학적 조건, 이른바 복배수적腹背受敵의 조건 때문이다. '복배수적'이란 배[腹, 정면]와 등[背, 배후] 양쪽에서 적을 맞이한다는 뜻이다. 조선 시대에는 정면의 중국과 배후의 일본이 조선을 위협했던 강국이자 강적이었다.

그런데 복배수적의 상황이라도 기존의 패권국이 천년만년 패권을 유지하면서 군림할 경우 한반도는 패권국과의 관계만 원만히 유지하면 심각한 안보 위기를 피할 수 있다. 하지만 패권국이 쇠퇴의 조짐을 보이거나 신흥 강국이 떠올라 패권국에 도전할 경우 한반도는 어김없이 위기에 처한다. 끼여 있는 상대적 약소국은 기존의 패권국과 신흥 강국 사이에서 선택의 기로로 내몰리기 십상이기 때문이다. 실제로 지난 500년 동안 동북아에서 강국들 사이에 '힘의 교체'가 벌어질 적마다 한반도는 패권국과 신흥 강국 싸움의 희생물이 되어 왔다. 임진왜란, 병자호란, 청일전쟁, 러일전쟁 등 조선 시대의 전쟁들이 모두 이 같은 구도에서 일어났다.

병자호란은 그 가운데서도 기존 패권국과 신흥 강국 사이의 갈등과 대결이 조선에 미치는 비극적 파장을 극명하게 보여 주는 사례라고 할 수 있다. 17세기 초반 패권국 명은 황제들의 태정과 무능, 치열한 당쟁, 빈발하는 농민 반란 같은 내정의 난맥 속에서 자멸의 길로 들어섰다. 반면 신흥강국 청은 누르하치와 홍타이지의 탁월한 영도력과 막강한 군사력을 기반으로 굴기하여 명에 도전했다. 최명길은, 명청교체明淸交替의 소용돌이에서 비롯된 병자호란을 맞아 망국의 위기로 내몰렸던 조선을 극적으로 살려 낸 지도자였다.

지금은 어떤가? 오늘 대한민국은 전 지구적 차원에서 격화되고 있는 미중 패권 경쟁에 휘말려 심각한 위기에 처해 있다. 2017년 사드 문제를 놓고 미국과 중국 사이에 치이고, 중국으로부터 혹심한 경제 보복을 받았던 것은 향후 우리가 직면할 수도 있는 더 심각한 위기의 예고편이었는지도 모른다. 그런데 상황은 점입가경이다. 2018년 10월, 미국은 떠오르는 중국을 주저앉히고 도전을 용납하지 않겠다고 선언했다. 그리고 2019년, 미중의 패권 경쟁은 경제, 통상 분야를 넘어 정치, 군사 분야까지 전 방위적으로 확대되고 있다. 어쩌면 새로운 냉전冷戰의 시대가 다시 도래했다고 해도 과언이 아니다.

일본은 중국을 견제하려는 미국의 보조 공격수로 자임하면서 평화헌법을 뜯어고쳐 '전쟁할 수 있는 나라'로 회귀하기 위해 내달리고 있다. 최근에는 그 같은 목표 달성을 위한 연장선에서 수출 규제를 강행하면서 대한민국을 적대국처럼 취급하고 있다. 러시아 또한 전폭기를 보내 독도 상공까지 휘저으며 자신들의 존재감을 과시하고 있다. 바야흐로 다시 시작된 미일과 중러 사이 패권 경쟁의 여파가 마구 밀려오고 있다. 오늘 한반도 주변에서는 복배수적을 넘어 사면수적四面受敵의 상황이 펼쳐지고 있다. 우리는 이 위기의 시대를 어떻게, 무엇으로써 넘어설 것인가?

오늘 우리는 또다시 최명길을 호출해서 그의 고민과 지혜를 반추해야 할지도 모르는 상황과 마주하고 있다. 과거의 역사를 오늘의 현실과 곧바로 연결시키는 것은 섣부르고 위험하다. 하지만 17세기 초반, 패권국 명과 신흥 강국 청 사이의 대결에 휘말려 위기에 처한 조선을 구하기 위해 고투했던 최명길의 생각과 행적들은 오늘의 우리가 돌아보고 성찰해 볼 만한 가치가 충분하다. 오늘 우리는 최명길의 생각과 행적 가운데 무엇을 주목하고 배워야 할까?

책임감과 희생정신

청군 선봉이 서울 한복판까지 들이닥쳤을 때 최명길은 단기로 적진으로 달려가 그들의 진격을 늦춤으로써 인조가 그나마 남한산성으로 들어갈 수 있는 시간을 벌어 주었다. 어떤 상황에 처하든 신하는 주군을 위해 목숨을 바칠 수 있어야 한다는 책임감과 희생정신을 극명하게 보여 주는 대목이다.

1636년 '오랑캐' 청이 칭제稱帝한 것에 격분하여 척화신들이 정묘년에 맺은 화약까지 파기하자고 주장했을 때, 1637년 남한산성의 상황이 한계에 이르고 척화신들이 명에 대한 의리를 지키기 위해 모두 옥쇄해야 한다고 했을 때 최명길이 단호하게 반대했던 것 또한 마찬가지다. 청과 뚜렷하게 원한을 맺은 일이 없고, 스스로를 지킬 군사력도 없는 상태에서 조선의 신하로서 청과 화친하는 것은 의리에 결코 위배되지 않는다고 강조한다. 조선의 신하로 조선의 임금을 보호하고 백성을 살리는 데 집중하는 것이야말로 시중時中의 의리를 지키는 것이라고 설파했다. 마찬가지로 조선의 임금은 종사와 백성을 위해 은인자중해야지 명을 위한다는 명목으로 목숨을 던지는 것은 한갓 필부의 의리이자 절개에 불과할 뿐이라고 외쳤다.

사변事變에 대처하는 도리에는 분명 '상경'과 '권도'가 있다. 평화롭고 안정적일 때는 상경을 지켜야 하지만 존망이 갈리는 위기 시에는 상황에 맞는 대책, 즉 권도를 써서 결단해야 한다고 최명길은 주장했다. 임금은 종사와 백성을 위해, 신하는 임금과 백성을 위해 최선을 다해야 한다고 강조한 것은 관인이자 치자治者로서 책임을 다하겠다는 자세였다.

최명길의 책임감은 조선의 종사를 살리는 데서 멈추지 않았다. 자신에게 쏟아지는 갖은 비방과 매도를 무릅쓰고 종사를 보전했지만 그다음의 과제 또한 만만치 않았다. 당장 전쟁이 남긴 상처가 심각했다. 서울과 경기도 곳곳이 폐허로 변하고 수많은 사람들이 죽거나 다쳤다. 겨우 살아남은 사람들은 추위와 굶주림 때문에 고향을 등지고 삼남 등지를 떠돌았다. 충청도와 전라도 일각에서는 민심이 이반하여 조정의 명령이 제대로 먹히지 않고 있었다. 수만의 백성들이 청군에게 붙잡혀 심양으로 끌려갔다. 소현세자와 봉림대군은 물론, 고위 관인들의 자식들도 볼모로 연행되었다. 그 와중에 일부 신료들은 항복한 인조와 조정을 냉소하면서 벼슬을 버리고 낙향했다. 벼슬을 제수해도 조정에 나오지 않는 것을 훌륭하게 여기는 풍조까지 나타나고 있었다.

환도 직후 정승이 된 최명길은 총체적인 난국을 타개하기 위해 분투했다. 실의에 빠진 인조를 위로하고, 민생을 살릴 대책을 제시하며, 인재들을 등용하고 전쟁 전에 미처 완수하지 못한 관제 개혁을 시도했다. 인조 또한 분투하는 최명길을 신임하고 절대적으로 의지했다. 최명길이 상중에 있던 장유를 기복시키라고 강청하고, 시력을 상실했던 김시양까지 등용했던 것은 조정을 정상화시키려는 눈물겨운 안간힘이었다. 자신이 살려 낸 종사를 바로 세우고 백성들의 상처를 치유하려는 책임감의 발로이기도 했다.

청과의 외교 또한 최명길의 몫이자 책임이었다. 청의 감시와 압박이 극심했던 상황에서 복수설치復讐雪恥, 와신상담을 운운하면서 청을 자극하는 것을 막으려고 부심했다. 세자와 대군, 고위 관인의 자제들이 심양에 억류되어 있는 상황에서 부질없는 공담으로 청의 의심을 사는 것은 국익에 전혀 도움이 되지 않는다고 보았다. 절체절명의 위기에서 어렵게 살아남은 이상 하루라도 빨리 전란의 상처를 치유하고 징병 요구를 비롯한 청의 압박을 이겨 내는 데 집중하는 것을 우선 과제로 여겼던 것이다.

최명길은 1637년과 1638년 징병 요구를 무산시키기 위해 심양으로 달려갔다. 건강이 시원찮은 그가 먼 길을 마다 않고 달려간 것은 명을 치는 일에 조선이 동참하는 것을 막는 것을 자신의 새로운 과업으로 생각했기 때문이다. 첫 번째 심양행에서 청의 징병을 유예시키는 데 성공했지만 결국 몸져누웠다. 두 번째 심양행 때는 죽을 각오로 장례를 치를 도구를 챙겨 가기까지 했다. 청과의 화친을 주도했던 당사자로서 청과의 외교 문제는 목숨을 걸고 스스로 감당하겠다는 책임감이 반영된 행보였다.

최명길은 단순한 주화론자가 아니었다. 종사를 보전하기 위해 어쩔 수 없이 청에 항복하는 권도를 선택했지만, 명에 대한 의리를 완전히 저버릴 수는 없다고 보았다. 병자호란의 실상을 알리기 위해 승려 독보를 명에 몰래 파견하고, 평안도 연해에 출몰했던 한선과 은밀히 접촉했던 것은 그 같은 신념에 바탕을 둔 것이었다. 하지만 두 건 모두 발각되었고, 인조와 조정은 격분한 청이 어떤 보복을 가할까 전전긍긍했다. 최명길은 주저 없이 다시 심양으로 달려간다.

죽음을 각오하고 밀파와 밀통 문제를 책임지려 하면서 최명길은 인조를 보호하기 위해 노심초사했다. 천신만고 끝에 과업을 달성했지만, 최명길은 심양의 감옥에 수감되고 만다. 반면 인조는 최명길의 영의정직을 즉각 삭탈하고 그에 대한 의구심을 좀처럼 거두지 않는다. 권력을 잃을지도 모른다는 두려움 때문에 자신을 내쳐 버린 주군을 다독이면서 신하로서의 의무를 다하기 위해 목숨까지 걸었던 최명길의 책임감과 희생정신은 이채로운 것이었다.

유연함과 포용력, 냉철한 현실 인식과 '전략 마인드'

관인이자 외교관으로서 최명길이 남긴 생각과 행적 가운데 다시 주목해야 할 것은 그의 유연함과 포용력이다. 주역에 통달하고 양명학을 공부했던 학문적 바탕 위에 부친 최기남과 장인 장만의 가르침과 훈수를 통해 다져진 현실 감각이 더해지면서 최명길은 다른 신료들과는 확연히 다른 정치, 외교적 행보를 보였다.

그런데 필자는 최명길의 독특한 행적 가운데서도 평안도 관찰사 박엽을 구명하고자 노력했던 사실을 특히 주목한다. 집권 직후 광해군 정권의 인물들을 한창 숙청할 때, 최명길은 박엽을 살려 두어야만 후금의 침략을 막을 수 있다고 강조했다. 백성들에게 형장을 마구 휘두르고 탐학을 자행한 혹리酷吏로 인식되고 있던 박엽을 구명하려 했던 것은 일견 이해가 되지 않는다.

하지만 박엽은 천문지리와 술수에 통달한 이인異人이자 일처리 능력, 중국어 구사 능력이 뛰어난 인재였다. 최명길이 박엽을 구명하려 했던 것은 외교관이자 전략가로서 그의 능력과 경험, 인맥을 높이 평가했기 때문이다. 박엽은 의주부윤, 평안도 관찰사로 평안도에서만 10년 가까이 근무했다. 그가 재임하던 시기에는 심하 전투 파병과 패전, 패전 이후 명의 재파병 요구, 후금의 화친 요구, 모문룡의 입국과 발호처럼 몹시 버겁고 미묘한 외교 현안들이 잇따라 발생했다. 박엽은 광해군의 절대적인 신임을 바탕으로 이들 난제들을 능란하게 처리했다. 그리고 그 과정에서 명과 후금의 교섭 상대들과 '막후 통로'까지 구축했던 것으로 보인다. "박엽이 모문룡의 마음을 얻었다", "병자호란 당시 청인들이 박엽이 있었으면 우리가 쳐들어오지 못했을 것이라고 했다"는 등등의 기록들은 그의 능력과 수완을 웅변하는 대목이다.

박엽을 구명하려고 애썼던 사실은 최명길이란 '문제적 인물'을 이해하는 데 매우 중요한 의미를 갖는다. 최명길은 분명 광해군 정권 타도에 앞장섰던 일등공신이었다. 그런데 이후 인조 정권의 핵심 관인으로서 최명길이 보여 준 광해군에 대한 인식과 평가는 양면적이었다. 최명길은 광해군이 자행했던 내정의 과오와 난맥상에 대해서는 신랄하게 비판했지만 광해군의 외교와 대외 정책에 대해서는 부정적으로 언급하거나 비판하지 않았다. 박엽을 살리려 했던 것에서 보이듯이 최명길은 광해군의 대명對明, 대후금對後金 정책을 사실상 계승하려 했다. 광해군이 박엽을 평안도 관찰사에 붙박이로 앉혀 놓고 후금을 기미하고 화호를 유지하려 했던 것은 인조대 최명길이 후금(청)에 대해 시종일관 기미하면서 화호를 도모하려 했던 것과 일치하는 정책이었다.

반정 성공 직후 대다수 공신들은 권력을 장악했다는 사실에 취해 들떠 있었다. 과거 정권이 남긴 적산을 먼저 차지하기 위해 다투기도 했다. 하지만 최명길의 시선은 그들과는 다른 곳을 향하고 있었다. 새 정권이 직면했던 가장 어려운 과제인 국방과 외교 문제로 눈을 돌렸다. 박엽을 구명하려 했던 것은 바로 그 때문이었다. 하지만 박엽은 처형되고 만다. 그리고 1636년 병자호란 발생 직전, 최명길은 '박엽을 죽인 것은 장성을 무너뜨린 행위'였다고 김류를 힐난했다. 물론 박엽이 있었더라도 전란을 피할 수 있었다고 장담할 수는 없다. 하지만 아무리 문제가 많은 전前 정권의 인물일지라도 새 정권과 국가 전체의 안위와 이익을 위해 필요하다고 판단되면 허물보다는 장점을 보고 등용하려 했던 최명길의 유연함과 포용력은 주목하지 않을 수 없다.

최명길은 또한 당시에는 보기 드물게 전략적으로 사고하고 행동했던 인물이다. 1629년 원숭환은 모문룡을 처단한 뒤, 명과 조선이 협력하여 후금을 협공하자고 제안한다. 오랫동안 모문룡에게 시달렸던 데다 원숭환의 용단에 감격했던 조정 신료들은 원숭환의 제안에 화답하려 했다. 최명길은 달랐다. 후금을 협공하자는 원숭환의 제안에 섣불리 동의하는 것에 반대한다. 동참하겠다고 확약하지 말고 상황을 냉정하게 주시하면서 대책을 강구하자고 촉구한다. 명과 후금 사이에 끼여 살얼음판을 밟듯이 아슬아슬하게 평화를 유지하고 있는 상황에서 섣불리 명 쪽으로 기우는 행보를 보일 경우 후유증이 크다는 것을 고려했기 때문이다.

병자호란 발생 직전, 명의 감군 황손무가 입국했을 때 최명길이 보였던 행적도 매우 주목된다. 황손무는 조선을 회유하여 청을 치는 데 동참시키기 위해 왔다. 하지만 황손무는 귀국하면서 기존의 입장을 완전히 바꾼다. 인조와 신료들에게 정묘년에 맺은 형제 관계를 유지하고, 청과의 관계를 악화시켜 전쟁의 길로 가지 말라고 강조한다. 서울에 머물며 황손무가 관찰했던 조선은 결코 청의 군사력을 감당할 수 있는 나라가 아니었다. 그럼에도 척화신들의 주장처럼 청과의 기존 관계를 끊고 대결의 길로 갈 경우 조선이 망하게 될 뿐만 아니라 명도 불행해진다고 보았다. 미약하더라도 조선이 배후에서 계속 버텨 준다면 청은 조선을 의식하여 명을 함부로 공격할 수 없다. 하지만 조선이 청과 모험을 벌이다가 무너지면 청은 거침없이 명을 향해 달려들 것이라고 보았던 것이다.

황손무는 명의 국익을 염두에 두면서 조선 문제를 판단했던 냉철한 현실주의자였다. '진정으로 명을 위한다면 청과 관계를 끊지 말라'는 것이 황손무의 권유였다. 최명길은 황손무의 전략적 판단을 유일하게 이해했던 인물이다. 최명길은 황손무에게 보낸 서신에서 '오랑캐가 칭제한 데 격분하여 관계를 끊기로 결심했지만, 구구한 의리를 지키려다가 천하의 대계大計를 그르칠 수 있다는 것을 깨달았다'고 고백한다. 반면 척화신들은 황손무의 간곡한 만류에도 관계를 끊기로 한 이상 청과 어떤 교섭도 재개하면 안 된다고 강조했다.

명 사신은 명을 위해 청과의 기존 관계를 유지하라고 간청하는데 척화신들은 명을 위해 청과 싸우자고 주장하는 이상한 상황이 벌어지고 있었다. 최명길은 황손무의 권유를 따라 실존하는 명을 위해 청과 화친하려 했고, 척화신들은 황손무의 권유를 무시하며 이상 속에 존재하는 명을 위해 청과 싸우자고 주장했던 셈이다. 요컨대 뜬구름 너머에 존재하는 명이 아니라 조선 바로 옆에 현재現在하는 명을 위해 청과의 화친을 시도하려 했던 최명길은 진정한 현실주의자이자 전략적으로 사고할 줄 알았던 인물이라고 할 수 있다.

현실에 발을 디디고 대안을 제시했던 경세가

척화신들은 병자호란 당시 남한산성에 있던 국왕 인조도, 강화도에 있던 대신 윤방도, 청군에게 붙잡혀 끌려갔다가 돌아온 여성들도 모두 순절殉節했어야 한다고 생각했다. 인조는 명에 대한 의리를, 윤방은 임금에 대한 의리를, 속환 여성들은 남편에 대한 의리와 정절을 지키기 위해서 말이다. 그런데 그들은 그러지 못했다.

그러면 인조, 윤방, 속환 여성들이 모두 순절했어야 한다고 훈계하고, 순절하지 못한 사람들의 '허물'을 꾸짖고 단죄하려 했던 그들은 어떠했는가? 자신들의 주장대로라면 그들도 명과 임금에 대한 의리를 지키기 위해 살아남지 말았어야 했다. 하지만 대부분은 살아남았다. 물론 그들 가운데는 살아남은 것에 부끄러움을 느끼고 향촌 깊은 곳에 은거하면서 숭정처사崇禎處士, 대명거사大明居士로 자처했던 사람들도 있었다.

반면 김상헌이나 정온처럼 자결을 시도하지도 못하고 은거도 하지 않았던 상당수 인물들은 이후 어떤 처신을 했을까? 그들은 먼저 순절하거나 자결을 시도하고 은거했던 사람들을 추앙했다. 그리고 자신들이 보기에 전란 중의 행적과 처신에 문제가 있다고 여겼던 사람들을 준열하게 비판하고 평가했다. 그러면서 그들은 은연중에 평가자, 심판자로 변신해 갔다. 병자호란 이후 조선에는 이 같은 '평가자', '심판자'들이 넘쳐 났다.

준열한 '평가자'들은 '오랑캐' 청에게 항복한 인조와 조정을 냉소적으로 보았다. 인조는 구차하게 살아남은 '더러운 군주'였고, 그가 이끄는 조정은 보잘 것 없는 소인배들만 득실대는 '하찮은 조정'일 수밖에 없었다. 그러면 나라와 백성은 누가 이끌고 돌볼 것인가? 현실적으로 조정을 유지하고 나라를 굴러가게 하려면 청과의 관계를 챙기고 민생을 다독여야 하지만, 냉소적인 '평가자'들이 그것을 직접 담당할 수는 없었다. 그럴 경우 '오랑캐' 청에게 머리를 숙이는 치욕을 감수해야 했기 때문이다. 그것은 최명길 같은 '간신'이나 '소인배'들이 담당해야 할 몫이었다. 그러니 그들은 임금이 불러도 오지 않았고, 조정에 나와도 서슴없이 사직을 청하고 낙향하거나, 청 사신을 전송하는 자리에도 참석하지 않았다. 비판과 냉소가 판치는 풍토에서 안팎으로 산적해 있는 난제들을 해결하기 위한 구체적인 계획이나 전망이 나오기는 어려웠다.

이렇게 비판과 냉소가 판치던 병자호란 이후의 조정에서 최명길은 '소년 가장'이었다. 최명길이 해야 할 일은, 멸망 직전까지 내몰린 종사와 백성을 어떻게 해서든 살려 내는 것이었다. '소년 가장' 최명길의 행적 가운데 특히 주목되는 것은 귀환한 피로인들, 그 가운데서도 속환 여성들을 보듬기 위해 누구보다도 열성적으로 노력했다는 사실이다.

이미 언급했지만, 천신만고 끝에 귀환했던 여성들은 조선에서 또 다른 '칼날'과 마주해야 했다. '정절을 잃은 여자들과 이혼을 허락하라'는 사대부들의 빗발치는 요구가 그것이었다. 최명길은 단호했다. 이혼을 허락할 경우, 수많은 여성들이 귀환을 포기하고 이역에서 귀신이 되고 말 것이라며 반대했다. 심지어 '아들 장선징이 이혼할 수 있도록 허락해 달라'는 절친 장유의 간청도 받아들이지 않았다. 그 때문에 최명길은 '진회의 죄인'이라는 기존의 악평에 더하여 '강상윤리를 내팽개친 원흉'이라는 오명까지 뒤집어써야 했다.

그런데도 이 '간신'이자 '원흉'의 시선은 구체적인 현실을 향하고 있었다. 심양으로 끌려간 피로인들이, 설사 속환가를 치르고 풀려나더라도 조선으로 귀환하는 길은 멀고도 험했다. 만주 벌판을 가로지르고, 압록강을 건너야만 했다. 그 과정 동안 먹고 자고, 강도와 맹수를 피하여 의주까지 무사히 오는 것 자체가 쉽지 않았다. 특히 귀환하는 도중에 납치되는 경우도 있었다. 그런데 이들 피로인들이 직면했던 구체적인 난제들에 주목하고 그것을 해결하기 위한 방책을 유일하게 제시했던 인물이 바로 최명길이었다.

최명길은 피로인들이 하루에 이동할 수 있는 거리를 헤아려 만주 곳곳에 그들에게 숙식을 제공할 수 있는 쉼터를 마련하자고 제안했다. 그것은 조선 조정의 의지만으로 실현될 수 있는 일이 아니었다. 청을 상대로 교섭하고 어려운 협상을 벌여야만 가능한 일이었다. 비록 최명길의 제안이 실현되었는지 여부는 확인할 수 없지만, 그 같은 제안을 했던 것 자체가 놀라운 일이었다. 당시 조야를 막론하고 '비판자', '심판자'들이 넘쳐 나고 있을 때 최명길은 나라의 녹을 먹는 벼슬아치로서 자신의 의무를 다하려고 했다. 그 의무란 다름 아닌 병자호란의 최대 희생자로서 형언할 수 없는 고통에 신음하고 있던 백성들의 구체적인 삶을 다독이고 보듬는 것이었다.

바야흐로 동아시아 질서가 재편될 조짐을 보이는 오늘, 격화되는 미중 패권 경쟁의 험난한 파고를 넘으려면 무엇이 필요할까? 냉철한 현실 인식을 바탕으로 노회할 정도로 전략적으로 행동하는 것이 절실하다. 그러려면 우리 내부의 심각한 대립과 분열을 극복하는 것이 우선되어야 한다. 여당과 야당, 진보와 보수의 당파적 이해를 넘어 국가적 차원에서 대외 정책의 방향을 합의하기 위해 지혜를 모아야 한다. 이 중차대한 과제를 앞에 두고 있는 우리에게 최명길이 보여준 책임감과 희생정신, 유연함과 포용력, 그리고 전략적 사고는 소중한 역사적 자산이다. 무엇보다 철저하게 현실을 직시하면서 구체적인 대안을 제시하려 했던 최명길의 경세가로서의 풍모가 그립다.

부록

최명길 연보

1586년(丙戌, 선조 19)
8월 15일, 최명길 태어나다.

1602년(壬寅, 선조 35) 17세
9월 아버지 최기남, 문과에 급제하다.

1605년(乙巳, 선조 38) 20세
생원시에 1등, 진사시에 8등으로 급제하다.
2월 증광 문과에 급제하다.
스승 신흠이 "최명길이 병약하지만 끝내는 이름을 떨칠 것"이라고 예언하다.
장인 장만, 문과에 급제한 사위 최명길을 자신의 임지인 전주로 불러 성대한 축
하연을 베풀다.

1609년(己酉, 광해군 1) 24세
예문관에 천거되었지만 병 때문에 나아가지 못하다.

1611년(辛亥, 광해군 3) 26세
8월 공조좌랑에 임명되다
12월 송문頌文을 잘 지은 공로로 품계가 오르다.

1612년(壬子, 광해군 4) 27세
4월 병조좌랑에 임명되다.

1613년(癸丑, 광해군 5) 28세
5월 영흥부사였던 최기남, 계축옥사에 연루되어 파직되다.
10월 병조좌랑에 임명되다.

1614년(甲寅, 광해군 6) 29세

1월 술에 취해 명 차관의 수행원에게 접근하다가 체포된 유생 이홍임을 석방하다.
이 일로 광해군에게 직접 심문을 받은 뒤 수감되다.
2주일 뒤 관작을 삭탈당하고 도성 밖으로 쫓겨나다.

1615년(乙卯, 광해군 7) 30세

장인 장만, 영건도감營建都監 제조에 임명되다.

1616년(丙辰, 광해군 8) 31세

모친상을 당하다.

1619년(己未, 광해군 11) 34세

5월 사면되다.
6월 부친상을 당하다.
이 무렵 가평 대성리에 살면서 집 앞의 시내를 지천遲川이라 이름하고 호로 삼다.
이 무렵《주역》공부에 몰두하여 수천 번을 읽다.
이 무렵 남언경의 아들 남격南格에게 장유와 함께 양명학을 배우다.
이 무렵 신경진, 이귀 등을 만나 반정의 거사를 논의하다.

1621년(辛酉, 광해군 13) 36세

윤2월 장인 장만이 병조판서에 임명되다.
9월 최명길의 친구 정충신이 후금의 수도 허투알라를 다녀오다.

1622년(壬戌, 광해군 14) 37세

장인 장만에게 편지를 보내 반정 거사에 동참할 것을 권유하다.

1623년(癸亥, 인조 1) 38세

3월 인조반정 거사에 참여하여 성공하다.
반정 성공 직후 원훈元勳 김류에게 편지를 보내 평안도 관찰사 박엽을 살려 두
어야 한다고 강력하게 요청하다.
반정 성공 직후 이조좌랑에 임명되었다가 이조참의, 이조참판으로 잇따라 승진
하고 정사일등공신靖社一等功臣에 책립되다.

4월 장인 장만, 팔도도원수가 되어 평안도로 출정하다.

윤10월 광해군 정권에서 과거에 응시하지 않고 학문에 정진했던 사람들을 천거하다.

11월 군신 사이의 원활한 소통을 위해 사관과 승지를 배제하고서라도 자주 만나야 할 것을 강조하다.

1624년(甲子, 인조 2) 39세

1월 부원수 이괄이 반란을 일으키다.

인목대비를 먼저 강화도로 피신시키는 것에 강하게 반대하다.

2월 모문룡이 반란군을 진압하겠다며 자신에게 군량을 보내라고 요구하다.

관군의 전투를 독려하는 총독부사摠督副使에 임명되다.

총독부사로서 도원수 장만과 함께 안현鞍峴 전투에서 반란군을 격파하는 데 공을 세우다.

5월 삼도대동청三道大同廳 당상에 임명되고, 호패법을 먼저 시행하자고 촉구하다.

양전量田을 시행하자고 청하다.

7월 조선 조정이 모문룡을 기리는 송덕비를 세우다.

11월 이괄의 난이 남긴 후유증 극복을 위해 대신을 적임자로 교체하라고 상소하다.

1625년(乙丑, 인조 3) 40세

2월 김류와의 알력으로 이조참판직의 사직을 청하다.

3월 오래되고 낡은《경국대전》을 개정하고 관제 개혁을 실행하라고 촉구하다.

관제官制, 전제田制, 병제兵制를 총체적으로 개혁하라고 촉구하는 차자를 올리다.

대사헌으로서, 살인을 저지른 인조의 동생 능원군綾原君을 논핵했다가 인조의 반발을 사다.

6월 명의 책봉사 왕민정, 호양보가 입경하여 인조를 책봉하다.

12월 인조의 생모 계운궁敬運宮 구씨가 위독해지자 최명길은 서거할 경우 삼년복을 입을 것을 주장하다.

이 무렵 부제학, 대사헌을 역임하고, 12조 시폐時弊를 상차하다.

1626년(丙寅, 인조 4) 41세

1월 인조의 생모 계운궁 구씨가 세상을 떠나다. 계운궁의 상례를 놓고 인조와 신료들 사이에 논란이 시작되다.

최명길은 계운궁의 상례를 원칙적으로는 3년이지만 신료들의 의견에 따라 1년으로 치르라는 절충론을 제시하다.

최명길, 인조를 '창업創業 군주'로 규정하고 3년상을 치르는 것이 맞다고 입장을 바꾸다.

3월 계운궁 상례 문제로 뭇 신료들의 비난을 받자 사직을 청하다.

8월 호패청 유사당상有司堂上에 임명되어 호패법 실시를 주도하다.

민생을 살피기 위해 어사를 파견하라고 청하다.

1627년(丁卯, 인조 5) 42세

1월 정묘호란이 발생하다.

인조, 호패성책號牌成冊을 소각하고 호패법을 엄하게 실시하려 했던 것을 백성들에게 사과하다.

인조와 조정이 강화도로 파천하다.

후금군이 강화를 요구하다.

최명길, "교전 중에도 사신이 왕래하는 것이 상례"라며 강화를 청하다.

2월 최명길, 강홍립을 죽이자는 주장에 맞서 그의 충절을 표창해야 한다고 강조하다.

후금과 강화 약조를 체결하고 형제 관계를 맺기로 다짐하다.

5월 화친을 주도한 뒤 비판이 격화되자 한직으로 옮겨 달라고 청하다.

9월 첫 부인 장씨가 세상을 떠나다.

10월 횡성에서 이인거가 모반을 꾀하면서 주화파 최명길을 참수하라고 촉구하다.

1628년(戊辰, 인조 6) 43세

3월 인조의 생부 정원군과 계운궁의 신주를 모시기 위해 별묘別廟를 세워야 한다고 건의하다.

3월 별묘론에 반대하는 신료들로부터 강한 반박을 받다.

6월 경기도 관찰사로 부임하다.

12월 경기도 각 고을을 순행하며 절의를 세운 사람들을 탐문하여 시상을 청하다.

1629년(己巳, 인조 7) 44세

1월 반정공신들이 남의 가옥과 토지를 함부로 빼앗는 폐단을 금지하라고 청하다.

5월 일본 사신 현방이 부산에 와서 상경을 강청하자 최명길이 허락하자고 주장하다.

6월 명의 원숭환이 12가지 죄목을 들어 모문룡을 주살하다.

7월 친구 장유가 나주목사로 좌천되자 비판하는 소를 올리고 자신도 사직을 청하다.

만언차萬言箚를 올려 반정 이후 정치의 득실을 논하고 공도公道를 넓히라고 촉구하다.

원숭환이 후금을 협공하자고 제의하자 곧바로 응낙하지 말고 심사숙고하자고 청하다.

10월 홍타이지가 명의 장성을 우회하여 북경의 황성을 기습하다.

작고한 장인 장만을 기리는 행장을 짓다.

1630년(庚午, 인조 8) 45세

1월 군적 정리를 완수한 공로로 자급資級이 올라가다.

4월 가도에서 반란을 일으킨 유흥치를 토벌하려는 인조의 방침에 반대하다.

6월 인조에게 극간하여 가도 정벌군을 해산하도록 하다.

11월 예조판서에 임명되다.

12월 명에서 귀국한 최유해가 명의 호부낭중 송헌이 "정원군을 왕으로 추숭하고 종묘에 모셔도 무방하다"고 했다는 소식을 전하다.

1631년(辛未, 인조 9) 46세

6월 왕자와 대군들이 백성들의 전택田宅을 점유하는 민폐를 제거하라고 청하다.

최명길이 아들을 얻은 것을 인조가 치하하다.

여름, 인조가 원종 추숭을 시도하지만 조정에서는 논의가 불가하다고 반대하다.

인조가 명 황제에게 주문하려 하자 또한 반대하다.

5월 인조가 최명길의 지론이 신하들과 다소 다르다고 여겨 도움을 받고자 한다고 말하다.

12월 원종 추숭과 관련하여 인용할 만한 전거가 없다며 별묘를 세우라고 거듭 청하다.

최명길이 "추숭 거조는 예경禮經에 분명한 글이 없고 의리에 맞게 예제禮制를 바꾸는 일에 관계됩니다. 조정의 논의가 같지 않은데 명 조정에 주청부터 하고자 하니 조정이 따르지 않는 것도 당연합니다. 예제를 논의한 지 9년째, 노사숙유老師宿儒가 두루 전거를 찾고 예문을 인용했지만 모두 오늘날에 맞는 전거가 아닙니다. 오직 선비의 예로 장례하고 제후의 예로 제사하는 것만이 가장 확실한 전거이며, 신의 쟁집은 이것뿐입니다"라고 말하다.

1632년(壬申, 인조 10) 47세

2월 추숭도감의 제조로 임명되다.

4월 경연에서 제왕은 역사에 밝아야 한다고 지적한 뒤 인조에게 《서경》과 《춘추》 공부를 강조하다.

5월 광무제의 고사에 따라 별묘를 세우라고 다시 강청하니 인조가 엄히 책망하다.

12월 이조판서에 임명되고 양관 대제학, 체찰부사를 겸직하다.

1633년(癸卯, 인조 11) 48세

2월 후금이 병선을 빌려 달라고 하자 인조와 조정이 정묘화약의 파기를 꾀하고, 최명길은 파기에 강하게 반대하다.

명의 반장叛將 공유덕과 경중명이 병선을 이끌고 후금으로 귀순을 꾀하다.

4월 용골대가 공유덕들에게 공급할 군량을 조선에 요청하다.

5월 명에서 정원군을 원종으로 추숭하는 것을 허락하는 칙서를 내리다.

7월 조정의 경대부들이 시정의 상인들과 이권을 다투는 폐단을 제거하라고 청하다.

1634년(甲辰, 인조 12) 49세

7월 대제학으로 원종의 옥책문玉冊文을 제진하다.

8월 명에서 원종을 추숭하도록 승인했으니 종묘에 부묘해도 무방하다고 주장하다.

윤8월 성종을 종묘에 영원히 모시는 불천위不遷位로 정하자고 청하다.

9월 개성에서 먼저 동전銅錢을 시범적으로 사용해 보고 전국적으로 확대하자고 청하다.

10월 대간들이 너무 빈번하게 피혐하는 풍조를 막아야 한다고 강조하다.

조정의 연소한 명관들을 수령직에 임명하여 행정과 실무 경험을 쌓도록 하자고 청하다.

11월 인조반정의 정당성을 부정한 강학년을 추천한 것에 대해 인조에게 사과하고 사직을 청하다.

12월 원종의 부묘를 빨리 거행하라고 청하다.

1635년(乙亥, 인조 13) 50세

1월 이조판서에서 4년 만에 물러나다.

3월 대제학으로 원종을 부묘한다는 내용의 고유문告由文을 짓다.

원종을 종묘에 부묘하다.

4월	호조판서에 임명되다.
8월	영남에 발생한 풍재風災의 피해 정도를 놓고 정온과 논쟁을 벌이다.
10월	삼남 지방에서 양전을 실시하는 시기를 놓고 정온과 논쟁을 벌이다.
11월	평안도 위원과 벽동 백성들이 월경하여 산삼을 캐다 발각되다. 인조가 해당 지방관을 처형하려 하자 최명길이 강하게 반대하여 판의금직에서 파직되다.
12월	심양에서 만몽한滿蒙漢 출신 신료들이 홍타이지에게 제위에 오르라고 권진하다.

1636년(丙子, 인조 14) 51세

2월	청사 용골대 일행이 도주하여 청과의 전쟁이 임박했다는 공포심이 높아지다.
6월	인조에게 강화도로 이어할 것을 청하다.
7월	국가 보위와 안민을 위해 대마도주對馬島主를 우대하여 포용하자고 청하다.
	하삼도에 경차관敬差官을 보내 양전 이후 재해를 입은 전답을 제대로 파악하라고 청하다.
8월	병법은 권모술수를 중히 여긴다며 역관을 보내 청의 동정을 탐지하라고 청하다.
9월	정묘호란 이후 국가가 유지된 것은 화친 덕분이니 청과 형제 관계를 계속 유지하기 위해 노력할 것을 요청하다.
	청에 대한 대책을 결정하지 못하고 갈팡질팡하는 조정의 분위기를 성토하고 속히 화친을 계속 유지하든지, 아니면 압록강에서 한판 결전을 벌이자고 강조하다.
	기밀 유지를 위해 군국의 대사는 승지와 사관을 배제하고 심복 대신과 밀의하자고 요청, 삼사 관원들의 격심한 비판에 직면하다.
11월	부교리 윤집이 승지와 사관까지 배제하고 화친을 도모하려는 최명길을 '진회의 죄인'이라고 성토하다.
	청의 침략을 당해 낼 능력이 없는 현실을 직시하고 화친을 일관성 있게 추진하자고 청하다.
12월	14일	병자호란 시작되다. 최명길이 적진으로 가서 담판을 벌여 인조가 남한산성으로 들어갈 시간을 벌다.
	15일	인조가 강화도로 가려다가 눈보라와 추위 때문에 포기하고 산성으로 귀환하다.
	17일	인조가 최명길의 손을 붙잡고 울면서 숭례문에서 시간을 벌어 준 용기와 충성심을 찬양하다.
	18일	청이 세자를 인질로 보내라고 요구하다.
		전 참봉 심광수가 화친을 주장하는 최명길을 참수하라고 청하다.
	20일	조정에서 추위에 지친 병사들을 돕기 위해 사대부들도 보초를 서라고

지시하다.

24일 인조와 세자가 후원에 엎드려 기청제祈晴祭를 지내다.

26일 극심한 추위 때문에 병사들이 병기를 잡을 수 없는 지경이고 마초馬草가 이미 고갈되었다는 보고가 올라오다.

기마병을 동원하여 청 왕자의 진영을 기습하자고 주장하다.

권정길이 이끄는 강원도 근왕군이 검단산에 진을 치다.

28일 강화를 다시 추진하자고 건의하다.

29일 도체찰사 김류가 북문을 나가 적을 공격하게 했다가 참패하다.

30일 식량과 물자가 궁핍해지면서 인조의 수라상에 닭다리 하나만 올리고, 인조가 옷을 입고 잠자리에 들다.

1637년(丁丑, 인조 15) 52세

1월 1일 홍타이지가 왔다는 소식에 인조와 신료들이 그럴 리 없다고 하자 최명 길이 왔을 것이니 그를 상대로 화친을 청하자고 주장하다.

2일 최명길과 김상헌이 홍타이지에게 사신을 보내 화친을 청하는 여부를 놓고 논쟁을 벌이다.

3일 최명길이 홍타이지를 황제라고 칭하는 국서를 써서 청 진영에 보내다.

4일 윤집이 오늘의 일은 모두 최명길의 죄 때문이라고 성토하자 인조가 '최명길 덕분에 그나마 남한산성으로 들어올 수 있었다'고 변호하다.

6일 검단산의 근왕군이 궤멸되었다는 소식이 들어오다.

9일 전라병사 김준룡의 근왕군이 광교산에 진을 치고, 경상도 근왕군이 쌍 령雙嶺에서 패전했다는 소식이 전해지다.

11일 최명길이 '명이 임진왜란 때 천하의 병력을 동원하여 조선을 구원했기 때문에 배신할 수 없다'는 내용의 국서를 쓰다.

13일 최명길이 위의 국서를 들고 청 진영으로 가다.

14일 백관들에게 지급하는 양곡을 절반으로 줄이다.

15일 여러 도의 근왕군들이 대부분 패전했거나 아니면 진을 치고 있다는 소식만 전해지다.

극심한 추위 때문에 성안의 모든 장졸들의 얼굴이 검푸르게 변했다는 보고가 올라오다.

16일 최명길이 청 진영에 갔다가 무조건 항복할 것이 아니면 더 이상 오지 말라는 힐난을 듣고 오다. 최명길이 인조에게 '임금은 필부와 다르니 종사를 보전할 수 있다면 무슨 노력이든 다 해야 한다'고 강조하다.

17일 홍타이지가 항복하든가, 한판 결전을 벌이든가 빨리 택일하라고 요구하는 편지를 보내오다.

18일 최명길이 항복하겠다는 내용의 국서를 쓰고 김상헌은 통곡하며 그것을 찢다.

최명길이 인조가 출성하지 않고 성 위에서 요배遙拜할 수 있게 허락해 줄 것을 청하는 국서를 다시 쓰다.

19일 청이 출성을 재촉하면서 대포를 마구 쏘아 대다.

이조참판 정온이 정도를 지키다가 사직과 함께 옥쇄할 것을 청하고 최명길을 맹렬히 비난하다.

20일 성첩을 지키던 군사 9명이 얼어 죽는 참극이 벌어지다.

최명길이 인조와 귓속말로 칭신과 항복 문제를 논의하다.

홍타이지가 인조가 출성할 것과 척화신 2~3명을 묶어 보내라고 요구하다.

21일 출성 요구에 격앙된 인조가 최명길이 강하게 거부하지 못했다고 질책하다.

23일 최명길이 인조의 출성만은 면하게 해 달라고 간청하는 국서를 쓰다.

25일 최명길이 청 진영에 가니 용골대가 출성 없이는 화친도 없다고 선을 긋다.

26일 훈련도감과 어영청의 장졸들이 행궁에 몰려와서 척화신들을 청 진영으로 보내라고 시위를 벌이다.

강화도 함락 소식이 전해지고 인조는 자결하고 싶다고 통탄하다.

27일 최명길이 청 진영으로 가서 출성을 통고하고 인조의 신변 안전보장을 요구하다.

29일 척화신 윤집과 오달제를 청군 진영으로 보내다.

30일 이조참판 정온이 명에서 받은 인신을 넘겨주지 말고 명을 치는 데 군대를 동원할 수 없다는 것을 청에 강조하라고 청하다.

최명길이 인조를 호행하여 삼전도로 나아가 항복 의식을 행하고 맹약을 맺다.

2월 최명길이 조선의 부득이한 사정을 명 황제에게 주문하자고 청하다.

최명길이 연호年號 사용 문제를 비롯한 청과의 현안을 자신이 담당하겠다고 청하다.

3월 최명길이 수용하기 쉬운 청의 요구부터 받아들여 환심을 사자고 주장하다.

4월 최명길, 우의정에 임명되다.

조청 연합군이 가도를 공격하여 함락시키다.

상중에 있는 장유의 기복을 청하고 시력을 상실한 김시양의 등용을 청하다.

속환贖還의 시급함을 강조하고 청과 약정한 속환가를 엄격히 준수할 것을 촉구하다.

5월 장문의 차자를 올려 인조를 위로하고 군신 상하가 합심하여 종사를 살리는 정치를 펼치라고 권하다.

대신, 육조, 삼사처럼 조정 운영의 중추가 되는 관직의 개혁과 변통을 촉구하다.

6월 호란 때 패전한 군사들을 가볍게 처벌하고, 수령의 현부를 잘 살펴 민심을 수습하자고 청하다.

7월 최명길, 좌의정에 임명되다.

8월 국가가 위기 상황에 처해 있음을 들어 장유의 기복과 출사를 강하게 요청하다.

9월 최명길, 김상헌을 양주학(揚州鶴, 모든 것을 다 챙기려는 사람)이라고 비꼬다.

사은사로 심양에 가서 명을 치는 데 조선군을 동원하기 어렵다고 강조하다.

10월~11월 병이 도져 심양에 남아 치료하다.

1638년(戊寅, 인조 16) 53세

2월 심양에서 귀환, 인조로부터 징병을 면제받고 왔다고 찬양받다.

최명길, 혹시 일본이 침략해 올 경우 방어할 수 없으니 미리 청에 원조를 요청하자고 청하다.

남변 방어에 너무 집중하면 민생을 망치고 청을 자극할 수 있다며 반대했던 것이 받아들여지지 않자 사직을 청하다.

3월 남이공을 이조판서로 등용하다.

장유가 아들 장선징과 속환된 며느리의 이혼을 허락하라고 요청하자 최명길이 반대하다.

친구 장유가 죽다.

4월 인조에게 차자를 올려 속환의 원칙을 제시하다.

연소한 척화신들을 사면해 주자고 다시 요청하다.

명군 도독 심지상이 인조와 조정 신료들에게 명으로 망명하고 합세하여 청을 협공하자고 권유하다.

5월 기밀이 누설되지 않도록 사관에게도 군국기무軍國機務를 비밀로 하자고 청하다.

청이 병력 5천을 안주에 대기시켰다가 파병하라고 요구하다.

6월 최명길이 '가난한 선비의 아내', '약소국의 신하'의 자세로 종사를 살리는 데 매진해야 한다고 강조하다.

비록 시력을 상실했지만 김시양을 등용해야 한다고 거듭 강조하다.

7월	홍타이지가 편지에서 "최명길에게 준 칙서에 징병을 면제한다고 말한 적이 없다"고 강조하다.

7월 홍타이지가 편지에서 "최명길에게 준 칙서에 징병을 면제한다고 말한 적이 없다"고 강조하다.

8월 최명길이 당시 상황을 '같은 배에 탄 채 풍랑을 만난 형세[同舟遇風之勢]'라고 규정하고 조정 신료들의 화합을 강조하다.

9월 최명길, 영의정에 임명되다. 심열을 호조판서로 기용하자고 청하다.

9월~11월 청이 다시 파병을 요구하자 자신이 저지하겠다고 심양으로 가다. 죽음을 면치 못하리라고 여겨 상구喪具를 가져가다.

가을 무렵, 승려 독보를 명에 파병하여 병자호란의 전말을 알리도록 하다.

1639년(己卯, 인조 17) 54세

1월 심양에서 돌아와 병을 이유로 사직을 청하다.

2월 심양을 왕래하며 목도한 서로西路 민정을 진달하고 황주에 관관 설치를 청하다.

3월 처벌받은 척화신들을 사면하자고 건의하다.

4월 조종이 만든 법이라도 변통 차원에서 경장할 것을 촉구하다.

6월 청사 마부대가 인조의 심양 입조론을 거론하다.

조정 안팎에서 강화도 함락 당시 윤방이 자결하지 않은 것을 비난하자 최명길이 윤방이 당시의 화란을 수습하는 데 공을 세웠다고 두둔하다.

7월 인조의 입조를 놓고 '청과 다시 맞서야 한다'는 논란들이 벌어지자 최명길이 신료들에게 '감상적으로 접근하여 경거망동하지 말라'고 일갈하다.

관무재觀武才 등을 섣불리 실시하여 안팎의 의심을 야기하는 일을 삼가자고 촉구하다.

8월 궁중에서 무고巫蠱로 옥사가 발생하다. 이후 인조가 최명길에게 정명공주와 관련되었는지를 조사하라고 밀명하자 최명길은 불가하다고 간하다. 인조가 격노하여 최명길을 논죄하지 않았다고 삼사를 문책하다.

10월 인조의 병환이 심각해지다.

청이 인조를 문병하자 최명길이 사은사로 심양에 가다.

사은사로 가는 중에 상소하여 "신이 차마 공주를 다스리지 못하는 것은 감히 선왕과 전하를 저버릴 수 없기 때문"이라며 인조에게 정명공주를 보호하라고 청하다.

11월 청이 수군 6천을 안주 해안에 대기시키고, 공미貢米 1만 포를 대릉하로 수송하라고 요구하다.

12월 23일, 최명길은 병으로 의주에 잔류하고, 부사 이경헌 등이 심양으로 가다.

1640년(庚辰, 인조 18) 55세

윤1월 의주에서 귀환하다.

3월 심양에 아들 대신 동생을 질자로 보낸 혐의로 영의정에서 파직되다.

청 사신 오목도梧木道가 황제가 최명길이 대리 질자를 보내도록 허락했다고 최명길을 옹호하다.

6월 최명길, 완성부원군完城府院君에 봉해지다.

7월 아우 최만길이 이괄의 잔당 김개를 은닉한 것이 발각되어 종성으로 유배되다.

삼사가 역적을 보호한 책임이 최명길에게도 있다고 탄핵하여 파직되다.

11월 신득연의 실토로 김상헌, 조한영, 채이항과 함께 최명길도 반청反淸과 관련된 인물로 거명되다.

1641년(辛巳, 인조 19) 56세

1월 청이 어영군 1천 명, 화기수 5백 명을 파병하라고 요구하다.

김상헌, 반청 혐의자로 붙잡혀 심양으로 끌려가다.

2월 최명길이 대제학 이식에게 《선조실록》 개수를 전담시키라고 건의하다.

3월 청군이 금주 공략전에 나서다.

7월 명이 병부상서 홍승주에게 13만 병력을 주어 송산松山을 방어하게 하다.

가을, 밀파했던 승려 독보가 돌아와 명의 회답을 전하다.

1642년(壬午, 인조 20) 57세

2월 명의 송산이 청군에 함락되고 홍승주가 생포되다.

일본 사신이 동조궁東照宮 준공을 빌미로 편액, 시문, 범종梵鐘을 요청하다.

6월 정성과 신의로써 일본을 상대하여 환란을 막고, 그들이 요청한 범종 등을 제공하고, 승려를 보내 정세를 탐문하자고 청하다.

8월 영의정으로 복직되다. 누차 사직을 청하다.

10월 선천부사 이계가 조선 조정의 반청 분위기와 행적을 청인들에게 모두 실토하다.

한선과 밀통했던 사실, 독보를 밀파했던 사실이 발각되어 책임지기 위해 심양으로 향하다.

11월 최명길과 독보 파견을 상의했던 임경업이 청으로 소환되는 도중 도주하다.

인조, 최명길의 영의정직을 삭탈하다.

1643년(癸未, 인조 21) 58세

1월   청이 반청의 우두머리로 김상헌을 잡아가다.
      최명길이 심양에서 밀계하여 자신이 심문받고 진술한 내용을 보고하다. 인조를
      보호하기 위해 최선을 다했다는 사실을 강조하다.

3월   인조가 신료들을 면대한 자리에서 최명길이 밀통과 밀파 사건의 모든 책임을
      지지 않았다고 비난하다.
      청 사신이 와서 최명길은 간첩질을 한 혐의로, 김상헌은 대중을 현혹하고 나라
      를 그르친 혐의로 수감한다고 통고하다.
      이 무렵 심양에서 김상헌과 만나 시를 주고받으며 묵은 감정을 풀고 화해하다.
      최명길은 수인 생활 4년 동안, 위험과 치욕 속에서도 《주역》독서를 계속하다.

4월   용골대가 최명길과 김상헌을 사면하여 귀국시킨다는 방침을 알려 주다. 최명길
      은 청 황제가 있는 곳을 향해 배례하고 김상헌은 허리가 아프다며 배례를 거부
      하다.

8월   홍타이지가 사망하고 순치제가 즉위하다.
      청이 순치제 즉위를 계기로 한선 관련 신하들을 석방하고 세폐를 경감한다고
      통고하다.

1644년(甲申, 인조 22) 59세

1월   인조가 돌아올 기약이 없는 최명길과 김상헌에게 물품을 보내 주라고 지시하다.

3월   숭정제崇禎帝가 자살하다.

4월   도르곤이 이끄는 청군이 산해관을 돌파하다.

8월   소현세자 등이 북경으로 이주하다.

11월   순치제가 북경에서 황제에 즉위하다.

1645년(乙酉, 인조 23) 60세

3월   소현세자와 봉림대군, 최명길과 김상헌 등이 귀환하다.

가을   진천에 우거하여 와룡계臥龍溪 가에 모옥을 짓다.

겨울   인조의 부름을 받고 도성으로 귀환하다.

1646년(丙戌, 인조 24) 61세

2월   강빈 옥사 발생하다.
      인조에게 폐빈 강씨에 대해 은혜를 온전히 하기를 상차하여 청하나, 불허하다.

인조, 최명길이 강빈 사사에 반대하면서 '국사가 우려된다'고 말한 것에 격분하여 최명길을 다시 비판하다.

3월 강빈, 사사되다.

4월 원두표를 충청도 관찰사로 천거하다.

6월 인조가 임경업을 친국하다.

7월 상차하여 민생을 보듬으라고 청하고 백성들을 무력이 아닌 문교로 다스려야 국가를 원만히 유지할 수 있다고 강조하다.

가을 병이 심해지자 인조가 어의를 보내 간병하다. 어선御膳을 나눠 보내고, 위독해지자 문병하는 신하도 보내다.

1647년(丁亥, 인조 25) 62세

인조가 어의 박군을 최명길 사가에 보내 간병토록 하다.

3월 상소하여 인조의 은혜에 감사하며 그만 어의를 물려 달라고 청하다.

5월 17일, 최명길 서거하다. 인조는 5일간 고기를 먹지 않고, 3일간 조회를 정지한 채 신료를 보내 상사喪事를 살피다. 또한 관에서 염빈殮殯을 돕고, 조묘군造墓軍 250명을 보내 주도록 조처하다. 인조가 "임금에 대한 충성이 최명길만 한 자를 어찌 얻을 수 있겠는가?"라고 찬양하다.

7월 인조가 최명길 유족에게 집을 지어 주고 3년간 녹봉을 주라고 지시하다.

8월 청주 북쪽 대율리大栗里에 묻히다.

* 이 연보는 《광해군일기》, 《인조실록》, 《승정원일기》, 《청태종실록》, 나만갑의 《병자록》, 남급의 《남한일기》를 기본 자료로, 최석정의 〈선조영의정완성부원군군문충공행장先祖領議政完城府院君君文忠公行狀〉, 박세당의 〈지천공신도비명遲川公神道碑銘〉, 최창대의 〈지천공유사遲川公遺事〉 등을 참고하여 작성했음을 밝힌다. 최명길과 관련된 중요 일지를 정리하되, 병자호란이 진행되던 1636년 12월부터 1637년 1월 사이의 기록이 상대적으로 많은 것을 염두에 두고 작성했음도 밝힌다.

주석

1장

1 　남구만, 《약천집藥泉集》 권17 〈영의정문충최공신도비명領議政文忠崔公神道碑銘〉. 한편 최명길이 항복을 청하는 국서를 쓰고 김상헌이 그것을 찢었다는 이야기는 《인조실록 仁祖實錄》과 《병자록丙子錄》, 《남한일기南漢日記》 등에도 기록되어 있다.

2 　조경, 《용주유고龍洲遺稿》 권6 〈옥당시척화차玉堂時斥和箚〉; 《인조실록》 권24 인조 9년 6월 24일.

3 　김태영, 〈지천 최명길의 현실변통론〉, 《조선 성리학의 역사상》, 경희대학교출판국, 2006, 497~498쪽.

4 　한명기, 《임진왜란과 한중관계》, 역사비평사, 1999, 265~301쪽.

5 　《인조실록》 권34 인조 15년 1월 23일.

6 　《인조실록》 권33 인조 14년 11월 8일.

7 　남구만, 《약천집》 권17 〈영의정문충최공신도비명〉.

8 　'조종의 의리'란 제후가 지켜야 할 의리를 가리킨다. 제후가 황제를 찾아뵐 때 봄에 가서 뵙는 것을 朝, 여름에 하는 것을 宗, 가을에 하는 것을 覲, 겨울에 하는 것을 遇라고 부른다. (《주례주소周禮註疏》 권19 〈춘관종백春官宗伯〉 3.)

9 　최명길 著, 최병직崔秉稷 · 정양완鄭良婉 · 심경호沈慶昊 역주, 《증보역주지천선생집增補譯 註遲川先生集 유집遺集》 권3 서행록西行錄 2 수수蒐穗, 〈금추서행시득사소도고양유감칠 수今秋西幸始得死所到高揚有感七首〉, 도서출판 선비, 2008.
　　이하에서 《증보역주지천선생집》을 인용할 때는 번거로움을 피하기 위해 각각 《지천 집 원집原集》, 《지천집 속집續集》, 《지천집 유집》, 《지천집 외집外集》 등으로 줄여서 표 기하기로 한다.

10 　최명길, 《지천집 원집》 권19 〈선조증이조판서부군묘지先祖贈吏曹判書府君墓誌〉.

11 　이정철, 《왜 선한 지식인이 나쁜 정치를 할까》, 너머북스, 2016.

12 　三田村泰助, 《明と淸》, 東京, 河出書房新社, 1990, 211~215쪽.
　　王天有 · 高壽仙, 《明史 一個多重的性格的時代》, 臺北, 三民書局, 2008, 328~351쪽.

13 　堀新 · 井上泰至 編, 《秀吉の虛像と實像》, 東京, 笠間書院, 2016 참조.

14 　민석홍, 《서양사개론》, 삼영사, 1984 참조.

15 　최석정, 《명곡집明谷集》 권29 〈선조영의정완성부원군행장先祖領議政完城府院君行狀〉.

16 최창대,《곤륜집昆侖集》권20 〈지천공유사遲川公遺事〉.

17 《인조실록》권26 인조 10년 4월 30일.

18 계축옥사란 1613년(광해군 5) 문경 새재에서 은상銀商을 살해한 혐의로 체포된 박응서 등이 "강탈한 은을 군자금으로 삼아 영창대군을 추대하려고 했다"고 진술하여 불거진 역모 사건이다. 박응서는 역모의 주모자를 영창대군의 외조부 김제남이라고 지목했다. 이이첨 등 대북파는 이 사건을 빌미로 김제남을 처형하고, 영창대군은 강화도로 유배 보낸 뒤 살해하고, 광해군에게 극심한 원한을 품게 된 인목대비를 서궁(西宮, 덕수궁)에 유폐한 뒤 대비 자리를 박탈하려고 시도하는 '폐모' 논의를 일으키게 된다. (한명기, 〈광해군대의 대북세력과 정국의 동향〉,《한국사론》20호, 1988 참조.)

19 《광해군일기》권14 광해군 3년 4월 5일, 권38 광해군 9년 1월 4일.

20 최현,《인재집訒齋集》권3 〈임술의소壬戌擬疏〉.

21 이여빈,《취사선생문집炊沙先生文集》권1 〈차곽정보 신증행운次郭靜甫新贈行韻〉.

22 이여빈,《취사선생문집》권2 〈청죄이이첨소請罪李爾瞻疏〉.

23 최창대,《곤륜집》, 권20 〈지천공유사〉.

24 최석정,《명곡집》권29 〈선조영의정완성부원군문충공행장〉.

25 《지천집 원집》권7 〈사이조참판소辭吏曹參判疏〉.

26 《지천집 원집》권10 〈청퇴행친제차請退行親祭箚〉.

27 《승정원일기》64책 인조 16년 5월 12일.

28 《지천집 원집》권10 〈사금오당상차辭金吾堂上箚〉 신미.

29 《지천집 원집》권11 〈사이판차辭吏判箚〉 기미.

30 《지천집 원집》권11 〈사면겸직잉진소회차辭免兼職仍陳所懷箚〉 병자.

31 《지천집 원집》권11 〈사예판차辭禮判箚〉 병자.

32 《지천집 원집》권11 〈사직차辭職箚〉 병자.

33 이 책, 267~278쪽 참조.

34 조선이 청에게 항복했던 1637년 이후에도 최명길은 청과의 외교 현안들을 사실상 도맡아 처리했다. 그 과정에서 그는 여러 차례 심양을 왕래했다. 그런데 멀고 험한 심양 길을 왕래하는 것은 여전히 병약했던 최명길에게는 몹시 힘겨운 일이 아닐 수 없었다. 1639년(인조 17)에는 심양에 사은사로 갔다가 병 때문에 중간에 돌아온 적도 있었다. 또 곧바로 귀국하지 못하고 의주 등지에 머물면서 요양해야 했던 경우도 있었다. 특히 승려 독보를 몰래 보내 명과 밀통했던 사실이 발각된 1642년에는 심양으로 끌려가 투옥되었다. 늙고 병든 몸으로 이역에서 수감 생활을 한다는 것은 감내하기 힘든 고통이었다. 최명길은 1645년 봄에야 석방되어 돌아올 수 있었다. 하지만 귀국 이후 후유증 때문에 와병 생활이 이어졌고 결국 병을 이기지 못하고 귀국 2년 만인 1647년 세상을 떠난다. (남구만,《약천집》권17 〈영의정문충최공신도비명〉.) 최명길의 일생에서 가장

중대한 '아킬레스건'은 분명 '건강 문제'였다고 할 수 있다.

35 김태영, 앞의 책(2006), 493~494쪽, 500~501쪽.

36 이식,《택당선생별집澤堂先生別集》권15〈잡저雜著〉.

37 《지천집 속집》권3〈상백사선생上白沙先生〉제2서 계묘.

38 《지천집 속집》권3〈상백사선생〉제7서 무오.

39 한명기,〈조중 관계의 관점에서 본 인조반정의 역사적 의미-명의 조선에 대한 '의제적 지배력'과 관련하여〉,《남명학》16호, 2011.

40 日原利國,《中國思想辭典》,東京 研文出版, 1984, 14~16쪽, 211쪽.

41 박희병,〈신흠의 학문과 그 사상사적 위치〉,《민족문화》29호, 1997; 조성산,〈17세기 후반 경기 지역 서인 상수학풍의 형성과 의미〉,《한국사연구》115호, 2001; 김태영, 앞의 논문(2006) 등 참조.

42 《지천집 원집》권17〈상촌집발象村集跋〉.

43 《지천집 속집》권3〈상상촌선생서上象村先生書〉갑인.

44 《지천집 속집》권3〈상백사선생〉.

45 최창대,《곤륜집》권20〈지천공유사〉.

46 최창대,《곤륜집》권20 위와 같은 조.

47 《지천집 원집》권4〈야감夜感〉.

48 정인보,《양명학연론》, 계명대학교 출판부, 2004, 126쪽.

49 《지천집 속집》권1〈답장계곡지국유서答張谿谷持國維書〉제7서 을해; 심경호,〈17세기 초반 지성사의 한 단면〉,《한문학보》18호, 2008; 심경호,〈지천 최명길의 문학과 사상에 관하여〉,《한국한문학연구》42호, 2008.

50 윤남한,《조선시대 양명학 연구》, 집문당, 1982.

51 《王陽明全集》中, 上海古籍出版社, 2012, 652~653쪽.

52 장유,《계곡만필谿谷漫筆》권1〈제유저양명시구이위과고근선諸儒詆陽明詩句以爲過高近禪〉.

53 심학에 대해서는 日原利國, 앞의 책(1984), 225쪽 참조.

54 신흠,《상촌고象村稿》권45 외집〈휘언彙言〉; 김태영, 앞의 책(2006), 505~506쪽 참조.

55 동평董平저·이준식 옮김,《칼과 책-전쟁의 신 왕양명의 기이한 생애》, 글항아리, 2019, 148~216쪽.

56 《지천집 원집》권1〈차기량아次寄亮兒〉.

57 日原利國 編, 앞의 책(1983).

58 김태영, 앞의 책(2006), 510쪽.

59 日原利國, 앞의 책(1983), 412쪽.

60 이재철,〈지천 최명길의 경세론과 관제변통론〉,《조선사연구》1호, 1992, 51쪽.

61 岩見宏明·谷口規矩雄,《傳統中國の完成》, 東京, 講談社現代新書, 1991, 80~81쪽.

62 《승정원일기》59책 인조 15년 7월 7일.

63 《지천집 속집》권1 〈여조포저비경익서與趙浦渚飛卿翼書〉, 이 책 313~314쪽.

2장

1 신흠,《상촌고象村稿》권25 〈최영홍묘지명崔永興墓誌銘〉; 남구만,《약천집》권17 〈영의
정문충최공신도비명〉.

2 《광해군일기》권4 광해군 즉위년 4월 10일, 12월 20일. 두 상소의 내용은 대동소이한
데 12월의 상소가 4월의 상소보다 내용이 상세하다.

3 《지천집 속집》권4 〈상가대인서上家大人書〉 제3서.

4 《광해군일기》권66 광해군 5년 5월 28일;《대동야승大東野乘》,《광해조일기光海朝日
記》권1.

5 신흠,《상촌고》권25 〈최영홍묘지명〉.

6 성혼,《우계집牛溪集》〈우계연보牛溪年譜〉 보유 권3.

7 《연려실기술燃藜室記述》권19, 〈폐주광해군고사본말廢主光海君故事本末〉.

8 한명기, 〈임진왜란기 명·일의 협상에 관한 연구-명의 강화 집착과 조선과의 갈등을
중심으로〉,《국사관논총》98호, 2002.

9 성혼,《우계집》권5 〈답신자방응구논주본사별지答申子方應榘論奏本事別紙〉.

10 성혼,《우계집》권5 〈답황사숙신논주본사答黃思叔愼論奏本事〉 제2서.

11 식민지 시대 일본인 사학자 이나바 이와키치稻葉岩吉는 일찍이 성혼의 주화론을 택민
주의澤民主義라고 평가했다. 조선이 처한 현실을 심사숙고하여 궁극적으로 백성들에
게 혜택이 돌아가게 했다는 것이다. 이나바는 성혼이 임진왜란 초기 광해군이 이끌었
던 분조(分朝, 일종의 임시정부)에 출사했던 경력을 들어 그의 사상이 광해군에게 계승되
고, 궁극에는 최명길에게까지 연결된다고 보았다. 요컨대 이나바 이와키치는 성혼, 광
해군, 최명길의 외교적 입장을 동일한 성격을 지닌 것으로 평가했던 셈이다. (稻葉岩吉,
《光海君時代の滿鮮關係》, 京城, 大阪屋號書店, 1933, 242~261쪽.)

12 인조반정 이후 최명길이 대다수 관인들과 달리 주화의 길을 걸었던 까닭은 당시 안팎
으로 조선이 처한 현실 상황과 문제점을 정확하게 인식했기 때문이라고 할 수 있다.
최명길은 선조대 이래 명과 일본, 여진의 동향, 광해군대의 정국 동향과 사회 경제적
실태, 국방의 최전선인 경상도와 전라도, 평안도와 함경도의 지역 사정과 민생 현실을
정확히 파악하고 있던 몇 안 되는 인물 가운데 한 사람이었다. 필자는 광해군대 짧은
벼슬살이에서 쫓겨나 야인으로 돌아갔던 최명길에게 조선이 처한 안팎의 현실을 직

시할 수 있는 다양한 정보를 제공했던 인물이 장인 장만이었을 것으로 본다. 최명길이 쫓겨난 이후에도 장만은 광해군대 조정에서 주로 국방과 관련이 있는 고위 관직을 계속 유지했기 때문이다.

13 최창대, 《곤륜집》 권20 〈지천공유사〉.

14 장만, 《낙서집洛西集》 보유補遺.

15 이식, 《택당집澤堂集별집》 권6 〈의정부우찬성옥성부원군장공만묘지명병서議政府右贊成玉城府院君張公晚墓誌銘幷序〉.

16 장만, 《낙서집》 권2 〈논북관민막겸진기무차論北關民瘼兼陳機務箚〉.

17 장만, 《낙서집》, 위와 같은 조.

18 《광해군일기》 권13 광해군 2년 11월 8일, 18일.

19 《광해군일기》 권14 광해군 3년 2월 9일.

20 《광해군일기》 권80 광해군 6년 7월 7일.

21 《광해군일기》 권139 광해군 11년 4월 13일.

22 《광해군일기》 권152 광해군 12년 5월 22일.

23 최명길이 장만에게 인조반정 거사에 참여하라고 누차 종용했음에도 장만이 소극적인 태도를 보였던 것은 바로 이 같은 상황에서 비롯된 딜레마 때문이었다. 나아가 장만이 인조반정 이후 새 정권에 등용되긴 했지만 실세로 대접받지 못했던 것도 광해군과의 관계를 과감하게 끊지 못했던 그의 소극적인 자세 때문이었던 것으로 보인다. 한편 폐모정청에 대해서는 이 책, 114쪽 참조.

24 정충신, 《만운집晩雲集》 권3 〈제옥성부원군장공문祭玉城府院君張公文〉.

25 《광해군일기》 권169 광해군 13년 9월 10일.

26 《광해군일기》의 사관은 광해군이 정충신을 모문룡 몰래 후금 수도에 들여보낸 것을 정권의 종말을 초래한 행위였다고 맹렬히 비난했다. "부모인 명의 원수와 교린을 시도함으로써 군신 사이의 의리를 망가뜨렸음에도 3년이나 지나서 망한 것은 너무 늦었다"고 통탄한 바 있다. (《광해군일기》, 위와 같은 조.)

27 정충신, 《만운집》 권2 〈여체찰연명소與體察聯名疏〉; 《인조실록》 권28 인조 11년 2월 11일.

28 《인조실록》 권12 인조 4년 3월 28일.

29 《광해군일기》 권124 광해군 10년 2월 9일.

30 함순명의 신통력과 예지력은 매우 뛰어났다. 그 때문에 일찍이 이규경(李圭景, 1788~?)은 함순명을 조선의 맹인 출신 점쟁이의 시조라고 평가한 바 있다. (이규경, 《오주연문장전산고五洲衍文長箋散稿》 제20집 1권 〈명통사변증설明通寺辨證說〉.)

31 최창대, 《곤륜집》, 권20 〈지천공유사〉.

32 《지천집 속집》 권1 〈답장계곡지국유서答張谿谷持國維書〉 제1서, 계묘.

33 이 네 명 가운데 이시백과 조익은 나중에 사돈지간으로 맺어진다. 조익은 병자호란 당시 인조를 호종하지 못하는 바람에 전쟁 이후 탄핵을 받게 되는데, 당시 이시백은 친구이자 사돈인 조익을 구하기 위해 소를 올린 바 있다. (《승정원일기》66책 인조 16년 9월 21일.)

34 《광해군일기》권52 광해군 4년 4월 3일.

35 《광해군일기》권174 광해군 14년 2월 30일.

36 《인조실록》권3 인조 1년 윤10월 18일.

37 《지천집 속집》권3 〈상백사선생서〉 제2서.

38 《지천집 속집》권1 〈답장계곡지국유서〉 제3서 을축.

39 《지천집 속집》권1 〈답장계곡지국유서〉 제4서 무진.

40 《지천집 원집》권8 〈청여장유동피죄벌차請與張維同被罪罰箚〉.

41 이 책, 376~378쪽 참조.

42 《지천집 속집》권1 〈답장계곡지국유서〉 제9서.

43 《인조실록》권35 인조 15년 7월 11일.

44 장유,《계곡집谿谷集》권20 〈기복배상사면소起復拜相辭免疏〉 제8소.

45 《지천집 속집》권1 〈답장계곡지국유서〉 제10서.

46 이 책, 445~448쪽 참조.

47 《인조실록》은 장유가 아들과 며느리의 이혼을 허락해 달라고 요청했던 날짜를 3월 11일로, 그가 죽었다는 사실은 3월 17일로 기록했다.

48 《지천집 원집》권1 〈곡장계곡지국哭張谿谷持國〉. (심경호, 〈17세기 초반 지성사의 한 단면〉, 《한문학보》제18호, 2008, 355쪽에서 재인용.)

49 《인조실록》권2 인조 1년 7월 30일.

50 심경호, 앞의 두 논문들(2008) 참조.

51 장유,《계곡만필(谿谷漫筆)》권1 〈최명길수발강화지의崔鳴吉首發講和之議〉; 이 책 245쪽 각주 40번 참조.

52 《인조실록》권36 인조 16년 3월 17일.

3장

1 《광해군일기》권48 광해군 3년 12월 19일.

2 《광해군일기》권72 광해군 5년 11월 10일.

3 《광해군일기》권72 광해군 5년 12월 17일.

4 《연려실기술》권19 〈폐주광해군고사본말〉.

5 실제로 1614년 1월 인목대비가 명 차관과 접촉을 시도한 것 때문에 옥사가 발생했다. 당시 체포된 별장 방신원方信元 , 병조 서리 서응상徐應祥 , 인목대비의 내인 의일義一 등을 심문한 기록에는 인목대비가 명 차관의 입경을 고대하고, 서응상 등을 통해 명 차관에게 글을 보내려고 했다는 내용이 실려 있다. 《광해군일기》 권27 광해군 6년 1월 7일;《응천일록》 권1, 갑인 1월 4일.) 또 1618년 1월, 우의정 한효순이 백관들을 이끌고 인목대비 폐출을 요청하면서 제시했던 인목대비의 10가지 '죄악' 가운데도 "중국 관원에게 호소하여 명에 알리려 했다"는 것이 9번째로 제시된 바 있다. 《광해군일기》 권43 광해군 10년 1월 4일.)

6 《광해군일기》 권74 광해군 6년 1월 14일.

7 《지천집 속집》 권1 〈답장계곡지국유서〉 제2서 갑인.

8 《지천집 속집》, 위와 같은 조.

9 《한국지명총람》 17, 경기편 상, 한글학회, 1985, 43쪽.

10 《지천집 속집》 권3 〈상한서평준겸서上韓西平浚謙書〉.

11 한명기, 앞의 논문(1988), 318쪽.

12 이 책 36쪽 참조.

13 한명기, 앞의 논문(1988), 322~323쪽.

14 《광해군일기》 권43 광해군 10년 1월 4일.

15 陸戰史普及硏究會,《明と淸の決戰》, 東京 原書房, 1972; 黃仁宇, 〈1619年的遼東戰役〉, 《明史硏究論叢》 5輯, 江西古籍出版社, 1991; 孫文良 · 李治亭,《明淸戰爭史略》中國人民大學出版社. 2012; 한명기, 〈명청교체 시기 조중관계의 추이〉,《동양사학연구》 140호, 2017 등 참조.

16 徐光啟,《徐光啟集》 권3 〈遼左阽危已甚疏〉, 上海古籍出版社, 1984, 113쪽.

17 《광해군일기》 권51 광해군 11년 10월 3일.

18 《광해군일기》 권43 광해군 10년 1월 11일.

19 《광해군일기》 권2 광해군 즉위년 4월 25일.

20 윤선도,《고산유고孤山遺稿》 권2 〈병진소丙辰疏〉. 윤선도는 이 상소에서 이이첨 등 대북파가 권력을 독점하면서 갖가지 부정행위를 자행하는 것을 신랄하게 비판하고 광해군에게 이이첨을 제거하라고 촉구했다. 당시 윤선도는 상소하면서 죽음을 각오했던 것으로 보이는데, 소의 말미에서 자신에게는 중형을 내리더라도 부친만은 연루시키지 말아 달라고 호소하며 비장한 각오를 드러낸 바 있다.

21 최현,《인재집訒齋集》, 권3 〈임술의소〉.

22 한명기, 앞의 논문(1988), 334쪽.

23 조익,《포저집浦渚集》 권34 〈의정부좌의정시문충이공행장議政府左議政諡文忠李公行狀〉.

24 《광해군일기》 권187 광해군 15년 3월 12일.

25 《광해군일기》권140 광해군 11년 5월 14일.

26 최창대,《곤륜집》권20 〈지천공유사〉.

27 최명길,《지천집 속집》권3 〈상낙서선생서上洛西先生書〉.

28 《인조실록》권12 인조 4년 3월 28일.

29 이 책, 84쪽 참조.

30 《인조실록》권1 인조 1년 3월 13일, 권3 인조 1년 윤10월 19일.

31 최창대,《곤륜집》권20 〈지천공유사〉.

32 《선조실록》권97 선조 31년 2월 18일.

33 박양한,《매옹한록梅翁閑錄》,〈선조말년宣祖末年〉, 서대석 편,《조선후기 문헌설화 분류
   정리 (Ⅱ)》, 서울대 한국문화연구소, 1991, 280쪽.

34 최창대,《곤륜집》권20 〈지천공유사〉.

35 《인조실록》권1 인조 1년 3월 13일.

36 《인조실록》권3 인조 1년 윤10월 22일.

37 《광해군일기》권187 광해군 15년 3월 12일.

4장

1 《인조실록》권1 인조 1년 3월 14일.

2 《인조실록》권1 인조 1년 3월 16일.

3 김장생,《사계전서沙溪全書》권2 〈여이옥여귀김관옥류장지국유최자겸명길여李玉輿貴
   金冠玉塗持國維崔子謙鳴吉〉.

4 김장생,《사계전서》, 위와 같은 조.

5 《인조실록》권4 인조 2년 2월 24일.

6 《인조실록》권3 인조 1년 윤10월 27일.

7 《인조실록》권3 인조 1년 10월 1일.

8 최창대,《곤륜집》권20 〈지천공유사〉.

9 《승정원일기》1책 인조 1년 12월 7일.

10 《인조실록》권3 인조 1년 윤10월 18일.

11 《지천집 속집》권3 〈상오리이상국원익서上梧里李相國元翼書〉.

12 《지천집 속집》권3 〈상연평이상서귀서上延平李尚書貴書〉.

13 《인조실록》권3 인조 1년 윤10월 22일; 이 책 125쪽.

14 《인조실록》권3 인조 1년 11월 5일.

15 《인조실록》권3 인조 1년 11월 11일.

16 《인조실록》권34 인조 15년 1월 20일.

17 《광해군일기》권62 광해군 14년 7월 14일.

18 《인조실록》권3 인조 1년 윤10월 22일.

19 《승정원일기》1책 인조 1년 3월 16일.

20 《인조실록》권3 인조 1년 11월 2일.

21 《지천집 원집》권10 〈사부제학제삼차辭副提學第三箚〉.

22 《인조실록》권1 인조 1년 3월 17일.

23 조경남, 《속잡록續雜錄》권2, 계해 3월 13일.

24 《지천집 속집》권3 〈상북저김상국류서上北渚金相國㽋書〉.

25 《지천집 속집》, 위와 같은 조.

26 이민성, 《경정선생속집敬亭先生續集》권1 〈조천록朝天錄〉 상, 계해 6월 6일.

27 《지천집 속집》권3 〈상북저김상국류서〉 제3서.

28 《광해군일기》권49 광해군 11년 1월 11일.

29 《기문총화記聞叢話》, 〈박엽지안관서朴燁之按關西·〈계해이연평제인癸亥李延平諸人〉·〈계
해삼월반정후癸亥三月反正後〉, 서대석 편, 앞의 책(1991), 94~95쪽.

30 이승수, 〈약창藥窓 박엽론朴燁論 –역사적 평가를 중심으로〉, 《민족문화연구》47호,
2007. 이승수는 실록 등 권력 측의 공식 기록과 민간의 야담과 증언, 그리고 박엽이
남긴 시문들을 치밀하게 검토하여 박엽을 최초로 재평가했다.

31 《광해군일기》권139 광해군 11년 4월 9일, 11일.

32 한명기, 〈이여송과 모문룡〉, 《역사비평》90호, 2010.

33 《광해군일기》권170 광해군 13년 10월 10일.

34 《숙종실록》권45 숙종 33년 7월 6일.

35 이승수, 앞의 논문(2007), 153~154쪽; 박필주, 《여호선생문집黎湖先生文集》권2 〈평양
감회平壤感懷〉.

36 《응천일록凝川日錄》권2 기미 7월 28일.

37 최창대, 《곤륜집》권20 〈지천공유사〉.

38 유사한 사례로, 최명길은 병자호란 직후 조정이 인재난에 시달리고 있을 때 김시양을
등용하려고 시도했다. 그런데 당시 김시양은 이미 은퇴한 데다 시력을 모두 잃은 상태
였다. 그럼에도 최명길은 '그의 시력을 보지 말고 능력을 봐야 한다'며 그를 조정에 기
용하려고 부심한 바 있다. 이 책, 387~388쪽 참조.

5장

1 한명기, 앞의 논문(2011).

2 《인조실록》 권1 인조 1년 3월 25일.

3 한명기, 《임진왜란과 한중관계》, 역사비평사, 1999, 330~352쪽; 《명희종실록明熹宗實錄》 권66 천계 5년 12월 무인.

4 《인조실록》 권1 인조 1년 3월 22일.

5 《인조실록》 권1 인조 1년 4월 25일.

6 이시발, 《벽오유교碧梧遺稿》 권4 〈등대후논선장연병차登對後論選將鍊兵箚〉.

7 《인조실록》 권1 인조 1년 3월 27일.

8 《인조실록》 권1 인조 1년 4월 22일.

9 장만, 《낙서집洛西集》 권3 〈원수출사시조진차元帥出師時條陳箚〉.

10 《인조실록》 권1 인조 1년 7월 7일.

11 《연려실기술》 24권 〈인조조고사본말仁祖朝故事本末〉.

12 《인조실록》 권1 인조 1년 3월 15일.

13 《인조실록》 권2 인조 1년 8월 16일.

14 《지천집 속집》 권3 〈상북저김상국류서上北渚金相國瑬書〉 제2서.

15 《승정원일기》 7책 인조 3년 7월 12일.

16 《인조실록》 권4 인조 2년 1월 17일.

17 《승정원일기》 15책 인조 4년 8월 19일.

18 최현, 《인재선생 별집訒齋先生別集》 권2 〈토평괄적후장계討平适賊後狀啓〉.

19 이상훈, 〈인조대 이괄의 난과 안현 전투〉, 《한국군사학논집》 69집 제1권, 2013.

20 《인조실록》 권4 인조 2년 1월 25일.

21 당시 일각에서는 "이괄이 자전을 모시고 있다"는 와언訛言이 돌고 있었다. 이 소문을 들었던 이안눌(李安訥, 1571~1637)은 "자전을 모셨다면 우리 임금의 아들일 것이다"라고 하여 정권이 바뀔 것처럼 이야기했다가 유배형에 처해진 바 있다. 《인조실록》 권5 인조 2년 5월 8일.)

22 송갑조, 《수옹선생일기睡翁先生日記》, 갑자 2월 4일.

23 최현, 《인재선생별집》 권2 〈토평괄적후장계〉.

24 김기종, 《서정록西征錄》.

25 김기종, 《서정록》.

26 《인조실록》 권4 인조 2년 1월 25일.

27 송갑조, 앞의 책, 갑자 2월 8일.

28 김기종, 《서정록》.

29 《인조실록》 권4 인조 2년 2월 11일.

30 《인조실록》 권4 인조 2년 2월 22일.

31 《비변사등록》 3책 인조 2년 3월 5일.

32 《인조실록》 권4 인조 2년 2월 30일.

33 《인조실록》 권8 인조 3년 1월 15일.

34 《승정원일기》 9책 인조 3년 10월 18일.

35 최현, 《인재집》 권4 〈병조참지시원정소兵曹參知時原情疏〉.

36 한명기, 〈이괄의 난이 인조대 초반 대내외 정책에 미친 여파〉, 《전북사학》 48호, 2016.

37 《인조실록》 권7 인조 2년 11월 27일.

38 《인조실록》 권4 인조 2년 2월 18일.

6장

1   《지천집 원집》 권7 〈사이조참판소辭吏曹參判疏〉.

2   《인조실록》 권7 인조 2년 11월 26일.

3   최명길의 관제 개혁안과 관련해서는 이재철, 〈광해군대 비변사의 조직과 기능〉, 《대
    구사학》 41호, 1991; 이재철, 〈지천 최명길의 경세관과 관제변통론〉, 《조선사연구》 1
    호, 1992; 조성을, 〈17세기 전반 서인 관료의 사상〉, 《역사와 현실》 8호, 1992; 김태영,
    〈지천 최명길의 현실변통론〉, 《도산학보》 9호, 2003; 김용흠, 〈지천 최명길의 책무의
    식과 관제변통론〉, 《조선시대사학보》 37호, 2006 등 참조.

4   《인조실록》 권8 인조 3년 3월 11일.

5   《지천집 원집》 권7 〈논관제차論官制箚〉.

6   《지천집 원집》, 위와 같은 조.

7   《선조실록》 권138 선조 34년 6월 3일. 선조대의 비변사의 기능과 역할에 대해서는
    구덕회, 〈선조대 후반(1594~1608) 정치체제 재편과 정국의 동향〉, 《한국사론》 20호,
    1988 참조.

8   《지천집 원집》 권7 〈논관제차〉.

9   이재철, 앞의 논문(1991).

10 송찬식, 〈조선조 사림정치의 권력구조-전랑과 삼사를 중심으로〉, 《조선후기 사회
    경제사의 연구》 일조각, 1997; 최이돈, 〈16세기 낭관권의 형성〉, 《한국사론》 14호,
    1986; 이재철, 앞의 논문(1991) 등 참조.

11 이정철, 앞의 책(2016), 51쪽, 136쪽.

12 《지천집 원집》 권7 〈논관제차〉.

13 이재철, 앞의 논문(1991), 80~83쪽.

14 《지천집 원집》권7〈논관제차〉.

15 《지천집 원집》, 위와 같은 조.

16 《승정원일기》5책 인조 3년 4월 27일.

17 《인조실록》권8 인조 3년 3월 14일;《지천집 원집》권7〈논관제차〉.

18 이정철,《대동법, 조선 최고의 개혁》, 역사비평사, 2010, 22~110쪽.

19 김성우,〈광해군 치세 3기(1618~1623) 국가재정 수요의 급증과 농민경제의 붕괴〉,《대구사학》118호, 2015.

20 《국조보감國朝寶鑑》권34 인조 1년 계해;《인조실록》권13 인조 4년 윤6월 7일.

21 조익,《포저집浦渚集》권2〈논선혜청소論宣惠廳疏〉.

22 이정철, 위의 책(2010).

23 《인조실록》권5 인조 2년 3월 12일.

24 《인조실록》권1 인조 1년 4월 25일.

25 《인조실록》권10 인조 3년 10월 27일.

26 정경세,《우복집愚伏集》권4〈응구언차應求言箚〉.

27 당시 제기된 입장에 따라 부국론富國論, 관료적 안민론安民論, 산림적山林的 안민론 등으로 분류하기도 한다. 부국론자로는 김류, 이귀, 최명길 등이, 관료적 안민론자로는 조익 등이, 산림적 안민론자로는 김장생, 장현광張顯光 등이 거론된 바 있다. (배우성,〈사회경제정책 논의의 정치적 성격〉,《조선중기 정치와 정책》, 대우학술총서 558호, 2003.)

28 이와 관련하여 배우성은 위의 논문(2003), 319쪽에서 최명길을 부국론자로 규정한 바 있다.

29 《지천집 원집》권7〈논관제차〉.

30 《인조실록》권6 인조 2년 5월 29일.

31 《인조실록》권9 인조 3년 7월 12일.

32 《인조실록》권9 인조 3년 8월 11일.

33 《인조실록》권9 인조 3년 7월 20일.

34 《승정원일기》14책 인조 4년 7월 20일.

35 《승정원일기》15책 인조 4년 8월 18일.

36 이재철, 앞의 논문(1991), 67~68쪽.

37 《인조실록》권10 인조 3년 12월 19일.

38 《승정원일기》10책 인조 3년 11월 10일.

39 조경남,《속잡록續雜錄》권2 병인 1월 1일.

40 이준,《창석선생문집蒼石先生文集》권9〈여김관옥류輿金冠玉壅〉.

41 《승정원일기》14책 인조 4년 7월 20일.

42 《승정원일기》15책 인조 4년 9월 12일.

43 조경남,《속잡록》권2 정묘 1월.

44 《인조실록》권15 인조 5년 1월 17일, 22일.

45 장유,《계곡집》권2 〈팔도선유교서八道宣諭敎書〉.

46 《인조실록》권11 인조 4년 1월 14일.

47 계운궁 복제와 원종 추숭 문제에 대해서는 이영춘,《조선후기 왕위 계승 연구》, 집문
   당, 1988; 이현진,〈인조대 원종추숭론의 추이와 성격〉,《북악사론》7호, 2000; 김세
   봉,〈예론의 전개와 그 양상〉,《조선중기 정치와 정책》, 아카넷, 2003; 이현진,〈17세기
   전반 계운궁 복제론〉,《한국사론》49호, 2003; 김용흠,〈인조대 원종 추숭 논쟁과 왕권
   론〉,《학림》27호, 2006 등을 주로 참고했다.

48 이현진, 위의 논문(2000); 김용흠, 위의 논문(2006).

49 김용흠, 앞의 논문(2006), 40~51쪽.

50 《인조실록》권11 인조 4년 1월 15일.

51 《지천집 원집》권7 〈사부제학차〉;《인조실록》권11 인조 4년 1월 25일.

52 《인조실록》권11 인조 4년 1월 27일.

53 《지천집 원집》권8 〈논전례차〉.

54 《지천집 원집》, 위와 같은 조.

55 《인조실록》권18 인조 6년 3월 8일.

56 《인조실록》권18 인조 6년 3월 10일.

57 《인조실록》권23 인조 8년 9월 12일.

58 《연려실기술》권22,《원종고사본말元宗故事本末》,〈원종인헌왕후추숭元宗仁獻王后追崇〉.

59 이현진, 앞의 논문(2000).

60 《인조실록》권24 인조 9년 4월 20일.

61 《인조실록》권25 인조 9년 9월 27일.

62 《지천집 원집》권10 〈사부제학차辭副提學箚〉제4 신미.

63 《인조실록》권26 인조 10년 5월 3일.

64 《인조실록》권28 인조 11년 5월 6일.

65 한명기, 앞의 책(1999), 402~405쪽; 한명기,《정묘 · 병자호란과 동아시아》, 푸른역사
   2009, 472~481쪽

66 이현진, 앞의 논문(2000); 김용흠, 앞의 논문(2006).

67 《인조실록》권30 인조 12년 8월 3일.

68 《인조실록》권30 인조 12년 윤8월 23일.

69 김용흠, 앞의 논문(2006), 88~90쪽.

70 《지천집 원집》권8 〈논전례차〉.

7장

1　한명기, 앞의 논문(2016).

2　《청태종실록》권2 천총 1년 3월 신사.

3　《청태종실록》권3 천총 1년 5월 경오.

4　《명희종실록》권13 천계 1년 8월 병자.

5　이익,《성호사설星湖僿說》권18〈모문룡毛文龍〉.

6　《광해군일기》권167 광해군 13년 7월 25일.

7　조경남,《속잡록續雜錄》만력 임술; 이익,《성호사설》권18〈모문룡〉; 성해응,《연경재
　　전집》권55〈초사담헌草榭談獻 2〉왕일녕王一寧.

8　장유,《계곡집》권22〈논모진주본論毛鎭奏本〉.

9　田川孝三,《毛文龍と朝鮮との關係について》, 靑丘說叢 三, 1932; 한명기, 앞의 책(1999),
　　280~286쪽.

10　오윤겸,《추탄집楸灘集》권2〈변무정문辨誣呈文〉.

11　전해종,〈가도의 명칭에 대한 소고〉,《한중관계사연구》, 일조각, 1970.

12　한명기, 앞의 책(1999), 280~286쪽.

13　《명희종실록明熹宗實錄》권37 천계 3년 8월 정축; 권55 천계 5년 1월 정축.

14　김덕함,《성옹선생유고醒翁先生遺稿》권2〈사공조참의소辭工曹參議疏〉; 한명기, 앞의 논
　　문(2016).

15　《비변사등록》3책 인조 2년 2월 24일, 25일.

16　《비변사등록》3책 인조 2년 4월 21일.

17　《명희종실록》권66 천계 5년 12월 무인.

18　《승정원일기》6책 인조 3년 6월 13일.

19　《비변사등록》3책 인조 2년 3월 18일.

20　김류,《북저집北渚集》권8〈흠차평요편의행사총진좌군도독부도독동지모공문룡공덕
　　비명병서欽差平遼便宜行事摠鎭左軍都督府都督同知毛公文龍功德碑銘幷序〉.

21　모문룡을 '악성 종기'라고 규정한 사람은 장유였다.(《계곡선생집》권17〈논서사차자論西事
　　箚子〉.)

22　《승정원일기》10책 인조 3년 11월 10일.

23　《인조실록》권13 인조 4년 7월 13일; 권내현,《조선후기 평안도 재정 연구》, 지식산업
　　사, 2004, 제1절.

24　《승정원일기》14책 인조 4년 7월 20일.

25　한명기, 앞의 책, (2009), 46~53쪽.

26 《장계등록狀啓謄錄》천계 4년 9월 7일.

27 김종원, 〈정묘호란시의 후금의 출병동기〉, 《동양사학연구》 12호 · 13호, 1978; 김두현, 〈요동지배기 누르하치의 대한인정책〉, 《동양사학연구》 25호, 1987; 노기식, 〈만주의 흥기와 동아시아 질서의 변동〉, 《중국사연구》 16호, 2001; 閻崇年, 《淸朝通史 太宗朝》, 北京, 紫禁城出版社, 2005; 한명기, 앞의 책(2009) 등 참조.

28 《청태종실록》 권2 천총 1년 1월 병자.

29 신달도, 《만오집晩悟集》 권7 〈강도일록江都日錄〉 정묘 2월 10일.

30 노영구, 〈17세기 전반기 조선의 대북방 방어전략과 평안도 국방체제〉, 《군사연구》 135호, 육군군사연구소, 2013, 346~348쪽.

31 성해응, 《청성잡기靑城雜記》 권3 〈성언醒言〉.

32 정온, 《동계집桐溪集》 권3 〈병자차자丙子箚子〉.

33 《인조실록》 권15 인조 5년 3월 26일.

34 《인조실록》 권15 인조 5년 1월 17일.

35 장만, 《낙서집洛西集》 권4 〈여시재與時宰〉.

36 장만, 《낙서집》 권4 〈답윤덕요答尹德耀〉.

37 《인조실록》 권16 인조 5년 4월 1일.

38 신달도, 《만오집》 권7 〈강도일록〉 정묘 2월 23일; 한명기, 앞의 책(2009), 53~57쪽.

39 《인조실록》 권15 인조 5년 1월 22일.

40 장유, 《계곡만필》 권1 〈최명길수발강화지의崔鳴吉首發講和之議〉.

41 장유, 《계곡만필》, 위와 같은 조. "崔子謙謂 兵交使在其間 不當遽示斥絶 姑宜接致 聽其語而處之."

42 《朝鮮迎接都監都廳儀軌》天啓 辛酉 4월 16일. 文獻叢編, 民國 21년(1932년 1월). "古者 兵交 使在其間 兵不厭詐 亦是勝算…… 高論淸談 無補國家之危亡."

43 이 책, 146~147쪽 참조.

44 장유, 《계곡만필》 권1 〈정충신습지노정鄭忠信習知虜情〉.

45 한명기, 앞의 책(2009), 467~471쪽.

46 《인조실록》 권15 인조 5년 2월 10일.

47 《인조실록》 권15 인조 5년 2월 13일.

48 정충신, 《만운집》 권3 〈여강홍립서與姜弘立書〉.

49 《인조실록》 권15 인조 5년 2월 7일.

50 《인조실록》 권15 인조 5년 2월 10일, 11일.

51 《인조실록》 권15 인조 5년 2월 14일.

52 《인조실록》 권15 인조 5년 2월 15일.

53 《지천집 원집》 권8 〈사직차〉.

54 《소무영사공신녹훈도감의궤昭武寧社功臣錄勳都監儀軌》(奎 14583) 정묘 9월 29일; 한명기, 앞의 책(1999), 372~373쪽.

55 《인조실록》권17 인조 5년 10월 1일.

8장

1 한명기, 앞의 책(2009), 90~96쪽.

2 《청태종실록》권3 천총 1년 4월 갑진.

3 《양조종신록兩朝從信錄》권33 천계 7년 3월.

4 《인조실록》권18 인조 6년 5월 25일.

5 한명기, 앞의 책(2009), 97~102쪽.

6 袁崇煥, 《袁崇煥集》, 권2 〈島帥正法謹席藁待罪仰聽聖裁疏〉, 上海古籍出版社, 2014, 193~197쪽.

7 《인조실록》권21 인조 7년 7월 28일, 8월 8일.

8 《인조실록》권21 인조 7년 8월 27일.

9 閻崇年, 앞의 책(2003), 62~90쪽.

10 閻崇年, 앞의 책(2003), 90~94쪽.

11 昭槤, 《嘯亭雜錄》권10, 〈毛文龍之殺〉, 北京, 中華書局, 1980, 363쪽.

12 한명기, 앞의 책(2009), 117~126쪽.

13 한명기, 앞의 책(2009), 127~131쪽.

14 《청태종실록》권10 천총 5년 11월 정축.

15 江嶋壽雄, 〈天聰年間における朝鮮の歲幣について〉, 《史淵》101, 1969, 60~62쪽.

16 정충신, 《만운집 부록》권2 〈만운선생연보晩雲先生年譜〉 계유.

17 《만운집 부록》, 위와 같은 조.

18 정충신, 《만운집》권2 〈우논군무차又論軍務箚〉 신미 6월.

19 정충신, 《만운집》권3 〈답최완성서答崔完城書〉.

20 한명기, 앞의 책(2009), 472~481쪽.

21 周文郁, 《邊事小紀》권3 〈協勦記事〉.

22 周文郁, 《邊事小紀》권3 〈朝鮮國咨 二〉.

23 周文郁, 《邊事小紀》권3 〈朝鮮國咨 三〉.

24 周文郁, 위와 같은 조; 한명기, 앞의 책(2009), 480쪽, 각주 68.

25 《청태종실록》권32 숭덕 원년 11월 기사.

26 한명기, 앞의 책(2009), 138~140쪽. 공유덕과 경중명 등이 병력을 이끌고 후금으로

귀순해 왔을 때 홍타이지는 환호했다. 그것은 공유덕과 경중명이 거느린 병력들을 천우군天佑軍, 천조군天助軍이라 불렸던 것에서도 잘 알 수 있다. 그런데 그 '천우군'과 '천조군'이 후금으로 오는 것을 막기 위해 조선이 명과 함께 요격 작전에 참여하고 심지어 후금군과 전투까지 벌였을 때 홍타이지의 반감이 얼마나 컸을 것인지는 짐작하기 어렵지 않다. 하지만 그럼에도 홍타이지는 조선이 공유덕을 요격하려 한 것을 심하게 힐난하지 않았다. 왜 그랬을까? 아직은 조선과의 관계를 끊을 시점이 아니라고 보았기 때문이다. 그 배경과 관련하여 1633년 4월, 후금의 수재秀才 황창黃昌 등이 홍타이지에게 올린 주문이 주목된다. 황창은 '홍타이지의 뛰어난 영도력을 사모하여 귀순자들이 후금으로 쇄도하고 있는데 그들을 먹일 식량이 부족하다'고 전제하고 그들에게 공급할 식량을 조선에서 조달해야 한다고 강조한 바 있다.(羅振玉 編, 《天聰朝臣工奏議》天聰 7년 4월 12일 〈黃昌等陳順天應人奏〉.) 1633년 4월, 용골대 등이 서울에 와서 쌀을 공급해 달라고 요청했던 것은 바로 이 같은 배경에서 이해할 수 있다. 요컨대 공유덕 등이 귀순했던 이후 후금은 조선에 큰 반감을 품었지만, 자신들의 현실적 필요성 때문에 일단 '현상'을 유지하는 방향으로 대조선 정책의 방향을 잡았던 것으로 여겨진다.

27 《지천집 원집》권11 〈사면겸직잉진소회차辭免兼職仍陳所懷箚〉.

28 《지천집 원집》권11 〈사직차辭職箚〉, 〈사호판차辭戶判箚〉.

29 《滿文老檔》天聰 10년 2월 2일, Ⅵ책 906쪽.

30 《滿文老檔》天聰 10년 2월 2일, Ⅵ책 906~910쪽; 中村榮孝, 〈淸太宗の朝鮮征伐に關する古文書〉, 《日鮮關係史の硏究》下, 東京 吉川弘文館, 1969, 610~612쪽; 한명기, 앞의 책(2009), 145~147쪽.

31 《인조실록》권32 인조 14년 2월 26일; 《지천집 원집》권11 〈병자봉사丙子封事〉 제1.

32 《지천집 원집》권11, 위와 같은 조.

33 《인조실록》권32 인조 14년 2월 26일; 석지형, 《남한해위록南漢解圍錄》.

34 한명기, 〈명청교체 시기 조중관계의 추이〉, 《동양사학연구》140호, 2017.

35 《인조실록》권32 인조 14년 3월 7일.

36 《滿文老檔》天聰 10년 3월 20일. Ⅵ책 971쪽.

37 《滿文老檔》天聰 10년 3월 20일. Ⅵ책 971쪽; 《청태종실록》권28 천총 10년 3월 을축. 최근에 나온 연구에서는 조선이 '교서'를 탈취당한 것은 홍타이지가 침략을 결심하는 데 그다지 중요한 요소가 아니라고 지적한다. 그 근거로 청이 나덕헌 등의 심양 방문을 받아들인 것을 강조하면서 '교서'로부터 눈을 떼자고 주장했다. (구범진, 《병자호란, 홍타이지의 전쟁》, 까치, 2019, 36~39쪽.) 하지만 저간의 사정을 고려하면 '교서'를 탈취당한 것은 나덕헌 등이 홍타이지의 즉위식장에서 홍타이지에게 배례를 거부한 것 이상으로 중요한 의미를 갖는다고 보인다.

38 《인조실록》권33 인조 14년 12월 17일.

39 《지천집 원집》권12 〈정축봉사丁丑封事 제2〉.

40 이익, 《성호사설》권10 인사문, 〈비예외적備預外敵〉.

41 뒤에서 언급하겠지만 최명길이 환도 이후 대신, 육조, 삼사로 구성된 조정의 정치 구
조를 개혁하려고 다시 시도했던 것은 이 같은 전철을 의식했기 때문인 것으로 보인다.
이 책, 392~400쪽.

42 나덕헌은 정례적인 춘신사로서 2월 9일 서울을 출발했고, 이확은 '홍타이지 등극' 문
제를 알리려 왔던 용골대와 마부대 일행에 대한 회답사로서 3월 1일 서울을 출발했
다. 《승정원일기》51책 인조 14년 2월 9일, 3월 1일). 따라서 두 사람은 용골대 일행에게 절
화 교서를 빼앗긴 사실을 모르는 상태에서 심양에 도착하고 즉위식장에 참석했을 가
능성이 높다.

43 《청태종실록》권28 천총 10년 4월 을유.

44 구범진은 홍타이지가 침략하게 된 결정적인 동기로써 나덕헌 등의 배례 거부를 강조
하고 있다. 그들이 즉위식에서 배례를 거부하는 '신성 모독'을 범함으로써 홍타이지의
권위를 실추시켰고, 홍타이지는 친정親征을 통해 자신의 권위를 되찾으려 했다는 것
이다. (구범진, 앞의 책(2019), 64~71쪽).

45 《청태종실록》권28 천총 10년 4월 기축.

46 《청태종실록》, 위와 같은 조.

47 《청태종실록》권28 천총 10년 4월 임인.

48 《청태종실록》권31 숭덕 1년 10월 무술.

49 《청태종실록》권32 숭덕 1년 11월 기사.

50 김시양, 《하담파적록荷潭破寂錄》.

51 《인조실록》권32 인조 14년 6월 17일. 하지만 이 격문은 의주에 보관되었을 뿐 청에
전달되지 못했다.

52 《인조실록》권33 인조 14년 7월 28일.

53 《승정원일기》53책 인조 14년 8월 2일.

54 《승정원일기》53책 인조 14년 9월 3일.

55 《인조실록》권33 인조 14년 9월 1일.

56 장유, 《계곡만필》권2 〈칙사황손무작시불해평측이행칙 렴勅使黃孫茂作詩不解平仄而行則
廉〉.

57 이민구, 《동주집東州集》권8 〈관서록소서關西錄小序〉.

58 《인조실록》권33 인조 14년 9월 3일; 《승정원일기》53책 인조 14년 9월 16일.

59 《인조실록》권33 인조 14년 9월 12일; 김시양, 《하담파적록》.

60 《지천집 유집》권1 〈황감군이서黃監軍移書〉.

61 《인조실록》권33 인조 14년 10월 24일.

62 《지천집 유집》권1 〈회자황감군손무回咨黃監軍孫茂〉.

63 김육,《잠곡유고潛谷遺稿》권8 〈도가도문답장到椵島問答狀〉.

64 《지천집 원집》권11, 〈병자봉사 제3〉.

65 《지천집 유집》권1 〈숭정황제주문崇禎皇帝奏文〉.

66 이만영,《설해유고雪海遺稿》권3 〈숭정병자조천록崇禎丙子朝天錄〉 정축 5월 4일. "黃孫
茂曾爲奉使我國者也 接見余等之時 不一開口慰諭 驕貴自持 其爲人可知也."

67 허태구, 〈최명길의 주화론과 대명의리〉,《한국사연구》162호, 2013, 114쪽.

68 주목되는 것은 척화신 정온의 입장이었다. 그는 1636년 11월 21일, 인조에게 상차하
여 '조선이 오랑캐와 척화했다는 소식이 천하에 퍼져 황상께서 가상히 여겨 포장褒獎
하는 윤음綸音을 황손무가 가져왔는데 그 먹물이 마르기도 전에 청과 다시 접촉하는
것은 천하후세에 할 말이 없는 행위'라고 성토했다. (《인조실록》권33 인조 14년 11월 21
일.) 정온은 조선이 척화하고 청과 싸우는 것이야말로 진정으로 명을 위하는 것이라고
인식했다.

69 《인조실록》권32 인조 14년 4월 25일.

70 병자호란 이전 조선의 국방 태세에 대한 최근의 연구로는 장정수, 〈병자호란 이전의
조선의 대후금(청) 방어 전략의 수립 과정과 그 실상〉,《조선시대사학보》81호, 2017;
허태구, 〈병자호란 이전 조선의 국방 태세〉,《병자호란과 예, 그리고 중화》, 소명출판,
2019 등 참조.

71 《인조실록》권32 인조 14년 6월 13일.

72 《인조실록》권32 인조 14년 7월 4일.

73 《승정원일기》52책 인조 14년 7월 20일.

74 정충신,《만운집》권3 〈답최완성서答崔完城書〉.

75 병자호란 직전, 이시백의 보고에 따르면 남한산성에 저장된 군량은 3만여 석이었다. 이
시백은 1만의 병력에게 1년 동안 필요한 군량을 4만 8천 석으로 보았다. 그런데 당
시 남한산성에 배속된 군인은 2만 2천 명이었다. 군량 때문에도 남한산성에서 오래
버틸 수 없었던 것은 확실했다. (《승정원일기》52책 인조 14년 7월 21일.)

76 《인조실록》권33 인조 14년 8월 27일.

77 《지천집 원집》권11〈병자봉사 제2〉;《인조실록》권33 인조 14년 9월 5일.

78 《청태종실록》권28 천총 10년 4월 기축.

79 1633년 공유덕 등이 귀순하면서 청은 명의 병선 가운데 일부를 확보했다. 당시 공유덕
등을 요격했던 주문욱은 조선에 보낸 자문에서 청이 획득한 병선을 수리할 경우 바다
에서 사용할 수 있다고 지적하면서 조선에게 주의를 환기시킨 바 있다. (이 책, 265쪽)

80 《인조실록》권33 인조 14년 9월 10일.

81 《인조실록》권33 인조 14년 9월 19일.

82 《인조실록》권33 인조 14년 9월 15일.

83 《인조실록》권33 인조 14년 9월 19일, 26일.

84 《인조실록》권33 인조 14년 9월 19일.

85 《인조실록》, 위와 같은 조.

86 《승정원일기》53책 인조 14년 9월 19일.

87 《승정원일기》53책 인조 14년 9월 27일;《인조실록》권33 인조 14년 10월 1일, 11월 6일.

88 《인조실록》권33 인조 14년 11월 8일.

89 《청태종실록》권31 숭덕 1년 10월 27일.

90 《인조실록》권33 인조 14년 11월 12일.

91 《지천집 속집》권3〈상북저김상국류서上北渚金相國瑬書〉제3서 병자.

92 《지천집 원집》권11〈병자봉사 제3〉.

93 《지천집 원집》, 위와 같은 조.

94 司馬光,《資治通鑑》권280〈後晉記 一〉, 天福 원년.

95 《資治通鑑》권281〈後晉記 二〉天福 2년; 권282〈後晉記 三〉天福 4년.

96 《資治通鑑》권283〈後晉記 四〉齊王 上, 天福 8년.

97 《資治通鑑》권284〈後晉記 五〉齊王 中, 開運 1년.

98 안정복,《동사강목東史綱目》제6 상, 을사, 혜종 2년.

99 《資治通鑑》권285〈後晉記 六〉齊王 下, 開運 2년.

100 《지천집 원집》권11〈병자봉사 제3〉.

101 《지천집 속집》권1〈여조포저비경익서〉제5서.

102 조익,《포저집》권16〈답최완성명길서答崔完城鳴吉書〉.

103 조익,《포저집》, 위와 같은 조.

104 《지천집 속집》권1〈여조포저비경익서〉.

105 《지천집 속집》, 위와 같은 조.

106 조익은 최명길의 이 같은 주장에 동의하지 않았다. 주자나 호안국이 경연광이 섣불리 거란과의 약조를 깨뜨린 것을 비판한 것은 사실이지만 그들은 경연광이 그렇게 했던 동기에 대해서는 긍정했다고 보았다. 즉 경연광이 경솔했지만 '오랑캐' 거란에게 신복하지 않으려 했던 것은 높이 평가했다는 것이다. (조익,《포저집》권16〈답최완성명길서〉.) 한편 청의 왕부지(王夫之, 1619~1692)는 경연광과 상유한에 대해 최명길과는 전혀 상반된 평가를 내렸다. 왕부지는, 상유한이야말로 석경당으로 하여금 거란에 대해 칭신稱臣, 할지割地, 수폐輸幣 하도록 이끌어 궁극에는 석진을 멸망시킨 원흉이라고 보았다. 그럼에도 칭신을 거부하여 거란의 분노를 야기함으로써 석진이 망하게 했다고 경연광에게 책임을 돌렸던 고금의 평가는 부당하다고 강조한 바 있다. (王夫之,《讀通鑑論》

권30 〈五代下〉, 北京 中華書局 下冊, 2019, 941~943쪽.)

19세기 위정척사파의 중심인물이었던 김평묵(金平默, 1819~1891) 또한 '상유한은 부끄러움을 모른 채 구차하게 편안한 것을 도모했고, 경연광은 기본도 없이 적을 경시했다'고 평가했다. 김평묵은 그러면서 "최명길이 경연광의 망령된 행동을 끌어다가 인조대의 척화신들에게 빗댄 것은 아이들의 한번 웃음거리도 되지 않는다"고 비판한 바 있다. (김평묵,《중암선생집重菴先生集》권34 〈해상록海上錄〉.) 요컨대 철저한 화이론자였던 왕부지나 김평묵 등은 애초에 '오랑캐' 거란을 끌어들인 상유한에게 석진 멸망의 근본적인 책임을 돌렸던 것이다.

9장

1   청군의 전격적인 기습 작전에 대해서는 구범진, 앞의 책(2019), 73~115쪽에 잘 정리되어 있다.
2   이민환,《자암집紫巖集》권3 〈병자춘의진시폐소丙子春擬陳時弊疏〉.
3   조익,《포저집》권25 〈병정기사丙丁記事〉.
4   《연려실기술》권24 〈인조조고사본말〉, 〈병자노란丙子虜亂〉.
5   《인조실록》권33 인조 14년 12월 14일.
6   유계,《시남선생별집市南先生別集》권8 〈남한일기南漢日記〉.
7   《승정원일기》54책 인조 14년 12월 17일.
8   《승정원일기》55책 인조 15년 1월 4일.
9   《滿文老檔》崇德 원년 12월 19일, Ⅶ책 1491쪽.
10 나만갑,《병자록》병자 12월 16일.
11 남급,《남한일기》병자 12월 14일.
12 《인조실록》권33 인조 14년 12월 15일; 나만갑,《병자록》병자 12월 15일.
13 《청태종실록》권33 숭덕 2년 1월 16일 병진.
14 당시 남한산성의 조선군 숫자에 대한 기록은 일정하지 않다. 남급은 1만 3천 명이라고 했고, 김류는 9천 명, 김신국은 13,840명이라고 언급한 바 있다. (남급,《남한일기》병자 12월 16일;《승정원일기》54책 인조 14년 12월 18일;《승정원일기》54책 인조 14년 12월 26일.)
15 정묘호란 당시 후금군 지휘부는 인조의 친동생을 볼모로 보내라고 요구했는데, 당시 조정은 종실 원창부령原昌副令 이구李玖를 원창군原昌君이라 칭하여 친동생으로 가장하여 보낸 바 있었다. (《인조실록》권15 인조 5년 2월 13일.)
16 《인조실록》권33 인조 14년 12월 16일; 나만갑,《병자록》병자 12월 16일.
17 《청태종실록》권28 천총 10년 4월 기축.

18 구범진에 따르면 병자호란 당시 청은 가용 병력 가운데 70%에 해당하는 약 3만 4천을 동원하여 총력전을 펼쳤다. (구범진, 앞의 책(2019), 58~64쪽.)

19 《승정원일기》 54책 인조 14년 12월 17일.

20 《인조실록》 권33 인조 14년 12월 18일; 남급《남한일기》 병자 12월 18일.

21 《승정원일기》 54책 인조 14년 12월 18일, 26일.

22 《인조실록》 권33 인조 14년 12월 21, 22, 23, 24일.

23 《승정원일기》 54책 인조 14년 12월 26일.

24 남급, 《남한일기》 병자 12월 18, 19, 20일.

25 《인조실록》 권33 인조 14년 12월 19일.

26 《인조실록》 권33 인조 14년 12월 26일, 27일.

27 이언영, 《완정선생집浣亭先生集》 권2 〈답조감사희일答趙監司希逸〉 병자.

28 장정수, 〈병자호란시 조선 근왕군의 남한산성 집결 시도와 활동〉, 《한국사연구》 173호, 2016; 구범진, 앞의 책(2019), 117~163쪽.

29 《승정원일기》 54책 인조 14년 12월 26일.

30 《인조실록》 권33 인조 14년 12월 28일, 30일.

31 《승정원일기》 55책 인조 15년 1월 1일.

32 《승정원일기》, 위와 같은 조.

33 《승정원일기》 55책 인조 15년 1월 2일.

34 《인조실록》 권34 인조 15년 1월 2일.

35 《인조실록》 권34 인조 15년 1월 3일.

36 최명길은 1월 3일, 인조와 면대했던 자리에서 국서에 '신臣'자를 쓰게 되면 화친을 시도하는 것이 아니라 항복하는 것이라고 명백하게 말한 바 있다. (《승정원일기》 55책 인조 15년 1월 3일.) 적어도 이때까지는 최명길이 청을 '황제국'으로 부르면서도 조선이 '신복臣服'하는 것을 피하는 것을 목표로 삼고 있었다고 할 수 있다. 하지만 이후 안팎의 상황이 계속 악화되어 조선이 막다른 골목으로 몰리게 되면서 결국 칭신하게 되고, 끝내는 인조가 성을 나와 홍타이지에게 항복의 예를 행하는 것을 피할 수 없게 된다.

37 《승정원일기》 55책 인조 15년 1월 4일.

38 《승정원일기》, 위와 같은 조.

39 《인조실록》 권34 인조 15년 1월 11일.

40 《인조실록》, 위와 같은 조.

41 《청태종실록》 권33 숭덕 2년 1월 10일 경술.

42 대릉하성 전투의 양상에 대해서는 南木賢道, 〈天聰5年の大凌河攻城戰とアイシン國軍の火砲〉, 《自然人間文化－破壞の諸相》, 筑波大學大學院 人文社會科學研究科, 2002; 한명기, 《역사평설 병자호란 1》, 푸른역사, 2013, 303~317쪽 참조.

43 《청태종실록》권33 숭덕 2년 1월 16일 병진.

44 《인조실록》권34 인조 15년 1월 15일.

45 나만갑은 '초항'이란 글자가 써 있는 깃발을 망월봉望月峰 아래에 세워 두었다고 했고,
남급은 남별대南別臺 밖 나무 기둥에 써 놓았다고 적었다. (나만갑,《병자록》정축 1월 16
일; 남급,《남한일기》정축 1월 16일.)

46 《인조실록》권34 인조 15년 1월 16일.

47 《청태종실록》권33 숭덕 2년 1월 17일.

48 《인조실록》권34 인조 15년 1월 18일.

49 《인조실록》권34 인조 15년 1월 18일.

50 나만갑은, 김상헌이 국서를 찢자 최명길이 빙긋이 웃으면서 "대감은 찢으시지만 저는
도로 주워야겠습니다"라고 하면서 찢어 버린 글을 모아 풀로 붙였다고 적었다. 또 병
조판서 이성구가 옆에 있다가 김상헌에게 "대감이 전에 화의를 배척하여 이 지경이
되었으니 적에게 가라"고 힐책했다고도 했다. 남급도 나만갑과 비슷한 이야기를 했다
고 기록했다. (나만갑,《병자록》〈급보이후일록急報以後日錄〉정축 1월 18일; 남급,《남한일기》정
축 1월 18일.)

51 《인조실록》권34 인조 15년 1월 18일.

52 한명기,〈병자호란과 조청관계〉, 앞의 책(2009), 161~165쪽.

53 《인조실록》권34 인조 15년 1월 18일.

54 《인조실록》권34 인조 15년 1월 18일.

55 《인조실록》권34 인조 15년 1월 19일;《승정원일기》55책 인조 15년 1월 19일; 남급,
《남한일기》정축 1월 19일.

56 《청태종실록》권33 숭덕 2년 1월 20일 경신.

57 《승정원일기》55책 인조 15년 1월 20일.

58 《인조실록》권34 인조 15년 1월 21일.

59 《인조실록》권34 인조 15년 1월 21일.

60 《승정원일기》55책 인조 15년 1월 22일.

61 《인조실록》권34 인조 15년 1월 23일. 유계는 척화신 박송 등의 문제로 최명길에게
극도의 반감을 품게 되었던 것으로 보인다. 그가 훗날《남한일기》에서 병자호란을 전
후한 무렵 최명길의 언행을 시종일관 부정적으로 기록했던 것도 바로 이 같은 배경에
서 비롯된 것으로 여겨진다. 이 책, 323~324쪽 참조. 삼학사에 대해서는 정옥자,〈병
자호란시 言官의 위상과 활동 — 三學士에 대한 재평가〉,《한국문화》12호, 1991 참조.

62 남급,《남한일기》정축 1월 20일, 22일.

63 《인조실록》권34 인조 15년 1월 23일, 26일; 남급,《남한일기》정축 1월 23일, 26일.

64 《인조실록》권34 인조 15년 1월 22일. 강화도 함락의 구체적인 전말은 허태구, 앞의

책(2019); 구범진, 앞의 책(2019)에 자세히 분석되어 있다.

65 《인조실록》권34 인조 15년 1월 26일.

66 《인조실록》권34 인조 15년 1월 27일.

67 《인조실록》권34 인조 15년 1월 28일.

68 《승정원일기》55책 인조 15년 1월 29일.

69 당시 상황에서 청은 조선에게 1127년 북송의 휘종과 흠종을 끌고 갔던 것처럼 최악의 치욕을 안길 수도 있었다. 그런데 최근에 청의 홍타이지가 조선을 완전히 고사시킬 수 있었음에도 삼전도에서 항복만 받는데 그치고 서둘러 철군한 것은 당시 조선에서 발생했던 천연두를 피하려 했기 때문이라는 주장이 제기되었다. (구범진, 앞의 책(2009), 221~223쪽, 274~284쪽.)

70 《지천집 원집》권12 〈정축봉사〉.

71 《인조실록》권34 인조 15년 1월 30일.

72 남급《남한일기》정축 1월 28일, 30일.

10장

1 이헌경,《간옹집艮翁集》권21 〈효열전孝烈傳〉.

2 《인조실록》권34 인조 15년 1월 30일.

3 《인조실록》권34 인조 15년 2월 3일.

4 《승정원일기》57책 인조 15년 4월 4일.

5 《인조실록》권34 인조 15년 2월 1일, 9일, 12일.

6 이응희,《국역 옥담시집》,〈병자란후환가추술피란중사기증조여벽丙子亂後還家追述避亂中事寄贈趙汝璧〉.

7 《승정원일기》56책 인조 15년 3월 26일.

8 《승정원일기》57책 인조 15년 4월 17일.

9 《승정원일기》56책 인조 15년 2월 22일.

10 《인조실록》권34 인조 15년 2월 26일.

11 《인조실록》권34 인조 15년 2월 19일.

12 한명기, 앞의 책(2009), 177쪽.

13 《인조실록》권34 인조 15년 2월 5일, 12일.

14 《인조실록》권34 인조 15년 2월 14일, 24일.

15 《인조실록》권34 인조 15년 2월 1일.

16 《인조실록》권34 인조 15년 2월 11일.

17 《인조실록》권34 인조 15년 5월 15일.

18 김영조,《망와선생문집忘窩先生文集》권4〈사대사헌겸론사소(辭大司憲兼論事疏)〉.

19 《승정원일기》57책 인조 15년 4월 4일.

20 박세당,《서계집西溪集》〈지천선생연보遲川先生年譜〉.

21 《승정원일기》57책 인조 15년 4월 4일.

22 《지천집 유집》권3〈동환록東還錄〉1 수수蒐穗.

23 《승정원일기》67책 인조 16년 12월 18일.

24 《승정원일기》68책 인조 17년 1월 17일, 2월 6일.

25 《지천집 속집》권4〈답중제참판혜길서答仲弟參判惠吉書〉제2서.

26 《지천집》권12〈정축봉사 제2〉.

27 《지천집 속집》권4〈여종제정길서與從弟廷吉書〉정축.

28 《국역 국조인물고》권42〈최정길崔廷吉〉, 세종대왕기념사업회 편, 1999.

29 《승정원일기》57책 인조 15년 4월 4일.

30 《인조실록》권35 인조 15년 8월 5일.

31 《지천집 원집》권13〈논우상장유불가수지차論右相張維不可守志箚〉.

32 《지천집 속집》권1〈답장계곡지국유서〉제8서

33 장유,《계곡선생집》권20〈기복배상사면소起復拜相辭免疏〉제18소.

34 《인조실록》권34 인조 15년 3월 5일.

35 심열은 실제로 인조대 조정에서 자신의 역할을 도필지임(刀筆之任, 서리)이라고 규정했고, 다른 신료들이 자신을 공장처럼 여기고 있다고 자조한 바 있다. (심열,《남파상국집南坡相國集》권3〈가자사면차加資辭免箚〉.)

36 《광해군일기》권128 광해군 10년 5월 5일.

37 《승정원일기》64책 인조 16년 5월 11일.

38 《지천집 원집》권12〈천삼신차薦三臣箚〉.

39 《인조실록》권36 인조 16년 6월 23일.

40 정충신,《만운집》권2〈여체찰연명소與體察聯名疏〉; 이 책 85~86쪽.

41 《지천집 원집》권13〈청별직금오호행윤방차請別勅金吾護行尹昉箚〉기묘.

42 《인조실록》권37 인조 16년 8월 3일.

43 《지천집 원집》권13〈논척화제신사유차論斥和諸臣敎宥箚〉무인;《승정원일기》64책 인조 16년 4월 16일.

44 《지천집 속집》권1〈답장계곡지국유서〉제10서.

45 《승정원일기》45책 인조 16년 8월 5일.

46 《승정원일기》53책 인조 14년 9월 19일.

47 《지천집 원집》권12〈정축봉사 제2〉.

48 이 책, 303쪽.

49 《지천집 원집》, 권12 〈정축봉사 제2〉.

50 의정부 서사제의 실시 전말, 그리고 그것이 폐지되어 정무를 통섭하고 조율하는 삼공
    의 권한이 사라지면서 정령政令이 여러 곳에서 나오는 등 폐단이 발생했던 양상에 대
    해서는 1476년(성종 7) 5월, 대사헌 윤계겸의 상소에 잘 설명되어 있다. 《성종실록》 권
    67 성종 7년 5월 15일.)

51 《지천집 원집》 권12 〈정축봉사 제2〉.

52 《지천집 원집》 권12 〈정축봉사 제2〉;《인조실록》 권34 인조 15년 5월 15일.

53 송찬식, 앞의 책(1997), 606~610쪽.

54 《지천집 원집》 권12 〈정축봉사 제2〉;《인조실록》 권34 인조 15년 5월 15일.

55 이 책, 191~193쪽.

56 《지천집 원집》 권12 〈청령대간물위천경인전혐차請令臺諫勿爲薦更引前嫌箚〉 정축.

57 《지천집 원집》 권12 〈정축봉사 제2〉;《인조실록》 권34 인조 15년 5월 15일. 이 책,
    190~191쪽 참조.

58 《지천집 원집》 권16 〈비국계사備局啓事 제6〉;《지천집 원집》 권16 〈비국계사 제7〉.

59 《지천집 원집》 권16 〈비국계사 제9〉.

60 《인조실록》 권34 인조 15년 1월 28일.

61 《비변사등록》 5책 인조 16년 5월 19일.

62 한명기, 앞의 책(2009), 177~184쪽.

63 《승정원일기》 80책 인조 19년 11월 9일.

64 우경섭, 〈병자호란 이후 조선의 대청외교, 1637~1700〉,《한국의 대외관계와 외교사
    조선편》, 동북아역사재단, 2018, 413쪽.

65 《승정원일기》 64책 인조 16년 5월 2일.

66 《승정원일기》 60책 인조 15년 9월 11일; 64책 인조 16년 5월 2일.

67 《승정원일기》 64책 인조 16년 5월 11일.

68 《승정원일기》 64책 인조 16년 5월 2일.

69 《승정원일기》 57책 인조 15년 4월 20일.

70 한명기, 앞의 책(2009), 214~219쪽.

71 《승정원일기》 65책 인조 16년 5월 21일.

72 《인조실록》 권35 인조 15년 6월 29일.

73 《인조실록》 권35 인조 15년 11월 29일.

74 《인조실록》, 위와 같은 조.

75 《인조실록》 권36 인조 16년 5월 11일.

76 《인조실록》 권37 인조 16년 7월 24일.

77 《승정원일기》65책 인조 16년 7월 26일, 66책 9월 15일, 66책 9월 17일.

78 박세당,《지천선생연보》무오 9월.

79 《지천집 속집》권4 〈기가아후량서〉 제2서.

80 하지만 조선이 청의 징병 요구를 끝까지 피할 수는 없었다. 조선은 1639년부터 42년
    까지 이어진 청의 금주, 송산, 행산 공략전에 수군과 병선을 보내 군량을 수송했고, 화
    기수 등을 파견하여 청을 도울 수밖에 없었다. (한명기, 앞의 책(2009), 219~227쪽.)

81 《인조실록》권36 인조 16년 6월 16일.

82 조선 조정과 혼인한다는 청의 의도는 인조대에는 실현되지 않았다. 조선은 효종대 청
    의 실권자인 섭정왕 도르곤의 강력한 압박에 밀려 금림군錦林君 이개윤李愷胤의 딸을
    의순공주義順公主라 칭하여 청에 보낸 바 있다. (《효종실록》권3 효종 1년 3월 25일.)

83 《인조실록》권34 인조 15년 2월 28일.

84 《인조실록》권34 인조 15년 2월 28일.

85 《승정원일기》70책 인조 17년 7월 6일.

86 《비변사등록》5책 인조 16년 6월 6일.

87 《승정원일기》26책 인조 7년 5월 6일.

88 米谷 均,〈十七世紀前期日朝關係における武器輸出〉, 藤田覺 編《十七世紀の日本と東ア
    ジア》,東京 山川出版社, 2000, 52~63쪽.

89 한명기, 앞의 책(2009), 273~291쪽.

90 야스나리의 가신이었지만 경쟁심이 강했던 시게오키는 1633년(인조 11), 야스나리가
    조선에 보내는 국서를 변개變改 했다고 막부에 폭로했다. 깜짝 놀란 막부는 야스나리
    와 시게오키를 각각 소환하여 조사했고, 1635년 3월 에도江戸 에서 양자를 대질 심문
    했다. 이 자리에서는 야스나리가 정묘호란 당시 조선에 조총을 몰래 제공한 사실도 폭
    로되었다. 그런데 막부는 예상을 뒤엎고 야스나리의 손을 들어 주고 시게오키를 유배
    형에 처한다. 비록 야스나리의 과오가 컸지만 가신인 시게오키가 주군을 고발한 것을
    징치하려는 의도였다. 또 야스나리를 처벌할 경우 그를 매개로 유지되어 왔던 조선과
    의 관계가 동요할 것을 우려한 고육책이기도 했다. 막부는 야스나리의 손을 들어 주
    면서 그의 외교력을 시험하려는 차원에서 조선으로부터 통신사를 불러오라고 명령했
    다. (山本博文,《寬永時代》,東京, 吉川弘文館, 1989, 37~39쪽; 三宅英利 저 · 손승철 역,《근세한일관계
    사연구》, 이론과 실천, 1991.)

91 《인조실록》권33 인조 14년 7월 23일.

92 《동래부접왜장계등록가고사초책東萊府接倭狀啓謄錄可考事抄冊》정축 3월.

93 《인조실록》권36 인조 16년 1월 22일.

94 中村榮孝,〈淸太宗の南漢山詔諭に見える日本關係の條件〉,《朝鮮學報》47호, 1968,
    43~44쪽; 田代和生 저 · 정성일 옮김,《왜관-조선은 왜 일본 사람들을 가두었을까?》, 논형,

2005, 50~58쪽.

95 《인조실록》권36 인조 16년 2월 10일.

96 한명기, 〈병자호란 무렵 조선의 대일정책과 인식〉, 앞의 책(2009).

97 《인조실록》권38 인조 17년 3월 23일.

98 《인조실록》권38 인조 17년 1월 27일; 권39 인조 17년 7월 16일.

99 이 책, 404쪽.

100 《인조실록》권36 인조 16년 2월 10일.

101 《비변사등록》5책 인조 16년 2월 11일.

102 《인조실록》권39 인조 17년 12월 6일.

103 《인조실록》권36 인조 16년 2월 18일.

104 《인조실록》권36 인조 16년 2월 20일.

105 《인조실록》권36 인조 16년 2월 23일.

106 《인조실록》권36 인조 16년 2월 23일.

107 《지천집 원집》권9 〈청추급일본흠폐차請追給日本欠幣箚〉.

108 《인조실록》권20 인조 7년 4월 20일.

109 《지천집 원집》권14 〈대죄잉진소회차待罪仍陳所懷箚〉.

110 《왜인구청등록倭人求請謄錄》임오 2월 21일.

111 한명기, 앞의 책(2009), 318~319쪽.

11장

1   朴容玉, 〈丙子亂被擄人贖還考〉, 《史叢》9, 1964; 森岡康, 〈丁卯亂後における贖還問題〉,
    《朝鮮學報》32, 1964; 森岡康, 〈許博の疏文と贖還批判上 · 下〉, 《朝鮮學報》, 37 · 38, 39 · 40
    호, 1966; 한명기, 〈병자호란 시기 조선인 피로인 문제 재론〉, 앞의 책(2009) 등 참조.

2   《승정원일기》60책 인조 15년 9월 16일. 예조좌랑 허박이 추산한 인원이다.

3   《청태종실록》권2 천총 1년 3월 기사; 권3 천총 1년 7월 계미.

4   《조선국왕래서부책朝鮮國王來書簿冊》1, 천총 원년 7월 10일.

5   과장이 없지 않겠지만 1637년 8월, 청의 용골대는 "날마다 심양에서 도망치고 있는
    조선인이 1천 명에 이른다"고 강조한 바 있다. (《심양장계》정축 8월 19일.)

6   《심양장계瀋陽狀啓》정축 9월 6일.

7   《인조실록》권42 인조 19년 1월 2일; 한명기, 앞의 책(2009), 419~425쪽.

8   《인조실록》권34 인조 15년 4월 21일.

9   《지천집 원집》권12 〈논속환차論贖還箚〉.

10 1637년 10월, 소현세자를 시종하기 위해 심관으로 향하던 길에 의주에 머물던 김종일金宗一을 전적典籍 신역우申易于가 찾아온다. 당시 신역우의 일곱 살 난 아들이 심양에 붙잡혀 있었는데 신역우는 김종일을 만나 은을 건네고 아들의 속환을 부탁하기 위해서 왔다. 기막히고 슬픈 표정으로 밤새도록 북쪽을 응시했던 신역우를 보면서 김종일도 눈물을 흘리며 한탄한다. "오호라, 온 나라 사람들 가운데 그 누가 부모가 없고, 형제가 없고, 처자가 없겠는가만 신역우 같은 사람이 수천 명이다. 인사人事가 이에 이르니 천도天道를 어찌 논하랴. 슬프고 슬프도다." (김종일, 《노암집魯庵集》권3 〈심양일승瀋陽日乘〉, 정축 10월 6일.)

11 박용옥, 앞의 논문(1964); 森岡康, 앞의 논문(1966) 등 참조.

12 이 책, 368쪽.

13 《인조실록》권38 인조 17년 5월 13일.

14 《지천집 원집》권15 〈비국계사 제2〉 정축.

15 이 같은 난관을 뚫고 만주를 통과하여 압록강 변까지 도착하는 것도 쉽지 않았지만 문제는 더 있었다. 압록강을 안전하게 건너는 것뿐 아니라 국내에 들어온 뒤에도 문제가 남아 있었다. 특히 여성들의 경우는 국내에서도 중간에 납치되는 경우가 있었다. 실제로 1637년 2월, 조정에서는 귀환하는 부녀자들이 납치되는 것을 막기 위해 그들이 지나는 길목과 나루터 등지에 관원을 파견하여 호송하고, 납치를 시도하는 자들을 체포하여 목을 베라는 명령을 내린 바 있다. (《인조실록》권34 인조 15년 3월 6일.)

16 허박은 속환이야말로 호란 이후 국가가 해결해야 할 가장 중요하고 시급한 현안이라고 강조했다. 속환 문제를 전담하는 속환도감贖還都監, 속환사贖還使 등 별도의 기구와 관직을 설치하되 궁중과 정부의 재정을 아끼고, 불필요한 관직을 줄이고, 은광을 개발하고, 병란을 겪지 않은 지방의 백성들에게 의연금을 걷는 등 국가와 사회의 모든 역량을 속환에 집중해야 한다고 강조했다. (《승정원일기》60책 인조 15년 9월 16일.) 허박의 속환 관련 주장과 구상에 대해서는 '森岡康, 앞의 논문(1966)'에서 자세히 분석된 바 있다.

17 《인조실록》권35 인조 15년 9월 21일;《연려실기술》권24 〈인조조고사본말〉.

18 정길수, 《17세기 한국소설사》, 알렙, 2016, 81쪽.

19 정길수, 위의 책(2016), 74쪽.

20 1638년 2월, 김신국은 "강화도가 함락된 뒤 남자들은 태반이 살아남았지만 여자들은 모두 붙잡혀 끌려갔다"고 증언한 바 있다. (《인조실록》권36 인조 16년 2월 18일.)

21 《청태종실록》권35 숭덕 2년 윤4월 정미.

22 1637년 2월, 조정이 귀향하는 처자들을 납치하는 자들을 효시한다고 했던 것이 그것을 암시한다고 할 수 있다. 앞의 각주 15 참조.

23 《기문총화》〈이서천만지李舒川萬枝〉, 서대석 편, 앞의 책(1991), 192쪽.

24 森岡康,〈贖還被擄婦人の離婚問題について〉,《朝鮮學報》26호, 1963.

25 《인조실록》권36 인조 16년 3월 11일. '격쟁'이란 임금이 행차하는 길목이나 관청 부근에서 징이나 꽹과리를 마구 쳐서 이목을 집중시킨 뒤 당사자가 품고 있는 원통함이나 억울함을 호소하는 행동을 가리킨다.

26 《인조실록》권36 인조 16년 6월 13일.

27 《인조실록》권36 인조 16년 3월 11일.

28 《인조실록》권36 인조 16년 6월 13일.

29 《승정원일기》65책 인조 16년 5월 21일.

30 《인조실록》권41 인조 18년 9월 22일.

31 《인조실록》권36 인조 16년 3월 11일.

32 《인조실록》, 위와 같은 조.

33 《현종개수실록》권11 현종 5년 윤6월 3일.

12장

1 《인조실록》권34 인조 15년 2월 13일.

2 한명기, 앞의 책(2009), 214~219쪽.

3 《지천집 원집》권15〈비국계사備局啓辭 제3〉.

4 이 책 27쪽. 주석 9번 참조.

5 이 책, 409~410쪽 참조.

6 《지천집 속집》권5,〈우부심양도정양유감又赴瀋陽到亭陽有感〉.

7 《지천집 유집》권3,〈금추서행시득사소 도고양유감칠수〉기사其四 .

8 《지천집 유집》, 위와 같은 조.

9 《승정원일기》57책 인조 15년 4월 18일.

10 《지천집 원집》권17〈이진도독자移陳都督咨〉.

11 황경원,《강한집江漢集》권13〈명총병관조선국정헌대부평안도병마절도사충민임공신도비명병서明總兵官朝鮮國正憲大夫平安道兵馬節度使忠愍林公神道碑銘幷序〉.

12 《지천집 유집》권2〈청주통황조밀차請奏通皇朝密箚〉.

13 원두표,《탄수실기灘水實記》권2〈사적事蹟〉. "歇獨越海往來 故華人稱爲獨步."

14 《지천집 유집》권1〈숭정황제주문崇禎皇帝奏文〉.

15 최창대,《곤륜집》권20〈지천공유사〉.

16 당시 최명길은 사은사로 청에 갔다가 귀환하는 길이었다. (《지천집 속집》권2〈답구낙주경휘봉서서答具洛洲景輝鳳瑞書〉.) 그런데 1642년, 최명길이 독보를 몰래 보낸 것이 발각되

어 청으로 끌려가 심문을 받을 때 정명수와 문답했던 내용 가운데는 '독보가 명으로 가다가 수적을 만나 도망쳐 돌아왔고, 재차 보내고서야 당도했다'는 진술이 나온다. 《인조실록》권44 인조 21년 1월 23일.) 결국 최명길이 1638년 가을에 독보를 파견했지만, 독보는 한번은 배편이 준비되지 않아서 또 한번은 수적을 만나는 바람에 명에 곧바로 들어가지 못했던 것으로 보인다. 《지천집》 등에는 독보가 숭정황제와 홍승주의 비답과 회자를 받아 온 해를 1641년이라고 기록하고 있다.

17 권두인, 《하당선생집荷塘先生集》권4 〈임장군경업전林將軍慶業傳〉; 이재, 《밀암선생집密菴先生集》권16 〈임장군경업전〉. 권두인과 이재의 임경업 관련 기록은 분량은 권두인의 것이 많지만 내용은 대동소이하다.

18 《지천집 유집》권1 〈황조비답皇朝批答〉.

19 《지천집 유집》권1 〈홍군문회자洪軍門回咨〉.

20 《인조실록》권36 인조 16년 4월 19일.

21 이재경, 〈병자호란 이후 조명 비밀접촉의 전개〉, 《군사》103호, 국방부 군사편찬연구소, 2017.

22 《심양장계》임오 5월 10일.

23 楊海英, 《洪承疇與明淸易代硏究》, 北京, 商務印書館, 2006, 50~75쪽.

24 閻崇年, 《淸朝通史 太宗朝》7장 〈松錦大戰〉, 北京, 紫禁城出版社, 2003, 349~406쪽.

25 한명기, 앞의 책(2009), 494쪽. 홍승주처럼 본래 명의 신료였다가 이런저런 이유로 명을 버리고 청에 투항, 귀순했던 사람들을 이신貳臣이라고 부른다. 이신이란 '두 조정을 섬긴 신하', 명의 입장에서는 '배신자'라는 의미를 지닌다. 명에서 병부상서라는 고위직을 지냈던 홍승주는 청으로 전향한 이후 청이 명을 치는 데 최선봉에서 활약했고, 명을 무너뜨리는 데 필요한 계책을 진언하는 책사策士로 변신했다. 그런데 특히 주목되는 것은 청의 고관으로 변신했던 홍승주 등이 조선에 대해 매우 부정적인 인식을 갖고 있었을 뿐 아니라 청이 조선을 보다 더 강압적으로 통제해야 한다고 주장했다는 사실이다. 대표적인 사례는 그들이 청 집권층에게 조선 사람들에게도 치발薙髮을 하도록 강제해야 한다고 주장했던 점이다. (한명기, 〈병자호란 시기 이신과 조청관계〉, 앞의 책(2009), 493~498쪽.)

26 《인조실록》권43 인조 20년 10월 12일.

27 《인조실록》권42 인조 19년 5월 19일, 9월 4일.

28 《인조실록》, 위와 같은 조.

29 《인조실록》권43 인조 20년 10월 13일.

30 《심양장계》임오 10월 17일; 《인조실록》권43 인조 20년 10월 19일.

31 《심양장계》임오 윤11월 15일; 박세당, 《서계집》, 〈지천묘지명〉.

32 《인조실록》권43 인조 20년 10월 18일.

33　《인조실록》권43 인조 20년 12월 10일.

34　《인조실록》권46 인조 23년 2월 23일.

35　《승정원일기》83책 인조 20년 11월 6, 7, 8, 15일.

36　《인조실록》권43 인조 20년 11월 17일.

37　《연려실기술》권27 〈인조조고사본말〉, 〈정명공주貞明公主〉.

38　《지천집 원집》권13 〈재용만사직차在龍灣辭職箚〉; 박세당, 《서계집》권11 〈영의정완성부원군최공신도비명領議政完城府院君崔公神道碑銘〉.

39　《승정원일기》73책 인조 18년 3월 15일.

40　《인조실록》권10 인조 3년 11월 14일; 권42 인조 19년 4월 16일.

41　《인조실록》권41 인조 18년 7월 7일.

42　《승정원일기》75책 인조 18년 7월 19, 20, 21, 22, 23, 24, 25, 28, 29일.

43　《승정원일기》82책 인조 20년 8월 25일, 9월 9일, 9월 11일.

44　《지천집 속집》권2 〈답구낙주경휘봉서서答具洛洲景輝鳳瑞書〉.

45　《인조실록》권44 인조 21년 1월 23일.

46　《인조실록》, 위와 같은 조.

47　《인조실록》, 위와 같은 조.

48　《인조실록》, 위와 같은 조.

49　《인조실록》권44 인조 21년 3월 23일, 권46 인조 23년 2월 23일.

50　실제로 최명길이 저간의 사정을 상세하게 보고한 장계가 작성된 것은 1642년 11월 무렵으로 보이는데 실제 조정에 도착한 것은 이듬해인 1643년 1월 23일이라고 되어 있다. (《인조실록》권44 인조 21년 1월 23일.)

51　《지천집 속집》권2 〈답구낙주경휘봉서서〉.

13장

1　《인조실록》권34 인조 15년 1월 28일.

2　김상헌, 《청음집》연보, 〈풍악문답楓嶽問答〉.

3　《인조실록》권10 인조 3년 10월 12일.

4　김상헌, 《청음집》권18 〈논금차초견례강정착류차論金差招見禮講定錯謬箚〉.

5　김상헌, 《청음집》, 위와 같은 조.

6　《인조실록》권30 인조 12년 12월 10일.

7　《인조실록》권33 인조 14년 9월 19일.

8　《지천집 속집》권1 〈답장계곡지국유서〉 제8서 정축.

9　《승정원일기》57책 인조 15년 4월 4일.

10　인조는 김상헌이 자결을 시도했던 것의 진정성을 인정하지 않았다. 1639년(인조 17) 2월, 경연 자리에서 승지 조위한趙緯韓이 김상헌을 조정으로 부르자고 건의하자 인조는 다음에 보이듯이 몹시 냉소적으로 이야기한 바 있다. "나는 김상헌의 행동이 선善에서 비롯된 것이라고 생각하지 않는다. 영남에 물러나 있는 것을 고상하게 여기지만 영남도 조선 땅이다. ……내 일찍이 이 말을 듣고는 웃었다. 무릇 목을 매어 죽는 자는 그 목을 매달아야만 죽는 것인데, 어찌 앉아서 목을 매어 죽음에 이를 리가 있겠는가. 스스로 그 목을 매어 죽는 데 힘을 다한다는 것은 이치상 그렇지 않은 점이 있기 때문에 예로부터 앉아서 목을 매어 목숨이 끊어졌다는 말을 들어 본 적이 없다. 무릇 죽으려는 자가 반드시 끈을 묶어 놓고 거기에 목을 매는 것은 묶어 놓은 끈에 목을 매야만 목숨이 끈에 매달려 끊어지고, 매달지 않으면 스스로 죽기 어렵기 때문이다. 이 사람은 관위官位가 높은 사람이므로 심사가 여차여차하다고 할 수는 없지만 단 그 행적은 사실이 아니다. 이처럼 가소로운 인물을, 외방에서 소문을 들은 자들은 혹 옳다고 여기고 있으니 세상을 속이는 일이 또한 쉽지 않은가."(《승정원일기》68책 인조 17년 2월 27일.)

11　《인조실록》권35 인조 15년 9월 6일.

12　소동파蘇東坡가 쓴 〈소식녹균헌시蘇軾綠筠軒詩〉라는 시에 '세상에 어찌 양주학이 있을 수 있겠는가〔世間那有揚州鶴〕'라는 구절이 나온다. 요컨대 '양주학'은 인간의 욕심이 끝이 없음을 비유하는 말인데 원래《전등신화剪燈新話》에 실려 있다고 한다. (《中文大辭典》四, 中國文化大學, 1973, 685쪽.)

13　朱軾 編,《歷代名臣傳》, 長沙, 岳麓書社出版, 1993, 510~511쪽.

14　정온,《동계집桐溪集》권1 오언율시, 〈산성山城〉.

15　최창대,《곤륜집》권20 〈지천공유사〉.

16　《인조실록》권37 인조 16년 7월 29일.

17　《승정원일기》66책 인조 16년 8월 5일.

18　《승정원일기》, 위와 같은 조. 이 책, 391쪽.

19　김상헌,《청음집》권21 〈청물조병심양소請勿助兵瀋陽疏〉 기묘 11월.

20　한명기, 앞의 책(2009), 177~184쪽.

21　《인조실록》권41 인조 18년 11월 8일;《청음집》〈청음연보淸陰年譜〉 권2 숭정 13년 경진.

22　김상헌,《청음집》권11 〈설교수창집서雪窖酬唱集序〉.

23　《심양장계》신사 1월 10일.

24　《심양장계》신사 12월 23일.

25　이 책, 471~472쪽.

26　《심양장계》계미 2월 2일;《청음집》〈청음연보〉 권2 숭정 16년 계미.

27 《심양장계》임오 11월 8일.

28 《심양장계》임오 11월 1일.

29 《지천집 속집》권3 〈답충훈부제공서答忠勳府諸公書〉.

30 심양과 심관을 언급한 연구로는 안유림, 〈명청교체기 심양관의 역할〉,《한국문화》50
호, 2010; 허태구, 〈소현세자의 심양 억류와 인질 체험〉,《한국사상사학》40호, 2012;
김기림, 〈조선인의 심양 공간 인식 양상-병자호란 이후를 중심으로〉,《우리문학연구》
51호, 2016. 한편 최명길과 김상헌의 심양에서의 조우와 행적에 대해 언급한 연구로
는 오수창, 〈일관된 주장과 투명한 행적이 올바른 선택을 낳는다〉,《역사의 길목에 선
31인의 선택》, 푸른역사, 1999; 오항녕·최옥형, 〈조선 세 중신의 심양 구류와 교유-김
상헌·최명길·이경여의 경험〉,《대동문화연구》105호, 2019 등이 있다.

31 《지천집 속집》권4 〈답중제참판혜길서答仲弟參判惠吉書〉.

32 김상헌,《남한기략南漢紀略》〈의여인서擬與人書〉.

33 《지천집 원집》권3 〈북비수창록北扉酬唱錄〉, 〈용·전운강경권용前韻講經權〉.

34 《청음집》권12 〈설교후집雪窖後集〉, 〈차강경권유감次講經權有感韻〉.

35 이경여,《백강집白江集》권2 〈정청음·지천양상공呈淸陰·遲川兩相公〉.

36 《심양장계》계미 4월 3일.

37 《청음집》권12 〈설교후집〉, 〈부차復次〉.

38 《청음집》권13 〈청문가증최생후량병인靑門歌贈崔生後亮幷引〉.

14장

1 《지천집 유집》권3 〈계미원조지감이십운癸未元朝志感二十韻〉.

2 《지천집 속집》권4 〈상백씨완천군서上伯氏完川君書〉.

3 周遠廉·趙世瑜,《皇父攝政王多爾袞全傳》, 長春 吉林文史哲出版社, 1986, 183~197쪽.

4 《인조실록》권45 인조 22년 12월 4일;《승정원일기》89책 인조 22년 12월 6일.

5 《인조실록》권46 인조 23년 2월 23일.

6 《지천집 원집》권17 〈완산최씨성회축후서完山崔氏姓會軸後敍〉.

7 최석정,《명곡집》권29 〈선조영의정완성부원군문충공행장先祖領議政完城府院君文忠公
行狀〉.

8 《인조실록》권46 인조 23년 10월 13일.

9 이 책, 413~414쪽 참조.

10 한명기, 앞의 책(2009), 193~206쪽.

12 《인조실록》권44 인조 21년 10월 11일.

13 《인조실록》권40 인조 15년 3월 7일.

14 인조와 소현세자와의 갈등 양상에 대해서는 '김용덕, 〈소현세자 연구〉《조선후기사상 사연구》, 을유문화사, 1977' 참조.

15 김용덕은 소현세자가 독살되었다고 추정한다. 그 근거로 소현세자의 시신을 염할 때 얼굴의 일곱 군데 혈에서 검은 피가 흘러나왔다는 사실을 든다. 나아가 소현세자가 심 양에서 떠오르는 청의 현실을 직접 목도하고 청인들과 밀접하게 교제하면서 청을 인 정하는 현실주의적 사고를 지니게 된 것이 인조의 주자학적 명분론과 충돌하면서 비 극이 싹트게 되었다고 설명했다. (김용덕, 위의 책(1977), 394쪽.)

16 강빈옥사姜嬪獄事의 전말에 대해서는 '김용덕, 위의 책(1977), 435~446쪽' 참조.

17 《인조실록》권47 인조 24년 2월 3일.

18 《지천집 원집》권14 〈논폐강전은차論廢姜全恩箚〉.

19 《승정원일기》93책 인조 24년 2월 21일.

20 《승정원일기》93책 인조 24년 3월 13일.

21 《인조실록》권47 인조 24년 3월 22일.

22 《인조실록》권47 인조 24년 4월 2일.

23 《인조실록》권47 인조 24년 4월 2일, 4일.

24 《인조실록》권47 인조 24년 7월 19일.

25 《지천집 원집》권17 〈여조판서비경서與趙判書飛卿書〉.

26 《승정원일기》94책 인조 24년 8월 12일.

27 김종일,《노암집》권3 〈심양일승〉 숭정 무인 1월.

28 《인조실록》권44 인조 21년 4월 6일.

29 《승정원일기》96책 인조 25년 3월 19일.

30 《승정원일기》98책 인조 25년 7월 14일;《인조실록》권28 인조 25년 7월 19일.

15장

1 《인조실록》권48 인조 25년 5월 17일.

2 《인조실록》권33 인조 14년 11월 8일; 이 책, 302~302쪽

3 조경,《용주유고》권6 〈옥당시척화차〉; 이 책, 23~24쪽.

4 김태영, 앞의 책(2006), 497~498쪽.

5 《남한일기》권1 병자 12월 17일.

6 《연려실기술》별집 권9 〈관직전고官職典故〉.

7 송시열,《송자대전宋子大全》권75〈답이이중答李彝仲〉병진 2월.

8 송시열,《송자대전》부록 권19〈강상문답江上問答〉.

9 1671년(현종 12)에 쓴〈삼학사전三學士傳〉에는 최명길이 양파陽坡에서 운운했다는 이야기가 수록되어 있지만, 송시열은 1683년(숙종 9) 추서追書하면서 그 내용은 신빙성이 없다고 삭제한 바 있다. (《송자대전》권213〈삼학사전〉.)

10 《송자대전》부록 권17〈최신록崔愼錄 상〉.

11 《송자대전》, 위와 같은 조.

12 안정복,《순암집》권1〈출남문억최지천당일사마상개연성칠절出南門憶遲川當日事馬上慨然成七絶〉.

13 이 책, 549쪽 각주 8 참조.

14 《지천집 속집》권3〈답충훈부제공서答忠勳府諸公書〉.

15 《지천집 속집》권3〈답충훈부제공서〉. 위와 같은 조.

16 이하의 서술에서 전거를 따로 제시하지 않은 부분은《송사》권473〈진회전秦檜傳〉; 宮崎市定,〈南宋政治史概說〉,《アジア史研究 第二》, 京都, 同朋社 所收, 1974, 158~193쪽; 外山軍治,〈金朝政治の推移〉,《金朝史研究》, 京都, 東洋史研究會 所收, 1964, 2~64쪽; 寺地 遵,《南宋初期政治史研究》, 廣島 溪水社, 1988; 趙益 지음・차혜정 옮김,《대송제국쇠망사-개혁의 모순으로 멸망한 덕치의 시대》, 위즈덤하우스, 2018 등을 참고하여 서술했음을 밝힌다.

17 이 책, 307쪽 참조.

18 余英時 저・이원석 역,《주희의 역사세계》상권, 글항아리, 2015, 362~383쪽.

19 余英時, 위의 책(2015), 393~394쪽.

20 이 책, 300~303, 345쪽 참조.

21 최명길은 훗날 이지항(李之恒, 1605~1654)에게 조선과 남송의 상황을 비교해서 설파했던 적이 있다. 최명길은 남송에는 악비나 한세충 같은 명장 휘하에 강한 군대가 있었지만 조선에는 악비 등에게 비견할 만한 무장이나 군사력이 없었다고 강조했다. 방어할 만한 군사력이 없어 종사를 보전할 수 없는 상황에서 화친을 주도하는 사람을 무조건 진회라고 매도하는 것은 어불성설이라는 것이 최명길의 생각이었다. (최창대,《곤륜집》,〈지천공유사〉.)

22 이 책, 299쪽 참조.

23 이 책, 478, 530~533쪽 참조.

24 余英時, 위의 책(2015), 396~408쪽.

25 송시열,《송자대전》권75〈답이이중答李彝仲〉병진 2월.

26 조경,《용주유고》권5〈만최영상명길挽崔領相鳴吉〉.

27 박세당,《서계집》, 권11〈영의정완성부원군최공신도비명〉.

28 《연려실기술》권28 인조조고사본말,〈인조조묘정배향仁祖朝廟庭配享〉.

29 《효종실록》권6 효종 2년 6월 17일.

30 《숙종실록》권5 숙종 2년 7월 2일;《숙종실록 보궐정오》권5 숙종 2년 7월 8일.

31 《숙종실록》권5 숙종 2년 8월 3일.

32 《숙종실록》권5 숙종 2년 8월 27일.

33 《숙종실록》권5 숙종 2년 9월 4일, 5일.

34 남구만,《약천집》권32〈답최여화答崔汝和〉; 허태구, 앞의 책(2019), 292쪽.

35 《송자대전》권213〈삼학사전〉.

36 이은순,〈노소당쟁의 논점과 명분론-'회니시비懷尼是非'를 중심으로〉,《조선후기당쟁
    사연구》, 일조각, 1988; 이이화,〈조선조 당론의 전개과정과 그 계보〉,《조선후기의 정
    치사상과 사회변동》, 한길사, 1994, 33~47쪽.

37 이은순, 위의 책(1988).

38 《숙종실록》권32 숙종 24년 4월 8일.

39 정옥자,〈대보단 창설에 관한 연구〉,《조선후기문화운동사》, 일조각, 1988, 66~84쪽.

40 《숙종실록 보궐정오》권43 숙종 32년 3월 3일.

41 《숙종실록》권43 숙종 32년 4월 3일.

42 《숙종실록 보궐정오》권43 숙종 32년 3월 9일.

43 김만중 저 · 홍인표 역주,《서포만필》, 일지사, 1987, 299~300쪽.

44 김만중, 위의 책(1987), 300~302쪽.

45 《일성록》정조 2년 11월 5일.

46 《일성록》정조 6년 9월 26일.

47 《정조실록》권39 정조 18년 4월 14일.

책을 마치며

1 《프레시안》2008년 10월 21일 자에 따르면 이 구절은 남재희 전 노동부 장관이 믿을
   만한 지인에게서 들었다고 언급되어 있다.

* 단행본, 문집, 실록, 학술지 들은《 》로, 논문과 시, 그 밖의 글들은〈 〉로 표기하였다.
** 한국 자료는 한글에 한문을 병기하였고, 중국과 일본 자료는 원어를 그대로 썼다.

참고 문헌

한국 사료

총서

《조선왕조실록朝鮮王朝實錄》(한국사 DB)

《비변사등록備邊司謄錄》(한국사 DB)

《승정원일기承政院日記》(한국사 DB)

《일성록日省錄》(한국사 DB)

《국역 국조인물고》(세종대왕기념사업회 편, 1999)

《국조보감國朝寶鑑》(한국학술정보, 2006)

《심양장계瀋陽狀啓》(세종대왕기념사업회 국역본, 2000)

《연려실기술燃藜室記述》(민족문화추진회 국역본, 1967)

《응천일록凝川日錄》(국역 대동야승, 1975)

《동래부접왜장계등록가고사초책東萊府接倭狀啓謄錄可考事抄冊》(奎 9764)

《소무영사공신녹훈도감의궤昭武寧社功臣錄勳都監儀軌》(奎 14583)

《왜인구청등록倭人求請謄錄》(서울대 규장각 금호시리즈, 1992)

《장계등록狀啓謄錄》(奎古 4255-17)

서대석 편, 《조선후기 문헌설화 분류정리 (Ⅱ)》(서울대 한국문화연구소, 1991)

한글학회 편, 《한국지명총람》17, 경기편 상, 1985.

개인 문집

권두인, 《하당선생집荷塘先生集》

김기종, 《서정록西征錄》(奎 3492)

김덕함, 《성옹선생유고醒翁先生遺稿》

김류, 《북저집北渚集》

김만중, 《서포만필西浦漫筆》(洪寅杓 역주, 일지사, 1987)

김상헌, 《청음집清陰集》

김시양, 《하담파적록荷潭破寂錄》

김영조, 《망와선생문집忘窩先生文集》

김육, 《잠곡유고潛谷遺稿》

김장생, 《사계전서沙溪全書》

김종일, 《노암집魯庵集》 (奎 15173)

김평묵, 《중암선생집重菴先生集》

남구만, 《약천집藥泉集》

나만갑, 《병자록丙子錄》 (尹在暎 譯本, 명문당, 1987)

남급, 《남한일기南漢日記》 (申海鎭 역주, 보고사, 2012)

박세당, 《서계집西溪集》

박필주, 《여호선생문집黎湖先生文集》

석지형, 《남한일기南漢日記》 (奎 4352)

성해응, 《연경재전집硏經齋全集》

성혼, 《우계집牛溪集》

송갑조, 《수옹선생일기睡翁先生日記》 (奎 5141)

송시열, 《송자대전宋子大全》

신달도, 《만오집晚梧集》

신흠, 《상촌고象村稿》

심열, 《남파상국집南坡相國集》

안정복, 《순암집順菴集》

안정복, 《동사강목東史綱目》

오윤겸, 《추탄집楸灘集》

원두표, 《탄수실기灘叟實記》 (奎古 4650-172)

유계, 《시남선생별집市南先生別集》

윤선도, 《고산유고孤山遺稿》

이규경, 《오주연문장전산고五洲衍文長箋散稿》

이경여, 《백강집白江集》

이만영, 《설해유고雪海遺稿》

이민구, 《동주집東州集》

이민성, 《경정선생속집敬亭先生續集》

이민환, 《자암집紫巖集》

이식, 《택당선생별집澤堂先生別集》

이언영, 《완정선생집浣亭先生集》

이여빈, 《취사선생문집炊沙先生文集》

이응희, 《국역 옥담시집》

이익, 《성호사설星湖僿說》

이재, 《밀암선생집密菴先生集》

이준,《창석선생문집蒼石先生文集》

이헌경,《간옹집艮翁集》

장만,《낙서집洛西集》(장만장군기념사업회 번역본, 2018)

장유,《계곡만필谿谷漫筆》

장유,《계곡집谿谷集》

정경세,《우복집愚伏集》

정온,《동계집桐溪集》

정충신,《만운집晚雲集》

조경,《용주유고龍洲遺稿》

조경남,《속잡록續雜錄》

조익,《포저집浦渚集》

최명길,《증보역주지천선생집》(최병직 · 정양완 · 심경호 역, 선비, 2008)

최석정,《명곡집明谷集》

최창대,《곤륜집昆侖集》

최현,《인재집訒齋集》

최현,《인재선생별집訒齋先生別集》

황경원,《강한집江漢集》

* 위의 문집 가운데 별도로 출전을 표기하지 않은 것은 한국고전번역원의 한국고전종합
  DB에 수록된 판본이거나 국역본임을 밝힌다.

필자 논저

《임진왜란과 한중관계》, 역사비평사, 1999.

《정묘 · 병자호란과 동아시아》, 푸른역사, 2009.

《역사평설 병자호란 1, 2》, 푸른역사, 2013.

〈광해군대의 대북세력과 정국의 동향〉,《한국사론》20호, 1988.

〈임진왜란기 명 · 일의 협상에 관한 연구〉,《국사관논총》98호, 2002.

〈이여송과 모문룡〉,《역사비평》90호, 2010.

〈류성룡과 최명길의 정치론, 외교적 행적을 통해 살피다〉《조선의 통치철학》, 푸른역사,
  2010

〈조중 관계의 관점에서 본 인조반정의 역사적 의미-명의 조선에 대한 '의제적 지배력'과 관련하여〉,《남명학》16호, 2011.
〈이괄의 난이 인조대 초반 대내외 정책에 미친 여파〉,《전북사학》48호, 2016.
〈명청교체 시기 조중관계의 추이〉,《동양사학연구》140호, 2017.

한국 논저

구범진,《병자호란, 홍타이지의 전쟁》, 까치, 2019.
권내현,《조선후기 평안도 재정 연구》, 지식산업사, 2004.
김용덕,《조선후기사상사연구》, 을유문화사, 1977.
김태영,《조선 성리학의 역사상》, 경희대 출판국, 2006.
민석홍,《서양사개론》, 삼영사, 1984.
송찬식,《조선후기 사회경제사의 연구》, 일조각, 1997.
윤남한,《조선시대 양명학 연구》, 집문당, 1982.
이영춘,《조선후기 왕위 계승 연구》, 집문당, 1988.
이은순,《조선후기당쟁사연구》, 일조각, 1988.
이이화,《조선후기의 정치사상과 사회변동》, 한길사, 1994.
이정철,《대동법, 조선 최고의 개혁》, 역사비평사, 2010.
이정철,《왜 선한 지식인이 나쁜 정치를 할까》, 너머북스, 2016.
전해종,《한중관계사연구》, 일조각, 1970.
정길수,《17세기 한국소설사》, 알렙, 2016.
정옥자,《조선후기문화운동사》, 일조각, 1988.
정인보,《양명학연론》, 계명대학교 출판부, 2004.
허태구,《병자호란과 예, 그리고 중화》, 소명출판사, 2019.

구덕회, 〈선조대 후반(1594~1608) 정치체제 재편과 정국의 동향〉,《한국사론》20호, 1988.
김기림, 〈조선인의 심양 공간 인식 양상-병자호란 이후를 중심으로〉,《우리문학연구》51호, 2016.
김두현, 〈요동 지배기 누르하치의 대한인정책〉,《동양사학연구》25호, 1987.
김성우, 〈광해군 치세 3기(1618~1623) 국가재정 수요의 급증과 농민경제의 붕괴〉,《대구사학》118호, 2015.
김세봉, 〈예론의 전개와 그 양상〉,《조선중기 정치와 정책》, 아카넷, 2003.
김용흠, 〈인조대 원종 추숭 논쟁과 왕권론〉,《학림》27호, 2006.

김용흠, 〈지천 최명길의 책무의식과 관제변통론〉,《조선시대사학보》37호, 2006

김종원, 〈정묘호란시의 후금의 출병 동기〉,《동양사학연구》12호 · 13호, 1978

김태영, 〈지천 최명길의 현실변통론〉,《도산학보》9호, 2003

노기식, 〈만주의 홍기와 동아시아 질서의 변동〉,《중국사연구》16호, 2001

노영구, 〈17세기 전반기 조선의 대북방 방어전략과 평안도 국방체제〉,《군사연구》135호,
　육군군사연구소, 2013

박용옥, 〈병자란피로인속환고〉,《사총》9, 1964

박희병, 〈신흠의 학문과 그 사상사적 위치〉,《민족문화》29호, 1997

배우성, 〈사회경제정책 논의의 정치적 성격〉,《조선중기 정치와 정책》, 아카넷, 2003.

심경호, 〈17세기 초반 지성사의 한 단면〉,《한문학보》18호, 2008.

심경호, 〈지천 최명길의 문학과 사상에 관하여〉,《한국한문학연구》42호, 2008.

안유림, 〈명청교체기 심양관의 역할〉,《한국문화》50호, 2010.

오수창, 〈일관된 주장과 투명한 행적이 올바른 선택을 낳는다〉,《역사의 길목에 선 31인의
　선택》, 푸른역사, 1999 .

오항녕 · 최옥형, 〈조선 세 중신의 심양 구류와 교유-김상헌 · 최명길 · 이경여의 경험〉,《대동
　문화연구》105호, 2019.

우경섭, 〈병자호란 이후 조선의 대청외교, 1637~1700〉,《한국의 대외관계와 외교사 조선
　편》, 동북아역사재단, 2018.

이상훈, 〈인조대 이괄의 난과 안현 전투〉,《한국군사학논집》69집 제1권, 2013.

이승수, 〈약창 박엽론-역사적 평가를 중심으로〉,《민족문화연구》47호.

이재경, 〈병자호란 이후 조명 비밀접촉의 전개〉,《군사》103호, 국방부 군사편찬연구소,
　2017.

이재철, 〈광해군대 비변사의 조직과 기능〉,《대구사학》41호, 1991.

이재철, 〈지천 최명길의 경세관과 관제변통론〉,《조선사연구》1호, 1992.

이현진, 〈인조대 원종추숭론의 추이와 성격〉,《북악사론》7호, 2000.

이현진, 〈17세기 전반 계운궁 복제론〉,《한국사론》49호, 2003.

장정수, 〈병자호란시 조선 근왕군의 남한산성 집결 시도와 활동〉,《한국사연구》173호,
　2016 .

정옥자, 〈병자호란시 言官의 위상과 활동-三學士에 대한 재평가〉,《한국문화》12호, 1991.

조성산, 〈17세기 후반 경기 지역 서인 상수학풍의 형성과 의미〉,《한국사연구》115호,
　2001 .

조성을, 〈17세기 전반 서인 관료의 사상〉,《역사와 현실》8호, 1992.

최이돈, 〈16세기 낭관권의 형성〉,《한국사론》14호, 1986.

허태구, 〈소현세자의 심양 억류와 인질 체험〉,《한국사상사학》40호, 2012 .

허태구, 〈최명길의 주화론과 대명의리〉, 《한국사연구》 162호, 2013.

중국 사료

《朝鮮國王來書簿冊》
《明熹宗實錄》(中央研究院員歷史語言研究所, 1962)
《淸太宗實錄》(中華書局, 1985)
《朝鮮迎接都監都廳儀軌》(文獻叢編, 1932)
《滿文老檔》Ⅵ, Ⅶ (東洋文庫, 1962)
《兩朝從信錄》(明淸史料彙編 9, 文海出版社)
《資治通鑑》(中華書局, 1986)
《周禮註疏》(上海古籍出版社, 2014)
羅振玉 編, 《天聰朝臣工奏議》《淸入關前史料選集 二》수록, 中國人民大學出版社, 1989)
徐光啓, 《徐光啓集》(上海古籍出版社, 1984)
昭槤, 《嘯亭雜錄》(中華書局, 1997)
王夫之, 《讀通鑑論》(中華書局, 2019)
王陽明, 《王陽明全集 中》(上海古籍出版社, 2013)
袁崇煥, 《袁崇煥集》(上海古籍出版社, 2014)
周文郁, 《邊事小紀》(國立中央圖書館據明崇禎刻本影印本, 1947)

중국과 일본 논저

堀新·井上泰至 編, 《秀吉の虛像と實像》, 東京, 笠間書院, 2016.
稻葉岩吉, 《光海君時代の滿鮮關係》, 京城, 大阪屋號書店, 1933.
寺地 遵, 《南宋初期政治史硏究》, 廣島 溪水社, 1988.
山本博文, 《寬永時代》, 東京, 吉川弘文館, 1989.
三田村泰助, 《明と淸》, 東京, 河出書房新社, 1990.
岩見宏明·谷口規矩雄, 《傳統中國の完成》, 東京, 講談社現代新書, 1991.
外山軍治, 〈金朝政治の推移〉, 《金朝史硏究》, 京都, 東洋史硏究會, 1964.
陸戰史普及硏究會, 《明と淸の決戰》, 東京 原書房, 1972.
日原利國, 《中國思想辭典》, 東京 硏文出版, 1984.
田代和生 저·정성일 옮김, 《왜관-조선은 왜 일본 사람들을 가두었을까?》, 논형, 2005.

田川孝三,《毛文龍と朝鮮との關係について》, 靑丘說叢 三, 1932.

江嶋壽雄, 〈天聰年間における朝鮮の歲幣について〉,《史淵》101, 1969.

宮崎市定, 〈南宋政治史槪說〉,《アジア史硏究 第二》, 京都, 同朋社, 1974.

南木賢道, 〈天聰5年の大凌河攻城戰とアイシン國軍の火砲〉,《自然人間文化-破壞の諸相-》, 筑波大學大學院 人文社會科學硏究科, 2002.

米谷 均, 〈十七世紀前期日朝關係における武器輸出〉, 藤田覺 編,《十七世紀の日本と東アジア》, 東京, 山川出版社, 2000.

森岡康, 〈贖還被擄婦人の離婚問題について〉,《朝鮮學報》26호, 1963.

森岡康, 〈丁卯亂後における贖還問題〉,《朝鮮學報》32, 1964.

森岡康, 〈許博の疏文と贖還批判 上·下〉,《朝鮮學報》37·38, 39·40, 1966.

三宅英利 저·손승철 역,《근세한일관계사연구》, 이론과 실천, 1991.

中村榮孝, 〈淸太宗の南漢山詔諭に見える日本關係の條件〉,《朝鮮學報》47, 1968.

中村榮孝, 〈淸太宗の朝鮮征伐に關する古文書〉,《日鮮關係史の硏究》下, 東京 吉川弘文館, 1969.

董平 저·이준식 옮김,《칼과 책-전쟁의 신 왕양명의 기이한 생애》, 글항아리, 2019.

孫文良·李治亭,《明淸戰爭史略》, 中國人民大學出版社, 2012.

楊海英,《洪承疇與明淸易代硏究》, 北京, 商務印書館, 2006.

余英時 저·이원석 역,《주희의 역사세계》, 글항아리, 2015.

閻崇年,《淸朝通史 太宗朝》, 北京, 紫禁城出版社, 2005.

王天有·高壽仙,《明史 一個多重的性格的時代》, 臺北, 三民書局, 2008.

趙益 지음·차혜정 옮김,《대송제국쇠망사-개혁의 모순으로 멸망한 덕치의 시대》, 위즈덤하우스, 2018.

朱軾 編,《歷代名臣傳》, 長沙, 岳麓書社出版, 1993.

周遠廉·趙世瑜,《皇父攝政王多爾袞全傳》, 長春 吉林文史哲出版社, 1986.

黃仁宇, 〈1619年的遼東戰役〉,《明史硏究論叢》5輯, 江西古籍出版社, 1991.

찾아보기

한명기

글쓴이는 서울대학교 인문대학 국사학과를 졸업하고 같은 대학원 국사학과에서 석사와 박사 학위를 받았다. 서울대, 외국어대, 가톨릭대, 한신대, 국민대에서 강의했으며 규장각 특별연구원을 지냈다. 계간《역사비평》편집위원, 제2기 한일역사공동연구위원회 위원, 동북아역사재단 자문위원을 역임했고, 지금은 명지대학교 인문대학 사학과 교수로 있다.

그동안《임진왜란과 한중관계》(1999),《광해군》(2000),《정묘·병자호란과 동아시아》(2009),《역사평설 병자호란 1, 2》(2013)를 썼고, 그 밖에 여러 저술이 있다. 동아시아 역사 속에서 한국사의 위상을 정립하는 데 관심이 많다. 첫 책인《임진왜란과 한중관계》로 2000년 제25회 월봉저작상을,《역사평설 병자호란 1, 2》로 2014년 제54회 한국출판문화상을 받았다.

보리 인문학 1

최명길 평전

2019년 11월 25일 1판 1쇄 펴냄 | 2023년 6월 15일 1판 6쇄 펴냄

글쓴이 한명기
편집 김용심, 김로미, 김성재, 이경희 | **디자인** 서채홍
제작 심준엽 | **영업** 나길훈, 안명선, 양병희, 조진향 | **독자 사업(잡지)** 김빛나래, 정영지
새사업팀 조서연 | **경영 지원** 신종호, 임혜정, 한선희

인쇄와 제본 (주)상지사
펴낸이 유문숙 | **펴낸 곳** (주)도서출판 보리 | **출판등록** 1991년 8월 6일 제9-279호
주소 (10881)경기도 파주시 직지길 492
전화 031-955-3535 | **전송** 031-950-9501
누리집 www.boribook.com | **전자우편** bori@boribook.com

보리는 나무 한 그루를 베어 낼 가치가 있는지 생각하며 책을 만듭니다.

ISBN 979-11-6314-097-9
        979-11-6314-096-2 (세트)

이 도서의 국립중앙도서관 출판예정도서목록(CIP)은 서지정보유통지원시스템 홈페이지
(http://seoji.nl.go.kr)와 국가자료공동목록시스템(http://www.nl.go.kr/kolisnet)에서
이용하실 수 있습니다. (CIP제어번호: CIP 2019045313)

이 도서는 한국출판문화산업진흥원의 '2019년 우수출판콘텐츠 제작 지원' 사업 선정작입니다.